UNDER THE ADVISORY EDITORSHIP OF
JOHN KENNETH LESLIE
Department of Romance Languages, Northwestern University

LA FRANCE
ET SA
CIVILISATION

LA FRANCE
ET SA
CIVILISATION

Jacques Hardré

The University of North Carolina

Harper & Row, Publishers

NEW YORK   EVANSTON   SAN FRANCISCO   LONDON

PICTURE ACKNOWLEDGMENTS

We express our appreciation to the following organizations for their helpful assistance in supplying pictures and for permission to use the pictures. An abbreviation of the name of each organization appears in the book with the pictures it supplied.

French Embassy Press and Information Division	F.E.P.I.D.
French Cultural Services	F.C.S.
French Government Tourist Office	F.G.T.O.
Pan American Airways	P.A.A.
Air France	A.F.

LA FRANCE ET SA CIVILISATION

Library of Congress Catalog Card Number: 69-18465
Standard Book Number: 06-042609-8

Ce livre est dédié
à la mémoire
de mon père et de ma mère
qui, les premiers, m'enseignèrent
l'amour de la
patrie française

Avant-propos

L'ENSEIGNEMENT de la civilisation française dans les écoles américaines suscite depuis plusieurs années un intérêt de plus en plus marqué. Après avoir concentré leur attention sur l'étude de la langue, et sur les nouvelles méthodes qui permettent aux élèves d'acquérir mieux qu'auparavant une connaissance du français parlé, et tout en continuant à souligner l'importance des études littéraires, les professeurs se tournent maintenant vers les cours complémentaires destinés à présenter à leurs élèves un aperçu de ce que le peuple français a accompli au cours des siècles dans les domaines de l'économie, de la politique, des arts, de la philosophie et des sciences. Cette nouvelle tâche assumée par les professeurs de français est d'une indéniable importance car elle répond au désir légitime exprimé par nos élèves de connaître les activités présentes et passées du peuple dont ils ont appris la langue et étudié la littérature. C'est une tâche nécessaire, car, d'une part, les apports de la civilisation française ne sont que rarement présentés en dehors des cours de français, et, d'autre part, la connaissance de ces apports ne peut que favoriser la compréhension et rehausser le prestige de la langue et de la littérature françaises. Mais c'est également une tâche difficile, car elle demande de la part du professeur une familiarité de longue durée avec des sujets variés et parfois compliqués. Il existe, bien entendu, de nombreux ouvrages, spécialisés ou de vulgarisation, sur ces différents sujets, mais qui demandent des heures de lecture et d'étude qui ne sont pas toujours faciles à trouver. Par contre, rares sont les ouvrages de synthèse permettant aux professeurs et aux élèves d'acquérir assez rapidement une connaissance suffisante des contributions principales de la France à la civilisation occidentale.

C'est pour répondre à ce besoin que ce livre a été écrit. Il ne prétend nullement offrir un tableau complet et détaillé de tous les aspects de la vie française d'hier et d'aujourd'hui; mais il offre dans ses grandes lignes ce qui a semblé à l'auteur être les réalisations majeures du peuple français depuis le moyen âge jusqu'à nos jours.

Partant du point de vue que l'élève qui aborde l'étude de la civilisation française ressemble un peu au touriste qui se rend pour la première fois en France, l'auteur a présenté d'abord la France physique, puis le peuple français et ensuite le gouvernement qui régit actuellement la vie de ce peuple. La deuxième partie traite les différentes régions françaises sous leur aspect contemporain, mais donne également des renseignements historiques sur certaines villes et sur les provinces.

L'histoire de la France est alors présentée afin de permettre à l'élève de mieux comprendre les faits et gestes des Français d'aujourd'hui. Le livre aborde ensuite l'étude de la pensée française à travers les âges, telle qu'elle se manifeste dans la philosophie, dans les arts et dans les sciences. La dernière partie offre d'abord une étude de l'enseignement en France et présente ensuite la France au travail (notamment dans l'agriculture et dans l'industrie). Le livre se termine par une discussion du rôle mondial de la France dans le passé et dans le présent.

De propos délibéré, l'auteur s'est interdit d'inclure un aperçu, qui aurait nécessairement été trop superficiel, de la littérature française. Il y a déja assez de "survey courses" en littérature dans nos programmes scolaires.

Aux professeurs, nous recommandons l'emploi de ce livre pour un cours de deux semestres, à raison de trois heures de classe par semaine, avec l'appoint de lectures complémentaires pour approfondir différentes matières. Pour un cours d'un semestre, ce livre peut être employé seul. À ceux de nos collègues qui préfèrent une présentation simultanée des idées, des arts et des événements historiques, nous suggérons que la structure de ce livre se prête également à cette méthode. Par exemple, l'élève, après avoir étudié le chapitre, dans la partie historique, sur la France gallo-romaine, peut passer directement à celui de la quatrième partie qui traite de l'art de cette période. Le va-et-vient d'une partie à l'autre devra, bien entendu, être soigneusement préparé et contrôlé.

Le niveau auquel s'adresse ce livre est celui des deux dernières années de collège, ou, le cas échéant, la dernière année de certaines "High Schools". Il pourra également servir, nous l'espérons, à ceux qui préparent leurs examens de licence ou de doctorat, et qui éprouvent le besoin de revoir rapidement l'histoire de la civilisation française.

L'auteur tient à exprimer sa profonde reconnaissance à tous ceux et à toutes celles qui lui ont fourni des aides précieuses; en particulier, à Madame Madeleine Morris, professeur à Queens College, New York, qui s'est penchée sur le texte avec dévouement et a généreusement fait profiter l'auteur de ses connaissances profondes et de son goût fin et sûr; à

Mademoiselle Suzanne Donzé, qui a bien voulu faire la critique des pages sur Paris et l'Île-de-France; à Madame Genia Graves de Dodd, Mead and Company, qui a fait preuve de tant de courtoisie, de patience et de compréhension; et enfin à Monsieur Thomas L. Hannaford Jr., qui a fourni, aux moments critiques, le soutien et l'encouragement indispensables.

JACQUES HARDRÉ

Table des matières

Avant-propos   vii

Première partie. LES DONNÉES GÉOGRAPHIQUES
ET HUMAINES   1

   1. Le sol: relief, climat, cours d'eau, côtes   3
   2. Les humains: origines, diversité, natalité, type
      d'esprit, religions et classes   12
   3. L'État   21

Deuxième partie. PROMENADES À TRAVERS
LA FRANCE   35

   4. Paris et l'île de France   37
   5. Les provinces septentrionales   53
   6. Les provinces centrales   79
   7. Les provinces méridionales   98
   8. La Corse, les départements et les territoires
      d'outre-mer   137

Troisième partie. L'HISTOIRE   145

   9. Les origines de la France: la préhistoire, la Gaule
      celtique   147
  10. Des Romains aux Capétiens   156
  11. De Hugues Capet à Henri IV   173
  12. D'Henri IV à la Révolution   209
  13. De la Révolution à la Troisième République   254
  14. La Troisième République   311
  15. Du dix huit juin 1940 à nos jours   350

Quatrième partie. LA PENSÉE ET LES ARTS
FRANÇAIS   387

  16. La philosophie française   389
  17. L'art français depuis les débuts jusqu'au XVIIIe siècle   415

18. L'art français du XVIIIᵉ siècle à nos jours   464
19. La musique française   501
20. La science française   526

Cinquième partie. LA FRANCE CONTEMPORAINE

21. L'enseignement en France   545
22. L'économie française   551
23. La France dans le monde   566

Appendice: Liste d'ouvrages à consulter   573
Index   574

LA FRANCE
ET SA
CIVILISATION

Village du Tour dans les Alpes de la Haute-Savoie

Les Andelys et, à gauche, le Château-Gaillard
construit par Richard Cœur de Lion en 1197

Le Puy, en Auvergne

Première Partie

LES DONNÉES GÉOGRAPHIQUES ET HUMAINES

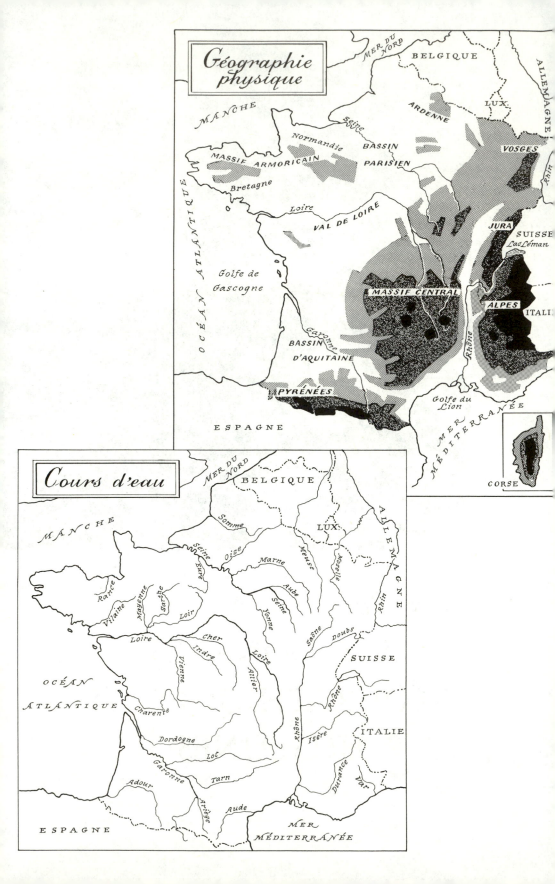

Chapitre 1

LE SOL

relief, climat,
cours d'eau, côtes

LA géographie de la France explique en grande partie son histoire et sa civilisation. Vue sur une carte de l'Europe à petite échelle, la France révèle un territoire de fort modestes dimensions. Cependant, ses 551.000 kilomètres carrés la mettent au deuxième rang parmi les pays européens, immédiatement après la Russie. D'une forme très compacte, hexagonale, elle a l'avantage d'avoir toutes les limites de son territoire, sauf la Corse, situées à moins de 600 kilomètres de son centre.

Sa position remarquable lui permet de servir d'isthme entre deux mers et, en même temps, de pont entre le monde nordique d'une part et les mondes ibérique et latin de l'autre. La diversité du sol, du climat et des paysages végétaux, la grande variété et la disposition heureuse du relief, l'équilibre harmonieux entre les frontières maritimes et terrestres qui font de la France le seul pays qui soit à la fois une puissance océanique, méditerranéenne et continentale—tous ces traits physiques composent pour elle une physionomie unique au monde.

Si l'on trace une ligne droite de Givet à Bayonne, on s'apercevra qu'à gauche de cette ligne la plus haute altitude dépasse à peine 400 mètres, tandis qu'à droite les altitudes s'élèvent jusqu'à 3.298 mètres (le Vigne-male, dans les Pyrénées) et 4.807 mètres (le Mont-Blanc dans les Alpes). On remarquera également que les plus hautes altitudes se trouvent à la périphérie du territoire français, et précisément sur les frontières entre la France et les pays auxquels elle ressemble le plus par l'origine, la langue et les mœurs. Par contre, de faibles altitudes servent de limites entre la France et les pays germaniques. Le relief a donc retardé la fusion de la France avec le monde latin et l'a laissée en contact avec le monde germanique dont les apports ont influé sur sa civilisation.

Notons, en outre, que par des couloirs et des seuils, les communications entre les différentes régions françaises et, par extension, entre le nord et le sud européen, sont remarquablement faciles. Le «réseau naturel» français se compose d'un axe nord-sud principal qui joint le Rhin à la Méditerranée par la Meuse, la Saône et le Rhône; un axe nord-sud secondaire qui joint la mer du Nord aux Pyrénées par l'Escaut, l'Oise, la Seine, la Loire et le seuil du Poitou. Ces deux axes sont complétés par une transversale nord: col de Saverne, plateau lorrain, Marne et Seine, et par une transversale sud: côtes méditerranéennes, seuil de Naurouze, Garonne.

Ces routes naturelles ont de tout temps permis l'échange de produits et de pensées entre les mondes latin et germanique—échange qui a grandement influencé le développement de la civilisation française.

Les massifs et les montagnes

Les massifs français sont, pour la plupart, d'anciennes montagnes qui ont été érodées au cours des âges:

L'Ardenne. Un plateau froid et pauvre, au travers duquel la Meuse a creusé une vallée profonde.

Les Vosges. Caractérisées par une suite de sommets arrondis (Ballon de Guebwiller—1.426 mètres). Entre l'Ardenne et les Vosges s'étend le plateau lorrain.

Les monts de Bretagne. Anciennes montagnes nivelées par l'érosion et qui se présentent aujourd'hui sous la forme de plateaux ondulés (384 mètres au point culminant, dans les monts d'Arrée). Les monts de Bretagne se prolongent à l'est par les collines de Normandie.

Le Massif central. Vaste forteresse naturelle que l'on peut diviser en quatre régions: (1) à l'ouest, les plateaux granitiques et humides du Limousin, pays de l'herbe et de l'arbre; (2) au sud, les tables calcaires des Causses, sans arbres ni maisons, où les rivières coulent au fond de gorges étroites (cañons du Tarn); (3) à l'est—du Morvan aux Cévennes—une chaîne bordant la vallée de la Saône et du Rhône et qui s'élève jusqu'à 1.750 mètres (mont Mézenc); (4) au centre, les volcans éteints des monts d'Auvergne: Plomb du Cantal, monts Dore (puy de Sancy, 1.886 mètres) et chaîne des puys (puy de Dôme, 1.463 mètres) dont les cratères, bien alignés, se dressent au-dessus de la riche plaine de la Limagne.

Les montagnes

Les Pyrénées se dressent, ainsi qu'une muraille, entre la France et l'Espagne. Elles s'allongent sur 400 kilomètres du Golfe de Gascogne à la Méditerranée. Les plus hauts sommets sont au centre de la chaîne: en

France, le Vignemale (3.298 mètres), en Espagne, le pic d'Aneto (3.404 mètres).

Les Pyrénées centrales sont difficilement franchissables. Les cols, appelés *ports*, peu nombreux et à plus de 2.000 mètres d'altitude ne sont traversés que par des sentiers muletiers. La muraille des Pyrénées est entaillée par des vallées courtes et étroites, séparées les unes des autres. Si on les remonte, on aboutit à d'immenses cirques creusés en entonnoir par d'anciens glaciers tels que le cirque de Gavarnie.

À leurs deux extrémités, les Pyrénées s'abaissent sur la mer. Les Pyrénées de l'ouest sont des montagnes moyennes qui dominent les collines verdoyantes des pays basque et béarnais. Les Pyrénées de l'est descendent graduellement jusqu'à la Méditerranée. Leur point culminant est le Canigou (2.785 mètres).

Les routes sont aux deux extrémités: les unes longent la côte, les autres traversent les cols du Somport, à l'ouest, de Puymorens et du Perthuis, à l'est.

Les Pyrénées sont beaucoup plus arrosées à l'ouest .qu'à l'est, étant exposées aux vents humides qui soufflent du golfe de Gascogne. Les pluies et les neiges donnent naissance à de beaux torrents: les Gaves, l'Adour et l'Ariège. La Garonne est abondante et rapide.

Les Pyrénées de l'est ne reçoivent que peu d'eau. Leurs rivières, la Têt, l'Aude, sont presque à sec pendant l'été.

Les Alpes s'étendent sur une longueur de 350 kilomètres et forment le plus important massif montagneux de la France.

Les grandes Alpes dressent au dessus des vallées leurs sommets en forme de pic, d'aiguille, de dent: le Mont-Blanc (la plus haute montagne de l'Europe occidentale, 4.807 mètres), le massif du Pelvoux (4.103 mètres). De grands glaciers, dont le plus célèbre est la Mer de Glace, alimentent d'abondantes rivières.

Les Alpes calcaires, à l'ouest, sont moins élevées. Elles possèdent de hautes falaises blanches, des gorges profondes et de nombreuses routes en corniche (le massif de la Grande-Chartreuse, les Alpes de Provence).

Les Alpes sont faciles à franchir grâce à de nombreuses vallées (Isère, Durance et leurs affluents) qui communiquent entre elles et avec les vallées italiennes par de bonnes routes et par des cols d'accès facile. Les cols les plus fréquentés sont ceux du Petit-Saint-Bernard, du Mont-Cenis et du Mont-Genèvre. Une grande voie ferrée traverse la chaîne des Alpes par le tunnel du Mont-Cenis.

En 1965, le général de Gaulle, président de la République, inaugura, avec le président de la République italienne, le tunnel du Mont-Blanc.

Ce tunnel routier, le sixième du monde par sa longueur, assure une liaison permanente entre la France et l'Italie et aura donc un rôle de première importance à jouer dans l'économie européenne.

Les Alpes du nord sont très arrosées et reçoivent en hiver des chutes de neige impressionnantes (à Chamonix l'épaisseur de la neige atteint fréquemment 9 mètres). C'est un pays recouvert de belles forêts et de beaux pâturages. Par contre, les Alpes du sud sont sèches et pauvres. Les Alpes de Provence, en particulier, ne reçoivent que de rares pluies. En conséquence, les cours d'eau (la Durance, le Var) sont très irréguliers et les pâturages sont maigres.

Le Jura, formé d'un ensemble de plateaux et de chaînes calcaires, s'étend, en forme de croissant, sur une longueur de 300 kilomètres et une largeur de 80 kilomètres. À l'ouest se trouvent les plateaux qui s'élèvent par étages au-dessus de la vallée de la Saône. Vers l'est s'allongent les chaînons parallèles, du nord-est au sud-ouest, dont l'altitude augmente à mesure que l'on approche de la Suisse. Le principal sommet est le *Crêt de la Neige* (1.723 mètres).

Les chaînes du Jura sont séparées par des sillons, appelés *vals,* que suivent les rivières (l'Ain, le Doubs). Les *vals* communiquent par des gorges, appelées *cluses.* À cause de sa formation spéciale, le Jura est difficile à traverser. Le principal passage est le col de la Faucille, non loin du lac Léman.

L'altitude et l'éloignement de la mer font que le Jura possède un climat rude, caractérisé par un long hiver de six mois et par des pluies et des chutes de neige abondantes. La végétation est magnifique.

Le climat

La température en France est grandement influencée par les vents chargés de pluies venus de l'Atlantique, par les vents chauds et secs venus d'Afrique. D'autre part, comme nous venons de le voir, les montagnes les plus élevées—Alpes et Pyrénées—sont situées dans la partie sud de la France et compensent donc, par leur altitude, la latitude de ces régions.

Dans l'ensemble, le climat français est tempéré. La température moyenne est de 11 degrés centigrades pour tout le territoire et pour toute l'année. Cette modération est due d'abord à la latitude (la France se trouve à égale distance du pôle nord et de l'équateur), puis à la prédominance des vents d'ouest et sud-ouest qui donnent à l'ensemble du pays un climat maritime, enfin à l'absence de grand relief intérieur, qui permet le parcours de ces vents sur la plus grande partie du territoire.

Les cours d'eau

Les 27.000 cours d'eau de France descendent vers quatre mers. La Seine, la Loire et la Garonne se jettent dans la Manche et dans l'océan Atlantique, tandis que le Rhône et le Rhin aboutissent l'un à la Méditerranée et l'autre à la mer du Nord.

Les cours d'eau de ces cinq grands groupes offrent certaines analogies et des contrastes importants. Sauf la Seine, ils sont tous d'origine montagnarde et sont donc, en général, assez vifs d'allure. Ils sont de longueur modeste et assez réguliers, à l'exception de la Loire et des torrents du sud-est. Leur débit est également modeste: le Rhin, qui a le plus fort débit (2.000 mètres cubes par seconde), porte à la mer cinq fois moins d'eau que la Volga. Enfin, plus de quatre-vingts de ces cours d'eau, y compris le Rhône, sont en grande partie accessibles aux chalands. Leurs 7.000 kilomètres navigables, ajoutés aux 5.000 kilomètres de canaux, forment un vaste réseau fluvial de premier ordre, qui permet de circuler d'un bout à l'autre de la France—et ceci dans plusieurs directions—sans avoir à mettre pied à terre!

Le bassin excentrique du Rhin. Sur une distance d'environ 180 kilomètres le Rhin sert de frontière à la France. À son entrée en Alsace il est encore un torrent, impropre à la navigation. Un canal latéral, de Bâle à Strasbourg, est en cours d'achèvement, et permet déjà un trafic fluvial très élevé (5.000.000 de tonnes par an).

La seule rivière importante de l'Alsace, l'Ill, se jette dans le Rhin à Strasbourg. Elle a sa source dans les Vosges, qui alimentent également la Moselle (270 kilomètres en France) et la Meuse (415 kilomètres en France).

Le bassin de la Seine. La Seine est la plus belle et la plus importante voie navigable de France. Longue de 776 kilomètres, elle naît en Bourgogne (à 471 mètres d'altitude dans le plateau de Langres), traverse la Champagne, puis l'Île-de-France. À Paris, elle n'est plus qu'à 26 mètres d'altitude, et à 180 kilomètres de la Manche. Mais les nombreux méandres qu'elle décrit, après sa sortie de Paris, dans les plateaux de l'Île-de-France et de Normandie, font que cette distance est presque doublée. Après Rouen commence l'estuaire, remonté par la marée.

Sur la rive droite, la Seine reçoit trois affluents: l'Aube, la Marne et l'Oise grossie de l'Aisne. Sur la rive gauche, trois autres affluents: le Loing, l'Eure et l'Yonne. Toutes ces rivières, à l'exception de l'Yonne, «l'enfant terrible du Morvan», sont des rivières tranquilles. La Seine elle-même a un régime régulier d'un débit moyen de 300 mètres cubes par seconde. Son lit est large, souvent divisé en bras par des îles allongées.

Un champ de blé dans
le département de l'Oise

Un vignoble champenois dans
la vallée de la Marne

Une vue de la Riviera

Le cirque de Lascaux dans
le pays béarnais

F.E.P.I.D.   F.E.P.I.D.

La côte bretonne à la Pointe du Vant   Un village du Jura

La plage à Biarritz

F.G.T.O.

La Loire. La Loire est le plus long (980 kilomètres) et le plus irrégulier des fleuves français. Ce fleuve prend sa source dans les Cévennes, au Gerbier-de-Jonc, et saute de gorge en bassin jusqu'à son entrée en plaine, à Nevers. Il décrit ensuite une vaste courbe qui l'entraîne vers l'ouest, à travers l'Orléanais, la Touraine et l'Anjou, dans un très large lit. Sa pente est maintenant très réduite, et les sables qu'il transportait du Massif central se déposent en formant des bancs et des îles. Plus loin, son lit se resserre dans les roches anciennes du massif Armoricain. Il traverse Nantes et se jette dans l'océan Atlantique par un bel estuaire entre Saint-Nazaire et Paimbœuf.

Les grands affluents de la Loire—l'Allier, le Cher, l'Indre, la Vienne et la Creuse—viennent tous également du Massif central et ne font qu'accuser les défauts du fleuve. Au moment des grosses averses qui, en automne, tombent sur les Cévennes, les crues du fleuve sont soudaines et terribles. Dans le bassin parisien, la Loire ne reçoit presque pas d'affluents; citons simplement la Maine, rivière tranquille, régulière et abondante, qui reçoit les eaux de la Sarthe, de la Mayenne et du Loir.

Le régime irrégulier de la Loire et le sable qui s'accumule dans son lit font que ce fleuve est impropre à la navigation—sauf dans l'estuaire que les navires remontent jusqu'à Nantes. Cependant sa pente et son débit sont utilisés (ainsi que ceux de ses affluents) pour la production d'électricité.

La Garonne. Longue de 650 kilomètres, la Garonne prend sa source dans les Pyrénées espagnoles au val d'Aran (1.872 mètres). Torrentueuse au départ, elle entre en France au Pont-du-Roi à 575 mètres d'altitude, et reçoit plusieurs petits torrents, puis le Salat et l'Ariège. Elle contourne le plateau de Lannemezan et atteint enfin Toulouse, où elle coule en plaine. Elle fait alors un coude vers le nord-ouest; sa vallée, dominée à droite et à gauche par des côteaux calcaires, est riante et fertile. Ses affluents de rive droite, le Tarn, grossi de l'Aveyron, le Lot et la Dordogne, viennent tous du Massif central. Après sa jonction avec la Dordogne, au bec d'Ambès, la Garonne prend le nom de Gironde. La Gironde est un véritable golfe maritime, long de 72 kilomètres et large de 5 à 12 kilomètres qui, bien qu'ensablé par les apports des deux cours d'eau (Garonne et Dordogne), permet néanmoins aux gros navires de remonter jusqu'à Bordeaux.

La Garonne, comme la Loire, et pour les mêmes raisons, n'est pas navigable; mais, comme la Loire également, ce fleuve et ses affluents, animent de nombreuses et puissantes centrales hydro-électriques.

Le Rhône. C'est le fleuve le plus puissant de France; le plus divers aussi, car il coule successivement dans les montagnes, entre les montagnes, et finalement en plaine. Sa source est à 1.875 mètres d'altitude, au glacier qui descend du massif du Saint-Gothard, en Suisse. C'est alors un torrent dont les eaux boueuses vont se purifier dans le lac Léman qu'elles quittent à Genève. Peu après il se heurte aux chaînons du Jura qu'il franchit par une série de défilés et de gorges sauvages. À Lyon, le Massif central lui barre la route. Il s'engage alors dans le sillon nord-sud entre les Alpes et les Cévennes. Au sortir de Lyon, il reçoit la Saône, rivière de plaine, lente et abondante, et tous deux s'engagent, après le défilé de Donzère, dans les plaines de Provence.

Le delta du Rhône commence un peu avant Arles en deux bras principaux qui limitent l'île de la Camargue, à l'ouest le Petit Rhône, à l'est le Grand Rhône.

À l'exception de la Saône, tous les affluents du Rhône sont du type torrentiel. Sur la rive droite, l'Ain, venu du Jura, le Gard et l'Ardèche, venus des Cévennes; sur la rive gauche, l'Arve, l'Isère, la Drôme, et la Durance, affluents venus des Alpes. Le premier groupe lui apporte les pluies océaniques, le second les eaux de fonte des neiges. Lorsque les crues océaniques et alpines sont simultanées, le Rhône jette à la mer jusqu'à 14.000 mètres cubes d'eau par seconde.

Difficilement navigable, le Rhône est cependant devenu de nos jours un des fleuves les plus productifs de la France. Grâce à de nombreuses écluses-barrages couplées avec de puissantes centrales hydro-électriques, le Rhône est dès aujourd'hui capable de fournir 14 milliards de kilowatts-heure par an. Grâce, d'autre part, à d'ingénieux canaux de dérivation qui, entre Lyon et Arles, alimentent les usines électriques, assurent une navigation paisible et contribuent à l'irrigation agricole, le Rhône sera bientôt— lorsque tous les travaux d'aménagement seront terminés—une belle voie de navigation interne pour le «bloc Europe». Par cette voie, Marseille sera relié à Strasbourg et à la Ruhr.

Les côtes françaises

La France a 5.000 kilomètres de frontières, dont trois mille deux cents maritimes, qui sont bordées par des mers très diverses: la mer du Nord, la Manche, l'océan Atlantique, et la Méditerranée.

Les côtes du bassin parisien. Sur la Manche et la mer du Nord, la côte est d'abord rectiligne, plate et bordée de dunes. En Artois, elle se relève en falaises, hauts escarpements crayeux, qui se prolongent jusqu'aux environs de l'embouchure de la Seine. Les falaises reprennent de l'autre côté de l'embouchure, bordées de rochers qui marquent l'ancienne ligne de rivages. La mer du Nord et la Manche étant les mers les plus fréquentées du globe, on peut comprendre que cette façade maritime est, du point de vue économique, d'une haute importance pour la France.

La côte du massif armoricain. La côte, le long de ce massif ancien offre de multiples découpures; des falaises et des rochers alternent avec des criques. Elle est longée par de nombreuses îles, îlots et écueils. La côte nord de la Bretagne est le type même des *côtes à rias* où s'abritent les ports de pêche et dont chaque saillant se prolonge par quelques îlots ou écueils. Aux abords de la Normandie, la baie du Mont-Saint-Michel est visitée par les plus fortes marées d'Europe.

Sur la côte ouest, les vagues et les courants ont évidé les parties les plus tendres; les pointes et les îles qui restent sont de granit (la pointe du Raz, l'île de Sein). Sur cette côte la navigation est très périlleuse à cause des courants et des brusques sautes de vent, ainsi qu'en témoigne la baie des Trépassés.

La côte sud de la Bretagne est plus régulière, les découpures plus amples, plus ouvertes. De grandes guirlandes de plages blanches alternent avec des endroits rocheux.

Les côtes de l'Aquitaine. De la Loire aux Pyrénées, le littoral prend successivement trois aspects. Les côtes vendéennes et charentaises offrent une série de falaises ou de promontoires rocheux, interrompue par d'anciens golfes colmatés (marais breton, marais poitevin, marais d'Aunis et de Saintonge). Certains de ces marais bien drainés, sont devenus de riches terres à culture, tels que le marais poitevin; d'autres ont été transformés en marais salants ou en parcs à huîtres (Saintonge).

De la Gironde à l'Adour, sur plus de 200 kilomètres, s'étend la côte la plus rectiligne de France. Les crêtes blanches et l'écume déferlante des longues vagues ont valu à cette côte le nom de côte d'Argent. C'est une côte bordée de dunes formant une immense plage, tout à fait défavorable à l'habitat, à l'exception du bassin d'Arcachon qui est un des centres les plus importants de l'ostréiculture française.

Au sud de l'Adour, enfin, réapparaissent les côtes élevées avec falaises et rochers entrecoupés de plages.

Les côtes méditerranéennes. La côte des Pyrénées orientales offre un saisissant contraste avec la côte languedocienne qui lui fait suite. Ici le littoral est découpé en criques et en calanques, abritant de petits ports de pêche. C'est la côte Vermeille, ainsi nommée à cause de la couleur du rocher.

La côte du golfe du Lion, côte plate et peu profonde, est striée d'étangs et de lagunes, eaux-mortes qui communiquent avec la mer par des «graus». Toute cette partie du littoral est peu favorable à la vie maritime.

Narbonne et Aigues-Mortes sont d'anciens ports maintenant repoussés à l'intérieur par le colmatage. Sète et Port-la-Nouvelle sont des ports artificiels.

La côte est, du delta du Rhône à Menton, présente un aspect tout à fait différent. On rencontre d'abord l'immense étang de Berre puis le chaînon de l'Estaque et ensuite, après la rade de Marseille, les calanques jusqu'à Toulon. De Toulon à Cannes, la côte est élevée et déchiquetée. Les roches de porphyre rouge des Maures et de l'Estérel, coiffées du vert sombre des pins et battues par la mer bleue, offrent un tableau inoubliable.

À partir de Cannes et des îles de Lérins, commence la plus célèbre des côtes de France, la côte d'Azur, abritée du mistral par les Alpes qui descendent jusqu'à la Méditerranée.

Le village d'Èze, entre Nice et Monte Carlo

P.A.A.

Chapitre 2

LES HUMAINS

origines, diversité,

natalité, type d'esprit,

religions et classes

NOUS avons vu, dans le premier chapitre, que la France offre une très grande variété tant du point de vue structure géologique et relief que du point de vue climat. Tournons-nous maintenant vers les humains qui habitent ce pays: nous allons retrouver la même variété.

En effet, le peuple français s'est formé lentement au cours des âges par un amalgame de presque toutes les races qui, à partir des temps préhistoriques jusqu'à une époque relativement récente, ont déferlé vers l'occident. Les Français sont donc un peuple complexe, uni par la volonté de poursuivre une existence nationale commune, plutôt que par de superficielles ressemblances physiques. Il n'y a pas de race française pure, pas plus qu'il n'existe de pure race allemande, anglaise ou espagnole.

La France a été habitée dès les temps préhistoriques. Les grottes de la Vézère et les monuments mégalithiques de la Bretagne témoignent de la présence humaine sur ce sol 22.000 ans au moins avant notre ère. Nous verrons, dans un chapitre ultérieur, quelle vie menèrent ces premiers ancêtres des Français. Notons simplement ici que c'étaient des hommes de grande taille, doués d'une force herculéenne.

Les premiers habitants de la France dont le nom nous soit connu, grâce aux historiens grecs et latins, sont les Ligures et les Ibères. Ces derniers, qui peuplèrent l'Espagne, occupaient le pays compris entre la Méditerranée et le golfe de Gascogne. Ce sont eux que les Romains appelaient les Aquitains. Quant aux Ligures, ils occupaient le reste du pays ainsi qu'une grande partie de l'Espagne et de l'Italie. Ibères et Ligures étaient de petite taille, bruns et vigoureux. Lorsque les Celtes, venus de l'Europe du nord, s'installèrent, quelques siècles avant notre ère, entre l'Atlantique, le Rhin et les Pyrénées, ils refoulèrent les Ligures et les Ibères dans la vallée du Rhône et dans les montagnes. Quoique l'empire des Celtes s'étendît de Gibraltar jusqu'à la mer Noire et des îles Britanniques jusqu'en Hongrie, c'est en France qu'ils créèrent leurs établissements les plus solides et les plus durables. Ce sont eux que les Romains appelèrent les Gaulois, et leur pays, la Gaule.

Au VIᵉ siècle avant J.-C., des Grecs, venus de Phocée en Asie mineure, débarquèrent sur la côte méditerranéenne et fondèrent une ville: *Massalia* (Marseille). Ils furent suivis par de nombreux Phocéens et leur ville devint le grand foyer de l'hellénisme en Occident.

Les Romains, au Iᵉʳ siècle avant J.-C., pénétrèrent en Gaule. Leur influence fut surtout civilisatrice, car les soldats latins des légions romaines étaient en trop petit nombre pour avoir pu modifier, même légèrement, l'amalgame du peuple gaulois!

Après les Romains vinrent les Germains (Burgondes, Alamans et Francs) au Vᵉ siècle après J.-C. Ceux-ci se fixèrent surtout dans le nord et le nord-est de la Gaule. Les Francs, peu à peu, imposèrent leur domination militaire—et leur nom—à la Gaule. À la même époque, des Celtes purs venus de Grande-Bretagne s'installèrent en Bretagne.

Dès le début de l'histoire de France nous trouvons donc un peuple composé d'éléments divers, mais ayant un fond liguro-celtique. Les invasions successives de Normands, d'Arabes, d'Espagnols et d'Anglais ne modifieront que peu ce vieux fond. Le peuple français est un peuple hétérogène, à base celtique et de civilisation latine.

La population française à travers l'histoire

D'après le recensement fait par les Romains en l'an 14 de notre ère, la population de la Gaule se chiffrait à 3.400.000 âmes. Il faudra attendre le règne de Louis IX—connu également sous le nom de Saint Louis—pour trouver le deuxième dénombrement de la population, et cela sur une partie seulement du territoire. Néanmoins, on peut se permettre de dire que le bon Saint Louis régnait sur un peuple de dix millions. Sous Henri IV, la population française avait augmenté de 5.000.000 et sous Louis XIV elle atteignait 20.000.000. Tous ces chiffres sont approximatifs, bien entendu, puisque, avant la Révolution, on évaluait la population en partant de données fragmentaires sur les feux et les paroisses.

Tous les recensements de l'époque contemporaine faits en France l'ont été en application de la loi du 22 juillet 1791. Le premier dénombrement général eut lieu dans le courant de l'année 1801 et fut publié en 1802. La France comptait alors, pour ses 98 départements, 33.111.962 habitants, dont 27.347.800 pour le territoire que devait lui laisser le traité de Paris de 1815.

La périodicité des recensements fut fixée à 5 ans par les ordonnances de 1822. C'est seulement à partir de 1851, cependant, que les recensements, effectués avec un réel souci de précision, prirent un caractère vraiment scientifique. À cette date, la population française se chiffrait à 35.780.000 (74,5% rurale, 25,5% urbaine). Cinquante ans plus tard le recensement montrait que la population n'avait augmenté que d'un peu plus de 4.000.000. Mais la population rurale n'était plus que 59,1% du total. En 1946, les chiffres étaient les suivants: 40.500.000 (46,8% rurale); en 1954: 42.800.000 (44% rurale).

Au 1er janvier 1968, on estimait qu'il y avait 50.000.000 de personnes en France métropolitaine.

Alors que de 1860 à 1946 l'accroissement de la population, freiné par la baisse régulière de la natalité et les pertes dues aux guerres, n'avait été que de 2.700.000, de 1954 à 1968—soit en quatorze ans—la population s'est accrue de 7.200.000. Si la natalité demeure ce qu'elle est de nos jours, et si rien ne vient troubler sa lente progression, la population de la France en l'an 2000 pourrait atteindre 57.000.000 d'habitants, soit une densité de 103 au kilomètre carré, contre 82 actuellement.

Soulignons que ces chiffres indiquent un renversement tout à fait notable de la situation démographique française. Alors qu'avant la Deuxième Guerre mondiale la France semblait irrémédiablement vouée à une population presque stationnaire, à des familles peu nombreuses— révélant un souci de bien-être, une prudence, et un manque de confiance en l'avenir—de nos jours, au contraire, la population s'accroît à un rythme remarquable, bien supérieur à celui des autres pays d'Europe. Cela correspond à un renouveau de confiance des Français en leur sort et en l'avenir de leurs enfants. La France, qui est en bonne voie de devenir le plus jeune pays d'Europe, sera inévitablement forcée d'élargir ses horizons et d'accélérer sa transformation en un pays neuf. Cette transformation, que nous étudierons dans un chapitre ultérieur, est déjà pleinement visible.

Le type français

Existe-t-il un type français? Les étrangers semblent le croire, et lui assignent volontiers un visage, une taille, des gestes qu'ils proclament «typiquement français». Mais quand on y regarde de près, on s'aperçoit bien vite que ce «type» n'existe pas en réalité, pas plus que le «type» américain que les Européens se plaisent à imaginer.

Du point de vue physique, la variété du fond français a fait que tous les types sont représentés: les roux, les blonds, les bruns, les grands, les petits et les moyens. Pendant la Deuxième Guerre mondiale, les Anglais furent stupéfaits de voir, dans les rues de Londres, les hommes de la France Libre dont beaucoup, par une coïncidence amusante, étaient de la taille—ou presque—de leur chef, le général de Gaulle, c'est-à-dire, 1 m 92!

En 1955, deux docteurs français, Maurice Verdun et Jean de Taille ont présenté au VIe Congrès international d'anatomie le canon des proportions corporelles du Français moyen. Celui-ci (d'après les mesures relevées sur 300 sujets de 18 à 35 ans) est le suivant: taille—1 m 70; poids—64 kg 539. Pour atteindre cette taille et ce poids moyens, combien de variations ne faut-il pas rencontrer! C'est pour cela qu'il vaut mieux renoncer à parler, du point de vue physique, d'un «type» français.

Par contre, il est tout à fait légitime de parler d'un type d'esprit français. Depuis les premiers rapports écrits que nous ayons au sujet des Gaulois jusqu'aux derniers jugements prononcés sur les Français du XXe siècle, certains traits de caractère—souvent contradictoires d'ailleurs—réapparaissent régulièrement.

«Les Gaulois, disait Jules César, sont follement braves, orgueilleux, bavards, prompts à l'enthousiasme, avides de nouveautés.»

«Les Français, écrivaient les ambassadeurs vénitiens du XVIe siècle, sont fiers et superbes, soupçonneux et d'esprit altier. Impétueux et d'un élan terrible, quiconque les prend dans cette fureur peut en attendre toute sorte d'exploits. Mais, cette première ardeur passée, le Français s'attiédit, se dégoûte et ne fait pas scrupule de s'en aller. . . . Il s'en va, mais il revient; il tombe mais il se relève; de ses retraites, il fait des départs, et de ses ruines, des fondations.»

Un autre Vénitien, Marc-Antoine Giustinian, ambassadeur auprès de Louis XIV, écrivit au XVIIe siècle:

«La douceur du climat a donné à ses habitants un tempérament très justement équilibré, qui les rend capables de tout art, prêts aux initiatives, zélés pour la religion, affectueux et tendres pour les amis, en courtoisie sans rivaux dans la vie civile, en courage sans égaux dans les armes.»

Ne peut-on reconnaître dans ces portraits les Français d'aujourd'hui avec leurs défauts et leurs qualités?

La religion

La France est souvent appelée «la fille aînée» de l'Église catholique. En effet, les Français sont en grande majorité catholiques. Mais il faut bien noter que le catholicisme français ne ressemble ni au catholicisme

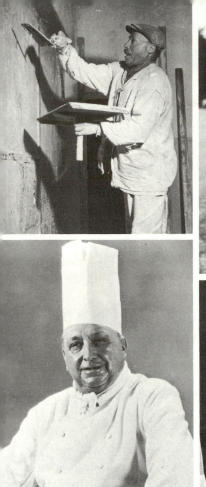

italien, ni au catholicisme espagnol. Assurément, c'est le même ensemble
de dogmes ou de croyances, mais, tandis que l'Italien a été séduit par le
côté poétique et artistique du catholicisme, et l'Espagnol par son côté
mystique, le Français, lui, préfère le point de vue de Bossuet qui voyait le
catholicisme surtout comme un lien social—lien social non seulement
entre les hommes d'une même génération, mais aussi, et surtout, entre les
hommes du présent, du passé et de l'avenir, grâce au dogme de la communion des saints. C'est bien cette conception qui a prévalu en France à
partir du moyen âge et qui n'a cessé d'inspirer les grandes figures catholiques françaises à travers les siècles.

La foi chrétienne s'est implantée de très bonne heure en France, et dès
le VIe siècle elle a reçu le précieux appui du pouvoir royal. C'est en France
que furent prêchées les croisades; c'est en France que se forma l'idéal de
la chevalerie chrétienne; c'est en France, enfin, que s'élevèrent les premières cathédrales gothiques. Dans tous les domaines de la foi, les
chrétiens français se sont manifestés avec éclat, soit comme martyrs (Saint
Irénée, évêque de Lyon, au IIIe siècle), comme saintes (Jeanne d'Arc,
Bernadette de Lourdes, Thérèse de Lisieux), comme réformateurs (la
mère Angélique de Port-Royal), comme fondateurs d'ordre (Saint
Bernard, Saint Vincent de Paul), comme prédicateurs (Bossuet, Bourdaloue) ou comme missionnaires (le Père de Foucauld). Le christianisme
français a inspiré de grands écrivains (Pascal, Claudel), de grands peintres
(Le Sueur, Rouault), de grands musiciens (Josquin des Prés, Messiaen).
Il a donné plusieurs papes et, d'un roi, Louis IX, il a fait un saint.

Certes la France n'est pas, comme l'Espagne, uniformément et exclusivement catholique. Il ne faut pas oublier que Jean Calvin était Français.
Aujourd'hui le protestantisme français compte environ 900.000 fidèles
organisés, selon le système presbytérien-synodal, en paroisses, conseils,
consistoires et synodes. Notons que fondamentalement le protestantisme
en France est constitué de deux groupements confessionnels: l'élément
réformé (500.000), d'origine calviniste, et l'élément *luthérien* (300.000).
En outre il y a les églises *méthodistes*, d'origine anglo-saxonne.

Parmi les protestants on trouve de nombreux enseignants, médecins,
industriels et artistes. Il est intéressant de noter que l'enseignement
primaire en France est largement l'œuvre de protestants tels que Guizot,
Ferry, Buisson et Renouvier.

À la veille de la Deuxième Guerre mondiale, on estimait la population
juive en France à environ 325.000 âmes, après la guerre à 200.000, et aujourd'hui à 535.000. C'est la Révolution française qui, par le décret du
27 septembre 1791, donna aux Juifs le titre de citoyen actif et leur permit

de se fondre dans le creuset français. De nos jours, les Juifs se trouvent surtout à Paris, en Alsace et en Lorraine.

Les classes

En principe, depuis la *Déclaration des droits de l'homme et du citoyen* de 1789, qui proclama l'égalité sociale et politique de tous les citoyens mâles, il n'existe plus en Erance de classes sociales. Cette idée d'égalité fut non seulement respectée mais fortifiée par Napoléon Ier dans le *Code civil*. Aucun régime de la France moderne n'a songé à contester la notion égalitaire qui fait partie désormais du patrimoine français.

En fait, cependant, la population française se divise aujourd'hui en huit classes sociales. Cette division ne repose pas—comme c'était le cas sous l'Ancien Régime—sur le hasard de la naissance, mais sur la profession, le niveau de vie et l'éducation. Elle se reflète aussi dans les réactions des Français devant les problèmes économiques et politiques. Le tableau au verso donne une idée schématique de ces classes.[1]

Le premier groupe se compose des chefs des grandes entreprises industrielles et commerciales, ainsi que des membres des professions libérales: hommes de loi, médecins, architectes. Ce sont des non-salariés, c'est-à-dire que leurs revenus sont variables. Soixante pour cent d'entre eux sont issus de familles qui depuis trois générations appartiennent à ce groupe ou au groupe suivant.

Le deuxième groupe, celui des fonctionnaires supérieurs et des cadres de l'industrie et du commerce, est en pleine expansion. En moins d'un siècle ses effectifs ont quintuplé. Contrairement à ceux du premier groupe, ses membres sont des salariés pour qui un bon diplôme est plus sûr qu'un héritage.

Les artisans et petits commerçants constituent un troisième groupe, celui-ci très ancien et dont la situation est paradoxale. En effet, tout en étant menacés par l'évolution économique, leurs effectifs ne cessent de s'accroître. Leur niveau de vie est comparable à celui des fonctionnaires supérieurs et des cadres (59% sont des propriétaires, 52% ont une automobile, 25% une aide domestique). Mais leur niveau d'instruction est beaucoup plus faible. Quarante pour cent d'entre eux sont issus de milieux ouvriers et agricoles.

Le quatrième groupe s'apparente, par sa situation économique, aux ouvriers. Ce sont les employés ou petits fonctionnaires. Il arrive parfois

1. Ce tableau est extrait, ainsi que les remarques qui l'accompagnent, de l'article «Les huit classes qui font la société française». *Réalités*

Classes sociales	Nombre*	Niveau de vie	Études	Mentalité	Opinion politique
CHEFS D'ENTREPRISES PROFESSIONS LIBÉRALES	900.000 2,2%	le plus élevé bien logés taux de mortalité faible	chefs d'entreprise: 12 ans professions libérales: 15 ans	esprit libéral bien informés préoccupés surtout de politique intérieure	Modérés ou libéraux
FONCTIONNAIRES SUPÉRIEURS CADRES DE L'INDUSTRIE ET DU COMMERCE	1.900.000 4,5%	élevé assez bien logés en pleine expansion	longues: 15 ans	soucieux d'efficacité et de pouvoir	Centre-gauche
ARTISANS ET PETITS COMMERÇANTS	3.700.000 9%	élevé moyennement logés classe en expansion	sommaires	des mécontents contre fonctionnaires, contre l'État, contre les «gros»	Conservateurs
EMPLOYÉS ET PETITS FONCTIONNAIRES	5.000.000 12%	bas pour 60% mal logés	employés: 9 ans petits fonctionnaires: 11 ans	peu d'espoir de promotion	Gauche
OUVRIERS QUALIFIÉS ET SPÉCIALISÉS	10.500.000 25%	bas pour 75% mal logés	primaire: 75% primaire supérieur ou technique: 21% secondaire: 4%	préoccupés des prix, des salaires, du logement, du chômage	Très à gauche
AGRICULTEURS EXPLOITANTS, FERMIERS, MÉTAYERS	6.400.000 15%	difficile à définir	primaire: 100%	des mécontents préoccupés des questions agricoles et religieuses	Modérés: 50%
OUVRIERS AGRICOLES	2.200.000 5,1%	bas vivent avec patrons	primaire: 100%	condition ouvrière mentalité paysanne	Gauche
MANŒUVRES	2.200.000 5,1%	très bas très mal logés taux de mortalité élevé	souvent dénués d'instruction	peu d'espoir de promotion alcoolisme fréquent	Très à gauche

* Ces huit groupes constituent 77,9% de la population totale de la France. Les retraités (5.100.000 personnes), le personnel de service (1.250.000), l'armée et la police (780.000), le clergé (170.000) et diverses autres catégories ne forment pas de véritables groupes sociaux différenciés.

que l'ouvrier qualifié soit mieux payé qu'eux mais ils refusent de s'identifier au monde ouvrier; dans l'ordre social ils s'identifient volontiers aux classes supérieures. Le désir de franchir les échelons sociaux est très vivace en eux et, à défaut de pouvoir réaliser ce désir pour eux-mêmes, ils le reportent sur leurs enfants, pour lesquels ils font de gros sacrifices matériels afin de leur permettre, s'ils en sont capables, de poursuivre des études supérieures. Car, pour réussir, les diplômes sont de plus en plus nécessaires.

Dans le cinquième groupe le nombre des ouvriers qualifiés et spécialisés s'accroît rapidement en raison du développement de la mécanisation. Au début du siècle, l'ouvrier essayait de s'évader de sa condition, mais aujourd'hui il y pense moins, grâce à l'amélioration de son niveau de vie. Cette amélioration est pourtant lente et loin d'être satisfaisante.

Le monde paysan—sixième groupe—est difficile à définir de façon précise. Essentiellement constitué par les petits et moyens exploitants, ce groupe détient 95% des exploitations agricoles et 70% de la surface cultivée. Les conditions de vie à la campagne sont très différentes de celles des centres urbains: la voiture, le téléphone, l'équipement ménager n'entrent que lentement dans les mœurs paysannes.

Le septième groupe se rattache au monde rural par son mode de vie, ses habitudes et sa psychologie. Mais ses membres, étant salariés, se rapprochent des ouvriers dans leur comportement et leur psychologie politiques. Il s'agit en effet des salariés de la petite exploitation qui, ne pouvant plus aujourd'hui espérer devenir propriétaires, à cause du prix élevé des terres, émigrent volontiers vers la ville. En cinquante ans, leur nombre a diminué de moitié.

Le dernier groupe est celui des manœuvres qui n'ont pour vivre que le strict minimum. Au début de l'ère industrielle ils formaient le gros de la masse ouvrière. L'évolution technique, qui exige de plus en plus de connaissances, les a repoussés petit à petit vers le bas de l'échelle sociale. De nos jours, les membres de ce groupe se recrutent surtout parmi les immigrants italiens, espagnols, et nord-africains.

Une étude de ces huit groupes fait nettement ressortir trois phénomènes. D'abord, la persistance en France de structures économiques qui ont été dépassées dans d'autres pays. Les pays qui présentent avec le plus de netteté une structure sociale articulée en deux classes sont très industrialisés: l'Allemagne, l'Angleterre, les États-Unis par exemple (et cette articulation se reflète dans le système politique basé sur deux partis). Mais en France, où la révolution industrielle s'est accomplie plus lentement et moins radicalement, l'ancien équilibre social qui reposait essentiellement sur l'élément rural et artisanal a été maintenu.

Ensuite, le phénomène de la persistance de la division vie rurale–vie urbaine. La France demeure un pays de petites villes, de villages où la population se maintient dans un cadre social étroit, au lieu d'être brassée comme dans les métropoles. Les paysans constituent un monde à part: cela suffit pour tracer de nettes séparations entre, par exemple, le salarié agricole et le salarié urbain.

Finalement, le phénomène de la persistance de préjugés anciens. Chaque groupe possède ses mœurs, son mode de vie, son niveau d'instruction, une manière propre de s'habiller, de se distraire, souvent de parler. Ces huit groupes constituent une hiérarchie marquée par des statuts distincts, la supériorité du travail intellectuel sur le travail manuel, par exemple, ou l'indépendance professionnelle opposée à la dépendance des salariés.

Le nombre considérable de partis politiques français s'explique dans une large mesure par ces nombreuses distinctions, chaque groupe demandant à être représenté afin de participer directement à la vie politique nationale.

Il est fort possible que dans un proche avenir, grâce aux progrès rapides de l'économie et aux nécessités techniques, ces huit classes soient réduites à quatre: les dirigeants et les cadres, les salariés de l'industrie, les ruraux et les manœuvres. Ces classes seront alors caractérisées par leur niveau respectif de revenu beaucoup plus que par les éléments traditionnels.

F.G.

Chapitre 3

L'ÉTAT

La Constitution

LA France est une République indivisible, laïque, démocratique et sociale. Elle assure l'égalité devant la loi de tous les citoyens sans distinction d'origine, de race ou de religion.»

Ainsi commence l'article 2 de la Constitution du 4 octobre 1958 qui établit la Cinquième République. Cette Constitution est la seizième depuis la Révolution de 1789.

Le pouvoir exécutif—ou Gouvernement—est partagé entre le Président de la République et le Premier Ministre assisté du Conseil des Ministres. Le pouvoir législatif est exercé par le Parlement: l'Assemblée nationale et le Sénat.

Le Président de la République, dont les pouvoirs depuis 1875 n'avaient cessé de décroître, est, sous le régime actuel, le personnage principal de l'État et a pour mission «d'assurer, par son arbitrage, le fonctionnement régulier des pouvoirs publics ainsi que la continuité de l'État» (Article 5). Il est élu pour sept ans par suffrage direct et universel.

C'est le Président qui nomme le Premier Ministre et qui préside le Conseil des Ministres. Toutes les lois sont promulguées par lui dans les quinze jours qui suivent leur adoption par le Parlement. Avant l'expiration de ce délai il peut demander une nouvelle délibération sur la loi ou certains de ses articles. Il peut également soumettre au peuple, par référendum, tout projet de loi portant sur le fonctionnement des institutions (Article 4[1]).

L'article 12 de la Constitution autorise le Président à prononcer la dissolution de l'Assemblée. Bien qu'il ait, au préalable, à consulter le Premier Ministre et les présidents des deux chambres parlementaires, c'est là, en vérité, un pouvoir discrétionnaire qui renforce considérablement le prestige du chef de l'État. En cas de dissolution, de nouvelles élections

---

1. Le 8 janvier 1961 le peuple français approuva par 17.447.669 contre 5.817.775 le référendum sur l'autodétermination de l'Algérie. C'était la première fois que le peuple eut à se prononcer sur une loi plutôt que sur des projets de constitutions.

doivent avoir lieu dans un délai d'environ un mois et la nouvelle chambre ne peut pas être dissoute dans l'année qui suit son élection.

En cas de menace grave et immédiate, venant soit de l'extérieur soit de l'intérieur, qui risquerait de mettre en jeu la vie de la nation, le Président, selon l'article 16, «prend les mesures exigées par ces circonstances, après consultation officielle du Premier Ministre, des Présidents des Assemblées, ainsi que du Comité constitutionnel».

Pendant l'exercice de ces pouvoirs exceptionnels le Parlement se réunit de plein droit et l'Assemblée nationale ne peut être dissoute.[2]

La Constitution de 1958 autorise également d'autres pouvoirs discrétionnaires. Le Président nomme à tous les emplois civils et militaires, et signe les ordonnances et les décrets délibérés en Conseil des Ministres. Il peut soumettre une loi (ou un projet de loi) au Conseil constitutionnel, pour s'assurer de sa conformité à la Constitution.

En plus, le Président est le chef des armées et préside les Conseils de la Défense nationale. Il est garant de l'indépendance de l'autorité judiciaire. Il accrédite les ambassadeurs auprès des puissances étrangères et les ambassadeurs des puissances étrangères sont accrédités auprès de lui. Il est, en outre, Président de la Communauté française, et est représenté dans chaque État par un haut-commissaire.[3]

Le gouvernement de la Cinquième République est assuré par le Premier Ministre et par le Conseil des Ministres. Nous avons vu plus haut que le Premier Ministre est nommé par le Président. Il est, contrairement au Président, responsable devant le Parlement. C'est lui qui dirige l'action du gouvernement, et qui exerce à cet effet un contrôle sur les différents départements ministériels dont il coordonne les activités; c'est lui qui est responsable de la Défense nationale et qui assure l'application des lois. Le Premier Ministre choisit les membres de son Gouvernement et doit défendre sa politique devant le Parlement. Celui-ci peut, nous le verrons plus loin, lui refuser sa confiance et forcer sa démission.

Puisque c'est le chef de l'État, et non le Parlement, qui nomme le Premier Ministre, la force politique de ce dernier est essentiellement celle du Président. Celui-ci détient le pouvoir gouvernemental dont le Premier Ministre est l'organe exécutif.

Selon l'article 23, aucun membre du Gouvernement ne peut exercer un mandat parlementaire, une fonction de représentation professionnelle

2. Cet article (qui fut invoqué pour la première fois en avril 1961 par le Président de Gaulle, à la suite de l'insurrection militaire en Alger) fut directement inspiré par les événements de juin 1940.

3. Voir le chapitre 8, Deuxième Partie, sur la Communauté française.

à caractère national, ou un emploi public. Cela signifie que si, par exemple, le président d'une association médicale était invité par le Premier Ministre à devenir Ministre de la Santé, il devrait au préalable donner sa démission de son poste de président.

Le Parlement de la Cinquième République comprend l'Assemblée nationale et le Sénat. La première, élue pour cinq ans au suffrage universel direct, se compose de 487 députés dont 470 représentent la France métropolitaine, 10 les départements de la Guadeloupe, de la Guyane, de la Martinique et de la Réunion et 7 les territoires d'outre-mer.

L'Assemblée partage avec le Sénat le pouvoir de voter les lois dont l'initiative appartient concurremment au Premier Ministre et aux membres du Parlement.

Le Sénat se compose de 275 membres élus pour neuf ans et il est renouvelable par tiers tous les trois ans.[4]

Les sénateurs sont élus au suffrage indirect par un collège électoral composé, dans chaque département, des députés, des conseillers généraux et des délégués des conseils municipaux (en nombre variable suivant l'importance des communes de ce département).

Le Sénat n'a pas de pouvoir politique direct: il ne peut pas contraindre le gouvernement à démissionner. Il participe toutefois à l'exercice du pouvoir législatif, tout projet de loi devant être examiné successivement par les deux chambres en vue de l'adoption d'un texte identique. Le Sénat ne peut pas être dissous.

La Constitution ne prévoit que deux sessions parlementaires par an, d'environ trois mois chacune. Le Parlement peut se réunir en session extraordinaire à la demande du Premier Ministre ou de la majorité des membres de l'Assemblée, mais seulement pour examiner un ordre du jour déterminé. Si cette session extraordinaire est convoquée à la demande des membres de l'Assemblée, elle ne peut, en aucun cas, durer plus de douze jours.

Sous la Quatrième République, l'Assemblée nationale était l'organe suprême du système politique et constitutionnel. Aujourd'hui elle occupe la seconde place, après le Président de la République et le Gouvernement. Ou plutôt, la Constitution de 1958 ne s'est pas efforcée d'établir une hiérarchie entre les pouvoirs mais de les séparer afin que chacun puisse accomplir sa tâche dans de bonnes conditions. C'est ainsi que, contrairement à ce qui se faisait jusqu'ici, c'est le Gouvernement qui fixe l'ordre

4. La répartition des sénateurs en 1966: 255, France métropolitaine; 7, départements de la Guadeloupe, la Guyane, la Martinique et la Réunion; 6, Français établis hors de France; 7, territoires d'outre-mer.

du jour législatif et non l'Assemblée. Le nombre des commissions permanentes de l'Assemblée a été limité à six par la Constitution.[5] Le règlement intérieur de l'Assemblée doit être approuvé par le Conseil constitutionnel. Celui-ci a également la responsabilité de procéder à la vérification des pouvoirs des membres de l'Assemblée.

Ces nouvelles règles reflètent le désir de corriger certains abus du passé, de limiter les fonctions de l'Assemblée à son rôle législatif et d'empêcher l'empiétement du pouvoir législatif sur le pouvoir exécutif.

En ce qui concerne les relations entre le Parlement et le Gouvernement, rappelons d'abord que la Constitution affirme (Article 23) l'incompatibilité de la fonction gouvernementale avec l'exercice d'un mandat parlementaire. Cela signifie qu'un membre du Parlement qui devient ministre doit obligatoirement abandonner son siège parlementaire où il sera remplacé par son suppléant, élu en même temps que lui. Cette règle sert, d'une part, à décourager les parlementaires de devenir ministres et, d'autre part, à soustraire les ministres aux pressions que des groupes parlementaires pourraient exercer sur eux.

Sous les régimes républicains précédents, l'Assemblée pouvait renverser le gouvernement sans la moindre difficulté. Pour remédier à cette faiblesse gouvernementale, la Constitution de 1958 précise en plusieurs endroits les rapports entre le Gouvernement et le Parlement. Lorsque le Premier Ministre a été nommé par le Président de la République, il présente son programme à l'Assemblée, et l'un de ses ministres fait de même au Sénat. Cette déclaration fait l'objet d'un vote de l'Assemblée. Si ce vote est favorable, le Gouvernement est investi, mais si le vote est défavorable, le Premier Ministre doit remettre sa démission au Président de la République.

Lorsque le Gouvernement a été investi, sa responsabilité devant le Parlement peut être engagée de la façon suivante: l'Assemblée (mais non le Sénat) peut présenter une motion de censure qui doit être signée par un dixième des membres de l'Assemblée. Le vote aura lieu quarante-huit heures après le dépôt de la motion. Celle-ci sera repoussée à moins de recevoir la majorité absolue des membres de l'Assemblée. Si la motion est acceptée, le gouvernement doit démissionner. Dans le cas contraire, les signataires de cette motion ne peuvent en proposer une nouvelle au cours de la même session.

5. Ce sont les: (1) Commission des affaires culturelles, familiales et sociales; (2) Commission des affaires étrangères; (3) Commission de la défense nationale et des forces armées; (4) Commission des finances, de l'économie générale et du plan; (5) Commission des lois constitutionnelles, de la législation et de l'administration générale de la République; (6) Commission de la production et des échanges.

Le Palais-Bourbon, siège de l'Assemblée nationale

L'Assemblée nationale en session

Le Palais de l'Élysée, demeure du chef de l'État

Une séance solennelle au Palais de Justice

De son côté, le Premier Ministre peut engager la responsabilité de son Gouvernement sur le vote d'un texte. Celui-ci est alors considéré comme adopté à moins qu'une motion de censure ne soit votée dans les conditions indiquées plus haut.

Finalement, le rôle de l'Assemblée a été considérablement affaibli du fait que la Constitution énumère les matières qui sont du domaine de la loi, donc du Parlement, et déclare que les autres matières ont un caractère réglementaire, ce qui revient à dire qu'elles échappent à la compétence du Parlement. En plus, le Gouvernement peut demander au Parlement «l'autorisation de prendre par ordonnances, pendant un délai limité, des mesures qui sont normalement du domaine de la loi» (Article 38).

Comme sous les républiques précédentes, c'est le Parlement qui peut mettre le Président, ainsi que les membres du Gouvernement, en accusation de haute trahison. En ce cas, ce serait la Haute Cour de Justice qui les jugerait. Cette cour se composerait de 24 juges titulaires et de 12 juges suppléants élus au sein des deux assemblées par les parlementaires.

La Constitution de 1958, reconnaissant que la République française est «démocratique et sociale», a intégré parmi les organes constitutionnels une assemblée séparée, dite Conseil économique et social. Ce Conseil, dont le rôle est consultatif, est composé de 205 membres désignés pour cinq ans, qui représentent les activités économiques, sociales, scientifiques et culturelles de la communauté.

Nous avons vu plus haut que le Président de la République est garant de l'indépendance de l'autorité judiciaire. Dans cette tâche il est assisté par le Conseil supérieur de la Magistrature qu'il préside et dont le Ministre de la Justice est Vice-Président de droit. Les neuf autres membres sont désignés par le Président de la République. Le rôle de ce Conseil est de nommer certains magistrats, de donner son avis sur les nominations d'autres magistrats, et de servir de conseil de discipline de la magistrature.

L'innovation la plus frappante de la Cinquième République est, sans doute, le Conseil constitutionnel qui est composé de neuf membres désignés pour neuf ans. Trois de ces membres sont désignés par le Président de la République, trois par le Président du Sénat et trois par le Président de l'Assemblée nationale. Ces membres sont renouvelables par tiers tous les trois ans. Le Président du Conseil est choisi par le Président de la République. En outre, les anciens Présidents de la République en font partie à vie.

Le rôle de ce Conseil ressemble en gros au rôle de la Cour suprême des États-Unis en tout ce qui concerne la Constitution. Il doit veiller à ce que les lois et les règlements intérieurs du Parlement, l'organisation des opérations de référendum, les élections des parlementaires et celle du Président de la République soient en tous points conformes à la Constitution. En outre, il surveille le recensement général et doit être consulté avant l'application de l'article 16 de la Constitution.

Les partis politiques

L'article 4 de la Constitution déclare que «les partis et groupements politiques concourent à l'expression du suffrage. Ils doivent respecter les principes de la souveraineté nationale et de la démocratie.»

Les principaux partis politiques sous la Cinquième République et leur représentation à l'Assemblée de 1968 sont:

L'Union Démocratique de la Cinquième République (U.D.R)	293
Les Républicains Indépendants (R.I.)	56
Progrès et Démocratie Moderne (P.D.M.)	33
La Fédération de la Gauche Démocratique et Socialiste (F.G.D.S.) (Section Française de l'Internationale Ouvrière et Radicaux-Socialistes)	57
Le Parti Communiste français	33
Divers droite	11
Divers gauche	4
	487

Il est à noter que les partis politiques en France ne ressemblent que peu aux partis politiques en Grande-Bretagne ou aux États-Unis. Pendant très longtemps la démocratie libérale en France a refusé catégoriquement de reconnaître l'existence des partis afin qu'il n'y ait aucun intermédiaire entre les députés, représentants du peuple dans son ensemble, et les électeurs. L'influence de Jean-Jacques Rousseau et des doctrines individualistes du XIXe siècle apparaît clairement dans cette notion. Tout ce qui risquait de fragmenter la «nation souveraine» était à condamner. Cependant, vers la fin du siècle précédent, les transformations sociales, causées par la révolution industrielle, ont contribué à mettre en évidence l'impuissance de l'individu isolé à défendre ses idées et ses intérêts. Ajoutons à cela l'influence des idées marxistes dont le réalisme a supplanté l'idéalisme à la Rousseau. C'est ainsi que l'action politique organisée a commencé d'abord parmi les éléments de l'extrême-gauche, imités bientôt par les radicaux et enfin par les conservateurs. Mais, aujourd'hui même, c'est surtout à gauche que l'on trouve le terme «parti» tandis qu'à droite et même au centre on préfère les mots «groupe», «ralliement», «mouvement», ou «union»—avec tout ce que cela implique du point de vue de l'organisation et de la discipline.

Le Parti communiste et le Parti socialiste (S.F.I.O.) ont traditionnellement favorisé une organisation disciplinée et hiérarchisée. Le Parti communiste français recherche, comme les partis communistes des autres nations, la conquête totale du pouvoir politique et la dictature du prolétariat. Pour cela, il est prêt à employer les méthodes légales (participation à la vie parlementaire), et illégales (l'insurrection), le but à atteindre étant, naturellement, une organisation sociale fondée sur la suppression de la propriété individuelle et la mise en commun des biens et des produits de la terre et de l'industrie. Depuis 1945 le Parti communiste a reçu régulièrement entre 20 et 30 pour cent des voix électorales. Néanmoins, le nombre des membres du Parti ne cesse de diminuer. Ce fait paradoxal semble indiquer que la plupart de ceux qui votent communiste en France sont poussés non pas par le désir d'établir un régime marxiste mais plutôt par la conviction que ce parti représente leur meilleur espoir de voir s'améliorer leur situation sociale et économique.

Le Parti socialiste français est, en dehors des communistes, le seul parti qui ait une influence notable dans les milieux ouvriers mais c'est surtout parmi les employés et les petits fonctionnaires qu'il recrute son corps électoral.

Le Parti socialiste cherche à remplacer le capitalisme par un contrôle démocratique de l'économie. Les industries principales deviendraient propriété de l'État et seraient dirigées par des agences gouvernementales aux différents niveaux: national, régional et local. Cependant le socialisme reconnaît la valeur de la propriété privée dans certains secteurs, tels que l'agriculture, l'artisanat, le petit commerce et les petites et moyennes industries. Le grand chef du Parti socialiste au début du XXe siècle était Jean Jaurès, qui est mort assassiné en 1914. D'après lui, le capitalisme devait inévitablement faire place au socialisme, suivant la loi de l'évolution économique. Pour lui, la démocratie sans le socialisme était imparfaite. Mais il affirmait aussi que sans la démocratie, le socialisme était impuissant. Son successeur, Léon Blum (mort en 1950), estimait également que l'évolution sociale allait mettre fin au capitalisme mais, ayant observé l'expérience russe, il en déduisait que l'avènement du socialisme n'était pas inévitable—que le capitalisme privé pourrait fort bien faire place à un capitalisme d'état. Pour prévenir l'échec du socialisme, Blum était décidé à collaborer avec les amis de la démocratie, même avec les catholiques en cas de nécessité.

Aujourd'hui le Parti socialiste a perdu beaucoup de ses adhérents en raison de son incapacité d'établir une position politique satisfaisante vis-à-vis des communistes, et également du fait qu'une grande partie de son programme a déjà été réalisée. En effet, si l'on compare l'aménagement social d'il y a trente ans, en France, avec celui d'aujourd'hui, on doit constater qu'une très nette poussée socialisante s'est produite dans tous les domaines, poussée qui se traduit surtout par les interventions massives et quotidiennes de l'État. Or, l'étatisme, c'est le socialisme.

Le Parti radical socialiste a dominé la scène politique pendant la Troisième République. À l'encontre des deux partis que nous venons d'examiner, celui-ci n'a jamais réussi à établir un contrôle disciplinaire, soit de ses membres au Parlement, soit de ses comités locaux dans les circonscriptions électorales. Le seul principe qui réunit tous les radicaux est sans doute l'anti-cléricalisme. Dès la naissance du parti en 1901, le programme radical demandait le suffrage universel (pour les hommes), la liberté de la presse et de l'individu, l'instruction laïque, gratuite et obligatoire, et la séparation de l'Église et de l'État. Révolutionnaires au début, les radicaux, une fois au pouvoir, sont devenus de fidèles défenseurs des institutions de la Troisième République. C'est ainsi que le Parti radical socialiste s'est identifié aux classes moyennes, surtout dans les provinces—c'est-à-dire qu'il représente les éléments les moins avancés de la vie française. Cela explique le déclin du parti lors des récentes élections.

Le parti qui, aux élections de 1968, a obtenu le plus de sièges parlementaires, est l'U.D.R. (Union Démocratique de la Cinquième République) qui est, en somme, l'ancien Rassemblement du peuple français fondé par le général de Gaulle en 1948. Ce parti est, comme l'indique son nom, une coalition des partisans du gaullisme, certains se réclamant de la droite, d'autres de la gauche et beaucoup étant des jeunes qui refusent l'appellation «droite» ou «gauche» et préfèrent former simplement le parti du gouvernement.

L'administration

L'administration est assurée par différents ministères qui sont aujourd'hui au nombre de quatorze:

Le Ministère de la Justice
Le Ministère des Affaires Étrangéres
Le Ministère de l'Intérieur

Le Ministère des Armées

Le Ministère de l'Économie et des Finances

Le Ministère de l'Éducation Nationale

Le Ministère du Plan et de l'Aménagement du Territoire

Le Ministère de la Recherche scientifique et des
    questions atomiques et spatiales

Le Ministère de l'Équipement et du Logement

Le Ministère de l'Industrie

Le Ministère de l'Agriculture

Le Ministère des Transports

Le Ministère des Anciens Combattants

Le Ministère des Postes et Télécommunications

Il y a en outre trois Ministres d'État chargés des Affaires culturelles, des Affaires sociales et des Relations avec le Parlement, et douze Secrétaires d'État.

Le nombre de Ministres, de Ministres d'État et de Secrétaires d'État varie légèrement d'un Gouvernement à l'autre, selon les vœux du Premier Ministre.

La Justice

Le Ministère de la Justice a le pas sur tous les autres, parce qu'il représente, au sein de l'exécutif, le troisième pouvoir. Nous avons noté plus haut que le Ministre de la Justice est, de droit, Vice-Président du Conseil supérieur de la Magistrature. Il est en outre, garde des sceaux et chef de l'administration judiciaire.

La juridiction en France est double: judiciaire et administrative. Les juridictions judiciaires sont chargées de rendre la justice civile et la justice pénale, tandis que les juridictions administratives ont à juger les litiges entre l'État et les particuliers. Cette dernière catégorie comprend l'ensemble très important des tribunaux administratifs qui, sous la haute autorité du Conseil d'État, jugent en principe les litiges entre particuliers et administrations publiques. Le Conseil d'État sert de juge d'appel des tribunaux administratifs. Ses membres sont nommés par le Gouvernement.

Les juridictions judiciaires ont pour fonction de juger les litiges entre particuliers ainsi que les délits et les crimes. Leur hiérarchie s'échelonne depuis les tribunaux d'instance (au moins un par arrondissement)[6]

6. Subdivision du département à la tête de laquelle il y a un sous-préfet. Celui-ci n'a aucun pouvoir propre; il est l'agent et le représentant du préfet.

jusqu'aux cours d'appel (27 pour toute la France) en passant par les tribunaux de grande instance (au moins un par département). Au sommet, se trouve la Cour de cassation chargée de reviser les jugements dans lesquels des erreurs de droit ont été commises.

Les tribunaux d'instance ont remplacé, en 1958, les justices de paix instituées dans chaque canton en 1790.[7] Suivant les cas, un ou plusieurs juges sont affectés au tribunal d'instance, mais les jugements sont toujours rendus par un seul magistrat. En matière civile, les litiges ne dépassant pas 1.500 NF[8] sont tranchés sans appel par ce tribunal, les litiges qui varient entre 1.500 et 3.000 NF relèvent également de ce tribunal mais avec appel possible devant le Tribunal de grande instance et, éventuellement, devant la Cour d'appel.

En matière pénale, le Tribunal d'instance s'appelle le Tribunal de police et juge les contraventions aux règlements de police, des préfets et des maires, les vols, les coups, etc.

Les Tribunaux de grande instance (172) ont remplacé les 351 anciens tribunaux civils. Chaque tribunal est composé de trois juges: un président et deux assesseurs. Il est compétent pour juger toutes les affaires concernant l'état civil des personnes (filiation, mariage, divorce, etc.), ainsi que les litiges portant sur un montant supérieur à 3.000 NF. L'appel est possible devant la Cour d'appel compétente.

En matière pénale le Tribunal de grande instance devient le Tribunal correctionnel et il est compétent pour les délits, c'est-à-dire les infractions punies de peines correctionnelles (emprisonnement et amende à un plafond élevé). Ces jugements correctionnels peuvent être portés devant la Cour d'appel.

Les Cours d'appel possèdent, comme nous l'avons vu, une compétence d'appel générale. Il n'existe d'exception à cette compétence que lorsque la loi, en raison de la modicité de l'objet du litige, déclare les jugements rendus «en premier et en dernier ressort». Chaque cour se compose d'au moins quatre chambres spécialisées (civile, correctionnelle, mise en accusation et sociale). Chaque chambre est présidée par cinq juges.

À l'échelon départemental la cour d'assises est la juridiction répressive chargée de juger définitivement et sans appel les infractions à la loi qualifiées «crimes» et punies de peines afflictives et infamantes, depuis la réclusion jusqu'à la mort. Cette cour se réunit généralement tous les trois mois et se compose de deux éléments bien distincts: trois magistrats professionnels, formant la cour et neuf citoyens formant le jury.

7. Il y avait, en 1958, 2.019 justices de paix; il y a maintenant 454 tribunaux d'instance.
8. NF: nouveaux francs. Établi en 1958, le nouveau franc vaut environ $0.20.

Au-dessus de toutes les juridictions judiciaires se trouve la Cour de cassation chargée, nous l'avons vu, non pas des affaires sujettes à litige mais des jugements rendus par les juridictions. Si la cour estime qu'une sentence a été irrégulièrement rendue elle la casse et renvoie le jugement à une autre juridiction de même ordre.

Notons finalement qu'il existe d'autres tribunaux spécialisés: les Tribunaux de commerce, pour les litiges commerciaux; les Conseils de prud'hommes, pour les conflits entre employeurs et salariés; les Tribunaux des baux ruraux, pour les conflits entre preneurs et bailleurs de baux ruraux. En plus, il y a les Tribunaux pour enfants (de moins de 18 ans), les Tribunaux militaires et maritimes, et les Tribunaux maritimes commerciaux.

Les magistrats français sont formés par le Centre national d'études judiciaires. Le recrutement se fait par voie de concours ouvert aux Français titulaires de la licence en droit. Les candidats admis sont affectés pour une durée de trois ans en qualité «d'auditeurs de justice» avec traitement. À la sortie du Centre une liste de classement est établie, par ordre de mérite, et le magistrat choisit son poste dans cet ordre sur la liste proposée.

La plupart des lois françaises ont été codifiées depuis l'époque napoléonienne. La plus célèbre de ces codifications est le Code Napoléon (ou Code civil) qui a été l'objet de modifications assez nombreuses depuis sa promulgation. Il y a aussi le Code pénal, le Code rural, le Code de justice militaire, etc.

L'Intérieur

Le Ministère de l'Intérieur a une tâche particulièrement lourde puisque c'est à lui qu'appartient de maintenir l'ordre sur tout le territoire français —non seulement entre tous les citoyens et leurs organisations locales et régionales, laïques et religieuses, mais également dans les budgets départementaux et communaux. C'est du Ministre de l'Intérieur que dépendent les préfets et les sous-préfets et, en une certaine mesure, les maires et leurs adjoints.

La France est divisée, pour les besoins de l'administration, en départements, et les départements en communes. La commune est la collectivité territoriale la plus ancienne et correspond à une réalité géographique et sociologique très nettement délimitée. L'histoire des communes débute au moyen âge par la lutte des municipalités contre l'autorité seigneuriale et la féodalité. Sous l'Ancien Régime les communes se caractérisaient sur-

tout par l'extrême diversité de leur juridiction; c'est pourquoi les révolutionnaires de 1789 ont dirigé leurs réformes vers une uniformité de régime
en même temps que vers une décentralisation très poussée. Sous le Premier
Empire cette décentralisation a été renversée et l'autonomie municipale a
été presque supprimée. De la chute de Napoléon à nos jours, l'histoire de
la commune se résume dans la reconnaissance par l'État à la commune de
certaines prérogatives d'autonomie. Le régime communal se caractérise
par plusieurs traits: les communes, bien que d'importance inégale, ont un
régime uniforme:[9] deux organes communaux, démocratiquement choisis,
le maire et le conseil municipal, sont chargés de gérer les affaires communales, sous le contrôle du pouvoir central. Le conseil municipal, selon
la population, est composé de 9 à 37 conseillers municipaux élus pour
6 ans. Il se réunit quatre fois par an en séances ordinaires. Les conseillers
élisent leur président, qui devient le maire de la commune, et ses adjoints.
Ensemble, ils sont chargés de la gestion des intérêts et des affaires de la
commune et surtout de voter et d'équilibrer le budget qui doit être approuvé par le préfet.

C'est le maire qui est le principal personnage de la commune. Il est
officier d'état civil et doit établir les actes de naissance, de mariage, de
divorce ou de décès. Il est officier de police municipale et à ce titre, doit
assurer la tranquilité publique, la sécurité des rues et des routes, la lutte
contre les épidémies ou les fléaux. En tant que délégué du Gouvernement
il est chargé de faire publier les lois et les règlements et de veiller à leur
application. Enfin, et surtout, il est l'administrateur de la commune dont
il gère les biens sous la surveillance du conseil municipal et la tutelle du
préfet. En tant que délégués du Gouvernement le maire et ses adjoints
peuvent être suspendus pour un mois par le préfet, pour trois mois par le
Ministre de l'Intérieur et révoqués par le Premier Ministre.

Le *département* est une création récente. Sous la monarchie, la France
était divisée en provinces dont les limites étaient variables, ainsi d'ailleurs
que le régime administratif. Dans le but d'uniformiser ces circonscriptions
administratives et de démanteler les provinces, la Révolution de 1789 a
divisé la France en départements. Pour ceci les réformateurs sont partis
d'un principe très simple: les limites extrêmes de chaque département
devaient se trouver à une journée de voyage du chef-lieu.

Il y a aujourd'hui 95 départements métropolitains (y compris la Corse)
ayant à leur tête un «préfet». Nommé par décret du Président de la
République sur proposition du Ministre de l'Intérieur, le préfet est

9. Paris fait exception: voir plus loin.

d'abord un agent du pouvoir central et ensuite un agent du département. En tant qu'agent de l'État, le préfet doit exécuter les ordres du Gouvernement et assurer l'exécution des lois, décrets et arrêtés. En tant qu'agent du département il doit préparer les travaux du Conseil général et exécuter les décisions de ce Conseil, notamment le budget départemental.

Chaque département a une assemblée: le Conseil général, élu au suffrage universel direct à raison d'un conseiller général par canton.[10] Les conseillers généraux sont élus pour 6 ans et sont renouvelables par moitié tous les 3 ans.

Le Conseil général se réunit deux fois par an pour s'occuper des affaires départementales. Son rôle principal est de voter le budget du département. Tous les trois ans il participe à l'élection des sénateurs.

Il y a, au-dessus de chaque département, de nombreuses circonscriptions administratives dont le caractère commun est de réunir plusieurs départements. Elles englobent tantôt certains départements, tantôt certains autres. C'est ainsi que pour l'éducation, la France est divisée en vingt-deux académies, dirigées chacune par un recteur qui est le chef des trois ordres d'enseignement de son ressort (élémentaire, secondaire, universitaire). L'armée est sous le contrôle de dix régions militaires commandées chacune par un officier général. Ces régions ont été divisées en groupes de plusieurs départements. Il existe, de même, des circonscriptions pour les Postes et Télécommunications, pour la Justice, pour les Eaux et Forêts, l'Église, etc.

Notons, pour terminer, que la ville de Paris, en raison de son importance, connaît un régime spécial.[11] Paris est divisé en vingt arrondissements, numérotés en spirale à partir du centre, et dont chacun comprend quatre quartiers. Dans chaque arrondissement, un maire et ses adjoints (de trois à sept, selon la population) sont chargés de tous les actes de l'état civil, des œuvres d'assistance ou d'hygiène, de la surveillance des écoles, etc. Ils sont nommés par décret et sont les agents du Gouvernement. Chaque quartier envoie un représentant à l'Hôtel de ville; ces représentants constituent le conseil municipal qui vote et administre le budget. Il n'y a pas de maire pour l'ensemble de la ville, mais, pour les cérémonies, c'est le président du conseil municipal qui représente la ville. Les fonctions de maire sont remplies par le préfet de Paris et par le préfet de

10. Le canton, subdivision territoriale de l'arrondissement, n'a plus guère d'intérêt que pour cette élection.
11. En 1964, les départements de la Seine et de la Seine-et-Oise ont été supprimés. La région parisienne se compose maintenant de la ville de Paris, des départements des Hauts-de-Seine, de la Seine-Saint-Denis, du Val-de-Marne, de l'Essonne, des Yvelines, du Val d'Oise et de la Seine-et-Marne.

police qui a sous ses ordres toute la police de la ville, y compris une gendarmerie spéciale: la Garde républicaine.

Les Forces armées

L'organisation de la défense du pays est la responsabilité directe du Premier Ministre. Pour l'aider dans cette tâche il a un Ministre des Forces armées qui est lui-même assisté par trois secrétaires d'État chargés des armées de terre, de mer et de l'air. En outre, le Gouvernment dispose des avis du Conseil supérieur et du Comité de Défense nationale.

L'armée française est nationale et se recrute par la conscription. Tout Français, apte physiquement, doit se soumettre à un service militaire dont la durée est de seize mois. En dehors du service actif les Français doivent accomplir, sous forme de périodes, des obligations militaires dans les réserves, entre vingt-et-un et quarante-neuf ans.

Le recrutement des officiers de carrière est assuré par les grandes écoles militaires: *l'École polytechnique* (pour les officiers du génie), *l'École spéciale militaire interarmes,* établie à Coëtquidan, en Bretagne, après avoir été pendant deux siècles à Saint-Cyr, près de Paris.

D'autres écoles assurent la formation spécialisée des officiers, telles que Saumur (cavalerie, arme blindée) Saint-Maixent (infanterie), etc.

Les officiers de réserve sont recrutés principalement parmi les jeunes gens dont le niveau des études leur permet de recevoir une *préparation militaire supérieure* (P.M.S.).

L'armée de mer comprend la flotte, l'aéronautique navale, les bases et les arsenaux. La défense du littoral est répartie en trois régions maritimes (Toulon, Brest, Cherbourg) chacune commandée par un amiral appelé *préfet maritime.*

Les officiers de marine sont formés à *l'École navale de Brest* et l'équipage provient essentiellement de *l'inscription maritime,* qui comprend les jeunes gens qui, à l'âge de dix-huit ans, comptent un certain temps de navigation ou de pêche côtière, et *les engagés volontaires.*

L'armée de l'air se recrute comme l'armée de terre. Ses officiers recrutés par voie de concours sont formés par *l'École militaire de l'air* et par *l'École de l'air,* toutes deux installées à Salon-de-Provence.

F.C.S.

Un groupe folklorique français, représentant la Normandie, le comté de Foix
et l'Anjou, devant l'Hôtel de Ville de Paris

Deuxième Partie

PROMENADES
À TRAVERS
LA FRANCE

La place de l'Étoile et l'Arc de Triomphe

Une vue aérienne de l'Île de la Cité et de l'Île Saint-Louis

Chapitre 4

PARIS ET
L'ÎLE DE FRANCE

Paris

AU centre de la cuvette formée par le bassin de la Seine, se trouve la ville prestigieuse de Paris. Paris, le cœur et le cerveau de la France, la plus belle ville du monde, est, depuis des siècles, un aimant qui attire vers lui de tous les coins du globe les artistes et les musiciens, les philosophes, les savants et les poètes. Aucune ville du monde n'évoque tant de rêves, aucune ne peut se vanter, comme elle, d'être à la fois capitale politique, économique, industrielle, littéraire et artistique.

Né modestement sur l'île de la Cité, Paris, appelé alors Lutèce, entre dans l'histoire pendant la conquête romaine. Les Romains, comprenant la valeur de ce lieu pour les communications, se fixèrent sur la rive gauche le long des pentes, et sur le sommet de la colline Sainte-Geneviève. Cette Lutèce avait les monuments qu'on trouvait dans toutes les villes romaines: des arènes, un théâtre, un forum, des thermes, etc. De tout ceci il ne reste aujourd'hui que les arènes, restaurées au XIXe siècle, et des ruines des thermes, car la ville gallo-romaine fut détruite au IIe siècle pendant les invasions barbares.

Il fallut recommencer. Lutèce disparut et les habitants se réfugièrent de nouveau sur l'île de la Cité autour de laquelle ils élevèrent, avec les pierres des monuments romains, la première des nombreuses enceintes qui allaient, au cours des siècles, protéger la ville contre l'envahisseur. Ce n'est qu'à partir du VIe siècle que, de nouveau, on s'établit sur les deux rives du fleuve. Cette fois ce furent les moines qui, construisant d'abord les tombeaux de leurs martyrs, puis les couvents et les monastères autour de ces tombeaux, attirèrent une population de plus en plus large. Jusqu'au XIe siècle la ville grandit sur les deux rives à un rythme égal. Mais l'équilibre se rompit alors en faveur de la rive droite. Un célèbre plan de la ville, dressé au XVIe siècle, le plan Munster, nous montre la Ville, la Cité et l'Université de Paris. La Cité, c'est le vieux noyau sur l'île; la Ville, c'est la rive droite; l'Université, c'est la rive gauche. C'est sur la rive droite, en effet, que se forma l'agglomération marchande qui allait jouer, après les abbayes, un rôle essentiel dans le développement de Paris.

De 1190 à 1225, le roi Philippe-Auguste fit bâtir une enceinte autour de la ville qui devait, croyait-on, laisser une grande marge d'extension. (Des vestiges de ce mur se trouvent encore dans le IVe arrondissement, rue des Jardins-Saint-Paul et dans le Ve arrondissement, rue Clovis.) Un siècle et demi plus tard, en 1367, Charles V agrandira encore la ville de la rive droite, mais la rive gauche restera la même jusqu'au XVIIIe siècle.

La nouvelle enceinte de Charles V s'explique par l'entrée en jeu d'un nouvel élément: les résidences royales. En effet, dès la fin du XIVe siècle, le souverain quitta son palais sur l'île de la Cité pour résider parfois au Louvre, mais préférablement dans son domaine à l'est de la ville. Ce domaine étant en dehors des fortifications de Philippe-Auguste, le roi ordonna la construction d'une nouvelle enceinte ainsi que d'une solide forteresse, la Bastille, qui fut terminée en 1382.

À cette époque Paris comptait environ 200.000 habitants. Malgré tous les efforts des rois pour limiter son développement, à cause des difficultés du ravitaillement, du manque d'hygiène et du caractère turbulent de cette population, si prompte à l'insurrection, Paris ne cessa de croître.

Sous François Ier, le Louvre se transforma en palais de la Renaissance et, plus tard, fut prolongé par les Tuileries. Cette fois, c'est l'ouest de la ville qui en profita. Un nouveau quartier naquit, le faubourg Saint-Honoré, qui fut, lui aussi, enfermé dans une nouvelle muraille sous le règne de Louis XIII. En 1730, Paris avait 500.000 habitants. Sous Louis XVI, les fermiers-généraux, pour assurer une meilleure perception des taxes d'octroi, firent établir un mur d'enceinte qui passait par Montmartre, la place de la Nation, Montparnasse et la place de l'Étoile.

Sous la Révolution, les Parisiens n'eurent guère le temps de construire. Il fallut attendre l'Empire de Napoléon Ier pour que Paris reprît son rythme de développement. Puis, sous l'influence de la révolution industrielle, Paris devint une ville de presque un million d'habitants. La population, de 750.000 en 1826, passa à 950.000 en 1848.

La dernière enceinte de Paris date de 1840. Elle fut entreprise à une époque (de 1840 à 1845) où la France craignait une nouvelle invasion. Thiers, qui gouvernait alors, décida d'entourer la ville d'une ligne de fortifications reliées les unes aux autres et placées bien en avant du Paris d'alors. En 1859, les limites de la ville coïncidaient avec le mur fortifié.

C'est sous le règne de Napoléon III que Paris commença à se transformer en ville moderne, grâce à l'œuvre du baron Haussmann. Préfet de la Seine, et jouissant de la confiance de l'Empereur, Haussmann exerça

une véritable dictature sur l'urbanisme parisien. De larges artères recti-
lignes et de vastes places furent tracées, trois grands parcs et vingt squares
furent créés et les bois de Boulogne et de Vincennes furent aménagés pour
le public. En 1866, la population parisienne se chiffrait à 1.800.000.

La Troisième République suivit la voie tracée par Haussmann et
continua la série de grandes voies et de places en étoile. Le Métropolitain
(le chemin de fer souterrain que tout le monde appelle le «métro») fut
inauguré en 1900 et n'a cessé depuis d'étendre son réseau qui est très
serré et très étendu, commode et d'un prix modique. La ville-mère continua à déborder sur les banlieues et au-delà des limites du département
de la Seine.

Lorsque l'on regarde la carte du Paris actuel, on s'aperçoit que cette
ville mêle les deux grands systèmes de plans urbains: l'échiquier et le
radioconcentrique. L'échiquier est commandé par la croisée de deux axes
se coupant à angle droit: l'axe nord-sud, de la Porte d'Orléans à la gare
de l'Est, et l'axe ouest-est, des Champs-Elysées à l'avenue de Vincennes.
Le plan radioconcentrique, son nom l'indique, se compose de rayons et
de cercles, les derniers représentant les enceintes successives de Paris con-
verties en boulevards. Ainsi nous avons les Grands Boulevards, de la
Madeleine à la Bastille, correspondant aux remparts de Charles V et de
Louis XIII, dont le cercle est complété par le boulevard Saint-Germain,
qui date de Haussmann; les boulevards «extérieurs» qui correspondent à
l'enceinte des Fermiers-Généraux; enfin, les boulevards militaires qui ont
remplacé, après 1920, l'enceinte de Louis-Philippe.

Les rayons sont représentés par une série de grandes voies qui jouent
sur le plan de l'échiquier le rôle de diagonales. Très souvent, ces rues
rayonnantes partent des places en étoile, qui sont une des caractéristiques
de Paris. Les unes se trouvent au niveau des grands boulevards: place de
l'Opéra, place de la République, place de la Bastille. D'autres sont entre
les grands boulevards et les boulevards extérieurs: place Voltaire, place
Denfert-Rochereau, place de l'Alma. D'autres encore sont sur la ligne des
boulevards extérieurs: place de l'Étoile, place de la Nation, place d'Italie.
Enfin, sur le trajet des boulevards militaires ont été aménagées les «places
de porte»: places de la porte de Saint-Cloud, de la porte Maillot, de la
porte de Vincennes, de la porte d'Orléans, etc.

Au-delà de ces «portes» de Paris, se prolongent les communes de la
banlieue qui se répartissent en trois types: résidence disséminée, résidence
groupée, usines. Les agglomérations industrielles, qui sont les plus
peuplées, sont aussi les plus proches de Paris. Tout le nord de Paris est
coiffé par un grand cercle d'usines: Saint-Denis, Saint-Ouen, Auber-

villiers, Pantin. De même, à l'est, Noisy-le-Sec, Bobigny, et à l'ouest, Gennevilliers, Colombes, et Argenteuil qui se relient maintenant aux grands centres industriels de Clichy, Levallois, Puteaux, Boulogne-Billancourt, etc.

Au sud, au-delà d'un ruban d'usines, les communes de l'arrondissement de Sceaux (Bourg-la-Reine, Sceaux, Plessis-Robinson, Fontenay-aux-Roses, etc.) ont conservé un caractère résidentiel et parfois agreste. À l'est, Vincennes, Saint-Mandé, Saint-Maur-des-Fossés ont de même réussi à garder parcs et jardins.

En 1964, la région parisienne comptait 9.117.500 habitants, tandis que la ville de Paris en comptait près de trois millions. C'est essentiellement par les migrations que s'accroît la population et particulièrement celle du noyau central. Il est fort probable qu'en 1970 la population de la région parisienne atteindra 10.000.000. C'est pour cela que les autorités responsables songent dès maintenant à prendre des dispositions sévères pour freiner, dans toute la mesure du possible, cet accroissement continu. Le problème de l'habitat, celui de la circulation et des transports, et surtout celui des services publics deviennent de plus en plus difficiles à résoudre.

Le rôle de Paris

Paris joue un rôle de premier plan dans la vie de la nation française, grâce à ses multiples fonctions politiques, intellectuelles, commerciales et industrielles.

Ce sont les Mérovingiens qui, les premiers, firent de Paris la ville capitale. Lyon avait été choisi par les Romains et Aix-la-Chapelle le fut par les Carolingiens. Les Capétiens suivirent l'exemple de Clovis et dorénavant le sort de la ville fut lié au sort de la dynastie et du gouvernement. C'est à Paris que réside le chef de l'État, c'est Paris qui abrite le Parlement, tous les ministères, les ambassades et les légations étrangères, la Bourse et la Banque de France.

En ce qui concerne son rôle intellectuel, il est indéniable que, hormis quelques œuvres régionales, tout ce qui est littérature d'imagination s'écrit ou se publie à Paris. C'est à Paris que se trouvent les grandes maisons d'éditions et que sont publiées les grandes revues littéraires et artistiques. L'Université de Paris compte plus de 70.000 étudiants, dont un tiers d'étrangers. Malgré un louable effort de décentralisation, encouragé par le gouvernement par d'importants subsides, c'est toujours à Paris que sont consacrées les nouvelles pièces de théâtre. Le cinéma français a ses studios dans la région parisienne. Ce qu'on appelle en peinture *l'école de Paris* est composé d'artistes de toutes nations qui trouvent dans cette ville l'atmosphère et le «climat» propres à leur tempérament et nécessaires à leur inspiration.

Comme conséquence de sa fonction de capitale, Paris joue un grand rôle dans l'ensemble des communications. Toutes les grandes voies ferrées y convergent et déversent les voyageurs dans six grandes gares: les gares de Lyon, d'Austerlitz, de Montparnasse, de Saint-Lazare, du Nord et de l'Est. Paris est également le point de départ de toutes les lignes aériennes françaises qui partent soit de l'aéroport du Bourget, au nord de la ville, soit de l'aéroport d'Orly, au sud. Les voyageurs, quelle que soit leur destination, peuvent prendre l'autocar à l'Esplanade des Invalides, au centre de Paris, pour se rendre à l'aéroport.

Quant aux communications fluviales, Paris bénéficie d'une bonne organisation de voies d'eau: la Seine, la Marne à son confluent, le canal de l'Ourcq, les canaux Saint-Martin et Saint-Denis. Le long de la Seine se trouve une succession ininterrompue de quais divisés en quinze ports, chacun ayant sa spécialité. Ainsi le quai de Bercy est le quai des vins, le quai Saint-Bernard est celui des farines, etc. En dehors de Paris, quinze autres ports élémentaires, dont le plus important est Gennevilliers, sont répartis dans la banlieue.

Aucun visiteur à Paris ne pourra oublier la vue des péniches et des chalands, tantôt isolés, tantôt traînés, par files de cinq ou six, par les remorqueurs. L'activité sur la Seine est constante et témoigne du rôle de premier plan que joue le port de Paris.

La situation naturelle de Paris a fait de cette ville, et de la région avoisinante, un des grands centres industriels de la France. Les industries parisiennes sont essentiellement des industries de transformation et, au premier rang, vient la métallurgie avec, entre autres, ses usines d'automobiles et d'avions. Puis viennent les industries chimiques et alimentaires. La couture et la mode sont des industries d'art qui ont donné à Paris une réputation internationale. La parfumerie, la bijouterie, l'orfèvrerie, plus ou moins liées à l'industrie de la mode, ont rendu célèbres l'ingéniosité et l'habileté des ouvriers parisiens, ainsi que la grande variété de produits tels que les sacs de dames, les manches de cannes et de parapluies, les fleurs artificielles, les accessoires du vêtement et maint bibelot que l'on désigne du terme général: *article de Paris*.

C'est ainsi que toutes les activités humaines sont représentées dans cette ville qui reçoit de la province et des autres nations les matières premières physiques, intellectuelles et spirituelles, les transforme dans le creuset de

son génie et les relance dans le monde entier marquées de son sceau:
«Made in Paris».

Promenades dans Paris

Commençons par le berceau de la capitale: l'île de la Cité. Un étranger,
ayant lu *Notre-Dame de Paris* de Victor Hugo et venant à Paris pour la
première fois, aurait grand'peine à reconnaître l'Île. Où sont les ruelles
tortueuses, les maisons hautes et étroites entassées les unes contre les
autres, les innombrables églises médiévales? Où est le cabaret de la
Pomme-de-Pin où se rencontraient Molière, Racine, Boileau et La Fontaine? Où est le vieux Pont-au-Change avec ses boutiques d'orfèvres? Tout
cela a disparu par ordre du baron Haussmann, qui avait décidé que l'Île
ne garderait que ses monuments entourés de grandes places découvertes.

En aval de l'île, le vieux Pont-Neuf, terminé en 1604, demeure intact.
Il est aisé d'imaginer les éventaires des marchands, les tréteaux des arra-
cheurs de dents et, surtout, les baraques des comédiens et des saltim-
banques qui encombraient le pont au XVIIe siècle et faisaient de lui le
centre de la vie populaire. Au centre se trouve toujours la statue équestre
de Henri IV (c'est la deuxième; la première, ayant été fondue en 1792, a
été remplacée en 1818). Le Vert-Galant fait face à la place Dauphine
(place triangulaire aux maisons uniformes construites au début du XVIIe
siècle) et, au-delà de la place, au Palais de Justice. Ancien Palais Royal
jusqu'à Charles V, puis Palais du Parlement, il est, depuis la Révolution,
le siège de la magistrature. Le côté nord abrite encore la grande tour
carrée de l'Horloge et les tours rondes de la Conciergerie. C'est dans cette
partie du Palais que furent emprisonnés Louis XVI, Marie-Antoinette,
Charlotte Corday, Mme du Barry, André Chénier et tant d'autres victimes
de la Révolution.

Dans la cour du Palais se trouve l'admirable Sainte-Chapelle, construite
en deux ans (1246–1248) pour abriter la couronne d'épines et d'autres
reliques du Christ et de la Vierge réunies par Saint Louis.

Derrière le Palais se trouvent la Préfecture de Police (qui abrite la
célèbre Sûreté générale), le Tribunal de commerce et l'Hôtel-Dieu.

En amont de l'île, s'élève la masse grandiose de Notre-Dame de Paris,
pure expression de l'art français et édifice religieux le plus remarquable de
la capitale. Il est difficile de ne pas songer avec admiration à l'audace des
constructeurs qui, au XIIe siècle, osèrent poser les fondations de cette
cathédrale. Imposante dans le Paris d'aujourd'hui, quelle ne devait pas
être sa majesté dans le bourg du moyen âge!

Commencée en 1163 sur le lieu même où s'étaient succédés autel gaulois, temple gallo-romain, basilique chrétienne et église romane, la cathédrale fut terminée sous Louis IX en 1250. Après avoir subi les injures des siècles et les outrages des révolutionnaires de 1789, elle fut restaurée au XIXᵉ siècle par l'architecte Viollet-le-Duc entre 1841 et 1864. Que d'événements se sont déroulés au pied des tours de Notre-Dame; que de *De Profundis* et de *Te Deum* ont été chantés sous ses voûtes pour marquer ou célébrer les deuils et les joies de la nation française!

Derrière l'île de la Cité, reliée à elle par une passerelle pour piétons, se trouve l'île Saint-Louis dont toutes les maisons, ou presque, datent de l'époque où cette île fut habitée pour la première fois, c'est-à-dire du XVIIᵉ siècle. Le quartier, calme et paisible, qui ressemble à une petite ville de province, est recherché par les intellectuels et les artistes.

Sur la rive gauche, en face de l'île de la Cité, s'étend le Quartier latin, royaume des étudiants depuis le XIIᵉ siècle. Dans ce quartier, traversé du nord au sud par le boulevard Saint-Michel (le Boul'Mich) et la rue Saint-Jacques (ancienne voie romaine) et de l'est à l'ouest par le boulevard Saint-Germain, se trouvent les lycées Saint-Louis, Louis-le-Grand et Henri IV, la Sorbonne (Faculté des lettres et des sciences de l'université de Paris), le Collège de France, la Faculté de médecine, l'École polytechnique, l'École normale supérieure (rue d'Ulm) pour ne mentionner que les plus célèbres de ces établissements scolaires.

Au sommet de la montagne Sainte-Geneviève se dresse un des monuments les plus visités de la capitale: le Panthéon, commencé par l'architecte Soufflot en 1758 et terminé par Rondelet en 1789. Tour à tour église et nécropole, il est de nos jours un temple laïque qui abrite les tombeaux d'illustres Français tels que Voltaire, Rousseau, Zola, Jaurès, Painlevé, Langevin, Braille, etc. Les murs du Panthéon sont décorés de fresques dont les plus célèbres, par Puvis de Chavannes, retracent l'histoire de Sainte Geneviève, patronne de Paris.

La rue Soufflot, qui descend du Panthéon, mène droit au Jardin et au Palais du Luxembourg. Le Palais, construit de 1615 à 1627 pour Marie de Médicis, est le siège du Sénat. Le grand parc parisien ne manque jamais d'impressionner les visiteurs par l'harmonie de ses lignes, la beauté de ses ombrages et le coloris de ses parterres. On y rencontre, à part les étudiants, de nombreux enfants qui s'amusent à faire voguer leurs bateaux à voiles sur les eaux du bassin ou qui s'émerveillent devant les personnages grotesques du Guignol. Et sur la terrasse qui entoure le bassin, les statues des reines de France contemplent tranquillement cette turbulente jeunesse.

En face et à droite du Palais du Luxembourg se trouve l'ancien Odéon (aujourd'hui Théâtre de France), construit de 1773 à 1782 pour abriter les Comédiens français. C'est dans cette salle que joua le grand Talma, qu'eut lieu la «bataille d'Hernani» et que, de nos jours, Jean-Louis Barrault monta *Tête d'Or,* de Paul Claudel.

Au numéro 1 de la place semi-circulaire datant du XVIIIe siècle, située devant le théâtre, on peut entrer dans le café Voltaire que fréquentaient les Encyclopédistes et, plus tard, Verlaine, Mallarmé et Barrès.

On trouve aussi, dans le voisinage du Luxembourg, la place Saint-Germain-des-Prés avec son église du XIe siècle (une des plus anciennes de Paris), et ses cafés littéraires (les Deux Magots et le Flore) et politique (la Brasserie Lipp); la place Furstemberg, datant du XVIIe siècle, où se trouve l'ancien studio de Delacroix; puis la place Saint-Sulpice, avec sa fontaine ornée des statues de quatre évêques et son église d'un style mixte jésuite-renaissance.

Plus loin, en allant vers l'ouest, on rencontre le Palais Bourbon, ou Chambre des Députés, siège de l'Assemblée nationale, qui fait face à la splendide place de la Concorde, de l'autre côté de la Seine. Construite au XVIIe siècle sous la direction de l'architecte Jacques-Ange Gabriel, cette place est bordée au nord par deux édifices à colonnes et arcades de l'époque, qui abritent maintenant un hôtel renommé (l'hôtel Crillon), une banque, l'Automobile Club de Paris et le Ministère de la Marine. Un peu en retrait, à gauche, et datant du XXe siècle, se trouve l'ambassade des Etats-Unis. Autour de la place, on remarque huit statues de grandes villes de France et, au centre, le célèbre obélisque de Louqsor, cadeau du vice-roi d'Égypte, Méhémet Ali, au roi de France, Louis-Philippe.

Du terre-plein de cet obélisque se dégagent quatre admirables perspectives: à l'ouest, les Champs-Élysées, avec ses fameux chevaux de Marly à l'entrée, menant à l'Arc de Triomphe de l'Étoile; à l'est, le jardin des Tuileries allant vers l'Arc de Triomphe du Carrousel et le Louvre. Au nord, la perspective de la rue Royale vers la Madeleine, église en forme de temple grec élevée sous le règne de Napoléon Ier, et au sud, de l'autre côté du pont de la Concorde, se dresse la Chambre des Députés.

En levant les yeux on peut voir, par temps clair, loin derrière la Madeleine et à droite, la masse blanche de la basilique du Sacré-Cœur. Cette église, de style romano-byzantin, fut construite peu après la guerre de 1870, au sommet de la butte Montmartre.

Revenons sur nos pas, retraversons le pont de la Concorde (inauguré en 1790) et reprenons notre promenade sur la rive gauche. En longeant le quai d'Orsay, qui donne son nom au Ministère des Affaires étrangères qui s'y trouve, on arrive à une autre célèbre perspective: celle que l'on a de l'esplanade des Invalides. À droite, le plus large des ponts de Paris, le pont Alexandre III, aux statues dorées, et les Champs-Élysées. À gauche, l'Hôtel des Invalides, fondé en 1670 par Louis XIV pour héberger ses vieux soldats invalides et construit de 1671 à 1676. Son église, surmontée d'un dôme (1679–1706), est un des chefs-d'œuvre de l'art classique; nous la devons à l'architecte Jules Hardouin-Mansart. C'est sous la coupole de cette église que repose Napoléon Ier, dans son sarcophage de porphyre rouge posé sur un socle de granit vert. Le corps de l'Empereur est placé dans cinq cercueils renfermés l'un dans l'autre (chêne, ébène, plomb, plomb, fer-blanc). Au-dessus de la porte de bronze par laquelle on pénètre dans la crypte est gravée la phrase célèbre du «Petit Caporal»: «Je désire que mes cendres reposent sur les bords de la Seine, au milieu de ce peuple français que j'ai tant aimé.»

L'ensemble formé par l'église du Dôme, l'église Saint-Louis, l'hôtel des Invalides et la vaste esplanade, constitue le plus bel ensemble monumental de Paris.

Non loin, toujours sur la rive gauche, nous trouvons l'École militaire, construite au XVIIe siècle, également sous la direction de Jacques-Ange Gabriel. Cette école ferme au sud la perspective grandiose du Champ-de-Mars (où se situent les expositions internationales), de la Tour Eiffel (vestige de l'Exposition universelle de 1889), et, sur la rive droite, du Palais de Chaillot.

La Tour Eiffel est le plus connu de tous les monuments parisiens. Sa silhouette est devenue le symbole de Paris (et même de la France) dans le monde entier. Pourtant, sa construction (1887–1889) a suscité la protestation indignée de 300 artistes et écrivains. Aujourd'hui même, vous rencontrerez maints Parisiens qui vous parleront de la tour en termes méprisants—mais qui seraient les premiers à protester si quelqu'un osait suggérer qu'on l'abatte!

Avec son antenne de télévision, la tour mesure 320 m. 755; elle pèse 7.000 tonnes; elle est construite en poutrelles de fer, de qualité assez ordinaire, qui résiste mieux à la corrosion atmosphérique que les aciers. Trois plate-formes, desservies par un ascenseur, permettent aux visiteurs de contempler une vue magnifique de Paris. Tout au haut de la tour est situé le bureau de météorologie.

De l'autre côté de la Seine, dans l'axe de la tour Eiffel et de l'École militaire, donc du Champ-de-Mars qui les sépare, se dresse le palais de Chaillot, construit en 1937 pour remplacer le palais du Trocadéro. Deux pavillons, prolongés par des ailes cintrées, sont séparés par une large

Vue aérienne de la Maison de
la Radio et de la tour Eiffel

La Conciergerie, Île de la Cité

Le palais du Luxembourg, siège actuel du Sénat

P.A.A.

Les toits de Paris avec, au fond,
le Sacré-Cœur de Montmartre

F.C.S.

Moulins de Montmartre,
d'après une photographie de 1842

La station de métro "le Louvre", avec ses reproductions de chefs-d'œuvre du
musée

F.G.T.O.

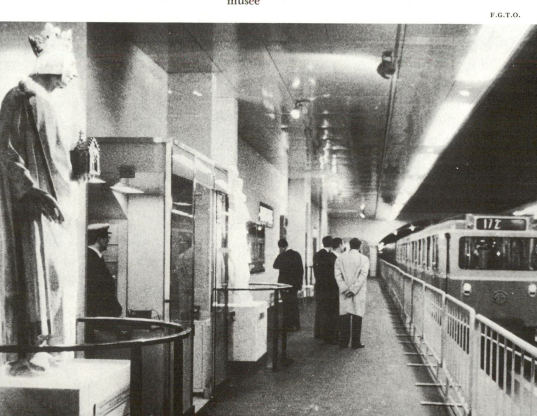

terrasse d'où l'on a un coup d'œil splendide sur le Champ-de-Mars. Les ailes renferment le Musée de l'homme, le Musée de la marine, le Musée des arts et des traditions populaires, et le Musée des monuments français. Sous la terrasse s'abrite le Théâtre de Chaillot où 3.000 spectateurs peuvent assister aux représentations du Théâtre national populaire (T.N.P.).

Du palais de Chaillot une courte promenade mène, par l'avenue Kléber, à la place de l'Étoile. Au centre de cette place célèbre, d'où rayonnent douze avenues, se dresse l'imposant Arc de Triomphe. Commencé en 1806 par ordre de Napoléon Ier, cet arc gigantesque ne fut terminé qu'en 1836. Quatre ans plus tard, les cendres de l'Empereur passèrent sous sa voûte avant d'être déposées sous le dôme des Invalides. Aujourd'hui, l'Arc abrite le Tombeau du Soldat inconnu, sur lequel brûle la Flamme éternelle.

La plus célèbre des avenues qui rayonnent autour de la place de l'Étoile est l'avenue des Champs-Élysées, autrefois bordée de demeures particulières, mais aujourd'hui envahie par les banques, les maisons de commerce et les cinémas. Heureusement, le parcours entre le Rond-Point des Champs-Élysées et la place de la Concorde offre toujours la vue reposante de verdure et l'ombre rafraîchissante d'allées de superbes marronniers. À gauche, en allant vers la Concorde, on aperçoit les arbres du jardin de l'Élysée qui entoure la demeure du président de la République: le palais de l'Élysée.

Au-delà de l'Arc de Triomphe, les avenues mènent à Neuilly (où se trouve l'Hôpital américain) et au Bois de Boulogne, avec son Jardin d'acclimatation et ses élégants restaurants de réputation mondiale.

Revenons à la place de la Concorde. Engageons-nous maintenant dans le jardin des Tuileries, grand parc qui a encore de nos jours l'aspect que lui donna, vers 1670, son dessinateur André Le Nôtre. Deux pavillons, à droite et à gauche de la grande grille d'entrée, le Jeu de Paume et l'Orangerie, datent cependant du Second Empire. Le jardin, orné de statues, de magnifiques parterres et de bassins, mène à l'Arc de Triomphe du Carrousel (érigé de 1806 à 1808 pour célébrer les victoires de Napoléon) et au palais du Louvre.

L'histoire du Louvre est trop compliquée pour qu'on s'y attarde ici. Résumons-la brièvement en indiquant qu'à l'origine c'était un donjon construit par Philippe-Auguste en 1200 pour abriter son trésor; Charles V le transforma en une résidence royale qui fut abattue entièrement sous François Ier. Celui-ci donna l'ordre au grand architecte Pierre Lescot de reconstruire le Louvre au goût du jour. C'est ce palais, augmenté progressivement de différents pavillons, qui deviendra le Louvre d'aujourd'hui, le plus grand palais du monde, dont une majeure partie abrite le plus riche de tous les musées. Parmi les chefs-d'œuvre de ce musée, qui proviennent de toutes les écoles et de tous les pays, signalons la *Vénus de Milo*, l'*Esclave* de Michel-Ange, la *Pietà* de Villeneuve-lès-Avignon, la *Victoire de Samothrace* et la *Joconde* que Léonard de Vinci vendit à François Ier.

La rue de Rivoli, qui longe d'abord le jardin des Tuileries et puis le Louvre, commence à la place de la Concorde et s'étend en ligne droite jusqu'à la place de la Bastille. Le long des Tuileries et du Louvre, ses arcades à l'italienne offrent un frais refuge contre le soleil et la pluie; ses boutiques élégantes attirent force visiteurs à la recherche d'«articles de Paris».

En prenant à gauche la courte rue de Rohan, on débouche sur un carrefour très parisien, créé sous Napoléon III: la place du Théâtre Français, qui s'ouvre sur la belle perspective de l'avenue de l'Opéra. Le Théâtre-Français, la «maison de Molière», a lui aussi une très longue histoire. C'est aujourd'hui le foyer de la Comédie-Française où l'on assiste aux représentations de pièces classiques du répertoire français et étranger. Le théâtre est encastré dans les bâtiments du Palais-Royal, qui servit de résidence au cardinal de Richelieu et à la famille d'Orléans. Aujourd'hui ce palais abrite le Conseil d'État. Non loin de là se trouve la Bibliothèque nationale, véritable mine d'or, qui renferme plus de 4 millions de volumes imprimés et 250.000 manuscrits.

L'avenue de l'Opéra mène tout droit au grandiose monument de l'architecte Garnier. C'est en 1857 que l'idée d'un nouvel Opéra prit corps, mais ce n'est qu'en 1862 que la première pierre fut posée et en 1875 que la salle fut inaugurée. Vu la magnificence de l'escalier d'honneur et du foyer, et le prestige de la première scène lyrique française, une soirée à l'Opéra s'impose à tous les visiteurs.

La courte promenade que nous venons de faire au centre de Paris suffira peut-être à donner une idée de la richesse de cette ville en monuments, en souvenirs historiques et en beautés de toutes sortes.[1]

En se promenant ainsi dans les rues et les avenues de Paris on ne peut manquer de remarquer les arbres, les parcs et les jardins. On sait qu'il y a environ 380.000 arbres à Paris, le long des avenues, dans les jardins et les squares, le long de la Seine ou dans les Bois de Boulogne et de Vincennes. Les deux plus beaux parcs à l'intérieur de Paris datent du Second Empire: ce sont le parc des Buttes-Chaumont, sur la colline de Ménilmontant, et le parc Montsouris, au sud de la ville. Ce dernier a l'aspect d'un parc

---

1. Les monuments et musées les plus visités à Paris sont, par ordre: le Louvre, la Sainte-Chapelle, l'Arc de Triomphe de l'Étoile, le Panthéon et Notre-Dame.

anglais aux allées sinueuses et aux vertes pelouses. Enfin, dans le quartier de Courcelles, se trouve le parc Monceau, datant de Napoléon Ier, qui offre une des plus agréables promenades de Paris.

L'Île-de-France

Cette ancienne province française revendique, à juste titre, d'avoir été le noyau de l'unité nationale. Le nom apparaît pour la première fois au XIVe siècle et plus précisément dans les chroniques de Froissart. Il s'appliquait alors à une petite région au nord de Paris, limitée au sud et à l'ouest par la Seine, la Marne et l'Oise, au nord par la Nonette et la Thérouanne. C'était le domaine du premier roi des Francs, Clovis. À partir du XVe siècle, cette «île» prit de l'extension tout en gardant un nom qu'elle ne méritait plus. Associée intimement avec la royauté capétienne, cette province a rayonné sur l'ensemble du pays mais, en même temps, a subi plus que les autres provinces l'influence des diverses parties de la France.

De nos jours l'île-de-France a une superficie d'environ 18.000 kilomètres carrés. Elle comprend: la petite île-de-France proprement dite (entre Saint-Denis et la forêt de Chantilly), le Laonnais, le Soissonnais, le Noyonnais, le Valois, le Beauvaisis, le Vexin français, le Mantois, le Hurepoix, le Drouai, le Gâtinais français, la Brie française.

Le climat de cette région est océanique mais subit certaines influences continentales. Il convient surtout au blé et à la forêt. Les rivières ont un régime égal et régulier et s'écoulent lentement parmi les prairies ombragées de peupliers. Les paysages de l'île-de-France—ainsi que son ciel d'un bleu léger—ont inspiré par leur douceur et leur poésie les artistes de tous les siècles.

L'île-de-France est essentiellement agricole. Tandis que, dans l'ensemble, la France demeure une terre de petites ou de moyennes exploitations, en île-de-France, au contraire, la grande exploitation est la règle, surtout sur les plateaux. Ceci a facilité l'adoption de l'équipement mécanique et l'utilisation des derniers perfectionnements techniques. La production agricole consiste surtout en blé, avoine, orge, pommes de terre et betteraves.

L'industrie en île-de-France s'est surtout concentrée autour de Paris et le long de la Seine dans la région parisienne, autour de Melun et le long de la vallée du Thérain entre Beauvais et Creil.

Grâce au fait que pendant si longtemps l'île-de-France a été en grande partie domaine royal, les forêts ont pu se maintenir au cours des siècles. Étant réservées pour la chasse, elles ont échappé à la hache et au feu du laboureur. C'est ainsi que des forêts étendues contribuent au pittoresque des régions qui avoisinent Paris: forêts domaniales (qui appartiennent à l'État), forêts communales et forêts privées. Celles de Compiègne et de Fontainebleau, toutes deux domaniales comptent parmi les plus belles de France.

Les villes sont en général faiblement peuplées, mais riches en souvenirs historiques et en monuments historiques. N'oublions pas que cette région a été le berceau de l'art gothique et, au XVIIe siècle, de l'art classique.

Quelques promenades en Île-de-France

À dix kilomètres au sud-ouest de Paris se trouve le palais de Versailles, la plus populaire et la plus vivante de toutes les créations du Roi-Soleil. De même que le palais, son parc et ses jardins, la ville de Versailles a gardé, en s'agrandissant, l'aspect qu'elle avait au XVIIe siècle. Elle compte aujourd'hui 85.000 habitants.

Le roi Louis XIII était grand chasseur et parcourait toutes les forêts autour de Paris. Souvent il allait jusqu'au petit village de Versailles, et si la nuit le surprenait, il demandait l'hospitalité au propriétaire d'un moulin perché sur une petite colline. C'est là que le Roi, pour ne plus avoir à coucher sur la paille, résolut en 1630 de bâtir un rendez-vous de chasse, qui allait servir de base à la construction de l'un des plus grands palais du monde. Louis XIV, au début de son règne personnel, en 1661, décida que Versailles serait sa résidence et que cette résidence serait la plus splendide demeure royale au monde.

Il a fallu plus de cinquante ans pour construire Versailles. Sous la direction successive des architectes Le Vau, d'Orbay et Mansart, le palais s'élargit à droite et à gauche du pavillon de Louis XIII; sous les ordres du peintre Le Brun, une armée de peintres, de sculpteurs, de tapissiers et de ciseleurs transforma l'intérieur en un véritable musée des arts français; sous l'énergique et intelligente impulsion du jardinier-architecte Le Nôtre, des collines furent créées, d'autres nivelées, des forêts entières furent transplantées, des fontaines, et des parterres fleuris furent aménagés, un grand canal, composé de deux bras en croix, fut creusé et les jardins, finalement, peuplés d'une foule de statues.

À l'époque de Louis XIV, le palais était habité par un millier de seigneurs et quatre mille serviteurs. De plus, cinq mille serviteurs étaient logés dans les dépendances et neuf mille soldats étaient casernés en ville.

Il faut au moins trois heures pour visiter l'intérieur du palais. À l'extrémité de l'aile nord se trouve l'Opéra, construit en 1770 pour le mariage du dauphin avec Marie-Antoinette. C'est dans cette salle, nouvellement restaurée, que le général de Gaulle reçut Elisabeth II d'Angleterre ainsi que le président des États-Unis et Mme John F. Kennedy.

En revenant vers le corps central, on arrive au chef-d'œuvre de Mansart: la chapelle de Versailles. Elle se divise en deux parties, la partie basse et la partie haute; la partie haute est formée de tribunes, dont celle du Roi qui occupe toute la largeur de la nef.

Le corps central abrite les nombreux appartements de réception et d'habitation et, parmi ces derniers, la chambre de Louis XIV.

La galerie des Glaces forme le centre de la partie ouest donnant sur les jardins. Cette merveille, qui retient toujours longuement l'attention des visiteurs, a une longueur de 73 mètres, une largeur de 10 m. 40 et une hauteur de 13 mètres. Elle est éclairée par dix-sept grandes croisées en face desquelles il y a le même nombre de glaces qui réfléchissent les jardins et les pièces d'eau. Des pilastres de marbre, des sculptures, des candélabres et des plafonds peints par Le Brun ajoutent à la beauté de la salle. Mais il faut se reporter aux récits des contemporains de Louis XIV pour se faire une idée de la vision éblouissante qu'elle dut offrir alors. La lumière était fournie par une double rangée de lustres de cristal et d'argent. Deux immenses tapis couvraient le parquet, des rideaux de damas blanc broché d'or garnissaient les fenêtres. Le mobilier entier était d'argent ou de vermeil.

C'est dans cette galerie qu'avaient lieu les fêtes et les cérémonies revêtant un caractère particulièrement majestueux. C'est là que le roi de Prusse, Guillaume, fut proclamé empereur d'Allemagne en 1870, et là aussi que les Allemands vaincus signèrent le traité de paix en 1919.

À droite du palais, et un peu à l'écart, se trouvent les Trianons, le Grand construit en 1687 par Mansart, le Petit en 1762 par Gabriel. Plus loin, de l'autre côté du temple de l'Amour, le Hameau rassemble autour du Grand Lac une série de constructions rustiques où Marie-Antoinette et les dames de sa cour jouaient à la fermière.

Au sud de Versailles, les vestiges de l'abbaye de Port-Royal-des-Champs évoquent le souvenir des jansénistes et surtout de la mère Angélique (dont Philippe de Champaigne a laissé un si magnifique portrait), de Racine et de Pascal.

La vallée de Chevreuse, que l'on traverse en allant de Port-Royal vers la forêt de Rambouillet, constitue une des excursions préférées des Parisiens à cause de son pittoresque, de ses souvenirs historiques, de ses curiosités naturelles, ainsi que de ses restaurants réputés.

Rambouillet attire les visiteurs par son château, son parc et sa forêt. Le château, construit en 1375, vit mourir François Ier, entendit parler et rire la célèbre marquise de Rambouillet et, agrandi au XVIIIᵉ siècle, reçut Louis XV, Louis XVI et Napoléon. C'est ce château qui abrita Charles X en route pour l'exil et qui, en 1944, hébergea Charles de Gaulle la veille de son entrée dans Paris libéré. Depuis 1897, c'est la résidence d'été des présidents de la République.

La forêt de Rambouillet s'étend sur 13.000 hectares et foisonne en sites pittoresques. La chasse à courre y a conservé son prestige et ses rites.

Au sud-ouest de l'Île-de-France, la forêt de Fontainebleau attire les Parisiens en quête de sites naturels ou de rochers à escalader. Un des grands charmes de la forêt est, en effet, la variété de ses aspects: rochers, gorges, monts, plaines et vallées. Mais c'est, bien entendu, le palais de Fontainebleau qui reçoit la majorité des visiteurs.

Comme Versailles, le palais commença par être un rendez-vous de chasse, sous Louis VI. Ce pavillon s'élevait près d'une fontaine qui appartenait, dit-on, à un nommé Blaud, d'où le nom maintenant célèbre du château.[2] C'est là que naquit, et mourut, Philippe le Bel. Au XVIᵉ siècle, François Iᵉʳ fit détruire la plus grande partie de cette demeure médiévale et la remplaça par un palais Renaissance. Sous la direction de deux artistes italiens, le Primatice et le Rosso, toute une équipe d'artistes français travailla à la décoration du palais. Ces artistes constituèrent la première École de Fontainebleau. Henri II et Henri IV continuèrent l'agrandissement du palais et, plus tard, Louis XV, Louis XVI et Napoléon Iᵉʳ (qui préférait Fontainebleau à Versailles) y firent effectuer de nombreux aménagements.

Aujourd'hui, le palais est un musée et abrite dans une de ses ailes une école d'art américaine.

Au nord de la forêt de Fontainebleau et de l'autre côté de la Seine, on rencontre une des plus grandes œuvres architecturales du XVIIᵉ siècle: le château et le parc de Vaux-le-Vicomte. Érigé de 1656 à 1661 par Le Vau, Le Brun et Le Nôtre, pour le surintendant des Finances sous Mazarin, Nicolas Foucquet, ce château dépassait de loin en magnificence toutes les demeures princières et royales de France. Hélas, l'infortuné Foucquet en fut pour ses peines car, ayant invité le jeune Louis XIV à une grande fête d'une splendeur inouïe (banquet, ballet, comédie de Molière, concerts et loterie), il fut arrêté dix-neuf jours plus tard, accusé de détournement de fonds et condamné à la prison perpétuelle, Ses biens furent séquestrés et son architecte, son décorateur et son jardinier passèrent au service du Roi et se mirent à bâtir Versailles. Ainsi Foucquet

2. Les habitants de la ville qui renferme le palais s'appellent Fontainebléens ou Bellifontains.

fut-il le premier à apprendre, et d'une façon cruelle, que sous Louis XIV personne dans le royaume de France ne devait briller d'un plus vif éclat que le Roi.

À la limite nord de l'Île-de-France proprement dite se trouve, comme nous l'avons mentionné, la forêt de Chantilly. Cette forêt, traversée par la petite rivière la Nonette, entoure la ville et le château de Chantilly. Construit vers 1560, sur l'emplacement d'un ancien château féodal, pour le connétable Anne de Montmorency (homme puissant, conseiller et fidèle serviteur de six rois de France), Chantilly passa entre les mains des Condé, au XVIIe siècle. Tous les grand écrivains de ce siècle y ont séjourné: La Fontaine, Molière, Racine, Bossuet, Fénelon, La Bruyère, etc. À la mort du dernier Condé, en 1830, le château passa au duc d'Aumale qui fit reconstruire le Grand Château, détruit pendant la Révolution. Aujourd'hui Chantilly appartient à l'Institut de France. Parmi les nombreux trésors qu'il renferme dans son musée, citons le manuscrit des *Très riches heures du duc de Berry,* enluminé par les frères de Limbourg, des tableaux de Jean Fouquet, de Botticelli, de Van Dyck et de Raphaël.

Un peu plus au nord s'étend une autre forêt: la forêt de Compiègne, ainsi que la ville du même nom et son château célèbre. Cette ville, dont le passé remonte aux temps des Gaulois, est située sur les bords de l'Oise à la lisière de la forêt. On y remarque particulièrement l'Hôtel de Ville de style flamboyant, les églises Saint-Jacques et Saint-Antoine, et enfin le palais. Ce dernier, élevé par Gabriel sur l'emplacement de l'ancien château, a accueilli Louis XV, Napoléon Ier, Louis-Philippe et surtout Napoléon III et Eugénie, dont c'était la résidence préférée hors de Paris.

C'est dans la forêt de Compiègne, à l'endroit dit «clairière de l'armistice», que le maréchal Foch, généralissime des armées alliées, reçut, le 8 novembre 1918, les plénipotentiaires allemands. Pour effacer ce souvenir, c'est au même endroit et dans le même wagon-salon, que Hitler reçut les plénipotentiaires français le 17 juin 1940.

Au nord-est de l'Île-de-France, la ville de Beauvais, patrie de Jeanne Hachette et de Villiers de l'Isle-Adam, offre à l'admiration des visiteurs sa belle cathédrale gothique inachevée. Le chœur de cette cathédrale, dédiée à Saint Pierre, est le plus grand de France. Les voûtes, élevées en 1272, atteignaient 60 mètres, mais elles s'effondrèrent en 1294. Reconstruites de 1337 à 1347, elles s'élèvent aujourd'hui à 48 mètres. Cependant, la cathédrale ne fut jamais achevée. La ville de Beauvais, centre d'industries textiles et de manufactures de tapis, a été cruellement atteinte par les bombardements de la Deuxième Guerre mondiale, pendant lesquels le vieux quartier autour de la cathédrale a complètement disparu.

Chapitre 5

LES PROVINCES
SEPTENTRIONALES

la Bretagne, la Normandie,

la Picardie, l'Artois,

la Flandre, la Champagne,

la Lorraine, l'Alsace

AVANT de commencer notre rapide voyage à travers la France, il importe de définir certains termes. Nous avons déjà vu que la France est divisée administrativement en 95 départements mais que cette division ne date que de 1790. Il est donc naturel que l'ancienne division administrative de la France, la province, celle qui s'est établie progressivement depuis la conquête romaine jusqu'à la Révolution, ait laissé des traces indélébiles dans la façon de penser des Français. Selon que la province d'où il vient a eu, ou non, des frontières plus ou moins bien délimitées et une histoire plus ou moins bien définie, un Français d'aujourd'hui se dira être Bourguignon ou Breton ou Alsacien, ou alors revendiquera une ville ou même un «pays».[1] Il ne dira jamais: «Je suis de tel département.» Le département n'est indiqué que sur les pièces officielles et sur le courrier.[2] Mais pour tout ce qui concerne les mœurs, les coutumes, le langage (et l'histoire d'avant 1789) le mot province est encore en usage.

Rappelons brièvement l'histoire des provinces françaises. Les Romains désignaient par ce mot tout territoire conquis hors de l'Italie auquel on imposait l'administration romaine. Au-delà des Alpes ils formèrent, en 120 av. J.-C., une province qui comprenait le Dauphiné, la Provence et le Languedoc d'aujourd'hui. Ils l'appelèrent la Gaule narbonnaise. Le reste

1. Le «pays» est une petite région peu variable qui a eu une histoire propre, comme par exemple la Vendée.
2. Dans une adresse le département est indiqué par un chiffre correspondant au numéro du département tel qu'il apparaît dans la liste alphabétique des départements. Exemple: 21 = Côte-d'Or.

de la Gaule ne reçut d'organisation provinciale que sous Auguste (27 av. J.-C.); la Gaule fut alors divisée en quatre parties: la Narbonnaise, l'Aquitaine, la Lyonnaise et la Belgique. Plus tard ces quatre provinces furent divisées en onze, puis en dix-sept (Ve siècle).

Les invasions barbares effacèrent toutes traces de l'organisation provinciale et les Francs divisèrent la Gaule en quatre royaumes dont les frontières ne furent jamais fixées. Sous les Capétiens on revint à l'ancienne organisation et de nouveau le royaume fut divisé en provinces. Avant 1790, la France était organisée en 32 gouvernements généraux, ou provinces, administrés par des intendants et que séparaient les uns des autres des lignes de douanes intérieures. Ces provinces différaient entre elles par l'étendue (et notons que les frontières étaient très mal délimitées), la population et l'importance. Certaines payaient des impôts écrasants, d'autres étaient affranchies de la gabelle; certaines avaient complètement perdu leur autonomie, d'autres avaient le droit de former des assemblées pour prélever et répartir les impôts.

Le climat, le sol, l'économie et l'histoire avaient influencé le développement dans chaque province des mœurs, des façons de parler, de se vêtir et de se loger qui formaient parfois un contraste très notable avec la province voisine. De nos jours, certains de ces contrastes demeurent encore, mais ils tendent à disparaître en raison du rôle unificateur que jouent conjointement les communications modernes, le service militaire, la radio, la télévision et l'éducation.

La Bretagne

Les Gaulois avaient nommé Armorique (Ar Mor signifie la mer) cette presqu'île, que nous appelons la Bretagne. C'était un nom très symbolique car la mer joue un rôle dominant en Bretagne, même dans l'intérieur du pays que les poètes appellent *Ar Coat*: le bois. C'est par la mer que les Bretons ont reçu le souffle du monde extérieur et qu'ils ont communiqué longtemps entre eux, à cause de la difficulté de la circulation à l'intérieur. C'est la mer aussi qui donne à la Bretagne son climat d'une douceur exceptionelle.

La Bretagne est comprise entre la Normandie et la Manche, l'océan Atlantique, l'Anjou et le Maine.[3] Sa superficie est d'environ 4.000 kilomètres carrés. Une double chaîne de montagnes, dont les points culminants ne dépassent pas 400 mètres, envoie vers le nord et vers le sud des

---

3. Elle est divisée administrativement en cinq départements: le Finistère, les Côtes-du-Nord, l'Ille-et-Vilaine, la Loire-Atlantique et le Morbihan.

contreforts qui donnent au terrain de cette contrée son ondulation. Les montagnes de Bretagne, après avoir formé une seule ligne sous le nom de monts Menez, bifurquent et forment les monts d'Arrée au nord et les Montagnes Noires au sud. Bien qu'elles soient de faible altitude, ces montagnes ont un aspect sauvage. Sur la côte nord les fleuves sont courts, mais leurs estuaires sont bien dégagés et propres à la navigation (la Rance, l'Arguenon, le Trieux, l'Elorn en sont les principaux). Les fleuves du sud sont plus longs et plus abondants (l'Aulne, le Blavet, la Vilaine).

À l'intérieur, le pays se divise en trois parties: le bassin de Rennes, assez froid mais fertile; le plateau de Rohan, couvert de landes et de bois; le bassin de Châteaulin, humide et chaud. On y cultive la pomme de terre, le sarrasin, le seigle, l'avoine, l'orge et le froment.[4] L'élevage y est intensif: les vaches bretonnes sont de petite taille, mais bonnes laitières. Il est probable qu'en des temps fort reculés, l'intérieur de la Bretagne était recouvert d'une immense forêt; la légende veut que le plus grand vestige de celle-ci, la forêt de Paimpont, soit ce qui reste de la forêt de Brocéliande, où Merlin dort, emprisonné par les enchantements de Viviane.

Le cœur de la région intérieure est le bassin de Rennes, centre des voies de communication. C'est là que s'est développée la vieille ville historique de Rennes, ancienne capitale de la Bretagne. Ville administrative, industrielle et commerciale, Rennes est également le siège d'une université, établie en 1735, célèbre pour ses études celtiques.

C'est sur la côte bretonne que l'on trouve l'activité la plus intense. La vie maritime, l'agriculture, enrichie par les engrais marins (le maërl, le goémon, le varech), par les sols plus fertiles et par la douceur du climat, et d'autre part une activité industrielle variée font vivre une population beaucoup plus dense qu'à l'intérieur.

La Bretagne groupe 53% des pêcheurs français et fournit une grande partie des équipages de guerre et de commerce. De toutes les régions de France, c'est la Bretagne qui est la plus riche en ports. Bien peu de ces ports cependant ont une importance commerciale réelle à l'exception de Brest et de Lorient. La plupart sont des ports de pêche: ports sardiniers (Douarnenez, Audierne, Penmarch, Guilvinec), ports langoustiers (Audierne, Quiberon, Lorient, Camaret), ports thoniers (Étel, Groix, Concarneau, Lorient, Douarnenez). À ces différentes pêches, il faut ajouter la pêche à la morue, beaucoup moins active qu'autrefois, la pêche à pied, très active, et l'ostréiculture.

4. La Bretagne est un des «greniers à blé» de la France; elle fournit 15% de la production nationale.

La pêche fait également vivre une industrie de conserves établie dans chaque port. Sur 50.000 tonnes de conserves de poissons préparées en France, 20.000 tonnes, soit 40%, proviennent du Finistère, le département formé par l'extrémité ouest de la Bretagne.[5]

Brest est le port de guerre le plus important de la France. La ville (110.700 habitants) vit essentiellement des activités du port commercial et du port militaire.

Lorient, créé au XVIIᵉ siècle pour servir de port et d'entrepôt à la Compagnie commerciale des Indes orientales est, lui aussi, un port de commerce, et un port militaire. Mais à ces deux activités s'ajoute, nous l'avons vu, celle de la pêche. C'est la pêche qui compte le plus dans la vie de ses 47.000 habitants.

L'agriculture est une des grandes richesses de la côte bretonne. Sur la côte nord, on trouve beaucoup de champs de primeurs (choux, oignons, petits pois, artichauts, pommes de terre). Sur la côte ouest, autour de Roscoff et de Saint-Pol-de-Léon, en plus des primeurs déjà nommées, on cultive surtout les artichauts et les choux-fleurs. Un autre grand centre de production de primeurs, toujours dans le Finistère, est la presqu'île de Plougastel-Daoulas qui produit des petits pois et surtout des fraises. Ces dernières sont très appréciées en Angleterre où elles sont expédiées par avion.

Puisque nous parlons d'exportations, mentionnons ici la réputation mondiale dont jouit la Bretagne en matière d'élevage du cheval. Nulle part en France, il n'y a plus de chevaux qu'en Bretagne; nulle part le cheval n'y est plus aimé. C'est Landivisiau qui est actuellement la «ville sainte» du cheval; d'autres centres renommés sont: Morlaix, Carhaix, Lesneven et Le Folgoët.

Si nous considérons maintenant l'industrie bretonne, nous noterons d'abord que, sauf à Nantes, il n'existe pas de grandes usines. Nantes (222.790 habitants) possède des usines métallurgiques; des industries chimiques et alimentaires (biscuits, chocolat, tapioca); des chantiers navals et des constructions aéronautiques. C'est dans cette ville que fut signé le célèbre Édit en 1598. C'est également la ville natale d'Anne de Bretagne, de Jules Verne et d'Aristide Briand.

Tout près de Nantes se trouve Saint-Nazaire, le plus grand centre français de constructions navales.

Dans le reste de la Bretagne, à part la conserverie dont nous avons

5. En dehors du poisson, les conserveries bretonnes mettent en boîte des petits pois (60% du total national vient du Finistère), des fruits, de la viande, des champignons, des légumes et des confitures.

Une récolte d'oignons sèchant sur
le terrain à Saint-Brieuc, en Bretagne

Une bonne pêche à Concarneau,
en Bretagne

La station spatiale de Pleumeur-Boudou en Bretagne

La "ville aux cent clochers": Rouen

Le pont de Tancarville, entre Rouen et
le Havre. C'est aujourd'hui le pont
suspendu le plus long d'Europe

Intérieur, la cathédrale de Rouen

parlé plus haut, les diverses industries sont d'assez faible rendement. Mentionnons la céramique de Quimper; et, également dans le Finistère, la fabrication du papier à cigarettes, du papier Bible, du papier carbone et du papier pour courrier aérien, et la production de l'iode; l'industrie de la dentelle, un peu partout en Bretagne, mais surtout autour de Pont-l'Abbé.

En 1966, l'usine marémotrice de la Rance fut inaugurée. Cette usine, unique au monde, utilise les débits de marée (18.000 m³ seconde[6]) de l'embouchure de la Rance pour produire de l'énergie électrique.

Aux industries il faut, sans aucun doute, ajouter le tourisme. En effet, la Bretagne reçoit chaque année des milliers de touristes français et étrangers attirés par la douceur du climat et les sites pittoresques (tels la ville fortifiée de Saint-Malo,[7] les alignements préhistoriques de Carnac, la Pointe du Raz) ou par les nombreuses plages au sable blanc et fin. (La plage de La Baule a la réputation d'être la plus belle d'Europe.)

Mais ce qui attire surtout les touristes, c'est la richesse du folklore breton et la persistance des traditions populaires. Le Breton reste attaché à sa langue, qui est bien une langue et non un dialecte. Malgré la pénétration du français, le breton est plus parlé à l'heure actuelle qu'il ne l'a jamais été. Cette vitalité d'une langue très ancienne est un phénomène remarquable.

Le costume breton, masculin aussi bien que féminin, se maintient plus difficilement. Les hommes ne le revêtent plus que pour les jours de grande cérémonie ou de *pardon*. Le costume masculin se compose d'un pantalon, d'un gilet de velours orné de broderies, d'une veste courte à boutons de cuivre, qui se porte toujours ouverte, et d'un chapeau de feutre à larges bords avec boucle de métal et longs rubans de velours.

Quant au costume féminin, il se distingue essentiellement par la coiffe de dentelle amidonnée. Chaque ville, chaque village a sa coiffe caractérisée par sa forme et sa hauteur particulières. Le corsage est brodé de couleurs vives; la jupe, lourde, garnie de perles et de broderies coloriées, est recouverte d'un tablier de soie aux vives couleurs.

La fête bretonne par excellence est le *pardon,* fête en l'honneur d'un saint[8] au cours de laquelle se succèdent procession à l'église, visite au cimetière (le culte des morts est intense en Bretagne), puis un repas champêtre qui se termine par des divertissements. Pendant le repas, le

6. m³ seconde = 18.000 mètres cubiques par seconde.
7. C'est sur un îlot dans la baie de Saint-Malo que repose le grand écrivain romantique Chateaubriand.
8. Il y a une quantité innombrable de saints bretons dont la plupart sont inconnus à Rome.

cidre coule à flots, car c'est la boisson préférée des Bretons, comme nous le rappellent les vers de Frédéric Le Guyader:

> Ô cidre, ô grand ami, cidre aimé des Bretons,
> Nous, soiffeurs assoiffés, soiffant, nous te chantons.

Le plus célèbre des pardons est celui de Sainte-Anne-d'Auray, en l'honneur de la mère de la Sainte Vierge, les 25 et 26 juillet.

Mentionnons, pour terminer ces remarques sur la Bretagne, les calvaires taillés dans le granit. Ce sont des croix monumentales érigées près des églises ou aux carrefours et consacrées aux épisodes de la Passion. Datant, pour la plupart, des XVIe et XVIIe siècles, ce sont d'éloquents témoins du génie émouvant des artisans bretons.

La Normandie

La Normandie est née du pacte signé entre Charles le Simple, roi de France, et Rollon, chef des Normands, en 911 à Saint-Clair-sur-Epte. Par ce pacte, le roi Charles espérait mettre fin aux pillages périodiques des hommes du nord en leur offrant une large bande de territoire entre l'Île-de-France et la Manche. Ce territoire, représentant un tiers de la province actuelle, fut élargi progressivement par les ducs de Normandie; il a été divisé en cinq départements: la Seine-Maritime, l'Eure, le Calvados, la Manche et l'Orne.

On distingue deux régions dans cette province: la Haute-Normandie, entre la Bresle et la Dives, petites rivières côtières, et la Basse-Normandie, à l'ouest de la Dives. Ces dénominations «haute» et «basse» sont sans rapport avec l'altitude, mais traduisent le degré de richesse économique du pays sous l'Ancien Régime.

La Haute-Normandie est coupée en deux par la vallée de la Seine. Au nord de ce fleuve le pays de Bray, imperméable, bien arrosé, est essentiellement un grand herbage coupé de haies. L'élevage de la vache normande est la grande richesse de ce pays. Le beurre de Gournay a une ancienne et excellente réputation ainsi que les fromages (demi-sel, gervais, petit-suisse).

Le pays de Caux et le Vexin normand offrent une telle ressemblance qu'on peut les traiter en même temps. Ils se présentent sous la forme d'un bloc massif de craie entaillé profondément sur ses bords par des vallées qui le morcellent en compartiments. Sur la côte de la Manche et le long de la Seine l'érosion a mis à nu la craie et a créé, entre autres, les sites spectaculaires des falaises d'Étretat et des Andelys.[9]

---

9. C'est aux Andelys que se trouvent les ruines du Château-Gaillard construit en 1197 par Richard Cœur de Lion.

Sur les plateaux la vie est presque purement agricole. Ici encore c'est l'élevage qui domine, auquel s'ajoute la culture du blé, de l'avoine et de la betterave à sucre. La vie sur la côte est localisée dans un petit nombre de ports: Le Tréport, Eu, Dieppe, Saint-Valéry et Fécamp. Dieppe est le port le plus actif entre Boulogne et Le Havre. C'est un port de pêche, de commerce et aussi de transit entre la France et l'Angleterre.

Fécamp est surtout un port de pêche. Ses chalutiers à vapeur vont à Terre-Neuve et en Islande pêcher la morue. Mais la réputation mondiale de Fécamp repose avant tout sur la liqueur qu'on y fabrique: la Bénédictine.

La vallée de la Seine est caractérisée par ses nombreux méandres et aussi par les hautes falaises qui l'encadrent. Le fleuve lui-même forme une excellente voie navigable et se prête à un trafic fluvial intense. La vie de la vallée est avant tout une vie maritime et industrielle concentrée à Rouen, au Havre—et dans leurs banlieues.

Rouen (116.540 habitants) est situé à 125 kilomètres de la mer, au point où s'arrête la marée. Cruellement atteinte pendant la Deuxième Guerre mondiale, cette ville a accompli un effort immense de reconstruction et elle est, de nos jours, le deuxième port fluvial du pays et son troisième port maritime. C'est un centre industriel (textiles, produits chimiques, filatures, raffineries, métallurgie, papeterie, etc.), un centre commercial (l'avant-port de Paris), administratif (le chef-lieu du département de la Seine-Maritime), culturel[10] et touristique.

Les guides touristiques appellent Rouen la «Ville Musée». C'est un nom amplement mérité. Malgré les destructions de la dernière guerre, Rouen possède encore un patrimoine artistique de premier ordre:

La cathédrale d'abord, dont le gothique flamboyant est merveilleusement varié. La façade, par sa largeur exceptionnelle et par l'exubérance de sa décoration, est un des exemples les plus caractéristiques du gothique flamboyant. L'une de ses tours, la tour de Beurre, renferme le carillon le plus complet d'Europe (cinquante-six cloches).

L'ancienne abbatiale de Saint-Ouen, un joyau de l'architecture française du XIVe siècle.

L'église Saint-Maclou, édifiée pendant la Renaissance mais de style gothique flamboyant.

Le cloître Saint-Maclou, un des derniers témoins des cimetières à galerie du moyen âge.

Ce ne sont là que les plus célèbres monuments. Il faudrait y ajouter d'autres églises (Victor Hugo appelait Rouen la «ville aux cent clochers»),

10. Sous l'autorité de l'Université de Caen, Rouen possède plusieurs Écoles d'enseignement supérieur et un équipement universitaire très moderne.

des musées et maintes maisons anciennes, échappées miraculeusement aux bombes et à l'incendie.

Les souvenirs littéraires de Rouen sont également riches. On y voit la maison natale de Corneille et sa maison de campagne à Petit-Couronne, à quelques kilomètres de la ville; la maison natale de Flaubert et le pavillon, à Croisset, où il écrivit *Madame Bovary* et *Salammbô;* la tombe du poète J.-M. de Hérédia, au cimetière du Bon-Secours.

Mais, par-dessus tout, ce qui attire les touristes à Rouen, ce sont les souvenirs de Jeanne d'Arc, ceux de son procès et de sa mort. Au cœur de la ville, sur la place du Vieux-Marché, là où fut dressé le bûcher, la municipalité de Rouen est en train d'élever un monument national dédié à l'héroïque fille de Lorraine.

Entre Rouen et Le Havre, jusqu'à ces dernières années, aucun pont ne franchissait la Seine. Mais aujourd'hui, à Tancarville, le plus long pont suspendu d'Europe permet aux voyageurs de passer le fleuve sans avoir à emprunter un des nombreux bacs.

Le Havre, beaucoup plus que Rouen, est tout entier tourné vers la mer. Ce port a été fondé à l'embouchure de la Seine en 1517, par ordre de François Ier, pour répondre aux besoins de la navigation vers le Nouveau Monde et les Indes. En 1944, les bombardements aériens ont complètement détruit le port et la majeure partie de la ville, si bien qu'aujourd'hui Le Havre, entièrement reconstruit, est une des villes les plus modernes de France. Le port est redevenu le premier port transatlantique français et, pour le tonnage, le second après Marseille.

Le Havre est un port à fonctions multiples: port commercial, port industriel et port d'embarquement. Les voyageurs venant de l'Amérique du Nord, du Mexique, de l'Afrique de l'Est et de l'Extrême-Orient débarquent à la Gare maritime, traversent le hall des douanes et prennent place dans le train spécial qui les attend pour les conduire directement à Paris.

Entre la Seine et les collines du Perche s'étend un vaste plateau régulier qui communique à l'est avec la Beauce. On y cultive le blé, la betterave à sucre et le pommier; l'élevage y est également très important. En bordure de la Manche, le pays d'Auge est célèbre dans le monde entier par ses produits laitiers: beurre et fromages. Parmi ceux-ci, le livarot, le pont-l'évêque et, surtout, le camembert, ont fait la conquête des gourmets de tous les pays. Ce n'est pas seulement pour ces produits que le pays d'Auge est renommé. Le cidre de cette région est très réputé ainsi que le calvados, eau-de-vie de cidre, dont tout novice doit tâter avec prudence et respect! Les deux villes de cette région sont Pont-L'Évêque et Lisieux, cette dernière étant à la fois un petit centre industriel et un grand centre de pélerinage. C'est, en effet, à Lisieux que vécut et mourut sainte Thérèse (1873–1897); au-dessus de son tombeau s'élève une basilique moderne où se rendent chaque année des milliers de fidèles.

Sur la côte, constituée elle aussi de falaises, se succèdent une série de plages dont les plus célèbres sont les plages de luxe de Trouville et de Deauville ainsi que Combourg, où l'écrivain Marcel Proust passait parfois ses vacances. Signalons aussi le petit port de Honfleur qui, avec ses hautes maisons et son église du XVᵉ siècle, est construit tout en bois. Honfleur est une des villes les plus pittoresques de la Normandie.

En continuant vers l'ouest on arrive à la «campagne»[11] de Caen, où les champs labourés l'emportent de beaucoup sur les pâturages. La ville de Caen (environ 70.000 habitants), la plus importante de la Basse-Normandie, doit le début de sa fortune à Guillaume le Conquérant qui en fit sa capitale, même après la conquête de l'Angleterre. L'Abbaye aux Hommes (Église Saint-Étienne) fondée par le Conquérant, est un des chefs-d'œuvre de l'école romane de Normandie. Sa façade, d'une sobriété géométrique saisissante, a influencé les grandes cathédrales gothiques. Le tombeau de son fondateur se trouve à l'entrée du chœur. L'Abbaye aux Dames (Église de la Trinité) fut fondée par la reine Mathilde, qui est inhumée dans le chœur.

Caen est aujourd'hui un carrefour de voies ferrées, un port maritime et une petite capitale intellectuelle, grâce à son université. Celle-ci, fondée en 1432, détruite par les bombardements de 1944, a été entièrement reconstruite de nos jours. Sa Faculté des Lettres est très renommée.

À une trentaine de kilomètres à l'ouest de Caen, se dresse la cathédrale Notre-Dame de Bayeux, dans la paisible ville qui eut la fierté d'être la première libérée par les alliés en août 1944. La cathédrale, une des plus belles de Normandie, réunit trois styles: le chœur, du XIIIᵉ siècle, est en gothique normand, la façade est romane et la tour-lanterne est de style flamboyant. La célèbre broderie, appelée improprement tapisserie, qui représente, sur une longueur de soixante-huit mètres, la défaite de Harold par Guillaume le Conquérant, est exposée dans le musée de Bayeux. C'est, sans exagération, le plus important monument graphique de la première moitié du moyen âge qu'il y ait en France. Mais on ne sait ni à quelle date, ni par qui, ni pour qui, ni en quel endroit cette broderie fut exécutée.

La péninsule du Cotentin est une région de pâtures et d'élevage. Ce

---

11. Campagne signifie ici un pays plat et découvert.

qui fait sa fortune, c'est qu'elle est le berceau de la race bovine normande, excellente pour le lait et pour l'engraissement. La côte du Cotentin est l'une des plus dangereuses de France: les courants y sont violents, les écueils nombreux et les brumes fréquentes. Aussi n'y a-t-il que deux ports: Cherbourg, port artificiel, et Granville.

Port militaire à l'origine, Cherbourg est devenu un port de commerce d'une activité moyenne et un port d'embarquement important. Sa rade étant profonde et sûre, ce port est accessible aux plus grands navires à toute heure de la marée. Comme au Havre, une gare maritime moderne reçoit les voyageurs transatlantiques qui sont transportés à Paris par train spécial ou par avion.

À la limite de la Normandie, la baie du Mont-Saint-Michel renferme, tel un bijou dans son écrin, le célèbre Mont-Saint-Michel «merveille de l'Occident». Par un hasard de la nature, ce mont situé dans la mer, se rattache à la Normandie au lieu de se rattacher à la Bretagne. En effet, le fleuve côtier qui sépare les deux provinces, le Couesnon, s'oriente nettement vers l'ouest, en entrant dans la baie, et place ainsi la célèbre abbaye en Normandie. Les marées, dans cette baie, ont une amplitude énorme: il y a jusqu'à 14 mètres de différence entre les niveaux de basse mer et de haute mer.

L'histoire de l'abbaye du Mont-Saint-Michel remonte au VIIIe siècle. Fondée par l'évêque d'Avranches, saint Aubert, sur ce qui était alors appelé le mont Tombe, l'abbaye fut construite de blocs de granit amenés de Normandie ou de Bretagne. Des pélerins arrivèrent en très grand nombre quand le mont fut dédié à Saint Michel, patron de la France, et la richesse de l'abbaye s'accrut. Il ne reste rien des constructions du VIIIe siècle, mais on peut voir encore l'église de l'abbaye carolingienne qui date du Xe siècle. Du XIe au XIIe siècles, l'abbaye romane fut bâtie sur le sommet du rocher en utilisant l'édifice carolingien comme crypte. Enfin, l'abbaye gothique fut élevée entre les XIIIe et XVIe siècles, y compris ce qu'on appelle «la merveille», c'est-à-dire les superbes bâtiments affectés aux moines, aux pélerins et aux hôtes de marque, et surtout la salle des Chevaliers où se réunissait l'ordre de Saint-Michel créé par Louis XI en 1469. C'est ce même roi qui eut l'idée d'utiliser l'abbaye comme prison d'État. Sous la Monarchie, pendant la Révolution et jusqu'à la Troisième République, l'abbaye reçut surtout des prisonniers politiques. À partir de 1874, elle fut confiée au service des Monuments historiques.

Autour de l'abbaye s'accroche un petit village desservi par une rue unique et entouré de fortifications datant des XVe et XVIe siècles. Dans ce village, les visiteurs trouvent surtout des marchands de souvenirs et des restaurateurs qui font de leur mieux pour attirer la clientèle. Le restaurant le plus célèbre est, sans doute, celui de «la Mère Poulard» où l'on déguste l'omelette inimitable dont la recette est due à la dame du même nom.

Il est difficile de dire ce qui est le plus admirable au Mont-Saint-Michel: est-ce la Chapelle, le Cloître, la Merveille? Mais ce qui est sûr, c'est que l'ensemble constitue un des plus merveilleux monuments que la foi chrétienne ait élevés en occident.

La Picardie

La Picardie est une province composée de la vallée de la Somme, d'une partie de la valleée de l'Oise et d'une bande côtière sur la Manche qui englobe les ports de Boulogne et de Calais. C'est essentiellement une région de transition entre la riche zone industrielle du nord et la région parisienne. La principale ressource économique de la Picardie est encore l'agriculture. C'est la première région sucrière de France et c'est aussi une terre à blé.

C'est également une région industrielle, surtout pour le textile, l'industrie la plus anciennement implantée dans la province. C'est elle qui fait la renommée de la ville d'Amiens, berceau du velours. D'autres industries, comme la métallurgie, l'industrie chimique et les verreries sont en pleine expansion.

Une des caractéristiques de la région reste cependant l'importance de sa population rurale. À part Amiens, qui compte près de 100.000 habitants et Saint-Quentin, qui en a plus de 50.000, il n'y a pas de grandes villes à l'intérieur de la Picardie. Ses deux ports ont chacun une population moyenne: Calais, 60.340 habitants et Boulogne 41.870.

La ville d'Amiens, malgré son importance économique, est surtout connue pour sa cathédrale, un des plus parfaits spécimens de l'art ogival. Quand on songe que cette église, la plus vaste de France, et dont la voute centrale mesure 42 m. 30 de hauteur et n'est dépassée que par celle de Beauvais, fut élevée à un moment où la ville comptait à peine 20.000 âmes, on ne peut qu'admirer la ferveur qui fit affluer l'argent et le génie nécessaires. Rappelons également que la cathédrale fut construite de 1220 à 1288. Par extraordinaire, nous connaissons le nom des maîtres d'œuvre qui dirigèrent les travaux: Robert de Luzarches, Thomas de Cormont et son fils Renaud.

La façade fut terminée en onze ans (1225–1236); elle est donc la seule façade gothique qui ait été réalisée en entier sous la direction du maître d'œuvre qui l'avait conçue. Au centre, se trouve la célèbre statue du Christ enseignant: le «Beau Dieu d'Amiens».

À l'intérieur, outre la nef magnifique, on admire les stalles, le plus bel ouvrage français de bois sculpté.

C'est dans la ville d'Amiens que fut conclue le 27 mars 1802, avec l'Angleterre, la paix qui mit fin aux guerres de la Révolution. Cette ville a vu naître le prédicateur de la croisade populaire, Pierre l'Ermite, l'érudit Du Cange, le poète Voiture, le romancier Choderlos de Laclos et le savant Lamarck, précurseur de Darwin.

La côte picarde, qui remonte au-delà de Calais, est une suite rectiligne de dunes et de falaises crayeuses. Une série de plages, certaines très «snob» comme Le Touquet-Paris-Plage, et de petits ports de pêche, s'étendent entre l'embouchure de la Somme et Boulogne-sur-Mer. Cette ville est un port de commerce franco-anglais, un port de passagers et enfin et surtout, le premier port de pêche de France.

La ville de Calais a eu une longue et dramatique histoire. Située à l'endroit où la côte française s'avance le plus près de l'Angleterre, il était inévitable que ce port fortifié fût l'enjeu de maintes expéditions militaires. La plus célèbre de celles-ci vit le siège de 1347, au cours duquel six bourgeois se livrèrent au roi anglais Edouard III pour sauver leur ville. Leur geste a été immortalisé par le sculpteur Rodin en 1889.

Calais est aujourd'hui un port d'embarquement, un port marchand qui traite une partie des produits qu'il reçoit (d'où tissages de coton, fonderies, minoteries et savonneries). Comme port de pêche il n'a qu'une très faible importance.

L'Artois et la Flandre

Nous arrivons maintenant à une région caractérisée par de vastes horizons monotones et par un ciel d'une mélancolique grisaille; une région d'où la végétation naturelle a disparu et où presque tous les cours d'eau sont domestiqués. C'est la «région du nord», entrée assez tardivement dans l'unité française, fait qui a contribué à maintenir les liens étroits entre les deux provinces qui la constituent: l'Artois et la Flandre. Néanmoins, c'est surtout la vie économique de cette région qui en fait un tout.

À l'extrémité orientale de la région du nord se trouvent les pays de la Sambre, assez accidentés et couverts d'arbres et d'herbages. Ce qui frappe cependant le voyageur, c'est la profusion d'usines le long de la vallée de la Sambre (industries du bâtiment; métallurgies du zinc et du plomb; sidérurgie; constructions mécaniques).

Les pays de la Sambre ont une population dense, qui compte beaucoup de Belges et d'Italiens, mais cette population est répartie dans de nombreuses petites villes dont la plus importante est Maubeuge (24.000 habitants).

En allant vers l'est, on arrive au pays Cambrésis, pays essentiellement crayeux qui se présente sous la forme d'une plaine légèrement ondulée. Le houblon, le blé, et surtout la betterave sucrière sont les principales cultures de cette plaine. Une grande partie de la population, qui est très dense, vit des industries textiles et alimentaires qui se sont développées dans les petites villes. Cambrai (29.600 habitants), située sur l'Escaut, est la ville la plus peuplée de cette région. On y fabrique les célèbres «bêtises de Cambrai», bonbons à la menthe.

Au nord et à l'est du Cambrésis s'étend une grande plaine très basse parsemée d'innombrables bouquets d'arbres. C'est la plaine flamande. L'eau y est partout: petites rivières, ruisseaux, canaux, mares et marais. Et partout, également, se dressent les usines, car cette région est non seulement une immense ferme, qui fournit blé, pommes de terre, betteraves à sucre, lin, houblon et tabac, mais aussi une zone industrielle de première importance.

À vrai dire, cette plaine flamande se divise en deux: la Flandre maritime, qui ressemble beaucoup à la Hollande, et la Flandre intérieure. La côte de la Flandre maritime, caractérisée par ses dunes, est très active. À part ses stations balnéaires, telle que Malo-les-Bains, on y trouve de petits ports de pêche et surtout la ville et le port de Dunkerque (88.000 habitants avec sa banlieue). Située sur la mer du Nord, cette ville historique, patrie du célèbre corsaire Jean Bart (XVIIe siècle), a été complètement détruite au cours de la Deuxième Guerre mondiale. La reconstruction de la ville et du port a permis à Dunkerque de jouer de nouveau un rôle de premier plan dans l'économie nationale. C'est dès aujourd'hui un puissant port pétrolier; ce sera demain un port minéralier de premier ordre; le port et la ville, avec ses industries sidérurgiques et ses raffineries de pétrole, forment déjà un ensemble économique impressionnant.

L'industrie, dans la Flandre intérieure, s'est développée de très bonne heure. Cela s'explique par le fait que ce pays était—et est encore—riche en main-d'œuvre et en moyens de transport, et qu'il est proche du charbon franco-belge. La première place revient à l'industrie textile (lin, laine, coton) que l'on trouve concentrée surtout dans le quadrilatère Armentières, Halluin, Roubaix, Lille.

Contrairement à ce que nous avons vu dans les autres régions de cette partie de la France, les villes, en Flandre intérieure, sont très importantes. Trois d'entre elles—Lille, Roubaix et Tourcoing—voient, d'année en année, se combler les vides qui les séparaient, si bien que, de nos jours, la soudure est à peu près complète. Lille compte 194.600 habitants, Roubaix 110.000 et Tourcoing 84.400. Avec leurs banlieues, les trois villes groupent environ 700.000 âmes.

Cerveau et cœur de la région du nord, Lille a pris son essor au XIXᵉ siècle et c'est la raison pour laquelle cette ville, dans son ensemble, est assez laide: une cité ouvrière et commerçante, hérissée de fabriques de tout genre. Outre le textile, on y trouve des industries métallurgiques, chimiques et alimentaires. Chaque année, la Foire Internationale amène plusieurs milliers d'exposants et attire entre un et deux millions de visiteurs.

Ancienne capitale de la Flandre wallonne,[12] actuellement préfecture, siège d'académie et évêché, Lille voit son rôle administratif s'amplifier de jour en jour. L'Université de Lille, de date récente (1808), rassemble, à part les Facultés habituelles, de nombreux Instituts, tels l'Institut de la houille, l'Institut électromécanique et l'Institut Pasteur. Sa Faculté de médecine vient d'être transférée dans la nouvelle Cité hospitalière, où plus de 1.500 malades peuvent recevoir des soins. À part l'Université, de nombreuses Écoles supérieures préparent les cadres pour l'industrie et le commerce. Lille compte également un Institut catholique avec cinq Facultés, un Institut supérieur d'Électronique et une École supérieure de journalisme. Ajoutons à cette liste de nombreux musées,[13] ainsi que l'Opéra de Lille et le Conservatoire de musique.

Au sud de Lille commence une région que l'on appelle «le Pays Noir». C'est le domaine du bassin houiller du Nord et du Pas-de-Calais qui couvre environ 1.050 kilomètres carrés. C'est le plus important des bassins houillers français; il produit à lui seul presque 29 millions de tonnes de charbon par an. L'extraction du charbon, commencée dans cette région vers 1851, a fait naître une série d'industries puissantes et variées: les cokeries, l'industrie gazière, les centrales thermiques, l'industrie chimique, la métallurgie, etc. Le grand centre métallurgique est le district Valenciennes-Denain-Anzin. C'est à Denain que se trouve le plus grand laminoir d'Europe.

Il faudrait ajouter une quantité d'autres industries que l'on rencontre un peu partout dans le Pays Noir: la briqueterie, la céramique, la verrerie, l'industrie textile, des distilleries, des brasseries, des fabriques de chicorée et, surtout, des sucreries.

---

12. La Wallonie est aujourd'hui la partie méridionale de la Belgique, de langue française.
13. Parmi ceux-ci, le musée des Beaux-Arts qui possède de nombreux Rubens, Van Dyck et Goya.

On pourrait croire que les habitants de cette région du nord, que nous venons de parcourir, sont enclins au sérieux, à la vie sobre et tranquille. Il n'en est rien! Nulle part en France ne rencontre-t-on plus de gaieté, plus de joie de vivre. Les gens du nord aiment s'amuser en commun, en société, et participer aux carnavals (le carnaval d'été à Lille est célèbre), aux processions, aux fêtes civiles, aux défilés des Géants. Toute la population participe à ces fêtes et fait une consommation abondante des spécialités locales: andouillette d'Arras, lapin aux pruneaux, canard d'Amiens ou pigeon aux cerises, le tout arrosé d'une excellente bière blonde.

La Champagne

De toutes les provinces de France, il en est peu dont le nom soit aussi connu. Dans le monde entier, fêtes, célébrations, baptêmes et mariages s'accompagnent de la dégustation du vin de Champagne.

Le nom de cette province lui vient de la partie centrale qui est plate, monotone et dénudée. Cependant, la province est formée de régions nettement caractérisées: au nord, la terre grasse et riche se prête à l'élevage et au jardinage; à l'est, la Champagne humide n'offre guère, avec ses forêts et ses étangs que des prairies marécageuses; au centre, dans la Champagne pouilleuse, la craie règne en maîtresse, sauf dans les vallées où se pratique une culture intensive.

La Champagne humide, région très variée, s'étend de l'Armançon, un affluent de l'Yonne, jusqu'au massif de l'Argonne. Au pied de ce massif, le Perthois, traversé par la Marne, joue le rôle d'un pays de passage. C'est une région de plaines, imperméables et plates, sillonnées de rivières tortueuses. Le seul vrai centre urbain est Vitry-le-François, qui a dû être complètement reconstruit après la dernière guerre.

Au sud-est du Perthois on trouve le Vallage, région mi-agricole, mi-industrielle, et ensuite Le Der, pays d'étangs et de forêts, tout à fait typique de la Champagne humide.

La Champagne pouilleuse (ou crayeuse) est deux fois plus vaste que la Champagne humide. Son sol est essentiellement de craie et n'offre, quant au relief, que de faibles ondulations. Alors que la Picardie, bien qu'ayant elle aussi un sol crayeux, a toujours eu un rendement agricole élevé grâce à la couche de limon qui recouvre la craie, la Champagne pouilleuse, par contre, a longtemps été un pays agricole très pauvre. De nos jours, cependant, elle a été reboisée et transformée; elle est devenue une région productrice de céréales: seigle, orge, avoine et blé.

Les vallées de la Champagne pouilleuse sont naturellement plus fertiles et abritent une population beaucoup plus dense. Dans la vallée de la Marne, Châlons-sur-Marne[14] (43.000 habitants), petite ville militaire et administrative, possède deux beaux monuments: la cathédrale Saint-Étienne, du XIIIe siècle, et l'église Notre-Dame-en-Vaux construite de 1158 à 1322 et restaurée au XIXe siècle. Dans la très belle nef de cette église, on remarque surtout les tribunes et de magnifiques vitraux du XVIe siècle.

Dans la vallée de la Seine, la plus grande ville est Troyes (58.000 habitants), ancienne capitale de la Champagne et aujourd'hui capitale incontestée de la bonneterie française. Troyes, dont l'histoire remonte aux temps des Gaulois, est une des villes les plus curieuses de l'est de la France, tant par ses monuments que par l'aspect original que lui donnent ses vieilles rues étroites et tortueuses, aux maisons de bois. De multiples églises émergent de ces quartiers désuets: la cathédrale Saint-Pierre-et-Saint-Paul (XIIIe siècle) dont la plus belle et plus ancienne partie est le chœur; l'église Sainte-Madeleine (XIIe siècle, agrandie au XVIe) qui possède un jubé magnifique du XVIe siècle, dû à Jean Gailde; et l'église Saint-Urbain (XIIIe siècle), qui est le monument le plus remarquable de Troyes pour la pureté du style. Fondée en 1262 par le pape Urbain IV, natif de Troyes, et terminée en 1329, cette église est un véritable bijou d'architecture ogivale.

Ajoutons que cette ville possède un riche musée et une bibliothèque héritée de l'ancienne librairie de l'abbaye de Clairvaux.

À l'ouest de la Champagne pouilleuse s'étend une ligne de hauteurs coiffées de bois. C'est la Côte viticole champenoise dont la partie la plus riche et la plus vivante s'appelle la «Montagne de Reims» (228 mètres). Sur les pentes de cette colline, d'où l'on aperçoit la ville de Reims nettement dessinée dans la plaine, s'étendent les célèbres vignobles qui fournissent le vin de Champagne. Ce dernier était déjà réputé au moyen âge, mais c'est après la découverte, par un moine bénédictin nommé dom Pérignon (1638–1715), du principe de la champagnisation, que le champagne devint le vin par excellence de l'aristocratie, puis de la bourgeoisie, en France et à l'étranger.

La vente de ce vin universellement réputé (48.400.000 bouteilles en 1957) est, pour ce pays, une magnifique source de richesse. Plus de 7.000 personnes dans les régions de Reims et d'Épernay travaillent à l'industrie du champagne, sans compter les ouvriers qui fabriquent les bouteilles,

---

14. C'est à une trentaine de kilomètres au nord de cette ville (nommée d'après la tribu gauloise des Catalauni), qu'eut lieu en 451 la bataille des Champs Catalauniques où Attila fut défait par les Gallo-Romains.

bouchons, tonneaux, paniers, caisses d'emballage, paillons et capsules métalliques nécessaires soit pour la production, soit pour l'expédition du vin.

La population de la Côte champenoise est dense, car la vigne exige beaucoup de main-d'œuvre. De nombreux villages s'accrochent aux pentes ou s'étalent au pied des coteaux. Parmi les villes, citons d'abord Épernay, qui occupe un des plus jolis sites de la Champagne, à l'entrée de la vallée de la Marne.

C'est avant tout «la ville du vin de Champagne»; les caves des producteurs de ce vin s'étendent sur des dizaines de kilomètres sous la ville même, et offrent au visiteur le spectacle remarquable de millions de bouteilles alignées.

La grande ville de la Côte est Reims, berceau de l'histoire de France et de l'unité nationale. Fondée par la tribu des Rèmes, cette ville était l'une des plus florissantes de la Gaule sous la domination romaine. Après avoir beaucoup souffert des Vandales et des Huns, Reims devint un centre religieux très important; Clovis y fut baptisé en 496 par Saint Remi; le pape Étienne IV vint y couronner Louis le Débonnaire, fils de Charlemagne, en 816. Tous les rois de France de la dynastie capétienne, sauf Hugues Capet et Henri IV, furent sacrés à Reims. Le sacre le plus fameux est, sans aucun doute, celui de Charles VII, en présence de Jeanne d'Arc, le 17 juillet 1429.

Au moyen âge, Reims était déjà un grand centre de textiles. Cette industrie, favorisée par François Ier et, plus tard, par Colbert, est encore de nos jours une des principales sources de richesse de cette ville. Quelques 3.000 ouvriers sont employés à la fabrication du champagne par plusieurs firmes. Comme à Épernay, une véritable ville souterraine, formée d'anciennes crayères reliées par une centaine de kilomètres de galeries voûtées, abritent des millions de bouteilles qui attendent d'être expédiées vers toutes les villes du monde.

N'oublions pas l'industrie alimentaire, car Reims est fier, à juste titre, de son célèbre pain d'épices et de ses biscuits.

Pendant la Première Guerre mondiale, Reims fut presque entièrement détruit: sur 18.000 maisons, 17 étaient intactes en 1918. C'est pourquoi cette ville est devenue, aujourd'hui, un bel exemple de cité moderne, avec de grands boulevards, des rues larges et droites et de nombreuses places publiques. Au centre de la ville se dresse la merveilleuse cathédrale, sanctuaire incomparable où revivent tant de souvenirs de l'histoire de France. Commencée en 1211 et terminée vers la fin du XIIIe siècle, cette cathédrale présente une rare unité de style. On y admire particulièrement la hauteur de la nef (37 mètres 95); la Grande Rose, entre les tours, qui a plus de 12 mètres de diamètre; la superbe façade avec ses portails rentrants, ornés d'environ cinq cent trente statues; les deux tours de la façade, d'une légèreté incroyable, qui s'élèvent à une hauteur de 81 mètres 50.

Avant de quitter la Champagne, notons que cette province, longtemps pays frontière, semble avoir eu pour mission d'amortir les assauts venus de l'est. Depuis l'invasion des Barbares du Ve siècle jusqu'à celle de la Deuxième Guerre mondiale, la Champagne a subi le flux et le reflux des armées envahissantes. Sur son sol s'est souvent joué le sort de la nation française: Valmy, Sedan, la Marne sont des noms gravés dans l'histoire militaire française. Notons également que la Champagne a fourni, au cours des siècles, une série imposante d'hommes illustres dans tous les domaines: Saint Remi, archevêque de Reims; les papes Urbain II et Urbain IV; Colbert et Danton; Chrétien de Troyes, Gace Brulé, Rutebœuf, Villehardouin, Joinville, Racine, La Fontaine, Diderot, Rimbaud, Claudel, etc. Dans le domaine des sciences notons tout particulièrement le médecin Corvisart, un grand précurseur en matière d'anatomie pathologique et de cardiologie, ainsi que Nicolas Appert, qui inventa une méthode de conservation des produits alimentaires—et rappelons en passant le génial dom Pérignon!

La Lorraine

La Lorraine représente un débris de l'ancienne Lotharingie dont elle a tiré son nom. Au cours des siècles, le mot Lorraine a eu des acceptions très différentes, et s'est appliqué d'abord à un royaume carolingien, puis à deux vastes duchés qui comprenaient la Belgique et la Lorraine actuelle, puis enfin à un petit duché situé autour de la ville de Nancy. C'est dire combien les limites de cette province ont varié! Au XVe siècle, la Lorraine, à l'exception des trois villes-évêchés indépendantes, Metz, Verdun et Toul, passa par mariage à la maison d'Anjou, puis à la dynastie des Vaudémont qui la garda jusqu'en 1736. C'est alors que le dernier duc héréditaire, François II, céda la Lorraine, en échange de la Toscane, à Stanislas Leczinski, roi détrôné de Pologne, avec clause de retour à la France à la mort de celui-ci (1766). Depuis, la Lorraine est restée française, sauf pendant la période 1871–1918 où la majeure partie de son territoire fut annexée par l'Allemagne.

La Lorraine est un plateau forestier compris entre la Champagne à l'ouest, la Belgique, le Luxembourg et l'Allemagne au nord, l'Alsace à

Le Mont-Saint-Michel

Une vue de l'université de Caen

Un vieux quartier à Metz, sur la Moselle

Une rue dans le vieux Strasbourg

La production du cristal de Baccarat à Nancy

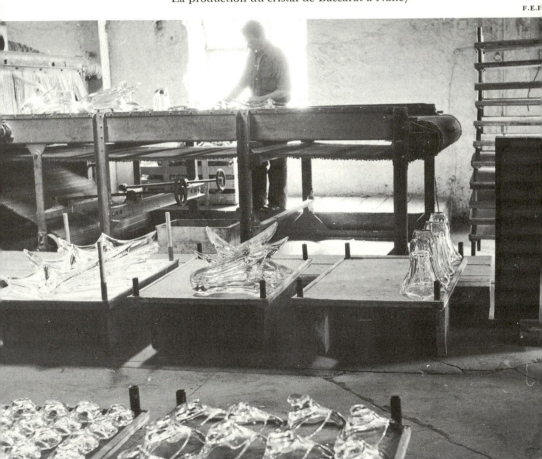

l'est, et la Franche-Comté au sud. Le climat de cette région est continental, rigoureux, avec des hivers souvent terribles et des étés torrides. Les rivières principales, la Sarre, la Moselle grossie par la Meurthe, et la Meuse, coulent vers le bassin rhénan.

En ce qui concerne l'économie, la Lorraine se divise en deux: la Lorraine méridionale et la Lorraine septentrionale.

La Lorraine méridionale est, dans son ensemble, une région de vocation essentiellement rurale. On y trouve beaucoup de petites villes et de grands marchés où se vendent les produits de la région: le blé, l'avoine et les pommes de terre. Le bétail laitier fait des progrès certains, surtout dans les environs de Vesoul et de Lure. De nombreuses villes d'eaux, Vittel, Contrexéville, Martigny-les-Bains, attirent les malades et les touristes et fournissent à la population l'occasion d'un travail saisonnier.

Dans la vallée de la Moselle, cependant, l'industrie domine. L'industrie textile et ses annexes chimiques se sont installées à Thaon, à Nomexy et surtout autour d'Épinal.[15]

La principale ville de la Lorraine méridionale est Nancy, ancienne capitale des ducs lorrains, puis résidence royale sous le règne de Stanislas. C'est au XVIIIe siècle que fut construit le magnifique ensemble formé par l'Hôtel de Ville, la place Stanislas (avec ses grilles de fer forgé et d'or), la place d'Alliance et la place Carrière.

C'est également de ce siècle que datent la cathédrale et l'université.

À l'ouest de Nancy, entre les côtes de Moselle et les côtes de Meuse, se trouve la petite ville de Toul (13.000 habitants), jadis un des trois évêchés indépendants de la Lorraine. On y remarque particulièrement la splendide cathédrale Saint-Étienne, construite du XIIIe au XVe siècle. À quelques kilomètres au sud de Toul, le village de Domrémy-la-Pucelle conserve pieusement le souvenir de Jeanne d'Arc. La maison natale de l'héroïne et la basilique du Bois-Chenu, élevée à l'endroit où Jeanne entendit d'abord ses voix, attirent chaque année de nombreux visiteurs. En contemplant la Meuse, qui coule au pied des collines boisées, on ne peut s'empêcher de se répéter les vers célèbres du poète Charles Péguy: «Ô Meuse, endormeuse et douce à mon enfance . . .»

La Lorraine septentrionale doit son importance au fer et au charbon. Cette région, grâce à ses bassins de minerai de fer et de houille, et à son industrie métallurgique, devient, de nos jours, une autre Ruhr. À elle seule, elle fournit 90% du minerai de fer français, 70% de la production sidérurgique nationale et 22% du charbon extrait en France.

---

15. Cette ville (29.000 habitants) a donné son nom aux célèbres images pour enfants.

Les mines de fer, qui comptent parmi les plus riches du monde, se trouvent principalement dans les régions de Longwy, de Briey et de Metz-Thionville et aussi autour de Nancy. Le bassin houiller lorrain est le prolongement du bassin sarrois. Quant aux usines, elles se sont installées dans les étroites vallées de la Chiers, des affluents de l'Alzette, de la Fensch et de l'Orne. Elles se situent également dans la vallée de la Moselle ainsi qu'aux environs de Nancy.

Les industries de la Lorraine septentrionale sont variées: industrie chimique de la soude, cristallerie, faïences, verrerie d'art, etc.—mais c'est avant tout la métallurgie lourde, et principalement la sidérurgie, qui domine l'économie de cette région.

Ces industries, surtout depuis la Deuxième Guerre mondiale, se sont développées à un tel point que les habitants du département de la Moselle disent qu'ils vivent dans le Texas français! Ils citent avec fierté le village de Guénange qui est passé de 544 habitants en 1946 à 10.000 en 1960, ou Behren-lès-Forbach qui comptait 424 habitants en 1954 et 5.623 en 1959. Ce ne sont pas seulement les paysans des régions contiguës qui se sont rués vers les mines et les usines; des ouvriers étrangers, Italiens et Polonais en majorité, ont afflué au point de changer radicalement le peuplement.

Deux villes l'emportent sur toutes les autres dans la Lorraine du nord: Thionville et Metz. La première est un grand centre minier et métallurgique de 24.000 habitants. C'est le centre nerveux de la zone industrielle et également la porte d'entrée en France pour le trafic de voyageurs et de marchandises venant des Pays-Bas, de la Belgique et de la Rhénanie.

Metz, ancienne capitale de la Lotharingie, plus tard ville libre impériale, porte la marque d'un passé très ancien. Ville essentiellement commerçante (86.000 habitants) elle s'est laissée distancer par Nancy. Mais elle garde tout son attrait pour les visiteurs qui viennent admirer la cathédrale Saint-Étienne (XIIIe siècle), qui prend rang parmi les plus belles réalisations gothiques, l'hôtel Saint-Livier dont certaines parties remontent au XIIe siècle, et la remarquable Porte des Allemands, ancienne porte fortifiée, dont la construction date du milieu du XVe siècle.

À la limite ouest de la Lorraine septentrionale, sur les bords de la Meuse, se trouvent le petit bourg de Saint-Mihiel—où les troupes américaines livrèrent leur première grande bataille en 1918—et la ville-forte de Verdun. Cette ville, dont l'histoire remonte aux temps des Romains, a donné son nom au célèbre traité de 843, par lequel l'empire de Charlemagne fut partagé entre ses trois petits-fils. Elle fut ensuite, avec Toul et Metz, l'un des trois évêchés dont il fut souvent question au commencement des temps modernes. C'est à Verdun et dans les fortifications environnantes (Douaumont et Vaux), que les Français soutinrent une défense héroïque contre les assauts de l'armée allemande, du mois de février au mois de juillet 1916. Le mot d'ordre: Ils ne passeront pas! lancé par le général Pétain, symbolise désormais la vaillance des soldats français de la Première Guerre mondiale.

Les Vosges et l'Alsace

Les Vosges, qui séparent la Lorraine de l'Alsace, sont de très vieilles montagnes qui, autrefois, formaient avec la Forêt-Noire allemande, un énorme massif. Puis, à l'époque tertiaire (à la suite des grands mouvements alpins), les Vosges se sont séparées de la Forêt-Noire et entre les deux s'est créée la dépression rhénane qui forme aujourd'hui la plaine alsacienne.

Du côté de l'Alsace, les Vosges se dressent de façon abrupte, mais du côté de la Lorraine elles présentent plutôt l'aspect d'un plateau, prolongement des plaines et des plateaux lorrains. Le point culminant de ces montagnes, dont les sommets ont une forme arrondie, est le ballon[16] de Guebwiller (1.426 mètres), suivi de près par le Hohneck (1.366 mètres).

La chaîne des Vosges commence immédiatement au nord de la dépression de Belfort, qui donne passage au canal du Rhône au Rhin, à une route et à une voie de chemin de fer et qui, de tout temps, a servi de voie d'accès aux envahisseurs. Dans la partie nord de cette chaîne, on rencontre une autre dépression, celle de Saverne, où passe la grande route de Paris à Strasbourg.

Sur les pentes des Vosges s'étendent de magnifiques forêts de pins, de sapins et d'épicéas. Vers le centre, autour du Hohneck, se trouve la région des lacs (Gérardmer, Longemer, Retournemer, etc.), région fort pittoresque qui est très appréciée des excursionnistes.

La population des Vosges vit surtout d'agriculture mais trouve dans les industries locales des ressources complémentaires. L'industrie textile s'est en effet implantée dans presque toutes les vallées vosgiennes. Les petites villes de Guebwiller (10.500 habitants), Remiremont (9.800), Gérardmer (6.000) vivent en grande partie de filatures et de tissages.

L'Alsace est un nom qui évoque de profondes résonances dans le cœur d'un Français. Liée d'une manière privilégiée aux deuils et aux gloires de

16. Il est probable que le mot «ballon» vient du dieu celtique *Belen* auquel plusieurs sommets des Vosges furent consacrés.

la France, cette province a, depuis le commencement de son histoire, évolué sous le signe de la rivalité et de la présence permanente des deux mondes latin et germanique.

C'est après la conquête de Jules César que le Rhin devint, pour la première fois, une frontière défensive entre ces deux mondes. Les invasions barbares des IIIe et IVe siècles mirent fin à la paix romaine et l'Alsace fut alors submergée par le flot germanique. Au siècle suivant, une nouvelle ère s'ouvrit avec la domination franque. La victoire de Clovis à Tolbiac, en 496, remportée sur les Alamans, assura de nouveau la tranquillité au pays. La période carolingienne consacra l'ère de prospérité commencée sous les mérovingiens; Charlemagne aimait séjourner en Alsace et s'intéressait à la construction des monastères, des couvents et des abbayes.

Malheureusement, la renaissance carolingienne fut suivie de troubles politiques et l'Alsace se trouva d'abord englobée dans la Lotharingie puis, après le démembrement de ce royaume, attribuée à Louis le Germanique. Pendant près de huit siècles, elle devait rester dans l'orbite germanique, d'abord comme partie intégrante du royaume de Germanie, puis, à partir du Xe siècle, du Saint-Empire romain germanique.

C'est au XVIIe siècle que commence l'ère française en Alsace. La ville de Colmar passe, en 1635, sous la protection française. En 1648, le traité de Westphalie transfère au roi de France tous les territoires d'Alsace possédés par l'Empereur, à l'exclusion cependant de plusieurs territoires, dont la ville libre de Strasbourg. En 1680, Louis XIV proclame sa souveraineté sur toute l'Alsace et, l'année suivante, Strasbourg se résigne à perdre son autonomie. Le traité de Ryswick, en 1698, confirme ces différentes annexions: le Rhin, comme au temps des Romains, redevient la frontière naturelle entre la France et l'Allemagne. Rappelons ici que si la France était alors un état centralisé, l'Allemagne, par contre, n'était encore qu'«une expression géographique». Cela aide à comprendre que les Alsaciens se soient assez rapidement considérés comme Français, d'autant plus que la monarchie française, soucieuse de ménager la population, permit à celle-ci de conserver ses coutumes et sa langue. L'attachement des Alsaciens à la France se manifesta à l'époque de la Révolution. C'est dans le salon du maire de Strasbourg que Rouget de Lisle créa la *Marseillaise*. C'est un Strasbourgeois, le général Kellermann, qui remporta la victoire de Valmy. C'est l'Alsacien Kléber qui pacifia la Vendée et participa ensuite à la campagne d'Égypte avec Bonaparte. C'est l'Alsace qui répondit avec le plus d'enthousiasme à l'appel aux volontaires de 1792. On pourrait multiplier les exemples qui témoignent tous du fait que cette province avait accepté de faire partie de la communauté française. Le traité malheureux de 1871 interrompit brutalement le développement de l'Alsace à l'intérieur de cette communauté. De nombreux Alsaciens préférèrent émigrer plutôt que de devenir Allemands et allèrent, pour la plupart, en Algérie. La victoire de 1918 rendit l'Alsace à la France mais, de nouveau, entre 1940 et 1944, l'Allemagne annexa cette malheureuse région. Aujourd'hui il semble que la vieille querelle entre la France et l'Allemagne, querelle qui remonte au partage de l'empire de Charlemagne, soit définitivement liquidée. L'Alsace peut donc envisager l'avenir avec sérénité.

Nous avons vu, plus haut, que les Vosges séparent l'Alsace de la Lorraine. Au sud, l'Alsace s'appuie sur le Jura, au nord, elle borde la forêt de Haguenau et, à l'est, le Rhin la sépare de l'Allemagne. La plaine alsacienne, qui se trouve entre le Rhin et les coteaux qui longent les Vosges, est essentiellement formée d'alluvions et de lœss, qui lui valent une grande fertilité.

Les coteaux d'Alsace lui donnent son cachet original. Le touriste qui visite l'Alsace au printemps ne peut oublier la vue de ces coteaux couronnés de châteaux forts (certains en ruines), entourés de villages, plantés de vignes et de vergers. Les fleurs blanches et roses des pommiers, des cerisiers, des pruniers, des pêchers et des mirabelliers transforment ces coteaux en toiles impressionnistes. Ici et là, une vallée s'ouvre profondément dans le flanc des Vosges. Sur ses versants courent d'immenses vignobles bien abrités de la bise; à son entrée se blottit une petite ville, conservant généralement une partie de ses anciennes fortifications: Andlau, Ribeauvillé, Kaysersberg, Münster, Guebwiller, Thann, Masevaux, etc.

Les productions alsaciennes sont aussi variées que les paysages. La forêt couvre un peu plus du tiers de la superficie totale de l'Alsace, et elle est exploitée surtout dans les Vosges, mais également dans les forêts de la Hardt (au sud) et de Haguenau.

L'agriculture fournit du blé et de la betterave sucrière, des choux (la choucroute garnie de Strasbourg est une spécialité fort appréciée des Parisiens!) et, principalement, le tabac et le houblon. Ce dernier est presque entièrement absorbé par les nombreuses brasseries alsaciennes qui produisent une bière réputée dans le monde entier. Nous avons noté déjà plusieurs arbres fruitiers que l'on trouve sur les coteaux. Il faut ajouter que les vergers s'échelonnent à travers toute l'Alsace et que, de leurs fruits, les Alsaciens tirent de merveilleuses eaux-de-vie telles que le kirsch (à base de cerises), le quetsch (à base de quetsches) et la mirabelle.

La vigne pousse principalement sur les versants abrités des coteaux. Les vins d'Alsace sont surtout des vins blancs, mais il y a quelques rosés. Les vins fins sont produits par les cépages de Riesling, Traminer, Gewurztraminer et Pinot gris; les vins ordinaires, par ceux de Sylvaner et Chasselas.

En ce qui concerne le sous-sol, l'Alsace possède deux ressources précieuses: la potasse et le pétrole. Le gisement pétrolier de Péchelbronn est connu et exploité depuis 1735. De nos jours, il fournit environ 70.000 tonnes par an, ce qui n'est pas négligeable bien que cela ne représente qu'une faible partie de la consommation française. Quant à la potasse, sa découverte en 1904 a transformé la région entre Mulhouse et Colmar: là où il n'y avait que plaine et bocage se dressent maintenant cités ouvrières, puits, usines de broyage et fabriques de chlorures et de brome. Grâce à l'Alsace, la France est devenue la troisième productrice du monde de potasse, et grande exportatrice.

L'industrie est d'ailleurs devenue, depuis la Deuxième Guerre mondiale, la principale ressource des Alsaciens; l'Alsace est aujourd'hui un des foyers industriels les plus actifs de France. Hier encore, c'était l'industrie textile qui dominait mais de nos jours l'industrie chimique (Mulhouse), mécanique (Mulhouse, Montbéliard), automobile (les usines Peugeot à Montbéliard) et alimentaire (Strasbourg) font les plus impressionnants progrès. Demain, quand le pipe-line sud-européen aura été terminé, et que l'Alsace sera reliée à Marseille, elle deviendra l'une des grandes provinces pétrolières de l'Europe. Et lorsque le nouveau canal du Rhin au Rhône aura été achevé, l'Alsace deviendra le centre de l'immense chantier qui s'étendra de Marseille à Rotterdam. Déjà, la construction du Grand Canal d'Alsace, le long du Rhin, de Kembs à Marckolsheim, a transformé toute la berge occidentale du fleuve en un immense quai. Ce canal, d'autre part, est équipé d'un chapelet d'usines hydro-électriques produisant annuellement 7 milliards de kilowatts-heure.

Mulhouse (100.000 habitants) est la grande ville industrielle de l'Alsace. Centre textile depuis le XVIIIe siècle, elle est, aujourd'hui, surtout riche de ses usines chimiques, de ses fonderies et de ses constructions mécaniques.

La petite ville de Colmar (48.000 habitants) est la plus importante des villes situées dans les collines sous-vosgiennes. Les touristes y admirent particulièrement le vieux quartier avec ses belles maisons à encorbellement. Colmar, étant adossée à la montagne, attire le touriste et les vignobles des alentours en font un centre commercial, mais sa situation à l'écart des lignes principales de communications l'a privée de l'apport d'industries nouvelles.

Strasbourg est la ville la plus importante de l'Alsace. C'est, par excellence, la «ville-carrefour». Carrefour stratégique, commercial, politique et, enfin, carrefour de civilisation. Placée au point de rencontre de routes qui, de tout temps ont sillonné et traversé cette région, il était inévitable que cette ville servît de lieu de passage aux armées, aux marchands et, en même temps, aux idées venues des grands foyers de la civilisation européenne. Aujourd'hui, Strasbourg est le siège du Conseil de l'Europe et donc la capitale de l'Union européenne qui s'élabore lentement.

L'agglomération strasbourgeoise comporte un total de 264.000 habitants; la ville elle-même en compte 200.000, ce qui fait d'elle la huitième ville de France. Le port de Strasbourg s'est classé en 1954 au cinquième rang des ports de France pour l'importance de son trafic.

La banlieue de la ville est occupée par des usines de toute sorte et de toute importance: industries alimentaires (minoteries, fabriques de levure et de vinaigre, biscuiteries, chocolateries, fabriques de foie gras,[17] de choucroute), industries des métaux, du bois, des textiles, des produits chimiques, etc.

Depuis 1925 la Foire européenne se tient chaque année à Strasbourg où plus de 4.000 exposants, originaires d'une quarantaine de pays différents, présentent leurs produits à des centaines de milliers de visiteurs.

Au nord-est de la ville, au milieu d'un quartier résidentiel, se trouve l'Université de Strasbourg (1621) avec son cortège d'Instituts, de grandes écoles et d'établissements de recherches. Cette université (qui ressemble, dans son beau cadre de verdure, à une université américaine) abrite, fait unique en France, une Faculté de Théologie catholique et une Faculté de Théologie protestante. Le Centre d'Études germaniques, l'Institut des Recherches nucléaires, le Centre des Hautes Études européennes, entre autres, attirent de nombreux élèves français et étrangers. À part l'Université, Strasbourg possède plusieurs écoles importantes, dont l'École régionale d'architecture, l'École municipale des Arts décoratifs, le Conservatoire de Musique et de diction et une École supérieure d'Art dramatique.

Au centre de la ville, dans le Vieux Quartier appelé «petite France», se dresse la cathédrale Notre-Dame. On remarque tout de suite sa flèche: la plus haute (142 mètres) qu'ait dressée le moyen âge; sa couleur: c'est,

---

17. Le foie gras est une des spécialités de l'Alsace. Rien qu'à Strasbourg, plus de 110 tonnes de foie frais sont traitées par an.

à l'exception de celle d'Albi, la seule cathédrale rose en France; sa façade: une des merveilles de l'art chrétien, et sa grande rose qui mesure 12 m. 43 de diamètre.

L'intérieur de la cathédrale est moins spectaculaire que l'extérieur. Les visiteurs y sont surtout attirés par un des plus curieux ouvrages d'horlogerie connus au monde: l'horloge astronomique construite par Schwilgué de 1838 à 1842.

Cette cathédrale, avec sa nef et ses sculptures françaises, sa façade d'inspiration germanique est, par excellence, le monument alsacien. Il symbolise bien le peuple de cette province dont l'âme a été fortifiée par l'harmonie de deux amours.

Les toits du vieux Strasbourg
avec la cathédrale dans le fond
F.G.T.O.

La rosace centrale
de la cathédrale de Strasbourg
F.G.

Chapitre 6

LES PROVINCES CENTRALES

la Franche-Comté, la Bourgogne,

le Nivernais et le Bourbonnais,

le Berry, l'Orléanais,

la Touraine, le Maine,

l'Anjou, le Poitou

La Franche-Comté

CETTE province s'étend assez exactement sur les trois départements de la Haute-Saône, du Jura et du Doubs (à l'exception de l'arrondissement de Montbéliard, qui est alsacien). C'est dire qu'elle comprend les plateaux de la Haute-Saône et du Jura, une partie de la plaine de Bourgogne et les montagnes du Jura.

Nous avons vu, dans le premier chapitre de ce livre, que les conditions physiques générales de ces montagnes rendent la circulation difficile. Ceci favorise l'émiettement de la vie humaine en cellules isolées, et décourage les relations extérieures. En fait, la population du Jura est notée pour sa forte individualité, son caractère original ainsi que pour son attachement à une vie indépendante. Les termes de Franche-Comté et de Franches-Montagnes sont là pour nous rappeler les libertés acquises dans le passé.

Cette population vit surtout de l'élevage et de l'exploitation forestière. L'importance de l'élevage se mesure par la production annuelle de 7.300.000 kilos de fromage (du type gruyère) et de 4 mille tonnes de beurre.

Pour la fabrication de ce fromage, les éleveurs jurassiens, surtout depuis le XVIIIe siècle, ont adopté la pratique de l'association. Les éleveurs d'un village, ou d'une région, appartiennent à une coopérative (appelée *fruitière* dans le Jura et en Savoie) à laquelle ils livrent leur lait. Le fromage est vendu ensuite au profit de tous.

La seconde richesse du Jura est l'exploitation des bois. Autrefois c'était le bois de chauffage qui avait une grande importance commerciale, mais aujourd'hui c'est le bois d'œuvre. Ici encore le facteur collectif intervient, car le bois d'œuvre est généralement vendu au profit de la caisse communale. Cela signifie, principalement dans les communes montagnardes, que les taxes municipales sont inconnues et que les municipalités ont pu entreprendre d'importants travaux publics (adductions d'eau et d'électricité, construction de routes, etc.).

À part ces deux activités, le Jura s'est depuis longtemps tourné vers certaines industries qui, en hiver, permettent aux montagnards d'obtenir un revenu supplémentaire: la menuiserie, la taille des pierres précieuses, la lunetterie et l'horlogerie. À notre époque, ces industries ont perdu leur caractère purement rural et se concentrent en ateliers spécialisés autour des centres commerciaux: Morez, Saint-Claude et Oyonnax.

Les vallées du Jura sont très belles et souvent même grandioses: celles du Doubs et de l'Ain, par exemple. De nombreux lacs aux eaux vertes (sur les bords desquels se trouvent de nombreux centres de tourisme et de villégiature), de beaux défilés et de magnifiques cascades, font de ces vallées des lieux d'excursion privilégiés. Notons que le Jura offre aussi des vues incomparables sur les Alpes.

La grande ville de la Franche-Comté est Besançon (74.000 habitants), une des plus vieilles villes de France. Admirablement située sur une presqu'île formée par la rivière, le Doubs, cette ville était la capitale des Séquanes qui furent vaincus par Jules César. Ville importante au temps des Romains, puis ravagée par les barbares, elle fut érigée en ville libre au XIIᵉ siècle par Frédéric Barberousse. Tombée sous la domination espagnole au XVIIᵉ siècle, elle fut reprise par la France en 1678.

Aujourd'hui, Besançon est une ville industrielle, la capitale de l'horlogerie française. Elle s'enorgueillit à juste titre de son université (1485), de son palais Granvelle (XVIᵉ siècle), de ses vieilles rues et de ses vieux hôtels des XVIᵉ et XVIIᵉ siècles, et d'avoir donné le jour à Jean Mairet, Pierre-Joseph Proudhon, Charles Nodier et Victor Hugo.

Quelques autres villes de la Franche-Comté méritent d'être mentionnées. D'abord, dans le département de la Haute-Saône, la ville de Vesoul (13.000 habitants), centre commercial d'une région de pâturages. Puis, dans le département du Jura: Dole (23.000 habitants), ville natale de Louis Pasteur, ancienne capitale de la province jusqu'au jour où Louis XIV conféra ce titre à Besançon. Aujourd'hui ville industrielle (métallurgie, industries alimentaires), Dole attire les touristes par ses vieux hôtels flanqués de tourelles et frappés de blasons. Dans ce même département se trouve Lons-le-Saunier (76.000 habitants), où naquit Rouget de Lisle. Connue pour ses salines dès l'époque des Romains (qui la nommèrent Ledo salinarius), cette ville est une station thermale renommée et un centre d'industries jurassiennes et notamment fromagères (Bonbel, Vache qui rit).

La Bourgogne

La Bourgogne est l'une des plus glorieuses parmi les anciennes provinces françaises. Rappelons-nous qu'à une certaine époque il s'en fallut de peu que la France se formât autour du duché de Bourgogne. Lorsque les hasards des armes et le jeu des actions humaines en décidèrent autrement, l'annexion de la Bourgogne marqua l'étape définitive dans la formation de la nation française.

Rappelons ici quelques faits historiques; ils nous aideront à comprendre l'importance du rôle de la Bourgogne.

Le nom de la province nous vient de celui des Burgondes, qui arrivèrent dans cette région vers le milieu du Ve siècle. Ces paysans-guerriers, grands et blonds, s'établirent dans les plaines tranquilles de la Saône et y organisèrent un royaume qui rivalisa, sous le règne de Gondebaud, avec le royaume franc de Clovis. Mais les fils de celui-ci battirent les fils de Gondebaud et le royaume burgond fut soumis aux Francs (534). À la fin du IXe siècle, le duché de Bourgogne fut créé; en 1031, il devint fief héréditaire lorsque Henri Ier, roi de France, le céda à son frère, Robert. Sous les ducs capétiens, qui, pour affirmer leur puissance, eurent à lutter contre les seigneurs féodaux et aussi contre les grandes abbayes comme Cluny, la Bourgogne prit corps.

C'est à cette époque que les fondations monastiques se multiplièrent et connurent des fortunes prodigieuses (l'abbaye de Cîteaux, par exemple, fondée en 1098). Le rayonnement religieux de la Bourgogne allait de pair avec la richesse du duché. Cependant, c'est sous les ducs valois, de 1364 à 1477, que ce duché atteignit sa plus grande puissance. Philippe le Hardi, Jean sans Peur, Philippe le Bon et Charles le Téméraire furent tous des seigneurs magnifiques et ambitieux qui élargirent leur domaine et firent de la Bourgogne un état opulent et luxueux. Pendant une courte période, sous Charles le Téméraire, le duché de Bourgogne comprenait, à part la Bourgogne proprement dite, le Luxembourg, la Picardie, l'Artois, le Hainaut, la Flandre, le Brabant et la Hollande.

Ce fut l'apogée de l'État bourguignon, auquel il ne manquait plus que la consécration de la royauté. Charles essaya de la lui donner, et ce fut la cause de sa perte. La défaite et la mort du Téméraire amenèrent la réunion définitive de la Bourgogne au royaume de France en 1477. Depuis, la Bourgogne n'a jamais cessé de participer activement à la vie générale de la nation française.

Il est difficile de donner des limites précises à cette province, mais il est aisé d'en déterminer le cœur: c'est la Côte d'Or, flanquée du Bas-Pays, que Stendhal décrivait en ces termes: «Sans ses vins admirables, je trouverais que rien au monde n'est plus laid que cette fameuse Côte d'Or. . . . [Elle] n'est donc qu'une petite montagne bien sèche et bien laide . . . mais, à chaque instant, on trouve un nom immortel.»

En effet, la vue de ces coteaux, qui s'étendent entre la Dheune et l'Ouche, surprend toujours le visiteur. Il s'attend à trouver un pays exubérant et rieur, et trouve, au contraire, un pays net et sévère, une ligne continue de collines aux versants découpés en quadilatères, dans lesquels s'alignent, avec une rigueur implacable, les ceps des célèbres vignobles.

Depuis des temps très reculés, la Côte s'est adonnée à la vigne qui a trouvé là un climat tout à fait propice.[1] Les grand crus sont soigneusement reconnus et délimités entre la route qui longe la Côte et les versants de celle-ci. Ces grands crus proviennent des deux subdivisions de la Côte: la *Côte de Nuits,* où se trouvent les crus les plus fameux—Romanée-Conti, Richebourg, La Tache, Romanée-Saint-Vivant, Chambertin, Musigny, Clos de Vougeot, Grands-Echezeaux, Nuits-Saint-Georges; la *Côte de Beaune,* qui produit surtout des vins rouges—Corton, Savigny, Beaune, Pommard, Monthélie, Auxey-Duresses, Santenay, Chassagne-Montrachet— et des vins blancs, dont deux méritent une mention particulière: le Montrachet et le Meursault.

Au sud de ces deux vignobles de la Côte d'Or s'étendent les vignobles du *Chalonnais* et du *Mâconnais*. Le second produit, entre autres crus, le Pouilly-Fuissé, un vin blanc, sec et élégant, tandis que le premier produit surtout le Mercurey, un vin rouge léger. Encore plus au sud, aux approches de la ville de Lyon, se trouve le vignoble du *Beaujolais* dont les crus les plus renommés sont le Moulin-à-Vent, le Fleurie et le Juliénas.

Au nord de la Côte d'Or, le département de l'Yonne fournit ce que certains gourmets proclament le premier des vins blancs: le Chablis.

Cette énumération suffira pour indiquer le rôle important que la vigne joue dans l'économie de la Bourgogne. À part la vigne, l'exploitation de la forêt (surtout dans le Morvan), l'élevage (surtout dans l'Auxois) et l'agriculture (surtout en Bresse) jouent leur rôle, ainsi que la grande industrie dans la région du Creusot.

---

1. Le terme «climat», en Bourgogne, signifie l'ensemble sol et exposition.

Un vignoble célèbre de la Côte d'Or:
le Clos-Vougeot

Une ouvrière remplissant des pots
de moutarde de Dijon

Une rue dans le vieux Dijon

La tour de Bar et la statue
de Philippe le Bon, à Dijon

Les "pleurants", détails du tombeau de Philippe le Hardi,
de Claus Sluter, dans le musée de Dijon

La grande ville de la Bourgogne, la seule qui dépasse 100.000 habitants, est Dijon, l'ancienne capitale ducale. Admirablement située au pied de la Côte d'Or, et à la croisée des routes qui, du nord et du bassin de Paris, mènent vers la Méditerranée, cette ville avait toutes chances de prospérer. Mais l'opulence de Dijon ne peut s'expliquer simplement par son rôle de ville-carrefour ou de ville-marché. Pour la comprendre il faut se souvenir de son histoire de ville-capitale d'un état s'étendant, nous l'avons déjà noté, de la mer du Nord et de la Manche jusqu'à la Suisse.

Avec Paris et Rouen, Dijon est la ville de France la plus riche en œuvres d'art de toute nature. Ses églises, sa cathédrale, ses vieux hôtels, ses musées sont autant de trésors qui attirent et retiennent les visiteurs. Du palais des ducs de Bourgogne, il ne reste aujourd'hui que des vestiges: la tour de Bar, qui date du XIVe siècle, la tour de la Terrasse, les cuisines et la salle des gardes. C'est dans le musée attenant à ces vestiges que se trouvent les splendides tombeaux de Philippe le Hardi et de Jean sans Peur.[2] Celui de Philippe le Hardi fut exécuté par Claus Sluter et deux autres sculpteurs. Sluter, que l'on appelle le «Michel-Ange du Nord», naquit en Hollande, s'installa à Dijon en 1385 et y vécut jusqu'en 1406. Il fut le chef de l'école bourguignonne et son art a marqué pour un siècle la sculpture de cette province. Son œuvre marquante est le *Puits de Moïse* qui se voit encore dans la Chartreuse de Champmol, à l'entrée de Dijon.

En ce qui concerne la vie industrielle et commerciale, Dijon s'enorgueillit de ses industries alimentaires qui fournissent, entre autres, du pain d'épices et la célèbre moutarde dont la réputation est mondiale. Le commerce est naturellement dominé par la vente des vins de Bourgogne, mais le matériel agricole y occupe un rang très honorable.

Au sud-ouest de la ville se trouve le "campus" de l'Université de Dijon, où des bâtiments modernes abritent les diverses facultés dont la plus ancienne, celle de Droit, remonte à 1722. L'Université elle-même fut fondée en 1896.

La petite ville de Beaune, au sud de la Côte d'Or, mérite une mention particulière. Ce fut une des principales villes du duché de Bourgogne et le siège de son parlement avant Dijon. C'est pourquoi Beaune, aujourd'hui capitale du vin, possède, comme Dijon, de magnifiques trésors du passé, tels l'église Notre-Dame, où fleurit le style bourguignon, de nombreuses vieilles maisons, de riches musées et, surtout, l'Hôtel-Dieu fondé en 1443 par le chancelier Rolin pour secourir et soigner les pauvres. Cet hospice est tel que le XVe siècle nous l'a laissé, bien qu'il soit en grande partie construit en bois. Il est propriétaire d'un important vignoble, dont le

2. Ce musée est, d'autre part, un des plus riches de province pour la peinture.

revenu sert à payer les soins médicaux offerts gratuitement par les sœurs hospitalières.

Il ne faut pas oublier que la Bourgogne fut, au moyen âge surtout, une terre religieuse de première importance. Parmi la quantité de noms et de lieux qui viennent à l'esprit, lorsqu'on songe au rôle de l'église dans cette province, il en est deux surtout qui s'imposent: Vézelay et Cluny.

Vézelay est un petit village perché sur une colline du Morvan, d'où l'on a une vue superbe sur la vallée de la Cure. C'est sur une des pentes de cette colline que retentit la grande voix de Saint Bernard en 1146 lorsqu'il prêcha la seconde croisade. Une croix, debout au milieu d'un champ, marque encore la place où le fondateur de l'abbaye de Clairvaux souleva l'enthousiasme religieux de cent mille barons, chevaliers et écuyers, en présence du roi de France, Louis VII.

Au haut de la colline s'élève l'église abbatiale dédiée à sainte Marie-Madeleine, un magnifique spécimen de l'architecture romane et certainement le plus beau de la Bourgogne. Commencée en 1096, l'église fut achevée à la fin du XIIe siècle. Sous l'église, une crypte du Xe siècle renferme le prétendu tombeau de Marie-Madeleine, but d'un pélerinage célèbre du moyen âge.

Le village entier est aujourd'hui classé monument historique.

L'abbaye de Cluny, dont il ne reste aujourd'hui que des vestiges, fut à un moment la plus puissante abbaye de la Chrétienté. Au XIe et XIIe siècles, en effet, elle rayonnait dans toute l'Europe, de l'Espagne à la Pologne, et l'abbé de Cluny avait sous ses ordres plus de dix mille moines. L'église de Cluny, élevée à la fin du XIe siècle, répondit à cette splendeur. L'un des chefs-d'œuvre du style roman, elle avait une ampleur qui ne fut dépassée que par Saint-Pierre de Rome. La destruction, qui suivit la confiscation révolutionnaire, n'a laissé debout qu'un croisillon du grand transept, mais cela suffit pour que nous puissions imaginer les proportions de l'édifice en son entier.

Riche de son passé glorieux, la Bourgogne aujourd'hui fait face en toute sérénité à son avenir. Son rôle essentiel, dans l'économie nationale, étant celui d'assurer la liaison entre les pays méridionaux et ceux du nord et de l'est, elle sait que ce rôle, grâce au développement de la route Rhône-Saône-Rhin, aura demain encore plus d'importance dans l'économie européenne.

Le Nivernais et le Bourbonnais

L'ancienne province du Nivernais forme aujourd'hui le département de la Nièvre et une partie des départements de l'Yonne et du Cher. Située entre la Loire et le Morvan, cette province est surtout un pays d'élevage et d'agriculture. Les éleveurs nivernais sont fiers de leurs bœufs, également propres au travail ou à la boucherie, de leurs chevaux, dressés pour le labour, et de leur volaille.

Proche du centre de la France et de Paris, le Nivernais est un carrefour, mais il est surtout traversé par le grand courant de circulation qui va de Paris vers le centre. C'est ce qui explique la modernisation de sa vie rurale et sa prospérité. Quant à sa vie industrielle, elle se concentre avant tout sur la petite métallurgie.

Le Nivernais fut une des rare provinces de France qui ne furent jamais réunies à la couronne avant la Révolution. D'abord comté, puis duché, le Nivernais fut toujours fidèle au roi de France et fut gouverné sagement et prudemment par les comtes et les ducs de Nevers.

La capitale, Nevers (36.000 habitants), se souvient de son passé et garde un aspect de grandeur et de noblesse. L'ancien palais ducal est maintenant le palais de justice; sa partie postérieure rappelle encore le château féodal, tandis que la façade est une élégante construction du XVIe siècle.

Le Bourbonnais n'est pas, comme la plupart des provinces françaises, une région qui coïncide avec le domaine d'un peuple gaulois ou avec celui d'une cité gallo-romaine. Il a été créé par une famille qui devait avoir les plus hautes destinées.

Le premier ancêtre connu de cette famille est Aimar, qui fonda le prieuré de Souvigny entre 916 et 922. C'est son fils, Aimon Ier, qui, vers 950, prit la qualité de sire de Bourbon pour la première fois et qui commença à arrondir le territoire. Avant la fin du XIe siècle, le Bourbonnais était constitué. Un mariage fit échoir au XIIIe siècle la sirerie de Bourbon à un cadet de la maison royale de France, Robert, comte de Clermont, sixième fils de Saint Louis. Au XVIe siècle la maison de Bourbon arriva au trône de France avec Henri IV et s'y maintint jusqu'à la Révolution.

Le Bourbonnais, peu étendu (il correspond presque entièrement aux limites du département de l'Allier), est très prospère à cause de la variété de ses ressources. C'est un pays de polyculture, d'élevage et de chasse qui est, en outre, riche en mines et en carrières. Ce qui frappe le visiteur qui parcourt le pays, c'est sa physionomie aimable, ses prairies peuplées de bœufs, ses bosquets et ses étangs. Ce sont aussi ses vieux châteaux démantelés, témoins d'une splendeur féodale déchue, et les gentilhommières et les châteaux plus récents avec leurs belles pelouses à l'orée d'un bois.

L'industrie thermale est très importante dans le Bourbonnais. Le nom de Bourbon est d'ailleurs dérivé de Borbo, le dieu gaulois des fontaines minérales. Vichy, Néris, Bourbon-l'Archambault, entre autres stations thermales, se trouvent dans cette province. De celles-ci, Vichy est de loin la plus renommée; autour de ses douze sources se sont élevés de vastes thermes qui n'ont aucun équivalent dans le monde. De nombreux grands hôtels accueillent les milliers de malades qui y viennent chaque année. L'industrie de l'embouteillage expédie environ 225 millions de bouteilles d'eau de Vichy par an.

La «Reine des villes d'eau» se flatte en outre d'être, en été surtout, un grand centre artistique et intellectuel. Les grands succès de théâtre de Paris, les meilleurs chansonniers, les concerts classiques, l'opéra et les ballets, voilà ce que les curistes, ou les simples visiteurs, peuvent goûter dans les théâtres de Vichy.

C'est dans le Bourbonnais que naquirent le poète Théodore de Banville, l'historien de l'art Émile Mâle, l'écrivain Valéry Larbaud, et le musicien André Messager. Quant aux richesses artistiques de cette province, elles se trouvent réparties dans les nombreuses églises romanes et gothiques. La plus célèbre est, sans doute, le triptyque du Maître de Moulins qui se trouve dans la cathédrale de cette ville.

Le Berry

Cette province, petite mais complète, se trouve blottie entre la grande courbe de la Loire et le Massif Central. Elle forme aujourd'hui les départements du Cher et de l'Indre et une partie de ceux de la Creuse, de la Nièvre et de l'Allier.

Le cœur du Berry, c'est la champagne berrichonne: une plaine presque horizontale, entourée d'étangs et de forêts. Cette champagne est avant tout un pays de labours; on y cultive principalement l'orge et la betterave sucrière. Certaines industries, comme la quincaillerie et la fabrication du matériel agricole, se sont installées dans le triangle marqué par Bourges, Châteauroux et Vierzon.

Vierzon (29.000 habitants) a comme industries principales la céramique, le matériel agricole, la tannerie et la lingerie. Châteauroux (37.000 habitants) a surtout des manufactures de drap, des brasseries et des constructions mécaniques.

L'origine de Bourges remonte à la plus haute antiquité. César, dans ses *Commentaires,* parle de cette ville comme de l'une des plus belles des Gaules. C'est là que le dauphin Charles, avant son couronnement à Reims, chercha refuge, ce qui lui valut, de la part de ses ennemis, le surnom de *roi de Bourges.* Un incendie, à la fin du XVe siècle, détruisit une grande partie de la ville, et nécessita pendant la Renaissance la construction de beaucoup d'hôtels qui sont un des charmes de Bourges.

La cathédrale Saint-Étienne, l'une des plus imposantes de France, appartient aux premiers temps de l'art ogival; elle fut consacrée en 1324. Le plan est celui d'une basilique; elle comprend cinq nefs que soutiennent soixante piliers; la largeur totale est de 41 mètres, la longueur, 116 mètres, et la grande nef atteint 37 mètres 50 de haut. Les vitraux sont parmi les plus beaux de France et datent principalement du XIIIᵉ siècle.

L'extérieur est d'une extrême simplicité: la façade principale est percée de cinq portails correspondant aux cinq nefs et surmontée de deux hautes tours à quatre étages.

Près de la cathédrale se trouve un des plus jolis spécimens de l'architecture civile du XVᵉ siècle: l'hôtel de Jacques Cœur, le grand argentier de Charles VII. Mi-palais, mi-château fort, c'est un des chefs-d'œuvre du gothique flamboyant.

Le Berry compte également beaucoup de châteaux de différentes époques, dont le plus célèbre est assurément celui de Valençay, bâti vers 1540 par Philibert Delorme et plus tard propriété de Talleyrand. Ce château, une fastueuse demeure de style Renaissance, domine la vallée du Nahon, affluent de l'Indre.

L'Orléanais

Entre le Berry et l'Orléanais proprement dit s'étend une région de forêts, d'étangs et de marais: la Sologne. C'est un pays où abonde le gibier et pour cela cher aux chasseurs. On y élève des moutons, des porcs et de la volaille et l'on y fabrique des tuiles, des briques et, surtout, une eau-de-vie tout à fait estimable. Mais, dans l'ensemble, la Sologne est un pays pauvre. C'est cette région qu'Alain-Fournier a décrite dans son célèbre roman: *le Grand Meaulnes* (1913).

L'Orléanais est une vaste province bordée par l'Île-de-France, la Champagne, la Bourgogne, le Nivernais, le Berry, la Touraine et le Maine. C'est dire qu'il existe de grands contrastes entre les différentes régions de l'Orléanais. Mais il y a aussi un trait commun entre elles: c'est l'antiquité. Car, dès le commencement de l'histoire de la France ces contrées étaient peuplées et leurs habitants ont joué, de cette époque à nos jours, un rôle décisif dans les destinées du pays. Orléans, depuis les Gaulois, s'est toujours considéré comme le noyau même de la France. N'est-ce pas près de là que se tenaient les assemblées annuelles des druides? N'est-ce pas Orléans que les Huns, puis les Anglais, assiégèrent en vain, sachant qu'à moins d'être maîtres de cette ville, ils ne pouvaient conquérir le centre du pays? Et quand, en 1870, Orléans fut pris et occupé, la France comprit que la lutte était terminée. De même, en 1940, les ultimes combats de l'armée française furent livrés autour de cette ville.

L'histoire d'Orléans est donc riche en souvenirs historiques, mais celui de Jeanne d'Arc est de loin le plus vivant. Pour commémorer la délivrance de la ville, en 1429, les Orléanais pavoisent et organisent les 7 et 8 mai de chaque année, un vaste défilé, conduit par une jeune Orléanaise habillée en Jeanne d'Arc.

La ville, aujourd'hui, se relève rapidement des ruines causées par les cruels bombardements aériens de la Deuxième Guerre mondiale. Elle tire sa richesse des campagnes voisines; ses industries mêmes (le vinaigre surtout) dérivent de leurs productions.

Orléans est installé au sommet de la grande courbe de la Loire, sur un talus d'une vingtaine de mètres. Derrière la ville, après les lambeaux de ce qui était jadis une vaste forêt, commence le plateau de la Beauce qui s'oriente vers Paris et la Normandie. Territoire parfaitement plat, où l'œil ne s'arrête qu'aux clochers des villages ou sur la lointaine et haute silhouette de la cathédrale de Chartres, la Beauce est recouverte d'une terre limoneuse, facile à travailler, profonde et bien pourvue d'éléments fertilisants. C'est le pays du blé et du mouton. Ici et là, de gros villages, parfois une grosse ferme isolée, mais dans l'ensemble la campagne est nue.

La plus grande ville beauceronne est Chartres (29.000 habitants), qui possède quelques petites industries, mais dont le rôle primordial est de servir de marché pour le blé et le bétail de la Beauce. La ville est divisée en deux parties: la ville haute et la ville basse. La première, dont l'origine remonte aux temps des Gaulois (ses habitants, les Carnutes, luttèrent avec une énergie désespérée contre Jules César) a conservé un aspect pittoresque avec ses édifices romans et gothiques, ses vieilles maisons aux pignons aigus, aux étages à encorbellement, et les vestiges de ses fortifications du XIVᵉ siècle. Ses rues tortueuses, étroites et raides offrent un saisissant contraste avec les avenues larges et ombragées de la ville basse, qui est le quartier moderne.

Au sommet de la ville haute se dresse le plus bel édifice de Chartres, la cathédrale. Cette église, qui date du XIIIᵉ siècle, a subi, depuis sa construction, de nombreuses modifications, entreprises sous prétexte d'embellissements ou de réparations, mais, telle qu'elle est, c'est l'une des plus remarquables cathédrales qu'il y ait en France.

Nous l'étudierons dans un chapitre ultérieur; bornons-nous ici à signaler qu'avec celle de Bourges, c'est la seule cathédrale de France dont les vitraux soient tous conservés et que c'est la seule de France qui soit aussi riche en sculptures. À l'extérieur seulement, il y a dix-huit cent quartorze figures historiques, sans compter toutes les figures d'ornementation.

En descendant la Loire, on rencontre, après Orléans, toute une succession de petites villes qui sont aujourd'hui des marchés ruraux. Autrefois elles avaient eu un rôle stratégique et de ce passé elles ont gardé un certain cachet: Meung-sur-Loire et Beaugency, par exemple. Plus loin, la ville de Blois (28.500 habitants), centre commercial de la région environnante, possède quelques industries. Toute cette région du Val de Loire est très riche en cultures: le blé, l'orge, les fruits et les légumes y poussent, favorisés par la douceur du climat. Cependant, Blois tire sa richesse principale du tourisme. C'est dans cette ville, en effet, que se trouve le célèbre château construit au temps de la Renaissance par Louis XII et François Ier sur les soubassements d'un ancien château, de sorte qu'on y voit des exemples de tous les styles à partir du gothique jusqu'au classique (l'aile Gaston d'Orléans). Ce château appartenait, au XVe siècle, au prince Charles d'Orléans, le célèbre poète. Revenu de captivité en 1440, après avoir passé vingt-cinq ans dans la Tour de Londres, il fit de Blois sa résidence préférée et réunit autour de lui une cour d'artistes et de lettrés. Son fils, Louis XII, qui s'y plaisait aussi, décida d'y faire ajouter une aile, ainsi que de vastes jardins aujourd'hui disparus. François Ier, le successeur de Louis XII, avait épousé la fille de ce dernier, Claude de France, qui, elle aussi, était fort attachée à Blois. C'est sous le règne de François Ier que fut construit la plus belle partie du château. Au XVIIe siècle, le frère de Louis XIII, Gaston d'Orléans, reçut le comté de Blois et fit bâtir, par le célèbre architecte Mansart, une aile dans le goût classique. Cet immense édifice n'est donc pas un château mais un ensemble de châteaux.

On y admire particulièrement le grand portail en gothique flamboyant et le magnifique escalier extérieur dans l'aile François Ier.

De l'autre côté du fleuve, sur le bord d'une petite rivière, le Cosson, les comtes de Blois, au XVIe siècle, avaient élevé un château fort. Ce bâtiment fut rasé par François Ier qui fit construire, à cet endroit, de 1519 à 1537, le plus vaste des châteaux de la Loire: le château de Chambord. Autour du château s'étend un immense parc de 5.500 hectares complètement entouré d'un mur de 32 kilomètres. Le plan de ce château est féodal: un donjon central flanqué de quatre tours et d'une enceinte. Le style est celui de la première Renaissance. Dans les parties hautes du château les artistes ont ménagé un amoncellement de superstructures, lucarnes, cheminées, lanternons qui s'enchevêtrent en un décor somptueux. C'est de cette terrasse que la cour royal suivait le départ et l'arrivée des chasses, les revues militaires, les fêtes et les tournois.

À l'intérieur, au centre de la salle des gardes, se trouve le célèbre escalier à doubles rampes hélicoïdes.

La Touraine

La Touraine est le cœur des pays du Val de Loire. L'Anjou et le Maine sont plus riches et le Poitou plus varié, mais aucun autre ne présente une situation d'ensemble aussi favorable. Le relief favorise l'influence bienfaisante de l'océan et forme un écran contre la «bise» continentale. Selon les statistiques, les pluies, en Touraine, se répartissent sur 160 journées, si bien que la note dominante, de fin février à fin novembre, reste ce beau ciel bleu, très clair, que les peintres ont immortalisé.

La douceur du climat permet, comme en Orléanais, une culture intensive de fruits et de légumes, mais, de plus, le relief favorise la vigne, surtout dans les vallées et sur le flanc des coteaux. Les vins rouges les plus célèbres sont le Bourgueil, le Saint-Nicolas et le Joué, et les vins blancs, qui se vendent tous dans le commerce sous l'appelation «Vouvray», sont le Vouvray, le Rochecorbon et le Vernon. Notons, en outre, que c'est grâce au climat tourangeau que l'on trouve sur les bords de la Loire des palmiers, des figuiers, des lauriers, des magnolias et des rhododendrons. Même les plus humbles jardins en Touraine resplendissent de roses, de dahlias et de géraniums.

C'est encore le climat, sans doute, qui explique le caractère nonchalant des Tourangeaux. Non qu'ils soient fainéants, mais ils préfèrent travailler à leur heure et aux choses qu'ils aiment. Que cette nonchalance leur ait réussi, nul ne peut en douter en voyant leurs villes et leurs châteaux; ou en contemplant leurs travaux de défrichement sur les plateaux ingrats.

La Touraine est en effet loin d'être uniformément fertile; les vallées riches sont entourées de plateaux pauvres, ce qui a donné naissance au dicton qui définit cette province: «une robe de bure aux broderies d'or». Sur ces plateaux on trouve alternativement des sols siliceux et calcaires, d'où les noms populaires de «gâtine» et de «campagne» ou «champeigne». La gâtine est une région où domine l'argile à silex, donc un mauvais pays; la campagne, par contre, où domine le sol calcaire, se prête mieux à la culture.

La capitale de la Touraine est Tours (84.000 habitants), qui est en même temps le grand marché agricole et vinicole de la région, une ville industrielle en plein essor et, depuis le XIXᵉ siècle, un centre de tourisme qui compte parmi les plus importants de France.

L'histoire de cette ville commence au temps des Romains, lorsque ceux-ci décidèrent d'en faire un port fluvial. Plus tard, la renommée de Tours s'étendit dans toute la chrétienté grâce à sa possession des reliques de Saint Martin. Au VIIIᵉ siècle, cette ville devint, outre un centre religieux, un foyer intellectuel et artistique, grâce au moine Alcuin et aux écoles de copistes et d'enlumineurs que celui-ci y installa. La faveur des Valois, au XVIᵉ siècle, profita énormément à la ville. Pour satisfaire aux besoins de la Cour, et à ceux des nombreux châteaux qui s'élevèrent dans les environs, 20.000 ouvriers étaient occupés à Tours, en plus des innombrables artisans et artistes. La ville, à ce moment, comptait 80.000 habitants. Malheureusement, après le retour des rois à Paris, la ville commença à péricliter. La révocation de l'Édit de Nantes lui fut néfaste, car la Réforme avait fait de nombreux adeptes parmi les artisans, artistes et intellectuels de la ville.

Ce n'est qu'au XIXᵉ siècle, lorsque le chemin de fer atteignit Tours (1846) que la ville reprit son essor. Aujourd'hui l'agglomération a 117.000 habitants.

La cathédrale de Tours, dédiée à saint Gatien, a heureusement échappé aux bombardements de la Deuxième Guerre mondiale qui ont, par contre, rasé presque tout le centre de la ville. Cette cathédrale, construite du XIIIᵉ au XVIᵉ siècle, offre toute l'évolution du style gothique et même, dans les couronnements des clochers, le début de la Renaissance. De nombreuses maisons, dans le vieux Tours, rappellent l'heureuse période de la Renaissance; la plus célèbre est la maison de Tristan l'Hermite, qui date de la fin du XVᵉ siècle.

Nous avons déjà mentionné les châteaux de la Touraine. Il faudrait un livre entier pour les décrire tous: Loches, Chinon, Langeais, Ussé, Chenonceaux, Azay-le-Rideau, Amboise et d'autres moins connus, mais également intéressants.

De tous ces trésors, et de leur histoire glorieuse, les Tourangeaux sont très fiers. Mais ils sont tout aussi heureux de rappeler aux visiteurs que c'est dans leur province que se parle le meilleur français. Peut être est-ce grâce au long séjour que les Valois y ont fait? En tout cas, cette réputation de longue date est encore honorée de nos jours, puisque c'est à l'Institut de Touraine que viennent chaque année des milliers d'étudiants étrangers, avant d'aller affronter la prononciation de Paris ou l'accent de Provence. Finalement, n'oublions pas que la Touraine a vu naître Rabelais, Ronsard, Racan, Descartes, Vigny, Balzac et Courteline.

L'Anjou

Si le Bourbonnais peut s'enorgueillir d'avoir été le berceau d'une famille royale, l'Anjou peut se vanter de la famille d'Anjou qui a fourni tant de comtes, de ducs et de rois.

La première famille d'Anjou, fondée par Ingelger au IXe siècle, atteint son apogée avec les Plantagenêt,[3] qui régnèrent en Angleterre de 1154 à 1483. Parmi les premiers comtes d'Anjou figure le célèbre Foulques III, dit Nerra (le noir), un des personnages les plus singuliers du moyen âge. Guerrier héroïque, mais tyran féroce, il ne craignait rien sauf la colère de Dieu. Aussi, pour se faire pardonner ses nombreuses violences, faisait-il de nombreux pélerinages à Jérusalem. Pour ses moins lourdes fautes, il déchargeait sa conscience en faisant construire église, couvent ou monastère. D'où son autre surnom: Foulques le Bâtisseur!

La deuxième famille d'Anjou fut fondée par Charles, dixième fils de Louis VIII de France. C'est lui qui fit la conquête du royaume des Deux-Siciles en 1264 et ses descendants régnèrent sur Naples, la Hongrie, la Provence, ainsi que sur les duchés d'Anjou, de Lorraine et du Durazzo.

Après la mort, en 1480, de René Ier, duc de Lorraine, roi de Sicile, duc d'Anjou et comte de Provence, Louis XI réunit l'Anjou et le Maine à la couronne. Au XVIIIe siècle, un autre duc d'Anjou, Philippe, petit-fils de Louis XIV, devint roi d'Espagne et fonda une dynastie qui devait régner, avec quelques interruptions, jusqu'en 1931.

Quelle est donc cette province d'où sont sorties tant de dynasties? Le poète Du Bellay, songeant à son pays natal pendant son séjour à Rome, écrivait un sonnet nostalgique où il parlait de la «douceur angevine». En effet, le climat, influencé alternativement par les effluves océaniques et les effluves méridionaux, est tel que le citronnier et l'amandier, le palmier et le camélia peuvent y croître en pleine terre. Le sol est très fertile et permet une culture intensive de légumes, de fruits et de fleurs. Sur les coteaux pousse la vigne qui donne de célèbres vins rouges (Brézé, Chacé, Champigny, Bourgueil), rosés (Cabernet) et blancs (Layon, Savennières, Saumur).

Dans ces coteaux calcaires comme, d'ailleurs, dans ceux de la Touraine, sont aménagées des caves qui, étant toujours d'une température égale, permettent aux vins de mûrir tranquillement. Parfois, se sont des maisons entières qui ont été creusées dans le roc et, de la route, l'on aperçoit seulement les portes et les fenêtres de ces habitations de troglodytes. Le long des coteaux s'échelonnent une série de petits villages dont les maisons

3. Ce nom fut donné à Geoffroy V d'Anjou (père de Henri II, roi d'Angleterre) parce qu'il aimait porter à son chapeau une branche de genêt.

Le château de Chambord

château de Saumur au XVe
e, d'après une enluminure
*Très riches heures du duc
de Berry*

F.

Vue d'Autun et la cathédrale Saint-Lazare

Vue aérienne de Chenonceaux

P./

blanches, aux toits d'ardoise, se reflètent coquettement dans les eaux de la Loire.

La capitale de l'Anjou, Angers (93.000 habitants), est située sur la Maine, à 5 kilomètres de la Loire. Grâce aux Plantagenêt, Angers a de bonne heure joué le rôle d'une capitale, et de toutes les villes du Val de Loire, c'est elle qui donne le plus l'impression d'une métropole. L'horticulture (les roses et les hortensias), l'industrie (les textiles, les allumettes, les distilleries), les ardoisières, et la vente des vins et des légumes d'Anjou font de cette ville un centre de grande activité industrielle et commerciale.

Les deux principaux monuments d'Angers sont le château et la cathédrale. Construit de 1230 à 1240 sur l'ordre de Saint Louis, le château est un fort beau spécimen d'architecture féodale. Ses 17 grosses tours, qui ont de 40 à 60 mètres de hauteur, étaient autrefois plus hautes de un à deux étages, mais gardent encore aujourd'hui un aspect impressionnant.

La cathédrale Saint-Maurice date des XIIᵉ et XIIIᵉ siècles; elle est célèbre surtout pour les voûtes très bombées de la nef que les archéologues nomment «voûtes angevines».

Près de la cathédrale, dans l'ancien palais épiscopal, est logé le musée des Tapisseries, unique en France. C'est là que se trouvent les 78 tableaux de la tenture de l'Apocalypse (XIVᵉ siècle), ainsi que toute une suite de tapisseries qui permet au visiteur de suivre l'évolution, du XIVᵉ au XXᵉ siècle, de cet art si français.

L'autre grande ville de l'Anjou est Saumur (18.200 habitants), célèbre pour ses vins mousseux, son École de l'Arme blindée et de la Cavalerie, ainsi que pour son château du XIVᵉ siècle.

Dans les *Très riches heures du duc de Berry* (XVᵉ siècle), l'enluminure pour le mois de septembre représente le château de Saumur. Bien qu'il ait, depuis, perdu quelques unes de ses tourelles et gagné quelques fortifications au XVIᵉ siècle, il est encore de nos jours tel qu'il était alors. Il renferme un musée unique: le Musée du cheval, où le visiteur peut se renseigner sur toutes les questions hippiques.

L'École de l'Arme blindée et de la Cavalerie est le nom qu'a pris de nos jours la célèbre école de cavalerie qui date du XVIIIᵉ siècle. Dans cette école ont été formés tous les officiers de cavalerie de l'armée française, du XVIIIᵉ au XXᵉ siècle, et, depuis 1945, les officiers des armes motorisées. En 1940, les élèves-officiers de Saumur ont résisté héroïquement pendant trois jours à une force ennemie infiniment supérieure et ont ainsi écrit une des plus belles pages de l'histoire de l'École.

Le pays environnant, le Saumurois, ressemble, disent les géographes, à un parc: de gracieux châteaux, entourés de pelouses, se profilent au détour des routes; de célèbres abbayes se blottissent au milieu des bois. De celles-ci, la plus connue est l'abbaye de Fontevrault, chère aux Plantagenêt qui y sont inhumés.

Fondée en 1099 par Robert d'Arbrissel, cette abbaye réunissait des couvents d'hommes et de femmes, et était obligatoirement dirigée par une abbesse. Des immenses bâtiments de l'ancienne abbaye il reste l'église du Grand Moûtier, le cloître roman, la salle capitulaire et les cuisines. Les statues tombales d'Henri II Plantagenêt, de Richard Cœur de Lion et d'Aliénor d'Aquitaine se trouvent dans le chœur de l'église.

Le Maine

Entre l'Orléanais, la Normandie, la Bretagne et l'Anjou se trouve la petite province du Maine. Devenu comté au Xe siècle, le Maine fut réuni à l'Anjou en 1126 et suivit les destinées de cette province jusqu'en 1481, date de sa réunion à la couronne par Louis XI.

C'est une région de plaines et de petites collines dont l'économie est essentiellement agricole. Dans le Haut-Maine, près de la Normandie, c'est surtout la culture des céréales qui domine, mais l'élevage de la volaille y a une grande importance. Dans le Bas-Maine, le Maine méridional, pays de grandes propriétés, c'est l'élevage des bœufs, des chevaux et des porcs qui domine.

Le Maine est sillonné par de nombreux cours d'eau dont les plus importants sont la Sarthe, la Mayenne, l'Huisne et le Loir. Sur la Sarthe est située la capitale du Maine: Le Mans (103.000 habitants), gros marché et centre industriel et commercial. La région aux alentours du Maine est celle qui, en France, produit le plus de chanvre. De cette culture dépendent les filatures, les corderies et les bonneteries du Mans. De plus, cette ville est devenue de nos jours un centre de l'industrie automobile. Le circuit automobile du Mans est une épreuve sportive qui, chaque année, attire les meilleurs coureurs du monde.

Le vieux Mans, sur le bord de la butte qui surplombe la rivière, se serre autour de la cathédrale Saint-Julien, une des plus belles de France malgré l'hétérogénéité de son style. Autour de la cathédrale subsistent encore de vieilles demeures des XVe et XVIe siècles. Le XIXe siècle a vu l'aménagement de vastes parcs et de larges promenades ombragées, ainsi que l'établissement de plusieurs musées qui comptent parmi les plus intéressants de province.

La deuxième ville du Maine est Laval (32.200 habitants), sur la rive droite de la Mayenne, ville industrielle (textiles et métallurgie), mais qui a réussi à préserver son aspect aimable et indolent. C'est la ville natale du célèbre Alfred Jarry, créateur du *Père Ubu*.

On ne peut mentionner toutes les petites villes du Maine, dont la plupart ont préservé un château fort ou une belle église. Toutefois, on ne saurait passer sous silence la charmante petite ville de Sablé, sur les bords de la Sarthe, près de laquelle se trouve l'abbaye de Solesmes. Ancien prieuré des Bénédictins, fondé au XIᵉ siècle et érigé en abbaye, en 1835, par le pape Grégoire XVI, Solesmes est mondialement célèbre pour ses recherches sur la musique grégorienne. Ce sont les bénédictins de cette abbaye qui, à la fin du XIXᵉ siècle, ont retrouvé la tradition du plain-chant, perdue depuis le XIVᵉ siècle.

L'église abbatiale de Solesmes (XIVᵉ siècle) renferme des trésors de sculpture, dits «les Saints de Solesmes», qui comptent parmi les plus précieux de la Renaissance française.

Le Poitou

Trois départements—Vienne, Deux-Sèvres et Vendée—recouvrent aujourd'hui cette ancienne province. Le Poitou, étant le seuil qui relie le bassin parisien au bassin aquitain, a joué sensiblement le même rôle que la Bourgogne en ce qui concerne la liaison entre nord et midi. C'est par le Poitou que passait la route de pèlerinage de Saint-Jacques de Compostelle et c'est sur la terre poitevine qu'eurent lieu les grands chocs des civilisations opposées: en 507, à 15 kilomètres à l'ouest de Poitiers, rencontre de Clovis et d'Alaric II, le Wisigoth; en 732, à 50 kilomètres au nord de Poitiers, rencontre de Charles Martel et d'Abd-el-Rahman, l'Arabe; en 1356, à 7 kilomètres de Poitiers, rencontre entre Jean le Bon, roi de France et Edouard, prince de Galles.

La première bataille a assuré la victoire des Francs sur le royaume wisigothique; en fait, c'est sur ce champ de bataille que la France est née. La deuxième bataille a sauvé la civilisation occidentale naissante et a éloigné à jamais l'islamisme de l'Europe de l'ouest. Quant à la troisième, elle a marqué, avec la bataille de Crécy quelques années auparavant, le commencement de la fin de la chevalerie féodale. Trois grandes batailles, toutes trois autour de Poitiers, cela souligne l'importance de cette province au début de l'histoire de France.

Le Poitou se divise en deux régions, le Haut-Poitou et le Bas-Poitou. Le Haut-Poitou, que les géographes appellent le *seuil du Poitou,* est un ancien détroit, entre le Massif central et le massif armoricain, qui fut recouvert par la mer à plusieurs époques. C'est la région essentiellement poitevine, celle où se trouvent les deux villes principales: Poitiers et Niort. Le Bas-Poitou, dont la majeure partie est constituée par la Vendée, se compose de trois régions naturelles: le Bocage, la Plaine et le Marais. Le

Bocage est une région boisée où les routes, les prairies, les cultures, les vastes champs de choux sont tous bordés de haies ou de lignes d'arbres très rapprochés. Éparpillée, isolée dans ces enclos d'arbres, la population du Bocage vit à l'écart des grandes routes.

La Plaine est une zone aussi nue et découverte que le Bocage est morcelé et boisé. Cette région agricole et fertile forme une séparation très nette entre le Bocage et le Marais.

Le Marais est une région formée par le comblement d'anciens golfes au moyen d'alluvions fluviales et surtout marines. L'expression pittoresque de «Venise verte», qui lui est parfois appliquée, décrit bien l'aspect général de cette partie de la Vendée. Les habitants circulent en embarcations légères sur les nombreux canaux qui servent, d'autre part, à drainer les eaux.

Le Poitou est plutôt agricole qu'industriel. Il produit du froment, de l'avoine, de l'orge, du maïs, etc. L'élevage y est très important, surtout celui des chevaux, des mulets et des bœufs. De nombreuses rivières, abondantes et claires, traversent cette province, mais deux d'entre elles seulement sont navigables: la Vienne et la Sèvre-Niortaise; cette dernière est l'artère principale du Marais.

La ville de Niort (30.200 habitants) est agréablement située sur le versant de deux collines dominant la rive gauche de la Sèvre-Niortaise. L'histoire de cette ville remonte à l'époque gallo-romaine. Les comtes de Poitiers avaient bien saisi l'intérêt stratégique du lieu, et Richard Cœur de Lion y avait fait bâtir une immense forteresse dont il ne reste aujourd'hui que le donjon. Niort a vu sa population doubler en un siècle, grâce aux nombreuses industries qui s'y sont installées. Les plus prospères de ces industries sont celles qui concernent la préparation du cuir: les peausseries, les chamoiseries, les tanneries, etc. Niort est très réputé pour ses ganteries, qui fabriquent une moyenne de 200.000 paires de gants par an.

La Vendée n'a pas de ville importante. Cholet, qui fut le théâtre de luttes sanglantes pendant les guerres de Vendée, n'a que 26.400 habitants. Le chef-lieu du départment, La Roche-sur-Yon (18.000 habitants), est une ville curieuse. Née de la volonté de Napoléon, ses rues ont été tracées en damier, avec au centre une immense place qui devait servir aux troupes chargées de pacifier la Vendée. Aujourd'hui, c'est une ville silencieuse, purement administrative. Sur la côte, les Sables d'Olonne, une des plus belles plages de France, accueille chaque année quelque 50.000 estivants, et le reste de l'année ses 18.000 habitants vivent de l'activité de son port de pêche.

Fontenay-le-Comte (9.000 habitants) eut un bel essor au temps de la Renaissance, et son château de Terre-Neuve, construit pour Nicolas Rapin, contient un musée fort intéressant, rempli de vestiges de cette époque. Fontenay se souvient aussi que Rabelais passa quinze ans dans ses murs, à l'abbaye des Cordeliers.

La capitale du Poitou est Poitiers, située au confluent de la Boivre et du Clain. C'est une très vieille ville, une accumulation de villes superposées, qui, malgré de nombreuses et récentes constructions, a réussi à conserver en partie son cachet de cité du moyen âge.

Le rôle économique de cette ville est médiocre; par contre, ses 46.000 habitants sont fiers de leur université (1431), de leurs musées, de leurs bibliothèques et de leurs sociétés savantes.

Parmi les monuments les plus célèbres de cette ville, il faut citer d'abord l'église Notre-Dame-la-Grande, un des chefs-d'œuvre de l'architecture romane. Construite au Xe siècle, sa façade remarquable est tout entière sculptée. Le baptistère Saint-Jean remonte au VIe siècle; construit en briques romaines, il offre un saisissant contraste avec la grisaille des autres édifices. La cathédrale Saint-Pierre fut commencée en 1162 et terminée en 1312. C'est dans cette cathédrale que Charles VII, en 1422, reçut la couronne de France, quelques années avant son sacre à Reims.

À quelques kilomètres de Poitiers se trouve une abbaye de bénédictins, Ligugé, qui fut le premier monastère français, fondé en 361 par Saint Martin. Ses murs ont accueilli, à l'époque moderne, deux célèbres écrivains français, désireux d'y faire une retraite: J.-K. Huysmans et Paul Claudel.

L'église Notre-Dame-la-Grande, à Poitiers

F.E.P.I.D.

Chapitre 7

LES PROVINCES MÉRIDIONALES

l'Aunis, la Saintonge et l'Angoumois;

la Marche et le Limousin;

l'Auvergne; le Lyonnais;

le Dauphiné; la Savoie; la Provence;

le Languedoc et le Roussillon;

le Béarn et le Pays basque;

la Gascogne et la Guyenne

L'Aunis, la Saintonge et l'Angoumois

CES trois petites provinces qui constituent aujourd'hui les départements de la Charente et de la Charente-Maritime sont généralement groupées ensemble sous le terme: «pays des Charentes». En effet, ce sont des régions très proches les unes des autres, du point de vue terrain et climat, et qui se sentent en étroite parenté. À bien des égards, c'est la vallée de la Charente qui forme le lien entre ces trois provinces.

Dans l'ensemble, le terrain des pays charentais est calcaire et permet la culture du blé, du seigle et de la vigne. Mais on y trouve aussi du côté du pays limousin beaucoup d'eaux vives et de bois où le châtaignier tient une place honorable. De nos jours, la culture des céréales a diminué d'importance alors que les prairies et les fourrages ont sans cesse conquis de l'espace. Cette transformation de l'agriculture est curieusement liée avec la crise phylloxérique.

De 1876 à 1881 le phylloxera (genre d'insecte venu d'Amérique) s'est introduit dans le vignoble charentais[1] qui occupait, à cette époque, le sixième de la superficie cultivée. Plus de la moitié de ce vignoble fut détruit et, en attendant la découverte du traitement le plus efficace, c'est-à-dire du

---

1. Il a ravagé tous les vignobles d'Europe et d'Afrique du Nord.

greffage sur souche américaine, les producteurs charentais ont utilisé une grande partie des terres libres pour l'aménagement de prairies artificielles ou de terres fourragères. Les pays charentais sont ainsi devenus des pays d'élevage et des pays producteurs de lait et de fromage, et se sont détournés de la grosse production de vin. Cependant, une très ancienne tradition, remontant au moyen âge, voulait qu'une partie de certains vins produits par le vignoble charentais fût transformée en vinaigre, et une autre distillée pour la production de l'eau-de-vie. Si bien que, après la crise phylloxérique, les producteurs charentais, abandonnant l'espoir de faire face à la concurrence des vins du Midi, décidèrent de consacrer leurs productions principalement à la fabrication de l'eau-de-vie.

Le vignoble de Cognac est le centre de la fabrication de cette «liqueur de feu» selon l'expression d'Alfred de Vigny. Il s'étend sur 142.000 hectares environ et sa production annuelle se situe autour de 110.000 hectolitres, dont plus de la moitié est réservée à l'exportation.

À part l'élevage et la production laitière, les céréales, les arbres fruitiers et le vignoble, les pays des Charentes ont une autre ressource: la pêche, à laquelle on associe l'ostréiculture. La côte de ces pays est une côte de marais qui ont été peu à peu conquis par l'homme. Du moyen âge au XVIIe siècle, beaucoup de ces marais étaient destinés à l'obtention du sel, mais aujourd'hui on se détourne de cette production pour demander aux marais d'autres ressources: anguilles, grenouilles, brochets, moules et huîtres.[2]

La Rochelle, l'ancienne capitale de l'Aunis, est le grand port de cette région, et le principal port de pêche de l'Atlantique, au sud de la Loire. Bien installé au fond d'une anse commode, et abrité des tempêtes du large par les îles de Ré et d'Oléron, La Rochelle est, depuis le moyen âge, l'un des grands ports français. L'Aunis étant devenu un foyer du protestantisme, sa capitale fut ruinée par Richelieu (le célèbre siège eut lieu en 1629). Le port se releva pourtant, et, au XVIIIe siècle, il faisait concurrence à Nantes et à Bordeaux. De nos jours il arrive au dixième rang des ports français. Malheureusement, l'envasement l'a toujours menacé. Un nouveau port, La Pallice, fut donc construit de 1881 à 1890, pour recevoir les bateaux de fort tonnage. Situé à 5 kilomètres de La Rochelle, ce port est devenu la tête de ligne des compagnies de navigation pour l'Amérique latine.

À l'intérieur des pays charentais, quatre villes se sont installées sur le fleuve: Saintes (ancienne capitale de la Saintonge), Jarnac, Cognac et Angoulême (ancienne capitale de l'Angoumois).

2. Les huîtres de Marennes et de la Tremblade sont parmi les plus réputées de France.

Saintes (23.000 habitants) était déjà une ville active avant la conquête des Romains. Ceux-ci y laissèrent de nombreux monuments, aujourd'hui en ruines, un arc de triomphe, des thermes et un amphithéâtre. C'est près de cette ville que Saint Louis, en 1242, vainquit Henri III, roi d'Angleterre. Aujourd'hui, Saintes est une ville paisible et bourgeoise; un petit centre intellectuel et judiciaire.

Jarnac (4.000 habitants) existait aussi dès l'époque gallo-romaine et était alors un port et un centre d'industrie. La révocation de l'Édit de Nantes, au XVIIᵉ siècle, lui a été néfaste et la ville n'est aujourd'hui qu'un gros marché agricole, pour les vins et les eaux-de-vie surtout.

Cognac (19.000 habitants) a été plus heureuse. Grâce aux eaux-de-vie, cette ville a retrouvé la prospérité qu'elle avait connue avant la révocation de l'Édit de Nantes, lorsqu'elle recevait la cour des Valois.

La ville la plus prospère des pays charentais est, de loin, l'ancienne capitale de l'Angoumois: Angoulême (44.000 habitants). Centre d'une région animée, son commerce a suscité de nombreuses industries: brasseries, faïenceries, constructions métallurgiques, et papeteries.

Contrairement aux autres villes des Charentes, Angoulême resta catholique et fut donc, au XVIᵉ siècle, un refuge et un lieu de résidence pour toute une partie de la noblesse de cette région. La partie haute de la ville est entourée de boulevards construits sur l'emplacement des anciennes fortifications, d'où l'on jouit d'une vue magnifique sur les vallées de la Charente et de l'Anguienne.

La cathédrale Saint-Pierre, consacrée en 1128, est tout à fait remarquable. Du style romano-byzantin à coupoles, cette église possède une façade, large de 20 mètres, qui forme une immense page de sculpture. Les statues et les bas-reliefs, sur ses trois rangs d'arcades superposés, représentent la scène du Jugement Dernier.

D'ailleurs, toute cette région est un pays d'églises et de châteaux. Les églises romanes, en particulier, ont été conservées dans leur pureté originelle. Certains châteaux sont aujourd'hui en ruines comme celui de Saint-Germain-les-Confolens. D'autres, comme celui de La Rochefoucauld, demeure des célèbres ducs, offrent le même spectacle princier que lors de leur construction.

La Marche et le Limousin

Nous avons vu, dans le premier chapitre (Iʳᵉ partie), que la région occidentale du Massif central était constituée par les plateaux granitiques et humides du Limousin. La pente nord-ouest du massif correspond à l'ancienne province, la Marche, qui doit son nom à la situation qu'elle occupait lorsqu'elle fut, vers 940, détachée du Limousin par le duc d'Aquitaine, en faveur d'un de ses vassaux. Le nouveau comté formait, à ce moment, la «marche», c'est-à-dire la région extrême ou frontière, de l'Aquitaine du côté du Berry.[3] Il marquait également la frontière linguistique entre la langue d'oïl et la langue d'oc. Aujourd'hui, la Marche forme le département de la Creuse et une partie des départements de la Haute-Vienne, de l'Indre, de la Vienne et de la Charente.

La Marche était jadis un pays très pauvre, couvert de châtaigneraies immenses dans les parties sèches et rocheuses, de prairies aigres, remplies de joncs, dans les bas fonds. Depuis la fin du XIXe siècle, cependant, l'agriculture y a accompli des progrès décisifs, notamment dans la culture du blé et l'élevage des bœufs.

Le département de la Creuse tire son nom de la rivière qui le traverse et qui a creusé de profondes coupures dans les plateaux de la Marche. Sur les hauteurs de ces défilés impressionnants on peut voir, très souvent, les ruines des châteaux féodaux qui, autrefois, montaient la garde dans ce pays-frontière.

La seule ville d'importance de la Marche est Guéret (10.000 habitants), ancienne capitale provinciale, aujourd'hui marché agricole et chef-lieu départemental. À une trentaine de kilomètres au sud-est de Guéret se trouve la petite ville d'Aubusson (5.000 habitants) qui a une réputation mondiale grâce à sa manufacture de tapis ras et veloutés. On dit qu'Aubusson doit son origine à un groupe de musulmans qui, échappés au carnage après la victoire de Charles Martel en 732, et séduits par la beauté du site, se fixèrent près d'un château fort, dont on voit encore les ruines surplombant la ville actuelle.

Le Limousin correspond aujourd'hui à la plus grosse moitié du département de la Haute-Vienne et au département entier de la Corrèze. Des points de vue géographie et géologie, il constitue le versant occidental du Massif central; les plateaux limousins s'étendent sur les bassins supérieurs de la Vienne et sur les affluents de la Dordogne. Les plateaux sont entaillés de profondes et étroites vallées (gorges), leur sol, plutôt pauvre, est recouvert d'une abondance de verdure due à l'humidité du climat. Le Limousin, en effet, est le premier haut relief interposé devant les vents d'ouest et reçoit donc de fortes pluies, assez également réparties entre tous les mois de l'année.

Les monts du Limousin n'ont point de vrais lacs, mais des étangs en

---

3. Le terme «marche», d'origine germanique, a donné le titre *marquis*: seigneur d'une marche, qui prend rang entre le comte et le duc.

grande quantité. L'eau y est partout: étangs, mares, ruisseaux, torrents. Le sommet culminant est le mont Besson (978 mètres) qui domine le plateau de Millevaches d'où descendent la Creuse, la Vienne, la Vézère et la Corrèze.

La basse région (le Bas-Limousin) offre un aspect beaucoup plus accueillant. De longues files de collines, séparées par de jolies vallées où, grâce à la fertilité du sol, les habitants, plus nombreux que dans les montagnes, cultivent le froment et élèvent des bœufs très réputés.

Les Limousins, en grande majorité, appartiennent au type celtique, ou mieux, celtibérien. Les divers envahisseurs de la Gaule ayant contourné le Massif central, les habitants purent, surtout dans les gorges et sur les plateaux, garder leur sang relativement pur. Cependant, dans les régions basses, on trouve fréquemment des hommes de haute taille, blonds, aux yeux bleus et au teint clair.

Récemment encore, pour suppléer au revenu de la terre, les Limousins s'adonnaient aux industries familiales: exploitation de la forêt, petite métallurgie, ateliers de vannerie, etc. De nos jours, ces petites industries disparaissent, ce qui témoigne de la nouvelle richesse agricole de cette province. Par contre, les grandes industries continuent à se développer: l'industrie du cuir, cordonneries, faïenceries. La plus connue est l'industrie de la porcelaine, dont le centre est Limoges.

Limoges (108.000 habitants) est une très vieille ville qui a grandi autour de deux noyaux: la Cité, construite au moyen âge, et la Ville, qui date du Xe siècle. De gros faubourgs ouvriers se sont développés entre les deux ainsi que, de nos jours, un quartier moderne avec de grandes avenues.

La cathédrale Saint-Étienne, commencée en 1273 et terminée au XIXe siècle, est l'édifice religieux le plus remarquable de Limoges et de tout le Limousin.

L'Auvergne

Tandis que le Limousin offre un paysage assez uniforme, l'Auvergne, par contre, est le pays de la variété. Cette province qui, aujourd'hui, forme les départements du Puy-de-Dôme, du Cantal et une partie de celui de la Haute-Loire, peut se diviser en deux régions distinctes: la Haute-Auvergne et la Basse-Auvergne. Cette dernière, célèbre pour sa fertilité et la variété de ses sites, porte également le nom de Limagne. La Haute-Auvergne est sillonnée de montagnes,[4] issues de nombreux volcans,

4. Le massif des monts Dore, le massif Cézallier, le massif du Cantal, la chaîne des Dômes, les monts du Forez.

dont on voit encore les cratères éteints. Les hivers y sont très rigoureux. De toutes ces montagnes, les plus singulières sont, sans doute, la chaîne des Dômes, avec ses soixante volcans suspendus au-dessus de la Limagne. Le plus haut de ceux-ci est le Puy-de-Dôme (1.465 mètres) où Pascal, en 1648, fit sa célèbre expérience sur la pesanteur de l'air (expérience dite de Torricelli).

La population, dans la Haute-Auvergne, est relativement faible et s'occupe principalement de l'élevage des bovins. Les rares bourgs ne dépassent pas 2.000 habitants. Cependant, dans la région des monts Dore, la présence de sources thermales a fait naître plusieurs centres urbains: La Bourboule, le Mont-Dore, Saint-Nectaire.

La Limagne, traversée par l'Allier, est constituée par une série de plaines coupées de hauteurs assez raides. Sur ces dernières sont parfois perchées des ruines de châteaux féodaux, des églises, ou même des villages. Les plaines, très fertiles, fournissent du froment, des pommes de terre et de la betterave sucrière. L'élevage du bétail y fait de constants progrès.

Dans ce milieu agricole, il est naturel que les bourgs soient, avant tout, des marchés: Langeac, Brioude, Issoire, Gannat, Riom, etc. La grande ville, Clermont-Ferrand (114.000 habitants), ancienne capitale de l'Auvergne, doit son importance à sa situation au croisement des deux grandes routes qui traversent l'Auvergne, mais surtout au fait que le hasard a fait d'elle la capitale française du caoutchouc. Clermont-Ferrand, son nom l'indique, a une origine double. Clermont fut fondé par les Romains pour être la capitale des Arvernes. Ce n'est qu'au VIIIe siècle que celle-ci prit le nom de Clermont. Ville épiscopale, elle fut le siège de plusieurs conciles au moyen âge et, en 1095, le pape Urbain II y prêcha la première croisade. Non loin de Clermont, les dauphins d'Auvergne[5] fondèrent, au XIIe siècle, le bourg de Montferrand. Celui-ci fut réuni à Clermont en 1630.

La croissance rapide de la population clermontoise est en relation étroite avec le développement des usines Michelin, qui s'installèrent dans la ville en 1832. L'industrie du caoutchouc emploie aujourd'hui quelque 15.000 salariés et a contribué à l'essor d'autres industries: la métallurgie, le textile, l'imprimerie. C'est la famille Michelin qui, pour encourager le tourisme et, par conséquent, la vente des pneus, publie les célèbres cartes routières, les guides touristiques, ainsi que le remarquable *Guide*

5. Dauphin est un titre féodal, d'origine incertaine, qui fut porté en France par les comtes de Viennois depuis 1140 et, à leur exemple, par les comtes d'Auvergne depuis 1155. En 1349, à la cession du Dauphiné à la France, les fils aînés du roi de France portèrent le titre de dauphin. Les comtes-dauphins d'Auvergne possédaient une partie de la Basse-Auvergne. Mademoiselle de Montpensier, la Grande Mademoiselle (1627–1693), fut la dernière dauphine d'Auvergne. Voir aussi à la page 107 et à la page 191, note 14.

Michelin. Celui-ci paraît annuellement; il donne non seulement le nom des meilleurs hôtels et restaurants de France, mais aussi le prix des chambres et des repas et, pour les restaurants, il établit une hiérarchie selon la qualité des repas offerts. Ainsi, un restaurant qui reçoit trois étoiles dans le *Guide Michelin* est classé parmi les meilleurs de France— et parmi les plus chers!

Clermont-Ferrand a d'autres titres de gloire que celui du caoutchouc; les Clermontois n'oublient pas que c'est dans leur ville que naquit et grandit Blaise Pascal, que Jean-Philippe Rameau conçut sa théorie de l'harmonie, et Henri Bergson sa philosophie. L'Université de Clermont date de 1810, mais la tradition universitaire remonte à l'Université d'Auvergne qui fonctionna du XIIe au XVe siècle à Billom, près de Clermont. Sa cathédrale, dédiée à Notre-Dame, et construite en lave noire, fut commencée en 1248 mais ne fut complétée qu'au XIXe siècle par Viollet-le-Duc. L'église Notre-Dame-du-Port (XIe–XIIe siècles) est un excellent exemple du style roman auvergnat.

Les habitants de l'Auvergne, les Auvergnats, sont très fiers de leur généalogie. Ils remontent aux Arvernes, qui furent un des peuples les plus puissants et les plus civilisés de la Gaule. C'est autour d'eux que l'immortel Vercingétorix sut réunir tous ceux des Gaulois qui ne voulaient pas accepter la domination étrangère.

Le Lyonnais

On donne ce nom à une région dont les limites ont été conçues de façons diverses. Autrefois, le Lyonnais comprenait le Forez (dans le Massif central), le Beaujolais et le Lyonnais proprement dit, c'est à dire à peu près les départements actuels du Rhône et de la Loire. De nos jours, on appelle parfois le Lyonnais la région dont Lyon est le centre, et qui comprend le Lyonnais proprement dit (monts et plateau) et les parties de la Bresse et du Dauphiné avoisinant Lyon. C'est cette appellation que nous adopterons ici.

Nous avons noté, dans le premier chapitre de ce livre, que le couloir naturel formé par le Rhône et la Saône, prolongé par la Meuse, était une des grandes voies de liaison de l'Europe occidentale. Il était donc tout naturel qu'à la confluence de ces deux cours d'eau s'élevât une cité, et ceci dès les débuts de l'histoire. Lorsque Jules César amena ses légions le long de la vallée du Rhône, il trouva, à l'emplacement du Lyon actuel, une ville gauloise d'une certaine importance. Les Romains établirent leur ville directement en face de celle-ci, sur la rive droite de la Saône. Dès lors, les empereurs romains contribuèrent à la prospérité de Lyon, en y attirant une colonie militaire, en en faisant la capitale des Gaules,[6] en y habitant parfois, et en la dotant d'aqueducs, de palais et de monuments. Après la chute de l'empire romain, Lyon connut, à plusieurs reprises, la fureur barbare, entre autres celle d'Attila au Ve siècle. Au XIVe siècle, Philippe le Bel fit passer la ville sous le contrôle du roi de France. Quelques années plus tard, des Italiens importèrent à Lyon l'industrie du tissage de la soie, qui allait amener une grande prospérité. Malheureusement, les troubles religieux se firent cruellement sentir dans cette ville, qui passa pendant un an (1562) sous le contrôle des protestants. Le massacre de la Saint-Barthélémy y fut aussi étendu qu'à Paris. Plus tard, la révocation de l'Édit de Nantes porta un nouveau coup à la prospérité de Lyon. Sous la Révolution, les Lyonnais s'insurgèrent contre la Convention et soutinrent un siège de deux mois contre une armée révolutionnaire de 60.000 hommes. Après les agitations de la Révolution et de l'Empire, Lyon vit renaître ses industries et son commerce. Le XIXe siècle multiplia les débouchés de l'industrie de la soie, amena une quantité d'usines modernes et, avec elles, une population ouvrière de plus en plus nombreuse. Pour accommoder cette nouvelle population, il fallut étendre la ville, absorber les faubourgs. De nos jours, l'agglomération lyonnaise compte 800.000 habitants, ce qui fait de Lyon la deuxième ville de France. Chaque année la municipalité fait ériger 10.000 appartements, réunis en buildings modernes, pour abriter sa population croissante. Lyon est un foyer industriel à fonction multiple qui rappelle celui de la région parisienne. En effet, à côté de l'industrie de la soie, on y trouve les industries chimiques et métallurgiques qui s'accompagnent de multiples entreprises: cuirs, chaussures, pâtes alimentaires, papeteries, etc.

Il est intéressant de noter que la soierie lyonnaise fut la première à travailler la rayonne, obtenue industriellement pour la première fois par le Français Hilaire de Chardonnet. Ainsi s'établit une collaboration toute naturelle entre soierie et producteurs de fibres artificielles. Les usines lyonnaises de rayonne produisent 50% de la rayonne viscose et la totalité de la rayonne acétate françaises. Au point de vue commercial, Lyon joue, et a toujours joué, un rôle de premier ordre. Sa Foire internationale attire chaque année plus de cinq mille exposants et près d'un million de visiteurs. Notons aussi, que lorsque les travaux d'aménagement du Rhône seront terminés, Lyon sera un port continental aussi important que Strasbourg.

---

6. L'archevêque de Lyon porte encore aujourd'hui le titre de «primat des Gaules».

Mais Lyon n'est pas seulement une ville industrielle et commerciale. C'est en outre un centre intellectuel et artistique fort important. Au XVIe siècle, Lyon était en bonne voie de devenir une autre Florence et comptait parmi ses habitants les poètes Maurice Scève, Pernette du Guillet, Louise Labé, ainsi que le célèbre Rabelais qui y séjourna quelque temps. Le XVIIe siècle donna à Lyon son hôtel de ville, gloire de la place des Terreaux; le palais Saint-Pierre; le couvent bénédictin, qui abrite aujourd'hui un des plus beaux musées de France; et surtout la place Bellecour, où bat le cœur de Lyon: belle place plantée d'ormeaux, ornée de bassins, de jets d'eau et de jardins. Mais c'est avant tout dans ses églises que s'exprime le passé de Lyon. La cathédrale Saint-Jean, en partie romane mais surtout gothique, vit se réunir deux importants conciles du XIIIe siècle et couronner le pape Jean XXII, en 1316. En 1305, un autre pape, Clément V avait été couronné à Lyon, mais dans l'église Saint-Just, en présence de Philippe le Bel. La basilique Notre-Dame de Fourvière, construite à la fin du XIXe siècle, domine la ville du haut de la butte où s'était fondée la ville romaine.

Lyon est également une ville qui considère l'art culinaire comme un des beaux-arts. Située à proximité de la Bresse et de la Bourgogne, elle peut recevoir, chaque matin, les produits de ces régions fertiles et variées. Certaines spécialités de la cuisine lyonnaise sont connues partout où il y a des gourmets: la volaille truffée demi-deuil, la quenelle de brochet, les tripes à la lyonnaise, le saucisson de Lyon, les truites farcies, etc.

Il ne faudrait pas oublier, non plus, que c'est à Lyon que naquit Guignol, la marionnette en bois créée par Laurent Mourguet en 1804. La plupart des théâtres de marionnettes et beaucoup de théâtres pour enfants portent, en France, le nom de Guignol, personnage en qui se résument les principaux caractères du tempérament lyonnais.

Au sud-ouest de Lyon, sur la rive droite du Rhône, s'étend le bassin houiller de Saint-Étienne qui, avec le bassin de la Mure, près de Grenoble, fournit à peu près 10% de la production française. C'est peu, mais cela a permis le développement d'une métallurgie consacrée à la fabrication d'aciers spéciaux, ainsi que d'autres industries telles que la verrerie, la céramique et le textile. Le centre de cette région industrielle est la ville de Saint-Étienne (181.700 habitants), où se trouve la célèbre *Manufacture d'Armes et de Cycles*.

Le Dauphiné

Le Dauphiné forme un triangle à peu près équilatéral compris entre la frontière franco-italienne des Alpes, la Savoie, le Rhône et la Provence.

Cette province, comprend aujourd'hui le département de l'Isère, celui des Hautes-Alpes, une grande partie de celui de la Drôme et une faible partie de celui du Vaucluse.

De hautes montagnes, ramifications des grandes Alpes, ou prolongation du Jura au-delà du Rhône, couvrent le Dauphiné sur plus des deux tiers de sa superficie. Parmi les plus importants de ces massifs nous citerons celui du Pelvoux, qui porte d'immenses glaciers, celui des Rousses, la chaîne de Belledonne, le massif de la Grande-Chartreuse, les monts de Lans, du Vercors, etc. Ces montagnes donnent naissance à de nombreux cours d'eau, qui se jettent tous dans le Rhône: l'Isère, la Drôme, le Drac, la Durance, la Bourbre et la Romanche en sont les plus importants.

On peut affirmer, sans contredit, qu'aucun pays montagneux ne possède, en France, autant de curiosités naturelles que le Dauphiné: vues sublimes, sites magnifiques, grottes, roches superbes, sources, cascades et lacs. Seule la Savoie et quelques parties des Pyrénées peuvent lui être comparées.

L'histoire de cette province est une histoire toute locale. C'est celle d'un petit peuple, replié sur lui-même, vivant tranquillement dans ses montagnes, sous une administration spéciale, et qui n'a commencé à collaborer véritablement à l'histoire de France que dans les dernières années du XVIIIe siècle. La première maison des comtes de Viennois fut fondée par Guiges, comte d'Albon qui, au XIe siècle, prit le titre de comte et prince de la province de Grenoble. Ses successeurs arrondirent peu à peu leur domaine et, en 1140, prirent le titre de dauphin avec Guiges IV. En 1349, le dauphin Humbert II, avant de se retirer dans un monastère, signa avec le roi de France Philippe VI, un traité aux termes duquel le Dauphiné serait réuni à la France, sous un régime spécial, et le titre de dauphin passerait au petit-fils de Philippe, Charles. Lorsque celui-ci devint Charles V, il passa le titre à son héritier présomptif; cette règle a été invariablement suivie par tous les rois de France jusqu'à la révolution de 1830.

Le Dauphiné se divise géographiquement en deux régions: le Haut-Dauphiné, celui des montagnes, et le Bas-Dauphiné, celui des plaines bordées par le Rhône. Bien qu'il y ait de nombreuses liaisons entre les deux régions, les habitants offrent des contrastes essentiels. L'homme de la montagne, qui garde ses troupeaux dans les hautes solitudes ou qui fauche et moissonne son blé sur les pentes raides, est plus sérieux, plus réservé que l'homme de la plaine, où mûrit la vigne. C'est dans la montagne qu'il faut aller pour entendre les vieilles légendes, voir les anciennes danses et écouter les antiques refrains.

Le Haut-Dauphiné correspond, en gros, au département des Hautes-Alpes. On y trouve une population clairsemée, une agriculture peu développée. L'industrie, très limitée, est représentée essentiellement par la production d'énergie hydro-électrique qui est en partie transportée dans le Bas-Dauphiné et dans toute la vallée du Rhône, et en partie utilisée sur place par les usines électrométallurgiques et électrochimiques.

Le tourisme, dans la région du Queyras, par exemple, représente de nos jours, une nouvelle source de richesse. Le Queyras est le pays des plus hauts villages alpestres (Saint-Véran est le plus haut village d'Europe: entre 1.990 et 2.040 mètres d'altitude).

Le département de l'Isère représente la partie nord du Dauphiné. C'est également une région accidentée, qui présente, en direction du Lyonnais, de vastes plateaux caillouteux coupés de collines et de vallées et, autour de Grenoble, des chaînes alpines qui s'élèvent vers le sud. Le climat de cette région est, en général, rude et extrême. Les vallées sont riches, particulièrement le Grésivaudan, nom donné à la vallée de l'Isère au pied du massif de la Grande-Chartreuse. On y cultive le mûrier, les fruits, la vigne et les céréales.

Grenoble (116.400 habitants) porte fièrement le titre de «capitale des Alpes». Située dans la magnifique vallée du Grésivaudan, en face du massif de la Grande-Chartreuse et en vue de celui de Belledonne, où brillent les neiges éternelles, Grenoble sait qu'aucune ville de France ne peut offrir un tel panorama. De ses ponts et de ses quais sur l'Isère, des forts qui la dominent, on découvre des perspectives spectaculaires.

Nous savons que dès l'âge de fer les hommes avaient distingué ce site. Le plus ancien monument est aujourd'hui la crypte Saint-Oyan, qui date de l'époque mérovingienne, sous l'église Saint-Laurent. La cathédrale Notre-Dame date des XIIe et XIIIe siècles et conserve, malgré de nombreuses transformations, des fragments très anciens. La collégiale Saint-André porte encore son beau clocher du XIIIe siècle. C'est dans cette église que se trouve le tombeau du plus glorieux des Dauphinois: le chevalier Bayard. L'ancien palais du Parlement dauphinois, avec sa façade mi-gothique, mi-Renaissance, abrite aujourd'hui les cours de justice. L'hôtel de ville occupe l'ancien palais des gouverneurs du Dauphiné et conserve encore une tour du XIIe siècle et quelques vestiges des remparts gallo-romains.

Dans les rues tortueuses du vieux Grenoble, on peut encore voir des maisons et des hôtels des XVIe et XVIIe siècles. Dans la rue Jean-Jacques Rousseau se trouve la maison où naquit Henri Beyle, dit Stendhal, le plus illustre des écrivains dauphinois.

Mais Grenoble ne vit pas que dans le passé. Capitale de la houille blanche, c'est Grenoble qui équipe la plupart des usines hydro-électriques des Alpes. Les recherches atomiques y sont très poussées. En outre, l'industrie métallurgique y est en plein essor ainsi que l'industrie chimique, la cimenterie, la biscuiterie, etc. Toutes ces industries ont amené une grosse population ouvrière qui s'est fixée surtout à l'ouest de la ville, vers la vallée du Drac.

Le rôle intellectuel de Grenoble prend de plus en plus d'importance grâce à son université, fondée en 1339, qui s'est créé de nombreuses annexes[7] ainsi que des spécialités appropriées à l'économie régionale,[8] et qui attire chaque année des centaines d'étudiants étrangers par ses cours de langue française. Aux amateurs d'art et de littérature Grenoble offre son musée de peinture, où les écoles contemporaines sont largement représentées, le musée Dauphinois, qui perpétue le folklore local, et le musée Stendhal.

En face de Grenoble, le massif de la Grande-Chartreuse, avec ses belles forêts et ses riches vallons, abrite le célèbre monastère du même nom. L'ordre des Chartreux fut fondé en 1084 par Saint Bruno, mais les bâtiments actuels ne datent que du XVIIᵉ siècle. Ce sont les Pères Chartreux qui fabriquent la chartreuse, cette fameuse liqueur aromatique, faite à base d'herbes et d'eau-de-vie.

Le Bas-Dauphiné septentrional se termine sur la basse-plaine du Rhône. Cette région, et celle située entre Lyon et Vienne, dépendent presque entièrement de l'activité industrielle de Lyon.

Sur la rive gauche du Rhône, la plaine dauphinoise a l'aspect d'un immense verger: les pêchers, les cerisiers, les abricotiers offrent, à l'époque de la floraison, une vue inoubliable qui se prolonge jusqu'à Montélimar. Cependant, c'est toujours l'industrie qui domine autour des quelques petites villes situées le long du fleuve. La principale est Vienne (25.700 habitants) qui, au cours de sa longue histoire, a connu bien des vicissitudes. Aujourd'hui, la ville avec ses anciens monuments romains, ses églises romanes et gothiques est entourée d'usines de textiles et de métallurgie.

En descendant la vallée du Rhône, on arrive au département de la Drôme qui forme la partie méridionale du Dauphiné. Outre la plaine du Rhône, qui s'épanouit en quelques bassins fertiles, séparés par des défilés, ce département est composé d'étroites vallées et de montagnes calcaires,

7. Notamment l'École d'été de Physique théorique, instituée en 1951, près du village des Houches (Haute-Savoie), où viennent étudier des physiciens français et étrangers.
8. Notons ici, à part l'université, le laboratoire de la *Société grenobloise d'Études et d'Applications,* où l'on étudie à l'aide d'immenses maquettes les houles, les courants, les crues, etc., des torrents, des fleuves et des mers. Le laboratoire n'a de rival, en Europe, que celui de Delft, en Hollande.

entaillées de gorges profondes et d'accès difficile. Certaines de ces montagnes sont boisées, comme le Vercors,[9] au nord; les autres sont sèches et arides.

Valence (41.500 habitants) est surtout une ville de commerce; Montélimar (16.600 habitants) est la capitale du nougat, une confiserie faite d'amandes et de miel.

Après Montélimar, le Rhône passe par le défilé de Donzère, où a été construit, de 1948 à 1952, un barrage, une usine hydro-électrique et le canal de dérivation entre Donzère et Mondragon (28 kilomètres).

C'est au défilé de Donzère que commence la Provence, selon les géographes. Les chênes verts et les oliviers deviennent plus nombreux, la pente des toitures devient moins forte, et la pierre grise des maisons évoque déjà le mas provençal.

La Savoie

Située entre la France, l'Italie et la Suisse, la Savoie réunit dans son aspect physique les traits les plus accentués de ces trois régions, de même que l'esprit de ses habitants s'est imprégné du génie des trois peuples. Formée, dans son ensemble, d'un massif de montagnes, cette province s'abaisse graduellement, du côté de la Suisse et de la France, jusqu'aux plaines de l'Ain et de l'Isère. Des vallées se creusent au pied des grands monts; d'abord peu profondes, et d'un climat sévère, elles s'approfondissent et s'élargissent à mesure qu'elles s'éloignent de leur point de départ et offrent une température de plus en plus douce.

Les points culminants du massif savoisien, qui comprend les plus hauts sommets de l'Europe occidentale, sont: le Mont-Blanc (4.807 mètres), les monts Dolent, Joli, Buet, Iseran, Petit-Saint-Bernard, Cenis et Tabor. Les cols du Petit-Saint-Bernard et du Mont-Cenis offrent un passage facile vers l'Italie,[10] ainsi que le col de l'Iseran qui est franchi par la route la plus haute d'Europe: 2.770 mètres.

Dans les vallées coulent de nombreux cours d'eau, dont les plus importants sont: l'Arve, le Fier, l'Isère et le Guiers. La Savoie possède plusieurs lacs dont les plus grands sont ceux du Bourget, d'Annecy et d'Aiguebelette; sa frontière septentrionale est formée en partie par les bords du lac Léman.

---

9. C'est dans ce massif que 3.000 résistants, appartenant au maquis du Vercors, luttèrent héroïquement pendant deux mois (1944) contre les Allemands.

10. Rappelons que, sous le Mont-Blanc, la France et l'Italie viennent de creuser le plus long tunnel routier du monde, inauguré le 16 juillet 1965.

Plusieurs des sommets du massif savoyard sont couverts de neiges éternelles. La limite inférieure des neiges est à 2.700 mètres au-dessus du niveau de la mer, et le point le plus bas de ce pays, dans le canton d'Yenne, se trouve à 220 mètres. C'est donc sur les 2.480 mètres intermédiaires que nous trouvons les différentes zones de végétation en Savoie. Dans les vallées, nous constatons la culture des arbres fruitiers de toute espèce; celle de la vigne, qui s'élève parfois, en profitant de la réverbération du soleil, jusqu'à 800 mètres; celle des céréales, qui croissent dans ce pays à des altitudes élevées. Aux cultures succède la forêt, qui s'élève jusqu'à 1.900 mètres et où dominent le mélèze, le pin et le sapin. Et finalement viennent les grands pâturages où broutent les moutons, amenés en été de la plaine, et les petites vaches des Alpes. Dans la montagne se fabrique une très grande quantité de fromage, du type gruyère.

La Savoie offre donc une étonnante diversité d'aspects et une remarquable variété de productions. De ses communes les plus élevées (1.800–1.900 mètres) à sa commune la plus basse, cette province connaît toute la gamme des climats de l'Europe.

La Savoie est une région essentiellement agricole, mais l'industrie y fait de grands progrès. Aux vieilles industries artisanales, qui se pratiquaient à domicile, se sont substituées les papeteries, les usines électrochimiques et électrométallurgiques qui emploient une forte main-d'œuvre étrangère.

Dans la vallée de l'Arc (qu'on appelle la Maurienne), dans celle de l'Isère et de l'Arve ont été réalisés, dernièrement, d'importants lacs de barrage. Grâce à leurs richesse en houille blanche, les Alpes de Savoie sont devenues la première région hydro-électrique du pays. En outre, la Savoie possède, à Saint-Jean-de-Maurienne, la plus grande usine d'aluminium de France.

Depuis le XIXᵉ siècle, la Savoie a une autre source de richesse: le tourisme. Que ce soient de simples voyageurs qui viennent jouir de la beauté naturelle du pays, ou des sportifs qui viennent participer aux sports d'hiver, il est un fait que les touristes se rendent de plus en plus nombreux dans cette province.

Il y sont attirés par les lacs, que les écrivains romantiques ont immortalisés. Le lac du Bourget, d'un aspect recueilli et un peu triste, appartient surtout au poète Lamartine, à qui l'on songe invariablement lorsqu'on contemple ses eaux profondes. Le lac d'Annecy, par contre, offre une image sereine et souriante avec ses presqu'îles boisées et les coquets petits villages qui le bordent.

Sur la rive est du lac du Bourget se trouve l'accueillante ville d'eaux: Aix-les-Bains (15.700 habitants) qui a fait la fortune du lac et la sienne propre, grâce à ses eaux thermales. Celles-ci étaient déjà renommées sous les Romains, qui y ont laissé en même temps que des thermes, un arc de triomphe et les restes d'un temple.

La capitale de la province, Chambéry (32.150 habitants), date du moyen âge. Elle est située sur une vaste plaine dominée par de hautes montagnes; entre la ville et les montagnes s'élèvent des collines en amphithéâtre, couvertes de champs de blé, de vignobles et de prairies. La ville elle-même, entourée de larges boulevards, contient encore beaucoup de rues qui n'ont guère changé depuis le temps où Jean-Jacques Rousseau venait y donner des leçons de musique.

Sur le bord méridional du lac Léman, les petites villes de Thonon-les-Bains (14.000 habitants) et Evian-les-Bains (4.500 habitants) offrent aux visiteurs non seulement leurs eaux minérales et leurs bains, mais aussi de charmants panoramas sur un des plus beaux lacs d'Europe.

Cependant, de tous les endroits fréquentés par les touristes, aucun n'est plus célèbre que la vallée de Chamonix. La réunion de certaines circonstances, de certains accidents de la nature, qui ne se retrouvent nulle part ailleurs, ont fait de cette vallée un endroit exceptionnel. La verdure à côté des glaciers, un soleil éclatant dardant ses rayons impuissants sur les neiges éternelles, des mers de glace descendant jusque dans le sein de la vallée, où mûrit le blé, ces contrastes admirables contribuent au pittoresque de Chamonix. La ville (5.700 habitants) située au pied du Mont-Blanc, est la capitale de l'alpinisme et des sports d'hiver en France.

L'histoire de cette pittoresque province n'est pas dépourvue d'intérêt. Après le démembrement de l'empire de Charlemagne, cette région de l'ancienne Gaule passa sous la domination des Burgondes. À partir du XIe siècle, une famille de seigneurs alpins, qui prit le nom de «maison de Savoie», obtint le contrôle du territoire. Cette famille recula les limites de la Savoie dans toutes les directions. C'est ainsi qu'à une certaine époque, la Savoie comprenait Genève, Nice, le duché d'Aoste et la principauté du Piémont, ces deux derniers en Italie. Au XVIe siècle, la France occupa la Savoie proprement dite pendant une vingtaine d'années, ce qui détermina le duc de Savoie à transférer sa capitale de Chambéry à Turin. En 1718, Victor-Amédée II, duc de Savoie, reçut l'île de Sardaigne avec le titre de roi; son fils, Charles-Emmanuel III, accrut ses possessions du côté du Milanais. Mais, malgré l'agrandissement de ses terres italiennes, la Maison de Savoie ne cessa jamais de conserver l'usage de la langue française.

Pendant la Révolution de 1789, une armée française occupa la Savoie, qui devint alors un département français. Le Congrès de Vienne, en 1815, fit passer la Savoie, de nouveau, sous le contrôle du roi de Sardaigne; mais, quarante-cinq ans plus tard, après un plébiscite de la population, la Savoie revenait à la France, cette fois définitivement.

La Provence

Le nom de cette province évoque, le plus souvent, un pays brûlé par le soleil, riche de cultures, où chantent les cigales et où souffle le Mistral. On oublie que la moitié de cette région est recouverte de montagnes qui, géographiquement, appartiennent au monde alpestre. En fait, la Provence se compose de deux types de pays bien distincts: la Haute-Provence, ou la Provence alpestre, qui correspond, à peu près, aux départements des Basses-Alpes et des Alpes-Maritimes; puis la Basse-Provence, qui comprend les départements du Var, des Bouches-du-Rhône et du Vaucluse.

Dans la Haute-Provence, le bassin de Forcalquier mis à part, le trait fondamental du paysage est l'aridité. Les pluies sont mal réparties entre les saisons et s'abattent dans l'intervalle de peu de jours. Les cours d'eau (la Durance, le Verdon, l'Argens, le Var) gonflés par la fonte des neiges au printemps, et par les pluies d'automne, s'amenuisent et se tarissent dans leur lit de cailloux, de juin à septembre. À l'aridité, il faut ajouter les variations brusques de la température pour comprendre la pauvreté de la végétation et la médiocrité de l'agriculture.

Or, cet état de choses est en train de changer radicalement de nos jours. Grâce à l'aménagement de la Durance, jusqu'ici presque inutile, et du Verdon, la Haute-Provence pourra prochainement jouir non seulement d'une irrigation abondante, mais aussi de la présence de nombreuses industries électroniques et atomiques. Aujourd'hui déjà, les voyageurs aériens de Paris à Nice peuvent voir, dans la vallée de la Durance, un lac aussi grand que celui du Bourget et dont leurs manuels scolaires ne leur parlaient pas. C'est le lac créé par le barrage de Serre-Ponçon, qui fournit 700 millions de kilowatt-heures par an. En outre, ce barrage permet la régularisation de la Durance et, de ce fait, l'irrigation de sa vallée. Il est prévu, d'autre part, que la Durance sera détournée de son lit actuel pour reprendre son tracé préhistorique, qui la faisait se jeter dans l'étang de Berre; ceci afin d'apporter aux industries de cet étang l'eau douce dont elles ont besoin et, également, pour accroître la puissance qu'on peut tirer du fleuve.

On peut donc prévoir que la Haute-Provence cessera, d'ici une quinzaine d'années, d'être la région déshéritée qu'elle est aujourd'hui, pour prendre sa place et jouer son rôle dans la nouvelle Provence industrielle.

La Basse-Provence est un débouché et un foyer d'appel pour le haut pays. L'hiver y est clément et l'été plus précoce et plus chaud. Aux pré-Alpes succèdent les vieux massifs cristallins, les Maures et l'Estérel, ce dernier recouvert d'arbustes serrés, formant des fourrés presque impénétrables que l'on appelle *le maquis*. Quant au massif des Maures, il est couvert de superbes forêts de pins, de chênes-lièges et de châtaigniers.

Vers le Rhône, la Basse-Provence est essentiellement un pays de plaines alluviales. On y cultive le blé, les fruits et les primeurs, ainsi que la vigne. Celle-ci fournit au moins un cru réputé: le Châteauneuf-du-Pape, récolté immédiatement au sud d'Orange.

Cette ville de 17.500 habitants possède des souvenirs particulièrement imposants de l'occupation romaine. Le théâtre, adossé à une colline, pouvait contenir dix mille spectateurs; en partie restauré, il en contient aujourd'hui sept mille. L'arc de triomphe, d'une hauteur de 22 mètres, est décoré de sculptures élégantes et variées. Orange a donné son nom à une famille princière, dont les descendants règnent aujourd'hui dans les Pays-Bas. La ville moderne est une cité active qui sert de marché pour le blé, le foin, les agneaux, les légumes et les vins de la région.

Situé au milieu de riantes campagnes, Avignon est un marché important, une cité commerciale, un centre industriel qui groupe près de 60.000 habitants, et, en outre, une ville de passage que visitent chaque année plus de 300.000 touristes. Ceux-ci sont attirées surtout par le passé fabuleux de cette ville qui, pendant soixante-dix ans, fut la capitale de la Chrétienté. En effet, Avignon, qui avait été placé sous la protection du Vatican par le Concile de Latran (1215), pendant la croisade albigeoise, fut choisi par le pape Clément V, en 1305, pour recevoir la cour papale. À partir de cette époque jusqu'en 1377, Avignon fut le séjour des souverains pontifes; sept papes y résidèrent sans interruption, et la ville parvint, pendant cette période, à un haut degré de prospérité et de splendeur. Pour abriter la cour, alors la plus riche du monde, Benoît XII fit construire le palais, dont la haute silhouette domine encore la ville; et, pour protéger les habitants, Innocent VI fit élever des remparts qui cernent encore en grande partie l'agglomération. Tout près du Palais des Papes, sur le rocher calcaire des Doms, se dresse l'église Notre-Dame-des-Doms, qui contient le tombeau de Jean XXII.

Au XIIᵉ siècle, le célèbre Pont d'Avignon avait été construit pour franchir les deux bras du Rhône qui coulent devant la ville. À l'origine, ce pont avait 22 arches; il en subsiste aujourd'hui quatre, les autres ayant été détruits au cours du XVIIe siècle.

À une vingtaine de kilomètres au sud d'Avignon se trouve Tarascon (7.700 habitants), dont le nom évoque le fameux Tartarin, héros du roman de Daudet. Cette ville, reliée à Beaucaire, sur la rive droite du Rhône, par un très beau pont suspendu, possède un magnifique château fort, dit Château du Roi René.

À mi-chemin entre Tarascon et Arles on rencontre Les Baux, une bourgade de 180 habitants. Bâti sur un rocher escarpé, où subsistent les ruines imposantes d'un château fort, ce bourg fut aux XIIe et XIIIe siècles, une ville brillante, demeure des seigneurs des Baux. L'origine de cette famille remonte au Xe siècle; au XIIe siècle, le baron des Baux devint prince d'Orange et son fils aîné, roi d'Arles. Un des descendants de ce dernier devint empereur de Constantinople. Au XVIIe siècle, la baronnie des Baux fut érigée en marquisat et donnée à Honoré Grimaldi, prince de Monaco, qui venait de se mettre sous la protection de la France. Aujourd'hui encore, le prince de Monaco porte le titre de marquis des Baux.

Ce village attire de nombreux touristes par son site, par sa fameuse Messe de Noël, ainsi que par son restaurant, auquel le Guide Michelin a donné trois étoiles. C'est tout près des Baux qu'en 1821 fut découvert le premier gisement de bauxite, nom donné au minerai qui sert à la préparation de l'alumine pure, base de la métallurgie de l'aluminium.

À trois kilomètres en amont d'Arles, le Rhône se divise en deux bras: le Grand Rhône et le Petit Rhône qui limitent, à l'est et à l'ouest, la Camargue. Arles, situé sur le Grand Rhône, a eu, comme Avignon, une histoire particulièrement riche. D'abord bourgade indigène, ensuite colonie phocéenne de Marseille, puis, sous César et sous Auguste, une importante cité romaine qui s'orna de nombreux monuments, Arles fut même, au IVe siècle, sur le point de devenir la première capitale du monde romain. Mais Constantin renonça à cette idée à cause du Mistral! Arles fut donc la «petite Rome» des Gaules. Il a gardé beaucoup de cette civilisation romaine: l'amphithéâtre, qu'on appelle couramment les arènes, élevé en 46 avant Jésus-Christ; le théâtre, qui date du règne d'Auguste; les reste du temple du Forum; et quelques fragments du mur d'enceinte.

Après les invasions barbares, Arles fut compris, au IXe siècle, dans le royaume de Bourgogne, dont la partie méridionale devint le royaume d'Arles, au siècle suivant. Puis, au XIIIe siècle, Arles tomba au pouvoir des comtes de Provence et fut relégué à un rang subalterne.

Le moyen âge et l'époque moderne sont représentés, eux aussi, par quelques monuments de premier ordre. L'ancienne cathédrale, dédiée à Saint Trophime, est l'un des plus intéressants monuments religieux de la France. Nous savons que cette église existait en 813 et qu'elle fut en partie reconstruite au XVe siècle. Son portail est unique en Provence. Il a la noblesse, les proportions et la richesse d'ornementation d'un arc de triomphe. L'hôtel de ville date du XVIIe siècle, ainsi que l'ancien hôtel de Laval-Castellane qui abrite le *Museon Arlaten* (Musée d'Arles) fondé sur l'initiative du poète provençal Mistral.

Aujourd'hui Arles est le site de fêtes arlésiennes et de représentations théâtrales, une ville de tourisme, et, depuis la Deuxième Guerre mondiale, la capitale française du riz.

En effet, pendant cette guerre et, surtout, après la perte de l'Indochine, la France fut coupée de ses sources traditionnelles d'approvisionnement en riz. C'est alors que quelques agriculteurs de la région d'Arles songèrent à faire renaître une culture que l'on connaissait en France depuis le XIIIe siècle, mais qui avait disparu depuis longtemps. Or, la Camargue, cette étendue de 72.000 hectares, offrait ses vastes espaces. Jusqu'alors la seule ressource importante du pays était l'élevage des chevaux et des taureaux (sous la surveillance des *gardians*, les «cowboys» français). Les premières rizières apparurent en 1942; en 1957, la culture du riz couvrait 27.500 hectares et s'était étendue dans les départements voisins de la Camargue. À l'heure actuelle, la France produit tout le riz de consommation dont elle a besoin.

À l'est de la Camargue s'étend une région desséchée, une plaine de cailloutis: la Crau. De vastes projets sont en cours pour que cet ancien delta de la Durance puisse être plus largement et plus régulièrement cultivé. L'étang de Berre, qui borde cette plaine, et qui communique avec la Méditerranée par le canal de Caronte, a longtemps été un petit monde à part, domaine des pêcheurs, des chasseurs et des sauniers, ayant pour capitale Les Martigues, la Venise provençale, aimée des poètes et des peintres. Aujourd'hui cet étang est une des portes d'entrée de la nouvelle économie européenne. Un nouveau port, Lavera, a été créé à l'entrée de l'étang, accessible aux bateaux pétroliers d'un tonnage important. Depuis 1959, ce port reçoit les pétroliers sahariens et sert de point de départ du pipe-line sud-européen. Tout autour de l'étang s'élèvent maintenant des raffineries et des usines de produits synthétiques, qui voisinent avec les constructions aéronautiques de Marignane et les écoles d'aviation d'Istres.

Marseille est de loin la plus ancienne de toutes les villes françaises, ayant été fondé par les Phocéens en l'an 600 avant Jésus-Christ. Né de la

P.A.A.

F.E.P.I.D.

Le pont-aqueduc du Gard, construit
par les Romains (vers 19 av. J.-C.)

Un aqueduc moderne près de
Saint-Gilles, dans le Languedoc

La ville de Lyon vue du plateau de la Duchère

F.C.S.

Maisons de la Camargue, aux Saintes-Maries-de-la-Mer

Le vieux port de Marseille

mer, Marseille n'a, jusqu'à l'époque contemporaine, vécu que par son port. Or, celui-ci était resté, en 1830, à peu près tel qu'il existait au temps des croisades. Il fallut le percement du canal de Suez (1869) et la renaissance de la puissance coloniale française en Afrique et en Extrême-Orient (sous la Troisième République) pour que le port s'étendît en direction du nord et du sud. Aujourd'hui les quais de Marseille se développent sur vingt-sept kilomètres, et le port, avec ses annexes sur l'étang de Berre, tient la première place parmi les ports français. Seuls, Rotterdam et Anvers le dépassent sur le continent européen.

Mais, Marseille, port de transit et un port d'entrepôt, est devenu, depuis la Deuxième Guerre mondiale, un centre industriel très important. Il est vraî que depuis très longtemps la fonction industrielle était apparue avec les savonneries et huileries et les constructions navales, mais c'est le développement de l'industrie chimique et du raffinage du pétrole qui a fait passer cette fonction au premier rang.

L'essor industriel de la ville, ajouté au développement de son commerce, s'est traduit naturellement par un accroissement considérable de sa population; le recensement de 1954 lui donnait 661.492 habitants. Le vieux Marseille, avec ses rues étroites et ses maisons serrées, se retrouve encore autour du Vieux Port; mais, une grande partie de ce quartier ayant été détruite par les Allemands en 1943, des immeubles modernes y ont été construits. Autour de ce quartier se trouve le cœur de la cité commerçante, avec les grands magasins, la bourse, les banques, les bureaux des compagnies de navigation. Ce quartier commerçant est traversé par de belles artères, plantées d'arbres: le cours Belzunce, la rue de Rome, la rue de Noailles et, surtout, la Cannebière que les Marseillais comparent à l'avenue des Champs-Élysées, à Paris!

Ici et là, dans la ville et dans la banlieue, se dressent des constructions ultra-modernes, dont la Cité Radieuse, de l'architecte Le Corbusier, est l'exemple le plus connu. Cet immeuble de 17 étages, construit sur pilotis, haut de 55 mètres, et large de 144, met au service de ses 1.600 habitants les techniques les plus récentes de la construction collective moderne.

Ainsi Marseille, la plus vieille ville de France, fait preuve, au XXe siècle, d'un dynamisme et d'un souci de rajeunissement qui lui promettent un avenir digne de son passé.

De Marseille à Aix-en-Provence il n'y a que 18 kilomètres. Cependant, le voyageur qui fait ce trajet a l'impression d'entrer dans un autre monde. Autant Marseille est vivant et mouvementé, autant Aix est calme et serein. «La ville des plaisirs, de l'esprit et de la bonne compagnie, c'est Aix», disait Stendhal. Site d'une brillante civilisation celto-ligure, puis colonie romaine (Aquae Sextae), métropole de la Narbonnaise Deuxième, Aix connut au XVe siècle une ère de prospérité remarquable avec le roi René. Dotée à cette époque d'une université (1409), puis d'un parlement (de 1501 à 1790), cette ville fut sous l'ancien régime la capitale incontestée de la Provence.

De ce grand passé, Aix a presque tout gardé: l'université, la cour d'appel, l'éclat artistique qui, depuis 1948, a été ravivé par le festival de musique; la beauté de ses avenues, de ses promenades, de ses hôtels des XVIIe et XVIIIe siècles; la richesse, enfin, de ses églises et de ses musées. C'est à Aix que sont nés les compositeurs Campra et Milhaud, les peintres Van Loo, Granet et Cézanne, les écrivains Vauvenargues, Bremond et Capus.

Entre Marseille et Toulon, la côte méditerranéenne offre une série d'étroites calanques taillées dans le calcaire. C'est le commencement de la célèbre côte d'Azur où, sous un brillant soleil, vibrent de belles couleurs naturelles: le bleu de la mer, le blanc des calcaires, le rouge des porphyres, le vert des pins, le jaune des mimosas, le gris argenté des oliviers. De Toulon à Saint-Raphaël, la côte dessine, dans le massif des Maures, de grosses saillies, des caps effilés et de larges baies. Puis, les porphyres rouges du massif de l'Estérel dominent une suite de baies minuscules, de petites plages et de calanques, qui s'étend jusqu'à Cannes. De Cannes à Nice, la côte s'ouvre en larges baies et ne présente qu'une saillie: la presqu'île du cap d'Antibes. C'est à Nice que commence la Riviera, qui s'étend, en France, jusqu'à Menton, ville-frontière. Sur cette côte, les Alpes descendent jusqu'à la mer et se terminent par des plis parallèles au rivage et qui dominent les plages de galets. Sur le versant des montagnes s'étagent trois routes célèbres: la Grande Corniche, la Moyenne Corniche et la Basse Corniche; les deux premières offrent des vues spectaculaires, la troisième longe la côte et dessert les villes et les stations balnéaires.

Toute cette côte abritée des vents continentaux jouit d'un climat exceptionnel. L'économie du pays a été, jusqu'ici, presque entièrement tournée vers la culture des fleurs (25.000 tonnes par an), l'industrie de la parfumerie (surtout à Grasse), la culture des primeurs (fruits et légumes) et, par-dessus tout, le tourisme.

Le tourisme, sur la côte d'Azur, est un phénomène du XXe siècle. Jusqu'à la fin du XIXe siècle une clientèle peu nombreuse, et aristocratique, se rendait à Nice, mais seulement en hiver. Ce n'est que depuis 1920, environ, que les classes moyennes ont pris le goût de la villégiature et, l'automobile et le chemin de fer aidant, ont commencé de se rendre sur la Côte. Tandis que leurs prédécesseurs fuyaient dès que le soleil devenait plus fort, c'est au contraire en plein été que ces nouveaux hôtes arrivaient.

Le goût des bains de mer et des bains de soleil a transformé radicalement
la côte d'Azur qui, en été, était auparavant presque abandonnée.

C'est ainsi que, pour accommoder les estivants, de plus en plus nombreux, se sont élevés des hôtels de toute catégorie, des villas, des pensions;
que des plages ont été aménagées; que d'anciens petits bourgs de pêche se
sont transformés en stations balnéaires. Bref, un véritable mouvement de
colonisation a conquis le littoral de Toulon à Menton.

Toulon, le deuxième port de guerre français, est abrité au fond d'une
des plus belles rades de la Méditerranée. Déjà célèbre aux temps romains,
ce port a été choisi, au XVIIᵉ siècle, pour recevoir la flotte royale ainsi
que des arsenaux et des chantiers. Telle fut sa fortune qui n'a cessé, depuis
lors, de croître. Pendant la Deuxième Guerre mondiale, Toulon a beaucoup souffert par les bombardements italiens en 1940, et alliés en 1943 et
1944, ainsi que par les combats du mois d'août 1944. C'est dans sa rade
que soixante navires français se sont sabordés, le 27 novembre 1942,
plutôt que se laisser capturer par les Allemands.

Entre Toulon et Cannes s'échelonnent une série de petits centres de
villégiature: Hyères, Le Lavandou, Cavalaire, Saint-Tropez, Sainte-
Maxime, Saint-Raphaël, etc. De nos jours, c'est Saint-Tropez qui est le
plus à la mode; demain, ce sera le tour d'un autre village, car la mode est
bien changeante sur la côte d'Azur!

Cannes (50.200 habitants) doit sa fortune à un riche Anglais, Lord
Brougham, qui, s'étant arrêté par hasard dans ce qui était alors un petit
port de pêche (en 1834), aima tellement le lieu qu'il s'y fit construire une
demeure à laquelle il revint chaque hiver pendant trente-quatre ans,
jusqu'à sa mort. Ses amis l'imitèrent et bientôt Cannes se transforma en
une élégante station balnéaire. Le site est, en effet, superbe: une large
baie, bien abritée par un écran de collines qui s'élèvent en amphithéâtre
autour de la ville. Dans la baie, deux charmantes petites îles, les îles de
Lérins: Saint-Honorat, qui abrite une abbaye et les restes d'un château
du XIᵉ siècle; Sainte-Marguerite, couverte d'une belle forêt de pins
maritimes, au bord de laquelle se trouve la forteresse où furent enfermés
le mystérieux homme au «masque de fer», et, plus tard, le maréchal
Bazaine.

Cannes est le principal centre de yachting de la Méditerranée et attire
la haute société internationale. À ses nombreuses manifestations sportives
et mondaines, cette ville a ajouté dernièrement des fêtes d'une renommée
mondiale: bataille de fleurs, fête du mimosa, festival du cinéma.

En arrière de Cannes, sur les pentes des collines environnantes, se
trouvent Le Cannet, Mougins—un charmant village perché—puis Grasse
(22.200 habitants), la capitale des parfums. Le petit bourg de Vallauris

est situé tout près de Cannes également. Centre principal de production de la poterie provençale traditionnelle, Vallauris a récemment acquis une réputation internationale grâce à Picasso, qui y a ouvert son atelier.

De Cannes à la frontière italienne, on rencontre encore beaucoup de stations balnéaires (Juan-les-Pins, Antibes, Cagnes-sur-Mer, Saint-Jean-Cap-Ferrat), de villages perchés (Saint-Paul-de-Vence,[11] Cagnes, Èze, La Turbie, Peille), mais la seule grande ville (à part l'état souverain de Monaco) est Nice (244.360 habitants), la capitale de la côte d'Azur. Située au fond de la baie des Anges, cette ville doit son succès à son site, à son climat et aux nombreuses distractions qu'elle offre aux touristes. Après la saison d'hiver, du mois de janvier au mois de mai, avec ses régates internationales, ses batailles de fleurs, ses courses hippiques et surtout le Carnaval, commence la saison d'été avec ses jeux nautiques, ses représentations théâtrales en plein air, ses courses automobiles. Il faut ajouter que les champs de ski, à deux heures d'automobile de Nice, permettent aux sportifs de faire du ski et de se baigner dans la Méditerranée dans la même journée.

Nice est une très vieille ville, puisqu'elle fut fondée en 350 avant Jésus-Christ par les Grecs de Marseille. D'abord ville de Provence, elle se plaça, au XIVe siècle, sous la protection de la Savoie. Puis, en 1860, après un plébiscite triomphal, 27.000 oui sur 27.348 voix, Nice redevint française, en même temps que la Savoie. C'est à partir de cette époque que date l'essor prodigieux de cette belle ville.

Le Languedoc et le Roussillon

À l'ouest du Rhône s'étend la vaste province du Languedoc, qui forme aujourd'hui sept départements: l'Ardèche, la Haute-Loire, la Lozère, le Gard, l'Hérault, le Tarn et l'Aude. Aux temps des Romains, cette région formait, en grande partie, la Narbonnaise première. Charlemagne l'érigea en duché et lui donna le nom de Septimanie. Au Xe siècle, la Septimanie se confondit avec le comté de Toulouse, qui fut définitivement réuni à la couronne de France en 1271. C'est alors qu'il prit le nom de Languedoc, c'est-à-dire pays où l'on parle la langue d'oc, en opposition à la langue d'oïl qui était en usage au nord de la Loire.

La langue est d'ailleurs le seul facteur commun de cette province, qui offre tous les contrastes possibles dans ses paysages: rives méditerranéennes, versants des Cévennes, gorges du Tarn, plateaux des Causses,

11. Près de ce village se trouve Vence, une station hivernale et estivale, où l'on peut visiter la chapelle du Rosaire, conçue et décorée par Matisse.

escarpements des Pyrénées; et dans ses habitants: catholiques fervents, protestants austères, anticléricaux farouches. Le Languedoc envoie ses eaux à cinq fleuves (la Garonne, le Rhône, l'Aude, l'Hérault et la Loire) et relève de trois climats (méditerranéen, aquitain, montagnard). Malgré sa longue côte sur la Méditerranée, la vie maritime n'existe pour ainsi dire pas, les ports ayant été encombrés d'alluvions. La plupart des villes se trouvent d'une part sur la «route d'Espagne», c'est-à-dire la route que les Romains suivaient en longeant la Méditerranée pour se rendre en Espagne, et, d'autre part, sur la route naturelle qui relie la Méditerranée au bassin d'Aquitaine.

Lorsqu'on vient de Provence, on aborde le Languedoc soit par Villeneuve-lès-Avignon, qui servait au XIVe siècle de résidence d'été aux papes, ou par Beaucaire. À une vingtaine de kilomètres au nord de Villeneuve, se trouve Marcoule, le centre plutonigène français.[12] Le contraste de ce centre ultra-moderne avec Nîmes, la première ville languedocienne que l'on rencontre en s'éloignant du Rhône, est des plus saisissants. La «Rome française» est une des plus agréables villes du Midi de la France, et certainement la plus riche en monuments antiques. Les Romains aimaient beaucoup cette ville et avaient fait d'elle une des plus belles de l'empire, avec ses temples, son forum, son capitole, son amphithéâtre et ses remparts qui, comme ceux de Rome, renfermaient sept collines.

De nos jours, les arènes sont en excellent état et continuent à servir aux fêtes et distractions publiques. Le plus bel édifice élevé par les Romains en Gaule est sans doute la *Maison carrée* de Nîmes, un temple qui date du temps d'Agrippa. Toutes proches, se trouvent les ruines du temple de Diane et, au sommet du mont Cavalier, la vieille tour Magne.[13]

Nîmes est, aujourd'hui, une ville de 89.000 habitants; c'est un centre commercial qui a également quelques petites industries, notamment des ateliers de la S.N.C.F. (Société nationale des Chemins de Fer français).

Sur le Gard, au nord de Nîmes, se trouve le fameux pont, merveille d'architecture romaine. C'est un aqueduc, destiné à alimenter en eau la *Colonia Augusta Nemausus* (Nîmes). Construit vers 19 avant Jésus-Christ, il a traversé les siècles sans subir de dommages graves. Il comporte trois étages: six arches accotées d'un pont routier, onze arches, et enfin trente-

---

12. Les installations atomiques françaises comprennent actuellement, outre Marcoule: le Centre d'Études de Fontenay-aux-Roses; le Centre de Recherches de Saclay, près de Paris; les divisions minières du Commissariat à l'Énergie atomique; le Centre du Bouchet pour la production de l'uranium métal; le Centre de Grenoble; la Centrale atomique électrique de Chinon.

13. Tout écolier français connaît le fameux distique:

Gal, amant de la Reine, alla, tour magnanime
Galamment de l'arène à la Tour Magne, à Nîmes!

cinq petites arches d'une longueur totale de 275 mètres et qui portent l'ancien canal des eaux.

Les trois départements au nord de celui du Gard, l'Ardèche, la Haute-Loire et la Lozère, se caractérisent par leur aspect montagneux. Traversés par les Cévennes, ou par les ramifications des Cévennes et du Cantal, ces pays s'occupent principalement d'élevage, d'exploitation forestière et, dans les vallées, d'agriculture. Quelques médiocres exploitations minières et quelques petites industries complètent le tableau économique. Dans l'ensemble, ce sont des pays pauvres et dépeuplés. Toutefois, le tourisme se développe dans ces régions grâce au pittoresque des paysages. Le Puy (23.500 habitants) par exemple, offre un site exceptionnel, avec ses pitons volcaniques et ses divers monuments qui évoquent le passé de ce «lieu saint de la Gaule». Dans le département de la Lozère, ce sont surtout les célèbres et sauvages gorges du Tarn qui attirent les visiteurs.

Le département de l'Aveyron est également très montagneux, mais dans sa partie méridionale des prairies artificielles nourrissent un important bétail. C'est dans cette région que se fabrique le roquefort, fromage de lait de brebis. C'est également dans ce département que se trouve Conques, une bourgade minuscule qui possède la remarquable église Sainte-Foy et ses précieuses orfèvreries.

Le département du Tarn correspond, en grande partie, au pays albigeois: pays de plateaux coupés par de multiples vallées. De nombreux vestiges de l'époque néolithique prouvent que ce pays a été habité depuis les temps préhistoriques. L'agriculture, dans le pays albigeois, se caractérise par la polyculture et par la vigne. Celle-ci donne des vins honnêtes, sans grande distinction ni finesse. L'industrie du textile occupe la ville de Castres et sa région, tandis que la métallurgie domine autour de Carmaux et d'Albi.

Cette dernière ville de 35.000 habitants, située sur le Tarn, est surtout une ville-marché, mais quelques petites industries s'y sont fixées: des verreries, une usine de soie artificielle, des fabriques de machines agricoles, etc. L'histoire de cette ville remonte au Ve siècle de notre ère, mais c'est le rôle qu'elle a joué pendant l'hérésie cathare du XIIe siècle et à laquelle elle a prêté son nom, qui lui a valu une renommée mondiale. Albi était, en effet, le siège principal de ces hérétiques, précurseurs des protestants.

Le monument le plus célèbre d'Albi, et le plus original que l'art gothique ait élevé dans le Midi, c'est la cathédrale Sainte-Cécile. Commencée à la fin du XIIIe siècle, terminée en 1512, cette église de briques rouges a une nef immense de 107 mètres de long sur 28 mètres de large et

30 mètres de haut. Le clocher est de forme carrée et ressemble à un véritable donjon. Aucune autre cathédrale de France ne traduit plus franchement le parti de construire une église qui pût au besoin servir de forteresse. Seul, le porche sud flamboyant ajoute une note de fantaisie à cet édifice sévère. Par contraste avec l'extérieur, l'intérieur de la cathédrale renferme de véritables trésors, des chefs-d'œuvre de sculpture et de peinture. La nef est divisée dans le sens de la longueur par un jubé en pierre, du XVe siècle, qui est un des plus vastes et des plus précieux qu'il y ait en France. Ce jubé est couvert de sculptures d'une délicatesse remarquable, ainsi d'ailleurs que la clôture du chœur. Les voûtes et les murs de l'église sont décorés d'admirables fresques.

C'est près d'Albi que naquit Jean-François de la Pérouse (1741–1788), célèbre pour ses voyages d'exploration dans les îles du Pacifique. Sur une des places d'Albi, une statue honore la mémoire de cet intrépide voyageur.

La ville de Montpellier (100.000 habitants) est le chef-lieu du département de l'Hérault, où domine la culture de la vigne. Celle-ci ne fournit pas de grands crus, mais se spécialise dans les vins de consommation courante. Toute la vie économique de ce département, et de ceux de l'Aude et des Pyrénées-Orientales, repose sur la seule viticulture. La production de vin, de la zone qui va de Carcassonne à Beaucaire, représente plus de 80 pour cent de son revenu agricole et près de 40 pour cent de la récolte métropolitaine. Les besoins en main d'œuvre de cette culture ont attiré des milliers d'étrangers, surtout des Espagnols et des Italiens.

La ville de Montpellier se flatte surtout de son rayonnement intellectuel, qui est considérable: ses écoles étaient célèbres dès le XIIe siècle. L'école de médecine est la plus ancienne de France, et son école de droit date de 1192. L'université fut fondée en 1292. Quant au musée municipal, il occupe un des premiers rangs parmi les musées de province.

Tout visiteur se doit de faire une promenade sur la place du Peyroux d'où il aura une vue admirable sur la Méditerranée, les Pyrénées, les Cévennes et, au loin, les Alpes.

Au sud de Montpellier se trouve Sète (35.000 habitants), le seul port actif de cette région et l'un des grands ports français. Situé sur le plus vaste étang du Languedoc, le bassin de Thau, Sète est un port d'importation (pétrole, vins d'Algérie, agrumes, phosphates, etc.) et d'exportation (vins, eau-de-vie, ciment, bauxite, etc.). Sur les pentes du Mont-Saint-Clair, qui s'élève en arrière de Sète, le «cimetière marin» célébré par Paul Valéry, et où repose le poète, fait face à la mer.

La partie méridionale du département de l'Hérault est traversée par le fleuve Orb et par le canal du Midi. Ces deux cours d'eau passent par la capitale du vin languedocien: Béziers (66.000 habitants). C'est le vin qui a enrichi cette vieille ville, dont une partie remonte aux temps des Romains; c'est le vin qui a fait naître les nouveaux quartiers avec leurs opulents immeubles en pierres de taille.

Le département de l'Aude, à l'extrémité méridionale du Languedoc, s'étend au nord sur la montagne Noire, qui appartient au Massif central, tandis qu'au sud il touche aux Pyrénées. Entre ces deux régions montagneuses passe le seuil de Naurouze, le couloir naturel dont nous avons déjà constaté l'importance. Effectivement, nous trouvons que c'est dans cette région de passage que se sont développées les villes, et ceci bien avant l'époque romaine.

Le sol de ce département est généralement fertile et produit des céréales, des fruits, des olives, et, surtout, des vins très estimés, parmi lesquels ceux dits de Narbonne. Autour de cette ville, également, les apiculteurs produisent un miel renommé.

La ville de Narbonne (33.000 habitants) est le grand marché viticole du département. C'était déjà une ville florissante lorsque la Gaule fut conquise par les Romains; ceux-ci lui donnèrent le nom de *Narbo Martius* et en firent la capitale de la «provincia» romaine. Lorsque cette dernière fut subdivisée, Narbonne demeura la capitale de la Narbonnaise Première.[14] Trois empereurs romains naquirent dans cette ville: Carus, Carinus et Numérien.

Un vieux pont et un amphithéâtre en ruines sont les seuls vestiges de l'époque romaine; la cathédrale Saint-Just et de nombreuses églises témoignent de son rôle important au moyen âge. Autrefois port maritime, Narbonne est maintenant à une vingtaine de kilomètres de la côte et ne semble pas devoir retrouver son rayonnement passé. Aux portes de Narbonne se cache l'abbaye de Fontfroide, un des plus prestigieux monuments du Languedoc, qui mériterait certainement une renommée mondiale. Construite en grande partie vers la fin du XIIe siècle, cette abbaye cistercienne est un excellent exemple du style roman.

À l'intérieur du département, et à mi-chemin entre la Méditerranée et le col de Naurouze, se trouve la cité de Carcassonne. «Voir Carcassonne et mourir»; ce dicton résume bien la célébrité de cette ville féodale. À vrai dire, il y a deux Carcassonnes: la Cité, dont l'histoire remonte aux temps préromains, et la Bastide, qui fut élevée par ordre de Saint Louis

---

14. Narbonnaise: nom que prit, l'an 27 avant Jésus-Christ, la partie de la Gaule conquise par les Romains avant Jules César. En l'an 371 de notre ère elle fut divisée en Narbonnaise Première, à l'ouest du Rhône, et Narbonnaise Deuxième, à l'est de ce fleuve.

après la guerre des Albigeois. C'est la Cité, entourée d'une double enceinte, avec ses quarante-huit tours et ses nombreux monuments (dont l'église Saint-Nazaire, la «Sainte-Chapelle du Languedoc»), qui fut restaurée par Viollet-le-Duc au XIXe siècle. Aujourd'hui, Carcassonne (37.000 habitants) est surtout une ville de tourisme: les routes d'accès en sont bordées de garages et de stations d'essence! Mais elle possède également quelques industries dont la plus importante est celle du textile.

Le Roussillon forme le département des Pyrénées-Orientales. Cette ancienne province fut pendant longtemps une possession des rois d'Aragon, et ne fut définitivement réunie à la couronne de France qu'en 1659, par le traité des Pyrénées.

Une grande partie du Roussillon est constituée par une terre basse qui s'inscrit entre la montagne et la mer. Cette plaine produit une grande quantité de fruits (autour de Céret et de Perpignan, principalement) et de vins. Ceux-ci, pour la plupart, sont des vins de dessert, des vins doux ou liquoreux, dont les plus célèbres sont les vins de Rivesaltes et de Banyuls.

La capitale du Roussillon, Perpignan (71.000 habitants), a la réputation d'être la ville la plus joyeuse de la France méridionale. Les Perpignanais vivent à la mode espagnole, ce qui signifie que l'animation dans les rues se prolonge fort tard dans la nuit, et que les cafés ne désemplissent jamais. Comme à Nice, le Carnaval y est célébré avec éclat. Par contre, pendant la Semaine Sainte, on voit dans les rues de Perpignan, comme dans les rues de Séville, des processions de pénitents en cagoule. C'est une ville très active, très commerçante, et c'est aussi, grâce à ses monuments, une ville d'art. Parmi ces monuments, les plus intéressants sont le Castillet, une petite citadelle qui date du XIVe siècle; la Loge, un vieux palais gothique construit à l'image des palais municipaux italiens; la cathédrale Saint-Jean, qui date du XVe siècle; et, dominant la cité, le château des rois de Majorque, qui nous rappelle que Perpignan fut, de 1229 à 1344, la capitale d'un royaume éphémère groupant le Roussillon, la Cerdagne, Montpellier et les îles Baléares.

Sur la côte du Roussillon, la «Côte Vermeille», de nombreux petits ports offrent des lieux de séjour très agréables: Banyuls, Port-Vendre, Cerbère et, surtout, Collioure qui fait le délice des artistes.

Les habitants du Roussillon forment la portion française de la race catalane qui, en Espagne, s'étend bien au-delà de Barcelone. C'est un peuple qui a produit de nombreux soldats, voyageurs, poètes et musiciens. Son idiome propre appartient, au même titre que le portugais ou l'espagnol, à la grande famille des langues romanes.

En bordure du Roussillon, l'ancien comté de Foix a formé le département de l'Ariège, du nom de la rivière qui le traverse du sud au nord. Ce pays montagneux, devenu comté indépendant au XIe siècle, après avoir appartenu au duché d'Aquitaine, fut rattaché à la couronne française par Henri IV, en 1607. C'est le comte de Foix qui était, avec l'évêque de la ville d'Urgel, en Espagne, co-suzerain de la République d'Andorre. Ce droit fut transmis au roi de France et il est aujourd'hui exercé par le président de la République.

L'économie de ce département repose, d'une part, sur l'extraction de certains minerais (le talc, principalement) et, d'autre part, sur la production hydroélectrique qui fournit l'énergie à une modeste industrie métallurgique et aux usines de textiles. Le chef-lieu du département est l'ancienne capitale du comté, la ville de Foix (8.000 habitants), justement célèbre par le château féodal qui la domine.

Le Béarn et le Pays basque

À l'extrémité occidentale des Pyrénées françaises se trouvent deux anciens états qui forment aujourd'hui le département des Basses-Pyrénées: le Béarn et le Pays basque.

Le Béarn, qui occupe les deux tiers du département, est traversé par les gaves (ou torrents) de Pau et d'Oloron. Dans les vallées de ces gaves s'étendent des prairies et des labours, des vignobles et des vergers. De nombreux et gros villages, et quelques petites villes, jalonnent de vieilles routes chargées d'histoire; routes d'invasions, de pèlerinages et de commerces qui ont assuré la fortune du Béarn.

L'industrie des lainages et des bérets, du linge de table, des couvertures et des toiles d'espadrilles anime la plupart des petites villes béarnaises. La capitale, Pau (48.000 habitants), où naquirent Henri IV et Jean Bernadotte, maréchal de France puis roi de Suède, est célèbre comme station climatique et comme ville de tourisme. C'est également un marché régional très important et une ville industrielle en pleine expansion.

Le château de Pau, où naquit, en 1553, le futur Henri IV, s'élève sur un éperon qui domine le gave et la ville. Restauré au XIXe siècle, il contient aujourd'hui une magnifique collection de tapisseries des Gobelins et de meubles de la Renaissance.

À une vingtaine de kilomètres de Pau, le petit village de Lacq, qui, jusqu'en 1949, vivait paisiblement d'agriculture et d'élevage, est aujourd'hui un nom prestigieux dans l'économie française. En effet, en 1949, on a découvert à Lacq un gisement de gaz naturel aussi important que celui d'Alberta au Canada. De ce gaz brut on tire des produits qui procurent à

La ville et la plage de Cannes

Le lac d'Annecy dans la Haute-Savoie

Un village, et des terrains cultivés,
dans le Dauphiné

Le champ de course à Chamonix;
au fond le Mont-Blanc

Lacq et ses usines de gaz naturel

La ville de Mourenx-la-Neuve, construite près de Lacq depuis 1949

la fois énergie et matières premières: gaz pur, éthane, propane, essence, soufre. Grâce à Lacq, la France est maintenant le second producteur mondial de soufre après les États-Unis. (L'usine de Lacq est la plus grande usine à soufre du monde). En plus, Lacq est appelé à devenir le centre d'un complexe électro-métallurgique et chimique ultra-moderne, qui jouera un rôle régional et national important. Le Sud-Ouest de la France, entravé jusqu'à présent dans son développement par l'insuffisance de ressources énergétiques et le manque de matières premières, voit maintenant surgir sur son sol, grâce au gisement de Lacq, des activités industrielles variées.[15] Une des plus frappantes manifestations de ce renouveau, en Béarn, est Mourenx-la-Neuve, une agglomération de 12.000 habitants, conçue selon les techniques les plus modernes, qui vient d'être construite de toutes pièces près de Lacq pour loger les familles des techniciens et ouvriers employés dans les nouvelles entreprises de la région.

Ainsi le Béarn, comme la Provence, subit de nos jours une transformation radicale qui va faire de lui une région productrice, profitable à l'économie française.

Le Pays basque, en France, se compose de trois des sept provinces basques (les autres étant en Espagne): le Labourd, la Soule et la Basse-Navarre. Cette petite région de France a conservé, à travers les siècles, sa langue, ses traditions et ses mœurs. Nul ne sait d'où viennent les Basques, ni l'origine de leur langue. Par contre on sait que ce sont les Basques qui, ayant été refoulés de la vallée de l'Èbre, en Espagne, fondèrent le royaume de Vasconie dans les Pyrénées occidentales. Les Vascons de la plaine se mélangèrent aux populations locales et devinrent les «Gascons». Mais ceux de la montagne gardèrent leur langue et leurs mœurs. Ce sont eux qui s'appellent les Basques.

La langue basque (l'eskuara) se rattache, selon les dernières théories, au groupe de langues, dites *Japhétites,* qui étaient parlées sur tout le pourtour du monde méditerranéen avant l'arrivée des Indo-Européens. C'est une langue extrêmement difficile; si difficile, disent les Basques, que le diable lui-même ne put, au bout de sept ans, apprendre à dire que *bai eta ez:* oui et non. Encore oublia-t-il ces trois mots sitôt qu'il eut quitté le pays! Quoiqu'il en soit, la syntaxe et surtout la conjugaison verbale du basque en rendent l'abord malaisé.

Comme en Bretagne, la vie religieuse a toujours été intense dans ce pays, et les églises, les chapelles et les oratoires tiennent une large place dans le paysage. Comme les Bretons, également, les Basques ont toujours

15. Entre autres, la plus grande fabrique d'aluminium d'Europe, à Noguères, sur la rive gauche du gave de Pau.

goûté les longues marches pieuses à travers la campagne. Aujourd'hui encore, l'affluence est toujours grande aux processions organisées par les paroisses qui possèdent un but de pèlerinage renommé.

Les modes de vie essentiels du Pays basque sont d'ordre pastoral, agricole et maritime. Quant au commerce, il ne fait vivre que des populations urbaines, à Bayonne, Hendaye et Saint-Jean-Pied-de-Port. On se doit d'ajouter cependant qu'une contrebande très active contribue, dans une mesure non-négligeable, à modifier les moyens d'existence et les mœurs de l'ensemble du pays!

Les Basques sont d'excellents bergers, de réputation mondiale. De nos jours, l'élevage des brebis l'emporte sur l'élevage des moutons, conséquence des nombreuses fromageries établies dans le pays par la Compagnie de Roquefort. La pêche côtière demeure bien vivante, mais la grande pêche (à la morue, à la baleine) est morte.

Le tourisme, sur la côte et dans le bas pays, est devenu très important depuis le XIXe siècle. La côte offre l'attrait de ses plages: Biarritz, Bidart, Guéthary, Saint-Jean-de-Luz et Hendaye; l'intérieur offre ses nombreux petits villages ou ses groupements de maisons, et ses jolies fermes isolées, dans un paysage remarquable pour son harmonieux équilibre. Tout village basque possède au moins un «fronton» pour le jeu de pelote basque, qui se joue avec une petite balle très dure, à noyau de caoutchouc, appelée pelote, et une *chistera,* petit panier ovale en osier, qui sert à lancer la pelote contre le fronton. Dans les villages on peut également voir les jeunes gens exécuter les fameux «sauts basques» ou participer au «fandango», ou à l'ahurissante «danse du verre».

Le théâtre populaire des Basques rappelle les farces et les mystères du moyen âge. Le thème principal revient toujours à exprimer la lutte et la victoire finale des «bons»—les Chrétiens—contre les «mauvais»—les Turcs. Au dénouement, vainqueurs et vaincus se réunissent pour chanter un *Te Deum.*

Les touristes qui désirent se renseigner sur le folklore basque ne peuvent mieux faire que visiter le célèbre Musée basque de Bayonne. Cette ville de 32.000 habitants, qui n'est véritablement ni basque ni gasconne, joue cependant le rôle de capitale économique du Pays basque. C'est une ville commerçante, renommée depuis le XVIIe siècle pour son chocolat, et où, dernièrement, quelques industries métallurgiques et chimiques se sont implantées.

Le grand centre de tourisme du Pays basque est, sans contredit, la ville de Biarritz et son arrière-pays. C'est la plus fréquentée et la plus luxueuse des plages du sud-ouest. Jusqu'au XIXe siècle, Biarritz n'était qu'un petit village où les Bayonnais venaient se baigner. Grâce à l'attachement que l'impératrice Eugénie lui manifesta, ce village devint célèbre à partir de 1854. Aujourd'hui, la ville reçoit chaque année près d'un demi-million de visiteurs.

La Gascogne et la Guyenne

Une grande partie de ce que les géographes appellent le bassin d'Aquitaine est occupée par les deux dernières provinces non encore étudiées en France métropolitaine: la Gascogne et la Guyenne. À la première nous rattacherons la ville de Toulouse, et le pays toulousain, car Toulouse, bien qu'ancienne capitale du Languedoc, appartient économiquement au bassin d'Aquitaine.

La Gascogne forme aujourd'hui, en gros, les départements des Landes, du Gers, des Hautes-Pyrénées, de la Haute-Garonne et la partie occidentale du département de l'Ariège. Dans notre discussion sur l'origine des Basques, nous avons parlé des Vascons et de la Vasconie, qui s'appela ensuite la Gascogne. Celle-ci devint un duché indépendant, à l'intérieur du royaume d'Aquitaine, et le resta jusqu'au XIe siècle, date à laquelle elle fut réunie à la Guyenne dont elle suivit depuis les destinées. Le chef-lieu général de ce duché était la ville d'Auch, qui est maintenant le chef-lieu du département du Gers.

Comme pour le Languedoc, nous examinerons la Gascogne département par département.

Le département des Hautes-Pyrénées se compose de deux parties bien distinctes: au sud, la chaîne des Pyrénées (avec le mont Vignemale, 3.298 mètres), où les vallées s'enfoncent profondément et où de magnifiques cirques, comme ceux de Gavarnie et de Troumouse, présentent leurs glaciers suspendus et leurs jolis lacs bleus. Sur le sommet d'une de ces montagnes des Hautes-Pyrénées, le pic du Midi de Bigorre (2.877 mètres), se trouve un observatoire attaché à l'Université de Toulouse, et d'où l'on a obtenu des images planétaires exceptionnelles. C'est une des stations scientifiques d'altitude les plus importantes du monde.

Le nord du département est formé par le plateau de Lannemezan. C'est la partie la plus fertile et la plus peuplée. La vallée de l'Adour est particulièrement riche et produit du blé, des fruits, des primeurs et du vin. Autour de Tarbes (40.200 habitants) s'étendent de belles et riches prairies où l'élevage des chevaux et des bœufs est très répandu.

Non loin de Tarbes, dans la vallée du gave de Pau, se trouve Lourdes (15.000 habitants), le centre de pèlerinage le plus fréquenté du monde entier. C'est dans une grotte, en dehors de ce qui était alors un petit village, que Bernadette Soubirous fut témoin de ses apparitions en 1858.

Le plateau de Lannemezan se prolonge, au nord, par des collines qui forment la partie méridionale du département du Gers. Celui-ci, grâce à son sol fertile et varié, produit du blé, des légumes de toute espèce, des fruits et des vins ordinaires de bonne qualité. De certains de ces vins, les habitants tirent des eaux-de-vie dont la plus réputée est l'Armagnac, une des plus fines eaux-de-vie du monde.

La ville principale de ce département est Auch (16.400 habitants) qui, nous l'avons déjà vu, était le chef-lieu du duché de Gascogne. Ville commerçante très ancienne, Auch possède de magnifiques monuments, dont la cathédrale Sainte-Marie et l'ancien palais archiépiscopal sont les plus connus. La cathédrale, un vaste et bel édifice du style flamboyant, renferme de véritables trésors d'art: les stalles sculptées, qui n'ont de rivales en France que celles d'Amiens; de magnifiques verrières; une émouvante Mise au Tombeau, etc.

Le département de la Haute-Garonne se divise, comme celui des Hautes-Pyrénées, en deux parties: au nord, la plaine, au sud, la montagne. Cette partie sud constitue le pays de Comminges, un comté qui fut rattaché à la France au milieu du XVe siècle. Beaucoup de touristes se rendent en Comminges, non seulement à cause des paysages variés et pittoresques, mais aussi pour visiter les nombreuses églises romanes, les nombreux châteaux féodaux et, surtout, le village de Saint-Bertrand-de-Comminges, avec ses remparts, sa cathédrale mi-romane mi-gothique ainsi que ses trésors d'art, témoins de ses 2.000 ans d'histoire.

C'est dans la plaine de ce département que se trouve Toulouse, la capitale économique de la vallée supérieure de la Garonne, un des grands centres industriels, intellectuels et artistiques de la France, et, en outre, grâce à ses édifices anciens et modernes, une des villes les plus intéressantes du Midi. On ne sait pas grand-chose des premiers siècles de l'existence de cette ville qui, dit-on, est plus ancienne que Rome. Mais, dès l'époque romaine, Toulouse commença à jouer un rôle de premier ordre et, sous Auguste, elle étendait son administration jusqu'aux Pyrénées. Du XIe au XIIIe siècle, les comtes de Toulouse régnèrent sur la ville et firent d'elle la capitale du Languedoc. Leur cour était alors une des plus magnifiques d'Europe. Après la tourmente de la croisade contre les Albigeois, le comte Raymond VII de Toulouse, un des chefs des hérétiques, s'engagea à fonder dans sa ville une Université, pour propager la doctrine orthodoxe (1229). Quatre ans plus tard, pour maintenir la tradition poétique du Midi, le «Collège de la gaie science» fut fondé par quatre troubadours. En 1694, Louis XIV transforma ce Collège en Académie des Jeux Floraux; celle-ci, la plus ancienne des sociétés littéraires d'Europe, continue à distribuer chaque année des prix de poésie.[16]

Au XVe siècle, Toulouse devint le siège d'un Parlement, dont le ressort s'étendait de la Gascogne au Rhône, des Pyrénées au Massif central. C'est à cette époque, et au XVIe siècle, que la ville commença à s'embellir, par l'ouverture de belles promenades et l'aménagement de grandes places. L'hôtel d'Assézat, une des gloires de l'architecture civile du Midi, où siège aujourd'hui l'Académie des Jeux Floraux, date du XVIe siècle.

C'est à partir du XIXe siècle, cependant, que Toulouse prend la physionomie d'une vraie capitale régionale. Le chemin de fer, le réseau routier ont joué un rôle décisif dans cette transformation. Autrefois, Toulouse était une ville orientée surtout vers le Languedoc; aujourd'hui, c'est une capitale acquitaine, pyrénéenne et rouergate.[17]

Les grosses industries toulousaines sont soutenues par les ressources énergétiques de la région: le charbon du bassin d'Aquitaine, l'électricité des Pyrénées, du Massif central et de la Garonne, le gaz de Lacq et de Saint-Marcet. La plus grosse usine de Toulouse est l'Office National Industriel de l'Azote, qui fabrique, entre autres, de l'eau lourde, un des éléments de l'industrie nucléaire. Un autre élément de l'industrie toulousaine est l'aéronautique. Toulouse a été associé à l'aviation depuis ses débuts. Le premier homme qui ait réussi un vol à bord d'un avion à moteur, Clément Ader, était natif de Muret, à quelques kilomètres de Toulouse. C'est Toulouse qui a servi de tête de ligne pour la célèbre Compagnie Latécoère, organisatrice des lignes commerciales avec le Maroc, le Sénégal et l'Amérique du Sud.[18] Aujourd'hui, l'industrie aéronautique occupe plus de 8.000 personnes à Toulouse; c'est là qu'on fabrique notamment la «Caravelle», un avion moyen-courrier à deux turboréacteurs.

L'Université de Toulouse, qui reçoit plus de 10.000 étudiants par an, tient une place considérable dans la vie intellectuelle et scientifique de la France, comme d'ailleurs de l'étranger, grâce à ses Instituts.

La population de Toulouse ne cesse de grandir. En 1960 on l'estimait à 268.000, mais on faisait remarquer que ce chiffre augmentait de 5 à 8.000

---

16. J.-P. Laurens (1838–1921) a peint la *Première Séance solennelle des Jeux Floraux,* qui appartient au Musée de Toulouse.
17. Le Rouergue correspond au département de l'Aveyron.
18. C'est la «ligne» dont parle Antoine de Saint-Exupéry dans ses romans.

chaque année. Pour abriter cette population croissante, on a décidé de créer une ville satellite sur la rive gauche de la Garonne, avec l'intention d'y faire vivre 100.000 habitants.

La Gascogne se termine, sur la côte atlantique, par le département des Landes, qui doit son nom aux plaines sablonneuses qui en occupent une grande partie. Jusqu'au XIVe siècle, cette région présentait dans l'ensemble un aspect désolé. La plaine sablonneuse a la forme d'un vaste triangle (14.000 kilomètres carrés) dont la base, longue de 230 kilomètres, est constituée par la côte, de la Gironde à l'Adour. Cette côte, la plus rectiligne de France, est bordée de dunes, qui ont été fixées, à partir du XVIIIe, par la plantation de pins. La dune du Pilat, haute de plus de 100 mètres, est la seule qui n'ait pu encore être fixée. Au XIXe siècle, on décida de créer une forêt, sur la plaine landaise, d'une étendue de 850.000 hectares. Ainsi, l'économie pastorale, alors la seule du pays, fut remplacée par une économie forestière qui transforma le pays. Malheureusement, le feu et la maladie des arbres, depuis 1946, ont détruit les trois quarts de cette vaste forêt, et l'économie landaise est de nouveau précaire. Par contre, on a découvert, en 1954, d'importants gisements de pétrole à Parentis. De nombreux puits ont été forés et la production du pétrole est maintenant en plein développement dans cette région. En outre, pour remplacer les vastes étendues de forêt incendiée, on encourage la culture du maïs hybride, qui pourrait rendre d'énormes services à l'économie des Landes.

À l'intérieur du département, la ville de Dax (14.600 habitants) est une station thermale célèbre depuis les Romains: l'empereur Auguste y conduisit sa fille Julie pour y soigner ses bronches malades. Le chef-lieu du département est Mont-de-Marsan (17.100 habitants).

Le duché de Guyenne, au XIe siècle, était le plus étendu de tous les fiefs de France car, à cette époque, il englobait même le Limousin. Devenu possession d'Henri Plantagenêt, par son mariage avec Aliénor d'Aquitaine (1152), ce duché passa sous la domination anglaise lorsqu'Henri devint roi d'Angleterre (1154), et y demeura jusqu'à la fin de la guerre de Cent Ans. Aujourd'hui, cette province comprend les départements de la Gironde, du Lot-et-Garonne, du Tarn-et-Garonne, du Lot et de la Dordogne.

Le département de la Gironde est l'un des plus riches de France. À l'ouest, il comprend une partie des Landes, dont nous venons de parler. Sur la côte rectiligne se trouve le vaste bassin d'Arcachon, entouré de stations balnéaires, et un des centres les plus importants de l'ostréiculture mondiale; il produit environ 700 millions d'huîtres par an dans quelque 4.000 parcs.

La moitié environ du territoire de la Gironde est consacrée à la vigne qui occupe, sur cet espace, 40 pour cent des terres cultivées. Ce vignoble, dit Bordelais, est l'un des plus anciens vignobles français, et sa réputation est mondiale.

Le reste des terres cultivées, dans ce département, produit des fruits, des légumes et du blé. Le pays bordelais a tendance à pratiquer la poly-culture; il n'est pas rare de voir des sillons de blé ou quelques raies de betteraves ou de pommes de terre entre les rangées de ceps!

Toute la région bordelaise offre ainsi une heureuse image de prospérité rurale. Les villages et les petites villes situés, pour la plupart, le long des cours d'eau, sont tous l'image du bien-être.

La ville de Bordeaux est, bien entendu, le grand centre économique de la région. Elle partage, avec Toulouse, la souveraineté sur les régions du sud-ouest. Son histoire est très ancienne, puisque c'était déjà une ville importante lorsque Jules César conquit la Gaule. L'occupation anglaise, qui dura trois siècles, eut des conséquences économiques heureuses pour la ville: elle bénéficia de larges franchises commerciales et de nombreux privilèges. Au XVIIIᵉ siècle, Bordeaux devint le premier port français, grâce au commerce des vins et aux échanges avec les Antilles. C'est alors que la ville commença à prendre sa physionomie moderne; on y construisit de beaux hôtels, des quais, des places et d'élégantes promenades. Au XIXᵉ siècle, pendant la Restauration, la vaste place des Quinconces fut amé-nagée, ainsi que le pont de pierre, long de 500 mètres, qui repose sur 17 arches.

La constitution de l'empire colonial, sous la Troisième République, et le développement parallèle de la grande industrie ont favorisé l'évolu-tion du Bordeaux moderne. Aujourd'hui la ville avec son agglomération compte plus de 450.000 habitants. Les nombreuses industries bordelaises: minoteries, huileries, conserveries, industries chimiques, constructions mécaniques, chantiers navals, raffineries de pétrole, etc., sont toutes très actives. Le port de Bordeaux, le cinquième de France, est un centre important de relations avec l'Amérique du Nord, l'Amérique du Sud, l'Angleterre, les Pays-Bas et les pays scandinaves.

La vitalité économique de Bordeaux est démontrée par sa Foire in-ternationale qui attire chaque année des milliers d'industriels et de commerçants du monde entier.

Le rôle intellectuel de Bordeaux a toujours été très important. Les Bordelais, qui n'oublient ni Montaigne ni Montesquieu, sont fiers de ce rôle et, surtout de leur Université (fondée en 1441) et des nombreux Instituts, dirigés par celle-ci, qui étudient les besoins et les particularismes régionaux. Tels sont, par exemple, l'Institut du Pin, la Station œnologique et agronomique, le Laboratoire de Biologie marine d'Arcachon. La Faculté des Lettres de l'Université est célèbre pour ses cours d'histoire, de langue et de littérature gasconnes, basques, arabes et espagnoles. C'est de l'Université aussi que dépend l'École navale de Santé, où sont formés les médecins de la marine française.

De son long passé, Bordeaux a gardé beaucoup de vestiges et de monuments. De l'époque romaine subsistent les ruines du palais Gallien; de l'époque romane, la collégiale Sainte-Croix; et de l'époque gothique, la merveilleuse cathédrale Saint-André, la tour Saint-Michel et de nombreuses églises et chapelles. Le XVIIIᵉ siècle a laissé de beaux hôtels dont la plupart, aujourd'hui, abritent des bureaux administratifs.

En dehors de Bordeaux, le pays girondin offre aux visiteurs l'attrait d'une quantité remarquable de beaux châteaux et de belles églises, dont l'énumération serait fastidieuse et nécessairement incomplète.

Entre le département de la Gironde et celui de la Haute-Garonne, la Garonne traverse deux autres départements qui portent son nom accouplé à celui de ses principaux affluents: le Lot-et-Garonne et le Tarn-et-Garonne. Ces deux départements offrent à peu près le même paysage: une haute plaine sillonnée de vallées et entrecoupée de collines. La vallée de la Garonne est l'une des plus fertiles de France, mais sa largeur nuit à son pittoresque. Les collines qui la bordent sont couvertes de vignes et d'arbres fruitiers; la vallée elle-même fournit de nombreux et abondants produits agricoles parmi lesquels nous citerons simplement le tabac, une des principales ressources de cette région.

Le chef-lieu du département du Lot-et-Garonne est Agen (32.600 habitants), célèbre pour ses fruits (les pruneaux surtout) et ses primeurs. Montauban (38.300 habitants), le chef-lieu du Tarn-et-Garonne, est également renommé pour ses primeurs et ses fruits, ainsi que pour ses volailles. Née à un important croisement de routes, cette ville a eu un passé tumultueux, mais est trop proche de Toulouse pour avoir beaucoup d'avenir. La cathédrale de Montauban abrite un tableau d'Ingres: «Le vœu de Louis XIII», car Ingres est né dans cette ville et ses œuvres remplissent le musée municipal. Montauban est également la patrie du célèbre sculpteur Bourdelle.

Le trésor artistique du département se trouve cependant à Moissac, petite ville située sur le Tarn. Une église, construite au milieu du XVᵉ siècle sur l'emplacement d'une ancienne église bâtie en 1063, conserve de celle-ci une tour carrée et un portail, en forme de porche, tout à fait remarquables. Les parois du porche sont couvertes d'une triple rangée de sculptures, et le tympan de sculptures représentant une vision de l'Apocalypse. Ce tympan est considéré comme le chef-d'œuvre de la sculpture

F.C.S.

P.A.A.

Le village de Cauterets,
une station thermale dans
les Hautes-Pyrénées

Une scène à Beynac, en Dordogne

Une vue de Biarritz

F.G.T.O.

Un nouveau «marché-parking» à Toulouse. Dans le fond, la flèche de l'église
Saint-Sernin.

Le pont Valentré à Cahors,
construit au XIVe siècle

La faculté des sciences de Bordeaux

romane. À côté de l'église se trouve le cloître, avec ses arcades du XIIIe siècle et ses soixante treize chapiteaux du XIIe siècle; c'est un des plus remarquables monuments de ce genre en France.

Le département du Lot est formé de la plus grande partie de l'ancien Quercy, qui fut réuni à la couronne vers le milieu du XVIIe siècle. À l'est du département on trouve des collines granitiques, au centre un vaste plateau calcaire coupé de quelques vallées profondes (celles du Lot, de la Dordogne et du Célé, notamment). C'est un département fertile qui produit, lui aussi, du tabac, du blé et du maïs, ainsi que des vins. De plus, le poisson (truite, saumon, brochet) y est abondant. Il n'y a que peu d'industries, mais celle du tourisme est très développée, surtout à cause de Rocamadour et de Padirac.

Padirac est une toute petite commune située près d'un gouffre spectaculaire, qui s'ouvre par un orifice de plus de 30 mètres de diamètre sur un puits de 75 mètres de profondeur. Par un dédale de galeries à stalactites et à stalagmites, il communique avec une rivière souterraine, coupée de cascades, qui forme parfois de petits lacs.

Rocamadour est un village composé d'une agglomération d'abbayes et de chapelles dominées par un château féodal, et bâtie sur le flanc et le sommet d'un rocher haut de 256 mètres, surplombant la rivière l'Alzou. Ce village doit son nom, et son origine, à Saint Amateur, qui aurait, au 1er siècle, sculpté une Madone miraculeuse. Cette statue, qui existe toujours, a été l'objet, dès le moyen âge, d'un des principaux pèlerinages de la Vierge en France. Plusieurs rois de France, notamment Saint Louis et Louis XI, se sont rendus à ce petit village si pittoresque.

Cahors est la capitale du Quercy. Ville natale d'un pape, Jean XXII, d'un poète, Clément Marot, et d'un politicien, Gambetta, Cahors est surtout connu pour ses vieilles rues couvertes, ses maisons du XIIIe au XVIe siècles et son pont Valentré, le spécimen le mieux conservé et le plus complet des ponts fortifiés en France.

Le dernier département qu'il nous reste à parcourir, dans la Guyenne, est celui de la Dordogne, formé de l'ancien Périgord et de quelques parties des provinces environnantes, dont nous avons déjà parlé. Ce département, un des plus étendus de France, est très accidenté. Ses profondes vallées (la Dordogne, la Vézère, la Dronne, etc.), flanquées de coteaux, sont célèbres par leur étendue, leur fertilité et leurs paysages riants ou pittoresques. Ce qui étonne le voyageur, c'est l'exceptionnelle étendue des surfaces boisées où dominent les châtaigners et les chênes.

L'agriculture est très variée dans le Périgord et elle s'accompagne de l'élevage des porcs, des moutons et des bœufs. La production des fruits est également prospère, surtout celle des pommes et des prunes. Dans les vallées se concentrent les cultures les plus riches, telles que celles du tabac, du maïs et de la vigne; le vin blanc de Montbazillac a une excellente réputation. Un autre produit de la terre périgourdine, que l'on trouve, d'ailleurs, dans plusieurs autres départements du bassin d'Aquitaine, est la truffe, délice des gourmets. C'est un champignon souterrain dont la grosseur varie de celle d'une noisette à celle d'un poing. Il se développe surtout sous les chênes et, pour le trouver, on a recours au flair des porcs, quelquefois des chiens. La truffe parfume de nombreuses préparations culinaires, mais il ne faut pas en abuser. Brillat-Savarin, l'auteur de la *Physiologie du goût* (1826) en disait: «La truffe n'est point un aphrodisiaque positif, mais elle peut, à certaines occasions, rendre les femmes plus tendres et les hommes plus aimables.»

Le Périgord étant une région de passage et de liaison, porte encore les traces de son passé orageux. Au tournant des rivières, au croisement des routes, sur le sommet des coteaux, se dressent les châteaux forts, parfois en ruines. Les villes montrent encore les restes de leurs enceintes fortifiées. La capitale, Périgueux (41.000 habitants), était une bourgade gauloise avant de devenir une cité gallo-romaine. De cette dernière époque, elle garde des arènes; le XIᵉ siècle lui a légué la cathédrale Saint-Front, qui fait partie de ce groupe si particulier des églises romanes à coupole.

Une ressource importante du Périgord, et qui ne cesse de se développer, est le tourisme. Nous avons vu, dans un chapitre antérieur, que cette province, en particulier les vallées de la Dordogne et de la Vézère, a été un des «hauts lieux» de la préhistoire. Ce sont les vestiges de cette préhistoire que les visiteurs, de plus en plus nombreux, viennent admirer aux Eyzies, à La Madeleine, à Cro-Magnon, à Laugerie, et, surtout, à Lascaux, remarquable par ses peintures rupestres récemment découvertes.

Il est bon de terminer, par ce rappel du lointain passé du peuple français, ce voyage autour de la France métropolitaine, au cours duquel nous avons constaté le visage changeant de ce pays qui maintient sa place parmi les nations les plus évoluées et les plus industrialisées. Les montagnes et les fleuves n'ont pas changé depuis que l'Homme de Cro-Magnon y cherchait refuge et nourriture, mais le visage de cette terre a été, et n'a jamais cessé d'être, patiemment, intelligemment et amoureusement modelé par les innombrables travailleurs qui ont hérité de ce premier ancêtre.

Chapitre 8

LA CORSE,
LES DÉPARTEMENTS
ET LES
TERRITOIRES
D'OUTRE-MER

La Corse

LA Corse n'a jamais été une province française. Située à 180 kilomètres au sud-est de la côte de France et à 77 kilomètres de la côte d'Italie, cette île, «une montagne dans la mer», a connu une histoire turbulente jusqu'à son attachement à la France en 1768, à la veille de la Révolution. D'abord occupée par les Romains, qui mirent plus d'un siècle à pacifier les habitants ibéro-ligures, puis envahie et pillée par les Vandales et par les Sarrasins, la Corse tomba sous la domination de la ville de Pise au Xe siècle. La grande rivale de cette ville, la république de Gênes, s'empara de l'île au XIIe siècle. Pendant les six siècles suivants, l'histoire de la Corse peut se résumer par une succession presque ininterrompue de luttes et de révoltes contre les Génois.

En 1729, une insurrection générale éclata contre Gênes et se prolongea pendant une quarantaine d'années. C'est pendant cette longue guerre que se distingua Pascal Paoli, le patriote corse dont les exploits émerveillèrent les Européens, et qui fut célébré par Voltaire et par Rousseau. Finalement, en 1768, Gênes céda la Corse à la France. Paoli quitta l'île et se réfugia en Angleterre. Depuis lors, la Corse a suivi les destinées de la France dont elle forme, depuis la Révolution, un des départements métropolitains.

L'aspect général de cette île est des plus pittoresques. À l'intérieur, un amas de montagnes, dont les points culminants sont le Cinto (2.710 mètres) le Rotondo (2.625 m.), le Monte-d'Oro (2.391 m.) et le Renoso (2.351 mètres). Ces montagnes sont coupées par de belles vallées et des gorges sauvages, et sont couvertes de forêts de pins, de chênes et de châtaigniers. De nombreuses rivières, souvent de véritables torrents, sillonnent les versants occidentaux et orientaux des montagnes qui s'étirent du nord au sud, du Cap Corse à Bonifacio.

La côte occidentale, très rocheuse et découpée, contraste fortement avec la côte orientale qui, elle, est basse et rectiligne. Les villes principales de l'île se trouvent sur la côte occidentale, à l'exception de Bastia, la plus peuplée (42.700 habitants) qui est située sur la côte orientale, à la racine de la presqu'île du Cap Corse. Les autres villes côtières sont: Ajaccio (33.000 habitants), le chef-lieu du département et la ville natale de l'empereur Napoléon; Bonifacio (2.100 habitants) et Calvi (2.000 habitants). À l'intérieur, la ville de Corte (5.000 habitants), l'ancienne capitale de la Corse, se dresse sur un rocher qui surplombe la rivière Tavignane.

Le climat de la Corse varie selon les degrés d'élévation du terrain. Sur la côte, et jusqu'à une altitude de 580 mètres, le climat est méditerranéen; de 580 mètres, à 1.750 mètres, il devient tempéré, semblable à celui de la Bretagne; dans les régions supérieures de la montagne, on rencontre un climat froid qui n'offre que deux saisons, l'hiver et l'été.

La végétation varie aussi selon l'élévation. Sur les basses terres poussent les arbres fruitiers et, en particulier, l'olivier; sur les versants des montagnes, on trouve le *maquis* très dense, longtemps le refuge des brigands et des hors-la-loi; plus haut enfin, les châtaigniers, les chênes et les pins.

L'économie corse est très fragile. Les quelques cultures: vigne, olive, fruits, n'amènent pas la richesse; les châtaigniers et les moutons forment le principal du revenu. Quant à la vie maritime, longtemps négligée à cause de l'occupation du littoral par les Génois détestés, elle n'apporte qu'une maigre contribution à l'économie générale. Aussi les Corses émigrent-ils volontiers pour devenir fonctionnaires en France métropolitaine.[1] Aujourd'hui, la population se chiffre à environ 230.000 habitants.

Le tourisme pourrait devenir une source de richesse pour cette île qu'on a surnommée «l'Île de Beauté», car les beaux sites et les belles plages ne manquent pas. Mais il faudrait auparavant développer le réseau de communications et créer un equipement hôtelier moderne.[2]

Les départements d'outre-mer

Depuis le 19 mars 1946, il y a, outre les départements métropolitains, quatre autres départements français. Ce sont ceux d'outre-mer: la Gua-

---

1. Près de 1.500 insulaires quittent chaque année leur pays.
2. Du côté industriel l'activité est limitée. Actuellement, la seule richesse du sol est l'amiante de Canari.

deloupe et la Martinique, dans les Antilles, la Guyane, en Amérique du Sud, et l'île de la Réunion dans l'océan Indien. Comme ceux de la métropole, ces départements relèvent des différents ministères métropolitains, chacun suivant sa spécialité. Les lois votées par l'Assemblée nationale sont appliquées de plein droit aux départements d'outre-mer, sauf mention expresse contraire.

La Martinique et la Guadeloupe comptent parmi les plus vieilles terres françaises hors de France. En effet, c'est en 1635 que les premiers Français arrivèrent dans ces îles qui, depuis cette époque, sont toujours restées fidèles à la France.

La Guadeloupe comprend trois parties: l'île de l'ouest, la Guadeloupe proprement dite, ou Basse-Terre, île volcanique couverte de splendides forêts richement colorées de magnolias et d'orchidées; l'île de l'est, appelée Grande-Terre, qui est une région d'élevage, couverte de savanes; les dépendances, c'est-à-dire de petites îles de moindre importance. La superficie totale de la Guadeloupe est de 1.780 kilomètres carrées.

Le chef-lieu de la Guadeloupe est La Basse-Terre, mais la ville la plus importante est Pointe-à-Pitre (50.000 habitants) dans la Grande-Terre. C'est un port d'exportation, un port d'escale et un aéroport.

La Martinique est plus petite que la Guadeloupe—1.080 kilomètres carrés—et ne possède aucune dépendance. Le relief volcanique de l'île est très tourmenté avec, au nord, la montagne Pelée (1.463 mètres) dont l'éruption en 1902 détruisit la ville de Saint-Pierre. Le chef-lieu du département est Fort-de-France (80.000 habitants), seul port commercial de l'île, qui est devenu, depuis la destruction de Saint-Pierre, la ville la plus importante des Antilles françaises. Les liaisons aériennes avec la France sont assurées par l'aérodrome du Lamentin, qui reçoit plus de 10.000 avions par an.

La population antillaise est essentiellement constituée par des blancs européens et des noirs d'Afrique. Le mélange de ces deux races conduisit inévitablement à la conjonction des coutumes, des danses et des rythmes qui est à l'origine des traditions, des techniques et du folklore dans la vie, la langue et la littérature créoles. Ajoutons que les Antilles, après l'abolition de l'esclavage en 1848, accueillirent une main d'œuvre agricole asiatique (Chinois, Indochinois, Hindous) qui, elle aussi, contribua au mélange des races. Le mot «créole» signifiait autrefois une personne de race blanche née dans les plus anciens territoires français d'outre-mer. Aujourd'hui, nous appelons «créole» tout Français naissant aux Antilles, sans distinction de couleur.

Les ressources des Antilles françaises proviennent essentiellement de l'agriculture et de la transformation des produits agricoles. Les principales cultures sont la canne à sucre, la banane et l'ananas. La canne est considérée comme la «culture noble»; en 1959, plus de 900.000 tonnes de canne ont été traitées par les usines pour fournir 75.000 tonnes de sucre et plus de 100.000 hectolitres de rhum. La production de la banane est en plein développement depuis 1938, date à laquelle la France a éliminé du marché métropolitain les bananes étrangères.

À part ces cultures, les Antilles produisent du café, du cacao, de la vanille, des fruits tropicaux, etc. La pêche est un élément important de l'activité et de la nourriture de la population. Enfin, le tourisme qui se développe de plus en plus, entretient une certaine activité, surtout en Martinique.

La Guyane

Située sur la côte nord-est de l'Amérique du Sud, entre le Brésil et le Surinam, la Guyane s'étend sur 91.000 kilomètres carrés. Les 32.000 habitants de ce département vivent principalement sur la région côtière; l'intérieur est presque désert. C'est une population très métissée qui vit en grande partie de la pêche et, à l'intérieur, de la chasse. La Guyane est une région aux reliefs peu marqués: à l'intérieur les élévations les plus fortes ne dépassent guère 800 mètres. Une grande forêt, très dense dans les zones basses, couvre la plus grande partie du pays. Le climat, caractérisé par des températures constamment élevées et par des pluies abondantes, est peu favorable à l'établissement des Européens. Néanmoins, avec de bonnes conditions sanitaires et un régime alimentaire équilibré, la vie y est possible.

Le chef-lieu du département est Cayenne, fondé en 1637. Pendant très longtemps la seule activité dans cet établissement fut celle des missions religieuses, puis, au XVIIIe siècle, plusieurs tentatives de colonisation furent lancées mais échouèrent, surtout à cause du climat. Au XIXe siècle, la colonisation connut plus de succès et de nombreuses plantations de canne à sucre furent établies. L'esclavage, aboli en 1794, fut rétabli par le Consulat et de nombreux Noirs furent amenés de l'Afrique. Mais la révolution de 1848 abolit de nouveau l'esclavage, les plantations furent ruinées et la colonie fut alors plus ou moins délaissée. En 1852, Napoléon III décida de faire déporter les forçats en Guyane, ce qui ne contribua aucunement au bon renom de ce pays. La colonie pénitentiaire fut établie à Saint-Laurent du Maroni, et l'Île du Diable, au large de Cayenne, fut réservée aux déportés politiques. C'est là que, du 13 avril 1895 au 5 juin 1899, le capitaine Dreyfus fut enfermé. La Troisième République, en 1936, décréta l'abolition de la colonie pénitentiaire mais ce ne fut qu'en 1945 que le Gouvernement français appliqua le décret, et ramena en France les 2.800 forçats qui s'y trouvaient alors. L'année suivante, la Guyane devint un département et une nouvelle ère commença pour ce pays déshérité.

Des progrès incontestables ont été accomplis dans le domaine de l'expansion économique, de l'infrastructure et de l'équipement social. Des recherches se poursuivent activement dans le domaine des mines, de l'agriculture, de la botanique et de l'océanographie.

La Réunion

Située dans l'océan Indien, à 700 kilomètres à l'est de Madagascar, la Réunion appartient à l'archipel des Mascareignes qui comprend, en outre, les petites îles de Maurice et Rodrigues. La Réunion elle-même a des dimensions modestes: elle mesure 70 kilomètres dans sa plus grande longueur et 45 kilomètres dans sa plus grande largeur. De ses 2.511 kilomètres carrés, 800 sont cultivables. Composée en grande partie de hautes terres—son point culminant de 3.660 mètres, le *Piton des Neiges*, n'est qu'un sommet parmi de nombreux autres, dont dix ont plus de 2.000 mètres—l'île est divisée en très petits éléments économiquement exploitables.

C'est en juin 1638 que cette île, découverte en 1513 par des navigateurs portugais, devint française. Vite réputée pour son climat, la fertilité du sol et ses nombreux cours d'eau, l'île de Bourbon, ainsi qu'elle était nommée à cette époque, attira de nombreux colons qui y cultivèrent le café et le bananier. En 1775 la population totale se chiffrait à 32.515 dont 6.430 blancs. Pendant la Révolution l'île perdit son nom original et s'appela la Réunion, puis l'île Bonaparte, sous l'Empire, et de nouveau la Réunion en 1848. La culture de la canne à sucre, commencée en 1817, y est maintenant la culture principale. Aujourd'hui l'île a environ 300.000 habitants, dont 10% sont des blancs. Le reste de la population se compose de Noirs, de métis, d'Indiens musulmans, d'Indiens bouddhistes et de Chinois.

La capitale, Saint-Denis (55.000 habitants), s'élève en forme d'amphithéâtre sur le rivage nord de l'île. Le seul port important se trouve à la Pointe des Galets. Une ligne de chemin de fer relie les villes Saint-Pierre (30.000 habitants), Saint-Louis (30.000 habitants) et Saint-Paul

(33.000 habitants) avec la capitale, et elle est doublée d'une route qui, elle, fait tout le tour de l'île.[3]

Les territoires d'outre-mer

Les territoires d'outre-mer sont: les îles Comores, la Nouvelle-Calédonie, la Polynésie française, la Côte française des Somalis et les îles Saint-Pierre et Miquelon. À ces territoires il faut ajouter les terres australes et antarctiques françaises, le îles Wallis et Futuna et le condominium franco-britannique des Nouvelles-Hébrides.

Les îles Comores, dont la capitale, Dzaoudzi, se trouve sur l'île Grande-Comore, forment un archipel dans l'océan Indien au nord-ouest de Madagascar. La plus importante de ces îles, Mayotte, est française depuis 1841; le reste de l'archipel fut annexé en 1886. La population comorienne se chiffre à environ 180.000 et est composée de Cafres, de Malgaches et d'Arabes qui parlent une langue particulière, mélange d'arabe et de sahouili.

Les Comores reçurent à la fin de l'année 1961 le statut d'autonomie interne; le premier gouvernement comorien entra en fonction le 2 janvier 1962. Un Haut-Commissaire de la République, nommé par Paris, est responsable de toutes les relations extérieures.

Ces îles d'origine volcanique ont un sol fertile et propre à la culture des plantes tropicales telles que le vanilier, le caféier et le cacaoyer.

La Nouvelle-Calédonie est, après la Nouvelle-Zélande, l'île la plus étendue du Pacifique méridional (400 kilomètres de long et 50 kilomètres de large). Située à 1.800 kilomètres à l'ouest de l'Australie, cette île, réputée pour la douceur de son climat, abrite environ 70.000 habitants dont 24.000 Européens et 10.000 Asiatiques. Les autochtones sont des Mélanésiens auxquels on donne parfois le nom de Canaques.

C'est le capitaine Cook qui fit entrer la Nouvelle-Calédonie dans l'histoire, le 4 septembre 1774. Le célèbre navigateur français, Jean-François de la Pérouse fit naufrage et fut massacré par des indigènes alors qu'il s'y rendait en 1788. Ce n'est qu'en 1853 que la France prit possession de l'île, lorsque l'amiral Febvrier-Despointes y fut envoyé par Napoléon III. Dès lors, la Nouvelle-Calédonie fut administrée comme colonie jusqu'en 1958, date à laquelle l'île choisit le statut de territoire d'outre-mer. Elle est administrée aujourd'hui par un conseil de gouvernement présidé par l'Administrateur supérieur de la République.

---

3. C'est lorsqu'il était en mission dans cette île que Bernardin de Saint-Pierre (1737–1814) entendit le récit d'un naufrage qui lui servit d'inspiration pour son célèbre roman *Paul et Virginie* (1787).

La capitale de l'île est Nouméa (18.000 habitants) qui est aussi le port le plus important. Les ressources principales viennent de l'exploitation des richesses minières (le nickel, le chrome). L'agriculture se limite à la couverture des besoins locaux; toutefois l'île exporte chaque année environ 2.000 tonnes de coprah.

La Polynésie française comprend les îles de la Société (2.000 kilomètres carrés, 40.000 habitants): îles du Vent, dont Tahiti, à l'est, îles-sous-le-Vent à l'ouest; l'archipel des Touamotou (des atolls répandus sur 800 kilomètres et sur lesquels vivent 11.000 habitants); les îles Gambier (500 habitants); l'archipel des Marquises (îles volcaniques, 4.000 habitants); et les îles australes des Toubouaï (4.000 habitants).

Cette poussière d'îles occupe une superficie comparable à celle de l'Europe occidentale. Le centre principal des populations est Tahiti qui est, en fait, constituée par deux îles reliées par un isthme de deux kilomètres. Célèbre dans le monde entier pour le charme de sa vie et la beauté de ses habitants (la race Maori a la réputation d'être la plus belle du monde), Tahiti devint un protectorat français en 1842. Déjà, en 1767, le navigateur Louis-Antoine de Bougainville y avait fait un séjour qu'il devait décrire dans son livre *Voyage autour de la terre* (1771). Ce récit fit la fortune de Tahiti où, écrivait-il, «régnait la franchise de l'âge d'or». Après lui, beaucoup d'autres écrivains, tels Pierre Loti, Victor Segalen, Jean Giraudoux, et des artistes, tel Paul Gauguin, ont célébré les attraits de la vie tahitienne. En réalité, cette île n'est pas le territoire de l'utopie dont parlent les prospectus, et c'est plutôt aux Toubouaï que la population autochtone a le mieux conservé son caractère. Néanmoins, le tourisme est de nos jours une des ressources principales de l'île Tahiti, surtout depuis qu'elle est desservie par les avions d'Air France.

Pour l'ensemble de la Polynésie, les ressources essentielles sont le coprah, dont elle exporte environ 25.000 tonnes par an, le café et l'élevage.

La Côte française des Somalis (21.700 kilomètres carrés, 67.000 habitants), sur la côte orientale de l'Afrique, est bordée au nord et à l'est par l'Éthiopie, au sud par la République de Somalie. C'est en 1839 que les Français obtinrent la première concession sur cette côte; en 1884–85 cette concession fut élargie par les accords passés avec les sultans locaux, et en 1896, l'ensemble de ce territoire fut placé sous protectorat français. Aujourd'hui, la Côte forme un territoire d'outre-mer gouverné par un Commissaire de la République et par un Conseil de gouvernement.

Les habitants, à part les quelque 3.000 Européens, sont en majorité des Noirs (Somalis et Danahils) ou des Arabes, de religion musulmane. A l'intérieur, ces habitants vivent de l'élevage nomade. L'économie du pays dépend presque entièrement de l'activité du port de Djibouti, la capitale du territoire. Djibouti, port libre depuis 1949, est également la tête de ligne de l'unique chemin de fer qui relie Addis-Abéba à la mer.

Les îles Saint-Pierre et Miquelon, dernières terres françaises de l'Amérique du Nord, sont également les plus anciennes des possessions françaises d'outre-mer. Elles forment un archipel situé dans l'océan Atlantique à 20 kilomètres de Terre-Neuve. Il y a, en réalité, trois îles: Saint-Pierre, la plus méridionale et la plus petite, mais la plus importante parce qu'elle abrite la capitale; Langlade, située au centre et reliée par une dune longue de 12 kilomètres à Miquelon, la plus grande des terres de l'archipel.

Le fond de la population (5.000 habitants) est basque, avec une forte proportion de Normands et de Bretons. Elle vit presque entièrement de la pêche et des industries que celle-ci fait vivre. À l'heure actuelle on fait de grands efforts pour développer le tourisme, en soulignant le pittoresque des îles et leur caractère profondément français.

L'archipel fut nommé en 1536 par le célèbre Jacques Cartier, mais le premier établissement permanent de pêcheurs français date de 1604. Au début du XVIIIe siècle, les îles passèrent sous la domination anglaise et les habitants furent chassés en Acadie, mais en 1763 le traité de Paris rendait à la France la souveraineté sur Saint-Pierre et Miquelon.

Calvi, une ville corse
F.E.P.I.D.

Un marché à Point-à-Pitre, en Guadeloupe
F.G.

L'invasion de l'Angleterre par Guillaume le Conquérant, ainsi que la
représente la tapisserie de Bayeux

Troisième Partie

L'HISTOIRE

Dans les grottes de Lascaux

Détail du vase de Vix, un vestige des fondateurs grecs de Marseille

Les alignements mégalithiques de Carnac, en Bretagne

Chapitre 9

LES ORIGINES
DE LA FRANCE

la préhistoire,

la Gaule celtique

La préhistoire

LES études préhistoriques sont de date assez récente. Ce n'est, en effet, qu'au milieu du XIXe siècle que les grandes lignes de la préhistoire de l'Europe furent établies par des chercheurs parmi lesquels plusieurs Français se distinguèrent particulièrement. Depuis trente ans le perfectionnement des méthodes de fouille, ainsi que l'élargissement des recherches vers l'Afrique et l'Asie, ont permis de donner à la science préhistorique une précision tout à fait remarquable. Notons, par exemple, qu'au cours de ces dernières années la mesure de la radioactivité du carbone (carbone 14), contenu dans les débris végétaux et animaux, a reporté au-delà de 30.000 ans les limites de la préhistoire datée. La plus ancienne datation certaine que l'on possède pour la France est celle du Périgordien supérieur de l'abri Pataud (en Dordogne): environ 22.000 ans avant notre ère.

On a retrouvé en France des outils de silex qui remontent aux temps les plus reculés de l'humanité, mais les conditions de conservation n'ont pas permis jusqu'à présent de retrouver les vestiges des hommes eux-mêmes. Il n'y a donc, en France, aucun représentant des *pithécanthropes,* des *sinanthropes* ou des *archanthropiens.* Par contre, le groupe suivant, les *paléanthropiens,* est très riche. À Arcy-sur-Cure, à Fontéchevade, à Montmaurin on a découvert quelques vestiges d'hommes *acheuléens* (de Saint-Acheul, près d'Amiens). Le sud-ouest de la France a livré plusieurs crânes ou squelettes complets de *néanderthaliens* qui, croit-on, ont disparu de France il y a environ 30.000 ans.

Les races qui ont occupé la France entre 30.000 et 10.000 ans avant notre ère montrent déjà une grande variété de types. Toutes possèdent un crâne allongé et une face plus réduite que le néanderthalien, mais les proportions du corps et de la taille (1 m 60 à 1 m 80) sont très variables.

Les principaux types reconnus sont celui de *Cro-Magnon,* celui de *Combe-Chapelle* et celui de *Chancelade.*

On connaît de nombreux détails sur la vie des hommes préhistoriques. Ils possédaient des habitations en plein air, mais profitaient volontiers de l'abri des grottes où les vestiges de leur séjour se sont conservés de manière parfois surprenante. Les néanderthaliens des cavernes vivaient sur un sol non-aménagé, au milieu des débris de leur chasse. Ils se retiraient parfois jusque dans les parties obscures des grottes pour y trouver des conditions de sécurité et de température favorables. Leur outillage d'os était très sommaire.

L'habitat des hommes du paléolithique supérieur se rapprochait beaucoup plus des conditions actuelles. Le sol était aplani et parfois dallé, entretenu par des balayages. Fréquemment des tentes de peaux protégeaient les abris sous roches et les grottes largement ouvertes. Le vêtement pouvait ressembler à celui des Esquimaux et des Sibériens de notre époque. Pour s'éclairer, ils se servaient de lampes de pierre garnies de graisse. Pour se chauffer, ils plaçaient des tas de galets sur leurs foyers, en guise de calorifère.

Les hommes préhistoriques, et particulièrement ceux de Cro-Magnon, ont fréquemment gravé et peint les parois des grottes profondes, probablement dans un but religieux. Des centaines d'animaux ont été représentés sur les plafonds et les murs de ces sanctuaires souterrains dont les plus importants sont ceux des *Eyzies,* de *Lascaux* (en Dordogne), de *Cabrerets* (Lot) et de nombreuses grottes des Pyrénées. Leur répartition s'étend de l'Espagne du nord (Altamira) jusqu'à la région parisienne (Arcy-sur-Cure, Fontainebleau). Il y a quelques années, des archéologues français ont découvert au cœur du Sahara, dans le Hoggar et le Tassili, des caves préhistoriques contenant des représentations d'hommes et d'animaux identiques à celles des caves de Dordogne et d'Altamira, ce qui semble indiquer que la civilisation Cro-Magnon s'étendait bien plus loin qu'on ne le supposait jusqu'ici.

Dans une des grottes des Pyrénées, la caverne du *Tuc d'Andubert,* on a retrouvé deux bisons en argile autour desquels on a pu relever des empreintes de genoux, de mains et de pieds, témoins émouvants d'une cérémonie religieuse.

Le néolithique

Cette époque peut être définie comme la période de transition durant laquelle l'usage du cuivre pénétra progressivement en Europe centrale.

En France, le néolithique est marqué par l'extension de civilisations agricoles influencées par l'Afrique du Nord et le Proche-Orient. C'est à ce moment qu'apparaît un type d'homme inconnu jusqu'alors sur la terre de France: le *brachycéphale* (tête ronde) *brun*, originaire de l'Oural et du Turkestan, qui devait s'installer progressivement en Bretagne, dans le milieu de la France et dans le bassin d'Aquitaine.

Ensuite surgit, deux ou trois mille ans avant J.-C., une nouvelle race: celle des *dolicocéphales* (tête longue) *blonds,* venus sans doute de la Scandinavie et des pays baltes, qui amènent avec eux les langues qu'on appelle indo-européennes. Ils arrivent par vagues successives et se répandent non seulement en France mais également vers la Grèce et l'Iran.

Ainsi le peuple de cette terre, qui s'appellera beaucoup plus tard la France, est déjà composé d'un mélange d'hommes blonds et d'hommes bruns, à têtes rondes et à têtes allongées, avec les innombrables croisements et métissages de ces deux types.

Les hommes néolithiques ne vivaient plus dans des grottes ou des cavernes, mais dans de petites huttes circulaires construites de branches et d'argile. Ils élevaient leurs huttes près d'un cours d'eau, de préférence, et protégeaient leurs villages par des palissades. Avec leurs arcs et leurs épieux, ils chassaient le sanglier, le loup, l'ours et le renard, le daim, l'élan, le cerf et le castor. Ils cultivaient le blé, l'avoine, l'orge et le seigle et recueillaient de nombreux fruits: raisins, mûres et fraises des bois, prunelles, pommes et poires sauvages, ainsi que les noix et les noisettes. Nous savons qu'ils pêchaient à la ligne et qu'ils avaient domestiqué le porc, le bœuf, le cheval, le mouton et le chien. Pour leurs outils, et pour leurs armes, ils employaient le cuivre, le bois et les os, ainsi que les pierres.

Les hommes néolithiques, qui croyaient à la survivance des morts, nous ont laissé des milliers de chambres funéraires en pierre, les *dolmens.* Autrefois recouverts d'une couche de terre et de cailloux, ils n'ont plus aujourd'hui que leur architecture puissante de supports et de tables. À part les dolmens, on trouve dans l'ouest et le nord de la France bon nombre de pierres levées, ou *menhirs,* qui, lorsqu'elles forment un cercle, s'appellent des *cromlechs.* La signification de ces menhirs, soit isolés, soit en alignement, soit en cercle, nous est inconnue. Notons, toutefois, que c'est la première fois que des hommes posent pierre sur pierre: c'est le début de la construction humaine.

On a longtemps cru et dit que c'étaient les Celtes qui avaient élevé ces monuments de pierres. Mais, d'une part, les Celtes sont venus beaucoup plus tard et, d'autre part, les menhirs et les dolmens se rencontrent bien au-delà des limites de l'empire celtique.

L'âge des métaux

L'âge qui va suivre l'époque néolithique, l'âge du bronze, débute vers le deuxième millénaire avant J.-C. Dans les trois ou quatre derniers siècles de cet âge, le fer apparaît, d'abord comme matière décorative et puis comme outil. On peut dire que l'âge du fer (de 900 à 100 avant J.-C.) correspond à l'âge historique de l'empire celte.

En effet, les Celtes, venus de l'Europe centrale, entrent dans l'histoire, au Ve siècle avant notre ère, par les œuvres des premiers historiens grecs, Hérodote et Hecatée de Milet. Ceux-ci situent les Celtes dans les territoires au-delà des Alpes jusque vers les rivages de l'océan du Nord. C'est dire qu'ils occupaient déjà au moins une grande partie de la Gaule.

Au IVe siècle un autre historien, Ephore, parle des Celtes comme l'un des quatre grands peuples du monde barbare et décrit leur domaine comme étant toute l'Europe, de l'est à l'ouest. Au troisième siècle avant notre ère, des Celtes envahissaient la Grèce et pillaient Delphes, puis fondaient un royaume en Asie Mineure, la *Galatie*. C'est peut-être (aucun historien ne peut l'affirmer d'une façon certaine), du nom grec donné à ces Celtes, *Galates,* que viennent les noms romains de *Galli,* désignant les Celtes, et de *Gallia* désignant le pays qu'ils occupaient au-delà des Alpes et en Italie du nord. Telle serait l'origine des termes «Gaulois» et «Gaule».

Bien entendu, les habitants de la Gaule n'étaient pas tous des Celtes. Nous avons déjà vu que lorsque les Celtes arrivèrent pour la première fois dans ce pays ils y trouvèrent les Ligures, un peuple rude, laborieux, sachant fondre le bronze et l'airain, extraire et polir les pierres et travailler le sol. Ils y trouvèrent aussi les Grecs de Massilia, établis là depuis le VIe siècle avant J.-C., et qui s'étaient étendus le long de la Méditerranée jusqu'à Barcelone et Malaga d'une part, jusqu'à la Corse de l'autre. Les noms de Marseille, Nice, Antibes, Hyères, sur la côte française, nous viennent de ces artistes-commerçants.

Les Celtes trouvèrent également les Ibères, qui, dès l'âge de bronze, s'étaient établis dans le sud-ouest et dans la péninsule armoricaine.

Arrivés dans ce monde liguro-ibérien, les Celtes, vraisemblablement, s'avancèrent non pas comme un flot dominateur unique mais par tribus séparées, souvent adverses, en suivant les pâturages et en contournant les forêts (sacrées pour eux) jusqu'à ce qu'ils eussent occupé ce qui allait être leur forteresse: le Massif central. De là, ils allaient se répandre dans toutes les directions. Quant aux Ligures et aux Ibères, ils se réfugièrent dans les

hautes montagnes et dans quelques provinces reculées, ou, tout bonnement, se mêlèrent aux envahisseurs qui, d'ailleurs, manifestaient déjà
cette extraordinaire faculté d'assimilation qu'ont héritée les hommes qui
peuplent encore ce pays.

Ainsi se forma le peuple que Jules César devait soumettre et romaniser,
ce peuple gaulois, ancêtre des Français.

La Gaule celtique

Les Gaulois étaient, à l'origine, des peuples de pasteurs, vivant dans
les plaines et les montagnes. À l'exemple des Ligures, sans doute, ils
étaient devenus d'excellents agriculteurs aussi. Autrefois instables et
volontiers nomades, les Gaulois, tels qu'ils ont été observés par César,
étaient alors définitivement fixés à leurs terres. Ils vivaient essentiellement
d'agriculture et peuplaient la campagne. On les y trouvait distribués soit
par famille, dans une habitation ou dans un groupe d'habitations isolées,
soit dans des agglomérations réunissant quelques familles.

Leurs maisons étaient des huttes de branchages enduits de terre glaise,
spacieuses, recouvertes d'une épaisse toiture de chaume. Au milieu se

Un Gaulois Une Gauloise

Un combattant gaulois; dans le fond, une
hutte gauloise. D'après un bas-relief dans
le musée du Louvre

trouvait le foyer d'où la fumée s'élevait verticalement pour s'échapper par un orifice dans la toiture. À proximité de l'habitation s'élevaient d'autres huttes destinées au bétail.

La culture principale était le blé. De plus ils cultivaient l'orge (dont ils se servaient pour faire leur bière), le seigle, l'avoine, le millet. Ils n'avaient que peu de légumes, peu d'arbres fruitiers et pas de vigne, sauf aux environs de Marseille.

Leur bétail était abondant: moutons, chevaux et porcs. Les Gaulois mangeaient beaucoup plus de viande que les Romains. Comme boissons, ils préféraient la bière, dont ils faisaient une grande consommation, l'hydromel et le lait. Seuls les riches buvaient du vin. Leurs cuisiniers employaient comme condiment le sel, le vinaigre, l'ail et surtout le cumin, symbole de l'hospitalité.

Le costume des Gaulois, fait en laine et solidement tissé, se composait de trois pièces essentielles: les *braies,* pantalons à vaste fond et larges jambes, parfois attachés aux chevilles; le *justaucorps,* sorte de longue tunique, atteignant les genoux, fendue par devant, pourvue de longues manches et maintenue par une ceinture; la *saie,* manteau agrafé sur la poitrine, percé d'amples emmanchures et souvent muni d'un capuchon qui pouvait se rabattre sur le dos ou se relever sur la tête. Les Romains au début trouvèrent cet ensemble tout à fait inélégant, mais ils s'aperçurent vite qu'il était commode et utile et finirent par l'adopter eux mêmes. Peut-on citer cela comme le premier exemple de la dictature française sur la mode?

Quant aux femmes, elles portaient une tunique ou une robe descendant aux talons et un manteau à larges et longues manches, attaché sur le devant par un nœud, un bouton ou une fibule.

Les chaussures des Gaulois étaient de plusieurs sortes: sandales, chaussons et brodequins à guêtres. Leurs chaussures de montagne étaient excellentes, et Hannibal avançant sur Rome en fit ample provision pour ses troupes en vue de son passage des Alpes.

Les maisons des villes ne devaient pas être très différentes de celles de la campagne. Comme dans les villes arabes actuelles, il s'y ajoutait des ateliers et des échoppes donnant sur la rue, où l'artisan devait travailler en vue du passant. Ce qui caractérisait la ville, c'est qu'elle était une place fortifiée, un *oppidum,* qui servait de refuge, temporaire ou permanent, et aussi de lieu de culte.

Au moment de la conquête romaine tous les peuples gaulois du Midi et du centre de la Gaule avaient leurs villes, cependant encore assez rares au nord du pays. Les Gaulois avaient le sens de la route: ils avaient bien compris la valeur des voies naturelles—chemins et fleuves. C'est ainsi que leurs villes étaient admirablement placées pour pouvoir profiter des communications terrestres et fluviales: Lutèce, Reims, Langres, Orléans, Besançon, etc. Notons également que la plupart des routes romaines, à travers la Gaule, étaient tout simplement d'anciennes voies gauloises, recouvertes de dalles par les Romains.

Les Gaulois avaient développé la production industrielle à un niveau que l'on peut comparer à celui qu'atteignaient alors les peuples méditerranéens. En particulier citons la production du fer, pour les armes et les outils, la production du bronze, pour les vases et les ornements, et de l'émail, qui a peut-être été inventé en Gaule. L'or et l'argent étaient activement exploités: l'or pour fabriquer des bijoux et l'argent pour recouvrir les feuilles de bronze qui servaient à faire des vases ou de la vaisselle.

La Gaule était donc un pays riche, malgré les nombreuses invasions et les guerres intérieures. Puisque les rapports avec les autres peuples étaient rendus faciles par les vallées et les fleuves, il n'est pas surprenant que les Gaulois aient eu des relations commerciales très développées. Les fouilles archéologiques en France ont révélé quantité de vases, d'armes, de poteries, etc., provenant de tous les coins du monde méditerranéen, et qui témoignent des échanges commerciaux de l'époque du bronze, de l'âge de fer et des siècles qui précédèrent immédiatement la conquête romaine.

La cellule primordiale de la vie gauloise était le *pagus,* qui désignait un groupe d'hommes (et leurs familles) et la terre où ils s'étaient établis. Le chef du *pagus* était un petit roi, vassal d'un chef plus puissant. En général, le *pagus* correspondait à une région naturelle; c'est là l'origine du mot «pays» qui désigne encore de nos jours des régions telles que le Morvan, le Quercy, le Rouergue, etc.

Plusieurs *pagi* réunis formaient une corporation, ou un peuple: les Arvernes, les Bituriges, les Éduens, les Carnutes, par exemple. À la tête de chaque peuple était le roi, à la fois chef de guerre, grand prêtre et arbitre suprême. Mais chez beaucoup de peuples, le roi avait été remplacé par une espèce d'aristocratie républicaine, les *equites,* que César comparait aux sénateurs romains, et qui gouvernaient au nom des *plébéiens.*

Lorsque les rois étaient ainsi remplacés, leurs fonctions d'arbitre et de prêtre étaient dévolues aux *druides.* Ces derniers, maîtres et ordonnateurs de la religion gauloise, étaient également les éducateurs des jeunes aristocrates et, en outre, jouaient un rôle politique considérable. On peut les comparer au clergé de l'Ancien Régime qui représentait une puissance à la fois intellectuelle, spirituelle, économique, sociale et politique.

L'entrée dans cette carrière se faisait librement, mais, bien souvent, les garçons des grandes maisons y étaient voués par leurs parents. Ceux-ci voulaient ainsi s'assurer d'un moyen d'influence et de domination pour l'avenir. La condition sociale du druide ne l'obligeait d'ailleurs pas à renier la vie ordinaire de ses congénères. Il pouvait se marier, posséder des biens et s'enrichir.

La religion druidique ne nous est connue que sommairement. Nous savons que les Grecs et les Romains ont été frappés par le fait que, à la différence de leurs propres religions, celle des Gaulois comportait une morale. Ils en reconnaissaient l'élévation et l'avaient résumée en un triple précepte: «Honore les dieux—sois brave—ne fais rien de mal.».

Les druides prêchaient un spiritualisme plutôt complexe qui semble avoir comporté la métempsycose et la croyance à la migration des âmes vers les paradis du couchant. (Rappelons que déjà, à l'époque néolithique, la majorité des chambres funéraires, les dolmens, avaient été élevés sur la terre bretonne, c'est-à-dire au couchant.)

Le principal des dieux communs à tous les Gaulois était *Teutatès*, nom qui signifie en langue gauloise «national» et qui rappelle le qualificatif du dieu souverain d'Israël: «l'Éternel». Teutatès était, selon les druides, le «protecteur des routes et des voyages, l'inventeur de tous les arts et celui par qui l'homme s'enrichissait et le marchand prospérait». Dans les jours de danger, il prenait les armes à la tête de son peuple et le menait au combat. C'est de lui que la race gauloise était issue.

Près de lui, deux divinités féminines lui servaient de compagnes ou d'épouses. L'une le suivait sur le champ de bataille, celle que les Belges appelaient *Rosmerta;* l'autre était la Terre, mère des hommes et des dieux.

Enfin, d'autres dieux puissants correspondaient à des forces générales et immuables de la nature. *Taran,* dieu de la lumière, de l'air, des nuages et des orages; *Bélénus,* dieu du soleil et, par conséquent, dieu guérisseur; *Serona,* déesse de la lune, etc.

Sous leur autorité il existait une foule innombrable de génies locaux qui correspondait à la multitude des choses du sol: sources, fontaines, ruisseaux, fleuves, arbres, forêts. Tous ces dieux demeuraient dans les lieux sacrés, très souvent dans les forêts de chênes, ou dans les lacs; les sanctuaires fermés et couverts étaient l'exception.

Des milliers de superstitions gauloises, nous ne mentionnerons que la plus célèbre, celle de la coupe du gui. Pour les Gaulois, le gui était l'image de l'âme éternelle, car cette plante, compagne des arbres sacrés (les chênes rouvres) demeurait verte et vivante au milieu des branches dépouillées par l'hiver. Pline l'Ancien racontait en ces termes la coupe du gui de chêne:

«Les druides n'ont rien de plus sacré que le gui, du moins celui du chêne rouvre. Le rouvre est pour eux l'arbre divin par excellence: leurs bois sacrés appartiennent à cette essence, l'emploi de son feuillage est exigé dans tous les sacrifices. Aussi, une touffe de gui vient-elle à surgir sur un chêne, c'est signe qu'elle arrive du ciel et que l'arbre est l'élu d'un dieu: le gui de chêne est d'ailleurs d'une extrême rareté. La coupe s'en fait suivant un rite minutieux et sévère. Elle a lieu le sixième jour de la lune, alors que l'astre a déjà assez de force, mais qu'il n'a pas atteint la moitié de lui-même. Le prêtre est vêtu de blanc, sa faucille est d'or, une tunique blanche est destinée à recevoir la plante. Puis ont lieu sacrifices et repas sacré, sous l'arbre même. On immole deux taureaux blancs: pendant le sacrifice on prie le dieu de faire que son présent rende heureux les hommes auxquels il l'a envoyé. Car le gui est une véritable panacée: on l'appelle le remède qui guérit de toutes les maladies, de tous les poisons, de la stérilité même.»

Un des faits les plus frappants qu'ait mis en lumière l'archéologie, c'est l'unité remarquable de la civilisation gauloise, unité favorisée par une commune religion, par l'identité de la langue et par les limites nettes du pays.

Malgré qu'il n'y ait eu aucune institution politique commune, ni aucun conseil fédéral gaulois, on peut néanmoins parler d'une idée d'unité nationale partagée par tous les Gaulois. César, le premier, en a témoigné. D'ailleurs, chez les peuples anciens, les institutions religieuses précédaient toujours les institutions civiles. Or, les Gaulois avaient, dans l'assemblée annuelle des Druides, une institution nationale. Chaque année, en effet, ils se réunissaient dans la forêt d'Orléans, dans un lieu qui est aujourd'hui Saint-Benoît-sur-Loire, qui se situe à égale distance de toutes les frontières de la Gaule. Ils tranchaient les conflits entre peuples et entre particuliers, jugeaient les crimes et fixaient les punitions et les châtiments.

Les querelles mêmes des Gaulois entre eux sont un reflet de cet idéal d'unité, déjà réalisé par la religion. Les peuples les plus puissants de la Gaule aspiraient à son hégémonie. Au IIe siècle avant notre ère, les Arvernes s'efforcèrent de réunir tout le pays sous leur empire. Mais ce sont les Romains qui finalement allaient donner à la Gaule cette unité vers laquelle elle tendait.

Chapitre 10

DES ROMAINS
AUX CAPÉTIENS

LISTE DE DATES IMPORTANTES

59–51 av. J.–C.	conquête de la Gaule
481–751	dynastie mérovingienne
481–511	règne de Clovis
732	bataille de Poitiers
751–987	dynastie carolingienne
751–768	règne de Pépin le Bref
768–814	règne de Charlemagne
842	les Serments de Strasbourg
911	traité de Saint-Clair-sur-Epte

L'INTERVENTION romaine en Gaule commença en 154 av. J.-C. lorsque les habitants de Massilia (Marseille) demandèrent au Sénat de Rome de les aider militairement contre les attaques des peuples ligures. Cette requête fut répétée en 126 av. J.-C. et, cette fois, l'aide militaire des Romains aboutit à la formation d'une province, dite de la Gaule transalpine, dans le but d'assurer les communications entre Rome et l'Espagne. Quelques colonies romaines furent fondées dans cette province, dont Narbonne (Narbo Martius) qui devait, en 27 av. J.-C., donner son nom à la province, et Aquae Sextae, la capitale, qui devint plus tard Aix-en-Provence.

En 111 av. J.-C., une masse envahissante de Barbares, composée de Cimbres et de Teutons, franchit le Rhin et arriva jusqu'aux pays du Bas-Rhône. À Aix, en 102 av. J.-C., et à Verceil l'année suivante, le consul Marius remporta deux grandes victoires contre les Barbares et assura ainsi le salut de Rome et de sa province gauloise. De nouveau, en 58 av.

J.-C., les Barbares tentèrent de s'emparer des terres fertiles de la Gaule; Rome comprit enfin qu'il lui fallait soit se retirer sur les Alpes, soit s'avancer jusqu'au Rhin. C'est cette dernière solution qu'adopta Jules César, qui venait d'être élu au Consulat, forgeant ainsi, sans doute à son insu, le destin de l'Europe.

Il commença d'abord par repousser les Helvètes, qui s'avançaient dans la vallée de la Saône. Appelées par les Éduens, les légions romaines parurent pour la première fois en dehors des limites de la Gaule transalpine. Après la défaite des Helvètes, il fallut arrêter le chef germain, Arioviste, dans les plaines de la Haute-Alsace et le poursuivre jusqu'au Rhin.

Jusqu'ici, César s'était montré aux peuples gaulois comme un sauveur. C'était à leur requête qu'il avait marché contre les Barbares. Mais bientôt, on commença à apercevoir son véritable dessein, qui était d'installer définitivement ses légions de la Méditerranée à la Manche, des Pyrénées au Rhin. C'est alors que s'ouvrit la guerre des Gaules, que l'on peut diviser en deux périodes. Pendant la première, de 57 à 55 av. J.-C., César battit les Belges, réussit à venir à bout de plusieurs soulèvements partiels, traversa le Rhin et la Manche. Il semblait, en 54, que la guerre fût finie; mais, la seconde période, la plus difficile, allait commencer. En effet, les Gaulois avaient enfin compris que seule l'union de leurs différents peuples pourrait avoir raison de la force romaine. Sous l'impulsion de Vercingétorix, le jeune roi des Arvernes, un des peuples les plus puissants de la Gaule, un soulèvement général fut déclenché. Des troupes gauloises descendirent sur la Narbonnaise et menacèrent la Provence, tandis que Vercingétorix, avec le gros de ses forces, marchait contre les légions du nord.

Les Français saluent en Vercingétorix leur premier héros national. Ce jeune chef, qui se montra grand homme de guerre, et qui infligea à César une défaite cuisante à Gergovie, faillit accomplir l'unité politique de la Gaule. C'était trop tard, ou trop tôt. Des défections, des jalousies empêchèrent Vercingétorix de réaliser son ambition. Après avoir, à plusieurs reprises, compromis la situation de César, il commit l'erreur d'abandonner la guerre d'escarmouches, qui lui avait si bien réussi, et de livrer une bataille rangée qui se termina par la défaite des Gaulois. Ceux-ci se réfugièrent dans l'oppidum d'Alésia[1] où César les assiégea pendant une quarantaine de jours. Puis Vercingétorix, après la défaite d'une armée de secours, se rendit pour éviter à ses compagnons des rigueurs excessives.

---

1. Alise-Sainte-Reine, dans le département de la Côte-d'Or.

Nous avons deux récits des derniers moments de l'insurrection gauloise et de son chef: l'un de César, ne nous dit rien de ce qui se passa entre lui et le glorieux vaincu; l'autre, de deux historiens postérieurs, Plutarque et Dion Cassius, est plus détaillé et plus orné. Voici celui de Dion Cassius:

«Après la défaite, Vercingétorix, qui n'avait été ni pris ni blessé, pouvait fuir; mais, espérant que l'amitié qui l'avait uni autrefois à César lui ferait obtenir grâce, il se rendit auprès du Romain . . . et parut soudainement en sa présence, au moment où César siégeait dans son tribunal; l'apparition du chef gaulois inspira quelque effroi, car il était d'une haute taille et il avait un aspect fort imposant sous les armes. Il se fit un profond silence. Vercingétorix tomba aux genoux de César et le supplia en lui pressant les mains, sans proférer une parole. Cette scène inspira la pitié des assistants, par le souvenir de l'ancienne fortune de Vercingétorix comparée à son malheur présent. César, au contraire, lui fit un crime des souvenirs sur lesquels il avait compté pour son salut; . . . ainsi, loin d'être touché de son infortune en ce moment, il le jeta sur-le-champ dans les fers, et le fit mettre plus tard à mort, après en avoir orné son triomphe.»

Alésia prise et Vercingétorix prisonnier, il ne resta plus à César qu'à soumettre quelques peuplades et, un an plus tard, en 50 av. J.-C., il put, en toute sécurité, repasser les Alpes pour faire face à la guerre civile en Italie et en Orient.

Les Gaulois se résignèrent promptement, car ils comprirent vite les bienfaits de la civilisation latine. De leur côté, les Romains se montrèrent compréhensifs et n'imposèrent aux Gaulois aucun sacrifice, hormis l'impôt, très modeste, et le service militaire qui ne portait que sur un nombre infime de recrues. Pendant près de cinq siècles, la Gaule devait partager le sort de Rome. Celle-ci donna aux Gaulois la sécurité extérieure et la paix intérieure, qui leur avaient toujours manqué jusqu'alors.

Il faut noter que la grande bénéficiaire de la conquête romaine fut l'aristocratie gauloise. En principe, les Romains ne touchèrent pas aux institutions locales, mais, en fait, ils affirmèrent leur prédilection pour les gouvernements aristocratiques. En plus, le droit romain se substitua rapidement aux coutumes celtiques qui n'avaient pas une notion très nette de la propriété privée. Le droit romain fit des nobles gaulois de vrais propriétaires et consolida ainsi leur position économique, en même temps que leur situation politique. C'est ainsi que l'aristocratie gauloise donna l'exemple au reste du pays en se donnant à la langue, aux mœurs, aux habitudes de ses vainqueurs. Puisque cette aristocratie désirait vivre à la romaine, et que la civilisation méditerranéenne était essentiellement une civilisation urbaine, il n'est pas surprenant qu'elle ait abandonné les anciennes cités gauloises, lieux de culte et de refuge, au profit des villes nouvelles qui s'étaient étalées commodément dans les plaines. Ces villes, à la façon romaine, s'ornèrent de thermes, de théâtres, d'amphithéâtres, de cirques et d'arcs de triomphe. Des écoles surgirent[2] où la philosophie et la rhétorique furent enseignées d'après les modèles grecs et romains. Les dieux des Gaulois continuèrent à être honorés, mais sous des noms latins. La langue latine remplaça la langue celtique, très vite dans les villes, plus lentement dans les campagnes.

En ce qui concerne l'organisation administrative, les Romains divisèrent la Gaule d'abord en quatre, puis en dix-sept provinces, chacune ayant un gouverneur assisté d'assemblées municipales élues, et responsable devant le gouverneur-général résidant à Lyon, la capitale des Gaules. Environ quatre-vingts cités, chacune composée d'une ville et de ses territoires (les *pagi*), et s'administrant elle-même par un sénat et des magistrats élus, avaient été établies dans l'ensemble du pays. Ces cités correspondaient, en gros, aux anciens États gaulois.

Bref, les Romains détruisirent ou effacèrent très peu en Gaule, mais fortifièrent et multiplièrent les liens qui unissaient les Gaulois. Rome pava les rustiques sentiers de la Gaule et en fit des routes sûres, qui reliaient les grands centres urbains. Par-dessus toute cette organisation, régnait la paix romaine qui permit le développement d'une civilisation gallo-romaine relativement brillante.

Malheureusement, à l'heure même où Rome annexait la Gaule, le monde antique était en pleine décadence, et cette décadence allait se précipiter à partir du IIe siècle de notre ère. Au IIIe siècle, on voit apparaître les premières invasions barbares, celles des Francs venus d'outre-Rhin. C'est alors qu'on se met à fortifier les villes, en se servant très souvent des pierres des monuments romains. Dès le IIIe siècle également, des bandes de paysans, les Bagaudes, parcourent les campagnes, las de la tyrannie administrative et du joug de leurs maîtres.

Ajoutons à la menace des Barbares et à celle des populations rurales, l'influence du Christianisme qui, dès le IIe siècle, commença à se manifester en Gaule. Cette doctrine de charité, d'amour fraternel et d'égalité allait favoriser les sentiments d'indépendance des populations annexées, et les aspirations des révoltés de toutes les classes et de tous les pays.

Le premier document authentique que nous possédons sur le Christianisme en Gaule est la lettre qu'écrivit, aux Églises d'Asie, l'Église de Lyon,

2. Les plus célèbres furent celles de Marseille et d'Autun et, plus tard, celles de Reims et de Trèves.

en 177, sur la persécution qu'elle venait de subir. En dehors de Lyon, la foi chrétienne s'était répandue grâce à l'activité missionnaire de saint Irénée. D'après Grégoire de Tours, il y avait, en 250, sept évêques en Gaule: à Tours, Gatien; à Arles, Trophime; à Narbonne, Paul; à Paris, Denis; chez les Arvernes, Austrémoine; à Limoges, Martial. Ce sont les sept apôtres de la Gaule. Ce qui est frappant, dans l'histoire de l'évangélisation de la Gaule, c'est que le Christianisme demeura, jusqu'à la fin du IVe siècle, la religion des villes. Les campagnes étaient à peine touchées, ce qui explique que le mot latin *paganus* (habitant du *pagus*, c'est-à-dire de la campagne) a donné en français les deux mots *païen* et *paysan*. Cet état de choses changea lorsque saint Martin de Tours s'installa à Ligugé, près de Poitiers, et dirigea l'évangélisation des campagnes. Son nom demeure attaché à ce grand ouvrage et son tombeau, à Tours, fut l'objet du pèlerinage le plus fréquenté aux temps mérovingiens. Aujourd'hui, 3.675 églises en France lui sont dédiées, et 425 villages portent son nom.

À la fin du Ve siècle, l'Église était devenue un véritable État qui se substituait à l'État romain, dont elle avait parfois adopté les cadres. À la province administrative correspondait la province ecclésiastique, gouvernée par l'évêque. Celui-ci, protecteur des pauvres et des faibles, était en outre un administrateur temporel et un juge religieux et civil.

En même temps que le Christianisme faisait les progrès que nous venons de constater, la poussée des Barbares allait en s'accentuant. Déjà les Germains, venus des plaines du nord de l'Europe, avaient pénétré dans l'Empire, soit isolément, soit par tribus entières. Beaucoup d'entre eux servaient comme auxiliaires dans l'armée romaine et avaient reçu la charge de monter la garde sur le Rhin et de repousser les assauts des autres Barbares. Parmi ces auxiliaires, les Francs se distinguaient particulièrement.

En 406 eut lieu la grande invasion. Une horde composée de Suèves, d'Alamans et de Vandales, déferla sur le nord de la Gaule, tandis que d'autres l'attaquaient par le sud de l'Alsace. Le pays fut ravagé jusqu'aux Pyrénées, et l'Espagne aussi fut envahie. Les documents qui nous sont parvenus de cette époque nous la dépeignent comme un temps de terribles épreuves et de ruines.

«À travers les bourgs, les campagnes, les villes, partout en un mot, sévissent la mort, la douleur, la destruction, les massacres, les incendies, les deuils: toute la Gaule a brûlé sur un même bûcher», écrit l'évêque d'Autun vers 435.

À la suite de cette invasion, la Gaule fut partagée en trois royaumes: celui des Wisigoths, dont la capitale était Toulouse; celui des Burgondes, capitale Lyon; celui des Francs, dont la capitale fut d'abord Cologne, puis, à partir de 507, Paris.

Cette «ruée vers l'ouest» après l'année 406 s'explique par la terreur d'un envahisseur encore plus redoutable, venu des hauts plateaux de l'Asie: Attila et ses Huns. Pour faire face à ceux-ci, les nouveaux occupants de la Gaule et les Gallo-Romains, également menacés, se groupèrent sous le commandement d'un vigoureux général romain, Aétius. Attila franchit le Rhin en 451 et se dirigea sur Metz. Il y arriva le 6 avril, massacra les habitants et incendia la ville. Puis il se dirigea sur Paris. Les habitants, apeurés, voulaient s'enfuir, lorsqu'une jeune fille, Geneviève, leur rendit courage en prédisant que la ville ne serait point attaquée. Attila, voyant la ville occupée et défendue, jugea plus prudent de ne pas s'arrêter et de se diriger plutôt sur Orléans. C'est là que l'armée des coalisés, commandée par Aétius, et qui avait été appelée par l'évêque de la ville, Aignan, infligea, le 14 juin, une première défaite aux Huns. Attila se retira jusqu'en Champagne, poursuivi par Aétius. Une deuxième bataille, dite des champs Catalauniques, eut lieu aux environs de Troyes, qui contraignit Attila à se replier de l'autre côté du Rhin. La Gaule était sauvée.

La situation était alors la suivante: la Gaule, qui faisait toujours partie de l'Empire romain, était en réalité dominée par les Burgondes, les Goths et les Francs. Ceux-ci formaient, en quelque sorte, une armée d'occupation qui avait partagé, avec les anciens propriétaires du pays, une partie des terres. L'ordre romain continuait, mais appuyé sur la force barbare. Or, qui a la force tient bientôt tout le reste. Au commencement, Rome avait maintenu, auprès des rois barbares, des fonctionnaires impériaux, mais ceux-ci devaient disparaître de bonne heure. Tout le pouvoir serait alors passé aux militaires, c'est-à-dire aux Barbares, si les évêques n'avaient pas été là pour prendre en main les intérêts des populations. L'ordre romain passa alors à l'Église. C'est pour avoir compris que la force militaire, alliée au pouvoir de l'Église, assurerait sa fortune politique qu'un roi des Francs allait réussir à dominer toute la Gaule.

Les Mérovingiens

Les Francs, nous l'avons vu, occupaient le nord de la Gaule ainsi que des territoires au-delà du Rhin. Leur histoire, jusque vers la fin du Ve siècle, est mal connue. Un des peuples francs (car il y en avait plusieurs), dont le roi était Mérovée, avait combattu avec Aétius contre Attila. Le fils de Mérovée, Childéric, avait poussé ses soldats jusque dans les riches vallées de la Seine et de la Loire. C'est le fils de ce roi, mi-historique, mi-légendaire, qui devait, sous le nom de Clovis, devenir le plus grand des rois francs. Clovis était un homme intelligent, puissant, audacieux et ambitieux, qui comprit très vite que sans l'appui du clergé catholique, héritier de la culture latine et du rôle d'arbitre spirituel, il ne pourrait réussir à s'imposer aux autres rois francs, ni aux Burgondes et aux Wisigoths. Ceux-ci, bien que chrétiens, avaient adopté l'hérésie arienne et n'étaient donc pas soutenus par l'Église.

Clovis devint roi en 481. En 486, à Soissons, il battit Syagrius, «roi» des Gallo-Romains, et s'empara de son trésor. C'est alors que se passa le célèbre incident relatif au vase de Soissons. Dans une des églises pillées par les soldats de Clovis se trouvait un vase sacré que le roi voulait restituer à l'évêque de cette région. Il le réclama donc lors du partage du butin, selon la coutume franque. Mais un des guerriers refusa et, de sa hache, brisa le vase. Le roi ne dit rien, mais, l'année suivante, passant son armée en revue, il reprocha à ce même guerrier la mauvaise tenue de ses armes. Lui arrachant sa hache, il la jeta à terre. L'homme se baissa pour la reprendre et aussitôt le roi, élevant des deux mains sa propre hache, lui fracassa la tête. «Ainsi, dit-il, as-tu fait au vase de Soissons!»

Cet incident révèle bien le caractère du roi des Francs, ainsi que les mœurs du temps.

En 493, Clovis épousa une princesse burgonde catholique, Clotilde, qui se mit immédiatement en devoir de convertir son mari. Or, Clovis était engagé dans une guerre difficile contre les Alamans qui attaquaient les Francs dans la région rhénane. Pendant une bataille qui semblait aller mal pour son armée, Clovis se serait écrié:

«Jésus Christ, toi que Clotilde déclare fils du Dieu vivant . . . , si tu me donnes de triompher de mes ennemis, je croirai en toi et me ferai baptiser en ton nom.»

Les Francs eurent la victoire, les Alamans cessèrent d'être un danger pour la Gaule et Clovis, avec ses trois mille guerriers, se fit baptiser par l'évêque Remi, à Reims, le 25 décembre 496, et devint ainsi le seul chef d'État catholique de tout l'occident. Cet événement, plus que tout autre, fixa les destinées de la Gaule. Grégoire de Tours, l'historien du VIᵉ siècle, compare, à ce propos, Clovis à Constantin. En effet, en face des rois ariens de la Gaule, Clovis devenait le roi de tous les catholiques. Désormais, dans toute la Gaule, les évêques furent ses alliés. Il put alors attaquer les Burgondes et les Goths, étant sûr, par l'épiscopat, du soutien des populations gallo-romaines.

En 507, le nouveau baptisé mena une véritable croisade des forces catholiques du nord contre les puissances ariennes du sud. Les Francs apparurent pour la première fois comme les soldats de Dieu, et partout remportèrent des victoires contre les Goths. Pendant la bataille de Vouillé, près de Poitiers, Clovis tua le chef de l'armée gothique; puis, il s'empara de Toulouse, soumit l'Aquitaine, passa l'hiver à Bordeaux, et revint en triomphateur à Tours, la ville sainte de la Gaule, où il fut proclamé «Consul et Auguste». Ainsi, ce roi des Francs Saliens apparaissait aux Gallo-Romains comme le délégué de l'Empereur et le représentant de l'ordre romain.

Clovis est alors roi de toute la nation franque, ayant éliminé tous ses rivaux; il gouverne toute la Gaule, sauf l'Armorique, la Septimanie, la Provence et la Bourgogne. Cette dernière, cependant, est tributaire des Francs. En 507, Clovis s'installe à Paris, comme le feront tous ses successeurs, et c'est là qu'il meurt en 511.

Après sa mort, le royaume fut partagé, selon la loi salique, entre ses quatre fils, mais continua à être considéré comme un tout. C'est pourquoi son expansion ne s'arrêta pas, en dépit des querelles entre les frères. La Septimanie, la Provence et la Bourgogne furent annexées, puis la Thuringe au-delà du Rhin et ensuite la Bavière. L'étendue de ces conquêtes finit par affaiblir les Francs et la dynastie mérovingienne.

Le règne de Dagobert (629–639) fut le dernier grand règne de la dynastie. Sous ce roi intelligent et énergique, les Bretons et les Basques furent soumis, les Slaves furent battus près de l'Elbe et l'Église connut une grande expansion, grâce aux évêques choisis par Dagobert, entre autres le célèbre saint Éloi. Dagobert aimait les arts, en particulier les travaux d'orfèvrerie finement ciselés, et sa cour était renommée pour son luxe.

Après lui, pendant plus d'un siècle, se succédèrent des fantômes de rois, qui disparurent presque tous très jeunes, à un âge voisin de 24 ans. Le pouvoir passa tout naturellement entre les mains des «maires du Palais». Le maire était à l'origine chargé de représenter dans leurs provinces respectives les grands appelés à la Cour, et de faire respecter leurs privilèges. Mais, il était aussi le représentant du roi: il devait garder intactes les prérogatives royales, lever les impôts, exiger le service militaire. Il y avait donc contradiction entre ses fonctions. Certains maires étaient dévoués aux grands, d'autres à la royauté. D'autres encore gouvernaient et contre les grands et contre le roi. Quoiqu'il en soit, les maires avaient en main les rênes du gouvernement. C'est de la famille d'un de ces maires, Pépin d'Héristal,[3] que devait sortir la nouvelle dynastie franque, la dynastie carolingienne.

3. Il mourut en 714.

Pendant l'époque mérovingienne, l'idée abstraite de l'État, qui avait fait la grandeur de Rome, disparut. Les rois mérovingiens, à de rares exceptions près, considéraient la royauté comme un patrimoine privé qu'ils pouvaient se partager; cette coutume fut une des causes essentielles de la ruine de la monarchie. Des institutions germaniques, ils avaient gardé la coutume des relations personnelles, d'homme à homme, et ainsi, au lieu de sujets de l'État, ils eurent des clients. Pour garder cette clientèle, ils durent céder de leurs terres et des terres d'Église, accorder des droits, des immunités, jusqu'au moment où ils n'eurent plus rien à donner. Ainsi s'opéra la transition entre la centralisation romaine et la polyarchie féodale, entre la vie générale et la vie locale, où l'homme du moyen âge allait bientôt s'enfermer.

En théorie, le roi était le juge souverain dans son royaume; il était législateur et chef de guerre; il levait des impôts. Il avait donc toutes les forces de l'État entre ses mains. De plus, l'Église lui avait donné un caractère sacerdotal: elle enseignait que son pouvoir venait de Dieu et qu'il était inspiré par le Ciel. Le roi dominait l'Église comme il dominait la société laïque: c'est lui qui convoquait les conciles et qui nommait les évêques.

En pratique, les pouvoirs du roi étaient constamment mis en question par les grands et par les évêques. Peu à peu la royauté mérovingienne cessa d'être absolue et le pouvoir, comme nous venons de le voir, passa entre les mains de l'aristocratie.

Le royaume franc se subdivisait en petites circonscriptions, appelées *pagi* (pays). Ceux-ci, au sud de la Loire, correspondaient aux anciennes cités romaines, mais au nord de ce fleuve, ils étaient beaucoup plus nombreux. À la tête du pays était un comte, nommé par le roi, qui cumulait tous les pouvoirs. Pour l'assister dans ses multiples fonctions, le comte nommait des vicaires et leur assignait une partie du comté à administrer.

Au-dessus des comtes, les rois mérovingiens avaient institué en plusieurs pays des ducs qui étaient surtout des chefs militaires. Le duché ne formait pas une circonscription stable comme le comté; il disparaissait en général avec les circonstances qui l'avaient fait naître. Malheureusement, ducs et comtes devenaient souvent de petits tyrans qui se croyaient tout permis. On cherche en vain, dans l'histoire de Grégoire de Tours, le nom d'un comte honnête. On y trouve, par contre, de nombreux exemples d'abus de pouvoir contre la population. En vue de prévenir ces excès, le roi envoyait dans les provinces des agents spéciaux, des *missi*, qui allaient, deux par deux, en tournée d'inspection. Sous les Mérovingiens, cette institution n'était pas régularisée comme elle le sera sous Charlemagne; elle n'était encore qu'exceptionnelle.

Une pièce de monnaie gallo-romaine avec
l'effigie de Vercingétorix

n marchand de vin à l'épo-
ie gallo-romaine. D'après un
s-relief au musée lapidaire
de Bordeaux

Les arènes d'Arles et le
théâtre antique

Une villa mérovingienne,
d'après Viollet-le-Duc

La tête de Lothaire Ier, détail de son
tombeau à Saint-Remi de Reims

F.C.S.

Statuette de Charlemagne avec les insignes
impériaux, l'épée dans la main droite,
le globe dans la main gauche

La sociéte mérovingienne avait conservé la hiérarchie instaurée par les Germains et qui classait les hommes en fonction du *wergeld*, somme que devait payer l'assassin à la famille de sa victime. Au bas de l'échelle était l'esclave: les serfs étaient nombreux et l'esclavage faisait sans cesse de nouvelles recrues. Beaucoup étaient de la race slave; ils avaient été faits prisonniers au cours des guerres. (Le nom *slave* (esclave) se substitua même au nom *serf*). D'autres étaient de jeunes Anglo-Saxons, très recherchés pour leur force et leur beauté. D'autres enfin, étaient des pauvres qui n'avaient pu s'acquitter d'une dette. Le *wergeld* de l'esclave était de trente sous, ce qui correspondait à la pénalité infligée pour le vol d'un cheval ou d'une jument.

On pouvait sortir de cette condition servile par l'affranchissement, soit en l'achetant, soit en l'obtenant du maître, qui espérait ainsi s'assurer la miséricorde divine. L'affranchi continuait à servir son maître, mais il lui était maintenant permis de faire appel en justice ainsi que de prendre et recevoir des engagements. Son *wergeld* était généralement fixé à 80 sous.

Au-dessus des esclaves et des affranchis étaient les colons, des hommes libres, mais qui cultivaient la terre des autres. Ils ne pouvaient quitter leur ferme, ni en être évincés. Cette classe était très nombreuse et formait la transition entre la classe sociale servile et les véritables hommes libres. Parmi ceux-ci il existait certaines différences. Les uns appartenaient à la race franque: leur *wergeld* était fixé à 200 sous; les autres étaient des Gallo-Romains: leur *wergeld* pouvait descendre jusqu'à 100 sous, selon leur situation. En pratique, les deux distinctions tendaient à s'effacer, car les Francs admiraient la civilisation latine, et parlaient la langue de la Gaule qui commençait à devenir le «roman». De leur côté, les Gallo-Romains prenaient les mœurs militaires des envahisseurs et donnaient volontiers des noms germaniques à leurs enfants. Il se fit ainsi, peu à peu, un mélange qui caractérise la société mérovingienne. De plus, les deux peuples étaient chrétiens, et leur foi les avait rapprochés.

Les villes avaient naturellement changé d'aspect. La plupart des édifices romains avaient été détruits; leurs débris gisaient sur le sol. À l'intérieur de la ville, les habitants avaient élevé des églises, tandis qu'à l'extérieur se dressaient les monastères entourés de murs hauts et solides. À part les villes, il y avait des communautés d'hommes libres, des bourgs, situés en général sur les grandes routes. Plus nombreux que les bourgs étaient les grands domaines, les *villae,* d'où proviennent le plus grand nombre des villages modernes français.

Une *villa* était un domaine appartenant à un seul propriétaire qui divisait le sol en deux parties: l'une était exploitée par lui-même, avec l'aide de ses serfs; l'autre était partagée en divers lots, concédés à des tenanciers. Le maître du domaine exerçait la justice sur tous les hommes qui y vivaient.

L'Église, dans le monde troublé de l'époque mérovingienne, concentrait en elle non seulement la vie religieuse, morale, intellectuelle, mais aussi la vie politique et sociale. Elle formait une société à part, avec ses lois et sa constitution. L'état social troublé, l'oppression exercée par les grands et les riches, avaient contribué au développement de la vie monacale. Chaque monastère était gouverné par un abbé, auquel tous les moines devaient obéissance. La règle suivie par les moines différait de monastère en monastère. Jusqu'au VIIe siècle, beaucoup suivaient la règle de saint Colomban, un moine venu d'Irlande. Trop rude et trop dure, cette règle fut supplantée, au cours du VIIe siècle, par celle, plus sage et plus pratique, de saint Benoît. Les moines bénédictins furent surtout des conquérants et des administrateurs: ils défrichaient les forêts, attiraient les populations, et encourageaient la construction des maisons autour de leurs monastères. Quelques-unes de ces agglomérations sont par la suite devenues de grandes villes.

L'Église était, en premier lieu, la protectrice des pauvres. Elle ne condamnait pas l'esclavage, mais elle recommandait qu'on traitât les esclaves sans violence. Elle cherchait à multiplier le nombre des affranchis. C'est l'Église qui devait donner des vivres et des vêtements aux indigents, et nourrir également les prisonniers et les captifs. Pour soutenir ces nombreuses œuvres, l'Église disposait d'immenses ressources. Au VIIe siècle, le tiers du sol de la Gaule appartenait aux églises et aux monastères; ces domaines ecclésiastiques jouissaient d'une autonomie à peu près complète et étaient exemptés d'impôts. Une autre ressource très importante était la dîme qui, pendant l'époque mérovingienne, conserva le caractère d'une contribution volontaire, et qui plus tard devint un impôt régulier. Il ne faut pas négliger, d'autre part, les dons: sommes d'argent, étoffes, pièces d'orfèvrerie, objets de tout genre, offerts aux sanctuaires par les fidèles.

Les églises étaient des sanctuaires que personne n'osait violer. Même les criminels étaient sauvegardés dès qu'ils franchissaient le seuil sacré. Pour remplacer les écoles laïques qui avaient disparu au cours du VIe siècle, les églises organisaient çà et là des écoles épiscopales et monastiques où l'on enseignait à lire et à écrire.

Les Carolingiens

Nous avons vu que le véritable pouvoir politique, à partir du milieu du VIIe siècle, était passé entre les mains des maires du palais, et que l'un de ceux-ci, Pépin d'Héristal, allait être à l'origine d'une nouvelle dynastie. En effet, Pépin avait eu à livrer bataille à des tribus germaniques appelées en Gaule par les ennemis de son roi. Il s'était ainsi acquis un énorme prestige. Son fils Charles (plus tard surnommé le Martel), qui hérita des fonctions de maire du palais, eut à faire face à un nouveau danger qui faillit anéantir le monde chrétien occidental.

Au VIIIe siècle, les Arabes avaient franchi le détroit de Gibraltar et occupé presque toute l'Espagne. En 720, ils franchirent les Pyrénées et prirent Narbonne, puis s'établirent dans la région toulousaine. En 732, une nouvelle invasion amena l'émir Abd-el-Rahman à Bordeaux, puis à Poitiers. Cette dernière ville se défendit magnifiquement et, plutôt que s'attarder à un siège coûteux, Abd-el-Rahman décida de pousser vers Tours, la ville sainte de la Gaule chrétienne. C'est au confluent de la Vienne et du Clain, à mi-chemin de Poitiers et de Tours, que se livra la célèbre bataille dite «de Poitiers» entre les Arabes et l'armée de Charles Martel.

Ce fut un des moments les plus solennels de l'histoire occidentale. L'islamisme se trouvait là en face du dernier rempart de la chrétienté. Les Arabes avaient vaincu les Wisigoths et les Gallo-Wascons; s'ils triomphaient à Poitiers, ils étaient maîtres de l'Europe. Pendant sept jours, Chrétiens et Musulmans s'observèrent. Puis, un samedi d'octobre, la lutte s'engagea. La cavalerie sarrasine, encouragée par les cris des *muezzins,* se déploya en ordre dans la plaine et s'élança contre les Francs. Ceux-ci restèrent immobiles «comme un mur de fer, comme un rempart de glace», selon un chroniqueur contemporain. Vingt fois de suite, les Musulmans se lancèrent contre les Chrétiens et vingt fois ceux-ci les repoussèrent en faisant des milliers de victimes. Finalement, vers quatre heures de l'après-midi, l'allié de Charles Martel, le roi Eudes, arriva avec ses Wascons et ses Aquitains sur l'arrière du camp arabe. Une partie des Musulmans volèrent à la défense de leur camp, et Charles en profita pour charger à son tour. Lorsque tomba la nuit, la plus grande confusion régnait; les armées se replièrent chacune dans son camp. Pendant la nuit, les Arabes, ayant perdu leur chef, décampèrent en silence; leur fuite ne s'arrêta que lorsqu'ils eurent regagné Narbonne, leur place forte.

Lorsque Charles Martel mourut, neuf ans plus tard, il avait réussi à rétablir dans toute la Gaule l'empire franco-gallo-romain et à repousser des frontières de cet empire, au nord les Germains, au sud les Arabes. Ses trois fils, Pépin le Bref, Carloman et Grippon, héritèrent de son pouvoir et se partagèrent l'empire, mais Carloman se retira bientôt dans un monastère et Grippon mourut en 749, si bien que Pépin se trouva seul maître de l'État. En 751, après avoir reçu l'approbation du pape, il convoqua une assemblée de Francs et fut par elle élu roi. Le dernier roi mérovingien fut envoyé dans un monastère. Ainsi commença la nouvelle dynastie.

Le pape Étienne II vint lui-même à Paris, en 754, pour sacrer le nouveau roi dans la basilique de Saint-Denis. Ce sacre allait donner à la royauté carolingienne une dignité et une puissance nouvelles. Le roi était maintenant l'élu de Dieu et prenait donc une sorte de caractère sacerdotal.

Cette même année, le pape vint implorer l'aide des Francs contre les Lombards qui ravageaient l'Italie et s'étaient emparés des dernières terres latines. Pépin accourut à l'aide du pape et, après deux campagnes victorieuses, fit céder au siège apostolique la Romagne, le duché d'Urbin et une partie de la Marche d'Ancône. Le pontife romain devenait donc un souverain temporel; l'État pontifical était créé.

À la fin de sa vie, Pépin était devenu un des premiers personnages de la Chrétienté. Il avait étendu les limites de son royaume, notamment en Aquitaine; il était consulté par des souverains aussi lointains que le khalife de Bagdad et l'empereur de Constantinople, et le pape l'appelait son «défenseur après Dieu».

À sa mort, en 768, ses fils Charles et Carloman héritèrent de ses territoires. Carloman mourut trois ans plus tard et Charles fut alors reconnu comme seul roi. Celui à qui, de son vivant, l'on donna l'épithète de «grand» (magnus) était aimé des Francs pour son courage, sa dignité et un sens de l'autorité qui s'alliait à un souci d'équité rare à cette époque. D'un caractère simple et sobre, Charlemagne se plaisait à la natation et à la chasse. Il avait reçu une culture médiocre, comparée à celle de ses fils et petits-fils. Il ne sut jamais écrire, mais sa curiosité le poussa à étudier la rhétorique, la dialectique et l'astronomie, ainsi que la science religieuse. Il aimait particulièrement se faire lire les œuvres de saint Augustin.

Charles commença son règne par une expédition contre les Lombards et, en 774, prit le titre de roi d'Italie. Désormais, il n'y avait plus d'autres différences entre les frontières de la Chrétienté et celles du royaume des Francs que les royaumes de l'archipel britannique. En dehors de ces îles, tous les Chrétiens occidentaux d'obédience romaine étaient réunis sous la même domination politique. Ceci nous aide à comprendre les autres expéditions de Charlemagne qui furent, pour la plupart, défensives, soit contre les Saxons ou contre les Slaves, ou encore contre les Musulmans d'Espagne. En 778, il conduisit une grande armée au-delà des Pyrénées, prit Pampelune et assiégea, mais en vain, la ville de Saragosse. C'est pendant son retour en France qu'eut lieu, dans les Pyrénées, l'attaque de l'arrière-garde de son armée (15 août). Dans le fond du val de Roncevaux, les Wascons (et non les Arabes) engagèrent contre les Francs une lutte atroce et implacable qui se termina par la mort de tous les Francs, y compris Roland, neveu de l'empereur. Le souvenir de cette bataille passa de génération en génération dans des chants héroïques et funèbres, d'abord en langue tudesque, puis en langue romane, jusqu'à ce qu'il fût immortalisé par une chanson de geste qui porte le nom de Roland. Quatre siècles plus tard, selon Wace, les soldats de Guillaume le Conquérant entonnaient la Chanson de Roland en s'avançant vers le champ de bataille de Hastings.

Cet échec de Charlemagne ne l'empêcha point de lancer d'autres expéditions destinées à éloigner les Maures des frontières de l'empire franc, et, d'autre part, à leur faire évacuer les Baléares, la Corse et la Sardaigne.

À la fin du VIIIe siècle, les Francs avaient réussi à établir l'ordre dans toute l'ancienne Gaule, à conquérir la Germanie, les trois quarts de l'Italie et le nord de l'Espagne. Leur roi était devenu le plus puissant prince de l'Europe et, comme son père, il était le défenseur de la foi chrétienne. Il n'est donc pas surprenant que, le jour de Noël, en l'an 800, dans l'église Saint-Pierre, le pape lui mît la couronne impériale sur la tête, pendant que les fidèles l'acclamaient comme «le grand et pacifique empereur des Romains». Le titre impérial, disparu de l'occident depuis les invasions barbares, était ressuscité, mais reposait cette fois sur le Christianisme.

L'empire de Charlemagne était divisé en environ trois cents comtés, dont les chefs, les comtes, aidés par les vicomtes et les vicaires, réunissaient les attributions financières, judiciaires et militaires. Les évêques veillaient non seulement au maintien de la foi, mais, concurremment avec les comtes, à l'observation des capitulaires, c'est-à-dire, des lois passées par les assemblées générales.

Pour surveiller les comtes et les vicomtes, dont beaucoup ne remplissaient pas leurs devoirs, Charlemagne conserva l'institution des *missi*, et donna à ceux-ci comme tâche principale celle de faire rendre justice «aux églises, aux veuves, aux orphelins et à tout le peuple».

Afin de combattre l'ignorance et les superstitions, Charlemagne encouragea la fondation d'écoles attachées aux églises. Après la fondation de l'empire, considérant l'antique gloire de Rome, à laquelle avaient contribué tant d'écrivains célèbres, il lui apparut que les lettres étaient l'ornement obligé d'un grand règne. C'est ainsi qu'il prit l'initiative d'un mouvement intellectuel, littéraire et artistique auquel on a donné le nom, avec quelque raison, de Renaissance.

Le plus célèbre des lettrés que Charlemagne appela pour diriger cette renaissance intellectuelle, est sans doute le moine anglo-saxon Alcuin, un écrivain et un pédagogue remarquable.[4] C'est lui qui consacra la division des connaissances en sept arts: la grammaire, la rhétorique, la dialectique, l'arithmétique, la géométrie, la musique et l'astronomie. C'est lui également qui réforma l'écriture, devenue de plus en plus illisible, et tira de la minuscule latine l'écriture dite «caroline». Surtout, il fit recopier tous les textes classiques qu'il put trouver et préserva ainsi une bonne partie de la littérature latine. Alcuin fut le précepteur de l'empereur, de ses fils, de ses filles et de tous les grands du palais. Par la suite, tous les hommes célèbres de l'époque vinrent étudier à ce qu'on appela «l'Académie palatine».

Dans d'autres villes de l'empire, des écoles furent organisées et des centres culturels et artistiques se formèrent. La littérature sacrée continua naturellement à tenir une grande place: les Commentaires des Évangiles furent nombreux, ainsi que les Vies de Saints et les Recueils de Miracles. La seconde place fut occupée par l'histoire. L'œuvre historique la plus remarquable de cette époque fut *La vie de Charlemagne,* par Eginhard, grâce à laquelle nous avons des renseignements précieux sur le caractère de l'empereur, les mœurs de sa famille et les progrès des lettres et des arts pendant son règne.

Le latin était toujours la langue officielle des belles lettres et de l'administration. Cependant le «roman», cette déformation du latin populaire, faisait de grands progrès et était employé dans la plus grande partie de la Gaule.

On ne peut pas dire que Charlemagne fut un administrateur de génie, car il ne fit que perfectionner les moyens de gouvernement qui existaient avant lui. Il ne fut pas non plus un grand homme de guerre. Quant à la renaissance des lettres et des arts, elle fut, en somme, assez médiocre. Néanmoins, l'histoire célèbre son règne comme un des plus grands, car Charlemagne sut instaurer, sur les ruines de l'empire romain, un empire européen dans lequel tous les peuples étaient régis par la même administration et soumis aux mêmes lois. Douze siècles plus tard, l'Europe se souvient avec nostalgie de cette organisation.

Lorsque Charlemagne mourut, le 28 janvier 814, son fils Louis devint empereur. C'était un homme instruit, sobre, modeste, généreux et d'une très grande pureté morale. Ses contemporains lui donnèrent le surnom de Pieux, et plus tard celui de Débonnaire lui fut attribué pour indiquer

---

4. Il fut, en outre, le principal architecte de Charlemagne.

combien son âme était douce et faible. Un tel homme n'était guère capable de continuer l'œuvre de son père. Aussi vit-on Louis partager bientôt son empire en trois royaumes entre ses fils, tandis que lui-même gardait le titre d'empereur. Deux fois déposé, deux fois rappelé au pouvoir, il laissa, à sa mort, le titre impérial à son fils aîné Lothaire, avec les provinces situées à l'est de la Meuse, du Jura et du Rhin; à son fils préféré, Charles, toutes les terres occidentales; et à son troisième fils, Louis, la Bavière et l'est allemand.

Le nouvel empereur, Lothaire, n'accepta pas ce partage; une guerre éclata entre les trois frères, les deux plus jeunes s'unissant contre l'aîné. Une grande bataille eut lieu le 24 juin 841 à Fontanet (aujourd'hui Fontenoy-en-Puisaye) où Lothaire fut battu. L'hiver suivant, les deux frères Louis et Charles jurèrent, à Strasbourg, de se soutenir mutuellement dans leur lutte contre l'empereur. Louis prononça le serment en roman, pour être compris par les hommes de Charles; Charles, pour être compris par les hommes de Louis, le répéta en tudesque. Le document en langue romane de ces *Serments de Strasbourg* est le premier écrit dans cet idiome qui allait devenir la langue française.

L'année suivante, les accords de Verdun mirent fin à la guerre et partagèrent définitivement l'empire de Charlemagne. Lothaire reçut l'Italie et une bande de terre longue de 1.500 kilomètres sur 200 kilomètres, de Naples à la mer du Nord; Louis reçut les contrées situées au-delà du Rhin; Charles garda le reste jusqu'à l'Espagne. Cette délimitation arbitraire et artificielle ne reposait sur aucune base ethnique, géographique ou économique. Elle réduisait l'ancienne Gaule d'un tiers, lui enlevait ses frontières naturelles et créait pour l'avenir une zone de provinces contestées entre l'Allemagne et la France.

La dynastie carolingienne dura encore 144 ans après ce partage. Charles, surnommé le Chauve, fut un prince intelligent et actif. Instruit, il possédait une riche bibliothèque où il aimait contempler de beaux manuscrits enrichis de miniatures.

Malheureusement, le royaume de Charles était troublé par les excès des grands qui, pendant les guerres civiles, avaient usurpé des biens et des droits qu'ils entendaient conserver. La féodalité naissante faisait de grands progrès au détriment du pouvoir royal. De plus, la France occidentale était soumise au pillage des Normands, venus des pays scandinaves. Attirés par la richesse du sol et la douceur du climat, ces guerriers-marins apparurent pour la première fois sur les côtes de la Manche aux environs de l'an 800. Puis leurs raids devinrent de plus en plus ambitieux. En 841, Rouen fut ravagé; en 843, ce fut le tour de Nantes; en 844, les

Normands pénétrèrent dans la Garonne, passèrent devant Bordeaux et vinrent piller les deux rives du fleuve jusqu'aux remparts de Toulouse. En 845, ils arrivèrent devant Paris et ne se retirèrent qu'après avoir reçu de fortes sommes d'argent.

En même temps, Charles eut à faire face aux soulèvements des Bretons et des Aquitains. Dans le pays, le brigandage prit des proportions incroyables. Les nobles de Charles refusaient de se battre et l'encourageaient à traiter avec ses ennemis. Mais Charles continua à combattre tous ses ennemis. Il trouva, pour l'aider contre les Bretons et les Normands, une aide précieuse en la personne de Robert le Fort.

Cet homme, d'origine obscure, fut le plus valeureux des soldats de Charles et, en récompense, il reçut de nombreux fiefs entre la Seine et la Loire. Lorsqu'il fut tué, en 866, les Normands purent ravager, piller, massacrer à leur aise. Après la mort de Charles le Chauve, en 877, le royaume de France continua à souffrir de troubles intérieurs et d'incursions normandes. Les fils et les petits-fils de Charles se succédèrent sur le trône, aussi incapables les uns que les autres de défendre leur peuple. Celui-ci se tourna donc de plus en plus vers les grands seigneurs, et le pays se divisa en grandes principautés confiées à un duc, à un comte ou à un marquis, auquel se recommandaient des hommes énergiques qui recevaient la responsabilité de défendre des territoires moins étendus.

Pour apaiser les Normands, le roi Charles le Simple offrit à leur chef Rollon, en 910, de leur abandonner le territoire qu'ils occupaient depuis longtemps, qui avait pour centre la ville de Rouen et s'étendait d'un côté jusqu'à la rivière de l'Epte, de l'autre jusqu'à la mer. En retour, Rollon s'engageait à embrasser la religion chrétienne et à respecter les régions voisines. Le royaume franc put alors respirer pour la première fois depuis un siècle. Chose remarquable, les Normands se plièrent aux coutumes françaises, ils apprirent la langue du pays,[5] et ceux qui avaient si souvent mis la France à feu et à sang, devaient bientôt être les propagateurs les plus actifs de la langue et de la civilisation françaises.

À la mort du dernier Carolingien, en 987, l'assemblée des nobles francs élut comme roi un des ducs les plus puissants: Hugues, dit Capet, descendant de Robert le Fort, qui allait fonder une nouvelle dynastie.

---

5. La langue française n'a conservé qu'une vingtaine de mots normands. Cela s'explique peut-être par le fait que les Normands, venus sans femmes, épousèrent des jeunes filles du pays et que leurs enfants apprirent tout naturellement la langue maternelle.

Chapitre 11

DE HUGUES CAPET
À HENRI IV

LISTE DE DATES IMPORTANTES

987–996	règne de Hugues Capet
1066	conquête de l'Angleterre
1096–1099	la première croisade
1147–1149	la deuxième croisade
1152	Aliénor d'Aquitaine épouse Henri Plantagenêt
1180–1223	règne de Philippe-Auguste
1214	bataille de Bouvines
1226–1270	règne de Louis IX
1285–1314	règne de Philippe le Bel
1337–1453	guerre de Cent Ans
1429 (8 mai)	Orléans délivré par Jeanne d'Arc
1494–1559	guerres d'Italie
1515–1547	règne de François Ier
1562–1598	guerres de religion

A l'avènement de Hugues Capet, le royaume des Francs s'étendait des bouches de l'Escaut à celles du Llobregat, en Catalogne, et s'arrêtait à la Meuse, la Saône et la crête des Cévennes. Le roi de France était suzerain de tout ce territoire allant de Bruges à Barcelone. Cependant, l'autorité royale, nous l'avons constaté dans le chapitre précédent, était depuis longtemps ruinée. Hugues Capet n'était qu'un baron investi du titre de roi, mais sans pouvoir effectif en dehors de son domaine propre. Ce domaine comprenait l'Île-de-France, la Brie, la Beauce, le Beauvaisis et le Valois. En outre, l'archevêque de Reims, ainsi que les évêques royaux de Beauvais, de Noyon, de Châlons, de Laon et de Langres reconnaissaient son pouvoir direct et lui fournissaient de l'argent et des soldats. Néanmoins, le roi de France n'était alors que le premiers des grands féodaux.

Dans le nord de la France, le comte de Flandre, le duc de Normandie, le comte de Blois et de Champagne, le comte d'Anjou, le duc de Bretagne et le duc de Bourgogne étaient des seigneurs riches et puissants, jaloux de leurs privilèges et peu enclins à obéir au roi.

Le régime féodal s'était également répandu dans le Midi, mais l'esprit militaire et aristocratique y était moins intense. On y distinguait le duché d'Aquitaine, le duché de Gascogne, le comté de Toulouse et le comté de Barcelone. Ces quatre suzerainetés se partageaient les peuples méridionaux, et sur elles, le roi capétien, trop éloigné et trop faible, ne pouvait avoir aucune action.

L'histoire des Capétiens, de Hugues Capet à Louis XI, sera dominée par la lutte entre le roi et les grands féodaux qui seront forcés, les uns après les autres, de reconnaître le pouvoir royal. Autour du domaine primitif des Capétiens se grouperont, petit à petit, les territoires que le roi, par mariage, par alliance ou par conquête, annexera à la couronne. Ainsi se formera la France, par l'extension des limites du domaine royal.

La société féodale, sortie du chaos du Xᵉ siècle, était basée sur la nécessité où se trouvaient les faibles de rechercher l'appui des puissants. C'était une société guerrière et aristocratique qui vivait sous le régime agricole. On peut dire que ce qui caractérisait essentiellement la féodalité, c'était le rôle prépondérant que jouait la terre dans les relations sociales.

Lorsque, par suite de la décadence du pouvoir royal, les invasions et le brigandage avaient ravagé le pays, les petits propriétaires, les cultivateurs, les artisans s'étaient tournés vers les grands propriétaires, les évêques, les officiers royaux—vers quiconque exerçait auprès d'eux un pouvoir réel et avait assez de force matérielle, ou d'autorité morale pour les défendre; ils s'étaient recommandés à lui et l'avaient reconnu comme seigneur. D'autre part, si les faibles avaient besoin de trouver un protecteur, les forts avaient un égal besoin de trouver des soldats, des serviteurs, des cultivateurs. Il s'était ainsi formé, entre les uns et les autres, une infinité de groupements et d'associations, soumises aux conditions les plus variées, mais qui avaient toutes pour objet d'assurer la protection des faibles et la puissance des forts.

En bas de la hiérarchie féodale se trouvaient les paysans, libres ou serfs, qui cultivaient les terres qu'ils tenaient du seigneur, et qui lui devaient, outre les redevances, le travail destiné à mettre en valeur le domaine qu'il exploitait directement. Au-dessus, se trouvaient les hobereaux, possesseurs d'un château, qui protégeaient ce petit peuple et vivaient de son travail;

puis les barons, seigneurs de terres importantes, et enfin les grands feuda-
taires, qui tenaient leur fief directement du roi. Ils lui devaient l'hommage
et le serment de féodalité. Ils étaient tenus envers lui à *l'auxilium,* c'est-
à-dire, à l'aide personnelle et financière, et au *consilium,* c'est-à-dire, à
l'assistance par conseils.

Le roi, étant considéré comme le descendant des Césars romains,
n'était pas seulement un suzerain; il était le roi justicier, le roi défenseur,
et surtout, il était l'oint de Dieu. Le sacre donnait à la royauté un caractère ecclésiastique et divin. Elle apparaissait donc, au milieu de l'anarchie,
de la misère universelle et de la réalité triste des Xe et XIe siècles, comme
un idéal, un espoir et un principe d'ordre.

La seule loi transcendante qui avait survécu au chaos du Xe siècle était
la loi religieuse. L'Église était la seule force civilisatrice. Malheureusement, le clergé était fort inégal: à côté de certains pontifes, dont la pensée
était uniquement tournée vers le bien des âmes et le culte de Dieu, on
trouvait des évêques-soldats surtout préoccupés d'acquérir pour leur
église des biens et des droits, fût-ce par la force ou, parfois même, par le
mariage. Le clergé rural était fruste et ignorant. Dans l'ensemble, le clergé
du XIe siècle avait grand besoin d'une réforme. Celle-ci allait, d'ailleurs,
commencer dès le milieu du XIe siècle, sur l'initiative du pape Grégoire
VII et des moines de Cluny.

Le monastère de Cluny avait été fondé en 910 dans le comté de Mâcon,
en Bourgogne. Son fondateur, Guillaume d'Aquitaine, voulut réagir
contre un des abus les plus caractéristiques du Xe siècle: les ducs et les
comtes devenaient abbés pour mieux exploiter le bien des moines. Il
stipula donc que «les moines seront soustraits à toute domination temporelle, qu'elle vienne de nous, de nos parents, ou même du Roi», et les
plaça sous le contrôle de l'Église romaine. L'exemple de Cluny devint
contagieux. Une foule de monastères fut incorporée à l'église clunisienne
et, au bout de deux siècles, Cluny était devenu la capitale du plus vaste
empire monastique que la Chrétienté eût jamais connu.

Placés sous la règle de saint Benoît, les moines clunisiens attachaient
une importance extrême aux travaux de l'esprit. Le travail manuel était
pratiqué juste assez pour que les moines n'oublient pas le précepte de
l'humilité, mais les heures qu'ils ne consacraient pas à l'oraison ou aux
offices, étaient pour la plupart employées à apprendre le chant, à copier
les manuscrits, à lire les ouvrages de la littérature sacrée et même de la
littérature profane. La lutte contre l'ignorance était un des premiers
articles du programme de réforme. Ainsi la grande abbaye fut un lieu
d'enseignement où des maîtres réputés formaient les novices.

Par un autre côté, Cluny donna au monde monastique un exemple salutaire: elle plaça à un niveau très élevé les devoirs de l'hospitalité et de la charité. Cluny se distingua encore par la place faite à la prière liturgique. Rien n'était trop beau, ni trop parfait pour rehausser les fonctions sacrées. Par là, Cluny prépara la magnifique renaissance de l'art chrétien qui se produisit autour des sanctuaires monastiques aux XIe et XIIe siècles. C'est de Cluny que sortit l'art roman.

Grâce aux Clunisiens, et à d'autres ordres religieux, l'Église réussit à soustraire une partie de ses membres aux influences féodales. Elle réussit également à faire accepter des institutions de paix, telles «la paix de Dieu», qui avait pour but de soustraire aux violences certaines catégories de victimes, et la «trêve de Dieu» qui interdisait la guerre sous peine d'excommunication, du mercredi soir jusqu'au lundi matin ainsi que pendant les fêtes religieuses.

Les quatre premiers rois capétiens qui, après la mort de Hugues Capet, occupèrent tout le XIe siècle, n'eurent et ne pouvaient avoir d'autre tâche que de consolider leur trône, de lutter contre des vassaux trop puissants, d'assurer une certaine paix, une certaine justice sur leurs propres domaines. L'intérêt du XIe siècle réside donc d'une part en la réforme monastique de Cluny et, d'autre part, en deux événements de l'extérieur qui allaient bouleverser l'époque et retentir bien au-delà: la conquête de l'Angleterre et les croisades.

Les Normands avaient depuis longtemps fusionné avec la population indigène des territoires qui leur avaient été cédés en 911. Ils avaient adopté le christianisme et perdu l'usage de leur dialecte nordique. Mais ils avaient gardé le vieil esprit d'entreprise qui avait conduit leurs ancêtres à l'assaut de toutes les côtes. En 1018, en 1063 et en 1073, on trouve les Normands participant aux expéditions contre les Sarrasins d'Espagne; de 1016 à 1073, ils fondent le royaume des Deux-Siciles et poussent même leurs incursions jusqu'à Corfou, Thèbes et Corinthe. Et ce sont encore les Normands qui, franchissant la Manche, exécutent cette autre entreprise, la conquête du royaume anglo-saxon, qui devait aboutir à l'un des événements les plus graves de l'histoire de France: l'union politique de la Grande-Bretagne et de la Normandie.

Guillaume le Bâtard, surnommé plus tard le Conquérant, avait eu à défendre le pouvoir ducal contre les convoitises de ses vassaux. Vainqueur de cette insurrection (1047), Guillaume se tourna ensuite contre le comte d'Anjou et même contre le roi de France, Henri Ier. En 1066, lorsque le roi anglo-saxon Édouard le Confesseur mourut sans héritier, l'occasion s'offrit au duc de Normandie de prendre pour lui-même le titre de roi. Il la saisit avec joie. Encouragé par le Saint-Siège, qui n'aimait

Le monastère de Cluny, d'après une gravure du XVIIe siècle

Le pape Urbain II prêchant la première croisade au Concile de Clermont
en 1095, d'après une ancienne estampe

Portrait d'Henri II Plantagenêt et l'effigie
d'Aliénor d'Aquitaine sur son tombeau

Une page du psautier de Saint Louis
montrant des croisés du XIIIᵉ siècle

La ville fortifiée de Carcassonne

pas les Saxons, Guillaume choisit, pour transporter son armée en Angleterre, le moment où Harold, devenu roi à la manière de Hugues Capet,
employait ses forces à repousser les envahisseurs norvégiens. Aussitôt après
la victoire de Hastings, Guillaume se hâta de se faire couronner à Westminster.

L'armée que Guillaume avait réunie à l'embouchure de la Dives pour
entreprendre la conquête de l'Angleterre était composée non seulement
de Normands, mais aussi de soldats venant de toutes les provinces de la
France. Ce fut donc bien une armée française qui franchit la Manche;
d'ailleurs, pendant plus de deux siècles, le français sera la langue de la
cour et de la noblesse d'Angleterre.

Ce fut encore une entreprise française que la croisade. Le pape Urbain
II était Français; c'est à Clermont que cet ancien moine de Cluny prêcha
la première croisade et, après Clermont, c'est la France qu'il parcourut
pour recruter des croisés. *Gesta Dei per Francos,* Dieu agissant par le bras
des Francs, cette expression très ancienne va devenir au XIᵉ siècle un fait
réel.

La situation des Chrétiens de Syrie était devenue insupportable à
partir de 1070, lorsque Jérusalem était tombée entre les mains des Turcs.
Un régime de vexations arbitraires, de cruautés, de persécutions insoutenables s'était substitué à celui plus tolérant et plus doux des khalifes du
Caire. D'autre part, en 1087, les Musulmans africains avaient envahi
l'Espagne et avaient mis en déroute une armée chrétienne. Ce péril fut
sans doute le fait décisif qui détermina Urbain II. Le 28 novembre 1095, à
Clermont, le pape, entouré d'un grand nombre d'évêques et d'abbés et
d'une foule de seigneurs et de chevaliers de la France du centre et du Midi,
fit le récit des maux que souffraient les Chrétiens et les pèlerins de Terre-
Sainte, et convia ceux qui l'écoutaient à prendre les armes contre les
infidèles.

Les assistants furent saisis d'un enthousiasme indicible. En s'écriant:
Dieu le veut! Dieu le veut! ils fixèrent sur leurs épaules les croix d'étoffe,
se conformant ainsi à la parole de l'Évangile: «Chacun doit renoncer à
soi-même et se charger de la croix.»

On ne saura jamais combien d'hommes participèrent à la première
croisade.[1] Tout ce qu'on sait, c'est que quatre armées furent mises en
mouvement et suivirent des itinéraires différents. Raymond IV, comte de
Toulouse, et les Français du Midi prirent la route de terre par la Lombardie et la Dalmatie. Godefroy de Bouillon, duc de Basse-Lorraine, et
son frère Baudoin, à la tête des Français du nord, traversèrent l'Allemagne

1. Steven Runciman, dans son *A History of the Crusades*, 3 vols, 1954, estime qu'il y
avait entre 4.200 et 4.500 chevaliers et 30.000 soldats.

et la Hongrie; les Normands d'Italie et les croisés italiens s'embarquèrent à Brindisi; les Français du domaine royal, dirigés par le comte de Vermandois, frère du roi de France, par le comte de Blois et le comte de Flandre, s'embarquèrent aussi à Brindisi et passèrent par l'Épire, la Macédoine et la Thrace. À la fin de 1096, les forces chrétiennes se trouvaient aux portes de Constantinople, émerveillées par les dômes dorés, les palais de marbre et les chefs-d'œuvre de l'art antique. Épuisée par la traversée de l'Asie Mineure, l'armée des croisés réussit néanmoins à prendre Antioche (1098) et, un an plus tard, le 15 juillet, à entrer dans Jérusalem.

Pour conserver cette conquête, qui avait coûté si cher, les croisés établirent le royaume de Jérusalem, dont le chef fut d'abord Godefroy de Bouillon, puis, à sa mort, son frère Baudoin, qui prit le titre de roi. Cet empire franc, qui se créa si rapidement dans les circonstances les plus difficiles, était protégé par de redoutables forteresses, dont la plus imposante était celle du Krak des Chevaliers. Un ordre nouveau, celui des moines-soldats, fut institué pour soigner les pèlerins et les défendre par les armes. À côté des croisés de passage, qui retournaient chez eux après avoir accompli leur vœu, ces moines-soldats, dans les ordres de l'Hôpital de Jérusalem, de Saint-Jean, du Temple, ou des Frères de la Maison allemande, représentèrent la croisade permanente. Ils furent les véritables agents de transmission de la civilisation orientale en occident.

Car si les Francs surent répandre sur les territoires du Moyen-Orient les institutions, les mœurs et les arts de la France romano-gothique, ils apportèrent également une contribution capitale à la civilisation occidentale en renouant les liaisons commerciales interrompues depuis le VIIIᵉ siècle entre l'Europe et l'Asie. C'est là l'origine de l'expansion du commerce méridional et de l'enrichissement des ports de Barcelone, de Marseille, de Pise, de Gênes et de Venise.

De plus, les croisades, en établissant d'étroites relations avec des pays de culture supérieure, ont hâté l'affinement des mœurs chevaleresques, répandu l'usage des modes et des denrées exotiques, et révélé aux intellectuels certains aspects de la science et de la philosophie, de l'art et de la littérature arabes et helléniques. Ils ont ainsi contribué grandement à l'enrichissement du patrimoine culturel de l'Europe et ont donné une impulsion vigoureuse à son renouveau spirituel.

Pendant que les seigneurs participaient aux croisades,[2] la monarchie

2. Il y eut en tout huit croisades. Les Français partagèrent la seconde avec les Allemands en 1147, la troisième avec les Anglais en 1190, la quatrième avec les Vénitiens. Ils furent seuls pour la septième en 1218 et pour la huitième en 1270.

capétienne profitait de leur absence pour affermir sa position. En même temps, les classes populaires commencèrent à manifester leur volonté d'améliorer leur sort, et les villes cherchèrent à obtenir leur franchise. À la fin du XIe siècle, les villes se multiplièrent et s'agrandirent parce que la condition des habitants s'améliorait. Cette amélioration fit naître, on le comprend, certaines aspirations. Le bas peuple voulait avant tout la liberté personnelle, l'abolition de la taille et des autres servitudes féodales. Les marchands et les industriels voulaient la paix dans la rue et sur les routes, la liberté de leurs opérations. Le patriciat bourgeois aspirait à l'autorité administrative et judiciaire. Or, toutes ces revendications furent favorisées d'abord par l'affaiblissement des seigneurs, dû aux croisades et à la guerre qu'ils se faisaient continuellement entre eux, et ensuite par la révolution économique provoquée par les pèlerinages et surtout par la croisade. On vit donc, à la fin du XIe, et au commencement du XIIe siècle, l'ensemble des villes françaises s'élever de l'état servile à divers degrés de la condition libre. Certaines villes devinrent des communes, c'est-à-dire, qu'elles reçurent le droit de se gouverner elles-mêmes; d'autres devinrent des villes franches, ce qui leur permit d'échapper à certains impôts et à certaines charges. L'importance de cette victoire populaire ne se mesure pas seulement à ses conséquences immédiates. Ces manifestations de la vie et de l'énergie des petits et des humbles ont eu pour effet d'ébranler la société féodale jusque dans ses fondements. À côté de l'Église, de la Royauté et des Féodaux surgissait une quatrième force politique, le peuple. Notons, en outre, que pour se libérer, les villes avaient dû entrer en lutte surtout avec les évêques, les abbés et les chapitres. C'est donc dans les milieux urbains que l'esprit laïque allait trouver le terrain le plus favorable à son développement, cet esprit laïque qui devait modifier le caractère des pouvoirs publics, les relations sociales et la vie intellectuelle du pays.

Le début du XIIe siècle est marqué par la personnalité d'un moine, saint Bernard. Nous avons vu plus haut le grand rôle joué par l'abbaye de Cluny. Ce rôle, malheureusement, avait contribué à l'enrichissement de l'ordre et, inévitablement, au relâchement de la discipline. C'est ainsi que, vers la fin du XIe siècle, une nouvelle renaissance bénédictine devint nécessaire. Elle eut lieu à Cîteaux, en Bourgogne, et surtout dans la plus illustre des abbayes cisterciennes qui fut celle de Clairvaux, où Bernard s'installa dès 1114.

Cet homme extraordinaire, qui réunissait en lui deux tempéraments contradictoires: celui d'un moine ascète et mystique et celui d'un homme d'action, à qui obéissaient les papes, les rois et les barons, gouverna, par le prestige de sa sainteté et de son éloquence, toute la chrétienté d'occident, de 1125 à 1153. Sa première œuvre fut d'établir la règle cistercienne, qui s'oppose de manière frappante à la règle clunisienne. Le moine cistercien devait vivre loin des laïques, devait fuir tout ce qui ouvrait l'esprit sur le dehors, sur le siècle, sur les choses profanes. Il devait donc se méfier des livres, de la littérature et de la science. L'abbaye cistercienne, construite de préférence loin des villes, dans un endroit sauvage, ne pouvait posséder aucune espèce de propriété et ne pouvait exploiter légalement que celles qui étaient utiles au travail manuel des moines: les champs, les vignes, les prés et les bois.

L'ascétisme caractérisait la vie des moines cisterciens: ils ne mangeaient jamais de viande, rarement du poisson; ils vivaient de pois, de lentilles et d'autres légumes sans assaisonnement. Pour se coucher, ils se jetaient tout habillés sur leur lit qui se composait d'un oreiller, de deux couvertures et d'une paillasse. Les cisterciens portaient la robe grise, pour se distinguer des clunisiens à robe noire; leurs églises étaient simples et nues: pas de vitraux, pas de sculptures ni de mosaïques. «Les œuvres d'art, disait saint Bernard, sont des idoles qui détournent de Dieu et sont bonnes tout au plus à exciter la piété des âmes faibles et des mondains.»

De Clairvaux, le mouvement de réforme gagna l'épiscopat, et Bernard s'occupa même de la papauté. Lorsqu'il y eut, de 1130 à 1138, deux papes élus à Rome, c'est Bernard qui décida lequel serait reconnu et qui imposa sa décision aux souverains européens. Il lutta avec ardeur contre toutes les tentatives que faisait alors la pensée humaine pour secouer le joug de l'Église et se dégager de la tradition. C'est ainsi qu'il entra en conflit avec Abélard, le plus redoutable dialecticien de l'époque, et réussit à le faire condamner par le concile de Sens (1140). La seconde croisade fut son ouvrage: il la prêcha à Vézelay pendant les fêtes de Pâques 1146, et provoqua les mêmes scènes d'enthousiasme qui s'étaient produites à Clermont. Cette fois, le roi de France lui-même allait prendre la croix.

Louis VII avait succédé à son père Louis VI en 1137. Quelques mois auparavant, il avait épousé Aliénor, l'unique héritière du duc d'Aquitaine. Le domaine royal, à cette époque, était sensiblement le même qu'au temps de Hugues Capet: une longue bande de territoire qui s'étendait de Senlis à Bourges, sur les vallées moyennes de la Seine et de la Loire. Mais Louis VII, en tant que duc d'Aquitaine par son mariage, dominait également tout le territoire au sud de la Loire et à l'ouest du Massif central. Il était donc, au début de son règne, le plus puissant des seigneurs français. Malheureusement, son mariage avec Aliénor ne dura pas. Après quinze ans de vie commune, celle-ci ne lui avait donné aucun fils mais, tout au contraire, de sérieux sujets d'inquiétude conjugale. Dès son retour de la seconde croisade, qui se termina par un échec, Louis VII répudia Aliénor (1152). Les conséquences de ce divorce furent très graves. Aliénor, deux mois plus tard, épousa Henri Plantagenêt, comte d'Anjou et duc de Normandie, qui devint donc, par surcroît, duc d'Aquitaine. Les Plantagenêt devenaient ainsi incomparablement plus puissants que les Capétiens. Or, en 1154, Henri fut couronné roi d'Angleterre. La lutte entre le suzerain et le vassal, devenu roi hors de France, allait s'engager et se prolonger pendant plus d'un siècle.

Cette lutte, inégale quant aux ressources en biens et en hommes, allait néanmoins profiter moralement à la dynastie capétienne. Le roi de France, comparé à son vassal angevin, semblait mou et inerte, mais, par ses faiblesses mêmes, il apparaissait comme un roi de justice et de grâce. Le Plantagenêt, au contraire, était un être rapace et violent. C'est donc vers le Capétien que se tournèrent les grands vassaux, menacés par les entreprises de Henri II.

À la mort de Louis VII (1180), son fils Philippe-Auguste monta sur le trône. Il avait alors quinze ans, mais ce garçon, grand, fort, énergique et vif, montra immédiatement qu'il entendait régner par lui-même, et régner avec puissance. Il commença par s'allier au comte de Flandre, dont il épousa la nièce, et par s'assurer les comtés de Valois, de Vermandois et d'Amiens. En 1190, il partit, en compagnie du nouveau roi d'Angleterre, Richard Cœur de Lion, pour la troisième croisade. Les deux rois qui, quelques années auparavant, étaient d'inséparables compagnons, ne tardèrent pas à trouver des sujets de discorde. Philippe-Auguste, qui tenait par-dessus tout à faire l'union de son royaume, s'impatienta devant la longueur des opérations militaires en Syrie. Après la prise de Saint-Jean-d'Acre (juillet 1191), il décida d'abandonner la croisade et de rentrer en France, après avoir juré de «protéger le territoire et les hommes de la domination angevine.»

De retour en France, Philippe-Auguste commença à préparer l'attaque des terres françaises de Richard. En 1192, ayant reçu la nouvelle de la captivité du roi d'Angleterre en Allemagne, il envahit la Normandie et signa un traité secret avec le frère de Richard, Jean sans Terre. Malheureusement pour ces deux conspirateurs, Richard fut relâché en 1193 et se hâta de retourner à Londres, puis de passer en Normandie.

«Prenez garde à vous maintenant, écrivit Philippe à Jean, le diable est lâché!»

La guerre devait durer cinq ans, d'abord en Normandie et dans le Berry, puis, après une courte trêve en 1196, qui fut rompue lorsque Richard fit construire Château-Gaillard dans la vallée de la Seine, la guerre s'étendit dans le Beauvaisis et la Flandre. En janvier 1199, le pape Innocent III imposa la paix aux deux adversaires et Philippe-Auguste dut renoncer à la plupart de ses conquêtes en Normandie. Heureusement pour lui, Richard fut tué deux mois plus tard en assiégeant le château de Châlus dans le Limousin; son frère Jean lui succéda sur le trône d'Angleterre.

La guerre entre les deux dynasties reprit en 1202. Cette fois, Philippe-Auguste réussit à conquérir la Normandie ainsi que les provinces de la Loire et même une partie du Poitou. Effrayés par les conquêtes capétiennes, les seigneurs de Flandre entrèrent dans la coalition formée par le roi d'Angleterre et l'empereur Othon IV. La Flandre, à ce moment, était, en occident, la région industrielle par excellence et faisait son principal commerce avec l'Angleterre. Une rupture avec ce pays eût signifié la ruine des marchands flamands; ceci prévalut toujours contre les devoirs de vassalité et les sympathies qui entraînaient les seigneurs de Flandre du côté de la France et des Capétiens.

Cette coalition fut, au début, victorieuse contre le roi de France. En 1214, cependant, le fils du roi, Louis de France, battit Jean sans Terre à la Roche-au-Moine (2 juillet), tandis que Philippe-Auguste triomphait à Bouvines des Flamands et de l'empereur. On ne saurait exagérer l'importance de ces deux victoires, et surtout de la seconde.[3] En cas de défaite, il est fort probable que Philippe-Auguste aurait perdu sa couronne et que Jean sans Terre serait devenu roi de France et d'Angleterre. La France, d'autre part, aurait subi de graves amputations à l'est.

La victoire, au contraire, servit à consolider la dynastie capétienne de diverses manières. Le domaine royal fut presque doublé; la Flandre perdit sa quasi-indépendance; le roi d'Angleterre ne garda en France que la Saintonge et la Gascogne.[4] Quant à l'empereur Othon, il fut remplacé par Frédéric II, un ami de la France. Philippe-Auguste était alors arrivé au point culminant de sa carrière. Il avait, par la politique et les armes, rendu la royauté maîtresse de la France et avait placé celle-ci au premier plan en Europe.

Un autre événement de grande importance eut lieu également en ce premier quart du XIIIe siècle: la croisade des Albigeois.

Le Midi n'avait, jusqu'alors, jamais été rattaché au reste du royaume. Sous les Mérovingiens et les Carolingiens, l'Aquitaine avait mené une vie

3. Les coalisés avaient 80.000 hommes environ, dont 1.500 chevaliers. Les Français n'avaient que 25.000 hommes, dont 500 chevaliers.

4. Un des effets les plus importants, pour les Anglais, de la bataille de Bouvines fut la Grande Charte, imposée à Jean sans Terre par ses barons, le 15 juin 1215.

à part. Au Xe siècle, deux grandes maisons, celle de Poitiers et celle de Toulouse, s'étaient partagé le territoire au sud de la Loire. La civilisation de cette partie de la France était, à l'époque de Philippe-Auguste, plus raffinée que celle des pays du nord. Le Midi, tout naturellement, tendait à l'autonomie sur le terrain politique, dans le domaine de la culture et même de la religion. Au XIIe siècle, en effet, l'hérésie cathare s'était répandue dans tout le Midi, appuyée par l'aristocratie locale. Par la suite, cette hérésie prit le nom d'«albigeoise», parce que la ville d'Albi était au centre de la région où les hérétiques étaient les plus nombreux.

En 1208, le pape Innocent III, voyant que l'hérésie risquait de se propager de tous côtés, lança contre elle une croisade. Philippe-Auguste, trop occupé à se battre contre les Anglais, n'y participa pas, mais un grand nombre de seigneurs français du Nord prirent les armes à l'appel du pape. Sous le commandement de Simon de Montfort, une armée de 50.000 hommes descendit le Rhône et se mit à ravager le Midi. La guerre contre les hérétiques allait durer quinze ans, pendant lesquels presque toutes les villes et tous les châteaux forts de cette malheureuse région furent pris, perdus, repris, pillés, saccagés, brûlés et la population massacrée par les croisés. On raconte qu'un des chefs de la croisade, Arnauld Amaury, qui était abbé de Cîteaux, répondit aux vainqueurs de Béziers, en 1209, qui lui demandaient comment, dans l'assaut de la ville, ils distingueraient les hérétiques des fidèles: «Tuez-les tous! Dieu connaîtra bien les siens.»

Ce fut une guerre atroce, d'autant plus que le pape avait promis aux croisés la souveraineté des domaines qu'ils conquerraient. De loin, Philippe-Auguste surveillait les événements. Après la victoire de 1214 contre les coalisés, il laissa son fils, le prince Louis, se rendre auprès de Simon de Montfort, et, en 1218, après la mort de Simon, il l'envoya une deuxième fois en Languedoc pour aider Amaury de Montfort, qui avait succédé à son père en tant que chef de la croisade.

Ce n'est qu'après la mort de Philippe-Auguste (1223) que l'affaire albigeoise fut réglée. Par le traité de Paris en 1229, le comte de Toulouse, en mariant sa fille et unique héritière au frère du roi Louis IX, Alphonse de Poitiers, concédait son fief à la couronne de France.

Le fils de Philippe-Auguste, Louis VIII, ne régna que trois ans. Il avait hérité d'un grand royaume, d'une couronne incontestée,[5] et d'un pouvoir respecté. Il continua la guerre contre les Plantagenêt et s'empara du Poitou en 1224. L'expédition qu'il entreprit contre les Albigeois en 1226

5. Il est intéressant de noter que Louis VIII fut le premier Capétien à ne pas avoir été sacré avant la mort du roi son père. ce qui témoigne du prestige acquis par la dynastie capétienne sous le règne de Philippe-Auguste.

prépara la reddition finale des hérétiques. Son fils, Louis IX, n'avait que douze ans lorsqu'il devint roi. Sa mère, Blanche de Castille, avait été désignée comme régente et exerça cette charge jusqu'en 1234.

Le règne de Louis IX, connu dans l'histoire sous le nom de Saint Louis, allait être un des plus grands de la dynastie capétienne, grâce à la personnalité du roi. Élevé par Blanche de Castille dans une religion fort rigoureuse, Louis était extrêmement pieux. Il passait plusieurs heures par jour en prière, même lorsqu'il était en voyage. Par esprit de pénitence il se privait des choses qu'il aimait: les primeurs et les gros poissons. Le vendredi il ne riait jamais et ne manquait pas de se confesser, après quoi il se faisait administrer la discipline par ses confesseurs avec cinq chaînettes de fer.

«Sa libéralité pour les malheureux, écrit un contemporain, dépassait les bornes.» Chaque jour, où qu'il se trouvât, le roi veillait à ce que plus de cent pauvres reçoivent la pitance.[6] En plus, dans un esprit ascétique d'humilité, le roi insistait pour offrir ses services dans les tâches les plus répugnantes: laver les pieds des mendiants qu'il invitait à sa table; aider de ses propres mains les lépreux; entrer dans les hôpitaux et y faire les plus affreuses besognes. Les fondations hospitalières de Saint Louis sont trop nombreuses pour être mentionnées ici; il suffit de nommer les Filles-Dieu, pour les prostituées, les Quinze-Vingts, pour les aveugles, l'hôpital de Pontoise pour les malades. Il ne faudrait pas croire, cependant, que Saint Louis fut un mystique exalté. Son biographe, le sire de Joinville, nous a laissé le récit de maints épisodes qui révèlent la bonne humeur, l'ironie souriante, le sens pratique de ce Roi qui, en outre, avait une nature droite, fine et pure, d'un moraliste et d'un honnête homme. Il fut, malgré sa bonté, un chevalier accompli, doué d'une énergie peu commune. Lorsque les Sarrasins le firent prisonnier, pendant la VIIe croisade, il les impressionna par son sang-froid. Ses faits d'armes, au cours de cette croisade[7] furent dignes de ceux de son grand-père Philippe-Auguste. Louis IX fut ainsi l'incarnation du rêve des clercs de l'époque carolingienne: le monarque chrétien par excellence. C'est avec lui que se consomme le mariage entre la nation française et la dynastie capétienne.

Après l'échec de la septième croisade, et après la mort de Blanche de Castille (1252), Louis IX commença à régner personnellement. Il se consacra à faire triompher la paix, l'ordre et la justice dans le royaume et à établir une réelle réconciliation avec les souverains voisins. En 1258, le

---

6. C'est-à-dire, la portion d'un repas.
7. Et auparavant, lors des batailles en Saintonge, en 1242, où il mit en déroute Henri III d'Angleterre et les barons poitevins.

traité de Corbeil fut signé avec le roi d'Aragon, par lequel celui-ci renonçait à toute prétention au-delà des Pyrénées, tandis que le roi de France renonçait à son antique suzeraineté sur la Catalogne et le Roussillon. En 1259, le traité de Paris fut signé avec l'Angleterre; celle-ci reconnaissait toutes les conquêtes de Philippe-Auguste (Normandie, Maine, Anjou, Touraine, Poitou) et le roi d'Angleterre s'avouait le vassal du roi de France. Louis IX rétrocédait une partie des conquêtes de son père: Limoges, Cahors et Périgueux. En outre, la France acquérait le comté de Toulouse.

Pendant le règne de Louis IX, le prestige de la civilisation française atteignit un de ses sommets. Dans le domaine des lettres, la France exerça alors une primauté absolue. La grandeur et la prospérité du royaume, alors le plus peuplé d'Europe, le rôle que jouaient dans l'économie occidentale les foires des villes de Champagne; l'expansion militaire de la France qui, au XIe et XIIe siècles, avait installé une élite de langue française en Angleterre, en Palestine, en Syrie, en Espagne et dans l'Italie du sud, voilà quelques faits qui expliquent cette primauté. Ajoutons à cela, le rayonnement du style «gothique», né en Île-de-France, les recherches en musique polyphonique des maîtres parisiens Léonin et Pérotin le Grand, et, finalement, l'éclat des foyers intellectuels de l'Île-de-France, en particulier de l'Université de Paris.

À cette époque, l'enseignement, dans les grandes écoles rattachées aux églises, se divisait en deux degrés: d'abord les arts libéraux, le *trivium* et le *quadrivium*;[8] au second degré, les études plus spéciales et de caractère professionnel: le droit civil, le droit canonique, la théologie et la médecine. Les étudiants se réunissaient de préférence dans certaines villes: Paris, Orléans, Angers, Toulouse et Montpellier étaient, au temps de Philippe-Auguste, les grandes cités scolaires. Mais certaines de ces écoles attiraient déjà Français et étrangers par leurs spécialités: Paris, la dialectique et la théologie; Montpellier, la médecine; Orléans, le droit civil et la rhétorique.

À la fin du XIIe siècle, les maîtres et les étudiants de Paris s'étaient réunis pour former une corporation. En l'an 1200, cette corporation, à la suite d'une rixe entre les étudiants et les bourgeois de Paris, reçut de Philippe-Auguste une charte royale qui la soustrayait à la juridiction civile pour la soumettre exclusivement aux juges d'Église. C'est là, en somme, l'acte de naissance de l'Université de Paris. Mais celle-ci, comme toutes les communautés puissantes, aspirait à se gouverner elle-même.

---

8. Voir page 170. Le *trivium:* la grammaire, la rhétorique et la dialectique; le *quadrivium:* l'arithmétique, la géometrie, la musique et l'astronomie.

Des conflits avec l'évêché de Paris se succédèrent presque sans interruption, jusqu'au moment où, en 1222, le pape Honorius III plaça l'Université sous la dépendance du Saint-Siège.

En 1231, Grégoire XI publia la bulle «Parens scientiarum» qui est considérée comme la Grande Charte de l'Université de Paris. Elle confirmait solennellement les privilèges des maîtres et des élèves et les autorisait à se servir de la suspension des cours comme arme défensive contre les autorités civiles et ecclésiastiques de Paris. C'était une arme puissante que cette «suspension», car elle signifiait que maîtres et élèves quittaient la ville en masse pour aller étudier et enseigner ailleurs. Ainsi, en 1229, ils avaient quitté Paris et s'étaient rendus en Angleterre où ils avaient fondé l'Université d'Oxford.

L'Université de Paris était déjà établie sur la rive gauche de la Seine, sur le versant nord de la montagne Sainte-Geneviève. À l'origine, les cours se faisaient dans des maisons particulières: chaque maître y louait, à ses frais, une salle où les élèves, assis par terre, prenaient des notes en écrivant sur leurs genoux. La plupart des élèves étaient pauvres et vivaient où ils pouvaient, souvent dans des taudis. Venus de toutes les nations d'Europe, ils ne se servaient, ainsi que leurs maîtres, que d'une langue: le latin. C'est ainsi que le quartier de l'Université, situé sur la rive gauche de la Seine entre l'île de la Cité et le Faubourg Saint-Germain, garde encore de nos jours le nom de «Quartier Latin».

Le sort misérable des pauvres étudiants excita la pitié de certaines âmes généreuses qui offrirent des hôtels meublés, appelés collèges, où les jeunes gens pouvaient trouver le vivre et le couvert. L'exemple le plus célèbre de ces donateurs généreux est Robert de Sorbon, le chapelain de Louis IX, qui, en 1257, offrit sa maison aux étudiants en théologie.[9] Son exemple fut suivi par une foule de personnages, si bien que peu à peu du XIIe au XIVe siècle, s'éleva sur la montagne Sainte-Geneviève une cité de collèges universitaires.

Le siècle de Saint Louis a été le témoin de la décadence de l'idéalisme et de la littérature artificielle, et du développement de l'esprit scientifique. Le XIIIe siècle a eu confiance dans la raison; il a eu la passion de démontrer; il s'est efforcé de savoir. On peut expliquer cela en grande mesure par l'apparition, vers 1200, d'écrits d'Aristote et de commentaires musulmans de ces écrits jusqu'alors inconnus. Les théologiens de tradition augustinienne accueillirent avec méfiance cette philosophie rationaliste,

---

9. La Faculté de Théologie ayant une place prépondérante, le nom de Sorbonne finit, au XVIe siècle, par se confondre avec le mot Université et la confusion s'est perpétuée. En fait, la Sorbonne est un bâtiment et non une institution.

mais la majorité des lettrés l'adopta avec enthousiasme. Certains, comme Albert le Grand et Thomas d'Aquin, s'efforcèrent de concilier la philosophie d'Aristote avec le dogme chrétien; d'autres, comme Siger de Brabant, suivirent l'attitude du philosophe arabe, Averroès, et soulignèrent les contradictions qui existaient entre le christianisme et le péripatétisme. Les péripatétitiens furent finalement condamnés par l'Église. En tout cas, le résultat de ces disputes sur l'aristotélisme fut une imposante activité littéraire. En plus des commentaires sur la philosophie d'Aristote, on vit apparaître au XIIIe siècle, un grand nombre de traductions et d'encyclopédies en langue vulgaire, afin que les gens du monde puissent avoir accès aux connaissances des clercs. La plus célèbre de ces encyclopédies est le *Trésor,* de Brunetto Latini, un Italien qui vécut quelque temps en France et en Angleterre. Dans son œuvre, écrite en français, il passe en revue l'histoire sainte, l'histoire profane et l'histoire naturelle, en insérant, ça et là, des renseignements empruntés à des modernes.[10]

En 1270, Louis IX s'embarqua pour la huitième croisade. Pendant trois années, il avait préparé cette expédition qu'il dirigea vers l'Afrique du Nord, croyant que Tunis serait une proie facile et que le roi de cette ville brûlait de se convertir. Arrivée sur la terre africaine, l'armée française fut bientôt décimée par la peste. Le deuxième fils du roi fut une des premières victimes et, peu après, le roi lui-même tomba malade. Il fit appeler son fils aîné, le prince Philippe, lui remit des instructions écrites et, après avoir reçu l'extrême-onction, étendu sur un sac grossier couvert de cendres, il s'éteignit doucement, le 25 avril 1270.

Philippe III, qui monta alors sur le trône, était âgé de vingt-cinq ans; il avait quelques-unes des qualités de son père mais, malheureusement, il lui manquait celles qui pouvaient faire de lui un roi énergique et clairvoyant. Son règne, qui se prolongea jusqu'en 1285, n'a pas laissé de grands souvenirs. Néanmoins, le domaine royal fut augmenté par l'acquisition d'une grande partie du Languedoc et du Comtat Venaissin. Ce dernier fut cédé par le roi au Saint-Siège en 1273.

Le règne de Philippe IV, dit le Bel, le petit-fils de saint Louis, fut dominé par la lutte contre la papauté et contre la féodalité, ainsi que par le développement d'institutions administratives et judiciaires d'une grande importance.

La lutte contre la papauté commença à propos de l'impôt ecclésiastique. Les papes avaient autorisé les rois de France, pour subvenir aux frais des croisades, à lever des impôts extraordinaires sur le clergé français. Or,

---

10. Notons ici qu'un autre Italien, Marco Polo, choisit la langue française pour dicter son œuvre, en 1298.

Philippe, en 1294, voulut se servir des subsides du clergé pour faire la guerre à l'Angleterre. Une partie du clergé français, et notamment l'ordre de Cîteaux, protesta vivement auprès du pape, Boniface VIII, qui venait d'être élu. Celui-ci, en 1296, énonça dans une décrétale qu'aucun prince séculier ne pouvait, sous peine d'excommunication, exiger des subsides ecclésiastiques sans l'autorisation du Saint-Siège. La lutte était ouverte entre le pouvoir civil et le pouvoir religieux. Philippe refusa d'acquiescer à l'ordre du pape, et l'indignation contre celui-ci fut si grande en cour de France, que Boniface crut bon cette fois de donner satisfaction au Capétien. Mais, en 1301, le pape se crut assez fort pour révoquer cette concession.

C'est alors que Philippe décida de réunir, à Paris, au mois d'avril 1302, les représentants des trois ordres du royaume: nobles, clercs et gens du commun «pour délibérer sur certaines affaires qui intéressent au plus haut point le roi, le royaume, tous et chacun». Les trois ordres approuvèrent la politique du roi. C'est là un fait important qui souligne le désir du pouvoir royal d'associer la nation à des actes extraordinaires. Certains historiens ont désigné cette réunion comme la première session des États généraux de France. En réalité, ce n'était pas la première fois que la bourgeoisie participait aux affaires de l'État. Ce que l'on peut dire, c'est que, à partir de 1302, le roi de France convoquera régulièrement les représentants des trois ordres chaque fois qu'il voudra s'assurer de l'appui du peuple français, et que ces États généraux joueront un rôle de plus en plus important dans la vie de la nation.

L'appui des trois ordres jeta le vieillard du Vatican en fureur. De nouveau il menaça de déposer Philippe; il affirma, dans la fameuse bulle *Unam Sanctam,* que le glaive spirituel appartenait à l'Église et le glaive temporel aux rois, mais que ceux-ci ne pouvaient s'en servir que selon la volonté du pape. Devant cette intransigeance, Philippe autorisa un de ses légistes,[11] Guillaume de Nogaret, à se rendre en Italie et, avec l'aide des ennemis italiens de Boniface, à se saisir de la personne du pape pour le ramener à Lyon, où il serait jugé par un concile d'évêques.

Effectivement, Nogaret et sa bande parvinrent à Anagni, la résidence du pape près de Rome, le 7 septembre 1303, et s'emparèrent du vieillard, qu'ils accusèrent d'hérésie. Sur ces entrefaites, une troupe de cavaliers romains arriva pour délivrer le pape; Nogaret dut se retirer et relâcher son prisonnier. Mais celui-ci ne se releva jamais de son émotion: il mourut le 11 octobre suivant. Le successeur de Boniface, Benoît XI, ne survécut qu'un an à son élection et, ensuite, après une bataille désespérée dans le

11. Hommes de lois, conseillers des rois capétiens.

Sacré Collège entre les partisans des Français et les «Bonifaciens», c'est l'archevêque de Bordeaux, Bertrand de Got, qui fut élu sous le nom de Clément V.

Le triomphe de Philippe le Bel était complet: la papauté se reconnaissait battue par la monarchie française. En 1309, le Saint-Siège se transporta en Avignon, où il resta jusqu'en 1376.[12]

Contre la féodalité, Philippe le Bel agit avec une énergie égale. Le comte de Flandre se montrait toujours hostile à la suzeraineté capétienne; ses soldats avaient infligé une sérieuse défaite à la cavalerie française en 1302. Le roi décida de patienter et d'organiser une vaste opération combinée sur terre et sur mer. À cet effet, il fit construire une vaste flotte, et, quand elle fut prête en 1304, il la lança contre les navires flamands tandis que lui-même entraînait son armée. Le succès fut général et la Flandre dut de nouveau reconnaître la suzeraineté française.

L'ombre immense d'une autre puissance s'étendait sur le royaume: celle de l'ordre des Templiers. Fondé en 1128 pour défendre les pèlerins de Terre-Sainte et les États chrétiens, cet ordre était devenu riche, puissant et redoutable. Les chevaliers du Temple étaient devenus, au XIVe siècle, de grands propriétaires terriens et les banquiers de la Chrétienté. De Philippe-Auguste à Philippe le Bel, le Temple de Paris fut le centre de l'administration des finances de la royauté française. Or, en s'enrichissant, l'ordre s'était créé des ennemis et ceux-ci, dès le XIIe siècle, commencèrent à faire circuler des remarques peu charitables sur l'orgueil des chevaliers, sur leurs mœurs et sur leurs pratiques hérétiques. Personne ne sait quand la cour de France forma le projet de détruire l'ordre du Temple. Toujours est-il que le 12 octobre 1307, le grand maître du Temple, Jacques de Molay, et tous les Templiers de France furent arrêtés, à la même heure, et les biens de l'Ordre furent confisqués sous l'inculpation d'hérésie. Le procès des chevaliers fut confié à l'Inquisition, mais, au préalable, on se servit de tortures atroces pour obtenir leurs confessions. En 1310, cinquante-quatre Templiers furent brûlés vifs, et, finalement, après sept ans d'emprisonnement, de tortures et d'interrogatoires, Jacques de Molay monta aussi sur le bûcher, le 18 mars 1314. Les biens de l'ordre furent remis, par le pape, aux Chevaliers hospitaliers et à d'autres ordres qui se battaient contre les musulmans. Quant au roi de France, il avait montré, par cette terrible et violente victoire, qu'il n'entendait laisser son royaume subir la tutelle de personne, princes, pontife ou oligarchie financière.

C'est sous le règne de Philippe le Bel que furent régularisés l'existence

---

12. Ce séjour des papes en Avignon est désigné communément sous le nom de «captivité de Babylone». Pendant ces 67 ans, il y eut huit papes français.

et le fonctionnement du parlement de Paris. Par une ordonnance de 1302, le roi annonça que «Pour le bien de nos sujets et l'expédition des procès, nous nous proposons d'ordonner qu'il sera tenu deux fois l'an deux parlements à Paris. . . .» Le parlement était la cour souveraine du roi, la cour suprême du royaume. Exclusivement occupée de rendre la justice, cette cour fut bientôt composée uniquement de magistrats. C'est alors que commença à s'établir la distinction entre noblesse d'épée et noblesse de robe. Cette dernière, ennemie naturelle du droit féodal, forma dès lors un foyer de l'esprit de renouvellement. C'est le parlement qui brisera les justices seigneuriales et qui sera, avec les parlements de province, l'instrument de la puissance royale et de l'unité monarchique. Plus tard, les rois établiront la formalité de l'enregistrement, par les parlements, de leurs actes, afin de donner à ceux-ci une sorte de sanction nationale. Cela donnera plus tard, aux parlements, l'idée de se mêler de politique.

Philippe IV mourut en 1314. Son fils aîné, Louis X, ne régna que deux ans, laissant sa fille Jeanne seule héritière. C'était la première fois, dans l'histoire de la dynastie capétienne, qu'un roi mourait sans héritier mâle. Le frère du roi défunt, Philippe de Poitiers, se proclama d'abord régent; trois ans plus tard, il se fit couronner à Reims. Ce fait accompli fut approuvé immédiatement par une assemblée de notables, à Paris, qui déclara que Philippe V s'était appuyé sur une vieille loi des Francs saliens, appelée «loi salique», selon laquelle: «les femmes ne succèdent point au royaume de France».

En vertu de cette même loi, lorsque Philippe mourut en 1322, lui aussi sans héritier mâle, son frère Charles IV lui succéda sans difficulté. Et lui aussi, après un règne de six ans, mourut sans laisser de fils! La famille des Capétiens directs s'était éteinte.

Or, le roi d'Angleterre, Édouard III, était le fils d'Isabelle de France et, par elle, le petit-fils de Philippe le Bel. Il se crut donc autorisé à faire valoir ses droits à la couronne de France. Une nouvelle assemblée de notables français, en 1328, s'appuyant de nouveau sur la loi salique, rejeta les prétentions d'Édouard III et proclama roi Philippe, comte de Valois, le petit-fils de Philippe III. La guerre entre la France et l'Angleterre ne tarda pas à être déclarée.

Cette guerre, connue dans l'histoire sous le nom de «Guerre de Cent Ans», commença en 1340 par la défaite de la flotte française à l'Écluse. Ce désastre allait permettre l'invasion par les côtes de la Manche et de l'Atlantique. En 1346, les Anglais débarquèrent en Normandie, prirent sans difficulté Cherbourg, Caen, Rouen et s'avancèrent sur Paris. C'est alors que Philippe VI réunit une vaste armée et se porta au devant d'Édouard III, qui jugea plus prudent de battre en retraite vers le nord. Après avoir franchi la Somme, il décida de faire face aux Français près du village de Crécy. Là, le 26 août, les chevaliers français subirent une terrible défaite. Puis les Anglais continuèrent leur route vers le nord et s'emparèrent du port de Calais[13] après un siège de onze mois. Une trêve fut alors signée entre les deux adversaires qui fut observée pendant quatre ans.

Lorsque Philippe VI mourut, en 1350, le royaume de France était en bien mauvais état. En plus des ravages de la guerre, le pays avait été cruellement atteint par la peste noire, venue d'Asie et d'Égypte. On estime que la moitié de la population fut emportée par ce fléau entre 1347 et 1349.

Le fils de Philippe VI, Jean II, n'eut guère le temps de prendre des mesures pour rétablir la situation. En 1356, la guerre reprit avec l'Angleterre et, de nouveau, l'armée française fut écrasée, cette fois à Poitiers, le 19 septembre. Pour comble de malheur, le roi lui-même fut fait prisonnier et emmené en captivité à Londres, laissant derrière lui, comme lieutenant-général du royaume, son fils Charles, un frêle jeune homme de dix-sept ans.[14] L'émotion en France fut violente. À Paris, le prévôt des marchands, Étienne Marcel, prit la direction d'une révolte dont le but avoué était de réduire le pouvoir royal. Hors de Paris, des bandes de soldats mercenaires ravageaient les campagnes, provoquant ainsi la révolte des paysans, les «Jacques», qui, à leur tour, se mirent à piller, à brûler et à tuer. Guerre étrangère, guerre civile, épidémies, famines: tous les maux de l'humanité s'abattaient à la fois sur le malheureux peuple de France!

Heureusement, Charles, devenu roi en 1364, était un homme calme, patient et opiniâtre. Il s'appliqua d'abord à ramener la paix dans la ville de Paris et dans les campagnes. Puis, en s'appuyant sur le génie militaire du connétable de France, Bertrand du Guesclin, il réussit, par la «petite guerre» à reprendre presque tout le territoire occupé par les Anglais, sauf la ville de Calais, et quelques parties de l'Aquitaine.

On put croire alors que le danger s'éloignait et que la France allait pouvoir se consacrer à l'œuvre générale de reconstruction. Charles V le Sage, s'intéressait fort aux activités intellectuelles. Il établit dans son

13. C'est alors qu'eut lieu le célèbre incident des bourgeois de Calais. Six bourgeois en chemise et la corde au cou se rendirent auprès d'Édouard III pour lui livrer les clefs de la ville. Le roi voulait les faire décapiter tous, mais il fut détourné de sa résolution par l'intervention de la reine, sa femme. Le groupe statuaire de Rodin a immortalisé cet incident.

14. Charles fut le premier à porter le titre de «dauphin» qui allait dorénavant être l'apanage du fils aîné du roi de France.

palais du Louvre, transformé et embelli, une magnifique bibliothèque, point de départ des collections royales, dans laquelle se trouvaient les œuvres de Platon, de Sénèque, de saint Augustin, de Brunetto Latini, de Boèce, à côté d'une immense collection de livres astronomiques et astrologiques, de bestiaires, de lapidaires, d'œuvres de médecine et de chirurgie, etc.

Outre le Louvre, le roi fit restaurer le château de Vincennes et fit construire l'Hôtel Saint-Paul, à l'est de Paris, hors de l'enceinte de Philippe-Auguste. Il encouragea ainsi les architectes et les artistes, autant que les poètes et les traducteurs. Tout comme son frère, le duc de Berry, pour qui les frères Limbourg illustrèrent le célèbre livre les Très Riches Heures, Charles V aimait les œuvres d'art, les tapisseries et les joyaux.

Cette «renaissance» ne fut malheureusement pas de longue durée. À la mort du roi, en 1380, son successeur Charles VI n'avait pas encore douze ans. La régence fut confiée à ses trois oncles paternels, le duc d'Anjou, le duc de Bourgogne et le duc de Berry, et à son oncle maternel, le duc de Bourbon. Ceux-ci s'occupèrent plus de leurs intérêts que des affaires du royaume et le pays entier fut heureux de voir cette néfaste régence terminée, en 1388, lorsque Charles VI, qui était majeur depuis plusieurs années, déclara prendre en main le gouvernement du royaume. Il rappela les anciens conseillers de son père et l'on revint pendant quatre ans aux méthodes d'ordre et de mesure. Hélas, en 1392, pendant qu'il traversait la forêt du Mans, le roi fut subitement atteint d'une crise de folie. Le conseil de régence fut reconstitué et celui-ci se scinda immédiatement en deux partis: celui du duc de Bourgogne et celui du duc d'Orléans. Lorsque ce dernier fut assassiné, par ordre de son adversaire, ses partisans se rallièrent autour d'un de ses parents, le comte d'Armagnac. La France se divisa alors en deux camps et la guerre civile éclata entre les Bourguignons et les Armagnacs.

Le roi d'Angleterre, Henri V, jugea le moment opportun pour reprendre la lutte contre la France. Le 14 août 1415, ses troupes débarquèrent à Honfleur et s'avancèrent à travers la Picardie. La tentative la plus cohérente pour unir la France et l'Angleterre en un seul royaume était engagée. Le 25 octobre, les Armagnacs firent face aux envahisseurs à Azincourt, mais furent battus de façon décisive. Les Bourguignons se rapprochèrent alors des Anglais et s'emparèrent de la ville de Paris. Pour comble de malheur, Isabeau de Bavière, la femme du pauvre roi fou, signa avec les Anglais et les Bourguignons le traité de Troyes (21 mai 1420) qui reconnaissait comme successeur de Charles VI, le roi d'Angleterre ou son héritier. Quant au fils de Charles VI, il était déclaré le «soidisant dauphin» et sa légitimité était mise en doute.

F.C.S.

F.C.S.

(*À gauche*) Le mois de février. La vie des paysans. (*à droite*) Le mois d'avril. La vie des nobles.

Les Très riches heures du duc de Berry

(*À gauche*) Le mois de juin. Vue de Paris au XIVe siècle. Au fond, l'Île de la Cité avec la Conciergerie, l'ancien palais royal et la Sainte-Chapelle, tels que le duc de Berry pouvait les voir de l'hôtel de Nesles, sa demeure sur la rive gauche. (*À droite*) Le mois d'octobre. Vue champêtre de Paris au XIVe siècle avec, au fond, le Louvre de Charles V et des flâneurs le long de la Seine

F.C.S.

F.C.S.

F.E.P.I.D.

François Ier, par Jean Clouet

F.C.S.

Les effigies d'Anne de Bretagne et d
Louis XII à la basilique de Saint-Deni

L'arrivée à Chinon de Jeanne d'Arc, d'après une tapisserie du XVe siècle

Ainsi, lorsque Charles VI mourut, en 1422, le petit Henri VI d'Angleterre, alors âgé de moins d'un an, fut proclamé roi de France et d'Angleterre par les corps constitués de Paris. Sous la tutelle de ses oncles, les ducs de Bedford et de Gloucester, il régnait sur l'Île-de-France, la Picardie, l'Artois, la Flandre, la Champagne, la Normandie et la Guyenne. Cependant, le Bourbonnais, le Berry, l'Orléanais, la Touraine, l'Auvergne, le Languedoc, le Dauphiné et le Lyonnais continuaient à reconnaître le dauphin Charles comme légitime roi de France. Celui-ci avait alors dix-sept ans, il n'avait que peu d'argent, peu de troupes, il n'était pas entièrement sûr de sa légitimité et il avait contre lui la force anglaise alliée à la force bourguignonne. La France, meurtrie par les guerres civiles et étrangères, dévastée par les pillards, avait soif de paix et d'ordre, mais ne savait vers lequel des deux rois se tourner.

C'est alors que parut Jeanne d'Arc.

Elle était née en 1412 dans le village de Domremy, qui se trouve en Lorraine et qui avait toujours été dévoué à la cause du roi de France. De bonne heure, elle avait été troublée par les récits que les voyageurs faisaient des misères de la France; de bonne heure aussi, elle avait demandé aux saints et aux saintes le remède à ces misères. Au cours de l'été de 1424, elle entendit pour la première fois la voix de saint Michel, qui lui disait qu'elle devait aller au secours du roi de France. Plus tard, elle entendit celles de sainte Catherine et de sainte Marguerite, qui lui répétaient que c'était elle qui devait sauver la France. Pendant plus de quatre ans, elle résista à ces voix, car Jeanne n'avait rien d'une mystique exaltée. Finalement, au début de 1429, alors que les Anglais étaient sur le point de prendre Orléans, qu'ils assiégeaient depuis un an, elle se rendit à Vaucouleurs et demanda au capitaine de cette place, le sieur de Baudricourt, de lui donner un cheval, un équipement et six hommes de guerre, car, dit-elle, il fallait qu'elle aille à Chinon où résidait le dauphin afin de lever le siège d'Orléans et de faire ensuite sacrer le dauphin à Reims.

Baudricourt se laissa convaincre. Le 13 février 1429, Jeanne partit pour la Touraine et, après un dangereux voyage de dix jours, atteignit Chinon. Deux jours plus tard, elle fut introduite auprès du dauphin, qui s'était caché parmi ses courtisans. Elle le reconnut sans difficulté et, dans une entrevue privée, lui révéla certains secrets (personne ne sait lesquels) et le convainquit qu'elle était bien l'envoyée de Dieu et qu'il était bien le légitime souverain de France. Néanmoins, elle dut attendre encore deux mois avant de pouvoir attaquer les Anglais, car l'Église lui fit subir un interrogatoire pour s'assurer qu'elle ne venait pas du diable!

Enfin, le 27 avril, Jeanne se mettait en marche, précédée de son étendard: une bannière blanche qui portait l'image de Dieu bénissant les fleurs de lys, avec la devise *Jesus Maria*. À ses côtés chevauchaient les meilleurs capitaines du dauphin: La Hire, Saintrailles, Bueil, Ambroise de Loré, Gilles de Rais,[15] et le jeune duc d'Alençon, prince du sang. Derrière elle, une armée de quelques milliers d'hommes.

Le 29 avril, la Pucelle entrait à Orléans et le 8 mai, après quelques journées de combat au cours desquelles Jeanne fut blessée, les Anglais battaient en retraite. La première tâche de Jeanne était terminée. Avant d'entreprendre la seconde, celle de faire sacrer le dauphin, il fallut chasser les Anglais des rives de la Loire. Jargeau, Beaugency, Meung, Patay: l'une après l'autre, ces places tombèrent entre les mains de Jeanne. Alors on se décida à partir pour Reims.

Le 17 juillet, dans l'ancien sanctuaire, le dauphin Charles était sacré roi de France et pouvait désormais se faire nommer Charles VII. Pour l'immense majorité des Français, il était maintenant le roi légitime. Quant à Jeanne, la petite bergère de Domremy, un chroniqueur nous en a laissé cette description:

«Et qui eut veu ladicte Pucelle accoler le roy à genoulx par les jambes et baiser le pied, pleurant à chaudes larmes, en eust eu pitié, et elle provoquoit plusieurs à pleurer en disant: Gentil roy, ores est exécuté le plaisir de Dieu, qui vouloit que vinssiez à Reims recevoir vostre digne sacre, en montrant que vous estes vray roy, et celuy auquel le royaume doit appartenir.»

La nouvelle du sacre se répandit immédiatement dans toute la France, et partout l'on s'attendait à voir Charles VII profiter de l'enthousiasme soulevé par cet événement miraculeux pour reprendre les parties de son royaume encore occupées par les Anglais. Cependant, l'entourage du roi était fatigué de la guerre et l'encourageait à retourner en Touraine, où la vie était plus douce. Seule, Jeanne d'Arc insistait pour continuer la guerre. Devant Paris, elle subit un premier échec, et fut de nouveau blessée. Elle passa ensuite quelques temps à la cour, mais, fatiguée de cette vie oisive, demanda bientôt un commandement militaire. Le 20 mai 1430, elle se rendit à Compiègne, qui subissait l'assaut du duc de Bourgogne. Trois jours plus tard, elle tombait prisonnière entre les mains des Bourguignons.

Tout le monde connaît l'histoire de l'emprisonnement, du procès et de la mort de Jeanne. Lorsqu'elle rendit l'âme sur le bûcher de Rouen, le 30 mai 1431, beaucoup des assistants anglais s'écrièrent: «Nous avons brûlé une sainte!» En effet, cinq siècles plus tard, l'Église, qui avait condamné Jeanne comme hérétique et sorcière, fit d'elle une de ses saintes.

---

15. Ce même sire de Rais devait plus tard être condamné pour sorcellerie, après avoir sacrifié plus de 200 enfants aux démons. Son histoire a inspiré à Perrault son conte de *Barbe-Bleue*.

Son exécution souleva dans toute la France une vague d'indignation. C'est à partir de cette date que l'on peut parler du patriotisme français. Les gens du XVᵉ siècle ont eu, peut-être pour la première fois, le sentiment d'appartenir à une nation qui, depuis quatre siècles, grâce aux efforts des Capétiens, était en voie de formation. C'est le miracle de Jeanne d'Arc d'avoir réussi, en quelques mois, à donner un cadre solide à ces sentiments patriotiques naissants.

Lorsque Charles VII mourut, en 1461, la France, d'où les Anglais avaient été chassés, avait reconquis sa place dans le monde. Mais une tâche d'une grande importance attendait le nouveau roi, Louis XI, celle d'abattre la puissante maison de Bourgogne.

Le duc de Bourgogne, Philippe le Bon, nourrissait l'espoir de devenir roi. Maître d'un territoire qui s'étendait de la mer du Nord à la Suisse, celui que l'on nommait avec admiration «le Grand Duc d'occident», jouait dans ses palais de Gand, de Bruxelles et de Dijon le rôle d'un souverain, et il en avait les moyens. Pendant la guerre de Cent Ans, les écrivains, les peintres, les sculpteurs, les architectes et les musiciens avaient trouvé un bel accueil auprès des ducs de Bourgogne, qui pouvaient leur offrir argent et protection, alors que les rois de France, sauf Charles V, se sentaient incapables d'un tel luxe. C'est ainsi que la Bourgogne continua au XVᵉ siècle à jouer un rôle de premier ordre dans les arts et les lettres, comparable à celui qu'elle avait joué aux temps de Cluny et de Cîteaux.

En face de Philippe le Bon, le roi de France faisait piètre figure. Un long nez lui enlaidissait la figure, des jambes déformées et grêles lui donnaient une démarche embarrassée. Il s'habillait très simplement et portait un méchant chapeau de pèlerin orné de médailles saintes. Il demeurait de préférence non pas au Louvre, ni dans son hôtel des Tournelles, à Paris, mais dans le château d'Amboise ou à Plessis-lez-Tours, en Touraine. Il détestait les cérémonies, les bals, les banquets et les tournois. Sa seule distraction était la chasse. Mais ce roi, en apparence si peu royal, fut, en effet, un des souverains les plus actifs, les plus méthodiques et les plus influents de France. Il aima passionnément son métier et voulut être au courant de tout ce qui se passait dans son royaume. C'est à partir de lui que la monarchie française devient bureaucratique.

Louis XI avait horreur de la guerre, car il savait bien qu'une bataille perdue par malchance pouvait lui faire perdre le fruit de longs efforts. Aussi est-ce de préférence par diplomatie qu'il agit contre ses ennemis.

Il commença par s'assurer l'aide, ou du moins l'amitié, de la Bretagne, de la Guyenne et des maisons d'Armagnac et de Foix, dans le Midi. Puis, en 1463, il enleva pacifiquement au duc de Bourgogne les villes de la Somme (Amiens, Saint-Quentin et sept autres, de moindre importance) que Charles VII avait dû céder en 1435. Enfin, il se tourna du côté de la Bourgogne. Le nouveau duc, Charles le Téméraire, rêvait de reconstruire l'ancienne Lotharingie et, pour cela, de reconquérir la Lorraine. Louis XI réussit à détacher du camp bourguignon tous ses alliés: les Anglais, les Lorrains et les Suisses. Ces derniers signèrent un traité d'alliance avec les Lorrains et, lorsque ceux-ci furent attaqués par les Bourguignons, en 1475, prirent l'offensive contre Charles le Téméraire. Le 5 janvier 1477, le duc de Bourgogne, après une bataille furieuse aux portes de Nancy, tomba percé de coups; la neige recouvrit son cadavre qui ne fut découvert que trois jours plus tard à demi dévoré par les loups. Ainsi s'acheva le rêve de la maison de Bourgogne et disparut le plus rude adversaire de Louis XI. Désormais, la Bourgogne passa sous la protection du roi de France.

Dans d'autres directions également, le roi agrandit le domaine royal: le Roussillon, la Cerdagne, l'Anjou, le Maine et la Provence furent soit conquis, soit acquis par héritage. Ainsi, lorsque Louis XI mourut, le 30 avril 1483, l'unité de la France était presque faite. Il restait encore à acquérir la Bretagne et les provinces du nord et de l'est.

Charles VIII, le fils de Louis XI, n'avait que treize ans à son avènement. Heureusement pour lui et pour le royaume, son père avait eu soin de le confier à la garde de Pierre de Beaujeu, duc de Bourbon, et de sa femme, Anne, sœur aînée de Charles. Les Beaujeu savaient conduire les hommes et agirent en fins politiques. Ils convoquèrent les États généraux en 1484, afin de s'assurer l'appui de la nation contre les intrigues, toujours promptes à renaître à la mort du roi, que pourraient fomenter les princes du royaume. Cette assemblée comprenait des délégués des trois ordres, élus en des réunions communes où toutes les classes, y compris les paysans, étaient représentées. C'est alors, et pour la première fois, qu'on parla du Tiers état. Les États généraux approuvèrent les actes des Beaujeu, moyennant une diminution notable des impôts.

Le duc de Bourbon et son épouse—car ils gouvernèrent de concert—encouragèrent ensuite Charles VIII à épouser Anne de Bretagne, seule héritière de son père François II, duc de Bretagne, qui venait de mourir (1488). Par ce mariage, qui fut célébré le 6 décembre 1491, Anne cédait à Charles tous ses droits sur la Bretagne et s'engageait, s'il mourrait sans enfants, à n'épouser que son successeur ou le plus proche héritier du trône.[16] La Bretagne cessait donc d'être indépendante.

16. Charles VIII mourut en 1498, ne laissant qu'une fille. Son successeur Louis XII répudia sa femme, Jeanne de France, et épousa Anne de Bretagne. La fille de Louis et d'Anne, Claude de France, épousa le successeur de son père et la Bretagne fut ainsi définitivement réunie à la France (1532).

Si les Beaujeu avaient pu continuer à diriger la politique du royaume, il est fort probable qu'ils se seraient ensuite occupés des provinces du nord et de l'est. Cependant, Charles VIII avait montré qu'il entendait gouverner seul et l'on peut dire qu'un nouveau règne commence en 1492.

Le jeune roi s'était laissé convaincre, par certains de ses amis, qu'il devait revendiquer la couronne de Naples[17] et même entreprendre une nouvelle croisade afin de reprendre Constantinople, tombé aux mains des Turcs en 1453. Ces idées chimériques furent combattues par les Beaujeu, mais en vain. Le 2 août 1494, Charles VIII franchit les Alpes et commença une promenade militaire qui se termina par la reddition de Naples le 22 février 1495. Inévitablement, cette conquête souleva contre la France la fureur et la jalousie des puissances européennes. L'empereur Maximilien, le roi Ferdinand d'Espagne et Ludovic le More, duc de Milan, signèrent une alliance avec le pape et la République de Venise, alliance dirigée contre la France. Charles VIII dut se hâter de quitter Naples et se frayer les armes à la main le chemin du retour. Derrière lui, Ferdinand II reprenait la couronne de Naples.

Rentré en France Charles VIII se consacra à l'administration du pays, mais ne renonça pas à ses idées de conquête en Italie. En 1498, il se préparait à reprendre la voie des Alpes lorsqu'un accident, dans son château d'Amboise, lui coûta la vie.

La couronne passa alors à son cousin Louis, duc d'Orléans, qui lui aussi tourna ses regards vers l'Italie et, en particulier, vers le duché de Milan. Il faut dire que ses droits étaient un peu plus solides que ceux invoqués par Charles VIII: il était, par sa grand'mère, Valentine Visconti, descendant des anciens ducs de Milan. Mais, Ludovic le More était, lui, descendant des Sforza, et s'estimait duc légitime du Milanais. Malheureusement pour lui, il n'avait que des alliés incertains ou impuissants et des ennemis décidés et redoutables.

Louis XII traversa les Alpes et, aidé par Venise et les Cantons suisses, s'empara du Milanais en moins de vingt jours (septembre-octobre 1499). Mais alors les complications commencèrent. Toutes les intrigues, les combinaisons, les renversements d'alliances possibles se succédèrent et s'enchevêtrèrent, si bien que les Français, malgré les faits d'armes extraordinaires de Bayard, le «chevalier sans peur et sans reproche», et du jeune Gaston de Foix, durent finalement évacuer la péninsule (1513). De nouveau, ils revenaient sans avoir tiré le moindre bénéfice de ces expéditions. Pas tout à fait, cependant, car ils avaient vécu pendant une quin-

---

17. Le royaume de Naples était alors revendiqué par deux familles royales: celle de France et celle d'Aragon. Cette dernière, en 1492, se trouvait en possession du trône, mais ses droits, ainsi que ceux invoqués par Charles VIII, étaient fort douteux.

zaine d'années, dans une atmosphère d'art, de luxe et de raffinement. Ils revenaient en France profondément marqués par cette expérience. Nous verrons un peu plus tard comment leur expérience modifiera la vie française.

Au début de janvier 1515, le roi Louis XII mourut, unanimement pleuré par son peuple. Il lui avait donné un bon gouvernement, l'ordre à l'intérieur du royaume, et la justice. Les guerres civiles étaient terminées; celles d'Italie n'intéressaient directement que la noblesse, qui y dépensait son surcroît d'énergie. Les Français avaient donc été heureux sous Louis XII, qu'ils avaient surnommé le «Père du Peuple».

Le nouveau souverain, François Ier, fut accueilli avec joie, malgré la tristesse du moment. À vrai dire, ce jeune géant athlétique, magnifiquement vêtu, adroit et élégant d'allure, était fait pour charmer les foules. On connaissait ses prouesses physiques, on savait qu'il parlait italien, écrivait le latin et qu'il aimait les arts, la poésie et la philosophie. C'était un brillant causeur, et qui aimait parler avec tous et de tout: littérature, sciences, politique. Plus tard, on s'apercevra qu'il manquait de fermeté et de constance, qu'il se laissait guider par les événements plutôt qu'il ne les dirigeait, que ses idées n'étaient ni très nettes, ni très raisonnées. Néanmoins, il fut hautement préoccupé de culture intellectuelle, il eut le sentiment exact des intérêts de la royauté et il sut, à certains moments critiques, faire preuve d'une grande liberté d'esprit.[18] Ce sont là ses titres de gloire.

À son avènement, François Ier se préoccupa surtout de l'Italie, car il ne pouvait pas accepter la perte du Milanais, occupé depuis 1513 par les Suisses. Réunissant une grande armée, il franchit les Alpes (août 1515) par ce qui est aujourd'hui le col de Larche, s'empara de Novare et, à Marignan, les 13 et 14 septembre, remporta sur les Suisses une victoire décisive qui assura aux Français la reprise du Milanais. Après quoi, le jeune roi offrit de signer avec ses adversaires une paix plus qu'honorable qui se transforma, en 1516, en alliance. Celle-ci devait rester en vigueur jusqu'à la révolution de 1789.

En 1516 également, François Ier signa avec le pape Léon X le Concordat de Bologne qui mit fin aux disputes entre la Cour de France et le Saint-Siège. Depuis Charles VII, en effet, l'Église de France vivait sous le régime de la Pragmatique Sanction[19] de Bourges (7 juillet 1438), qui réduisait les droits du Saint-Siège notamment en ce qui concerne la collation des

18. Par exemple, en signant en 1535 un traité d'alliance avec le Sultan de Turquie.
19. Une pragmatique sanction est un acte public qui est à la fois l'œuvre d'une assemblée et d'un souverain et qui, le plus souvent, concerne l'ordre ecclésiastique.

bénéfices. Le Concordat de 1516 donnait au roi le droit de nomination aux bénéfices ecclésiastiques[20] et au pape la nomination des abbés et prélats sur les propositions du roi.

Après Marignan, la France connut six ans de paix. Arrêtons-nous donc un moment pour considérer l'état du royaume au début du XVIe siècle.

Le féodalité avait presque disparu, sauf dans le sud-ouest. Cependant, une grande maison avait émergé depuis Louis XI, celle de Bourbon, issue de Robert de Clermont, sixième fils de Saint Louis. Cette maison possédait presque tout le Massif central, et une branche de la famille, celle de la Marche, possédait en outre Vendôme, Soissons, Condé et Enghien. Ces noms figureront au premier plan de l'histoire de France au XVIIe siècle. Notons aussi qu'en cas d'extinction des Valois, c'est aux Bourbons que revenait le trône.

La bourgeoisie s'était considérablement enrichie au XVe siècle. C'est elle qui fournissait les grands serviteurs de la monarchie, sans pour cela chercher à jouer, en tant que classe, un rôle politique. En même temps que la féodalité se transformait en noblesse, la haute bourgeoisie se transformait en noblesse de robe.

Le peuple des campagnes avait, lui aussi, profité de l'état de paix intérieure. Il avait crû en nombre et augmenté son bien-être. Cependant, la vie des paysans continuait à être très dure. L'outillage étant rudimentaire, le rendement de la terre restait très faible. Par contre, les impôts devenaient de plus en plus lourds.

Quant aux artisans, ils vivaient toujours sous le régime des corporations. Une corporation se composait alors de tous les artisans qui dans une même ville exerçaient le même métier: nul ne pouvait se tenir à part. Les règlements de la corporation étaient approuvés par l'autorité supérieure de cette ville: Église, royauté, seigneurie ou commune. Des «gardes-jurés» veillaient à l'observation de ces règlements.

La hiérarchie de chaque corporation comprenait trois degrés: les apprentis, les valets-ouvriers et les maîtres. L'apprenti était entretenu, logé et instruit par le maître; une fois le temps d'apprentissage terminé, l'apprenti devenait valet-ouvrier et touchait alors salaire. Le valet-ouvrier demeurait, même pour sa conduite privée, sous la tutelle du maître. Pour devenir maître il fallait posséder à la fois des capacités et une certaine aisance. À partir du XVe siècle, il fallait en outre exécuter un «chef-d'œuvre» et que celui-ci fût accepté par les jurés. Une fois acquis, le métier était une propriété transmissible et héréditaire.

20. Cette disposition donnait à la monarchie, pour en distribuer les revenus à qui elle voudrait, le quart de la France!

Le monopole de chaque corporation, la limitation artificielle de la concurrence entre les vendeurs étaient contraires à l'intérêt du public consommateur. Par contre, l'honneur du métier, l'intérêt des maîtres consciencieux exigeaient que les produits fussent de bonne qualité.

Dans ce pays ainsi organisé, de nouvelles idées commencèrent à circuler vers la fin du XVe siècle. Il ne faut pas croire que les campagnes d'Italie ont, à elles seules, causé la Renaissance française; ce serait simplifier assez naïvement les faits. La même curiosité intellectuelle qui agita l'Italie au XIVe siècle s'était répandue presque partout en Europe.[21] Cependant, l'Italie au XVe siècle était, avec la Flandre, le pays le plus riche d'Europe. Lorsque les compagnons d'armes de Charles VIII, de Louis XII et de François Ier traversèrent le Milanais et le royaume de Naples, ils furent frappés par la beauté des villes, le luxe des constructions, le charme des jardins et des parcs. De retour en France, ils cherchèrent à imiter ce qu'ils avaient vu et firent même venir quelques artistes et artisans italiens pour diriger et exécuter les travaux. C'est ainsi que Charles VIII fit travailler des maîtres italiens à son château d'Amboise (1496), que Louis XII donna à Fra Giocondo le titre d'architecte royal, lui fit reconstruire le pont Notre-Dame et construire la Grand'Chambre du Palais de Justice. François Ier chargea Dominique de Cortone d'élever l'Hôtel de Ville de Paris; il livra au Rosso et au Primatice les galeries de Fontainebleau; il attira en France Léonard de Vinci,[22] Andréa del Sarto et Benvenuto Cellini.

Encore plus importants furent les travaux des érudits, tels Guillaume Budé et Lefèvre d'Étaples qui, dans les premières années du XVIe siècle, entretinrent des rapports suivis avec leurs confrères en Allemagne et en Italie. Sous la double influence de l'antiquité et des humanistes français et étrangers, l'esprit français se dégagea peu à peu de la vieille scolastique. Pierre le Ramier (ou Ramus) s'insurgea contre le faux Aristote des écoles et prêcha la philosophie de Platon. Jérôme Cardan apprit de l'Italien Tartaglia les règles de l'algèbre et les publia dans son traité *Ars Magna*. Bernard de Palissy, l'illustre céramiste, fut aussi un des créateurs de la science géologique.

En médecine, Ambroise Paré se rendit célèbre par sa découverte de la ligature des artères qu'il substitua à la cautérisation dans les amputations, contribuant ainsi à la création de la chirurgie moderne.

21. C'est de l'Allemagne, par exemple, que la France reçut l'imprimerie, lorsqu'en 1470 trois élèves de Gutenberg vinrent à Paris et s'installèrent avec leurs presses dans les bâtiments de la Sorbonne. Quant à la boussole, cette invention qui permit les grandes découvertes maritimes, ce sont les Arabes qui la léguèrent à l'Europe, ainsi que l'algèbre, les principes scientifiques de la chimie et le papier.

22. Il vécut en France de 1516 à sa mort, en 1519. Le roi lui acheta ses peintures, entre autres la *Joconde* (Mona Lisa) que l'on peut admirer aujourd'hui au musée du Louvre.

Toutes ces sciences nouvelles demandaient une nouvelle instruction. Or, la vieille Sorbonne s'obstinait à ne pas vouloir abandonner la scolastique du moyen âge. Il fallut donc créer un nouveau collège, le Collège de France, où l'on professa l'hébreu, le grec, le latin (aussi l'appela-t-on le Collège des trois nations), la libre philosophie et les sciences physiques et naturelles.

Il ne faut pas oublier, non plus, l'importance qu'eurent sur l'évolution de la pensée et de la vie au XVIᵉ siècle, les grandes découvertes maritimes. Celles de Christophe Colomb, de Balboa, de Cortez, de Vasco de Gama sont célèbres. Les Français ne restèrent pas en arrière. Dès le XIVᵉ siècle, les Normands avaient reconnu les rivages de l'Afrique occidentale. Au début du XVIᵉ siècle, d'autres Normands explorèrent les côtes de l'Amérique. En janvier 1504, Paulmier de Gonneville aborda au Brésil, puis voyagea dans les mers australes. En 1528, Jean Parmentier visita Sumatra, les Moluques et Madagascar. Un armateur de Dieppe, Jean Ango, acquit d'immenses richesses par son commerce sur les côtes de l'Afrique, de l'Amérique et de l'Hindoustan. Il eut à son service Giovanni Verrazano qui fut envoyé par François Iᵉʳ pour explorer les côtes de l'Amérique du Nord, de la Georgie au Cap Breton. Verrazano prit possession, au nom du roi de France, de Terre-Neuve. En 1535, Jacques Cartier découvrit l'embouchure du Saint-Laurent. En 1561, Jean Ribaut fonda dans la Floride une colonie, qu'on appela la Caroline d'après le nom de Charles IX.

Ainsi les Français étaient partout et disputaient aux Espagnols, aux Portugais, aux Anglais les régions nouvellement découvertes. Comme à l'époque des croisades, toutes les conditions de la vie humaine allaient être modifiées, non seulement par le torrent de métaux précieux qui se déversa sur l'ancien monde, et créa cette force nouvelle, le capital, mais aussi par le courant d'idées neuves suscitées par les découvertes maritimes. Les sciences astronomiques, physiques, naturelles firent subitement un grand pas en avant. Les philosophes et les théologiens furent confrontés par des questions souvent angoissantes.

Au point de vue politique, un des résultats de ces découvertes maritimes fut que l'Espagne, jusqu'ici d'importance secondaire, devint subitement une puissance universelle redoutable. Or, en 1519, l'empereur Maximilien étant mort, son petit-fils Charles, roi de Castille et d'Aragon depuis 1516, fut élu au trône impérial. Pour comprendre l'importance de ce fait, auquel François Iᵉʳ s'opposa avec vigueur, mais en vain, il faut se souvenir que Maximilien avait épousé la fille de Charles le Téméraire, et que sa famille était donc héritière de la Franche-Comté et des Pays-Bas et ne se résignait pas à la perte de la Bourgogne; que Charles, par ailleurs, en tant que roi d'Espagne avait sous sa dépendance la Sardaigne, la Sicile et le royaume de Naples. On n'avait jamais vu une puissance apparemment aussi formidable depuis que Henri V d'Angleterre avait, un instant, réalisé le rêve de la double monarchie. Aussi était-il inévitable que la France, dont l'indépendance et l'unité se trouvaient gravement menacées, se dressât contre Charles-Quint.

Avant de s'engager dans une lutte ouverte, les deux adversaires cherchèrent à se concilier les deux autres puissants souverains d'Europe: le pape et le roi d'Angleterre, Henri VIII. Le pape signa une alliance secrète avec Charles-Quint. François Ier se tourna alors vers Henri VIII, l'invita à venir le voir, le reçut avec faste au célèbre Camp du drap d'or, à Ardres en Flandre. Vingt cinq jours durant, les deux souverains participèrent à une suite de fêtes, de dîners, de tournois et de joutes, après quoi ils se séparèrent et Henri alla trouver Charles-Quint pour signer avec lui une alliance dont les termes avaient été arrêtés avant l'entrevue d'Ardres!

La France se trouvait donc seule en face de l'Europe. Heureusement, ses ennemis se montrèrent fort indécis. Henri VIII ne parut nullement pressé d'envahir la France; l'Allemagne se trouva subitement déchirée par la crise religieuse qui suivit l'échec de la diète de Worms; les Flamands reculèrent devant les troupes françaises. Sur ces entrefaites, François Ier s'avisa imprudemment de franchir les Alpes de nouveau (octobre 1524). Il entra dans Milan et alla assiéger les Impériaux réfugiés dans la ville de Pavie. C'est là, le 24 février, que les Français, attaqués par une armée venue au secours de la ville, subirent une défaite désastreuse. François fut fait prisonnier après s'être battu héroïquement. Le soir, dans sa prison, il écrivit une lettre à sa mère, Louise de Savoie: «De toutes choses, lui disait-il, il ne m'est demeuré que l'honneur et la vie qui est sauve.»

Jamais, depuis la défaite de Poitiers en 1355, la France ne s'était trouvée dans un danger aussi grave. Le duc de Bourbon, qui était passé au service de Charles-Quint en 1524, et avait participé à la bataille de Pavie contre son roi, proposait de faire couronner Henri VIII à Saint-Denis; de son côté le roi d'Angleterre réclamait la Normandie, la Gascogne, la Guyenne, l'Anjou, le Poitou, le Maine et la Bretagne, à moins qu'on ne voulût bien lui donner toute la France, en quel cas il laisserait la Provence, la Bourgogne et le Languedoc au roi d'Espagne!

Mais en France, la reine mère régente, Louise de Savoie, ne se laissa pas intimider, et ne se troubla point. Elle négocia la paix avec Henri VIII, moyennant une forte somme d'argent dont il avait grand besoin; elle convoqua une Assemblée dans toutes les grandes villes du royaume afin d'obtenir une déclaration de loyauté de toutes les classes sociales. Puis elle attendit fermement les événements.

Dans sa prison, François Ier après de longs mois de souffrances morales et physiques—il faillit mourir en septembre 1525—se résigna à accepter un traité humiliant pour la France et à remettre ses deux fils aux Espagnols comme otages. De retour en France, il ne tarda point à renier la parole qu'il avait donnée à Charles-Quint, déclarant que son serment avait été obtenu par contrainte. En cela, le pape et le roi d'Angleterre lui donnèrent raison.

En 1529, le traité de Cambrai termina cette première phase de la lutte entre la France et Charles-Quint: François Ier renonçait à l'Italie, à la Flandre et à l'Artois, mais gardait la Bourgogne; de plus il regagnait ses deux fils, moyennant une rançon de deux millions d'écus d'or. Le conflit devait reprendre plus tard; il ne se termina que sous le règne de Henri II, le successeur de François Ier.

Henri II, se rappelant les souffrances qu'il avait endurées dans les prisons espagnoles, était tout aussi déterminé que son père à s'opposer aux ambitions de Charles-Quint. Son premier acte, en 1547, fut un geste de défi à l'adresse de l'empereur. Il le pria de venir à son sacre, à Reims, comme comte de Flandre et, à ce titre, vassal de la couronne de France. Ceci pour bien montrer qu'il n'abandonnait pas la suzeraineté flamande et qu'il entendait s'occuper des frontières françaises du nord. Puis, il se rapprocha des princes protestants allemands, inquiets des procédés despotiques de Charles-Quint. La guerre fut déclarée en février 1552. Le principal fait d'armes de cette guerre fut la défense de la ville de Metz (octobre 1552–janvier 1553) par le duc de Guise contre l'armée de l'empereur. L'échec de Charles-Quint devant Metz peut se comparer à l'échec de Charles le Téméraire devant Nancy. En janvier 1556, l'empereur accepta de signer la trêve de Vaucelles qui reconnaissait à la France le Piémont et les Trois-Evêchés (Metz, Toul, Verdun), puis il abdiqua et se retira dans un monastère. L'empire passait à son frère puîné, Ferdinand Ier, roi d'Autriche, de Bohême et de Hongrie, et toutes les autres couronnes revenaient à son fils, Philippe II. Ce dernier, libéré des soucis de l'empire, devenait un adversaire redoutable pour la France, car l'Espagne, qui possédait le Milanais et Naples, en plus des Pays-Bas, de l'Artois et de la Franche-Comté, avait alors une marine puissante et une armée considérable, ainsi que l'or du Nouveau Monde.

Les hostilités entre la France et l'Espagne reprirent en 1557, d'abord en Italie, puis dans le nord de la France. Les Français subirent un désastre devant Saint-Quentin, mais reprirent Calais. En 1559, le traité de Cateau-Cambrésis, un des plus importants de l'histoire de France, mettait définitivement fin aux guerres italiennes qui duraient depuis soixante-cinq ans, et orientait la politique française vers le nord et vers l'est. La France gardait Calais, les Trois-Évêchés, et reprenait Saint-Quentin; par contre, elle renonçait formellement à tous ses droits sur Milan et sur Naples.

Pour célébrer cette paix tant attendue par le peuple, Henri II ordonna une série de fêtes fastueuses, avec banquets, tournois et joutes. Au cours d'une de ces joutes, le 30 juin, le roi fut blessé grièvement par le capitaine de sa garde écossaise, Gabriel de Lorge de Montgomery,[23] et mourut neuf jours plus tard, à l'âge de quarante et un ans.

Sa mort fut un désastre pour plusieurs raisons. D'abord le trône revenait à François II, maladif et faible enfant de quinze ans, qu'on venait de marier à Marie Stuart d'Écosse. Le pauvre petit roi tomba tout de suite sous l'influence des frères de sa femme, les Guise. Or ceux-ci, et notamment le cardinal de Lorraine et François de Guise, étaient farouchement hostiles aux protestants. De plus, les Guise étaient de grands féodaux, étrangers au royaume, puisque la Lorraine était encore terre d'Empire. Contre eux se dressèrent immédiatement les princes du sang, Antoine et Louis de Bourbon, tous les deux favorables aux protestants, ainsi que des membres de la grande noblesse, tels l'amiral de Coligny et François d'Andelot.

Le protestantisme avait fait de grands progrès en France. Déjà, sous Charles VIII, Lefèvre d'Étaples et Guillaume Briçonnet, évêque de Meaux, avaient pris la tête d'un mouvement de réforme qui demandait surtout la disparition des pratiques superstitieuses et le rétablissement de la discipline parmi le clergé. La révolte de Luther en Allemagne éveilla donc des sympathies ardentes en France. François Ier, qui était favorable à la culture nouvelle, ne pouvait néanmoins autoriser ni sanctionner un mouvement de réforme qui risquait de détruire l'unité de foi dans son royaume. De plus, sa politique générale lui interdisait de rompre avec le pape. Cependant, son attitude envers les réformes fut assez libérale, jusqu'à la fameuse «affaire des placards».

Dans la nuit du 17 au 18 octobre 1534, de violents placards contre la messe furent affichés dans plusieurs villes et jusqu'au château d'Amboise, sur la porte de la chambre du roi. La réaction fut prompte et brutale. Un édit fut publié pour «l'extirpation et extermination de la secte luthérienne». Une Chambre ardente fut instituée au Parlement pour le jugement des hérétiques, et pendant plusieurs mois ceux-ci furent poursuivis vigoureusement.

---

23. Après ce tragique accident, Montgomery se réfugia en Angleterre, craignant la vengeance de la reine Catherine de Médicis. Il devint protestant et retourna en France pendant les guerres religieuses. En 1574, il fut fait prisonnier par les catholiques et condamné à mort par Catherine, qui n'avait point oublié.

Malgré cela, le protestantisme continua à s'étendre dans le royaume, surtout après l'apparition du calvinisme. Jean Cauvin (Calvin est la forme latinisée de son nom), était né en 1509, à Noyon, et faisait ses études au moment où Lefèvre d'Étaples, Érasme, Luther et Zwingle formulaient leurs théories. Dès 1532, il était acquis aux idées de réforme et, après l'affaire des placards, il alla se réfugier à Bâle. C'est là qu'il publia, en mars 1536, la première édition de son *Institution chrétienne,* l'œuvre la plus puissante de la théologie protestante.

Le calvinisme, austère, sombre et doté d'une organisation solide parut admirablement fait pour soutenir le courage des persécutés et l'exaltation des martyrs. En France, de 1540 à 1560, ses progrès furent considérables. Toutes les parties du royaume et toutes les classes sociales furent touchées. C'est pourquoi Henri II, après le traité de Cateau-Cambrésis, se donna pour tâche principale d'extirper l'hérésie. Sa mort subite l'en empêcha.

De son côté, l'église catholique avait ressenti la nécessité d'une réforme, et cela bien avant l'apparition de Luther. Mais, les tendances réformistes s'étaient heurtées à l'opposition du Saint-Siège, jusqu'à l'avènement de Pie IV en 1559. Celui-ci se montra favorable aux travaux du Concile de Trente, réuni depuis 1545 pour réformer la discipline et les mœurs du clergé. Sous son pontificat commença la contre-offensive catholique qui allait non seulement arrêter les progrès du protestantisme, mais encore le faire reculer sur plusieurs points. La réforme des couvents et des monastères, le renouveau de la vie spirituelle, la fondation d'ordres nouveaux, tels que la Compagnie de Jésus, fondée à Paris par Ignace de Loyola en 1532, l'Inquisition enfin, furent les armes principales de cette Contre-Réforme.

La reine mère Catherine de Médicis tâcha de maintenir la paix entre les deux camps ennemis et d'empêcher les troubles dans le pays. Mais, en février 1560, les huguenots prétendirent enlever le jeune roi à la tutelle des Guise et, pour cela, ils essayèrent de s'emparer de sa personne au château d'Amboise. Le complot échoua et de nombreux conjurés furent exécutés par ordre des Guise. L'ère des violences était ouverte.

François II mourut en décembre 1560; son frère Charles IX lui succéda. Comme il n'était âgé que de dix ans, la reine mère, par le conseil de son chancelier, Michel de l'Hôpital, s'empara du pouvoir et nomma le roi de Navarre, Antoine de Bourbon, lieutenant-général du royaume.

Catherine de Médicis, spirituelle et instruite, était une femme d'une grande habileté, mais qui aimait les compromis, les voies détournées, les négociations. Son but était de sauvegarder l'autorité royale et, pour l'atteindre, elle était résolue à suivre une politique de modération, de tolérance, et de balance entre les partis. Pour concilier les huguenots elle nomma donc un des leurs lieutenant-général du royaume. De plus, elle amnistia les conjurés d'Amboise, entre autres le prince de Condé. Ce fut alors au tour des catholiques de protester, et de critiquer la régente et son chancelier. Le 1ᵉʳ mars 1562, une trentaine de calvinistes furent massacrés, à Wassy, par les hommes de François de Guise. La première série des guerres civiles était commencée; ces guerres devaient s'étendre, avec quelques trêves, de 1562 à 1598 et ensanglanter toute la France.

De 1562 à 1570, les protestants, sous la direction de l'amiral Coligny, renforcés et financés en partie par l'Allemagne et l'Angleterre, réussirent à tenir tête aux catholiques, plus nombreux et soutenus par l'ensemble de la nation française.

L'Édit de Saint-Germain (15 août 1570) reconnut l'existence du culte protestant, l'autorisa partout où il était déjà pratiqué et, en outre, dans les faubourgs de deux villes par province. On accordait également aux huguenots quatre places de sûreté: La Rochelle, Montauban, La Charité-sur-Loire et Cognac. L'amiral de Coligny devint le favori du jeune roi Charles IX, et la sœur du roi, Marguerite de Valois, fut donnée en mariage au jeune Henri de Béarn, roi de Navarre. Toutes ces mesures de conciliation enragèrent les catholiques, qui se tournèrent de nouveau vers les Guise. Le 18 août 1572, l'amiral Coligny fut l'objet d'un attentat, autorisé par Catherine de Médicis et par le duc d'Anjou, le futur Henri III. L'amiral ne fut que blessé, mais ses partisans jurèrent de se venger. C'est de la peur de cette vengeance que sortit l'affreuse nuit du 24 août (Saint-Barthélemy). Catherine de Médicis, aidée du duc d'Anjou et de plusieurs de ses fidèles, arracha au roi, après plusieurs heures de débats dramatiques, l'ordre de massacrer les huguenots.

«Eh bien, soit!, se serait écrié le Roi, mais qu'on les tue tous pour qu'il n'en reste pas un pour me le reprocher après!»

Le massacre commença par l'assassinat de l'amiral Coligny. Puis, des troupes de bourgeois et de soldats coururent de maison en maison pour égorger les huguenots et tous ceux qu'on soupçonnait d'hérésie. Au Louvre, on fit passer les gentilshommes proscrits entre deux haies de soldats qui les égorgèrent. Le roi de Navarre ne fut épargné que par ce qu'il abjura sur-le-champ. En tout, il y eut environ trois mille huguenots tués à Paris, et des milliers d'autres dans un grand nombre de villes de provinces.

Cette nuit funeste ne résolut rien. Charles IX mourut deux ans plus tard, et son frère, le duc d'Anjou, qui venait d'être élu roi de Pologne, retourna en hâte à Paris où il fut proclamé roi sous le nom d'Henri III. Les catholiques «ultras» se serrèrent autour du duc de Guise et formèrent

une Ligue de défense religieuse et politique (1575). Henri de Navarre
s'échappa de Paris, en 1576, renonça au catholicisme, et devint le chef
des protestants. Ceux-ci possédaient également une organisation religieuse
et politique. La France se séparait donc en deux camps armés, chacun
ayant pour objectif la possession du pouvoir.

Henri III, le nouveau roi, était un homme intelligent, spirituel et beau;
grand, élancé et se tenant fort bien, avec un port noble et gracieux, il
était très pénétré de sa dignité de roi. Quand il était encore duc d'Anjou,
il avait montré, pendant les batailles de Jarnac et de Moncontour (1569),
qu'il avait toutes les qualités d'un soldat. Par contraste, c'était un homme
d'une dévotion extraordinaire, qui allait en pèlerinage, à pied, de Paris à
Chartres, qui suivait, muni d'une cagoule, un cierge à la main, des processions religieuses par les rues de sa capitale. Il avait, en outre, hérité les
goûts artistiques des Médicis: il aimait les bijoux, les ornements, les
parfums dont il faisait un usage extravagant. Entouré de ses jeunes favoris,
que les contemporains appelaient dédaigneusement «les mignons», le roi
se plaisait à s'habiller en femme, pendant les fêtes et les bals, et à
s'adonner à toutes sortes de folies.

Pendant le règne d'Henri III, la cour commença à connaître l'étiquette
rigide qui, au siècle suivant, transformera la vie des courtisans et du roi
en une existence solennelle et fastidieuse. C'est Catherine de Médicis qui
avait esquissé les premières lignes de cette étiquette, dans une lettre
adressée à son fils Charles IX.[24] Elle lui avait recommandé de se donner
constamment en spectacle parce que cela faisait plaisir à la noblesse; de
ne pas quitter celle-ci des yeux et de l'amuser; et surtout de veiller à ce
que le respect soit observé partout.

Plus qu'aucun de ses prédécesseurs, Henri III avait le goût de la
représentation, de la parade. Il ne cessa d'ajouter au cérémonial monarchique, prenant pour modèle ce qui se faisait à la cour de son beau-
frère, Philippe II d'Espagne. Il s'efforça notamment d'isoler de plus en
plus la personne royale du reste des humains. Bon gré mal gré, les courtisans et les seigneurs durent suivre l'exemple du roi: ils se plièrent aux
règles de l'étiquette et se vêtirent, hommes et femmes, de toilettes magnifiques, recouvertes de monceaux de bijoux. La cour d'Henri III a laissé
dans l'histoire le souvenir d'une somptuosité étonnante, surtout lorsqu'on
considère la misère du royaume, ruiné par les guerres civiles.

Au début de son règne, le roi s'efforça de revenir à la politique de
conciliation envers les protestants. L'Édit de Beaulieu (mai 1576) faisait

24. Datée du 8 septembre 1563.

d'immenses concessions aux calvinistes: il leur donnait la liberté du culte partout, sauf à Paris, et huit places de sûreté. La réaction des catholiques ne se fit pas attendre: les États généraux, convoqués par le roi à Blois, en décembre 1576, manifestèrent leur intention de limiter l'autorité royale. Ils décrétèrent, à l'unanimité, que le roi ne devait souffrir qu'une religion dans son royaume et devait donc supprimer l'Édit de Beaulieu.

Henri III se trouvait alors dans une situation fort difficile. D'un côté, les Ligueurs, qui étaient en relations étroites avec les Espagnols, de l'autre les protestants d'Henri de Navarre. Pris entre ces deux camps hostiles, le roi fit des concessions aux ligueurs, et tâcha même de se mettre à la tête de la Ligue. Mais le duc de Guise, qui briguait le trône, réussit à contrecarrer ce projet du roi. Quant aux protestants, ils savaient depuis la mort du frère d'Henri III, le duc d'Alençon (1578), que leur chef, Henri de Navarre, était l'héritier légitime du trône. Ils n'étaient donc pas enclins à abandonner la lutte contre la Ligue.

Dans l'impasse où il était réduit, le roi en vint à l'assassinat politique. Le 23 décembre 1588, il faisait tuer le duc de Guise et son frère, le cardinal de Lorraine, dans son château à Blois. Puis, pour faire face aux Ligueurs, il se tourna vers son héritier Henri de Navarre. Les deux princes s'allièrent à Plessis-lez-Tours, le 26 avril 1589, et se dirigèrent vers Paris qui avait été saisi par la Ligue. La veille de l'assaut, le 2 août, un dominicain nommé Jacques Clément, un fanatique ignorant et grossier, s'introduisit au camp royal, muni d'une fausse lettre du président du parlement de Paris. Reçu par Henri III, Clément lui remit la lettre et, au moment où le roi s'apprêtait à la lire, lui plongea un couteau dans le ventre. Ainsi s'acheva la dynastie des Valois.

Avant de mourir, le roi avait reconnu Henri de Navarre comme successeur; une nouvelle dynastie, celle des Bourbons, allait commencer. Mais, au préalable, il fallait que le nouveau souverain fît la conquête de son royaume.

Chapitre 12

D'HENRI IV
À LA RÉVOLUTION

LISTE DE DATES IMPORTANTES

1589–1610	règne de Henri IV
1598 (13 avril)	l'Édit de Nantes
1624–1642	ministère du cardinal de Richelieu
1642–1661	ministère du cardinal Mazarin
1648	traité de Westphalie
1661–1715	règne personnel de Louis XIV
1668	traité d'Aix-la-Chapelle
1714	traité de Rastadt
1715–1774	règne de Louis XV
1715–1743	régences du duc d'Orléans et du cardinal Fleury
1774	début du règne de Louis XVI
1789 (5 mai)	réunion des États généraux à Versailles

Le règne d'Henri IV, un des plus bienfaisants que la France ait connus, commença de façon peu propice. Le nouveau souverain se trouvait, le matin du 1er août 1589, entouré d'hostilité et de méfiance. Du côté catholique, que ce soit chez ceux qui avaient soutenu Henri III, ou chez ceux qui étaient partisans de la Ligue, le sentiment unanime était qu'on ne pouvait reconnaître Henri IV comme roi de France tant qu'il serait protestant. Du côté huguenot, le sentiment n'était guère plus encourageant, car d'une part les seigneurs protestants avaient des prétentions aristocratiques et féodales, contraires à l'unité monarchique, et, d'autre part, ils sentaient bien que, pour être reconnu par le peuple français, leur chef serait tenu d'abjurer une seconde fois le protestantisme. Henri IV ne pouvait donc pas compter sur eux pour faciliter sa tâche.

Quant à l'ensemble du pays, la situation y était des plus mauvaises. Paris était toujours occupé par les ligueurs qui avaient proclamé roi le cardinal de Bourbon, sous le nom de Charles X. Leur chef militaire, le duc de Mayenne, frère du duc de Guise, avait reçu des secours de l'Espagne et commandait une armée de trente mille hommes. En province, de nombreuses villes avaient déclaré leur autonomie, et plusieurs gouverneurs de province avaient proclamé leur neutralité, ce qui signifiait qu'ils désiraient administrer leurs territoires sans reconnaître ni la Ligue ni Henri IV. Chaque côté émettait des édits, que personne n'observait; le commerce dépérissait, les ouvriers se mettaient en grève, le ravitaillement des grandes villes devenait de plus en plus précaire.

Au milieu de cette confusion se tenait Henri IV «roi sans couronne, général sans argent, mari sans femme»,[1] selon ses propres paroles. Il avait alors trente-six ans. C'était un homme très brave, très simple, indifférent aux belles manières des derniers Valois, mais sachant, lorsqu'il le fallait, être roi avec toute la dignité fière convenant au souverain d'un grand royaume. Il comprit qu'il lui faudrait conquérir son royaume pas à pas et, fort de la légitimité de sa cause, il s'y décida.

À la bataille d'Arques (septembre 1589), Henri IV infligea une première défaite aux ligueurs. Ceci lui amena de nombreux partisans qui, jusqu'alors, avaient hésité. L'année suivante, dans le plaine d'Ivry, il mit en déroute l'armée de Mayenne qui laissa derrière elle six mille hommes et quatre-vingts drapeaux. C'est au début de cette bataille que le Béarnais, galopant fièrement devant ses troupes, prononça le mot fameux:

«Si vous vous perdez pendant la bataille, ralliez-vous à mon panache blanc,[2] vous le trouverez toujours au chemin de l'honneur et de la victoire.»

En même temps qu'il luttait contre les ligueurs et les Espagnols, Henri IV travaillait à se concilier les esprits sages, les hommes de valeur du royaume, de chaque confession et de chaque clan. Cependant, la ville de Paris refusait toujours de lui ouvrir ses portes, malgré les souffrances causées par le manque de vivres. Le roi aurait pu s'emparer de la ville par force, mais il comprenait bien que jamais le peuple ne l'accepterait tant qu'il demeurerait calviniste. C'est pourquoi, le 25 juillet 1593, entouré d'une foule de seigneurs et de parlementaires, il se convertit à la foi catholique à l'abbaye de Saint-Denis. L'année suivante, la cérémonie du sacre eut lieu à la cathédrale de Chartres. Alors, les portes de Paris

1. Il s'était séparé depuis longtemps de Marguerite de Valois. Leur mariage fut annulé en 1599; l'année suivante, Henri IV épousa Marie de Médicis.
2. Le panache était un assemblage de plumes flottantes dont on ornait le casque.

s'ouvrirent toutes grandes et le roi Henri, à cheval, entouré de ses troupes, fut acclamé aux cris de «Vive le roi» par les Parisiens remplis d'allégresse. La garnison de troupes espagnoles quitta Paris le même jour, saluée par Henri IV qui déclara à l'ambassadeur d'Espagne: «Recommandez-moi, Monsieur, à votre maître, mais n'y revenez plus!»

Paris gagné, le reste de la France suivit sans tarder.

Il fallait maintenant reconstruire la France. Pour l'aider dans cette tâche urgente et gigantesque, Henri IV s'entoura d'hommes capables, sans s'occuper de leur âge, de leur origine, ou de leurs opinions de la veille. C'est ainsi qu'il appela auprès de lui un ancien ministre d'Henri III, Villeroy, et le président Jeannin, ancien collaborateur de Mayenne. À côté d'eux, il avait son ami fidèle, Maximilien de Béthune, duc de Rosny, qui, plus tard, devint duc de Sully, un fervent huguenot, et Duplessis-Mornay, un chef et théologien calviniste. Avec eux Henri IV s'attacha à restaurer l'autorité royale et la paix entre les Français, puis à favoriser le développement du commerce, de l'industrie et de l'agriculture.

Une des premières choses à faire était d'établir la paix entre les Français, c'est-à-dire, la paix religieuse. Henri IV connaissait mieux que personne l'humeur remuante et l'esprit d'indépendance des réformés; il savait, en outre, qu'ils pouvaient armer vingt-cinq mille hommes et disposaient de deux cents places et châteaux. Par l'Édit de Nantes (1598) il leur accorda le libre exercice de leur culte dans une ville par bailliage (sauf à Paris) et dans les maisons des seigneurs; les réformés reçurent libre accès à toutes les charges et obtinrent, pour douze ans, une centaine de places de sûreté. C'était, en somme, le rétablissement de l'Édit de Beaulieu (1576), accordé par Henri III. Mais il y avait ceci de nouveau: dans chaque parlement on établissait une chambre mi-partie, composée de juges catholiques et protestants, pour assurer à ces derniers des jugements impartiaux.

Certaines de ces concessions étaient excessives et le roi lui-même s'en rendait compte. Le droit de tenir des places de sûreté ne s'expliquait que par la nécessité de calmer les inquiétudes des protestants; il était incompatible avec l'unité nationale et le bon ordre public, car il constituait un État armé au cœur de l'État.

Par contre, les autres dispositions de l'Édit établissaient en France la tolérance religieuse telle que nous l'entendons aujourd'hui. La France fut le premier pays au monde à reconnaître officiellement la liberté de conscience absolue. C'est là, sans aucun doute, le meilleur titre de gloire du Béarnais.

Après avoir rétabli la paix religieuse, Henri IV put s'occuper de réparer les maux atroces de la guerre civile. Il délégua à Sully le rôle de remettre de l'ordre dans les finances, de restaurer l'agriculture et de refaire les chemins. Sully était un gros homme farouche, à la grande barbe, au regard dur, qui joignait, à un jugement droit et un esprit clair, une capacité de travail extraordinaire. Sans idées nouvelles ni bien originales, simplement à force de bons sens, d'ordre et d'économie, il réussit à équilibrer les recettes et les dépenses. Il diminua la dette et amassa, dans les caves de la Bastille, une réserve de vingt millions de livres. On n'avait jamais vu cela sous les Valois!

Les finances rétablies, Sully s'occupa de l'agriculture. «Labourage et pâturage, disait-il, sont les deux mamelles de la France.» Pour la première fois, l'État s'inspira d'idées scientifiques sur la direction à donner à l'agriculture. Le livre d'un gentilhomme campagnard protestant, Olivier de Serres, intitulé *Théâtre d'agriculture et ménage des champs* eut une influence considérable et féconde. Les réductions successives des tailles qui, de 1597 à 1609, en abaissèrent le chiffre de vingt millions de livres à quatorze, furent un bienfait pour les paysans qui en portaient presque tout le poids. L'autorisation, accordée dans les bonnes années, d'exporter les grains et de les faire circuler librement; la défense de saisir le bétail, les instruments aratoires ou les meubles des paysans; l'interdiction aux nobles de chasser dans les blés et les vignobles, sont quelques-unes des mesures favorables à l'agriculture prises à cette époque.

C'est à Henri IV que la France doit la création de la grande industrie de la soie. Déjà sous Louis XI et Charles VIII, des essais dans cette voie avaient été entrepris, mais c'est Henri IV, conseillé par Olivier de Serres, qui fit planter vingt mille pieds de mûriers dans le parc de Fontainebleau, au bois de Boulogne et dans le jardin des Tuileries, afin d'encourager l'élevage des vers à soie; c'est lui qui créa les centres manufacturiers de Paris et de Picardie; c'est lui qui donna une impulsion nouvelle à ceux de Tours et de Lyon.[3]

En un mot, le règne d'Henri IV marque, après les désastres des guerres de religion, un véritable relèvement économique. Cette résurrection fut surtout l'œuvre des paysans et artisans français qui se remirent au travail avec énergie, montrant ainsi, comme tant de fois dans l'histoire de la France, que lorsqu'on protège son travail et que l'on sauvegarde sa dignité, il n'est pas de peuple au monde qui se redresse plus vite.

En ce qui concerne l'activité extérieure, Henri IV se montra tout aussi énergique. Il établit, en 1604, une compagnie pour le commerce avec les Indes orientales; il signa des traités de commerce avec l'Angleterre et

3. Henri IV transforma également la teinturerie des Gobelins en manufacture de tapisseries et de meubles.

avec la Turquie; il aida et encouragea ceux qui voulaient créer la Nouvelle-France, dans l'Amérique du Nord, en particulier Samuel de Champlain qui fonda Québec en 1608.

Vers 1610, Henri IV songeait à reprendre la politique traditionnelle de ses prédécesseurs: assurer les frontières au nord et au nord-est, s'opposer à l'encerclement de la France et à une tentative quelconque d'hégémonie européenne. Il s'apprêtait même à mener une campagne militaire pour empêcher l'empereur Rodolphe II d'usurper les droits de deux princes protestants allemands, lorsque le 14 mai 1610 il fut assassiné, dans une rue étroite de Paris, par un fanatique illuminé, nommé Ravaillac.

D'un bout à l'autre du royaume, la consternation fut générale. «Il n'y a personne de nous, écrivait l'évêque Bossuet quelques années après, qui ne se souvienne d'avoir ouï souvent raconter à son père ou à son grand-père je ne dis pas l'étonnement, l'horreur et l'indignation que devoit inspirer un coup si soudain et si exécrable, mais une désolation pareille à celle que cause la perte d'un bon père à ses enfants.»

Henri IV laissait trois fils et trois filles, mais l'aîné de ces enfants, Louis XIII, n'avait que neuf ans. Il fallait, à tout prix, empêcher l'anarchie de reprendre le dessus. À cet effet, le Parlement de Paris s'assembla sur le champ et, quelques heures après la mort du roi, déclara Marie de Médicis «régente en France pour avoir l'administration des affaires du royaume». Nul antécédent ne légitimait cet acte de la part des magistrats qui, très fiers de leur rôle, s'imaginèrent dorénavant être les représentants de la nation et les tuteurs de la royauté.

La reine mère était une femme vaniteuse et peu intelligente qui se laissa dominer par un ménage italien, les Concini, venus avec elle de Florence. C'est Concini, qui était devenu marquis d'Ancre et auquel on avait donné le bâton de maréchal de France, qui fut l'âme de la nouvelle politique suivie par la cour. On se rapprocha de l'Espagne et un traité fut signé par les deux couronnes pour marier Louis XIII avec l'infante Anne d'Autriche, et sa sœur Elisabeth avec le fils de Philippe III. L'opposition à cette politique fut très vive, non seulement de la part des protestants, mais des milieux parlementaires et gallicans.[4] De plus, les princes du sang et les grands seigneurs, jaloux de leur influence auprès du trône, et furieux de voir celle-ci diminuer au profit de celle des «aventuriers italiens», exigèrent la convocation des États généraux.

Les États généraux se réunirent à Paris au mois d'octobre 1614, mais ils n'aboutirent à rien et furent levés à la fin de février 1615. Cependant,

---

4. Les gallicans étaient partisans de l'Église française considérée comme ayant certaines libertés vis-à-vis de l'autorité pontificale.

un membre du clergé s'y était fait remarquer par son intelligence et ses talents d'orateur: le jeune Armand du Plessis de Richelieu qui était alors évêque de Luçon. Après la séparation des États généraux, Concini fit appeler Richelieu par la régente et celle-ci lui confia les Affaires étrangéres.

Cependant, le désordre continuait dans le royaume. Concini, ayant été lui-même comblé de titres et de richesses, ne savait rien refuser à ses amis. En outre, l'aristocratie exigeait de l'argent, des places lucratives, des faveurs de cour. Pour les satisfaire, on distribua à qui sut demander le trésor de la Bastille. Mais, plus on donnait, plus les appétits grandissaient.

En 1617, Louis XIII, alors âgé de seize ans, se laissa persuader, surtout par son favori Charles d'Albert de Luynes, que tout le mal venait de Concini et que le seul remède était de se débarrasser de l'Italien. Le 24 avril, lorsque le maréchal d'Ancre s'apprêtait à entrer au Louvre, le capitaine des Gardes s'avança vers lui et lui demanda de remettre son épée. Concini fit mine de la tirer du fourreau et, à l'instant, tomba percé de plusieurs balles.

Toujours conseillé par Luynes, qui recueillit la succession de Concini et qui fut nommé duc, le roi écarta la reine mère du pouvoir et s'efforça de gouverner lui-même. Hélas, Luynes ne se montra pas moins avide, pour lui et les siens, que ne l'avait été l'Italien. Les seigneurs continuèrent à faire opposition, cette fois soutenant Marie de Médicis contre le roi; les protestants prirent les armes, bref, le royaume continua à aller de mal en pis.

C'est pourquoi, en 1624, Louis XIII finit par rappeler Richelieu, qui avait suivi la reine mère en exil et avait reçu le chapeau de cardinal en 1622, et il lui offrit le poste de chef du Conseil du Roi. Une grande œuvre allait commencer, dirigée par le génie politique le plus complet et le plus sage que la France ait jamais connu, soutenue par un esprit royal assez intelligent pour en comprendre la grandeur. Il est bon de s'arrêter un moment afin de contempler les deux personnages.

Louis XIII était un homme sérieux, prudent, très pieux et qui avait la plus haute idée de ses devoirs de roi. D'un tempérament affectueux et sensible, il souffrait de ses infériorités qu'il connaissait parfaitement. Mais, au lieu de les masquer, il cherchait à les compenser par la confiance qu'il faisait à son ministre. Doué d'un rare bon sens et d'une grande volonté, il soutint toujours Richelieu, malgré toutes les intrigues des jaloux. Il ne faudrait pas croire que le roi se déchargea de ses tâches sur son ministre. Les lettres de Louis XIII et ses annotations sur les rapports,

L'entrée d'Henri IV à Paris, le 22 mars 1594, d'après une vieille estampe

Louis XIII, par Philippe de Champaigne

Richelieu, par Philippe de Champaigne

Versailles: le salon Martial;
Louis XIV en empereur romain

Jean-Baptiste Colbert,
par Antoine Coysevox

les mémoires et les dépêches, prouvent que la collaboration entre les deux hommes fut complète.

Le cardinal de Richelieu était âgé de trente-neuf ans lorsqu'il devint chef du Conseil. C'était un homme grand, à la silhouette mince et racée; son visage, aux joues maigres et rentrantes, au front large et haut, était dominé par un nez long, étroit et violemment busqué. Ses yeux bruns, très ouverts, exprimaient le plus souvent une concentration intérieure, un détachement de tout ce qui s'agitait autour de lui. Des moustaches relevées aux extrémités et une courte barbe en pinceau encadraient des lèvres minces et serrées, à l'expression un peu dédaigneuse. De longues mains fines et nerveuses jouaient tantôt avec une plume, tantôt avec la barrette rouge, tantôt avec le cordon bleu du Saint-Esprit. Toute sa vie, il fut torturé par des tumeurs, par des fièvres obstinées, par de fréquentes migraines, mais aucune de ces souffrances physiques ne le détourna jamais de son travail. Il était doué d'une volonté cornélienne qui s'exerça dans un seul sens: celui de la grandeur française.

Sa tâche ne fut pas facile, car il eut contre lui la reine mère, la reine Anne, femme de Louis XIII, Monsieur, frère du roi, les grands seigneurs, les protestants et, hors de France, les Espagnols, les Anglais et les Habsbourg d'Autriche. Les complots, les ruses, les guet-apens, les attaques de toutes sortes se succédèrent sans relâche à partir de 1624 jusqu'à sa mort en 1642. Il eut pour lui, à part le soutien du roi, l'amitié et le dévouement d'un homme, le père Joseph, que l'on appela l'Éminence grise.

Le meilleur compte rendu de ce que Richelieu voulut accomplir, en devenant premier ministre, nous a été laissé par le cardinal lui-même dans son *Testament politique:*

«Lorsque Votre Majesté se résolut à me donner en même temps l'entrée de ses Conseils et grande part de sa confiance, je lui promis d'occuper toute mon industrie et toute l'autorité qu'il lui plaisait de me donner, pour ruiner le parti huguenot, rabaisser l'orgueil des grands, et relever son nom dans les puissances étrangères au point où il devait être.»

Nous avons déjà constaté que le parti huguenot, grâce à l'Édit de Nantes, formait un État armé au cœur de l'État. Richelieu ne songeait nullement à porter atteinte aux droits religieux des réformés, car il était, comme Henri IV, tolérant par sagesse politique. Mais il savait que l'unité nationale serait impossible tant qu'un groupe de sujets pouvait se croire indépendant du roi. Or, en 1627, on apprit que La Rochelle, qui comptait 30.000 habitants et qui était la plus puissante des places de sûreté des protestants, avait signé une alliance avec les Anglais, et que ceux-ci avaient expédié une flotte et des soldats sous le commandement du duc de Buckingham. Allait-on voir une nouvelle guerre d'invasion, une nouvelle guerre civile?

Richelieu résolut d'abattre cette place forte sans tarder. Le siège, dirigé par le cardinal en personne, dura treize mois. Malgré tous les efforts des Anglais, nul secours ne put parvenir aux Rochellois, dont plus de vingt cinq mille périrent de faim ou de blessures. Le 22 octobre 1628, après une résistance héroïque, la place capitula. Richelieu fit détruire les fortifications de La Rochelle, puis, après avoir vaincu les armées réformées dans les Cévennes, il accorda aux protestants la Grâce d'Alès (1629). Celle-ci confirmait de nouveau toutes les libertés civiles et religieuses stipulées par l'Édit de Nantes; par contre elle faisait disparaître toutes les garanties politiques et militaires.

Pour «rabaisser l'orgueil des grands», c'est-à-dire de l'aristocratie, Richelieu dut agir avec beaucoup de sévérité. Les nobles de ce temps regrettaient l'époque de la féodalité où leurs ancêtres narguaient les rois, souvent avec impunité. Avec l'aide de la reine mère, d'Anne d'Autriche et de Gaston d'Orléans, ils employèrent tous les moyens pour vaincre le cardinal qui, lui, avait une idée très haute de la dignité royale. Richelieu les considéra, non sans raison, comme les ennemis de l'État et les traita en conséquence. De nombreux seigneurs, et parmi eux certains très haut placés, périrent sur l'échafaud, d'autres furent emprisonnés. La reine mère, peu après la célèbre *journée des Dupes*,[5] se réfugia à Bruxelles (1630).

Richelieu entreprit ensuite de plier la noblesse au respect de la loi et de ses agents. À cette époque, toute la noblesse de France était atteinte d'une véritable furie de duels. Pour un oui ou un non, les jeunes gens se battaient. Chaque duelliste amenait ses amis et de vrais combats s'engageaient au cours desquels de beaux jeunes gens qui étaient, ou auraient pu être, de courageux officiers de l'armée royale, étaient tués. Par ordre du cardinal, le duel fut proscrit. Le jeune comte de Montmorency-Boutteville décida de braver Richelieu et se battit en duel en plein jour, au milieu de la Place Royale. Il fut arrêté, condamné à mort et, malgré les pleurs et les menaces de sa famille, exécuté sur l'échafaud.

Par ces mesures et d'autres—telles le rasement de tous les châteaux forts non situés sur les frontières—Richelieu s'efforça de soumettre la noblesse à la toute-puissance du roi.

Le retour de l'ordre à l'intérieur de la France ramena la prospérité.

5. Ainsi nommée parce que, pendant quelques heures, le 10 novembre 1630, les courtisans crurent que Marie de Médicis avait obtenu le renvoi du cardinal, et ne cachèrent pas leur joie. Ils durent déchanter le lendemain lorsque le roi déclara au cardinal: «Je vous maintiendrai contre tous ceux qui ont juré votre perte.»

Continuant l'œuvre d'Henri IV, Richelieu encouragea les industries, notamment la verrerie, la soierie et le tissage; il créa la *Compagnie des Cent-Associés* pour développer l'œuvre de Champlain et peupler le Canada de familles françaises; il fonda la *Compagnie des Isles* pour coloniser les Antilles; il fit installer un comptoir à Saint-Louis du Sénégal, un autre à l'île Bourbon, et fit bâtir Fort-Dauphin à Madagascar. Pour soutenir cette politique commerciale d'outre-mer, il développa une marine puissante.

L'attention du cardinal, quant aux affaires étrangères, se porta presque exclusivement sur le continent. Quand il eut assuré l'ordre dans tout le royaume, il put s'occuper du troisième point de son programme: établir la grandeur de la France en Europe. Or, une puissance surtout, celle des Habsbourg, dominait alors l'Europe. Établis en Autriche et en Espagne, les descendants de Charles-Quint se trouvaient en possession de pays qui formaient un cercle autour de la France. C'est pour briser ce cercle et, en même temps, pour arriver aux limites naturelles de la France, c'est-à-dire au Rhin, aux Pyrénées et aux Alpes, que Richelieu va agir, d'abord par la diplomatie, ensuite par les armes.

Avant son arrivée au gouvernement, une grande guerre avait commencé en Allemagne, la guerre de Trente Ans (1618–1648). Parmi les nombreuses causes de cette guerre, rappelons simplement la décision de l'empereur Ferdinand II d'exterminer le protestantisme dans l'empire et, en même temps, d'unifier cet assemblage de duchés, de comtés, d'archevêchés, etc., et de s'y faire obéir comme maître absolu. Ces projets de l'empereur n'inquiétaient pas seulement la France, bien entendu; Richelieu, qui ne pouvait pas encore faire une guerre ouverte, décida d'assister en sous main tous ceux qui voulaient s'opposer aux Habsbourg: la Suède, la Hollande, le duc de Savoie et les princes protestants allemands. Au début, les résultats furent désastreux: l'armée impériale, sous les ordres de Wallenstein, écrasa le roi de Danemark et les princes allemands. Puis la situation changea lorsque le roi de Suède, Gustave Adolphe, subventionné par Richelieu, écrasa les bandes de l'empereur en deux ans de campagnes (1631–32).

En 1635, Richelieu se sentit assez fort pour intervenir ouvertement. La guerre commença mal: les Espagnols s'installèrent dans les îles de Lérins, une armée ennemie pénétra en France par la vallée de la Saône, une autre franchit la Somme et prit Corbie, à trente kilomètres de Paris. Mais le calme et la volonté du roi et du cardinal firent merveille. Une explosion de patriotisme enflamma le territoire français; les engagements volontaires affluèrent et le roi, reprenant lui-même l'offensive, enleva Corbie et dégagea le nord de la France. Ceci au début de 1637, au moment où, à Paris, un jeune auteur encore peu connu, Pierre Corneille, faisait applaudir son premier chef-d'œuvre: *le Cid*.

Dès lors, les armées françaises en Alsace, en Artois, dans le Roussillon, prirent l'offensive. Deux jeunes généraux, le duc d'Enghien (qui deviendra le Grand Condé après la mort de son père), âgé de vingt-deux ans, et Turenne, âgé de trente-deux ans, commencèrent leurs brillantes carrières. Partout, les impériaux durent reculer; le Portugal se révolta en 1640 contre l'Espagne; la Catalogne, en 1641, se plaça sous la protection de la France.

Au milieu de ces succès, le cardinal Richelieu mourut, le 4 décembre 1642, épuisé par dix-huit années de luttes continuelles. Au prêtre qui lui administra les derniers sacrements et lui demanda: «Pardonnez-vous à vos ennemis?», il répondit sans hésiter: «Je n'en ai pas eu d'autres que ceux de l'État.»

C'est à juste titre que l'histoire salue en Richelieu un des plus grands serviteurs de la France. Peu d'hommes ont eu à cœur autant que lui, la fierté de la France et le sens exact de ce qui devait vraiment servir sa grandeur. Malgré ses préoccupations politiques, diplomatiques et militaires, Richelieu s'occupa sérieusement des intérêts de l'intelligence. C'est lui qui réorganisa la Sorbonne et l'installa dans de nouveaux bâtiments; qui créa le Jardin des Plantes; qui aida Théophraste Renaudot à fonder le premier journal français, *la Gazette de France*. C'est Richelieu, enfin, qui fonda l'Académie française (1635), pour apporter la discipline et l'unité dans la langue, comme lui-même les avait apportées dans l'administration du royaume.

Louis XIII ne survécut à son ministre que cinq mois. Quelques jours plus tard, le 19 mai 1643, le duc d'Enghien battait l'armée espagnole à Rocroy. Cette grande victoire gagnée sur une infanterie qui, depuis un siècle, passait pour être la meilleure d'Europe, donna un immense éclat aux armées françaises. Celles-ci continuèrent leurs offensives contre les impériaux. En Allemagne, en Italie, en Espagne, dans les Pays-Bas, les généraux français Condé, Turenne et d'Orléans remportèrent jusqu'en 1648 une série de victoires qui détermina la signature de la paix de Westphalie.

Par cette paix, une des plus importantes de l'histoire de France, l'Alsace (sauf Strasbourg) devenait française. La France retrouvait donc le Rhin, qu'elle n'avait pas vu depuis Charlemagne! En outre, elle recevait la propriété définitive de Metz, Toul et Verdun. Enfin, elle faisait reconnaître l'indépendance de la Suisse. La prépondérance de la Maison d'Autriche était détruite; l'œuvre de Richelieu était donc achevée par son successeur, le cardinal Mazarin.

Avant de mourir, Louis XIII, qui n'aimait ni sa femme, ni son frère le duc d'Orléans, et qui les jugeait incapables de poursuivre l'œuvre sérieuse de son règne, avait stipulé, dans son testament, que la régence serait exercée par sa femme Anne d'Autriche, que le duc d'Orléans aurait la lieutenance-générale du royaume, mais que toutes les affaires seraient examinées et résolues par «l'avis et l'autorité d'un conseil à la pluralité des voix». Cependant, Anne, dont le fils aîné Louis XIV, n'avait que quatre ans, ne voulut pas être liée par un Conseil qu'elle n'aurait pas choisi, en quoi elle avait parfaitement raison. Elle demanda donc au Parlement de Paris de casser le testament de Louis XIII. Rien ne pouvait être plus agréable aux parlementaires qui s'empressèrent de donner «l'administration libre, absolue et entière» à la reine mère, espérant ainsi qu'ils seraient admis à délibérer des affaires du royaume. Pour la même raison, les princes du sang approuvèrent la décision d'Anne d'Autriche.

Or, la reine mère savait bien que la cour était divisée en plusieurs clans; elle savait aussi que, de tous ceux qui l'entouraient, aucun n'était vraiment capable de gouverner l'État. Aucun, sauf l'ancien secrétaire de Richelieu, le cardinal Mazarin.

«On vit donc, écrit le cardinal de Retz,[6] monter sur les degrés du trône, d'où l'âpre et redoutable cardinal Richelieu avait foudroyé plutôt que gouverné les humains, un successeur doux, bénin, qui ne voulait rien, qui était au désespoir que sa dignité de cardinal ne lui permît pas de s'humilier autant qu'il l'aurait souhaité devant tout le monde.»

La cour et le parlement s'aperçurent très rapidement que le nouveau ministre avait admirablement caché son jeu. Une fois au pouvoir, il se montra aussi inflexible que son prédécesseur, aussi habile, aussi dévoué aux intérêts de la monarchie et de la France.[7] Pendant dix-huit ans, il gouverna le pays, ayant, pour le soutenir l'amour d'Anne d'Autriche.[8]

Néanmoins, il eut comme Richelieu à surmonter plusieurs crises, dont les deux plus importantes furent les deux Frondes, la Fronde parlementaire et la Fronde des princes.[9] La première commença par la révolte du

6. Paul de Gondi, cardinal de Retz (1613–1679), joua un rôle important dans les troubles de la Fronde et laissa de très intéressants *Mémoires*.
7. Malheureusement, il se montra aussi très près de ses propres intérêts financiers. Il accumula, en détournant des fonds de l'État, en vendant des fonctions publiques, une fortune énorme.
8. Mazarin avait été nommé cardinal en 1640 avec dispense; il n'était pas prêtre et ne s'était jamais engagé dans les ordres.
9. Le nom de «fronde», qui désigne un jouet d'enfant, fut donné à ces révoltes pour souligner le caractère ridicule de certains épisodes.

Parlement qui aurait voulu jouer un rôle prépondérant dans les affaires de l'État et qui s'était vu réduit au silence par le cardinal et la reine mère. Mazarin, malheureusement, préférait s'occuper des affaires étrangères plutôt que des finances et laissait le soin de celles-ci à des collaborateurs assez peu scrupuleux. Il s'ensuivit que le Parlement eut de justes raisons pour protester, et que le peuple approuva le Parlement puisque les magistrats dénonçaient l'augmentation des impôts, la vente des offices, la création de taxes nouvelles. Lorsque ces dénonciations devinrent trop pressantes, la régente fit arrêter un des parlementaires, Pierre Broussel, le 26 août 1648. Elle aurait pu mieux choisir, car Broussel était l'un des plus vieux et des plus respectés parmi les membres du Parlement. Il était populaire à Paris, où on le savait pauvre et incorruptible. Si bien que, dès qu'il fût arrêté, la nouvelle courut à travers la ville, un rassemblement se forma, l'émotion gagna en intensité et les barricades surgirent. Le cardinal, la reine mère et le petit roi durent s'enfuir en pleine nuit pour se réfugier, une première fois à Rueil, une deuxième fois à Saint-Germain. Louis XIV n'oublia jamais ces fuites devant la menace du peuple parisien.

Mazarin garda tout son calme et attendit que Condé pût arriver avec son armée au secours du gouvernement. À la vue des troupes royales, les parlementaires se calmèrent et tout rentra dans l'ordre au mois de mars 1649.

Mais alors, les seigneurs qui avaient soutenu le Parlement, et Condé qui avait soutenu la cour, demandèrent tous à être payés: les premiers pour ne plus faire opposition à Mazarin, le second pour l'avoir sauvé. Mazarin accepta de payer, mais Condé se déclara maltraité et entraîna ses vassaux, ses sujets et ses troupes dans une nouvelle révolte. Cette deuxième Fronde dura quatre ans, jusqu'en 1653. Pendant cette nouvelle révolte, on vit Condé et Turenne alliés aux Espagnols contre lesquels ils venaient de se battre, on vit le Cardinal obligé de s'enfuir deux fois en exil, on vit Mademoiselle de Montpensier, la «Grande Mademoiselle», donner l'ordre aux canonniers de la Bastille de tirer contre les troupes royales. Puis, peu à peu, le bon sens reprit le dessus. Le roi et la reine mère rentrèrent à Paris et Mazarin fut aussi chaleureusement acclamé qu'il avait été hué et vilipendé.

Tous ces troubles laissèrent la France épuisée. Dans les provinces, la misère et la famine étaient devenues chroniques. La peste suivait les armées à travers le royaume. Il se trouva, dans ces temps terribles, un homme qui lutta de toutes ses forces pour secourir les pauvres: saint Vincent de Paul, «monsieur Vincent». Il fonda l'ordre des *Filles de la Charité*, celle des *Prêtres de la Mission*, et fit, avec ses disciples, des prodiges pour alléger les souffrances.

Vainqueur des Frondes, Mazarin le fut aussi de l'Espagne. Celle-ci n'avait pas voulu signer la paix de Westphalie, mais elle était trop épuisée pour profiter des troubles internes de la France. Mazarin réussit à signer une alliance avec Cromwell, en 1657, s'assurant ainsi de la neutralité bienveillante de l'Angleterre. En 1658, Turenne s'empara des Flandres grâce aux victoires des Dunes et d'Audenarde. La paix des Pyrénées fut signée le 7 novembre 1659; la France obtenait le Roussillon, l'Artois et trois villes flamandes, ainsi que plusieurs places fortes le long de la frontière du nord. Le jeune roi Louis XIV épousait la fille aînée du roi d'Espagne, Marie-Thérèse, qui renonçait à ses droits sur la couronne de son père moyennant le paiement effectif d'une dot de cinq cent mille écus d'or. Le rusé Mazarin savait ce qu'il demandait, car il était impossible à l'Espagne de trouver cette somme. Ainsi le cardinal ménageait à Louis XIV d'éventuels droits à la succession espagnole.

Le traité des Pyrénées, complétant celui de Westphalie, faisait de la France la puissance dominante de l'Europe. En 1500, la maison de Habsbourg avait cru voir en la France une proie facile; un siècle et demi plus tard, c'est celle-ci qui avait réussi à dominer son adversaire, à arrondir son territoire, à devenir la protectrice des États allemands, l'arbitre de l'Europe. Dans le domaine de l'esprit, la France avait donné au monde l'exubérant humanisme de Rabelais, le calvinisme, le scepticisme de Montaigne, le cartésianisme et le mysticisme angoissé de Pascal. Cette supériorité intellectuelle, jointe à une supériorité artistique indiscutable, soutenues par la puissance politique de Louis XIV, aura un rayonnement universel dans la seconde moitié du XVIIe siècle.

Louis XIV avait vingt-deux ans à la mort de Mazarin (1661). Celui qui allait devenir le «grand Roi» et, comme tel, fournir un exemple à tous les monarques présents et futurs, était alors un beau jeune homme, vigoureux et gracieux, doué d'une belle prestance et d'un air de grandeur, et qui se conduisait envers tout le monde avec une politesse exquise. Pour bien comprendre la personnalité de Louis XIV, il faut se souvenir que dès l'âge de quatre ans il avait été roi, et traité comme tel. À l'âge où les enfants ordinaires apprennent à jouer, Louis XIV apprenait à recevoir les hommages et les acclamations de son peuple. D'autre part, il ne faut pas oublier qu'il était le petit-fils d'Henri IV, mais aussi de Philippe II d'Espagne, et donc l'arrière-petit-fils de Charles-Quint. L'orgueil, le goût pour les cérémonies et pour un isolement hautain, ces traits de Louis XIV semblent plus espagnols que français. Enfin, il ne faut pas perdre de vue que l'instruction du jeune roi fut lamentable, tant par la faute de Mazarin, qui n'était point pédagogue, que par la faute des événements. Les émeutes, les guerres civiles, les fuites, les chevauchées à travers les provinces ne laissaient guère de temps pour une éducation rationnelle. Par contre, l'éducation professionnelle de Louis XIV fut très poussée. Avant ses vingt ans, il avait déjà participé à la guerre, où il s'était très bien comporté. Il avait bien appris l'organisation d'une armée et la conduite des opérations militaires. Aussi put-il, plus tard, discuter en toute connaissance de cause avec ses généraux. De plus, il avait reçu, grâce à Mazarin, une excellent instruction en matière d'affaires étrangères et pouvait discourir sciemment avec les ambassadeurs accrédités auprès de lui.

Mais, en ce qui ne concernait ni les affaires étrangères ni les opérations militaires, Louis XIV avait dû s'instruire lui-même. Or, les deux Frondes, et l'exemple de Mazarin, lui avaient surtout appris à se méfier de tout le monde, à dissimuler ses pensées et à mépriser les hommes. Tout sa vie, il sera hanté par le souvenir des journées de révoltes dont il fut témoin pendant sa jeunesse. Ceci explique l'isolement de la cour à Versailles ainsi que l'attitude soupçonneuse du roi envers l'aristocratie et même envers sa propre famille.

Louis XIV commença son règne personnel en proclamant qu'il serait son propre premier ministre. Lorsque le président de l'Assemblée du clergé lui demanda, quelques heures après la mort de Mazarin, à qui désormais il devait s'adresser pour le règlement des affaires, le roi lui répondit: «À moi, monsieur l'Archevêque.» Et, pendant cinquante-quatre ans, ce fut effectivement ce «moi» qui gouverna personnellement la France. Voilà une des grandes vertus de Louis XIV: il comprit que le travail quotidien était la condition nécessaire à la grandeur royale. Rien, ni la maladie, ni les deuils, ni les guerres ne purent troubler la régularité avec laquelle il dirigea sa vie, l'ordre immuable qu'il apporta à son travail. Chaque jour il présidait le Conseil de ses ministres, il donnait de nombreuses audiences, des entretiens privés; à ces préoccupations politiques, il apportait la même activité qu'aux affaires de la cour, aux divertissements et aux fêtes. Il n'a peut-être jamais prononcé la fameuse parole: «L'État, c'est moi!», mais il aurait fort bien pu la prononcer car, en fait, elle exprimait la simple vérité.

Louis XIV avait hérité plusieurs ministres de Mazarin: Séguier, chancelier de France, un des fondateurs de l'Académie française, Le Tellier, ministre de la Guerre, qui avait comme principal collaborateur son fils, le marquis de Louvois, Nicolas Foucquet, ministre des Finances, et Hugues de Lionne, ministre des Affaires étrangères. Le Roi les garda, mais bientôt Foucquet fut disgracié et remplacé par Colbert. Lionne continua à servir le roi jusqu'à sa mort en 1671; Le Tellier et Louvois s'occupèrent, le premier jusqu'en 1677, le second jusqu'à sa mort en 1691, de la réforme des armées royales.

Le grand ministre du règne de Louis XIV fut, indéniablement, Jean-Baptiste Colbert, fils d'un marchand drapier de Reims. Il avait été le secrétaire de Mazarin et celui-ci l'avait recommandé au roi avant de mourir. Après la disgrâce de Foucquet, causée surtout par le fait que le surintendant des Finances ne savait distinguer entre le Trésor de l'État et son propre portefeuille, Louis XIV éleva Colbert au rang d'intendant des Finances, «chargé d'enregistrer les recettes et les dépenses et de préparer les affaires».

Colbert était alors âgé de quarante-deux ans. Il avait le génie de l'administration et de l'économie, la passion du travail. Il avait de vastes connaissances, un jugement parfait, une volonté de fer, un esprit positif et une vaste ambition. De contrôleur des Finances, il parvint en peu de temps à mettre dans ses attributions la marine, le commerce, les manufactures, les beaux-arts, l'administration générale de l'intérieur, et même à empiéter sur les départements de la justice et de la guerre.

Colbert s'occupa d'abord des finances, qui étaient retombées dans le même chaos qu'avant l'administration de Sully. Le nouveau contrôleur prit des mesures, parfois violentes et despotiques, pour mettre fin à l'anarchie qui régnait dans la perception des revenus; il s'attaqua surtout à la question des impôts, et en particulier de la taille.[10] Celle-ci n'était payée que par les propriétaires les plus pauvres, les classes les plus malheureuses de la société, surtout les paysans. Les privilégiés, c'est-à-dire ceux qui étaient vraiment en mesure de la payer, en étaient exemptés. Colbert aurait voulu supprimer la taille personnelle, mais n'osa pas; il réussit cependant à la réduire. Pour retrouver les sommes perdues, il imposa les consommations, qui atteignaient toutes les classes et se supportaient facilement.

Pour enrichir la France, Colbert posa le principe suivant: produire de plus en plus, acheter à l'étranger le moins possible, lui vendre le plus possible. Il faut, dit-il, que la France, au point de vue agricole, se suffise à elle-même et qu'elle rattrape le retard qu'elle a dans l'industrie et dans le commerce. Pour cela, il faut que les paysans travaillent dur et soient encouragés par des primes à élever des vers à soie, à produire du lin, du chanvre, du tabac, à soigner les forêts. Il faut surtout encourager, dans

10. Il y avait, en réalité, deux tailles: la *taille réelle,* sur les terres, et la *taille personnelle,* calculée sur toutes les facultés du contribuable. La première n'était perçue que dans les généralités de Grenoble, Aix, Montpellier, Toulouse, Montauban et Bordeaux. La seconde, sauf exceptions et privilèges locaux, se levait dans le reste du royaume.

l'industrie, ceux qui fabriquent du drap, des soieries, des dentelles, des tapis, des miroirs, de l'acier.[11] Pour que ces industries prospèrent et qu'elles affrontent avec succès la concurrence étrangère, il faut que leurs produits soient d'une qualité incontestable. Donc, concluait Colbert, attirons les meilleurs ingénieurs et ouvriers de l'étranger; imposons aux manufactures françaises des règlements très rigoureux, protégeons et subventionnons ces industries.

Le «colbertisme» est le premier grand exemple d'une intervention de l'État dans les moindres détails de la vie économique. Afin que cette économie fût protégée de la concurrence étrangère, Colbert se servit des tarifs douaniers, et pour que les produits de cette économie pussent être transportés à l'étranger, il stimula l'accroissement de la marine marchande. Colbert s'intéressa également aux colonies, et créa, entre 1664 et 1670, quatre compagnies de commerce: la Compagnie des Indes orientales, la Compagnie des Indes occidentales; la Compagnie du Nord, pour le commerce dans la Baltique, et celle du Levant pour le commerce en Méditerranée. Les deux premières jouèrent un rôle important dans le développement des colonies françaises de l'Inde et de l'Amérique. C'est Colbert qui, le premier, fixa les méthodes qui demeureront l'honneur de la colonisation française. Il comprit qu'il serait impossible de peupler les vastes territoires du Nouveau Monde avec des éléments d'origine française, qu'il fallait donc associer les indigènes à l'œuvre de colonisation et, pour cela, les assimiler. Ce principe fut adopté et appliqué, non seulement par la monarchie, mais aussi par les différents régimes qui se succédèrent jusqu'au XXe siècle. La France n'a jamais songé à repousser ou à isoler les populations autochtones des pays qu'elle a pris en tutelle; elle s'est, au contraire, efforcée de les franciser.

Colbert encouragea les explorations, comme celles de Joliet et du père Marquette, qui découvrirent le Mississippi—qu'ils nommèrent le fleuve Colbert—et celle de Cavelier de la Salle, qui descendit ce fleuve et prit possession, au nom de Louis XIV, du pays qu'il baptisa la Louisiane (9 avril 1682). Sous son ministère, les Français prirent possession de Haïti et de la Guyane; ils chassèrent les Hollandais du Sénégal et y établirent leurs propres comptoirs. Ils construisirent Pondichéry et Chandernagor, en Inde, traitèrent avec le Grand Mogol, et poussèrent jusqu'en Indochine et au Siam.

Pour défendre ces lointaines colonies, Colbert voulut avoir une puissante marine de guerre. Là encore, il fit œuvre de créateur, non seulement

---

11. À cet effet, Colbert fonda la manufacture royale de Saint-Gobain, pour les glaces, et fit de la manufacture des Gobelins (voir plus haut, page 212, note 3) une manufacture royale pour la tapisserie, l'orfèvrerie, etc.

par la construction des navires, mais pour le recrutement et l'instruction des officiers et des équipages. C'est lui aussi qui fonda les ports militaires de Brest, Rochefort et Toulon.

On pourrait croire que toutes ces activités auraient suffi à occuper un seul homme. Mais Colbert s'intéressa en outre à la procédure civile et criminelle, à la police, à l'histoire naturelle, aux beaux-arts; il fonda de nombreuses académies et écoles, entre autres l'Académie de France à Rome, et l'École des Langues orientales. Bref, son activité fut prodigieuse.

À côté de Colbert se dressait son rival, le marquis de Louvois, qui le supplanta peu à peu. Louvois était, d'abord avec son père puis, à partir de 1677, seul responsable de la conduite de la guerre. Colbert et Louvois représentent donc deux tendances antithétiques de la politique française. La France, étant un pays semi-maritime et semi-continental, est attirée d'un côté par la mer, les colonies et le commerce maritime, d'un autre côté par l'Europe. À travers sa longue histoire la France n'a jamais connu très longtemps la tranquillité en ce qui concerne ses frontières territoriales. Or, un pays ne peut lutter en même temps contre les puissances maritimes et contre les puissances continentales. Il lui faut choisir. C'est précisément ce que la France a dû faire continuellement: choisir entre la politique maritime et la politique continentale, entre Louvois et Colbert. On peut regretter que Louis XIV ait choisi Louvois, mais peut-on affirmer qu'un autre, à sa place aurait choisi Colbert?

L'œuvre de Louvois fut moins originale que celle de Colbert, mais elle fut également de premier ordre. Avant lui, le roi de France n'avait pas d'armée organisée. À part quelques troupes permanentes, comme la «Maison du Roi» et les «Gendarmes», les régiments étaient recrutés, en temps de guerre, par les capitaines et les colonels qui recevaient du roi de quoi payer et entretenir leurs hommes. La paix venue, les régiments étaient licenciés. Or, ce système encourageait maints abus, dont le plus notoire était celui des «passe-volants».

Lorsqu'un capitaine savait que sa compagnie allait être passée en revue, il embauchait des hommes pour se mettre sur les rang afin que la compagnie parût au complet. La revue terminée, ces hommes recevaient une modique somme d'argent, et s'en allaient tenir le même rôle dans une autre compagnie. Ainsi le colonel croyait avoir un régiment au complet et était parfois fort surpris le jour de la bataille!

Louvois ne put entièrement mettre fin à ce système de recrutement, mais il imposa à tous une stricte discipline. Les jeunes officiers durent passer par des écoles de Cadets; il permit aux officiers non nobles de parvenir aux plus hauts grades; l'armée devint permanente et fut régulièrement payée. Très importante aussi fut l'organisation d'un système de ravitaillement grâce auquel les armées françaises furent toujours abondamment approvisionnées sur le théâtre même des opérations. Pour les mutilés, Louvois créa l'Hôtel des Invalides, à Paris.

Sur le plan technique, Louvois créa, dans l'infanterie, les grenadiers et, dans la cavalerie, les dragons et les carabiniers. Le fusil remplaça le mousquet, et la baïonnette, grâce à la douille inventée par Vauban en 1687, fut adaptée au fusil. Sous l'impulsion de Louvois, l'artillerie et le génie devinrent des armes importantes. Il créa des troupes d'artillerie et organisa le corps du génie, dont le chef fut le maréchal de Vauban.

Sébastien le Prestre, marquis de Vauban, a sa place au premier rang de ceux qui firent de Louis XIV le «roi victorieux». Né pauvre, il parvint par sa valeur aux plus hautes dignités et travailla jusqu'à sa mort, à l'âge de 74 ans, pour le bien du pays. Soldat distingué, c'est surtout comme ingénieur que Vauban devint célèbre: il révolutionna l'art d'attaquer et de défendre les places. Pour l'attaque, il employa les tranchées parallèles, larges et profondes, qui suivaient le tracé de la place ennemie, et les boyaux qui permettaient aux soldats de progresser d'une parallèle à l'autre sans danger. Il employa le mortier à lancer des bombes et développa le tir à ricochet. L'on disait: «ville assiégée par Vauban, ville prise». Et l'on disait aussi: «ville défendue par Vauban, ville imprenable». Car, pour la défense, Vauban imagina d'enterrer les fortifications qui ne furent plus qu'une ligne de fossés profonds, revêtus de maçonnerie. Il croisa le feu des bastions de manière que l'assaillant pût toujours être atteint, à quelque point du rempart qu'il s'en prît. Pour protéger les frontières de la France, Vauban fit construire trois cents places fortes, dont certaines servirent même pendant la Première Guerre mondiale.

Dès le début de son règne, Louis XIV fut le souverain de la première nation de l'Europe; première, non plus seulement pour avoir dicté la paix de Westphalie ou celle des Pyrénées, mais par le respect qu'inspiraient aux peuples sa prééminence intellectuelle, les merveilles de son industrie, ses grands hommes et son roi.

En 1665, le beau-père de Louis XIV mourut, laissant pour héritier Charles II, enfant presque imbécile, sous la tutelle de sa mère. Aussitôt, Louis XIV réclama, au nom de sa femme, et en vertu du droit de dévolution,[12] le Brabant, le Hainaut, le Limbourg, Namur, Anvers, etc., terres de la couronne d'Espagne auxquelles sa femme avait des droits puisque la dot promise par le traité des Pyrénées n'avait jamais été payée. Deux

---

12. Le droit de dévolution était une coutume du Brabant, suivie dans quelques autres provinces des Flandres, qui faisait héritières les filles du premier lit à l'exclusion des mâles du second. Marie-Thérèse était la fille du roi d'Espagne et de sa première femme, Elizabeth de France. Cette coutume, notons-le, ne s'appliquait qu'entre particuliers.

armées françaises avancèrent, la première en Franche-Comté, commandée par Condé, la seconde en Flandre sous le commandement de Turenne. Ce furent deux promenades militaires, mais la facilité avec laquelle les Français occupèrent ces possessions espagnoles émut le reste de l'Europe. L'Angleterre, la Hollande et la Suède se mirent d'accord pour imposer leur médiation. Louis XIV s'inclina et signa le traité d'Aix-la-Chapelle en 1668. La France rendait la Franche-Comté mais recevait douze places fortes dans le nord, notamment Lille et Douai, qui furent immédiatement mises en état de défense par Vauban.

Quatre ans plus tard, Louis voulut avoir sa revanche contre les Hollandais. Ceux-ci avaient montré leur hostilité envers la France en imposant leur médiation. De plus ils étaient de sérieux concurrents au point de vue commercial et maritime. Finalement, la Hollande était une république libérale qui accueillait les mécontents et où s'imprimaient tous les libelles contre le «Roi Très Chrétien». Ajoutons aussi qu'une victoire contre la Hollande serait une victoire pour le catholicisme.

Après s'être assuré de la neutralité de l'Angleterre et de la Suède, ainsi que de l'empereur et des États allemands, Louis XIV fit avancer ses armées, commandées de nouveau par Turenne et Condé. Le Rhin fut franchi victorieusement, le 12 juin, à Tolhuys, et, quelques jours plus tard, Amsterdam et La Haye se trouvaient menacés par les troupes françaises. C'est alors que les Hollandais décidèrent d'ouvrir les écluses pour inonder leur pays. Les Français durent reculer. Cependant, la Hollande était sous le couteau et dut demander la paix. Louis XIV commit alors la faute de trop exiger de ses adversaires qui rompirent les conférences et appelèrent Guillaume d'Orange au pouvoir. D'autre part, le reste de l'Europe commençait à s'agiter: en 1672, une nouvelle coalition se forma contre la France. Mais, de nouveau, les armées que Louvois avait organisées se montrèrent supérieures à tout ce que l'Europe pouvait leur opposer. Condé reprit la Franche-Comté, Turenne rejeta, dans une brillante campagne d'hiver, en 1674, une puissante armée d'Impériaux et de Prussiens, mais il fut malheureusement tué, l'été suivant, au cours de la bataille de Salzbach. En Méditerranée, la jeune flotte française, commandée par Abraham Duquesne, un officier calviniste, remporta d'éclatantes victoires sur les flottes hollandaises et espagnoles. Les coalisés se résignèrent à demander la paix. Elle fut signée à Nimègue, en 1678, et ce fut l'Espagne qui en fit les frais: elle perdit la Franche-Comté et une partie de la Flandre.

La paix de Nimègue marque l'apogée du règne de Louis XIV. Comme en 1661, la France est l'arbitre de l'Europe, mais elle est maintenant plus grande, plus forte et plus admirée. Tous les regards se braquent sur le roi de France: «un prince qui fait seul le destin de son siècle», selon Leibnitz, et qui vient de recevoir, de l'Hôtel de Ville de Paris, le surnom de «Grand». Le Roi-Soleil, à partir de 1682, s'établit dans son palais de Versailles, ce chef-d'œuvre où les Français du XVIIᵉ siècle ont mis le meilleur de leur génie.

Louis XIV est alors âgé de quarante-quatre ans; il est encore vigoureux, en excellente santé et passionnément amoureux de son métier. Cependant, cette date de 1682 marque un changement important dans la vie du roi. Depuis plusieurs années, il était tombé sous l'influence de Madame de Maintenon, la veuve de l'écrivain Scarron, qui était, depuis 1669, la gouvernante des enfants illégitimes du roi et de Madame de Montespan. En 1683, la reine mourut et, six mois plus tard, Louis XIV épousa secrètement la marquise de Maintenon. Or, celle-ci, très pieuse, amena le roi à une vie beaucoup plus austère que celle qu'il avait menée jusqu'alors. Ce mariage marque la fin, pour Louis, des fêtes, des carrousels, des maîtresses et des scandaleux adultères. Naturellement, la vie des courtisans s'en trouva profondément modifiée. Au lieu de participer à de magnifiques fêtes, comme celles que le roi avait données en 1664 en l'honneur d'une de ses premières maîtresses, Mademoiselle de la Vallière, ou en 1668, en l'honneur de la Montespan, ils se virent astreints à une étiquette rigide, à des cérémonies ennuyeuses, dans une atmosphère pesante, dépourvue de fantaisie et d'imprévu.

Pendant tout le XVIIᵉ siècle, la noblesse ne cessera de se ruiner. Le roi exigeait qu'un noble fût continuellement à Versailles s'il voulait jouir des faveurs royales; or, ce noble, ne pouvant exercer aucun métier lucratif, dépendait de ces faveurs pour vivre, et force lui était de s'installer à Versailles et de faire partie de cette domesticité brillante et coûteuse. Quant à la petite noblesse de province, celle qui vivait sur ses terres, elle était pour la majeure partie réduite au niveau de vie des paysans. Seule la noblesse de robe, formée d'anciens bourgeois qui, ayant acquis des charges, avaient obtenu un titre de noblesse, était riche, active et influente auprès du roi.

Le clergé, le plus riche propriétaire du royaume, aurait dû être très puissant au XVIIᵉ siècle. Mais, il était grandement divisé par l'abîme qui se creusait de plus en plus entre le haut et le bas clergé, ainsi que par des querelles de doctrines.

Les affaires religieuses au XVIIᵉ siècle se présentaient sous deux aspects. D'une part le jansénisme et le protestantisme, qui étaient, aux yeux du roi et de l'Église, des hérésies et devaient être combattues comme telles; d'autre part, le gallicanisme et l'ultramontanisme, qui traitaient des questions de rapports entre le roi et l'Église, entre l'Église et le pape. De toutes ces affaires, celle du jansénisme fut celle qui eut le plus de retentissement.

En 1643, un traité intitulé «De la fréquente communion» avait paru à Paris. Son auteur, le prêtre Antoine Arnauld, était le disciple de Jansénius, évêque d'Ypres, qui avait cru retrouver, surtout dans les écrits de saint Augustin, les principes de la foi et de la morale chrétiennes, qu'il disait oubliés. Il avait composé *l'Augustinus*, qui parut à Louvain en 1640, et à Paris en 1641. C'est par le livre d'Arnauld que l'esprit du jansénisme fut révélé au public. «*La Fréquente*», comme on disait en abrégeant le titre, fut beaucoup lu et fit une profonde impression sur ceux, nombreux au XVIIᵉ siècle, qui refusaient de croire que Dieu fût facile à satisfaire et souhaitaient une vie religieuse sévère et difficile. C'est précisément par la sévérité et par la difficulté que se caractérise le jansénisme.

Les jansénistes, ces «puritains du catholicisme», défendaient la grâce à la manière de Calvin, à savoir que l'homme ne peut ni se perdre s'il a reçu la grâce, ni se sauver s'il ne l'a pas reçue, et que la grâce est un pur don de Dieu. Pour eux, Dieu est un maître inflexible, l'homme un esclave. C'était une doctrine aussi vieille que le Christianisme et qui avait été prêchée par saint Paul et saint Augustin, combattue par Pélage (Vᵉ siècle), et disputée pendant tout le moyen âge. Le concile de Trente avait étudié ce double problème de la toute-puissance de Dieu et de la liberté de l'homme, et avait déclaré:

«Si quelqu'un prétend qu'un homme par ses œuvres seules, accomplies par les forces de la nature humaine et sans la grâce de Dieu, peut être justifié devant Dieu, qu'il soit anathème.

«Si quelqu'un prétend que le libre arbitre de l'homme a été, après le péché d'Adam, perdu et éteint, qu'il est un mot sans réalité, une fiction introduite par Satan dans l'Église, qu'il soit anathème.»

En 1588, le jésuite espagnol Molina avait proclamé que la grâce ne pouvait être efficace si elle n'était pas acceptée par celui à qui elle était offerte. C'était donner une extrême puissance au libre arbitre aux dépens de la grâce divine, et c'est pour combattre cette opinion que Jansénius s'était mis à étudier saint Augustin. La doctrine de l'évêque d'Ypres produisit nécessairement une morale austère. Certains de ses disciples, comme par exemple l'abbé de Saint-Cyran, se détournaient des beautés de la nature, condamnaient Virgile qui avait fait ses beaux vers «par vanité et pour plaire au monde», méprisaient les curiosités de la science. Ils prêchaient la peur de Dieu et plaçaient la Vierge si haut et si loin qu'elle devenait inaccessible. En outre, les jansénistes proclamaient ouvertement qu'ils n'avaient qu'un médiocre respect pour le pape et la hiérarchie catholique.

«Si mes lettres sont condamnées à Rome, écrivait Pascal—une des plus pures gloires du jansénisme—, ce que j'y condamne est condamné au ciel. *Ad tuum, Domine Jesu, tribunal appello.*»

Le foyer du jansénisme fut le monastère de Port-Royal, qui eut pour abbesse, de 1602 à 1661, Angélique Arnauld, la sœur de l'auteur de *La Fréquente,* et pour directeur spirituel, l'abbé de Saint-Cyran. Près de ce couvent de religieuses s'établit une maison où se retirèrent quelques prêtres, magistrats et savants, pour y vivre en commun dans la piété, la méditation et l'étude. Cette maison devint un foyer de lumières pour la France: elle exerça la plus grande influence sur sa littérature, surtout par l'intermédiaire de Pascal et de Racine.

Les jansénistes furent naturellement considérés avec méfiance par ceux qui travaillaient à l'unité religieuse et politique: Richelieu d'abord, Mazarin ensuite. Ce dernier obtint du pape Innocent X une condamnation de cinq propositions extraites, sinon textuellement, du moins dans leur sens général, du livre de Jansénius. Les religieuses et les solitaires de Port-Royal refusèrent d'accepter cette condamnation et trouvèrent là occasion d'attaquer l'autorité pontificale et les doctrines ultramontaines[13] des jésuites. Ils firent appel aux libertés de l'église gallicane et cherchèrent à mettre le pouvoir de leur côté en prêchant la séparation absolue de l'autorité ecclésiastique et de l'autorité civile.

Ainsi les gallicans et les ultramontains furent entraînés dans la querelle. Les premiers demandaient une plus grande liberté de l'Église de France à l'égard du Saint-Siège, et étaient, bien entendu, soutenus par la monarchie.[14]

Les ultramontains, à l'encontre des gallicans, affirmaient la souveraineté absolue du pape et plaçaient cette croyance à la base même de l'Église catholique. Ils auraient bien voulu ressusciter pour la papauté les jours de Grégoire VII (XIe siècle) et d'Innocent III (XIIIe siècle), où ces pontifes commandaient avec autorité aux princes et aux peuples et exerçaient à la fois la puissance spirituelle et la puissance temporelle.

Les jésuites, qui étaient ultramontains, furent les adversaires les plus acharnés des jansénistes et poussèrent de toutes leurs forces à leur persé-

13. Le mot ultramontain signifie "au-delà des monts" et particulièrement "au-delà des Alpes", par rapport à la France. On a donné le nom d'ultramontanisme, en France, à un ensemble de doctrines favorables à la primauté de l'Église romaine.

14. En 1682, quatre articles, rédigés par Bossuet, évêque de Meaux, et votés par l'Assemblée du clergé, affirmèrent que le roi avait le droit d'intervenir à son aise dans les affaires de l'Église, sans avoir à craindre d'être réprimandé ou même blâmé.

cution. Non seulement ils détestaient le gallicanisme, mais, en outre, ils étaient jaloux du succès des livres jansénistes ainsi que des admirables «petites écoles» que les jansénistes dirigeaient. Plus grave était l'opposition entre les deux conceptions de la religion: la conception sociale des jésuites et la conception individuelle des jansénistes. Les premiers accommodaient la morale chrétienne aux faiblesses de la société dans laquelle ils vivaient et s'efforçaient, par la casuistique, de diriger les âmes avec douceur et bienveillance. Les jansénistes, au contraire, tenaient pour condamnables tout accommodement, tout adoucissement: ils prêchaient le renoncement absolu aux sens et à la matière; ils se prononçaient contre la dévotion aisée.

En 1654, Pascal publia les *Lettres Provinciales* dans lesquelles il flagella les doctrines de morale relâchée des jésuites, dans une langue claire, brillante et vigoureuse. L'effet de ces pamphlets—car tout n'est point justice ni vérité dans les *Provinciales*—fut extraordinaire. Ce fut une des premières manifestations, en France, de la puissance d'un livre: la persécution des jansénistes fut suspendue.[15]

Cependant, le cardinal Mazarin, qui était fort indifférent aux subtilités religieuses, continua à considérer les jansénistes avec mauvaise humeur, surtout lorsqu'ils soutinrent le cardinal de Retz pendant la Fronde. En 1660, il conseilla à Louis XIV de faire condamner de nouveau les cinq propositions de Jansénius et d'ordonner la fermeture des «petites écoles». Avant de mourir, il recommanda au roi de ne souffrir «ni la secte des jansénistes ni seulement leur nom». Le Roi, bien entendu, détestait les jansénistes, en qui il voyait des ennemis de l'unité, des protestants cachés, les restes de la Fronde. En 1661, il donna l'ordre aux solitaires de se disperser, mais ceux-ci purent retourner à Port-Royal en 1668 lorsque les jansénistes, après mille incidents, acceptèrent de signer un formulaire de foi rédigé par le pape. Pendant une dizaine d'années, le calme régna à Port-Royal, puis les persécutions recommencèrent. Cette fois, le roi décida d'en finir, d'abord en supprimant le noviciat, puis en ordonnant la dispersion des religieuses et finalement, en 1712, en ordonnant la destruction de tous les bâtiments de Port-Royal.

La deuxième hérésie que Louis XIV voulut extirper de son royaume fut le protestantisme. Nous avons vu plus haut que le cardinal Richelieu avait, après la chute de La Rochelle, maintenu les garanties civiles et religieuses de l'Édit de Nantes, mais qu'il en avait supprimé les garanties

15. À vrai dire, l'effect des *Provinciales* fut accru par la guérison miraculeuse d'une nièce de Pascal, pensionnaire à Port-Royal, d'un ulcère lacrymal après l'attouchement d'une épine de la couronne de Jésus-Christ.

militaires. Les réformés avaient ensuite vécu dans l'obscurité, s'efforçant de se faire oublier, se tenant soigneusement à l'écart de tous les troubles civils. Mais, justement, leur isolement même les rendait suspects, d'autant plus qu'ils continuaient à correspondre avec leurs amis d'Angleterre et de Hollande.

«La France, a écrit l'historien Michelet, sentait une Hollande en son sein, qui se réjouissait des succès de l'autre.»

Louis XIV, dès le commencement de son règne personnel, fit tout ce qu'il put pour ramener les protestants au catholicisme, obéissant en cela à son désir de voir son royaume uni en toutes choses. Il n'était pas d'ailleurs le seul à avoir cette idée, c'était celle de tout son gouvernement, des magistrats, du clergé, du peuple lui-même: «Un pays, une loi, un Roi», voilà quel était le sentiment commun. Il faut se rappeler en outre, que le roi était un ferme croyant et que la conception qu'il se faisait de son rôle sur terre, comme représentant de Dieu et comme restaurateur de l'Église, devait faire de lui un ennemi certain de la religion réformée.

De 1661 à 1679, ce fut surtout par les séductions qu'on chercha à convertir les protestants, à qui l'on prodigua toutes sortes de faveurs et de récompenses. Les nouveaux convertis recevaient des pensions, on les exemptait d'impôts, on les admettait à toutes les charges. Une caisse de conversion fut établie, entretenue par des fonds de l'Église et du roi. On payait chaque conversion six livres. Ce n'était pas beaucoup, mais c'était assez pour attirer les misérables et les indifférents qui se «convertissaient», et recevaient la prime, autant de fois qu'ils le pouvaient.

Cette période prit fin vers 1679. Après la signature de la paix de Nimègue, le roi se sentit libre de «donner une grande application à la conversion des hérétiques». De plus, l'influence de Madame de Maintenon tendait à cette époque à ramener Louis XIV vers une dévotion plus forte. Dès 1680, on enleva aux réformés leurs pensions et leurs droits de noblesse, on leur interdit certaines professions, certaines charges. Leurs écoles furent fermées, leurs enfants placés dans des écoles catholiques, etc. Colbert essaya bien de les protéger, car il trouvait en eux d'habiles industriels, des marins, des ingénieurs, des administrateurs, mais il ne put faire grand'chose. C'est surtout Louvois qui encouragea l'emploi de mesures violentes envers les réformés, et notamment les «dragonnades». Il s'agissait de loger des dragons—à cette époque les plus redoutés des militaires—chez l'habitant huguenot jusqu'à ce que celui-ci signât son abjuration. Grâce à ces mesures, chaque jour on annonçait au roi des conversions en masse. Le 2 septembre, tous les huguenots de Montauban s'étaient convertis, le 5 octobre, c'étaient Montpellier, Castres, Lunel, puis les diocèses de Gap et d'Embrun, etc. Louis XIV crut sincèrement qu'il ne s'agissait plus que de constater par un édit la destruction d'une secte qui ne comptait plus que quelques adhérents.

Le 22 octobre 1685 parut donc la révocation de l'Édit de Nantes. En France, cette mesure fut saluée par un incroyable concert de louanges. Des hommes comme La Fontaine, La Bruyère, Bossuet, approuvèrent ce que le roi venait de faire. Madame de Sévigné écrivit:

«Rien n'est si beau que ce qu'il (l'édit de révocation) contient, et jamais aucun Roi n'a fait et ne fera rien de plus mémorable.» [16]

Cependant, à la grande surprise de tous, on s'aperçut rapidement que les nombreuses conversions n'avaient pas été sincères, car, sitôt la révocation signée, commença un exode des huguenots que l'on ne peut comparer qu'à la fuite des Israélites hors d'Égypte. Plus de 200.000 Français s'exilèrent pour se réfugier, les uns en Hollande (environ 70.000) les autres en Angleterre (80.000), en Prusse et dans le Brandebourg. À Berlin, qui n'était alors qu'un village, arrivèrent 25.000 Français qui contribuèrent à l'épanouissement de la capitale.

Bon nombre de réformés prirent le chemin de l'Amérique et s'établirent principalement dans l'État de New-York, où ils furent accueillis par de nombreux corréligionnaires et compatriotes, et en Caroline du Sud, où ils se fixèrent surtout à Charleston.

La révocation de l'Édit de Nantes eut une terrible influence sur la fortune de Louis XIV: elle priva la France d'une partie de sa population, une partie active, laborieuse et éclairée; elle fut blâmée par le pape; elle causa une grande indignation parmi les États protestants de l'Europe; elle contribua, finalement, à la formation de la Ligue d'Augsbourg, en 1686, et à une nouvelle guerre.

Cette guerre de la Ligue d'Augsbourg[17] eut de multiples causes. Citons d'abord les «réunions» de certains territoires autour des villes obtenues par le traité de Nimègue. Ce traité (de même que celui de Westphalie) avait stipulé que les villes données à la France étaient cédées «avec leurs dépendances». Ce terme était vague et pouvait justifier des prétentions sur des provinces entières. Louis XIV, sur l'avis de Colbert de Croissy, le

16. Rappelons cependant ce que Montesquieu écrivit à ce sujet, dans la *Lettre LX* des *Lettres persanes* (1721). «On s'est mal trouvé . . . en France d'avoir fatigué des chrétiens dont la croyance différait un peu de celle du Prince. On s'est aperçu que le zèle pour le progrès de la Religion est différent de l'attachement qu'on doit avoir pour elle, et que, pour l'aimer et l'observer, il n'est pas nécessaire de haïr et de persécuter ceux qui ne l'observent pas.»
17. La Ligue d'Augsbourg comprenait: l'empereur, le roi d'Espagne, les Provinces Unies, la Suède, l'électeur de Bavière, l'électeur de Saxe, la Souabie, la Franconie, et, après 1688, l'Angleterre.

frère du grand ministre, décida de créer, dans les parlements de Metz, de Brisach et de Besançon, des chambres, dites de réunion, chargées de rechercher les terres et fiefs qui avaient relevés des villes qui venaient d'être cédées à la France. C'est ainsi que Louis XIV occupa quatre-vingts fiefs en Lorraine et, en Alsace, la ville de Strasbourg (le 8 octobre 1681). Le même jour, des troupes françaises occupaient Casal, à la frontière du Piémont italien. Cette double conquête en un jour inquiéta fort l'Europe, mais pas au point de la faire se lancer dans une guerre. Le bombardement de la ville de Gênes par une flotte française (mai 1684), la révocation de l'Édit de Nantes, l'aide donnée par Louis XIV à Jacques II d'Angleterre, voilà autant de provocations qui décidèrent les puissances européennes à s'opposer militairement à la France. Ajoutons surtout la réussite de l'entreprise de Guillaume d'Orange contre son beau-père. Lorsqu'il fut devenu Guillaume III, le redoutable adversaire de Louis XIV s'empressa de faire participer son nouveau royaume à la Ligue d'Augsbourg.

La guerre débuta en 1689. Il s'agissait pour Louis XIV d'abord de soutenir Jacques II dans ses efforts pour reconquérir le trône d'Angleterre, ensuite de défendre l'Alsace, et finalement d'attaquer dans le nord et dans l'Italie piémontaise.

Malgré de brillants exploits de la flotte française (Beachy Head, 1690; La Hougue, 1692, Lagos, 1693) et l'envoi de troupes en Irlande pour aider Jacques II, celui-ci ne put être rétabli sur le trône. Sur terre, Louvois eut la malencontreuse idée de dévaster le Palatinat, afin de créer une zone désertique entre l'ennemi et la France. La population palatine, jusqu'ici amie de la France, ne pardonna jamais cette mesure barbare, indigne des Français. Il manquait à Louis XIV le génie militaire de Turenne et de Condé, mais, heureusement, il pouvait compter sur le maréchal de Luxembourg et le maréchal de Catinat. Le premier gagna la bataille de Fleurus (1er juillet 1690), celle de Steenkerke (3 août 1692) et celle de Neerwinden (29 juillet 1693). De ces batailles, le maréchal de Luxembourg renvoya tellement de drapeaux ennemis, destinés à la cathédrale de Paris, qu'on le surnomma «le tapissier de Notre-Dame».

De son côté, Catinat battit le duc de Savoie et se rendit maître de tout le Piémont. Pendant la bataille de la Marsaille (4 octobre 1693) les Français chargèrent à la baïonnette et mirent l'ennemi en pleine déroute. C'était la première fois que cette arme jouait un rôle décisif dans une bataille.

Sur mer, la guerre se poursuivait avec le même acharnement. La flotte française ayant, contre des ennemis infiniment supérieurs, perdu beaucoup de navires, continuait néanmoins à dominer les mers. De plus en plus, cependant, le grand rôle était tenu par les corsaires, tels que Duguay-Trouin, Jean Bart, Forbin, Ducasse, qui pillaient les côtes d'Espagne, enlevaient les convois anglais et hollandais, et s'aventuraient dans des expéditions lointaines avec une audace fabuleuse. Ils rapportaient leur butin à Dieppe, au Havre ou à Saint-Malo. Ce dernier port était devenu la ville maritime la plus riche de France.

Tous ces efforts français étaient épuisants. Louis XIV était au bout de ses ressources financières, et la France semblait devoir connaître un déclin semblable à celui de l'Espagne. C'est pourquoi le roi offrit à ses adversaires une paix honorable et modérée, qui fut signée à Ryswick en 1697. Le duc de Savoie, avec lequel on avait traité séparément, reçut Casal et Pignerol en échange de sa neutralité définitive. La France rendait toutes les conquêtes faites depuis le traité de Nimègue, mais gardait Strasbourg. Cette paix coûta beaucoup à l'orgueil de Louis XIV, car il dut également abandonner la cause de Jacques II et reconnaître le nouveau souverain protestant d'Angleterre. Cependant, il pouvait tirer gloire du fait que toutes les puissances occidentales réunies n'étaient pas venues à bout de la France pourtant seule et sans alliés.

Trois ans plus tard, la France se trouvait engagée dans une nouvelle guerre, précipitée par la mort du roi d'Espagne, Charles II. Ce dernier, pour éviter le démembrement des possessions espagnoles, avait laissé tout son héritage au duc d'Anjou, petit-fils de Louis XIV, à condition que le duc renoncerait pour lui et ses héritiers à tous ses droits sur la couronne de France. Louis XIV hésita: un prince français à Madrid déclencherait sûrement une guerre avec l'Europe, guerre que la France n'était pas en état de soutenir; par contre, refuser le testament de Charles II signifierait qu'un prince autrichien (l'archiduc Charles, arrière-petit-fils de Philippe III) s'installerait dans la péninsule. C'était l'encerclement de la France qui recommencerait.

Le 16 novembre 1700, Louis XIV annonça sa décision. Voici comment le *Mercure Galant* de ce mois décrit l'événement: «Le mardi 16, le Roi, étant entré dans son cabinet après son dîner, fit appeler l'ambassadeur d'Espagne et lui déclara en particulier l'acceptation qu'il avait faite de la couronne d'Espagne pour Monseigneur le duc d'Anjou. Le Roi lui dit, en lui montrant le duc d'Anjou: Monsieur, saluez votre Roi. Aussitôt, l'Ambassadeur se jeta à ses pieds et lui baisa les mains, les yeux remplis de larmes de joie, et, s'étant relevé, il fit avancer son fils et les Espagnols de sa suite, qui en firent autant. Il s'écria alors: Quelle joie! Il n'y a plus de Pyrénées, elles sont abîmées et nous ne sommes plus qu'un.»

Dans son *Siècle de Louis XIV*, Voltaire fait le commentaire suivant au

sujet de cette décision du roi: «Ainsi, après deux cents ans de guerre et
de négociations pour quelques frontières des États Espagnols, la maison
de France eut d'un trait de plume, la monarchie entière, sans traités, sans
intrigues, sans même avoir eu l'espoir de cette succession.»

Malheureusement, Louis XIV manqua de souplesse et de prudence. Il
proclama officiellement que le duc d'Anjou, devenu Philippe V, gardait
ses droits à la couronne de France. Il est vrai qu'il ne stipulait pas que
Philippe, en tant que roi de France, demeurerait roi d'Espagne; de plus,
Philippe était séparé de la couronne par son père le dauphin, et son frère
le duc de Bourgogne. Néanmoins, cette déclaration fut accueillie avec
alarme, surtout par l'Angleterre qui ne voulait admettre une France
maîtresse de la mer du Nord à la Méditerranée, de Gibraltar à Anvers.

La coalition européenne se reforma et la guerre éclata en 1702. Cette
fois, la France avait pour alliés le roi de Portugal, le duc de Savoie et
l'Espagne. Mais ce dernier pays augmentait les charges militaires de Louis
XIV, et la Savoie et le Portugal firent défection dès les débuts des hostilités. La coalition européenne avait des chefs de premier ordre: le
duc de Marlborough pour l'Angleterre, le pensionnaire Heinsius pour la
Hollande, et le prince Eugène pour l'Autriche, qui eut en lui le plus grand
chef militaire de son histoire. Louis XIV disposait encore de quelques
excellents généraux, comme Catinat, Boufflers, Villars et les ducs de Vendôme et de Berwick. Mais la France était fatiguée, l'argent faisait défaut,
et, malgré des efforts héroïques, le pays fut envahi par l'ennemi. Le roi
offrit la paix, mais ses adversaires proposèrent des conditions tellement
inacceptables que le roi les rejeta et fit appel à son peuple.

C'était la première fois que Louis XIV se mettait directement en rapports avec la nation. Le succès dépassa tous ses espoirs. Un frisson de
patriotisme parcourut toutes les classes de la société et de nombreuses
recrues s'enrôlèrent dans l'armée. Quant à l'argent, le roi en trouva en
dépouillant Versailles de ses chefs-d'œuvre, en envoyant sa vaisselle à la
monnaie, et en empruntant à droite et à gauche.

Une nouvelle armée forte de 90.000 hommes mal armés, mal habillés,
mal entraînés, fut confiée à Villars. Celui-ci lui fit livrer bataille contre
les armées de Marlborough et d'Eugène (130.000 hommes) à Malplaquet,
le 11 septembre 1709. La bataille fut terrible, la plus terrible de toute la
guerre, et les Français durent se replier. Mais, ils avaient tué 20.000
hommes des forces alliées en n'en perdant que 11.000. L'invasion par le
nord fut abandonnée par les alliés. De nouveau, Louis XIV proposa la
paix, mais cette fois les alliés exigèrent qu'il allât lui-même détrôner son
petit-fils, comme préliminaire à la paix. Alors le vieux roi, déclarant que

s'il fallait faire la guerre, il aimait mieux «la faire à mes ennemis qu'à mes enfants», rappela ses plénipotentiaires (20 juillet 1710). Cependant, le roi d'Espagne, par la victoire de Villaviciosa (10 décembre 1710) contre l'archiduc Charles, consolidait son trône, tandis qu'en Angleterre les partisans de la paix obtenaient la disgrâce de Marlborough. Des négociations secrètes avec l'Angleterre furent entamées, mais, avant qu'elles pussent aboutir, le prince Eugène, à la tête d'une armée de 130.000 hommes, franchit la frontière et s'avança en direction de Paris. Devant cet ultime danger, Louis XIV se montra de nouveau digne du surnom de «Grand». Il convoqua le maréchal Villars à Versailles et lui donna l'ordre de tout risquer dans une suprême bataille, ajoutant qu'il était prêt à se mettre lui-même à la tête de ses soldats si cela devenait nécessaire. Le 24 juillet, Villars lança son armée, la dernière qui restât à la France, contre l'ennemi et remporta une victoire décisive à Denain. Les alliés, démoralisés, se replièrent et l'armée française, pleine de confiance et d'entrain, put reprendre en quelques semaines tout le territoire du nord que la coalition avait occupé aux prix de plusieurs campagnes, de beaucoup d'argent et de beaucoup d'hommes. La France était sauvée et le roi pouvait espérer maintenant une paix honorable.

La paix fut signée à Utrecht, le 11 avril 1713 avec l'Angleterre et la Hollande, à Radstadt, le 6 mars 1714 avec l'empereur Charles VI.[18] La France conservait ses frontières, sauf Ypres, Tournai, Furnes et Menin, mais elle consentait à détruire les fortifications de Dunkerque, elle faisait remettre les Pays-Bas espagnols à l'empereur, elle reconnaissait la monarchie protestante anglaise et abandonnait le fils de Jacques II. Philippe V devait renoncer à ses droits à la couronne de France, et l'Espagne perdait tous ses territoires européens en dehors de la péninsule. À l'Angleterre, elle donnait Gibraltar et l'île de Minorque.

Quant au magnifique empire américain obtenu par les efforts surhumains de Champlain et de La Salle, entre autres, il était maintenant gravement entamé par la perte de Terre-Neuve, de l'Acadie et du rivage de la baie d'Hudson, cédés à l'Angleterre.

Les dernières années du Roi-Soleil furent de plus en plus sombres. Pendant la guerre contre l'Europe entière, le Trésor s'était vidé, le pays s'était épuisé et ruiné. Les deuils les plus cruels avaient, en même temps, frappé le souverain. La dauphine et le dauphin étaient morts à une

18. L'empereur ne se décida à faire la paix qu'après une campagne victorieuse de Villars en Alsace (1713) contre le prince Eugène. Notons, en passant, que le français fut consacré comme langue diplomatique, au traité de Radstadt, au lieu du latin, et cela jusqu'aux confins de l'Asie: en 1774, Turcs et Russes rédigeaient leur traité en français.

semaine d'intervalle au mois de février 1712, suivis un mois plus tard par
le nouveau dauphin, l'ancien duc de Bretagne. En 1714, le duc de Berry,
le troisième petit-fils du roi, mourait sans laisser d'enfants. Il ne restait
alors que deux descendants légitimes du roi: Philippe V d'Espagne, qui
avait renoncé à la couronne de France, et l'arrière-petit-fils de Louis XIV,
le duc d'Anjou, un enfant de quatre ans. Devant tant de malheurs, le roi
montra une fermeté et une grandeur d'âme qui soulevèrent l'admiration
de tous, même de Saint-Simon, qui pourtant ne l'aimait guère.

Louis XIV mourut le 1er septembre 1715, âgé de soixante dix-sept ans.
Il avait régné personnellement pendant cinquante-quatre ans, et avait,
au cours de ce règne, donné à la monarchie française sa dernière forme
politique, le despotisme. Après lui, la forme continuera, mais le despote
fera défaut.

Pendant l'agonie de Louis XIV, tous ceux qui lui avaient fait opposition s'étaient tournés avec espoir vers Philippe, duc d'Orléans, qui avait
été désigné comme régent pour le petit Louis XV. La noblesse d'abord,
qui avait hâte de sortir de l'abaissement où Louis XIV l'avait réduite; le
parlement, ensuite, qui espérait retrouver son rôle de jadis; les jansénistes,
enfin, qui espéraient voir la fin de leurs persécutions.

Le régent était un homme fort intelligent, très instruit, ayant de solides
connaissances politiques et financières, et qui savait parler en connaisseur
de musique, de peinture et de sciences. Malheureusement, c'était un
débauché, un être amoral et, de plus, un faible. Il se laissa influencer par
son ami le duc de Saint-Simon et par son ancien précepteur l'abbé Dubois,
qui lui donnèrent comme premier conseil d'imiter Anne d'Autriche et de
faire casser le testament du défunt souverain. Ce testament établissait un
conseil de régence dans lequel le duc d'Orléans n'aurait de suffrage prépondérant qu'en cas de partage égal des voix. Le parlement, heureux
comme toujours d'être appelé à jouer un rôle politique, déclara le duc
régent de France avec le droit de constituer à son gré le Conseil de
Régence.

Le second conseil de Saint-Simon fut de faire entrer dans les Conseils,
qui allaient remplacer les secrétaires d'État de Louis XIV, des représentants de la haute noblesse. À côté de la noblesse d'épée, le régent plaça
des représentants de la noblesse de robe, ce qui rendait l'antagonisme
entre les deux ordres inévitable.[19] Puis il appela à de hautes charges des
jansénistes marquants.

19. Rappelons ce qu'écrivit Montesquieu, dans sa *44e Lettre Persane:* «Il y a en
France trois sortes d'état: l'église, l'épée et la robe. Chacun a un mépris souverain pour
les deux autres.»

La réaction contre le régime de Louis XIV triomphait donc sur toute la ligne. Malheureusement, si les adversaires étaient tous d'accord contre l'ancien règne, ils ne l'étaient point sur la manière dont il fallait organiser le nouveau. On vit donc le gouvernement glisser vers une anarchie presque complète qui aurait pu mener droit à une nouvelle Fronde, ou à une révolution, si les cadres de l'État de Louis XIV n'avaient pas continué à fonctionner.

La réaction se fit sentir également dans les mœurs. La cour de Louis XIV, pendant les dernières années de la vie du vieux monarque, était devenue hypocritement dévote et terriblement ennuyeuse. Aussi vit-on, à la mort du roi, une explosion de joie de la part des courtisans qui se hâtèrent de quitter Versailles et de suivre le régent qui, lui, s'installa au Palais-Royal. Là, on mena une vie épicurienne qui tourna souvent à la débauche. Entouré de ses «roués»—ainsi nommait-il ses courtisans—des dames de la noblesse et d'autres qu'on appelait les «petites souris», Philippe d'Orléans donnait l'exemple d'une vie désordonnée qui fut suivi, et parfois dépassé, par une certaine partie de la société.

Paris remplaça donc Versailles jusqu'en 1722, date à laquelle Louis XV y ramena la cour, mais celle-ci ne reprit plus jamais le rôle qu'elle avait eu au XVIIe siècle. Dorénavant, ce sont les salons de Paris qui deviennent autant de petites cours où l'on s'empresse pour discuter philosophie, religion, art et littérature. Les plus en vue, sous la Régence, furent les salons de la duchesse du Maine, de la marquise de Lambert, du duc de Sully et du prince de Léon, où les principaux rôles étaient tenus par Montesquieu, Voltaire et le président Hénault.

De tous les problèmes que Louis XIV avait laissés à son successeur, le problème financier était le plus grave. Les dernières guerres avaient vidé le Trésor et même absorbé les recettes de plusieurs années à venir. Le régent, après avoir vainement essayé divers remèdes, se décida à faire appel à un banquier écossais, John Law. Celui-ci proposait d'établir un système de crédit qui devait centupler les ressources de l'État en les mobilisant au moyen d'un papier-monnaie qui aurait pour garantie le produit des impôts, des fermes,[20] des compagnies de commerce, etc., et qui remplacerait l'or insuffisant pour les relations commerciales. Ce système existait déjà en Hollande et commençait à s'organiser en Angleterre.

Le régent autorisa Law à établir une banque générale au mois de mai

---

20. On entendait par les *cinq grosses fermes*, ou *fermes générales*, une partie des revenus de l'État, provenant principalement du monopole du sel, des droits de *traite* ou de douane sur les marchandises, des droits d'entrée à Paris, etc. Ces impôts étaient affermés à une compagnie très puissante de financiers qu'on appelait *fermiers-généraux*.

1716. Le succès des billets émis par la banque fut immédiat. Alors, Law fonda la *Compagnie d'Occident* pour exploiter le Sénégal, les Antilles, la Louisiane et le Canada. En 1718, il absorba les Compagnies des Indes orientales, de la Chine, et d'Afrique. Il proposa au public des parts, ou actions, de ces Compagnies: quiconque aurait une action toucherait une partie des bénéfices. Au début, des milliers de gens achetèrent ces actions et, dans la rue Quincampoix, où se trouvait le lieu de vente, la foule s'entassa à grand bruit. On y vit des gens de toutes conditions, de tous les pays se livrer à une spéculation endiablée: telle action qui s'achetait à 500 livres le matin pouvait se vendre 1.000 livres le soir, 2.000 livres le lendemain, 10.000 livres la semaine suivante.

Avec un tel jeu il y eut un prodigieux mouvement de fortunes. La France sembla couverte de richesses; le gouvernement diminua les impôts, ouvrit des routes, rendit gratuites les études universitaires. Le commerce maritime prit un prodigieux essor; la Louisiane fut défrichée, la Nouvelle-Orléans fondée. À Paris, le luxe et les plaisirs s'accrurent d'une manière effrénée.

Hélas, toutes ces richesses n'étaient que factices. Le jour vint où certains actionnaires voulurent vendre leurs actions et exigèrent d'être payés en or. En un clin d'œil la structure s'effondra: on vit les foules se ruer aux portes de la banque pour échanger leurs titres; les actions baissèrent de plus en plus. Ce fut la banqueroute. Law se retira en province, puis, en décembre 1720, hors de France, complètement ruiné. Il avait, pendant les quatre années que dura son expérience, allégé la dette de l'État, donné un coup de fouet aux entreprises commerciales et industrielles, mais il avait aussi fait naître le dégoût de la monnaie de papier et du crédit. Pendant longtemps on ne put parler de banque aux Français! L'essor du crédit se trouva retardé et, avec lui, l'essor industriel et commercial.

Notons aussi que l'expérience Law amena une crise morale sérieuse, car elle provoqua un véritable bouleversement social. Pendant ces quatre années, on vit des valets devenir millionnaires et se faire construire de magnifiques châteaux, on vit d'anciens cochers se promener dans des carrosses de luxe, de grands seigneurs se bousculer comme des colporteurs pour acheter ou vendre des actions. On vit des filles nobles épouser des roturiers, et des aristocrates se vendre aux filles d'anciens laquais. Bref, un vent de folie souffla sur Paris et la province, balayant devant lui les anciennes valeurs morales.

À la mort du régent (1723), ce fut le duc de Bourbon qui devint premier ministre. Sa grande préoccupation fut de marier le jeune roi. Le régent avait, en 1721, promis Louis XV, alors âgé de onze ans, à la fille de Philippe V, l'infante Marie-Anne-Victoire, qui était âgée de deux ans. Cependant, le duc de Bourbon avait hâte de voir le roi prendre une épouse, afin d'assurer la succession du trône. Il rompit donc l'accord de 1721 et choisit pour Louis XV la fille du roi dépossédé de Pologne, Marie Leczinska, qui avait sept ans de plus que le roi. Le mariage eut lieu le 15 août 1725, à la grande surprise des Français qui, néanmoins, furent gagnés par la grâce et la modestie de la jeune reine.

Le roi, à son mariage, n'avait que quinze ans. Il était fort beau; plus tard, il passera même pour être le plus bel homme de la cour. Dans ses *Souvenirs,* le duc de Lévis a laissé ce portrait du roi à cette époque:

«Il avait les plus beaux yeux du monde et une singulière dignité dans le regard, telle que j'en fus frappé, quoique je fusse encore enfant quand je le vis. Ce regard, et l'habit d'étoffe d'or dont il était revêtu ce jour-là, se réunirent même dans mon imagination à l'idée d'un grand roi.»

Ce beau jeune homme était adoré de tout le royaume. Quatre ans avant son mariage il avait été gravement malade; sa guérison fut fêtée par des bals, des banquets, des feux d'artifices et des *Te Deum.* Malheureusement, il avait été fort mal élevé. Sa gouvernante, Madame de Ventadour, l'avait initié à l'étiquette et l'avait habitué, dès sa tendre jeunesse, à se considérer comme un être à part. Son gouverneur, le maréchal de Villeroy, n'avait rien ajouté à cette «éducation». Son précepteur, le cardinal de Fleury, craignait de fatiguer l'esprit de son jeune élève et lui laissait faire ce qu'il voulait. Ainsi, le jeune roi avait grandi sans discipline, sans morale, sans instruction et montrait déjà ce qui allait être le trait dominant de son caractère: une insurmontable apathie, une grande indifférence aux affaires du royaume. Ce n'est que pendant les quatre dernières années de son règne que Louis XV s'occupera de son «métier».

Pendant quelque temps, Louis XV se montra fort amoureux de sa jeune femme, qui lui donna dix enfants en dix ans; les cinq premiers avant le vingtième anniversaire du roi. Mais, bientôt, il commença à trouver la reine ennuyeuse et à se tourner vers d'autres femmes. De celles-ci, deux en particulier jouèrent un rôle important, en tant que maîtresses royales, et méritent donc d'être nommées: la marquise de Pompadour, née Jeanne-Antoinette Poisson, dont le «règne» dura de 1745 à sa mort en 1764; et la comtesse du Barry, née Jeanne Bécu, qui fut la maîtresse du roi de 1769 jusqu'à la mort de ce dernier en 1774.

Madame de Pompadour se donna pour tâche d'amuser le perpétuel ennuyé qu'était Louis XV. Elle fit aménager un théâtre dans une galerie de Versailles, où l'on fit jouer des comédies de La Chaussée, de Dancourt, de Molière et de Gresset, des opéras de Lulli et de Campra. Elle encouragea le roi à se promener de château en château et à y participer à des fêtes qu'elle organisait. De cette façon, elle établit son empire sur lui et n'hésita pas à étendre cet empire aux affaires politiques. Elle fut, en quelque sorte, le premier ministre du roi et exerça ainsi une influence prépondérante, parfois néfaste, notamment dans les affaires étrangères, parfois heureuse, lorsqu'elle se fit la protectrice des écrivains et des artistes. Elle protégea les Encyclopédistes, par exemple, et ceux-ci, en reconnaissance, vantèrent ses bonnes qualités. Elle dépensa énormément d'argent pour ses bâtiments, ses voyages, les pensions qu'elle servait à ses parents et à ses amis. Aussi, fut-elle haïe par le peuple.

Madame du Barry ne s'intéressa pas autant à la politique, mais joua quand même un rôle considérable dans la conduite des affaires du royaume. C'est elle qui fit disgracier Choiseul, le ministre des Affaires étrangères, et qui fit nommer à sa place le duc d'Aiguillon. Elle fut donc courtisée par les ambassadeurs étrangers qui espéraient tirer parti de son influence auprès du roi. Elle aussi s'occupa de donner des fêtes, des réceptions et des divertissements de toutes sortes. Elle aussi fut l'objet de la haine du peuple et mourut sur l'échafaud pendant la Révolution.

En 1726, le roi confia le pouvoir à son ancien précepteur, le cardinal de Fleury, un austère vieillard qui, pendant dix-sept ans, c'est-à-dire, jusqu'à sa mort à l'âge de quatre-vingt-dix ans, donna à la France une administration financière si heureuse que le budget fut de nouveau équilibré, ce qu'on n'avait pas vu depuis Colbert! Le cours du louis fut fixé et ne devait plus varier jusqu'à la Révolution. Bien entendu, le premier ministre eut à prendre des mesures énergiques et donc impopulaires, mais il fut toujours soutenu par l'affection du roi.

À l'extérieur, le cardinal chercha aussi à rétablir le calme et l'ordre. Il y avait, à cette époque, cinq grandes puissances en Europe, en dehors de la France. Certaines, déjà anciennes, comme l'Espagne et les domaines des Habsbourg, d'autres en pleine croissance, comme l'Angleterre et la Prusse. La Russie, depuis le règne de Pierre le Grand (1682–1725), s'était mise à imiter l'Europe et était devenue, par ses victoires contre la Suède et la Turquie, une puissance avec laquelle il fallait désormais compter. L'impératrice Catherine II (1762–1796) continua, au XVIIIe siècle, l'œuvre de son prédécesseur.

En 1733, le roi de Pologne, Auguste II, vint à mourir. La Pologne était alors une royauté élective, entourée de puissances qui cherchaient à la maintenir dans son état de décadence. Le seul soutien des Polonais était la France, et, pour combattre cette influence, la Russie, l'Autriche et la Prusse avaient signé un pacte secret, en 1732, que l'on peut considérer comme l'origine des projets de démembrement de la Pologne.

À la mort d'Auguste II, les patriotes polonais se tournèrent vers leur ancien monarque Stanislas Leczinski, qui se rendit en secret à Varsovie et fut de nouveau élu roi. La Russie et l'Autriche, de leur côté, firent élire le fils du défunt roi, Auguste III, et envahirent la Pologne. À cette nouvelle, la noblesse française exigea que la France soutînt le père de la reine de France. Le cardinal de Fleury ne comprit pas l'importance que cette intervention pouvait avoir et se contenta d'envoyer un navire, de l'argent et quinze cents hommes. Cette expédition ridicule fut aisément repoussée et Stanislas dut s'enfuir de son royaume. Néanmoins, Fleury comprit que cette guerre pouvait le servir contre l'Autriche et en profita pour l'attaquer dans ses possessions italiennes. Pour cela, il trouva aisément deux alliés, le roi de Sardaigne et l'Espagne. Milan, Naples et la Sicile furent pris sans difficulté.

Lorsque le traité de Vienne fut signé (le 18 novembre 1738), Stanislas renonça au trône polonais, mais reçut en échange les duchés de Lorraine et de Bar (alors terres d'empire) sous condition que ces pays reviendraient à la France à sa mort. Le duc de Lorraine, François III, recevait en compensation la Toscane et la main de Marie-Thérèse d'Autriche.[21] La France, en outre, reconnaissait la Pragmatique Sanction.

Deux ans plus tard, l'empereur germanique Charles VI mourut. La Pragmatique, qui stipulait que la succession des royaumes et principautés d'Autriche reviendraient à sa fille Marie-Thérèse, et non à ses nièces, avait été signée par toutes les puissances européennes. Mais, sitôt qu'il fut mort, tous ceux qui avaient, ou s'imaginaient avoir, le moindre droit à la succession d'Autriche se joignirent à ceux qui voulaient abattre la puissance autrichienne, pour essayer de renverser la jeune Marie-Thérèse. En particulier la Prusse, dont le roi Frédéric II revendiquait les duchés silésiens. Le parti anti-autrichien en France réclama une nouvelle intervention contre l'ennemie de François Ier, d'Henri II, de Louis XIII et de Louis XIV. Fleury se laissa convaincre, mais à contre-cœur, et il mourut, en 1743, avant de voir la fin de cette aventure.

L'intervention française dans cette guerre fut une grosse erreur politique. L'Angleterre et la Hollande vinrent en aide à Marie-Thérèse, tandis

21. De cette union allait naître Marie-Antoinette, qui épousa le futur Louis XVI en 1770.

que la Prusse, dès qu'elle eut saisi la Silésie, se retira et laissa la France seule. Heureusement, le maréchal de Saxe remporta sur une armée anglo-hollandaise une grande victoire à Fontenoy (le 11 mai 1745), puis de nouveau à Raucoux (11 octobre 1746) et à Lawfeld (22 juillet 1747), et menaça la Hollande. En Italie, les Français furent également victorieux, tandis qu'en Inde, Mahé de la Bourdonnais et Joseph-François Dupleix repoussaient les attaques des Anglais.

La paix d'Aix-la-Chapelle (1748) qui termina cette guerre aurait dû être avantageuse pour la France, mais Louis XV déclara qu'il voulait traiter «non en marchand, mais en roi», et ne demanda effectivement rien pour prix de ses victoires. Il restitua toutes ses conquêtes, s'engagea à ne pas rétablir les fortifications de Dunkerque, pour ne pas fâcher les Anglais, à chasser de son royaume le prétendant Charles-Édouard Stuart, et à reconnaître la Pragmatique Sanction. Quant au roi de Prusse, qui avait trahi tout le monde, il garda bel et bien la Silésie. Les expressions «travailler pour le roi de Prusse» et «bête comme la paix» datent de cette époque. Les Français se répétaient ironiquement le conte des quatre chats:

«Louis XV voit en rêve quatre chats qui se battent, l'un maigre, l'autre gras, le troisième borgne et le quatrième aveugle. À son réveil, il demande qu'on lui explique ce rêve.—Rien de plus simple, votre Majesté, le chat maigre est votre peuple, le chat gras est le corps de vos financiers, le chat borgne est votre conseil, le chat aveugle . . . c'est vous, Sire, qui ne voulez rien voir.»

Huit ans plus tard, la guerre recommençait. Mais, cette fois, la France fit tout ce qu'elle put pour éviter les hostilités. Celles-ci débutèrent en Amérique, où les colons anglais étaient résolus à déloger les colons français qui, de la Nouvelle-Orléans à l'embouchure du Saint-Laurent, s'étaient implantés tout autour des Treize Colonies. Les Anglais avaient une grande supériorité numérique: ils étaient environ deux millions, tandis qu'il n'y avait que 60.000 Français. De plus, le gouvernement anglais, poussé par l'opinion de son peuple, soutenait ses colons, tandis que le gouvernement français négligeait les siens.

En Europe, cependant, l'Angleterre s'était alliée à la Prusse, portant ainsi un rude coup aux prussophiles de la cour de France. Pour ne pas être complètement isolée, la France se rapprocha alors de la Russie et de l'Autriche. La guerre qui s'ensuivit fut mal préparée et mal conduite: à Rossbach, en novembre 1757, Frédéric II battit une armée franco-autrichienne commandée par le maréchal de Soubise. L'année suivante, Soubise eut sa revanche et Frédéric, pris entre les Russes, les Autrichiens et les Français, aurait pu être écrasé une fois pour toutes, mais les alliés ne surent pas coordonner leurs mouvements et la Prusse en profita pour échapper au danger.

En Amérique, le marquis de Montcalm se défendit énergiquement contre les attaques répétées des Anglais. Il fut tué au cours de la bataille du plateau d'Abraham (septembre 1759) ainsi d'ailleurs que son adversaire le général Wolfe. La ville de Québec capitula et, l'année suivante, Montréal fut obligé de se rendre. Le Canada était perdu pour la France.

En Inde, ce fut la même histoire: du vaste territoire que Dupleix avait réussi à soumettre à l'influence française, son successeur, Lally-Tollendal, ne put retenir que Mahé et Pondichéry, et dut rendre cette dernière ville après un siège de cinq mois, le 10 janvier 1760. L'espoir qu'avaient eu certains Français de fonder un empire dans l'Inde fut à jamais anéanti.

En 1758, le duc de Choiseul était devenu ministre des Affaires étrangères. C'est lui qui dut entamer les négociations pour obtenir la paix. Il se tourna d'abord vers l'Espagne avec laquelle il conclut le traité connu sous le nom de *Pacte de famille;* c'est le chef-d'œuvre des actes diplomatiques du règne de Louis XV, car il formait des peuples de la France, de l'Espagne, des Deux-Siciles, de Parme et de Plaisance une seule nation, sous la direction d'une seule famille, celle de Bourbon.

La guerre d'outre-mer fut ensuite terminée par le pacte de Paris (10 février 1763) et la guerre continentale par le traité d'Hubertsbourg (15 février 1763). Par ces traités, la France cédait son empire d'Amérique (sauf les îles de Saint-Pierre et de Miquelon, la Guadeloupe, la Martinique et Belle-Isle); elle donnait la Louisiane à l'Espagne—ce fut le premier effet du *Pacte de famille*—en échange de la Floride que l'Espagne cédait à l'Angleterre; elle cédait son empire en Inde où elle ne gardait que les comptoirs de Chandernagor, Yanaon, Karikal, Mahé et Pondichéry;[22] elle cédait le Sénégal. C'était un désastre incontestable et l'orgueil national en France en fut profondément blessé.

Choiseul se mit au travail pour réparer ce désastre: jusqu'à l'heure de sa disgrâce (août 1770), il s'occupa de restaurer les forces de mer et de terre et de réaliser quelques réformes intérieures. Pour mener celles-ci à bien, il lui aurait fallu bénéficier de la bienveillance des parlements, mais ceux-ci lui restèrent hostiles, même après avoir obtenu de lui l'expulsion des jésuites (1764).

En 1766, le roi Stanislas mourut et la Lorraine et le Bar furent rendus à la France; deux ans plus tard, Choiseul acheta l'île de Corse à la république de Gênes, estimant ainsi avoir compensé la perte du Canada.

---

22. Ces villes restèrent françaises jusqu'au XXe siècle, lorsque l'Inde devint indépendante.

L'année suivante naissait dans cette île un enfant qui devait devenir empereur des Français: Napoléon Bonaparte.

Par l'annexion de la Lorraine et de la Corse, et par une série de réformes fiscales, judiciaires et civiles, engagées par le chancelier de Maupeou, Louis XV termina son règne honorablement. Néanmoins, le peuple français commençait à sentir que la monarchie absolue arrivait à ses dernières heures. Les efforts du successeur de Louis XV allaient retarder, mais non empêcher, la chute du régime.

Malgré les revers militaires et l'humiliation politique de la France, le XVIIIe siècle, le «siècle des lumières» fut un siècle français. Les écrivains, les artistes, les philosophes réussirent là où les généraux avaient échoué: ils firent la conquête de l'Europe. Que ce soit dans les sciences physiques, chimiques ou sociales, que ce soit dans les arts ou dans les lettres, c'est la France qui mena l'Europe, et l'Europe mena le monde. En 1776, un Italien, le marquis Domenico Caracciolo, intitulait un petit livre: *Paris, le modèle des nations, ou, l'Europe française.* Il constatait: «On reconnaît toujours une nation dominante qu'on s'efforce d'imiter. Jadis, tout était romain, aujourd'hui tout est français.»

La langue française était alors la langue commune de l'Europe. N'est-ce pas Frédéric II, roi de Prusse, qui ordonna de publier en français les *Mémoires de l'Académie de Berlin,* disant: «Les Académies, pour être utiles, doivent communiquer leurs découvertes dans la langue universelle et cette langue est le français.» Ce Prussien, à l'exemple de tant d'autres princes de l'Europe, était imprégné de littérature française et écrivait lui-même de préférence en français.

L'art européen du XVIIIe siècle est également un art français; art jeune (par le choix de ses modèles, par son goût du mouvement), art gai (par ses couleurs vives et variées) et art commode (par son souci du bien-être). La mode française se répand partout, et elle aussi va vers l'agréable: les femmes quittent les robes serrées de l'ancienne mode et s'habillent de robes légères, amples et flottantes; les hommes délaissent les perruques immenses et les habits chargés de dentelles et de rubans pour adopter des vêtements simples, bien ajustés et des perruques plates.

C'est à cette époque également que la cuisine française fonde sa réputation. On voit les cuisiniers des grands seigneurs, des prélats et des financiers rivaliser à qui dressera les menus les plus ordonnés, et à qui immortalisera le nom de son patron par quelque potage ou sauce nouvelle. Pour Madame de Pompadour, on crée le filet de volaille à la Bellevue, du nom de la plus belle demeure de la marquise. On perpétue les exploits du duc de Richelieu à Port-Mahon (1756) par la sauce mayonnaise. C'est

ENCYCLOPÉDIE,

OU

DICTIONNAIRE RAISONNÉ

DES SCIENCES,

DES ARTS ET DES MÉTIERS,

RECUEILLI

DES MEILLEURS AUTEURS

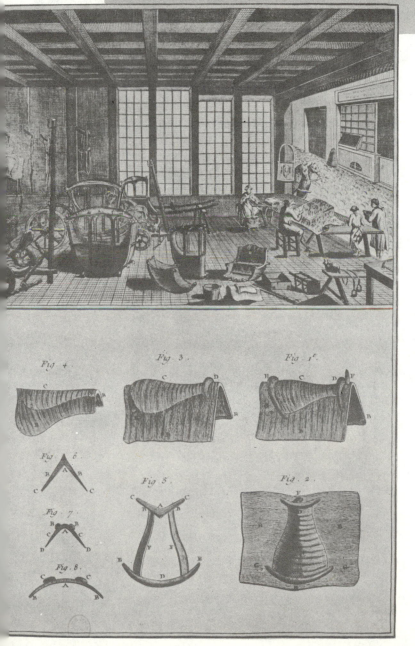

Une page
de l'*Encyclopédie*
montrant un
sellier-carrossier

Une vue aérienne de Versailles

Une lecture de belles-lettres dans un salon du XVIIIe siècle, par Jean-François de Troy

Médaille à l'effigie de Louis XV (1724); médaille aux effigies de Louis XVI et de Marie-Antoinette, frappée pour commémorer la naissance du dauphin, le 4 novembre 1781

le siècle du champagne,[23] du pâté de foie gras de Strasbourg, des pralines du duc de Praslin, du célèbre cuisinier Carême et du gastronome Brillat-Savarin.

Cependant, c'est en architecture, en peinture et en sculpture que la France exerce l'influence la plus profonde. Paris est à l'Europe du XVIIIe siècle ce qu'était Athènes à la Grèce: elle lui fournit des artistes et des modèles en tous genres. On voit tous les princes d'Europe chercher à imiter le château de Versailles, avec son parc, ses jardins et ses fontaines. Et tous se rendent, dès qu'ils le peuvent, à Versailles pour y apprendre la vie de cour, et à Paris, pour être reçus dans les salons. Partout en France, les étrangers sont choyés et cajolés et ne quittent ce pays qu'avec regret.

À la veille de la Révolution, donc, la France, le pays le plus peuplé d'Europe (26 millions d'habitants) et le mieux organisé, exerce une hégémonie spirituelle comparable à celle qu'elle avait exercée sous le règne de Saint Louis.

Avant d'aborder le règne de Louis XVI, et la fin de l'Ancien Régime, il convient de jeter un coup d'œil sur les tentatives faites pendant le XVIIIe siècle pour résoudre scientifiquement les difficultés économiques et financières dont souffrait l'Europe. Toutes ces tentatives s'inspirèrent de Descartes, soit directement, soit indirectement par l'intermédiaire des philosophes anglais et hollandais. Il ne faut pas oublier que, de son vivant, Descartes fut peu lu; son œuvre n'a été connue de la masse des hommes cultivés qu'après sa mort, grâce surtout à Fontenelle et à Perrault. Ce n'est donc qu'au cours du XVIIIe siècle que le cartésianisme fera sentir son influence en France. Ajoutons à cette influence celle des progrès scientifiques qui vinrent jeter le doute dans l'esprit des hommes: les découvertes de Galilée, de Pascal, de Newton, de Harvey, etc.

Les écrivains et les philosophes qui menèrent la lutte contre le gouvernement absolu peuvent être groupés en trois catégories: ceux qui se réclamaient, pour combattre l'absolutisme royal, de vieux principes aristocratiques, ceux qui espéraient instituer un despotisme éclairé, ceux, finalement, qui voulaient établir un régime démocratique. Dans le premier groupe figuraient Fénelon, Saint-Simon, Boulainvilliers, qui favorisaient la domination de la noblesse d'épée sur le peuple, et Montesquieu,

23. Le vin de champagne est célébré dans ces vers de Voltaire:
> Chloris, Églé me versent de leur main
> D'un vin d'Aï dont la mousse pressée,
> De la bouteille avec force élancée,
> Comme un éclair fait voler le bouchon!
> Il part, on rit; il frappe le plafond.
> De ce vin frais, l'écume pétillante
> De nos Français est l'image brillante. (*Le Mondain*, 1736)

qui réservait une large place à la noblesse de robe et au Parlement. Dans le deuxième groupe, le porte-parole le plus connu fut Voltaire qui, par de nombreux pamphlets, attaqua les prétentions de la noblesse et des parlements et préconisa un régime despotique éclairé par les conseils des philosophes, et en particulier par les siens. *L'Encyclopédie* répandit largement les idées de ce groupe par les articles de Diderot, de d'Alembert, d'Holbach, etc., tous amis et disciples de Voltaire.

Également dans ce deuxième groupe, mais préconisant une différente sorte de despotisme, se trouvaient les physiocrates qui demandaient que le souverain prît conseil des propriétaires fonciers et des grands industriels. Les physiocrates n'ont pas eu d'écrivains célèbres comme Montesquieu, Voltaire ou Diderot; ils ne tiennent donc guère de place dans l'histoire de la littérature, mais ils ont eu, à la fin du XVIIIe siècle, pendant la Révolution, et longtemps après, une influence considérable. Le mouvement physiocratique commença en 1756: c'est l'année où le docteur François Quesnay (1694–1774) rédigea pour *l'Encyclopédie* son premier article économique, intitulé *Fermiers*. L'année suivante, il publia un second article, *Grains,* qui reprenait les mêmes idées, mais en les précisant. Puis Quesnay, jusqu'à sa mort, et plus tard ses disciples Mirabeau, Turgot, Dupont de Nemours, François de Neufchâteau, etc., élaborèrent une doctrine complète de gouvernement, tant au point de vue économique qu'au point de vue politique. Puisque la majorité de ceux qui allaient former les assemblées révolutionnaires de 1789 à 1799 furent des disciples convaincus des physiocrates, il importe d'indiquer brièvement ici les traits essentiels de cette doctrine.

L'agriculture est la source de toutes les richesses, selon Quesnay, car elle seule donne ce qu'il appelle un «produit net», c'est-à-dire un bénéfice net. La terre doit donc être la seule source fiscale, ce qui signifie que l'État doit lever un impôt unique portant sur le bénéfice net de la terre, et, aussi, que l'État doit avoir pour politique de développer l'agriculture. Pour améliorer le rendement agricole, il faut faciliter le travail des agriculteurs: supprimer les dîmes, les corvées, le monopole de la chasse, etc.; il faut en outre permettre la libre circulation des céréales, et pour cela abolir les péages, les octrois, les douanes intérieures qui augmentent le prix de vente du blé, améliorer les routes, et permettre l'importation des grains.

En ce qui concerne l'industrie, les physiocrates veulent la libérer de ses entraves en supprimant les corporations, en instituant le libre échange. Puis, ils demandent que soit favorisé le développement des manufactures telles que les draperies et les toileries, qui travaillent les produits tirés du sol français, mais que soient abandonnées celles qui transforment des matières premières importées.

Selon les physiocrates, la propriété joue un rôle très important dans la vie économique: elle doit être libérée de toutes les contraintes féodales et être considérée inviolable et sacrée. Quant au prêt d'un capital, les disciples de Quesnay rejoignaient les disciples de Calvin en préconisant un légitime intérêt. La société qu'ils envisageaient était donc fondée sur la seule richesse; leur doctrine est ainsi à l'origine du capitalisme moderne.

Le troisième groupe d'écrivains et de philosophes représentait la pensée démocratique. Ce groupe, peu nombreux, car il ne comptait guère que Jean-Jacques Rousseau et ses disciples, voulait donner au peuple une place prééminente dans l'État. Pour Rousseau, l'État idéal c'était une petite république, comme Athènes, ou Genève, où les citoyens pouvaient exercer directement le pouvoir législatif. Dans un grand État, les citoyens ne pourraient qu'élire des représentants pour exercer ce pouvoir législatif. Quant au pouvoir exécutif, il pouvait fort bien être confié à un roi, pourvu que le peuple pût conserver le droit d'insurrection. L'État de Rousseau aurait des pouvoirs considérables: par des lois sur les héritages, par des impôts, par la limitation de la propriété foncière, il abolirait l'inégalité des fortunes. L'État organiserait l'instruction qui serait, comme de nos jours, gratuite et obligatoire pour tous; réglementerait la religion; veillerait à la vie morale des citoyens.

Nous voyons donc, par ce résumé des trois principales écoles réformatrices, que les Français à la fin du XVIIIe siècle, étaient en proie à un véritable bouillonnement d'idées. Il est donc faux de fixer le début de la Révolution à 1789 car, en fait, elle s'est amorcée dès la mort de Louis XIV et s'est annoncée dès le milieu du XVIIIe siècle. Ce qu'on appelle ordinairement la «Révolution française» n'est en vérité que la période d'émeutes et de terreur de cette grande Révolution, à caractère religieux, philosophique et international.

À la mort de Louis XV, son petit-fils, Louis XVI, n'avait pas encore vingt ans. C'était un jeune homme honnête et bon, austère, simple, laborieux et rempli d'excellentes intentions. Mais il était timide, sans volonté, sans énergie, et d'intelligence seulement moyenne. La reine Marie-Antoinette, âgée de dix-neuf ans, était plus intelligente que son époux et plus énergique, mais elle était ignorante et n'avait aucun goût pour la conversation avec les gens instruits. Spirituelle et frivole, elle n'aimait que la musique et le théâtre. Plus tard, les tragiques journées de la Révolution transformeront cette jeune insouciante en une femme courageuse, calme et digne, qui sut affronter les pires injures avec une réelle grandeur d'âme. Mais il sera alors trop tard.

Pour gouverner, Louis XVI s'entoura d'abord d'excellents ministres: Vergennes aux Affaires étrangères, Turgot aux Finances, Miromesnil comme Garde des Sceaux. Puis il rappela les parlements, supprimés par Maupeou[24] en 1771. Ce rappel fut une grosse erreur, on s'en aperçut plus tard, mais, à l'époque, on le considéra comme un acte de grande sagesse.

Turgot était physiocrate. Il s'efforça donc de mettre en pratique les idées de Quesnay. Ses plans étaient si vastes qu'ils contenaient à peu près tout ce que la Révolution allait effectuer: abolition des droits féodaux, des corvées, de la gabelle, des douanes intérieures; liberté de conscience, liberté de la presse, liberté du commerce et de l'industrie; refonte des codes civil et criminel, uniformité des poids et mesures, suppression des corporations, etc. La première décision importante prise par Turgot concernait la liberté du commerce des grains, en 1775. Malheureusement, la récolte de 1774 avait été mauvaise; le prix du pain monta en flèche et les ennemis de Turgot en profitèrent pour fomenter des révoltes contre lui. Il fut soutenu par le roi et les révoltes furent réprimées, mais l'opposition contre les réformes ne désarma pas. Finalement, le roi dut, à contre-cœur, renvoyer Turgot.

Le banquier suisse Necker, qui avait fait opposition à Turgot, fut alors appelé par Louis XVI. Lui aussi essaya d'appliquer quelques réformes, surtout lorsque les lourdes dépenses de la guerre d'Amérique vinrent augmenter le déficit. Mais, de nouveau, les privilégiés élevèrent tant de protestations que Necker fut lui aussi renvoyé. Après lui, quatre ministres se succédèrent aux Finances sans autre résultat que l'augmentation de la dette. Finalement, en août 1788, le roi dut rappeler Necker et, au mois de décembre, ordonner la convocation des États généraux.

Les efforts de Louis XVI et de ses ministres avaient donc échoué en politique intérieure. Il n'en fut pas de même en politique extérieure. Des Bourbons, Louis XVI avait hérité l'amour de la chasse, l'appétit et le goût de la diplomatie. Dans cette branche du gouvernement, il travaillait volontiers et intelligemment. Avec Vergennes, il s'ingénia à grouper autour de la France les puissances les plus faibles afin de pouvoir contenir les ambitions de l'Autriche et de l'Angleterre et de restaurer la vieille politique d'équilibre.

24. Se prononce «mô-pou».

La France de Louis XVI était unanime à souhaiter la réussite de la révolte des insurgés américains. Vergennes, dès son arrivée au ministère, était entré en relations avec les colons américains et lorsque ceux-ci, en 1776, proclamèrent leur indépendance, il décida de leur fournir des secours, d'abord secrètement, puis ouvertement. D'ailleurs, à la nouvelle de cette déclaration d'indépendance, le public français avait réagi avec enthousiasme. Des volontaires annoncèrent qu'ils partaient mettre leur épée au service de cette noble cause. Le plus célèbre fut le marquis de La Fayette, alors âgé de vingt ans, qui se mit en rapport avec Silas Deane, l'envoyé du Congrès auprès de Louis XVI. Deane lui obtint un grade élevé dans l'armée des insurgés et La Fayette s'embarqua pour l'Amérique le 22 avril 1777. Il est inutile de rappeler ici l'importance de l'amitié qui lia le jeune aristocrate français et le général Washington. Désormais, La Fayette allait symboliser, pour le public américain, la générosité et l'amitié de la France qui, de tous les pays du monde, fut le premier à reconnaître l'indépendance de cette nouvelle nation.

À part La Fayette, beaucoup d'autres jeunes nobles se mirent au service des Républicains, comme le duc de Noailles et le duc d'Aiguillon. Mais l'aide la plus efficace et qui, en fin de compte, assura la victoire des insurgés, fut l'envoi d'une flotte, sous les ordres de l'amiral de Grasse, d'une armée, commandée par le comte de Rochambeau, ainsi qu'une subvention financière considérable. L'intervention française auprès des insurgés prit l'aspect d'une croisade, faite, cette fois, au nom de la Liberté. Le traité signé à Versailles le 3 septembre 1783 marque l'émancipation du Nouveau Monde et, ironiquement, le commencement de la fin de l'Ancien Régime en France.

Remarquons que Louis XVI et Vergennes ne cherchèrent nullement à reconquérir les territoires perdus par la paix de 1763. C'est tout à la gloire de Louis XVI d'avoir compris que la politique d'annexions de ses prédécesseurs avait ameuté l'Europe contre la France—et le Directoire, plus tard, n'aura pas cette sagesse. Le roi se contenta simplement de reprendre les comptoirs du Sénégal et de l'Inde, Tabago, et le droit de fortifier Dunkerque. Grâce au *Pacte de famille,* l'Espagne reprit la Floride et l'île Minorque.

Les succès de Louis XVI à l'extérieur n'améliorèrent en aucune façon la situation intérieure. Au contraire, les énormes dépenses faites pour la guerre en Amérique et sur les mers—environ 600 millions de livres—ainsi que les avances faites aux insurgés—31 millions—causèrent un tel déficit qu'il fallut convoquer les États généraux.

Les élections eurent lieu pendant les premiers mois de 1789, par suffrage à peu près universel. Les électeurs remirent aux députés des *Cahiers de doléances,* où ils exprimaient leurs désirs, répondant ainsi au vœu de Louis XVI que «des extrémités de son royaume et des habitations les moins connues, chacun fût assuré de faire parvenir jusqu'à lui, ses vœux et ses réclamations». Ces *Cahiers* sont pour l'historien et le philosophe un des sujets d'études les plus attachants qui existent, car on y trouve une image complète de l'état d'esprit de la nation française à la veille de la Révolution.

La misère publique est dépeinte dans ces *Cahiers* avec force et vivacité. Comme causes principales de cette misère on cite: la prodigalité et le désordre dans l'administration des finances, le poids des impôts, leur répartition inégale, le triste état des routes, les dîmes, l'immensité des biens d'Église et, par-dessus tout, la féodalité. Les lettres de cachet et la violation du secret des lettres sont, parmi les innombrables abus, ceux qui suscitent les plus nombreuses plaintes.

Quant aux vœux et aux moyens de régénération du pays, ils présentent une trop grande variété pour pouvoir être résumés ici. Notons simplement que l'immense majorité des Français réclamait une monarchie constitutionnelle et que la constitution était désignée comme le premier, le principal objet que devaient se proposer les États généraux. Ensuite, cette assemblée pourrait s'occuper des impôts et des nombreuses réformes nécessaires.

Le 5 mai 1789, les députés se réunirent à Versailles; il y avait là 291 ecclésiastiques (dont 208 curés), 270 nobles et 557 membres du Tiers-État (dont 272 avocats); au total, 1.018 membres. Les députés du Tiers, les plus nombreux, étaient bien décidés à jouer un rôle important. Jusqu'ici, dans les États généraux, chaque ordre avait voté à part, chacun comptant pour une voix, ce qui mettait toujours le Tiers en minorité. Aussi les députés du Tiers, en 1789, réclamèrent-ils le vote en commun et par tête. Le 17 juin, ils proclamèrent que, puisqu'ils représentaient l'immense majorité de la nation, et que la nation était souveraine, les États généraux s'appelleraient l'Assemblée nationale. Devant ce défi jeté à la souveraineté royale, Louis XVI ordonna que la salle où se réunissait le Tiers-État fût fermée. Alors le Tiers se réunit le 20 juin dans la salle du Jeu de Paume où il fit le serment de ne pas se séparer avant d'avoir voté une constitution.

La réaction du roi fut malheureuse. Le 23 juin, il parut devant l'Assemblée, déclara que les impôts et les emprunts seraient votés par les États et que ceux-ci délibéreraient par ordre. Après le départ du roi, suivi par la noblesse et le clergé, le marquis de Dreux-Brézé, grand maître des cérémonies, s'avança et pria les députés du Tiers-État de se retirer également. C'est alors que Mirabeau, un noble mais qui siégeait parmi le Tiers, se leva et jeta son apostrophe célèbre:

«Allez dire à ceux qui vous envoient que nous sommes ici par la volonté du peuple, et qu'on ne nous en arrachera que par la puissance des baïonnettes.»

Quand Dreux-Brézé alla informer le roi de la réponse du Tiers-État, le souverain se promena quelques minutes, puis, d'un ton résigné, répondit: «Eh bien, qu'on les laisse!» Il reconnaissait ainsi que la puissance était passée à l'Assemblée. Le lendemain, la majorité du clergé et la minorité de la noblesse vinrent se réunir au Tiers. Le 9 juillet, l'Assemblée se déclara constituante.

Une gravure populaire, de 1789, protestant contre l'inégalité des charges

Chapitre 13

DE LA RÉVOLUTION À LA TROISIÈME RÉPUBLIQUE

LISTE DE DATES IMPORTANTES

1789 (14 juillet)	prise de la Bastille
1792 (21 septembre)	proclamation de la Première république
1795–1799	le Directoire
1799 (9 novembre)	coup d'État du 18 brumaire
1799–1804	le Consulat
1804 (2 décembre)	Napoléon Ier, Empereur des Français
1805 (2 décembre)	bataille d'Austerlitz
1812 (juin–novembre)	campagne de Russie
1815 (18 juin)	bataille de Waterloo
1815–1824	règne de Louis XVIII
1824–1830	règne de Charles X
1830–1848	règne de Louis-Philippe Ier
1848 (25 février)	proclamation de la Deuxième république
1851 (2 décembre)	coup d'État de Louis-Napoléon Bonaparte
1852–1870	le second Empire
1870–1871	guerre franco-allemande

LE mois de juin 1789 avait débuté par l'acte révolutionnaire transformant les États généraux en Assemblée constituante. Le mois de juillet vit le commencement des actes de violence. Le 11 juillet, Louis XVI crut bon de renvoyer le ministre Necker, qui était devenu le symbole de la bourgeoisie et qui désapprouvait la décision du roi de faire venir des troupes autour de Versailles. À Paris, les partisans de Necker et les agitateurs, dont beaucoup étaient payés par le duc d'Orléans, qui aurait aimé

254

remplacer Louis XVI, appelèrent à la révolte pour «protéger l'Assemblée». Le 14, au matin, une bande de six cents hommes environ se ruèrent à l'attaque de la Bastille, symbole du despotisme, qui à cette date ne renfermait que sept prisonniers, faussaires ou fous, et n'était défendue que par quelques gardes suisses. La forteresse fut prise sans difficulté, les murs furent démantelés, le gouverneur et ses officiers furent massacrés. La prise de la Bastille fut un acte irréfléchi, mais qui tout de suite prit la force d'une légende et devint bientôt le symbole de la Révolution. Depuis 1790, la France célèbre le 14 juillet comme fête nationale.

Cette émeute à Paris fut imitée partout en France: une rumeur mystérieuse sur des bandes de «brigands», que personne ne vit jamais, parcourut la province, et contribua à l'armement général, à l'attaque des châteaux, des mairies et des archives. Ce fut la «Grande Peur». C'est dans cette atmosphère que l'Assemblée constituante vota, pendant la nuit du 4 août, l'abolition des privilèges et des droits féodaux. Cet acte fut suivi, le 27 août, par la *Déclaration des droits de l'homme et du citoyen*.

Cette Déclaration peut être considérée comme la charte de la démocratie politique et sociale. Elle est devenue non seulement le dogme de la Révolution, mais, comme l'a dit Michelet «le *credo* du nouvel âge».

La Déclaration énumère deux catégories de droits, ceux de l'homme et ceux de la nation. Les droits de l'homme sont la liberté en général, plus particulièrement la liberté de penser et d'écrire, l'égalité devant la loi et la propriété. Les droits de la nation comprennent la souveraineté nationale, le droit de faire la loi, d'organiser la force publique, de voter les contributions, d'avoir une représentation, de demander des comptes à ses agents et de séparer les pouvoirs publics.

Pendant que l'Assemblée s'occupait ainsi des réformes à accomplir, et commençait ses travaux constitutionnels, la situation économique empirait. Une nouvelle émeute eut lieu à Paris et, le 3 octobre, une foule de manifestants marcha sur Versailles en criant «Le boulanger à Paris». Le 4 octobre, le roi, la reine et leurs enfants, sous la protection des Gardes nationales commandées par La Fayette, furent ramenés à Paris. L'Assemblée commit la faute de suivre la famille royale; elle ne devait pas tarder à s'apercevoir qu'elle n'était pas plus libre que le roi. Ainsi, la royauté et le gouvernement revenaient aux Tuileries, prolongement du Vieux Louvre qu'ils avaient quitté après la Fronde. Ce que Louis XIV avait voulu éviter, la pression de la population parisienne sur le gouvernement, allait recommencer.

Cette pression commença à s'exercer immédiatement par l'intermédiaire des Clubs. Le «Club breton» s'était logé dans un couvent des

Dominicains, rue Saint-Honoré, et prit bientôt, en souvenir des moines,[1] le nom de «Société des Jacobins». Ce Club avait dès le début acquis un ascendant extraordinaire sur l'opinion parisienne. Sous l'impulsion de Maximilien de Robespierre, de Mirabeau, de Barnave et de Pétion, il gouvernait la gauche de l'Assemblée. Un autre Club, celui des Cordeliers, avait trouvé en Danton, en Marat, en Camille Desmoulins, des chefs vigoureux et des orateurs enthousiastes. Ces Clubs agissaient avec beaucoup de méthode sur la rue, dans le pays, à l'étranger même, et les députés de l'Assemblée prirent vite l'habitude d'y venir chercher leurs mots d'ordre.

Par ailleurs, des journaux révolutionnaires avaient commencé à paraître qui orchestraient et soutenaient la Révolution avec violence; la plus extrême de toutes ces feuilles était l'*Ami du Peuple,* de Marat.

Dans la masse du peuple français existait un profond désir de concorde, qui se manifesta avec éclat le 14 juillet 1790 lorsque le premier anniversaire de la prise de la Bastille fut célébré par la *Fête de la Fédération.* Rassemblés sur le Champ-de-Mars, à Paris, un demi-million de Français, venus de toutes les provinces, firent serment de rester unis. Le roi jura fidélité à la nation, salué par les acclamations des spectateurs, tandis que le drapeau tricolore, réunissant le bleu et le rouge des armes de Paris et le blanc, couleur royale, flottait, symbole de cette unité, au-dessus des têtes.

Malheureusement, une semblable unité ne régnait pas à l'Assemblée, divisée entre les partisans, peu nombreux, de l'Ancien Régime, les partisans d'une monarchie constitutionnelle, la majorité, et les «patriotes» qui demandaient une révolution catégorique. Néanmoins, les travaux se poursuivaient. La France fut partagée en départements, subdivisés en districts, cantons et communes; on enleva aux provinces leurs privilèges et leur administration autonome. Ce fut là un acte capital, car il constituait d'un seul coup l'unité nationale poursuivie avec tant de persévérance par les rois capétiens.

Les corporations furent proscrites, les grandes compagnies privées de leurs monopoles. Les parlements furent supprimés et, à leur place, on institua trois ordres de tribunaux: un tribunal criminel par département, un tribunal civil par district et un tribunal de paix par canton.

Confrontée par une crise financière de plus en plus aiguë, l'Assemblée décréta la nationalisation des biens du clergé—qu'on évaluait à quatre milliards de livres—qui allaient servir à garantir la nouvelle monnaie de papier, les *assignats.* La vente de ces biens, à des prix parfois ridicules,

1. Le couvent principal des Dominicains se trouvait rue Saint-Jacques, d'où le nom de «Jacobins» donné aux moines, et ensuite au Club.

permit à un grand nombre de paysans d'acquérir des terres. Inutile de dire que dorénavant ils furent de solides partisans du régime!

Cette première attaque contre le clergé fut suivie par d'autres, plus sévères. L'Assemblée abolit les vœux monastiques, décréta que les évêques et les curés seraient nommés par les électeurs, et que le catholicisme ne serait plus reconnu comme religion de l'État. Cette *constitution civile* du clergé fut le dernier fruit du jansénisme, qui réalisait ainsi ses doctrines d'église primitive. Il fut ordonné que tous les ecclésiastiques seraient astreints au serment civique et que le refus de ce serment entraînerait la déchéance. Les *réfractaires* furent effectivement destitués et remplacés par les *assermentés*.

La constitution de 1791, qui fut sanctionnée par le roi, établissait une monarchie constitutionnelle. Le roi n'était plus «roi de France par la grâce de Dieu», mais tout bonnement «roi des Français», et devait, pour régner, prêter serment à la constitution. Il recevait un traitement, une «liste civile», gérée par un agent spécial. Il partageait le gouvernement avec six ministres qui étaient choisis par lui et ne dépendaient que de lui, mais les crédits étaient votés par l'Assemblée. Le roi devait exercer son pouvoir exécutif par l'intermédiaire de ces ministres et tous ses actes devaient être signés par eux.

Le roi possédait le droit de veto suspensif, c'est-à-dire que ce veto cesserait «lorsque les deux législatures qui suivront celle qui aura présenté le décret auront successivement représenté le même décret dans les mêmes termes».

L'Assemblée législative était élue pour deux ans, comptait 745 membres élus par suffrage censitaire à deux degrés. Le droit de suffrage n'était accordé qu'à une très petite minorité de Français: les femmes en étaient écartées, ainsi que les jeunes gens de moins de vingt-cinq ans. Pour être «citoyen actif», ou électeur, il fallait être âgé de plus de vingt-cinq ans, être domicilié depuis un an dans la ville ou le canton, ne pas être domestique, être inscrit à la garde nationale de son domicile, avoir prêté le serment civique, et, surtout, payer une contribution directe égale à trois journées de travail, Les citoyens actifs n'élisaient pas directement les députés: ils nommaient les électeurs parmi les citoyens qui étaient propriétaires ou usufruitiers ou fermiers d'un bien évalué à la valeur locale d'un nombre de journées de travail variant de 150 à 400 environ. Trois millions de Français étaient dans ce cas, mais le nombre des électeurs ne devait pas dépasser le centième des citoyens actifs, qui, eux, se chiffraient à environ 4.300.000.

On peut voir par là que la constitution de 1791 fut élaborée par des hommes qui voulaient délibérément écarter la démocratie en faveur d'une monarchie soutenue par la bourgeoisie.

La Législative, ainsi élue, avait des pouvoirs très importants, législatifs et exécutifs. C'est elle qui avait l'initiative des lois, qui votait les lois en dehors de la présence des ministres. Elle pouvait tourner le veto royal en s'adressant directement au peuple par des proclamations. De plus, elle ne pouvait être ni suspendue ni dissoute par le roi.

Les Constituants croyaient, par cette constitution, avoir mené la Révolution à son terme. En fait, ils n'avaient fait qu'en précipiter le cours. Le peuple ne pouvait se contenter de son rôle fort réduit; les pouvoirs législatifs et exécutifs étaient trop en état de rivalité. Enfin, le droit de veto allait multiplier les conflits entre le roi et l'Assemblée.

Le roi, homme très pieux, avait été bouleversé par la constitution civile du clergé, à un tel point que lorsqu'il sanctionna la Constitution de 1791, il sentit qu'il commettait un péché mortel. Voyant que le pape et l'énorme majorité des évêques et des prêtres refusaient d'accepter le serment civique pour les ecclésiastiques, Louis XVI conçut le projet de retrouver sa liberté en s'enfuyant de Paris. Jusqu'alors, il avait cédé tour à tour aux influences qui l'entouraient, à celles de la reine, de Necker, du peuple de Paris. Mais, le projet de fuite fut conçu de sa propre initiative; il avait décidé de combattre la Révolution par tous les moyens.

Depuis son retour forcé aux Tuileries, le roi avait correspondu clandestinement avec la cour de Vienne et avec les émigrés français à Coblentz. De concert avec eux, il décida de partir secrètement pour Montmédy, tandis que l'empereur ferait une démonstration militaire sur les frontières françaises. Puis, Louis XVI reviendrait à Paris, à la tête de l'armée des émigrés.

Dans la nuit du 20 au 21 juin 1791, le roi, déguisé en valet de chambre, la reine, déguisée en gouvernante, et les enfants royaux s'enfuirent dans une énorme berline conduite par le comte de Fersen. Reconnue à Sainte-Menehould, la famille royale fut arrêtée à Varennes, à 30 kilomètres de Verdun, et ramenée à Paris le 25 juin.

C'est là un des rares événements de la Révolution qui furent connus et sentis de tous les Français, et qui émurent toute la nation. La réaction du peuple ne manque pas d'intérêt: ce fut d'abord un sentiment de stupeur, puis de colère, enfin de peur. Le roi avait abandonné sa nation! Puis, lorsque le retour de Louis XVI fut connu, ce fut une explosion de joie. C'est dire combien la France était encore royaliste en 1791.

Mais, et c'est là une constatation importante, lorsque le roi, à son retour, fut suspendu de ses fonctions, par l'Assemblée, pendant près de trois mois, la France vécut en fait sous un régime républicain. On s'aperçut alors que, malgré ce qu'en disaient les philosophes, ce régime pouvait opérer en France. Cette leçon ne fut pas perdue lorsque les circonstances amenèrent la chute définitive du roi en août 1792.

Le 30 septembre 1791, la Constituante se sépara et fut remplacée par la Législative. Celle-ci représentait la nouvelle classe privilégiée, la bourgeoisie, qui prenait officiellement possession du pouvoir et dont la majorité ne désirait autre chose que de conserver et d'appliquer la Constitution. Cependant, il y avait à l'Assemblée bon nombre de députés qui, se rappelant la fuite à Varennes, se méfiaient du roi et étaient prêts à opter pour la république.

Une des décisions que la Constituante avait prises était qu'aucun de ses membres ne pouvait appartenir à l'Assemblée suivante. Ainsi, tous les députés de la Législative étaient des débutants dans l'arène politique. Dans la première semaine, 135 d'entre eux se firent inscrire au Club des Jacobins, environ 250 aux Feuillants, un club à tendances modérées. Mais les Jacobins continuèrent à tenir la rue et, même, à dominer les tribunes de l'Assemblée et à intimider les députés. Parmi les Jacobins, un groupe se fit remarquer très vite: il comprenait quelques députés de Paris et plusieurs députés de la Gironde, d'où le nom de «Girondins» qui leur sera donné plus tard. Certains d'entre eux se réunissaient souvent dans le salon de Madame Roland, femme d'un des chefs des Jacobins, pour échanger leurs idées et élaborer leurs projets. Ils étaient républicains dans l'âme, mais n'avaient que peu d'influence sur le peuple de Paris, qui préférait écouter l'orateur puissant et impétueux, Georges-Jacques Danton, fondateur du Club des Cordeliers. Ce club délibérait en gardant les portes ouvertes et communiquait sans cesse avec la foule. Essentiellement parisiens et révolutionnaires, les Cordeliers, dont les plus influents, à part Danton, furent Marat, Camille Desmoulins, et Hébert, se placèrent constamment à l'avant-garde de la Révolution, jusqu'à ce que celle-ci se retournât contre eux et les dévorât.

L'Assemblée législative eut à faire face à la crise économique qui s'aggravait chaque jour: les *assignats* perdaient leur valeur, le coût de la vie augmentait, les salariés devenaient de plus en plus misérables et mécontents. En outre, la question religieuse agitait les consciences et, surtout dans l'ouest, provoquait une résistance armée. À l'extérieur, les émigrés, dirigés par les frères du roi, le comte de Provence et le comte d'Artois, tâchaient de faire intervenir les souverains de Prusse et d'Autriche en faveur de la monarchie.

Contre les religieux qui refusaient de jurer fidélité à la Constitution, l'Assemblée décréta l'emprisonnement, mais le roi mit son veto à ce projet. Contre les émigrés, l'Assemblée décréta que tous ceux qui ne rentreraient pas et continueraient à conspirer contre la patrie, seraient passibles de la peine de mort. Ce projet aussi reçut le veto du roi, que l'on se mit à appeler «Monsieur Veto».

Ensuite, l'Assemblée fit face à la situation étrangère. Profitant d'une déclaration malencontreuse des rois de Prusse et d'Autriche contre la Révolution, le ministère girondin leur déclara la guerre, le 20 avril 1792. Le conflit allait durer jusqu'en 1815 et allait avoir de considérables répercussions sur le cours de la Révolution.[2] Il est certain qu'à Paris, tout le monde voulait la guerre: les révolutionnaires, pour consolider la Révolution, les aristocrates, pour tâcher de la réprimer. Seul Robespierre, parmi les Jacobins, s'opposa à la guerre et fut hué par les Girondins.

La guerre commença mal: les Prussiens et les Autrichiens battirent facilement les troupes révolutionnaires mal disciplinées. L'Assemblée déclara la patrie en danger et vota des mesures violentes: la déportation du clergé réfractaire, le licenciement de la Garde du roi, la convocation à Paris de 20.000 fédérés en un camp au nord de la capitale. Le roi, qui avait tant cédé, refusa de signer les décrets sur le clergé et les fédérés. Aussitôt, les Jacobins organisèrent une grande journée populaire destinée à forcer la main du roi. Le 20 juin, la foule envahit les Tuileries, força les portes du palais et entra dans l'appartement du roi. Louis XVI, très calme, accepta de placer un bonnet rouge sur sa tête, mais refusa de signer les décrets. Son sang-froid et sa bonhommie touchèrent le peuple.

Le mois suivant, le duc de Brunswick, général commandant les troupes prussiennes, publiait un manifeste bien intentionné mais fort maladroit. Ayant appris les événements du 20 juin, il déclarait que si les Parisiens faisaient la moindre violence au roi, leur ville serait livrée «à une exécution militaire et à une subversion totale». On ne pouvait faire mieux pour ameuter une population déjà surexcitée, pour déclencher des bagarres et pour autoriser les déclarations de trahison que certains lancèrent contre la famille royale.

Dans la nuit du 9 au 10 août, sur l'ordre de Danton, le tocsin des Cordeliers se mit à sonner; d'autres cloches répondirent à travers Paris. Dans plusieurs quartiers, on se mit à battre la générale. Bientôt, 12.000 hommes armés furent réunis et l'attaque fut lancée contre les Tuileries. Le roi, pour se défendre, n'avait que 950 Suisses, soutenus par 130 nobles mal armés, quelques éléments de gendarmerie à pied et à cheval, et quelques canons. Voyant qu'une bataille était inévitable, et voulant à tout

2. C'est la guerre déclarée en 1792 qui amena la république; c'est pour avoir été établie dans des circonstances de guerre que cette république périra; finalement, la guerre aboutira à une dictature militaire dont les effets se feront sentir jusqu'à nos jours.

prix éviter de verser le sang français, Louis XVI et sa famille allèrent se réfugier à l'Assemblée et le roi donna l'ordre aux Suisses de cesser le feu. Mais la populace avait déjà commencé à tirer et, lorsque les Suisses obéirent au roi, ils furent massacrés.

L'Assemblée, prise de peur, déclara le roi «provisoirement suspendu de ses fonctions» jusqu'à ce qu'une Convention nationale eût été élue et se fût prononcée «sur les mesures qu'elle croira adopter pour assurer la souveraineté du peuple et le règne de la liberté et de l'égalité». C'était la fin de la monarchie, vieille de douze siècles. Louis XVI, devenu le «citoyen Capet», fut emprisonné, ainsi que Marie-Antoinette et les enfants royaux, à la tour du Temple. Pour remplacer le souverain, un Conseil exécutif provisoire fut nommé, dont le véritable chef fut Danton, ministre de la Justice.

Pendant que les événements intérieurs se précipitaient ainsi, les armées ennemies continuaient à avancer. Longwy, Thionville, Verdun tombèrent entre les mains des Prussiens. Un vent de panique souffla sur Paris. Ceux qui allaient bientôt aller combattre l'envahisseur furent aisément persuadés qu'il fallait d'abord s'occuper des ennemis de la Révolution à Paris. Encouragée par la prose sanguinaire de Marat, la foule força les prisons et massacra les prisonniers politiques dans les conditions les plus atroces. Près de 1.500 prisonniers, entre autres la princesse de Lamballe, l'amie dévouée de la reine, périrent pendant *les massacres de septembre* (du 2 au 6 septembre 1792). Après ces massacres, la Commune, gouvernement municipal de Paris, dominé par Pétion, Manuel et Danton, fut le maître réel de la capitale, de l'Assemblée, de toute la France. Cela marque la fin du régime bourgeois et le commencement du régime démocratique de la Révolution.

Peu après, l'Assemblée se sépara, après avoir décrété le suffrage universel (à l'exclusion des domestiques et des femmes). Le jour de sa séparation, le 20 septembre, les armées révolutionnaires commandées par les généraux Dumouriez[3] et Kellermann, arrêtaient une armée prussienne à Valmy.

Cette bataille, qui ne fut, à vrai dire, qu'une canonnade insignifiante, eut pour la France tout l'effet d'une grande victoire. Pour la première fois, une armée nationale, composée en grande partie de volontaires encadrés par de vieilles troupes royales, avait mis en déroute une armée professionnelle, la célèbre armée prussienne.

---

3. Le général Dumouriez allait, un an plus tard, se retourner contre la Révolution et tâcher de mener ses troupes à Paris pour renverser la Convention. Ses soldats ayant refusé de le suivre, il passa à l'ennemi et mourut en exil en 1823.

La Convention nationale, qui fut élue pour remplacer l'Assemblée législative, se réunit le 21 septembre 1792. Son premier acte officiel fut de décréter, à l'unanimité, que la royauté était abolie en France, et que ce jour marquait «l'an I de la République». La Convention était composée de sept cent quarante-neuf membres; à droite, siégeaient les Girondins qui se croyaient certains d'exercer le pouvoir, puisqu'ils avaient le nombre, la supériorité des talents, le soutien des classes moyennes, riches et éclairées. Leur but était de sauver la France de l'anarchie en lui donnant une constitution républicaine où la bourgeoisie aurait le pouvoir. À gauche, siégeaient la «Montagne», composée des éléments les plus avancés parmi les Jacobins. Animés d'une haine implacable contre tout ce qui faisait obstacle à la Révolution, ils s'appuyaient sur Paris, où ils dirigeaient les Clubs, les sections, la municipalité. Leur but était de creuser un abîme entre la monarchie et la république, de sauver la Révolution de ses ennemis de l'intérieur et de l'extérieur, et «d'amener le régime de l'égalité réelle».

Entre ces deux partis était le centre, la «Plaine» ou le «Marais», composé d'hommes modérés qui se défiaient des Girondins à cause de leurs abstractions philosophiques, et des Montagnards à cause de leur esprit d'anarchie et de leur violence.

Pendant trois ans, la Convention gouvernera la France au milieu de drames terribles dominés par la lutte entre la Gironde et la Montagne, toutes les deux sincèrement attachées à la Révolution et s'accusant mutuellement de trahison.

Il faut, pour bien comprendre les événements qui eurent lieu pendant ces trois années, se rappeler que les plus graves menaces pesaient sur la France et sur la jeune République. Sur les frontières, une formidable coalition européenne se formera dès février 1793; le mois suivant éclatera la révolte en Vendée; plus tard, des insurrections royalistes auront lieu à Lyon, à Marseille, à Toulon. Cette dernière ville sera d'ailleurs livrée aux Anglais, le 27 août 1793, par les habitants qui proclameront en même temps Louis XVII, roi de France.

Ajoutons à ces guerres, à ces insurrections et à cette anarchie, la crise économique et financière. Entre 1790–91 et les premiers mois de 1793, la hausse des prix du blé atteignit presque 100%. Lorsque la Convention tint ses dernières séances, en 1795, les grains valaient de 15 à 30 fois le prix de 1789. Or, à chaque effondrement du pouvoir d'achat correspondait une recrudescence d'agitation révolutionnaire.

Ainsi donc, la Convention fera appel a des hommes énergiques qui prendront des mesures de plus en plus violentes jusqu'au moment où les armées ennemies ayant été repoussées, le pays exigera un retour à la vie normale.

Une des premières affaires dont s'occupa la Convention fut celle de la mise en accusation du roi. Accusé d'avoir trahi la France, Louis XVI se défendit avec sang-froid devant la Convention, qui le condamna à mort à une voix de majorité (361 pour la mort, 360 contre). Le 21 janvier 1793, il fut décapité sur la place de la Révolution, l'ancienne place Louis XV, qui s'appelle aujourd'hui la place de la Concorde. Avant de se placer devant la bascule verticale de la guillotine, le roi voulut haranguer la foule. Il s'avança sur le bord de l'estrade et cria:

«Français, je meurs innocent des crimes qu'on m'impute. Je pardonne aux auteurs de ma mort, et je prie Dieu que mon sang ne retombe pas sur la France.»

Mais la foule n'entendit pas ses paroles, car un roulement de tambour couvrit sa voix. Ainsi périt l'infortuné Louis XVI, victime de la Révolution que ses ancêtres lui avaient léguée.

La mort de Louis XVI marqua la rupture de la France avec le passé, et avec l'Europe. De toutes les puissances européennes, l'Angleterre était sans doute celle qui, jusqu'ici, avait montré le plus de sympathie pour la Révolution. Mais le premier ministre Pitt, qui détestait la France, saisit l'occasion de l'exécution du roi pour effrayer l'opinion publique anglaise et justifier ensuite la guerre entre les deux pays. Les autres puissances d'Europe furent entraînées dans l'alliance contre la France, à l'exception de la Suède, du Danemark, de la Suisse et de la république de Venise.

Contre cette imposante coalition, un rude effort était nécessaire. La Convention décréta la levée, par tirage au sort, de trois cent mille hommes, et cette armée, mal équipée, hâtivement entraînée, fut immédiatement jetée sur les Pyrénées, sur les Alpes, sur la Moselle et en Belgique pour faire face aux coalisés.

À Paris, la lutte entre les Girondins et les Montagnards s'aggrava. Les Girondins tâchèrent de se débarrasser de Marat, qui incitait à la haine le peuple de Paris, dont il se disait «l'Ami». Cette tentative accrut la fureur de la Commune qui, le 2 juin 1793, fit amener des canons en face de l'Assemblée et exigea que celle-ci livrât trente-et-un des chefs Girondins.[4] À partir de ce moment, le pouvoir passa aux Montagnards.

La Convention, peu avant la chute des Girondins, avait décidé d'établir un tribunal extraordinaire pour juger les traîtres, qu'on appela le Tribunal révolutionnaire. Au mois d'avril 1793, on avait décrété la

4. Quatre mois plus tard, 21 d'entre eux furent guillotinés; mais, auparavant, Marat avait été assassiné par une jeune fille, Charlotte Corday, le 13 juillet 1793.

formation d'un «Comité de salut public», formé de neuf membres pris parmi les députés de la Montagne. Ce comité recevait pleins pouvoirs pour préparer et proposer tout ce qui concernait la défense extérieure et intérieure de la République. Ainsi on établissait, après une longue période d'anarchie, un pouvoir tyrannique, totalitaire, mais efficace.

Avec le Comité de salut public fonctionnait le *Comité de sûreté générale,* dont le rôle était de faire opérer les arrestations, d'envoyer les suspects devant le Tribunal révolutionnaire, et de s'occuper, enfin, de tout ce qui concernait la sûreté publique. Les Comités révolutionnaires, créés également par la Convention pour la surveillance et l'arrestation des suspects dans les départements, fonctionnaient sous le contrôle du Comité de sûreté générale.

Par l'intermédiaire du Tribunal et des deux Comités, les chefs montagnards exercèrent une dictature impitoyable jusqu'au mois de juillet 1794. C'est la période qu'on appelle *la Terreur.* Après la liberté politique, disparurent la liberté individuelle et la liberté commerciale. Pour faire baisser le coût de la vie, on prit des mesures de contrôle de plus en plus sévères et l'on imposa des prix obligatoires. Le pays entier fut mis en état de siège; des milliers de Français furent jetés en prison et expédiés à la guillotine, parfois sur la simple dénonciation anonyme d'un voisin jaloux. Parmi ces victimes furent la reine, qui mourut avec toute la dignité d'une grande dame, Madame Élizabeth, sœur du roi défunt, le duc d'Orléans, qui, sous le nom de Philippe-Égalité, avait voté la mort de Louis XVI, Lavoisier, le célèbre chimiste qui avait eu le malheur d'être fermier-général, André Chénier, le seul grand poète de l'époque, etc.

L'homme qui exerça le pouvoir, pendant la Terreur, Maximilien de Robespierre, était né en Arras en 1758. À l'âge de trente ans, il avait été élu député du Tiers-État pour l'Artois. Pendant les travaux de l'Assemblée constituante, il s'était fait remarquer par son éloquence et sa chaleur patriotique. De bonne heure, il s'était fait inscrire au Club des Jacobins, dont il exerça la présidence pendant un temps. C'est par ce club qu'il continua à agir lorsque la Constituante fit place à la Législative. Puis, redevenu député sous la Convention, il fut également nommé membre du Conseil général de la Commune parisienne. Très populaire, non seulement à Paris mais également en province, connu partout pour son honnêteté et son dédain des honneurs et des places lucratives, il reçut dès 1791 le surnom d'Incorruptible, et personne ne songea jamais à lui disputer ce titre. La petite bourgeoisie française retrouvait en lui sa probité, sa dignité de mœurs et sa décence extérieure, et c'est elle qui formait le gros du parti jacobin et sans-culotte. Après la défaite des Girondins,

Robespierre, qui avait longtemps guidé les partis et les esprits, put enfin guider l'État.

L'Incorruptible, qui avait médité Rousseau avec ferveur, séparait le peuple français en deux camps: le peuple, les «sans-culotte»,[5] ceux qui croyaient en la République et à qui il voulait inspirer une ferveur patriotique et républicaine; les autres, les aristocrates et leurs amis, à qui il ne demandait que l'obéissance, faute de quoi ils seraient frappés de la peine de mort. Pour la protection du peuple, et pour la République, il était prêt à faire verser le sang de tous ceux qui, à ses yeux, étaient impurs.

Aidé de ses deux amis, Couthon et Saint-Just, il envoya à l'échafaud Hébert et ses disciples, le 24 mars 1794; un mois plus tard, ce fut le tour de Danton et de Camille Desmoulins. La liquidation des principaux ennemis de Robespierre marqua le commencement de la *Grande Terreur,* qui dura jusqu'au mois de juillet 1794. Tous ceux qui étaient considérés comme «ennemis du peuple» par les Comités étaient jugés sans instruction préliminaire, sans témoins, sans défenseurs. La seule peine était la mort. Fouquier-Tinville, l'accusateur public du Tribunal révolutionnaire, estima avoir lui-même requis la peine de mort pour plus de 2.000 accusés! Les juges avaient à peine le temps de constater l'identité des prévenus: un père fut tué pour son fils, un fils pour son père, on envoyait au supplice des femmes enceintes, des enfants de seize ans. . . .

«À la bonne heure, disait Fouquier, les têtes tombent comme des ardoises.»

On estime que plus de 30.000 personnes furent guillotinées pendant la Grande Terreur, dont plus de la moitié étaient des gens du peuple, ouvriers et paysans.

Et pourtant, la vie de ceux qui n'étaient pas atteints par la Terreur se poursuivait paisiblement. Dans les rues, dont les noms avaient été changés pour commémorer tel événement, tel principe révolutionnaires, les passants se saluaient du nom de «citoyen», puisque celui de «monsieur» avait été aboli, ainsi que tous les titres aristocratiques. Ils échangeaient des propos sur la vie chère, sur la baisse des assignats; se donnaient rendez-vous à une des nombreuses fêtes que Louis David organisait pour réchauffer l'ardeur patriotique des masses et leur attachement au régime.

La Convention, poursuivant l'œuvre de déchristianisation de la France, avait établi un nouveau calendrier, mis en usage le 6 août 1793, où les années étaient comptées à partir du jour de la fondation de la République

5. Nom sous lequel les aristocrates désignaient les révolutionnaires, qui avaient remplacé la culotte par le pantalon, et que ceux-ci finirent par adopter comme synonyme de «patriote».

(22 septembre 1792). Chaque année était divisée en douze mois de trente jours, les jours restants étant consacrés à des fêtes nationales. Chaque mois était divisé en trois décades de dix jours. Les mois prenaient des noms qui faisaient allusion aux saisons (fructidor, frimaire, ventôse, etc); les jours étaient numérotés; et toutes les vieilles fêtes françaises étaient supprimées.

Beaucoup d'églises et de couvents avaient été détruits; la cathédrale Notre-Dame de Paris avait été affectée au culte de la Raison, incarnée par une danseuse d'opéra. Plus tard, Robespierre inventa le culte de l'Être Suprême dont il se proclama le Grand Prêtre. Mais tout cela n'eut guère d'influence sur le peuple français qui, dans son ensemble, resta profondément attaché au christianisme.

Pendant que la Terreur, à l'intérieur, poursuivait les «ennemis du peuple», les armées françaises, réorganisées par Lazare Carnot, poursuivaient les ennemis de la France. Menées par de jeunes généraux comme Jourdan, Hoche, Kléber, Marceau, Davout, Masséna et Augereau, ces armées se montraient supérieures à tout ce que l'Europe pouvait leur opposer. Carnot s'était exprimé ainsi sur la tactique à suivre:

«L'art du général est de faire en sorte que partout où l'ennemi se présente, il trouve une force trois fois plus considérable que la sienne.»

L'application de cette doctrine conduisit aux victoires des armées françaises sur le Rhin, sur les Alpes et sur les Pyrénées. En 1794, la France assiégée décida de briser les liens qui l'enserraient en portant un grand coup à l'adversaire dans les plaines du nord. La célèbre armée de Sambre-et-Meuse, commandée par Jourdan et Marceau, attaqua une armée autrichienne à Fleurus,[6] le 26 juin, et remporta une grande victoire qui lui ouvrit les portes de la Belgique. L'hiver suivant, le général Pichegru conquérait la Hollande, sa cavalerie s'emparant de la flotte hollandaise bloquée par les glaces.

Cette situation militaire favorable permit à la Convention de signer un traité à Bâle, le 22 juillet 1795, par lequel la France gardait la Belgique et la rive gauche du Rhin, et la Hollande devenait une république alliée à la France. Mais les adversaires les plus puissants, l'Angleterre et l'Autriche, n'avaient pas déposé les armes. La paix demeurait partielle et précaire.

Entre temps, à Paris, une réaction contre les excès de la Terreur avait renversé Robespierre et ses amis (le 9 thermidor an II, 27 juillet 1794). Malgré les efforts de la Commune pour sauver l'Incorruptible, la Convention, l'ayant accusé de prétendre au pouvoir personnel, le décréta *hors*

6. C'est à cette bataille qu'on employa pour la première fois un ballon d'observation, qui fournit des renseignements précieux aux Français sur les mouvements de l'ennemi.

la loi. Robespierre tenta de se suicider, mais ne réussit qu'à se fracasser la mâchoire; le lendemain il fut guillotiné, avec une vingtaine de ses partisans.

La réaction thermidorienne, qui suivit la chute de Robespierre, mit fin à tous les espoirs d'instaurer une république démocratique. La Commune de Paris fut supprimée, le Club des Jacobins fermé, Fouquier-Tinville fut guillotiné ainsi que de nombreux Montagnards. La *Terreur blanche* succéda à la *Terreur rouge.*

Une amnistie mit fin à l'insurrection en Vendée, et le culte catholique fut de nouveau permis. Dans le domaine économique, on revint au libéralisme: les prix obligatoires, le contrôle des échanges, des mouvements de devises et du commerce furent supprimés. Néanmoins, la vie économique continua à languir: les ports n'avaient presque plus de trafic; les routes étaient impraticables; les communications ne se faisaient que lentement et avec difficulté.

Avant de se séparer, le 26 octobre 1795, la Convention supprima la Constitution de 1793, qui n'avait jamais été appliquée, et la remplaça par celle de l'an III, qui fut rédigée en vue de freiner la marche de la démocratie. Ses rédacteurs ont surtout obéi au souci d'empêcher la dictature d'un homme ou d'un groupe d'hommes, et d'assurer à la bourgeoisie la jouissance des avantages que la République lui avait procurés. Ainsi, elle accorda la souveraineté non pas au peuple français, ou à la nation, mais à un groupe de citoyens qu'elle définit ainsi: les hommes nés en France, y résidant depuis un an, âgés de 21 ans, inscrits sur le registre civique du canton, et payant une contribution directe ou ayant fait une ou plusieurs campagnes pour l'établissement de la République. Ainsi se trouvaient éliminés les femmes, les pauvres, les domestiques et ceux qui avaient fait des vœux religieux. Tous les citoyens étaient électeurs au premier degré; ils formaient les Assemblées primaires et élisaient les membres des Assemblées électorales. Les électeurs au second degré étaient peu nombreux: il fallait être âgé de plus de vingt-cinq ans et possesseur d'une propriété d'un revenu égal à 200 jours de travail, c'est-à-dire que seuls les riches, les bourgeois aisés, les gros propriétaires fonciers pouvaient être électeurs au second degré. Leur nombre a été estimé à 30.000. Ils se réunissaient en assemblées électorales pour élire les membres du corps législatif qui, pour la première fois, était séparé en deux chambres, afin de se garantir contre la dictature d'une assemblée.

Les deux chambres étaient élues pour trois ans et renouvelables par tiers chaque année. Le *Conseil des Cinq-Cents,* dont les membres devaient être âgés de 30 ans au moins, avait l'initiative des lois. Les membres du

Conseil des Anciens, au nombre de 250, devaient avoir quarante ans et être mariés ou veufs. Ils devaient approuver, ou rejeter, après trois lectures, les projets de lois des *Cinq-Cents.*

Le pouvoir exécutif était confié à un Directoire de cinq membres, afin d'éviter la dictature d'un homme. Les Directeurs étaient élus par le corps législatif pour cinq ans. Les Directeurs nommaient les ministres, qui n'avaient aucune responsabilité législative.

Cette forme de gouvernement, si elle prévenait effectivement la dictature, causait par contre une extrême lenteur dans l'action, précisément au moment où la France avait grand besoin d'une politique ferme, suivie et réparatrice. Les Directeurs qui furent élus n'avaient presque rien en commun. La plus forte personnalité parmi eux était Lazare Carnot, dont le caractère abrupt, la volonté et la puissance de travail le qualifiaient pour occuper la première place. C'est précisément ce qui inquiéta les autres Directeurs. Le plus célèbre d'entre eux était Barras, dont le tempérament jouisseur et sceptique aida à donner au régime sa réputation de débauche et de corruption. En fait, à part Carnot, les Directeurs s'occupèrent plus de s'enrichir et de jouir de leur position que de rétablir les fortunes de la France.

Or, la situation à l'intérieur était grave. La Vendée avait repris les armes, la chouannerie s'étendait en Bretagne et dans le Maine. Dans le sud-est sévissait la Terreur blanche. La misère du peuple augmentait: les assignats étaient discrédités, les prix montaient en flèche. Et à l'extérieur la guerre continuait contre l'Angleterre, l'Autriche et la Prusse.

Le directeur Carnot conçut en 1795 le projet de porter un rude coup à l'Autriche en se servant de trois armées: celle de Sambre-et-Meuse, commandée par Jourdan, celle de Rhin-et-Moselle, commandée par Moreau, et celle d'Italie, commandée par Scherer. Les deux premières armées devaient marcher sur Vienne, en passant par l'Allemagne, pendant que la troisième, plus faible et mal équipée, assurerait une diversion et retiendrait l'ennemi sur les Alpes. Ce plan fut modifié, cependant, sur les conseils du général commandant l'armée de l'Intérieur, Napoléon Bonaparte, qui fut alors nommé pour commander l'armée d'Italie.

Ce jeune général s'était déjà fait remarquer au siège de Toulon (1793) lorsqu'il était capitaine d'artillerie. La Convention l'avait nommé général de brigade, à l'âge de 24 ans, et lui avait donné le commandement de l'artillerie de l'armée d'Italie. Protégé par Robespierre, il avait failli suivre celui-ci dans sa chute, mais s'était de nouveau attiré la bienveillance de la Convention lorsqu'il l'avait sauvée en réprimant une émeute royaliste, à coups de canon, le 13 vendémiaire (5 octobre 1795). Le di-

La prise de la Bastille, le 14 juillet 1789

L'abolition des privilèges et des droits féodaux par l'Assemblée constituante à Versailles pendant la nuit du 4 août 1789

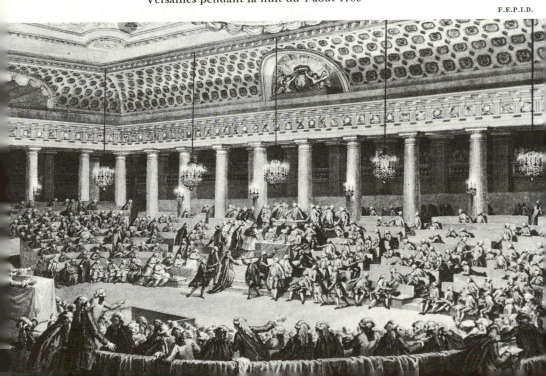

Napoléon Bonaparte franchissant le col du Petit-Saint-Bernard, par Jacques-Louis David (1800)

L'Empereur Napoléon, par François Gérard

F.C.S.

F.E.P.I.D.

recteur Barras l'avait ensuite nommé au commandement de l'armée de l'Intérieur.

Né en 1769, le 15 août, à Ajaccio dans l'île de Corse, un an après le rattachement de celle-ci à la France, Napoléon Bonaparte était entré à dix ans à l'École militaire de Brienne. Par ses origines, il était italien, mais sa formation du point de vue intellectuel, moral et professionel, fut bien française. Nommé lieutenant au régiment de la Fère-Artillerie, il se mit à étudier les philosophes du XVIIIᵉ siècle et surtout Rousseau, pour lequel il s'enthousiasma. À Auxonne, sous la direction du baron de Teil, il se passionna pour les nouvelles théories sur l'usage de l'artillerie, théories qu'il allait bientôt pouvoir illustrer.

Pendant la Révolution, il joua un rôle actif à la tête du mouvement révolutionnaire corse, mais dut quitter cette île lorsqu'elle fut livrée aux Anglais par Paoli. C'est alors qu'il reçut le commandement de l'artillerie au siège de Toulon, siège dont il assura le succès par l'emploi judicieux de ses batteries.

Comment tracer le portrait de Napoléon Bonaparte? Doit-on retenir la silhouette fine et nerveuse de l'officier studieux et rêveur d'Auxonne, celle du général enthousiaste et dynamique des campagnes d'Italie et d'Égypte, celle de l'Empereur corpulent et majestueux, maître de l'Europe, ou celle de l'aigle dompté, mourant à Sainte-Hélène? On ne peut que renvoyer le lecteur aux portraits tracés de lui d'après nature par tant de peintres célèbres.

Cependant, les traits essentiels de sa nature se retrouvent à travers toute sa carrière: le corps endurant et toujours prêt, la résistance admirable des nerfs, la promptitude merveilleuse des réflexes, la capacité de travail illimitée; un des cerveaux les plus parfaits qu'on ait jamais connus, une mémoire infaillible, une imagination vive et féconde. Bref, une organisation physique et cérébrale de premier ordre qui le poussait vers l'action et la domination.

Mais ce qui explique l'attrait fascinant de cet homme, en plus de ses dons variés et éclatants, c'est la diversité de son tempérament. De ses lectures de jeune homme, il lui était resté le goût du rationalisme et de la philosophie; s'il n'avait été soldat, Napoléon eût pu devenir homme de lettres: ses bulletins à l'Armée, ses harangues et proclamations militaires, sa correspondance et ses mémoires en témoignent. L'intellectuel en lui se révèle par la faculté de se regarder vivre et de réfléchir mélancoliquement sur son destin. Réaliste, il sut exploiter les défauts et les vices des hommes; romantique, il se servit des événements pour vivre dangereusement en artiste, en poète de l'action.

Le changement que le général Bonaparte apporta aux plans de Carnot consistait en ceci: au lieu de servir à retenir l'ennemi sur les Alpes, l'Armée d'Italie devait elle aussi prendre l'offensive, bousculer les princes italiens et se lancer contre les Autrichiens, qui seraient pourchassés jusqu'à Vienne. L'armée d'Italie ne comptait que 40.000 hommes, alors que les Autrichiens et les Piémontais pouvaient lui opposer près de 75.000 soldats. Pour réussir, il fallait donc mettre en jeu une tactique supérieure à la leur. C'est ce que fit Bonaparte.

Se lançant contre l'ennemi avec son armée qui avait laissé derrière elle ses equipages et ses magasins de vivres pour aller plus vite, Bonaparte le prit par surprise et, en quatorze jours (du 14 au 28 avril), mit hors de combat deux corps autrichien et piémontais. Le Piémont étant éliminé, Bonaparte se retourna contre l'armée du général autrichien Beaulieu qui occupait la Lombardie. Après avoir pris Milan (14 mai), il rejeta Beaulieu dans la place forte de Mantoue. Quatre armées autrichiennes vinrent à tour de rôle essayer de secourir leurs camarades assiégés; elles furent toutes repoussées dans des batailles violentes: à Arcole, où Bonaparte faillit être tué en menant l'attaque sur le pont; à Rivoli, où 75.000 Autrichiens furent arrêtés par les Français moitié moins nombreux. Mantoue tomba, le 14 janvier 1797, et les Autrichiens furent rejetés vers le Tyrol. Bonaparte s'élança à leur poursuite en direction de Vienne.

Partout où Bonaparte était passé, il avait répandu les idées révolutionnaires. Accueilli par les patriotes italiens, il avait encouragé la formation de républiques pour remplacer les duchés et principautés, sans se soucier d'ailleurs de la politique du Directoire. Celui-ci était amadoué par l'envoi des fortes contributions de guerre que Bonaparte prélevait sur l'ennemi.

L'Autriche, voyant les troupes victorieuses du jeune général à proximité de Vienne, et sachant que les armées de Hoche et de Moreau avaient franchi le Rhin, envoya des négociateurs vers Bonaparte, le 7 avril 1797. Les préliminaires de paix signés à Lœben devinrent plus tard le traité de Campo Formio (18 octobre 1797). Ce traité, signé par Bonaparte seul, sans l'avis du Directoire, créait trois nouvelles républiques italiennes, vassales de la France, abondonnait les provinces belges à la France, et lui reconnaissait la frontière du Rhin. Par contre, la république de Venise disparaissait, ses territoires étant donné à l'Autriche.

Ainsi la France établissait autour d'elle un glacis de républiques satellites avec des constitutions imitées de celle de l'an III. Tous ces changements survenus aux frontières françaises illustraient aux yeux de l'Europe la marche inexorable de la Révolution.

Après la campagne d'Italie, Bonaparte, revenu en France, ne pouvait que gêner le Directoire. Celui-ci, toujours menacé, tantôt par la droite, tantôt par la gauche, ne gouvernait plus que par coups d'État et se faisait de plus en plus détester. Pour éloigner le général trop populaire, les Directeurs lui donnèrent le commandement de l'expédition d'Égypte, qui devait porter un coup aux Anglais en leur coupant la route de l'Inde.[7] Au printemps de 1798, Bonaparte s'embarqua donc avec une armée de 38.000 hommes auxquels il avait promis, comme à ceux de l'armée d'Italie, une part du butin. Les Français s'emparèrent de Malte, le 6 juin, puis, échappant de justesse à la flotte de Nelson, débarquèrent près d'Alexandrie. Au lieu de butin, ils trouvèrent un pays misérable, une chaleur accablante, la soif, et le fanatisme musulman. La conquête du pays commença par la célèbre bataille des Pyramides (le 21 juillet) qui ouvrit les portes du Caire.

«Soldats, leur avait dit Bonaparte avant la bataille, du haut de ces pyramides, quarante siècles vous contemplent!»

Deux jours plus tard, l'escadre française fut anéantie par Nelson en rade d'Aboukir, et Bonaparte se trouva isolé en Égypte. Il conçut alors le projet de retourner en France par l'Asie Mineure, mais au printemps de 1799, la peste décima son armée (à Jaffa) et, s'étant heurté aux défenses de Saint-Jean-d'Acre, dont il ne put venir à bout faute d'artillerie, il rebroussa chemin et revint en Égypte. Là, il se mit à organiser le pays; il fonda l'Institut d'Égypte et favorisa les recherches des savants qu'il avait amenés avec lui. C'est de cette époque que datent les débuts de l'égyptologie, à laquelle les savants français, comme Champollion, Monge, Berthollet, Geoffroy de Saint-Hilaire, ont grandement contribué.

Au milieu de ces activités, Bonaparte recevait de temps en temps des nouvelles de France, qui le remplissaient de colère et de mépris. Elles lui apprenaient que la confusion et le désordre augmentaient dans le pays; qu'une nouvelle coalition groupant dix pays, dont l'Angleterre, l'Autriche et la Russie, menaçait les frontières françaises. L'Italie fut perdue, mais,

---

7. Voir, à ce sujet, *l'Histoire de la révolution française*, d'Adolphe Thiers, Paris, 1870, tome IX, pp. 410–411:

«Sous Louis XIV, le grand Leibnitz, dont l'esprit embrassait toutes choses, adressa au monarque français un mémoire, qui est un des plus beaux monuments de raison et d'éloquence politiques. Louis XIV voulait, pour quelques médailles, envahir la Hollande. ‹Sire, lui dit Leibnitz, ce n'est pas chez eux que vous pourrez vaincre ces républicains; vous ne franchirez pas leurs digues, et vous rangerez toute l'Europe de leur côté. C'est en Égypte qu'il faut les frapper. Là, vous trouverez la véritable route du commerce de l'Inde; . . . vous assurerez l'éternelle domination de la France dans le Levant . . .›.

Ce sont ces vastes pensées, négligées par Louis XIV, qui remplissaient la tête du jeune général républicain . . . L'Égypte était, selon lui, le véritable point intermédiaire entre l'Europe et l'Inde; c'est là qu'il fallait s'établir pour ruiner l'Angleterre . . .».

grâce aux victoires de Masséna, à Zurich (25–26 septembre) et de Brune, à Bergen en Hollande (le 18 octobre), les coalisés furent arrêtés. Néanmoins, la situation était redevenue très mauvaise.

C'est alors qu'une nouvelle retentissante se répandit à travers Paris: «Le général Bonaparte a débarqué à Fréjus!» C'était vrai. Après avoir longtemps réfléchi, dans son palais du Caire, à ce qui se passait en France et en Europe, le général avait décidé de tenter sa chance. Malgré la flotte anglaise, le navire qui le portait avait réussi à quitter Alexandrie et à le déposer au port de Fréjus. De là, il se hâta de gagner Paris, où l'attendaient son frère Lucien, président du Conseil des Cinq-Cents, et ceux, parmi lesquels Sieyès et Talleyrand, qui désiraient renverser le Directoire. Le 18 brumaire an VIII (9 novembre 1799), sous prétexte d'un complot jacobin, les Assemblées furent transportées à Saint-Cloud et là, loin du peuple parisien, qui d'ailleurs n'aurait sans doute pas bougé, les députés furent dispersés par les soldats de Bonaparte. Lui-même fut proclamé Consul ainsi que Sieyès et Roger Ducos.[8]

La première République était morte; une nouvelle dictature était née.

Avant de commencer l'histoire de l'épopée napoléonienne, il convient de jeter un coup d'œil en arrière pour voir ce que la Révolution avait accompli. Grâce à elle, un univers social s'était effondré et un nouvel univers était en formation, dont le mot d'ordre était: Liberté, Égalité, Fraternité. C'est pourquoi la République française fut saluée dans le monde entier, mais d'abord en Europe, comme l'aube d'une ère qui devait apporter le bonheur sur terre, ou, comme l'écrivit le philosophe allemand Hegel: «comme si s'était réalisée la réconciliation entre le monde divin et le monde terrestre». Et notons, en anticipant un peu sur notre récit, que les libertés (spirituelle, économique, politique et civile) acquises par les citoyens français se répandirent partout en Europe par l'intermédiaire des armées napoléoniennes, avant de pénétrer dans les autres parties du monde par le truchement du *Code civil*, ou *Code Napoléon*.

Un des premiers résultats du renversement de l'Ancien Régime fut la réalisation de l'unité nationale de la France, unité que les Capétiens avaient souhaitée, mais qu'il leur avait été impossible d'effectuer. L'abolition des provinces, des circonscriptions ecclésiastiques, judiciaires et

8. L'abbé Sieyès (1748–1836) avait été un des fondateurs du Club des Jacobins, puis membre de la Constituante, de la Convention, du Conseil des Cinq-Cents et, finalement, Directeur.
Roger Ducos (1747–1816), député à la Convention, membre du Conseil des Cinq-Cents, puis Directeur. Il fut remplacé comme Consul, en décembre 1799, par Charles François Lebrun (1739–1824), ancien directeur de la Chancellerie sous Louis XV, puis membre de l'Assemblée constituante.

financières, qui avaient tellement gêné le développement de la France, et l'installation du système départemental furent les signes extérieurs de cette unité nationale, qui, aux yeux des philosophes français, n'était qu'une première étape vers l'unité du genre humain.

Le principe de la souveraineté nationale, proclamé dès 1789, fut sans doute, de tous les principes révolutionnaires, celui qui eut le plus de retentissement dans le monde. Il est vrai que les Américains avaient déjà proclamé le droit des peuples à disposer d'eux-mêmes, mais la Révolution française se sentit obligée d'exporter ce principe dans les nations avoisinantes, et mêmes lointaines (en Pologne, par exemple) et, de ce fait, initia le mouvement de la libération et de l'émancipation des peuples qui s'est prolongé jusqu'à nos jours.

Dans l'ordre des choses pratiques, mentionnons que la Révolution a donné à la France l'enseignement primaire obligatoire et gratuit, entrepris l'organisation de l'enseignement secondaire, créé des Écoles centrales pour l'enseignement supérieur, et l'Institut national pour remplacer les sept anciennes académies royales. De la Révolution date la fondation de l'École polytechnique, qui forme les ingénieurs et les officiers d'artillerie, celle de l'École normale supérieure, qui prépare les futurs professeurs, et celle de l'École des Langues orientales. C'est la Révolution, finalement, qui a donné à la France, et au monde, le système métrique. Tout ceci, rappelons-le, fut accompli en l'espace de dix ans, au milieu des pires orages intérieurs et extérieurs.

Le premier désir du général Bonaparte, après le coup d'État du 18 brumaire, fut de ramener l'ordre et l'unité à l'intérieur, et la paix à l'extérieur. On se mit tout de suite à l'œuvre pour élaborer une nouvelle Constitution, afin de réorganiser le pouvoir et l'administration.

La Constitution de l'an VIII (qui fut modifiée ensuite par celles de l'an X et de l'an XII, dans le sens d'un renforcement du pouvoir exécutif et d'une diminution du pouvoir législatif) fut rédigée principalement par Sieyès et Bonaparte. Elle était courte et obscure, ne contenait ni déclaration, ni garantie des droits de l'homme, et ne mentionnait nulle part la liberté, l'égalité ou la fraternité.

Le gouvernement était confié à trois hommes, appelés Consuls, à des ministres et à un Conseil d'État. Le Premier Consul avait seul la réalité du pouvoir; les deux autres n'avaient que voix consultative. Le pouvoir exécutif était très fort, puisqu'il avait également l'initiative des lois et du budget. Le Conseil d'État, nommé et révoqué par le Premier Consul, avait un rôle important, ayant des attribution législatives et administratives, mais son action était partout subordonnée au chef de l'État. C'est le

Conseil d'État qui, pendant le Consulat, élabora toutes les grandes lois organiques et le Code civil.

Les ministres n'étaient que de simples «agents d'exécution»; nommés par le Premier Consul, ils devaient veiller à l'exécution des lois. Selon leur personnalité, ils jouèrent un rôle plus ou moins important. Talleyrand, ministre des relations extérieures, et Fouché, ministre de la police, eurent l'un et l'autre un rôle exceptionnel. Les autres ne furent que d'honnêtes employés.

Le pouvoir législatif était fort compliqué et disséminé. Il était partagé entre les Consuls, qui seuls avaient l'initiative des lois, le Tribunat, qui discutait les projets du gouvernement, le Corps législatif, qui les approuvait ou les rejetait en bloc, et le Sénat, qui vérifiait la constitutionnalité des lois.

L'union des Français fut encouragée en toute occasion. «Le titre de citoyen français vaut bien, disait-on, celui de royaliste, de jacobin ou de feuillant.» Les émigrés furent de nouveau autorisés à rentrer en France. Pour mettre fin aux luttes religieuses dans l'ouest, on entama une nouvelle politique de tolérance envers le culte catholique.

De 1800 à 1804, le Conseil d'État travailla à l'élaboration du *Code civil*.[9] Ce Code confirmait la disparition de l'aristocratie féodale et adoptait les principes sociaux de 1789: la liberté personnelle, l'égalité devant la loi, la laïcité de l'État, la liberté de conscience, la liberté du travail. Il apparut donc à l'Europe comme le symbole de la Révolution, et, à ce titre, il fournit partout où il fut introduit les règles essentielles de la société moderne. Mais ce Code confirma aussi la réaction contre l'œuvre démocratique de la Révolution: il s'occupa avant tout de consacrer et de sanctionner le droit de propriété. La famille elle-même était envisagée sous cet angle: le règlement minutieux du contrat de mariage transformait ce dernier en une affaire d'argent.

Bonaparte était Corse, il avait donc une conception romaine de la famille, et c'est cette conception que l'on retrouve dans le Code. L'autorité paternelle et maritale était renforcée; la femme était étroitement subordonnée à l'homme: l'article 213 déclarait d'une manière catégorique que «la femme doit l'obéissance à son mari».

La réorganisation administrative du pays, commencée sous le Consulat et continuée pendant l'Empire, dota la France de cadres qui ont duré jusqu'à nos jours.

9. Sous Louis XIV on avait déjà eu l'idée d'établir un code de lois uniforme pour toute la France, mais c'est la Constituante qui décréta le 2 septembre 1791: «Il sera fait un code de lois civiles commun à tout le royaume.» Bonaparte a continué en cela l'œuvre de la Révolution.

Chaque département (il y en avait 98 au lendemain du 18 brumaire) avait à sa tête un préfet, choisi par le Premier Consul, et chargé d'administrer et de tout contrôler en son nom; chaque arrondissement (4 à 5 par département) avait un sous-préfet, nommé également par le Premier Consul; chaque commune un maire, nommé soit par le Premier Consul, soit par le préfet. Chacun de ces magistrats était aidé d'un conseil: conseil général, conseil d'arrondissement et conseil municipal. L'innovation de Bonaparte fut de subordonner le conseil au magistrat et celui-ci au Premier Consul. Ainsi s'établirent la hiérarchisation, la centralisation et l'autoritarisme.

Tout en établissant ainsi l'ordre en France, le Premier Consul devait également s'occuper des affaires extérieures. Les victoires de Masséna et de Brune, en 1799, avaient empêché l'invasion, mais la coalition demeurait menaçante. Bonaparte résolut d'agir rapidement pour la disperser. Reprenant à son compte l'idée du Directoire, il envoya une armée, commandée par Moreau, attaquer l'Autriche par la vallée du Danube. Lui-même, risquant le tout pour le tout, se mit à la tête de l'armée d'Italie, franchit les Alpes par le col du Grand-Saint-Bernard, et se jeta sur les arrières de l'armée autrichienne qui assiégeait Gênes. À Marengo, le 14 juin 1800, Bonaparte, avec 20.000 hommes, fut assailli par une armée autrichienne beaucoup plus nombreuse et il était sur le point de subir un désastre lorsque le général Desaix, avec un autre corps de l'armée française, arriva et renversa la situation. Peu après, Moreau écrasait les Autrichiens à Hohenlinden et occupait Munich. L'Autriche déposa les armes et signa le traité de Lunéville, le 9 février 1801. La France obtenait la frontière du Rhin et mettait la main sur le nord et le centre de l'Italie en agrandissant la République cisalpine, tributaire de la France; l'Espagne cédait la Louisiane à la France.[10]

L'Angleterre, restée seule, se décida, après la chute de Pitt (5 février 1801) à négocier avec la France. Un traité, signé à Amiens le 25 mars 1802, stipulait que l'Angleterre devait évacuer l'Égypte (qu'elle avait occupée après le départ de Bonaparte), Malte, qu'elle avait saisie en 1800, l'île d'Elbe et les Antilles françaises.

Ce traité fit de Bonaparte un héros national. Après dix ans de guerre, les Français se voyaient en paix avec l'Europe, et, autour d'eux, tout était rentré dans l'ordre. Le Consul profita de cette popularité pour se faire proclamer Consul à vie et pour promulguer le *Concordat*.

Par ce Concordat, le gouvernement français reconnaissait que le catholicisme était la religion de la majorité des Français. Le culte serait public et l'État s'engageait, à défaut de la restitution des biens d'Église,

10. En 1803, Bonaparte vendit la Louisiane aux États-Unis.

à accorder un traitement aux évêques et aux curés.[11] Les évêques auraient le droit de nommer les curés, et le Premier Consul nommerait les évêques, qui seraient institués par le pape.

En se réconciliant ainsi avec l'Église romaine, Bonaparte comptait porter un coup à la contre-révolution dans l'ouest et, aussi, gagner la fidélité des habitants de la Belgique et de la Rhénanie, récemment annexées.

La paix d'Amiens ne dura pas longtemps, malheureusement. Bonaparte commit toutes les erreurs susceptibles de compromettre la paix: il refusa de rouvrir au commerce britannique la France et les pays qu'elle contrôlait, il augmenta la puissance et l'influence françaises en Allemagne, en Suisse et en Italie, il annexa l'île d'Elbe et le Piémont, et occupa Parme. De leur côté, les Anglais refusèrent d'évacuer Malte. Il est incontestable que Bonaparte voulait la guerre: «Un Premier Consul, disait-il, ne ressemble pas à ces rois par la grâce de Dieu qui regardent leurs États comme un héritage. Il a besoin d'actions d'éclat et par conséquent de la guerre.» Il est également incontestable que c'est l'Angleterre qui rompit le traité et commença les hostilités, en mai 1803. Les responsabilités sont donc partagées.

Profitant de l'émotion causée par la nouvelle guerre et par la révélation d'un vaste complot royaliste, qui visait à l'assassinat du Premier Consul, celui-ci se fit proclamer empereur des Français, le 18 mai 1804, sous le nom de Napoléon Ier. L'empereur se couronna lui-même en la présence du pape Pie VII, le 2 décembre 1804, dans la cathédrale Notre-Dame de Paris.

Sous le Consulat, Paris avait vu naître les débuts d'une cour. Le Premier Consul, aux Tuileries, s'était entouré d'une foule de dignitaires, d'officiers et de laquais, et Joséphine, son épouse, avait ses «dames du palais». En 1802, Bonaparte avait proposé la création d'une Légion d'honneur groupant 30.000 citoyens, liés par serment au chef de l'État, et choisis par lui parmi les civils et les militaires qui avaient brillamment servi la nation. L'idée avait déplu au Corps législatif, mais Bonaparte l'avait reprise et, devenu empereur, il inaugura la Légion d'honneur le 14 juillet 1804. Le développement de cette nouvelle création fut l'établissement d'une cour officielle. Celle-ci fut composée des princes, des grands dignitaires et des grands officiers. Les membres de la famille impériale reçurent le titre de «prince français» et étaient, de droit, membres du Sénat et du Conseil d'État.

---

11. Les pasteurs réformés et luthériens reçurent également un traitement.

Il y eut d'abord six grands dignitaires: le «grand électeur» Joseph Bonaparte, l'archichancelier d'Empire Cambacérès, l'archichancelier d'État Lebrun, le grand connétable Louis Bonaparte, le grand amiral Murat; plus tard, quatre autres furent nommés. Les grand dignitaires formaient le «Grand Conseil d'Empire» et le «Grand Conseil de la Légion d'honneur» et étaient membres du Conseil privé. Ils étaient tous princes et leurs fils aînés ducs.

Les grand officiers étaient des militaires, pour la plupart, et comptaient seize maréchaux et dix inspecteurs. À partir de 1808, Napoléon créa une noblesse impériale en établissant les titres de prince, altesse sérénissime, duc, comte, baron et chevalier.

Évidemment, la plupart de ceux qui reçurent des titres de noblesse impériale n'avaient jamais, jusqu'alors, participé à un cérémonial de cour. Or, Napoléon exigea que le cérémonial aux Tuileries fût très strict. Il y eut, le jeudi et le dimanche matin, des grands levers où les principaux personnages étaient encadrés par une foule de figurants. Chaque matin, lorsqu'il était aux Tuileries ou à Fontainebleau, Napoléon faisait sa grande entrée et surveillait «sa noblesse» d'un œil attentif pour être sûr que chacun était habillé selon les règles. Au début, il y eut des scènes passablement ridicules, mais, avec le temps et le concours de plusieurs membres de l'ancienne noblesse, la nouvelle cour acquit la dignité et le cérémonial qu'exigeait l'Empereur.

Dès le début des hostilités avec l'Angleterre, Napoléon avait songé à porter un coup mortel à son adversaire par l'invasion. Son plan était de frapper vite avant que les Anglais pussent grouper une nouvelle coalition sur le continent. Pour pouvoir envahir l'Angleterre, il fallait d'abord concentrer une armée sur les côtes de la Manche, et ensuite rassembler une flotte capable de transporter cette armée au-delà de la Manche. Il fallait également s'assurer que le passage de la Manche serait libre, c'est-à-dire que la flotte anglaise n'interviendrait pas. Napoléon donna l'ordre à la flotte française, commandée par l'amiral Villeneuve, d'attirer les escadres anglaises vers les Antilles, puis de revenir en toute hâte vers la Manche. Mais, le 20 octobre 1805, l'amiral Nelson devant le cap Trafalgar, sur la côte d'Espagne, anéantit la flotte française et, avec elle, toute possibilité d'invasion. Avant cette défaite, Napoléon avait rassemblé près de Boulogne les 100.000 hommes de la Grande Armée, troupes superbement entraînées et animées d'un esprit de corps remarquable. Il décida alors de s'en servir pour écraser les forces de la troisième coalition, qui venait de se former entre l'Angleterre, la Russie et l'Autriche.

La campagne de 1805 fut le chef-d'œuvre de Napoléon. Après avoir franchi le Rhin, le 25 septembre, la Grande Armée se sépara en trois corps qui s'avancèrent vers le Danube où, après les combats de Westingen, de Gunzburg et surtout d'Elchingen,[12] ils encerclèrent l'armée autrichienne commandée par le général Mack, à Ulm. Le 20 octobre, les Autrichiens capitulèrent, et Napoléon se dirigea vers Vienne, cette capitale que les révolutionnaires avaient tant de fois visée et que Napoléon lui-même avait menacée en 1799.

Le 13 novembre, Napoléon Ier s'installa dans le palais de Schœnbrunn, que l'empereur François II venait de quitter. Mais il n'y resta pas longtemps. Sachant que la Prusse s'apprêtait à entrer dans la coalition et qu'une armée russe s'avançait pour se joindre aux Autrichiens, il décida de forcer les Austro-russes à l'attaquer sur le champ de bataille qu'il avait choisi: Austerlitz.

Le 2 décembre 1805, le premier anniversaire du couronnement, se livra la «bataille modèle» que Napoléon avait préparée depuis dix jours. Chef-d'œuvre de la tactique napoléonienne, elle se déroula, en gros, comme l'Empereur l'avait prévue. Le lendemain, l'empereur d'Autriche et l'empereur de Russie Alexandre Ier, ayant perdu environ 27.000 hommes, décidèrent que, pour sauver la situation, il fallait que l'Autriche demandât l'armistice.

La proclamation de Napoléon à son armée, le lendemain de cette bataille mérite d'être citée:

«Soldats, disait-il, je suis content de vous! Vous avez, à la bataille d'Austerlitz, justifié tout ce que j'attendais de votre intrépidité. Vous avez décoré vos aigles d'une incontestable gloire. Une armée de cent mille hommes commandée par les empereurs d'Autriche et de Russie a été en moins de quatre heures ou coupée ou dispersée. Ce qui a échappé à votre fer s'est noyé dans les lacs. . . . Soldats, lorsque tout ce qui est nécessaire pour assurer le bonheur et la prospérité de notre patrie sera accompli, je vous ramènerai en France: là, vous serez l'objet de mes plus tendres sollicitudes. Mon peuple vous reverra avec joie, et il vous suffira de dire: J'étais à la bataille d'Austerlitz, pour qu'on vous réponde: Voilà un brave.

Napoléon»

Par la paix de Presbourg, le 26 décembre, Napoléon mit fin au Saint Empire romain germanique, qui existait depuis 962; à sa place il créa, en 1806, la *Confédération du Rhin,* dont il se fit le Protecteur. L'Autriche céda tous ses territoires italiens à la France et Napoléon devint roi d'Italie.

12. C'est là que Ney, le «brave des braves» reçut le titre de duc d'Elchingen. Plus tard, il deviendra prince de la Moskowa, pour ses prouesses à la bataille du même nom.

Il donna la couronne de Hollande à son frère Louis, la couronne de Naples et de Sicile à son frère Joseph.

La Prusse avait félicité Napoléon de sa victoire à Austerlitz, mais, inquiète de la pénétration française en Allemagne, elle se rapprocha de l'Angleterre et de la Russie, et, en octobre 1806, ces trois puissances formèrent la quatrième coalition. La réponse de Napoléon fut foudroyante: par une campagne de six jours (du 8 au 14 octobre) il annihila les armées prussiennes (batailles d'Iéna et d'Auerstedt), et fit son entrée triomphale à Berlin. C'est là qu'il signa le décret du 21 novembre interdisant l'accès des ports de l'empire à tout bâtiment venant directement d'Angleterre ou des colonies britanniques. C'était un point tournant de la politique de Napoléon qui, revenant aux projets du Directoire, décidait, par le Blocus continental, de coaliser le continent contre l'Angleterre.

La guerre se poursuivit contre les Russes. Après quelques combats indécisifs, Napoléon voulut prendre ses quartiers d'hiver en Pologne, mais les Russes, habitués au climat et mieux équipés que les Français, passèrent à l'offensive. La bataille d'Eylau (le 8 février 1807) qui eut lieu au milieu d'une tempête de neige, fut une effroyable boucherie: 25.000 Russes et 18.000 Français y périrent. Les Russes abandonnèrent le terrain, mais en bon ordre, sans être poursuivis. Pour la première fois, une grande bataille conduite par l'Empereur n'avait pas causé la perte de l'armée ennemie. Par contre, au mois de juin suivant, l'armée russe fut taillée en pièces à Friedland, en Prusse orientale. L'empereur Alexandre Ier demanda l'armistice.

Les deux souverains se rencontrèrent à Tilsit, sur un radeau au milieu de la rivière Niémen, et décidèrent de signer un traité de paix et un pacte d'alliance. La Prusse perdait toutes ses possessions à l'ouest de l'Elbe, desquelles Napoléon forma le royaume de Westphalie qu'il donna à son frère Jérôme. La Prusse abandonnait également ses provinces polonaises: Danzig fut érigée en ville libre et le reste forma le grand-duché de Varsovie, confié au roi de Saxe. La Westphalie et le nouveau grand-duché entraient dans la Confédération du Rhin.

Quant à la Russie, elle entrait dans le camp français contre l'Angleterre, en échange de promesses de soutien contre la Turquie. Elle s'engageait à fermer ses ports au commerce britannique, ce qui étendait le blocus à presque tout le continent.

Lorsque Napoléon rentra à Paris, le 27 juillet 1807, on lui décerna le nom de «Grand», comme on l'avait fait pour Louis XIV après la paix de Nimègue. Le peuple français croyait, puisque l'Empereur le disait, que le traité de Tilsit assurerait la paix continentale. Napoléon lui-même, après de brillantes fêtes à la gloire de la Grande Armée, s'intéressa surtout aux affaires administratives: la réforme du pouvoir judiciaire, la réorganisation de l'université, datent de 1807 et de 1808 respectivement.

À partir de 1808, cependant, Napoléon se préoccupa de perfectionner le blocus. Or, le Portugal, à cette époque, était presque une colonie anglaise; il vivait du commerce anglais et ne pouvait rompre avec Londres sans périr. Ce pays était, en quelque sorte, le principal entrepôt du commerce britannique de contrebande. Il fallait donc fermer cette brèche, mais, pour y arriver, il fallait traverser l'Espagne.

Charles IV, roi d'Espagne, accepta de laisser les troupes françaises commandées par Junot franchir son pays, et même de participer à l'attaque contre le Portugal. Son premier ministre, Godoy, qui était également l'amant de la reine, Louise-Marie, s'était entendu avec Napoléon dans l'espoir de recevoir le sud du Portugal pour lui-même. Junot entra dans Lisbonne le 30 octobre 1808 et, pour protéger cette armée si loin de ses bases, Napoléon fit progressivement occuper l'Espagne. Cependant, la situation bizarre de la famille royale espagnole avait provoqué la révolte de leur fils aîné, Ferdinand, qui croyait Godoy capable de se proclamer roi à la mort de Charles IV. Profitant de cette querelle, Napoléon attira Charles IV et son fils à Bayonne, où ceux-ci, épouvantés, remirent la couronne d'Espagne entre les mains de l'Empereur. Immédiatement, celui-ci l'offrit à Joseph, qui était alors roi de Naples et qui céda sa propre couronne à Murat. Le nouveau roi d'Espagne fit son entrée solennelle à Madrid le 20 juillet.

Les Espagnols avaient accepté de bon cœur de recevoir une dynastie française en 1700; cette fois, poussés par la noblesse et le clergé, qui ne voulaient à aucun prix accepter un régime issu de la Révolution, les classes populaires se soulevèrent et prirent les armes.

L'Angleterre, profitant de sa maîtrise des mers, envoya aussitôt une armée dans le sud du Portugal, avec ordre de marcher ultérieurement sur Madrid. Junot dut capituler à Cintra. L'insurrection espagnole, qui prit la forme d'une guérilla, fut redoutable; les soldats français, inaccoutumés à ce genre de guerre, subirent d'énormes pertes. Le général Dupont, encerclé en Andalousie, capitula avec toute son armée. Le retentissement mondial de cet événement, le plus grave échec subi jusqu'ici par les armées de Napoléon, força celui-ci à se rendre en personne en Espagne, avec une partie de la Grande Armée. De nouveau, le génie militaire de l'Empereur rétablit la situation: les Anglais furent chassés d'Espagne, Madrid fut repris et Joseph, qui s'en était enfui un mois après son entrée triomphale, fut réinstallé dans son palais.

Mais Napoléon ne pouvait rester indéfiniment en Espagne. Déjà, l'Autriche faisait mine de vouloir reprendre la guerre; la Russie n'était aucunement décidée à agir contre l'Autriche, malgré l'alliance de Tilsit, renouvelée par l'entrevue d'Erfurt (27 septembre–14 octobre 1808). En France même, les ministres Fouché et Talleyrand complotaient contre l'Empereur, sentant que le peuple français commençait à se lasser de tant de guerres. Napoléon laissa donc ses généraux poursuivre les opérations militaires en Espagne, et rentra en toute hâte en France.

Ayant laissé une bonne partie de sa Grande Armée dans la péninsule ibérique, l'Empereur fut contraint d'improviser une nouvelle armée pour faire face à la cinquième coalition, formée par l'Angleterre et l'Autriche. La situation, pour Napoléon, était pleine de périls: les Anglais étaient au Portugal, les Espagnols étaient en révolte, la France était inquiète, les pays subjugués frémissaient, l'Autriche était en armes. Il fallait, encore une fois, remporter des victoires qui montreraient aux ennemis l'inutilité de la révolte.

L'offensive autrichienne commença le 10 avril 1809, en Bavière. Napoléon y arriva le 17 avril. Alors commença la campagne qui, dans l'histoire, porte le nom de «campagne des Cinq Jours». Cinq jours, cinq victoires! Et, de nouveau, Napoléon entrait à Vienne. Le 21 et le 22 mai, à Essling, l'archiduc Charles réussissait à repousser Napoléon, mais ne sut pas profiter de sa chance, et le 6 juillet, l'Empereur remportait contre lui la victoire décisive de Wagram.

La paix avec l'Autriche fut signée à Vienne, dans le palais de Schœnbrunn, le 14 octobre. L'Autriche abandonnait un tiers de ses territoires à la France et ses alliés, et payait une forte indemnité de guerre. Napoléon rentra à Paris en triomphateur.

Le Grand Empire français couvrait maintenant environ 750.000 kilomètres carrés; il était peuplé de 44 millions d'hommes et était divisé en 130 départements. Il englobait la Hollande, l'Allemagne du Nord jusqu'au Danemark, une portion de la Suisse, un tiers de l'Italie et les provinces illyriennes. En plus, la France était entourée d'états vassaux: la Confédération du Rhin, la Confédération helvétique, les royaumes d'Italie, de Naples et d'Espagne. En 1810, les états de Suède, appelés à désigner un héritier pour le roi Charles XIII, choisirent un soldat français, le maréchal Bernadotte.

Cette année 1810 marque l'apogée de la domination française en Europe. Napoléon paraissait au monde comme le plus puissant monarque de tous les temps. Cependant, il s'inquiétait fort de n'avoir pas d'héritier, et songeait de plus en plus sérieusement à répudier Joséphine. Or, après la défaite de l'Autriche, Metternich lui avait offert la main de Marie-Louise, fille de l'empereur François II, et nièce de Marie-Antoinette. Napoléon, qui se vantait devant les autres souverains d'avoir été l'artisan de sa propre fortune, souffrait néanmoins d'un prurit de légitimité. Il s'empressa d'accepter cette offre, et d'entrer ainsi dans la famille des Habsbourg. Le fils du petit avocat d'Ajaccio allait pouvoir se dire le neveu de Louis XVI!

Le mariage eut lieu cette même année, et l'année suivante un fils naissait à qui l'heureux père donna le titre de roi de Rome. Alors, il lui sembla vraiment avoir atteint le point culminant de sa fortune. À l'intérieur, la France était devenue prospère; l'agriculture, grâce à de bonnes récoltes de blé, de pommes de terre[13] et de betteraves sucrières fournissait tout ce dont le pays avait besoin pour se nourrir et pour suppléer aux produits des colonies anglaises. Le Blocus continental avait également favorisé le développement de l'industrie française, notamment la métallurgie, la quincaillerie, la coutellerie et la fabrication des machines et des outils. Les mines de houille dans le nord et à Saint-Étienne commençaient à être exploitées. Le fer remplaçait de plus en plus le bois et la pierre. À Paris, en 1803, on avait lancé le premier pont en fer, le Pont des Arts, qui étonnait par sa légèreté. Les usines de textiles se développaient rapidement; c'est l'époque où Jacquard inventa sa merveilleuse machine à tisser, et Philippe de Girard sa machine à filer le lin. Pour favoriser le commerce, Napoléon fit creuser de nombreux canaux, ouvrir de nouvelles routes et refaire les anciennes. Les ports de Cherbourg, d'Anvers et de Flessingue furent entièrement transformés. Enfin, c'est à cette époque que de nombreuses villes en France furent embellies, notamment Paris et Lyon.

Mais, l'année même où Napoléon semblait le plus solidement établi, vit apparaître également des signes avant-coureurs du désastre. En 1810, la récolte fut des plus mauvaises et les industriels, qui étaient, pour la plupart, de gros propriétaires, furent durement atteints. 1811 fut l'année des faillites et du chômage. Le mécontentement ne fut pas très grave mais il s'ajouta aux complots des royalistes, à l'opposition religieuse et, surtout, à la grande lassitude des Français qui sentaient que l'Empereur se préparait à de nouveaux combats.

À vrai dire, c'est la Russie qui le força cette fois à reprendre les hostilités. Le tsar Alexandre Ier avait, depuis longtemps, résolu de se venger de

13. C'est grâce aux efforts d'un pharmacien militaire, Antoine-Augustin Parmentier (1737–1813), que la pomme de terre fut admise dans l'alimentation française vers la fin du XVIIIe siècle.

la défaite et des humiliations subies. En secret, il avait réuni des approvisionnements, mobilisé son empire et amassé 250.000 hommes en arrière de Vilna. Il avait fait part de ses intentions à la Prusse et à l'Autriche qui l'avaient secrètement encouragé. Lorsque Napoléon reçut ces renseignements il se réveilla brusquement de son rêve de bonheur domestique, réunit à la hâte une armée de 700.000 hommes, représentant vingt nations, et jura de renverser une fois pour toutes le «dernier rempart de l'autocratie».

La Grande Armée franchit le Niémen le 24 juin 1812. Les Russes se replièrent, estimant que l'espace et l'hiver étaient les deux alliés les plus précieux de leur pays et qu'il suffirait de se servir de l'un en attendant l'arrivée de l'autre. Ainsi, d'étape en étape, la Grande Armée s'enfonça dans l'immense région des steppes. Finalement, le 5 septembre, elle se heurta soudain à l'armée russe sur les bords de la Moskowa, à quelques kilomètres de Moscou. Ce fut une des batailles les plus acharnées et les plus meurtrières de l'histoire, et, comme à Wagram, ce fut pour Napoléon une victoire glorieuse, mais incomplète. Les Russes, ayant perdu près de 50.000 hommes, se retirèrent du champ de bataille, mais leurs pertes, grâce à la levée générale ordonnée par le tsar, purent être comblées. Les Français, eux, perdirent 9.000 hommes et eurent 21.000 blessés qui ne pouvaient être remplacés, la France étant trop loin.

Le 14 septembre, au matin, les troupes de l'Empereur virent devant elles, du haut des collines environnant Moscou, s'étendre la ville sainte de toutes les Russies. On peut comprendre l'enthousiasme des soldats, dont beaucoup s'étaient battus de Madrid à Moscou, en voyant cette ville où, ils en étaient sûrs, l'Empereur allait dicter ses conditions de paix et mettre fin à cette guerre exécrée. Hélas, le lendemain commençait l'incendie qui, en trois jours, allait dévaster la plus grande partie de la ville.

L'hiver arrivait. Déjà, pendant l'avance sur Moscou, un grand nombre de régiments étrangers avait disparu. Sur les 450.000 hommes qui avaient franchi le Niémen, 95.000 seulement avaient atteint Moscou. L'armée russe n'avait pas été vaincue, le tsar refusait de signer l'armistice. De l'intérieur du Kremlin, où il occupait l'appartement réservé aux souverains russes, Napoléon envisagea les différentes solutions qui s'offraient. Finalement, le 19 octobre, il donna l'ordre de la retraite.

Lorsque l'armée quitta Moscou, il faisait encore beau, mais brusquement, le 6 novembre, la neige se mit à tomber en flocons pressés.[14] Le pays, dévasté, n'offrait aucune ressource, aucun abri; les hommes n'avaient sous

---

14. Dans le poème *l'Expiation* (*les Châtiments*, 1853) Victor Hugo nous offre un tableau saisissant de cette retraite de Russie.

les yeux qu'une immense plaine blanche. Il fallut bientôt abandonner les chevaux et les voitures, puis les canons. Les traînards mouraient de froid ou étaient tués par les cosaques qui rôdaient aux alentours. L'arrière-garde, commandée par le maréchal Ney, fit des prodiges pour sauver le reste de l'armée. On vit Ney, le fusil à la main, entouré de ses généraux, de ses colonels et de ses plus vieux soldats, faire face à l'ennemi avec tant de grandeur et tant d'héroïsme, que celui-ci se tint à distance.

Arrivés à la Bérésina, où les Russes les attendaient, les soldats de Napoléon n'étaient plus que 30.000. Une bataille sanglante eut lieu, le 27 novembre, qui permit aux Français de traverser le fleuve et de poursuivre leur retraite. Le 5 décembre, Napoléon reçut la nouvelle d'un complot, ourdi à Paris par le général Malet, visant à renverser le régime. Laissant les débris de son armée sous le commandement de Murat, l'Empereur se mit en route rapidement, accompagné d'un seul officier, vers sa capitale.

La nouvelle de la catastrophe en Russie se répandit rapidement à travers l'Europe. La Grand Armée, le bouclier de l'Empire n'existait plus! On vit alors toutes les nations d'Europe se soulever l'une après l'autre contre l'oppresseur français. Ce fut d'abord la Prusse, puis l'Autriche, qui se joignirent à la Russie. Heureusement pour Napoléon, l'Autriche n'était pas encore prête à entrer en guerre. Il eut donc le temps de lever une nouvelle armée, composée en grande partie de jeunes garçons, les «Marie-Louise» comme on les surnomma, à qui l'expérience faisait défaut, mais non la bravoure. Avec cette armée, l'Empereur se porta contre les Prussiens et les Russes et les battit à Lützen (le 2 mai 1813) et à Bautzen (le 21 mai). L'absence de cavalerie l'empêcha cependant d'exploiter ces victoires, et les alliés purent se regrouper. L'Autriche entra en campagne ainsi que la Suède. En Espagne, les armées anglaises, commandées par Wellington, avaient forcé à la retraite les troupes françaises et commençaient même à pénétrer en France.

Au mois d'octobre eut lieu la bataille de Leipzig, la «bataille des Nations», où 130.000 Français durent combattre contre 300.000 Russes, Prussiens et Autrichiens. Après trois jours de combats, les Français se replièrent sur le Rhin. L'Empire s'écroulait. Comme en 1793, la France allait être envahie de tous côtés: les Anglais, dès le début de 1814, s'avancèrent vers Toulouse et Bordeaux, les autres coalisés franchirent la frontière au nord et à l'est.

Napoléon n'eut ni le temps, ni les moyens, d'improviser une nouvelle armée. Il réunit environ 50.000 hommes et se prépara à défendre le pays. «Je vais, dit-il, chausser mes bottes de 1796.» Effectivement, le Napoléon de la campagne de France sera l'égal du Bonaparte de la première campagne d'Italie, mais au lieu de se terminer par le traité de Campo-Formio, cette campagne se terminera par l'abdication de Fontainebleau.

Par de brillantes manœuvres, Napoléon s'efforça d'attirer l'ennemi loin de Paris, de le séparer en plusieurs tronçons qu'il pourrait détruire l'un après l'autre. Ses victoires extraordinaires contre des ennemis plus nombreux, mieux entraînés et équipés que ses troupes, à Champaubert, à Montmirail et à Montereau, lui donnèrent l'espoir de réussir. Mais, inévitablement, le moment vint où il dut se rendre compte qu'il ne pouvait pas renverser la situation.

Le drame toucha à sa fin. Napoléon, au palais de Fontainebleau, trahi par ses maréchaux, qui voulaient s'assurer la jouissance de leurs richesses, se résigna à signer, le 11 avril 1814, le traité imposé par les Alliés. Il renonçait à la France, obtenait pour lui-même l'île d'Elbe et gardait le titre d'Empereur. Pour Marie-Louise et son fils, il obtenait le duché de Parme, et pour ses parents, des rentes. Le 20 avril, il fit ses adieux à ses soldats, alignés dans la cour du palais; puis il prit la route de l'exil.

Les Alliés, à Paris, avaient dès le 31 mars invité les Parisiens à se prononcer sur le gouvernement qui conviendrait à la France, et leur avaient proposé l'exemple de Bordeaux qui s'était prononcé pour le duc d'Angoulême. Le 2 avril, le Sénat, obéissant à Talleyrand, avait proclamé la déchéance de Napoléon et le 6 avait appelé Louis XVIII au trône. Ainsi, le régime napoléonien, qui avait commencé par un coup d'État, se terminait par un coup d'État.

Le nouveau souverain, frère du roi Louis XVI, arriva à Calais le 24 avril et fut, dans l'ensemble, accueilli avec indifférence. L'exil avait été pour lui une rude expérience et il avait profité de son long séjour en Angleterre pour se familiariser avec les modalités de fonctionnement d'un régime constitutionnel. Louis XVIII était un homme intelligent, mais de caractère plutôt faible et absolument incapable de s'assurer ces attachements profonds et désintéressés qui sont si nécessaires à un chef d'État. C'était un gros homme perclus de rhumatismes, qui marchait avec difficulté et qui, pour son malheur, succédait au chef le plus glorieux qui eût jamais conduit des armées françaises.

Avec lui revenaient les émigrés royalistes qui n'avaient «rien appris et rien oublié» depuis leur départ de France. Monsieur, le frère du roi, ne cherchait nullement à dissimuler son antipathie pour la Révolution et pour tout ce qui en découlait. Pendant son exil, il s'était entouré des éléments les plus excités et les plus réactionnaires du parti royaliste. La fille de Louis XVI, qui avait épousé le duc d'Angoulême, fils aîné de

Monsieur, aurait mérité plus qu'aucun membre de la famille royale les sympathies des Français. Malheureusement, celle qui avait été la blonde et faible orpheline du Temple, était devenue une femme aux traits durs, à la voix rude, au teint couperosé. Elle avait une horreur bien naturelle de tout ce qui touchait à la Révolution, et son influence s'exerçait en ce sens auprès du roi.

Le premier acte de Louis XVIII, qui se déclara «roi de France par la grâce de Dieu», fut d'octroyer une Charte à son peuple. Celle-ci fut datée de la dix-neuvième année de son règne, pour mieux affirmer l'illégitimité des gouvernements qui s'étaient succédé depuis la chute de Louis XVI et la mort présumée de Louis XVII (1795).

La Charte confirmait beaucoup des conquêtes de la Révolution. La liberté de conscience, celle des cultes, la garantie des propriétés, même celles obtenues par la vente des biens nationaux, montraient que le roi savait combien ces réformes étaient ancrées dans l'opinion. Le régime constitutionnel limitait les pouvoirs du roi, mais lui donnait le droit de faire «les règlements et ordonnances nécessaires pour l'exécution des lois et la sûreté de l'État». Deux Chambres étaient établies: la Chambre des Pairs, choisie par le roi; celle des Députés, élue par suffrage censitaire, 300 francs d'impôts directs conférant le droit de vote et 1.000 francs l'éligibilité.

La France restait divisée en départements, administrés par des préfets; l'université gardait son organisation napoléonienne; la Légion d'honneur était maintenue. En somme, rien dans le nouveau régime, à part le drapeau blanc, ne pouvait déplaire à la masse du peuple français, qui ne demandait rien que de vivre en paix. Rappelons-nous qu'en 1814, plus de la moitié de la nation était illettrée, ignorante de la politique, profondément indifférente à tout ce qui dépassait les soucis matériels immédiats. Quant aux classes dirigeantes, elles aussi ne demandaient rien que le calme, l'ordre et la paix pour rétablir le commerce et l'industrie.

Malheureusement, le gouvernement de Louis XVIII dut faire face à une multitude de problèmes secondaires qu'il ne put résoudre à la satisfaction de tous. D'une part, les royalistes fanatiques ne voulurent pas accepter la garantie donnée par la Charte aux biens nationaux, et réclamèrent les terres perdues pendant la Révolution. En outre, les «ultras» jugeaient avec sévérité les nobles qui étaient restés en France, ou y étaient revenus depuis le Consulat. Ils estimaient avoir droit à de sérieuses réparations et, surtout, ils voulaient exercer des fonctions d'État. Or, la chute de l'Empire avait provoqué le retour en France d'une foule de fonctionnaires qui se croyaient en droit de retrouver des emplois correspondants. Louis XVIII ne voulut pas suivre une politique d'épuration et garda la majorité des fonctionnaires de l'Empire. Pour l'armée, par contre, il fallut opérer différemment. On ne pouvait garder 500.000 hommes sur le pied de guerre; on en renvoya donc plus de 300.000. On mit à la retraite le plus grand nombre possible d'officiers, les autres, qui étaient inutilisables, furent mis en disponibilité et reçurent un traitement égal à la moitié de leur solde. Ces onze à douze mille «demi-soldes» furent autant de sujets mécontents.

Les libéraux, comme Mme de Staël, Benjamin Constant et La Fayette, exhortaient le roi à se placer résolument sur le terrain constitutionnel. Les absolutistes, comme Bonald et Fièvée, l'engageaient à révoquer la Charte. Quant aux républicains, aux bonapartistes et aux orléanistes, ils profitaient du mécontentement des uns et des autres pour tramer des complots contre le régime.

De son exil, Napoléon suivait les événements. Incapable de se résigner à son sort et de se contenter d'être le «roi de l'île d'Elbe», il avait, en outre, de bonnes raisons de se plaindre. On avait refusé de lui rendre son fils, le roi de Rome, devenu en 1814 le duc de Reichstadt et emmené, avec sa mère, à la cour de Vienne. Marie-Louise avait vite oublié qu'elle avait été, pendant cinq ans, l'impératrice des Français et avait déjà pris le baron de Neipperg comme amant. Louis XVIII avait déclaré qu'il ne payerait pas la dotation promise par le traité de Fontainebleau. De plus, le Congrès de Vienne parlait de déporter l'Empereur à l'île de Sainte-Hélène.

Comme en 1799, Napoléon décida de jouer le tout pour le tout, de quitter l'île d'Elbe et de rentrer en France pour reprendre le pouvoir. Le 1er mars 1815, il débarqua au golfe Juan, avec une centaine d'hommes, et lança aussitôt une proclamation au peuple de France, qui se terminait par cette phrase devenue célèbre:

«Venez, la victoire marchera au pas de charge, l'aigle avec les couleurs nationales volera de clocher en clocher jusqu'aux tours de Notre-Dame.»

Grenoble lui ouvrit ses portes, Lyon le reçut en triomphe; le maréchal Ney, qui avait juré de ramener «l'ogre» dans une cage de fer, se jeta dans ses bras. Les troupes qui accompagnaient Napoléon chantaient une chanson composée par un sergent de la garnison d'Antibes, dont voici le refrain et un des couplets naïfs:

Bon! Bon! Napoléon
Est de retour en France;
Bon! Bon! Napoléon
A chassé les Bourbons.

Le printemps nous ramène
L'abeille avec les fleurs.
Le lis flétrit sans peine
Devant les trois couleurs!

Le 20 mars, l'Empereur couchait de nouveau aux Tuileries, tandis que Louis XVIII rejoignait la Belgique.

Dès qu'on sut à Vienne que Napoléon était de retour en France, on le mit au ban de l'Europe et la coalition se reforma. Napoléon eut beau protester de ses intentions pacifiques, personne ne voulut le croire. Deux armées alliées, d'environ 210.000 hommes, étaient encore en Belgique, l'une commandée par le duc de Wellington, l'autre par le général prussien Blücher. Napoléon, voyant que ces armées étaient disséminées, résolut de les attaquer séparément avec son armée, hâtivement formée, de 120.000 hommes. Au premier choc, il fut victorieux: à Ligny, le 16 juin 1815, il enfonça l'armée de Blücher et la contraignit à la retraite. Le maréchal Grouchy fut chargé, le lendemain, de poursuivre le Prussien et de l'empêcher de rejoindre Wellington.

Le 18 juin, Napoléon engagea la bataille contre Wellington dans la plaine de Waterloo. Pendant sept heures, les Français montèrent à l'assaut du Mont-Saint-Jean, où s'était installé l'ennemi. Vers le soir, l'Empereur eut l'espoir de remporter la victoire lorsqu'il vit au loin la poussière d'une armée qui s'avançait vers lui. Il croyait que c'était Grouchy; hélas, c'était Blücher! Pris entre les deux armées ennemies, les Français, exténués, s'enfuirent en désordre, sauf la Garde impériale qui se fit décimer au cri de «Vive l'Empereur!».

Cette fois, c'était la fin. À Paris, où Napoléon retourna en hâte, le Corps législatif demanda son abdication. Le vaincu passa quelques heures mélancoliques à Malmaison, où il avait vécu avec Joséphine pendant le Consulat, puis il se rendit à Rochefort. Le 15 juillet, il se remit entre les mains des Anglais qui l'exilèrent à Sainte-Hélène. Six ans après, il mourut d'un cancer de l'estomac; ses dernières paroles furent: «. . . tête . . . armée . . . » Aujourd'hui, Napoléon Ier repose dans la crypte de la chapelle des Invalides, à Paris, et sa tombe est un des lieux les plus visités de la capitale.

Le 8 juillet 1815, Louis XVIII faisait sa seconde entrée à Paris. Il fut accueilli, à la porte Saint-Martin, par le préfet de la Seine, Chabrol, qui, dans une courte harangue, prononça des mots destinés à désigner dorénavant un des chapitres les plus dramatiques de l'histoire de France:

«Cent jours se sont écoulés depuis le moment fatal où Votre Majesté quitta sa capitale, etc.»

Les *Cent-Jours* coûtèrent beaucoup à la France. En 1814, les alliés, pour ménager le sentiment national des Français, s'étaient retirés assez vite, sans exiger de contribution de guerre et sans faire trop de dégâts. Après Waterloo, exaspérés par l'accueil que la France avait fait à Napoléon, ils revinrent bien décidées à écraser «l'insolente nation». Les deux tiers de la France furent occupés, et les soldats alliés ne se gênèrent pas avec la population. À Paris Blücher voulut renverser la colonne Vendôme[15] et faire sauter le pont d'Iéna. À cette menace, Louis XVIII répliqua:

«Faites savoir aux souverains que dans peu d'instants je serai sur le pont que l'on veut détruire, et qu'il sautera, moi dessus.»

Le pont et la colonne furent oubliés.

Le traité de paix amputa la France de plusieurs territoires qu'elle gardait en 1814, entre autres la Sarre, où un important bassin houiller venait d'être découvert, la Savoie et Nice. Elle perdit son importante colonie de Saint-Domingue, et elle dut payer une indemnité de 700 millions de francs.

Notons également que, pour prévenir un nouveau sursaut de la France «révolutionnaire», Louis XVIII se sentira obligé, un peu plus tard, d'adhérer à la Sainte-Alliance. À l'intérieur, son gouvernement poursuivit une œuvre de restauration religieuse et morale, toujours dans le but de combattre «l'épouvantable catastrophe sociale».[16]

Une période pénible suivit la deuxième restauration. Les ultras, furieux d'avoir été rejetés si facilement par le peuple français, déclanchèrent une *Terreur blanche* qui fit de nombreuses victimes. La plus célèbre fut le maréchal Ney, qui fut fusillé, en décembre, pour s'être rallié à Napoléon. Les élections du mois de septembre avaient donné une Chambre qui affirma, dès ses premières séances, qu'elle entendait épurer les cadres administratifs de tous les fonctionnaires peu sûrs. Cette Chambre fut dissoute par le roi en 1816, après une vive lutte sur le paiement des dettes et le budget. La nouvelle Chambre eut une majorité faite du centre gouvernemental et des libéraux. Avec cette majorité, les ministres de Louis XVIII (le duc de Richelieu, le duc Decazes, le baron Louis) réussirent à payer les dettes de guerre, à obtenir la libération du territoire (1818) et à assainir les finances du royaume. Les petits industriels, les

---

15. Erigée pour commémorer les exploits de la Grande Armée en 1805; haute de 44 mètres et forgée avec le bronze de 1.200 canons pris à l'ennemi.
16. C'est ainsi que le prince Metternich appelait la Révolution française.

artisans, les agriculteurs profitèrent, tous, de cet état de choses. Le chômage diminua et la population s'accrut sensiblement.

L'opposition, cependant, se développait en dépit des mesures libérales du duc Decazes, ou peut-être à cause de ces mesures. Le parti des indépendants, formé des ennemis de l'Ancien Régime (bonapartistes, républicains et orléanistes) grandissait chaque jour. Le duc de Berry, neveu du roi et héritier présomptif du trône, ayant été assassiné à l'Opéra par un fanatique, le ministère Decazes fut renversé et l'«ultra» Villèle fut chargé du nouveau gouvernement. On vit alors de nouvelles restrictions sur la liberté de la presse, sur l'université, et des mesures sévères contre l'opposition ainsi que contre la Charbonnerie, une société secrète qui s'était répandue dans le pays.

Pour détourner l'attention de ces mesures antilibérales et aussi pour reprendre en main l'armée, le ministre des Affaires étrangères, Chateaubriand, eut l'idée d'une diversion extérieure. L'occasion en fut la situation intérieure de l'Espagne, où des menées révolutionnaires contre Ferdinand VII inquiétaient ce souverain et l'Europe. L'intervention française, faite avec l'assentiment de la Sainte-Alliance, réussit pleinement. Sous la direction du duc d'Angoulême, l'armée française avança jusqu'à Cadix, où le gouvernement libéral s'était réfugié avec Ferdinand VII comme otage. La prise du fort du Trocadéro (30 août 1823) décida les libéraux à capituler. Le succès de cette entreprise contribua, en France, à consolider le régime et à décourager les libéraux; il assura un accroissement considérable du prestige français en Europe. Le gouvernement se hâta d'exploiter son succès sur le plan politique. De nouvelles élections, en 1824, donnèrent une majorité écrasante au parti royaliste.

Le roi Louis XVIII mourut le 16 décembre 1824. Pendant son règne la France s'était relevée de ses ruines, et avait réussi, grâce, dans une large mesure, à la politique étrangère de Chateaubriand, à regagner la confiance de l'Europe.

Charles X, le frère de Louis XVIII, monta alors sur le trône. Un bel homme, l'ancien comte d'Artois avait gardé les manières élégantes d'avant la Révolution. Il en avait également gardé une conception autoritaire du rôle du souverain. Il voulut exercer lui-même les fonctions de chef du gouvernement, et encouragea Villèle à continuer sa politique de réaction contre les principes de 1789. Le principal défaut de Charles X fut une incapacité radicale de comprendre le point de vue des nouvelles générations de Français issues de la Révolution.

Inévitablement, l'opposition des libéraux s'accentua, ainsi d'ailleurs que celle des royalistes modérés, dont l'idole était le duc d'Orléans. La légende napoléonienne, qui présentait l'Empereur sous les traits d'un héros romantique, champion du libéralisme et «père du peuple», commençait à se répandre parmi les milieux bourgeois et à faire de nombreux convertis au bonapartisme.[17]

Les lois réactionnaires sur la religion et contre la presse furent attaquées par les chansonniers, les poètes satiriques, les caricaturistes. La polémique anticléricale se concentra surtout sur les jésuites. Béranger, qui devait tant faire pour la propagation de la légende napoléonienne, lança sa chanson célèbre sur les «Révérends Pères»:

> Hommes noirs, d'où sortez-vous?
> Nous sortons de dessous terre,
> Moitié renards, moitié loups
> Notre règle est un mystère,
> Nous sommes les fils de Loyola.
> Vous savez pourquoi on nous exila,
> Nous rentrons, songez à vous taire!
> Et que vos enfants suivent nos leçons.

Malgré l'intervention du gouvernement en faveur des insurgés grecs (septembre 1828), qui fut un acte hardi et raisonnable et évita un conflit probable entre la Russie et l'Angleterre; malgré l'expédition qui s'empara de la ville d'Alger (juin 1830), mettant fin, selon les paroles du maréchal Bourmont, à «un État dont l'existence fatiguait l'Europe depuis trois siècles», l'opposition libérale se fit de plus en plus pressante.

Les élections de 1830 ayant renvoyé une forte opposition libérale, Charles X fit publier quatre ordonnances par lesquelles il supprimait la liberté de la presse, prononçait la dissolution de la nouvelle Chambre, réduisait le nombre des députés et le nombre des électeurs, et convoquait de nouveaux collèges électoraux.

La réaction fut immédiate: des manifestations éclatèrent aussitôt, suivies par des émeutes et par l'insurrection. Aux cris de «À bas les Bourbons! Vive la République! Vive l'Empereur!», les Parisiens se mirent à ériger des barricades et à s'emparer des bâtiments officiels.

Après trois jours de combats, les «*Trois Glorieuses*» (26–28 juillet 1830), le roi Charles X quitta sa résidence de Saint-Cloud pour Rambouillet et là, le 21 août, signa son abdication en faveur de son petit-fils, le duc de Bordeaux.

---

17. Rappelons, à ce sujet, Julien Sorel, le héros du roman *le Rouge et le noir,* de Stendhal, qui avait choisi comme modèle le général Bonaparte.

Ainsi se termina le règne de la branche aînée des Bourbons. Pendant ces quinze années, la France avait connu un répit salutaire, une honnête administration et une heureuse gérance de ses finances. La Restauration commit beaucoup de fautes, mais, dans l'ensemble, elle profita à la France.

Le nouveau régime qui s'installa en France fut essentiellement un régime bourgeois. Pendant les *Trois Glorieuses,* ce furent les partisans de la République qui fournirent le plus gros effort, mais ils avaient été entraînés d'abord par les journalistes, en particulier ceux du bureau du *National* où se trouvaient Armand Carrel, Adolphe Thiers, Auguste Mignet et, derrière eux, Talleyrand. Or, le *National* n'était nullement en faveur d'une république mais pour une solution orléaniste. C'est à cette solution que se rallièrent les parlementaires, vite effrayés des victoires populaires. En offrant à Louis-Philippe, duc d'Orléans, d'abord la lieutenance-générale du royaume (le 30 juillet), puis la couronne (le 7 août), les parlementaires libéraux escamotèrent aux républicains leur révolution.

Chef de la branche cadette des Bourbons, Louis-Philippe à son avènement était âgé de 57 ans. Son passé révolutionnaire (il était le fils de Philippe-Égalité), sa bravoure pendant les batailles de Valmy et de Jemmapes étaient bien connus du peuple. Il avait épousé Marie-Amélie, princesse de Bourbon des Deux-Siciles, et de cette union était née une nombreuse et belle famille. En tant que duc d'Orléans, Louis-Philippe avait mené une vie de famille simple et digne. Il continua cette vie, devenu souverain. Ce fut vraiment un Roi-Bourgeois, qui aimait se promener à pied dans les rues de Paris, portant son parapluie, répondant affablement aux passants qui le saluaient. Pour son malheur, sa tête se prêtait parfaitement à la caricature; son toupet, ses favoris, ses joues pendantes, la forme de sa tête évoquaient trop facilement une poire. Il devint, sous le crayon des caricaturistes—en particulier de Daumier—la «poire nationale». De plus, il lui manquait, à une époque où le délire romantique battait son plein, le sens de la grandeur et du prestige national, si nécessaire aux Français. Sa politique sage et mesurée ne convint pas à la jeunesse qui n'avait pas participé à l'épopée napoléonienne et qui rêvait de la gloire qu'avaient connue leurs pères. «La France s'ennuie!» écrira le poète Lamartine, et ce fut vrai, mais pour une faible minorité du pays seulement.

La Charte révisée de 1830 ne modifia que superficiellement le régime précédent: le préambule qui «octroyait» la Charte fut supprimé, le drapeau tricolore fut rétabli, l'immunité du Parlement fut garantie, l'âge de l'électorat fut abaissé à 25 ans, celui de l'éligibilité à 30 ans. La haute bourgeoisie, qui avait profité de la Révolution de Juillet, insista pour maintenir le caractère censitaire de la monarchie.

L'ensemble de la nation comprenait les choses autrement: pour elle la révolution devait être suivie d'une évolution pacifique qui élargirait le droit de suffrage et améliorerait le sort des classes populaires.

Ces deux tendances divergentes étaient représentées auprès du roi au début du régime, la première, conservatrice, par le comte Molé, le duc de Broglie, François Guizot et Casimir Périer, le «parti de la résistance»; la deuxième, plus libérale, par le vénérable La Fayette, par le préfet de la Seine, Odilon Barrot, et par le banquier Lafitte, qui formaient le «parti du mouvement». Entre les deux groupes se tenaient des jeunes gens qui attendaient leur tour, entre autres le journaliste Thiers.

Sans doute pour discréditer le parti du mouvement, le roi lui confia le gouvernement au mois de novembre 1830, sous la direction du banquier Lafitte. Mais les émeutes du 14–15 février, occasionnées par le service annuel pour le repos de l'âme du duc de Berry, service auquel le parti légitimiste avait donné une couleur politique, donnèrent au roi le prétexte qu'il cherchait pour renvoyer Lafitte. Il appela ensuite Casimir Périer.

«La France a horreur de toute nouvelle révolution», proclama Périer. Le nouveau ministère prit immédiatement des mesures pour reconstituer le pouvoir et lui rendre la force et l'unité qui lui manquaient. Le résultat fut que la plupart des membres du parti du mouvement se déclarèrent ouvertement républicains. L'émeute devint chronique, surtout à Paris et à Lyon. Épuisé de travail, Casimir Périer mourut pendant l'épidémie de choléra qui ravagea Paris en 1832 et l'opposition crut le moment propice pour renverser le régime. La duchesse de Berry, belle-fille de Charles X, tenta, mais en vain, de soulever la Vendée; les républicains tentèrent, sans succès, de soulever Paris pendant les funérailles du général Lamarque. Le premier des six attentats qui allaient être montés contre Louis-Philippe échoua. Peu à peu tout se calma, mais l'opposition ne désarma pas.

Venaient d'abord les légitimistes, partisans de Charles X, et plus tard, du duc de Bordeaux, puis les bonapartistes, partisans, après la mort du Roi de Rome en 1832, de Louis-Napoléon, neveu de l'Empereur; et enfin les libéraux et les républicains, qui agirent surtout par l'intermédiaire des sociétés secrètes. Ces dernières avaient réussi à organiser une puissante propagande, tant à Paris qu'en province.

Après la mort de Périer, il y eut plusieurs ministères qui se succédèrent jusqu'en 1848, dont les principaux furent ceux de Thiers et de Guizot. Le premier, qui revint au pouvoir plusieurs fois de 1832 à 1840, fit ramener les cendres de Napoléon Ier en décembre 1840, et fit construire autour de Paris de solides fortifications qui devaient jouer un rôle important en 1870.

C'est surtout Guizot, cependant, qui fixa la politique de la Monarchie de Juillet; son dernier ministère dura de 1840 à la Révolution de 1848. Lui aussi, comme Casimir Périer, estimait que les révolutions étaient terminées. Il ne niait pas la nécessité de réformes futures, mais il était convaincu que les hommes de 1830 devaient se borner à la gestion de la chose publique. Plus la France serait prospère, disait-il, plus il y aurait d'électeurs, donc, «si vous voulez voter, enrichissez-vous».

Pendant les dix-huit années de paix que la France connut sous Louis-Philippe, l'ascension de la bourgeoisie se poursuivit. Le bourgeois de cette époque se distinguait de l'homme du peuple par la redingote, l'habit et le haut-de-forme; il portait des escarpins, de légers brodequins ou des bottes fines. Il vivait dans un intérieur confortable et avait de quoi faire faire des études à son fils et doter sa fille. Il fréquentait pendant ses vacances les villes d'eau et les bains de mer dont la vogue commençait. Il aimait les représentations théâtrales, et surtout le vaudeville. Il se piquait d'honnêteté, de savoir-vivre et d'un certain idéalisme humanitaire. Il se disait peuple et croyait pouvoir parler en son nom; en réalité, il avait le peuple en horreur. On le trouve admirablement décrit dans les romans de Balzac et de Flaubert, et caricaturé dans les dessins de Daumier. Les romantiques détestaient ce type humain, en qui ils voyaient surtout l'hypocrisie, le manque de sens artistique et la suffisance. Le portrait de *Monsieur Bertin* par Ingres, est un excellent exemple de la bourgeoisie de cette époque.

Comme le reste de l'Europe, la France subit les changements dûs à la naissance de la grande industrie. La main d'œuvre était abondante et les patrons pouvaient embaucher des ouvriers pour des salaires dérisoires. Beaucoup de nouvelles industries se créèrent dans les centres urbains et attirèrent l'excès de la population rurale. On vit alors s'amorcer le grand mouvement de dépeuplement des campagnes et la création d'un prolétariat urbain de plus en plus nombreux. La condition de ce prolétariat était précaire et souvent affreuse. La durée du travail était en moyenne de quatorze heures par jour; l'insuffisance des salaires obligeait les travailleurs à envoyer leurs enfants à l'atelier ou à la mine dès l'âge de six ou huit ans. De plus, les travailleurs subissaient la concurrence grandissante des machines. La situation des employés dans le commerce n'était guère plus enviable.

De plus en plus, les ouvriers se servaient de la grève pour améliorer leur sort, ou de l'émeute qui était sévèrement réprimée. C'est à cette époque qu'apparurent les premières tentatives d'union des ouvriers, ainsi que les premiers théoriciens *socialistes,* qui voulaient réorganiser la société.

Parmi ces derniers, nous devons d'abord mentionner Claude-Henri de Saint-Simon (1760–1825), qui fut un remarquable professeur d'énergie, mais qui, à vrai dire, ne formula pas de système. Il envisageait une société dont la direction reviendrait aux industriels, c'est-à-dire aux producteurs et aux savants. À la fin de sa vie, il reconnut l'importance d'un «nouveau christianisme», plus puissant que le christianisme, qui réhabiliterait la matière actuellement sacrifiée à l'esprit. Après sa mort, se constitua une école avec Olindes Rodrigues, Léon Halévy, Auguste Comte, Prosper «le Père» Enfantin et Armand Bazard, qui propagea la pensée du maître. Cette école accentua le caractère socialiste de Saint-Simon, condamnant l'anarchie économique et l'exploitation de l'homme par l'homme. Elle préconisa la suppression de l'héritage, la socialisation des moyens de production, l'éducation généralisée; la répartition se ferait «à chacun selon ses capacités, à chaque capacité selon ses œuvres».

Ce système social, grâce à l'association universelle, devait, aux yeux des saint-simoniens mettre fin à l'antagonisme entre les classes et entre les nations. Après des conflits internes au sujet de la nouvelle religion et du mariage, l'école se dispersa, mais le saint-simonisme devait exercer une influence décisive sur l'évolution économique de la France.

Charles Fourier (1772–1837) s'attacha à défendre la valeur de l'association. Convaincu de la bonté de la nature humaine et ennemi de la contrainte, Fourier préconisait la formation de phalanstères,[18] au sein desquels les individus des deux sexes réaliseraient, selon leurs goûts, les conditions d'un labeur attrayant et seraient rémunérés d'après leur travail, leur capital et leurs talents. La propriété serait collectivisée, la politique subordonnée à l'économique, l'autorité étatique supprimée.

Louis Blanc (1811–1882) demandait la création d'ateliers sociaux, ou coopératives ouvrières de production, qui verseraient à leurs membres un salaire égal, réservant une part des bénéfices à l'achat de nouveaux moyens de production, une autre aux fins de solidarité sociale. Cette organisation nouvelle serait réalisée grâce à l'intervention de l'État, qui serait devenu une république démocratique basée sur le suffrage universel.

Pierre-Joseph Proudhon (1809–1865), un profond penseur, eut, grâce à ses livres, une influence considérable sur le mouvement ouvrier pendant le Second Empire, et au sein de la Première Internationale. Dans le monde moderne, disait-il, l'homme risque d'être opprimé par les puissances économiques d'une part, et d'autre part par l'État. Également hostile à la forme de propriété actuelle—«la propriété, c'est le vol»—et au communisme étatique, Proudhon se déclarait pour le crédit gratuit, procuré

18. Voir, à ce sujet, le chapitre 16, page 408.

par une banque du peuple, qui permettrait au travailleur, en s'affranchissant de la tyrannie du capital, de toucher le produit intégral de son travail. Selon lui, la société devait permettre à tout homme de travailler selon ses goûts.

Les problèmes qui préoccupaient ces penseurs libéraux, préoccupaient également les milieux catholiques. La religion catholique n'était plus, depuis 1830, la religion d'État; néanmoins, l'Église continuait à jouer un grand rôle. Certains prêtres comprenaient que, si elle voulait exercer une influence dans les milieux populaires, l'Église devait se séparer de la monarchie, qu'elle avait toujours soutenue, et montrer au peuple que le christianisme s'accordait fort bien avec les principes de liberté, d'égalité, de fraternité. Félicité de Lammenais (1782–1854), un prêtre de grand talent, s'efforça dans son journal *l'Avenir* d'effectuer le rapprochement entre l'Église et la démocratie. Trop révolutionnaire pour Rome, son programme fut condamné par le pape. Lamennais se sépara alors de l'Église et consacra ses dernières années à rappeler aux républicains qu'une démocratie meurt si elle manque d'âme, et aux catholiques que la misère du peuple doit être leur constant souci.

Un autre prêtre, le père Lacordaire (1802–1861), qui rétablit l'ordre dominicain en France, combattit avec ferveur et avec une éloquence romantique pour des idées de justice et de liberté. Ami de Lammenais et collaborateur à *l'Avenir,* il se soumit après la condamnation pontificale, mais continua néanmoins à travailler à la rénovation de l'Église.

On voit donc que, à l'encontre du gouvernement, les penseurs religieux et laïques se tournaient vers le libéralisme. Leurs efforts allaient être secondés, d'ailleurs, par l'organisation de l'école primaire, négligée jusqu'alors par tous les régimes depuis la Révolution. Ironiquement, c'est Guizot lui-même qui fit voter la loi du 28 juin 1833, créant une école élémentaire dans chaque commune, une école primaire supérieure dans chaque sous-préfecture, une école normale d'instituteurs dans chaque département. L'école primaire allait rapidement réduire le nombre d'analphabètes en France et, par là même, favoriser le progrès des idées libérales.

En 1846, l'Europe subit une crise économique générale. En France, une mauvaise récolte provoqua une hausse importante des prix. De nombreuses faillites commerciales et industrielles provoquèrent le renvoi d'ouvriers et d'employés. La crise gagna les forges et les houillères; le chômage et le malaise social s'aggravèrent pendant l'hiver de 1847–48.

La presse se tourna contre Guizot avec fureur, mais celui-ci se maintint au pouvoir et défia ses adversaires. Pour le renverser, Thiers et ses amis libéraux adoptèrent l'idée d'une réforme électorale. Comme la loi interdisait les réunions politiques, on lança une «campagne de banquets», à la fin desquels les orateurs prononçaient des discours politiques. Le 22 février 1848, le gouvernement interdit le banquet prévu à Paris; des manifestations s'ensuivirent, un coup de feu partit, les barricades s'élevèrent. Ni les efforts de Thiers, ni les troupes du maréchal Bugeaud ne purent arrêter cette révolution que personne n'avait prévue. Le 24 février, Louis-Philippe Ier abdiquait en faveur de son petit-fils, le comte de Paris, et s'enfuyait en exil.

Dans l'après-midi du même jour, la duchesse d'Orléans se présenta à la Chambre des députés pour se faire conférer la régence, le comte de Paris étant trop jeune pour régner. Mais l'émeute grondait encore et la Chambre décida que, cette fois, il fallait proclamer la République. Un gouvernement provisoire fut donc formé comprenant sept députés républicains, dont les plus notoires étaient Lamartine, Ledru-Rollin, Arago et Garnier-Pagès. Simultanément, un gouvernement à caractère socialiste s'était organisé à l'Hôtel de Ville, avec Louis Blanc, Armand Marrast, directeur du journal *Le National,* et Alexandre Martin, dit Albert, ouvrier mécanicien et chef d'une société secrète. Lamartine proposa la fusion des deux gouvernements, et c'est donc ce groupement étrange de modérés et de socialistes qui proclama la Deuxième République.

Une des premières questions que le nouveau régime dut résoudre immédiatement fut celle du drapeau. Louis Blanc voulait qu'on adoptât le drapeau rouge du socialisme, et une foule de manifestants envahit l'Hôtel de Ville en brandissant cet emblème de la Révolution. Alors Lamartine, qui, par le prestige de son nom et son réel talent d'orateur, avait fait plus qu'aucun autre pour concilier les deux tendances, républicaine et socialiste, prononça la fameuse harangue où il déclara:

«Je repousserai jusqu'à la mort ce drapeau de sang, et vous devriez le répudier plus que moi, car le drapeau rouge n'a jamais fait que le tour du Champ-de-Mars, traîné dans le sang du peuple, en 1791 et 1793, et le drapeau tricolore a fait le tour du monde, avec le nom, la gloire et la liberté de la patrie.»

Les manifestants acclamèrent le poète, et le drapeau tricolore fut adopté.

La Révolution de 1848 avait soulevé un immense enthousiasme en France et devait avoir des répercussions dans toute l'Europe. Cette révolution, lyrique et romantique, hantée par un grand rêve de fraternité universelle, allait être la première tentative de révolution sociale des temps modernes.

En France, la structure sociale s'était considérablement modifiée depuis la Révolution de 1789. Certes, la France restait un pays à prédominance agricole: les trois quarts de la population étaient composés de ruraux, petits propriétaires, fermiers et métayers. Mais la révolution économique s'était précisée entre 1815 et 1848, provoquant la dislocation du Tiers-État de 1789 et la formation d'une classe nouvelle: le prolétariat industriel. Nous avons vu déjà que les conditions de vie de cette classe étaient dans l'ensemble misérables, et que des grèves et des émeutes avaient éclaté à plusieurs reprises.

La grande bourgeoisie avait suivi le conseil de Guizot: «Enrichissez-vous!» Au-dessous d'elle, une moyenne bourgeoisie de commerçants, de propriétaires et d'intellectuels[19] avait profité, elle aussi, des années de prospérité, mais les éléments les plus éclairés de cette bourgeoisie restaient libéraux et réclamaient le cens électoral. Enfin, la petite bourgeoisie, écartée systématiquement du pays légal et économiquement très proche du prolétariat, n'attendait plus rien que les révoltes de la rue.

Il est intéressant de noter que, pendant la Restauration, la vie intellectuelle avait été très active dans tous les domaines. À l'époque où le gouvernement encourageait les solides vertus bourgeoises, les écrivains et les artistes bouleversaient les anciennes façons de sentir, d'agir, d'écrire et de peindre. Songeons que ce sont les années où Balzac, Lamartine, Hugo, Vigny et Musset produisirent leurs chefs-d'œuvre, où Delacroix, Géricault et Rude firent honneur à l'art français. Et n'oublions pas que Paris, sous la Restauration, entendit la musique de Berlioz et de Chopin. En sciences, on apprit les découvertes de Fresnel, de Niepce et Daguerre, et de Champollion. Ces découvertes scientifiques, ces progrès dans les arts et dans les lettres, sont les témoins d'une activité intellectuelle qui allait également se manifester sur la scène politique.

Le gouvernement provisoire, après avoir proclamé la République, s'occupa des réformes démocratiques que l'époque exigeait: l'abolition de la peine de mort; l'abolition de l'esclavage dans les colonies (4 mars); l'établissement du suffrage universel (à l'exclusion des femmes); la garantie de liberté de réunion et de la presse; le droit au travail; la loi de dix heures pour la journée de travail, etc.

Pour donner satisfaction à Louis Blanc et ses partisans, le gouvernement organisa des *Ateliers nationaux* où tout ouvrier en chômage était utilisé selon ses capacités. Malheureusement, ces Ateliers embauchèrent

19. Une excellente description de la bourgeoisie de l'époque se trouve dans *le Père Goriot* (1833), roman de Balzac.

n'importe qui et, faute de projets et de capitaux, on employa cette armée ouvrière (30.000 hommes en avril, 119.000 au début de juin) à d'inutiles travaux de terrassement. Le mécontentement des ouvriers ne fit qu'augmenter. Des manifestations eurent lieu contre le gouvernement en faveur d'une république démocratique et anticapitaliste.

Lorsque le pays vota, en avril 1848, pour élire une nouvelle Assemblée, on s'aperçut que ces émeutes et ces réclamations avaient fait leur effet. Sur 900 membres, l'Assemblée comprenait environ 500 républicains, la plupart libéraux, 200 orléanistes, 100 démocrates, 100 légitimistes. Pour la première fois, le suffrage universel s'était prononcé en France et il s'était prononcé contre le socialisme. Lorsque l'Assemblée se réunit, la majorité se hâta de décréter la dissolution des Ateliers nationaux et la dispersion de leurs ouvriers, soit dans les ateliers régionaux, soit dans l'armée.

Le 22 juin la liquidation des Ateliers commença. Le soir même, une immense insurrection ouvrière éclata à Paris. Les quartiers populaires furent couverts de barricades et les insurgés s'emparèrent de l'Hôtel de Ville, du Panthéon et de tout le centre de la capitale. Le 24 juin, le général Cavaignac, nouveau chef du pouvoir exécutif, lança contre les insurgés une offensive sans merci. La lutte fut atroce de part et d'autre; l'archevêque de Paris, monseigneur Affre, fut tué alors qu'il essayait de s'interposer entre les combattants. Finalement, le dernier bastion de l'insurrection, le quartier Saint-Antoine, fut réduit le 26 juin. Beaucoup d'insurgés furent fusillés, quatre mille furent déportés en Algérie. Louis Blanc, qui n'avait pas participé à l'insurrection, dut néanmoins s'enfuir en Angleterre. La liberté de la presse et des réunions publiques disparut. Les clubs socialistes furent fermés.

Les émeutes de juin effrayèrent les classes bourgeoise et paysanne; elles creusèrent un abîme entre elles et la nouvelle classe ouvrière. Celle-ci voyait ses espoirs d'une réforme sociale s'évanouir pour longtemps.

La Constitution qui fut votée alors maintenait la souveraineté nationale, le suffrage universel et la séparation des pouvoirs. Mais, le droit au travail était remplacé par le droit à l'assistance. Le pouvoir législatif était donné à une assemblée unique, élue pour trois ans. Le pouvoir exécutif était confié à un président de la République, nommé pour quatre ans, élu au suffrage direct et universel.

L'élection présidentielle eut lieu les 10 et 11 décembre 1848. Cinq candidats se présentèrent aux électeurs: le général Cavaignac, Ledru-Rollin, François Raspail, chimiste et homme politique, le poète Lamartine et le prince Louis-Napoléon Bonaparte. Chose qui n'étonna personne, sauf peut-être Cavaignac, le peuple français vota en masse pour Louis-Napoléon.[20] La Révolution de 1848 était bien terminée.

Qui était Louis-Napoléon Bonaparte? Nous avons déjà noté qu'il était le neveu de l'Empereur et qu'il était devenu le chef de la famille Bonaparte à la mort de l'Aiglon, en 1832. En effet, Louis-Napoléon (1803–1873) était le fils de Louis Bonaparte, roi de Hollande, et de Hortense de Beauharnais, fille de Joséphine. Après la chute de l'Empire, il avait été élevé en Suisse par sa mère. De bonne heure, il avait participé à la Charbonnerie italienne et avait pris part à un soulèvement libéral dans les États du pape en 1832. Devenu prétendant au trône impérial, il avait par deux fois essayé de fomenter une insurrection militaire en sa faveur, à Strasbourg en 1836, à Boulogne en 1840. Cette dernière équipée lui avait valu une condamnation par la Chambre des pairs à la détention perpétuelle. Incarcéré à la forteresse de Ham,[21] il avait profité d'un régime bénin pour étudier, lire, écrire, recevoir ses amis et travailler à faire connaître son nom et son programme. De nombreuses brochures sur la nécessité des réformes sociales, inspirées en partie par Louis Blanc, furent écrites par le prétendant et distribuées dans toute la France par ses partisans. Profitant ainsi de la légende napoléonienne et des aspirations socialistes, il réussit à s'attirer la sympathie et le bon vouloir d'un grand nombre de Français.

En 1846, Louis-Napoléon fit, avec beaucoup de sang-froid, une évasion romantique de sa prison sous un déguisement de maçon. Cette évasion lui attira encore plus de sympathie de la part des Français, naturellement frondeurs, et le respect des Anglais, naturellement sportifs. Il se réfugia à Londres et, après la chute de Louis-Philippe, revint en France pour prendre contact avec ce pays qu'il ne connaissait guère et qu'il espérait gouverner.

Les élections de 1848 lui fournirent l'occasion d'affronter le suffrage universel pour la première fois. Ce fut une heureuse expérience: il fut élu à Paris et dans quatre départements comme député à la Chambre constituante. Au mois d'octobre, il posa avec succès sa candidature à la présidence.

Le président de la Deuxième République était un homme intelligent et

20. Louis-Napoléon: 5.434.226 voix; Cavaignac: 1.448.107; Ledru-Rollin: 370.719; Raspail: 36.329; Lamartine: 7.910
C'est dans les départements où les socialistes étaient les plus nombreux que Louis-Napoléon reçut le plus de voix.
21. Ironiquement, le jour même où Louis-Napoléon entrait en prison, le navire *Belle-Poule* s'apprêtait à aborder l'île de Sainte-Hélène pour y recueillir les restes de Napoléon Ier, et les ramener à Paris.

cultivé; réservé, presque timide; d'une courtoisie infaillible. Les longues années de conspiration lui avaient appris la discrétion, et les épreuves lui avaient appris la patience. Il était sincèrement attaché aux réformes sociales, qu'il ne séparait pas, à l'encontre de son contemporain Karl Marx, du progrès moral et religieux. Très attaché à l'Église de Rome, il se fera le défenseur du Saint-Siège, ce qui lui attirera la haine des patriotes italiens malgré tout ce qu'il fera pour eux.

C'était un homme bien intentionné, un peu rêveur, sur qui les jugements les plus divers ont été rendus. Alexis de Tocqueville, qui fut un de ses ministres, a écrit de lui:

«. . . Son intelligence était incohérente, confuse, remplie de grandes pensées mal appareillées qu'il empruntait tantôt aux exemples de Napoléon, tantôt aux théories socialistes, quelquefois aux souvenirs de l'Angleterre, où il avait vécu. En général, il était difficile de l'approcher longtemps de très près sans découvrir une petite folie couvant au milieu de son bon sens et dont la vue, rappelant sans cesse les escapades de sa jeunesse, servait à les expliquer.»

De nos jours, la tendance des historiens est plus favorable à sa mémoire. Un Anglais, Robert Sencourt, a dit de lui: «Il avait été créé pour être en avance de deux générations.» On lui reconnaît surtout le mérite d'avoir rétabli l'ordre et le principe d'autorité dans un pays profondément troublé.

La Deuxième République ne devait pas durer longtemps. Le prince-président, par des voyages en province sciemment organisés, exploita le mécontentement du pays à l'égard de l'Assemblée législative qui, entre autres mesures impopulaires, abolit le suffrage universel en 1850. En 1851, la Constitution empêchant sa réélection l'année suivante, Louis-Napoléon demanda à l'Assemblée la révision de l'Article 45. Les députés repoussèrent cette demande du président, et le conflit entre l'exécutif et le législatif devint inévitable.

Le 2 décembre 1851, jour anniversaire d'Austerlitz et du couronnement de Napoléon Ier, le prince-président, par un coup d'État minutieusement préparé, prononça la dissolution de la Chambre et annonça de nouvelles élections. Il y eut quelques tentatives d'insurrection à Paris et en province, mais, dans l'ensemble, le pays approuva la politique démocratique et antiparlementaire de Louis-Napoléon. Le plébiscite du 22 décembre sanctionna le coup d'État par 7.439.216 oui contre 640.737 non et 36.800 bulletins nuls.

La Constitution du 14 janvier 1852 donna des pouvoirs étendus au président de la République, élu pour dix ans et rééligible, et organisa le pouvoir législatif comme l'avait fait la Constitution de l'an VIII. C'était un premier pas vers le rétablissement de l'Empire, qui, plébiscité le 21 novembre (7.824.129 oui contre 253.149 non et 63.126 bulletins nuls) fut inauguré le 2 décembre 1852. Louis-Napoléon prit le nom de Napoléon III, le Roi de Rome ayant jadis été proclamé Napoléon II. Le mois suivant, Napoléon III épousait Eugénie de Montijo, une très belle Espagnole, énergique et fière, mais peu éclairée. L'impératrice allait soutenir les éléments conservateurs et cléricaux autour de l'empereur.

La vie politique sous le Second Empire fut, jusqu'en 1860, soumise à un régime autoritaire. Les journaux étaient étroitement surveillés: tout article qui déplaisait au gouvernement entraînait un avertissement; au second, le journal était supprimé. La police surveillait attentivement tous ceux qu'elle soupçonnait d'opposition au gouvernement. La *candidature officielle,* enfin, permettait au gouvernement de désigner aux électeurs ceux qu'il désirait voir élire. D'ailleurs, le pays s'intéressait davantage aux questions économiques et sociales et ne semblait guère se soucier des élections. Celles de 1857 montrèrent la faiblesse de l'opposition: cinq républicains seulement, dont les plus éloquents étaient Jules Favre et Émile Ollivier, furent élus au Corps législatif.

Ce désintéressement de la chose publique, ou plutôt de la vie parlementaire, s'explique en grande partie par le développement remarquable de l'industrie et du commerce, et par la mise en valeur du territoire. Napoléon III s'était entouré de saint-simoniens[22] qui préconisaient la libération du crédit et la réalisation de grands travaux publics. Ces grands travaux résorbèrent le chômage qui avait ruiné la Deuxième République. Les chemins de fer furent développés: à partir de 1860, la vie française se plaça sous le signe de ce nouveau moyen de transport. Les mines de houilles triplèrent leur production de 1850 à 1870. En 1854, Sainte-Claire Deville inventa un procédé de fabrication de l'aluminium qui permit la création d'une nouvelle industrie. D'importantes sociétés de navigation furent fondées: les *Messageries maritimes,* en 1851, et la *Compagnie générale transatlantique* en 1861. La Bourse de Paris devint la rivale de la Cité de Londres. Partout dans le monde, des ingénieurs français, financés par des capitaux français, construisaient des voies ferrées, des routes et des ponts. Le premier tunnel sous les Alpes fut creusé sous le Mont-Cenis. Le canal de Suez, malgré l'opposition acharnée de l'Angleterre, fut conçu et exécuté par des Français, et inauguré par l'impératrice Eugénie en 1869.

___

22. Le critique Sainte-Beuve appelait Napoléon III le «Saint-Simon à cheval».

COMMISSION MUNICIPALE DE PARIS.

HABITANS DE PARIS,

CHARLES X a cessé de régner sur la France! Ne pouvant oublier l'origine de son autorité, il s'est toujours considéré comme l'ennemi de notre Patrie et de ses libertés qu'il ne pouvait comprendre. Après avoir sourdement attaqué nos institutions

La défense d'une barricade pendant les «Trois Glorieuses», 26–28 juillet 1830, 1830, d'après une vieille estampe

Le poète Lamartine harangu-
ant la foule à l'Hôtel de Ville
au sujet du drapeau tricolore

(*À gauche*) Le baron Haussmann présentant à Napoléon III le plan d'annexion des communes de Paris

(*Au centre*) Le percement de l'avenue de l'Opéra

(*En bas*) Une fête au Pré-Catalan, dans le Bois de Boulogne, pendant le Second Empire

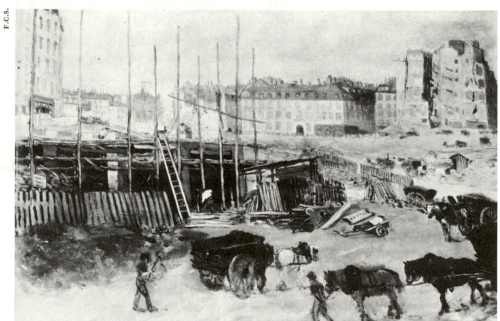

Cette prospérité profita à la plupart des Français, mais fort peu à la classe ouvrière. Napoléon III s'était de bonne heure intéressé au sort des ouvriers; devenu empereur, il se préoccupa d'eux. Des sociétés de secours mutuels, des caisses de retraites pour la vieillesse, des caisses d'assurances en cas de maladies ou de décès furent créées. En 1864, les ouvriers reçurent le droit d'association et le droit de grève. Malgré toutes ces mesures, la classe ouvrière ne vit pas son niveau de vie s'élever sensiblement et resta, dans l'ensemble, fidèle au programme républicain.[23]

Les transformations les plus frappantes, dans les villes françaises, furent celles de Lyon, de Marseille, et, surtout, de Paris. Sous la direction du préfet de la Seine, le baron Haussmann, la capitale prit son aspect moderne actuel. Les anciennes fortifications royales furent remplacées par des boulevards, les villages de Montmartre, La Villette, Vaugirard, etc., furent réunis à la ville; de magnifiques avenues furent tracées, et plantées d'arbres; de splendides perspectives furent aménagées. Bref, Paris devint sous Napoléon III la capitale des capitales.

En 1855, Paris convia les nations du monde entier à une exposition universelle, où la France montra qu'elle était bien entrée dans l'âge industriel. Cinq millions de visiteurs, y compris la reine Victoria, purent constater les progrès français depuis 1848. De nouveau, en 1867, une exposition universelle eut lieu sur le Champ-de-Mars et, cette fois, l'empereur accueillit les souverains de Russie, d'Autriche et de Prusse, ce dernier accompagné de son ministre, le prince de Bismarck.

Jamais la vie de société n'avait été aussi brillante que pendant le Second Empire. D'abord, la cour était redevenue le centre de la vie élégante. Les réceptions impériales, soit aux Tuileries, soit au château de Compiègne, offraient des spectacles grandioses avec une foule d'invités richement habillés. Les hommes, par ordre de l'empereur, se devaient de porter la culotte et les bas de soie; les femmes, suivant l'exemple de l'impératrice, portaient la crinoline. Les militaires arboraient des uniformes chamarrés et aux panaches éclatants.

Les souverains aimaient s'entourer d'artistes et d'écrivains. Sainte-Beuve, Vigny, Mérimée, étaient de fréquents invités à Compiègne; Franz-Xavier Winterhalter était le peintre attitré de la cour; la musique de Strauss et celle d'Offenbach s'entendaient souvent dans la salle de bal des Tuileries.

En dehors de la cour, de nombreux salons recevaient la société française et étrangère. Celui de la princesse Mathilde, fille du roi Jérôme, accueillait la société intellectuelle sans s'inquiéter de ses opinions politiques. Ce

---

23. Émile Zola nous a laissé une description inoubliable des milieux ouvriers de cette époque dans ses romans *l'Assommoir* (1877) et *Germinal* (1885).

fut, pendant le Second Empire, le lieu de rendez-vous des beaux esprits et, de loin, le salon le plus distingué de Paris. On y rencontrait Sainte-Beuve, les peintres Charles Giraud et Corot, les frères Goncourt, Théophile Gautier, Mérimée, Flaubert, Alphonse Daudet, etc. Quant à la société qui boudait l'Empire, elle se réfugiait dans les salons du faubourg Saint-Germain.[24]

Le monde des affaires, de la Bourse, de la presse et du théâtre s'était installé principalement autour des Champs-Élysées. C'est ce Paris qui s'imposa surtout aux étrangers. Les milieux bourgeois parisiens se tenaient à l'écart de ces nouveaux riches, ainsi que du «demi-monde», si bien décrit par Alexandre Dumas fils. Pour leurs vacances, les classes aisées commençaient à imiter l'aristocratie française, qui se rendait à Biarritz, ville chère à l'impératrice, ou l'aristocratie anglaise, qui venait de découvrir Nice et Cannes. Mais, la plupart des Français prenaient leurs vacances chez eux ou allaient passer tout au plus quelques jours chez des parents à la campagne.

À partir de 1860, l'Empire commença à évoluer vers le libéralisme. Il est peu commun de voir un régime dictatorial se modifier volontairement dans ce sens. En grande partie, le mérite en revient au duc de Morny, le fils illégitime de la mère de Napoléon III, qui, en tant que président du Corps législatif, exerça une grande influence sur l'empereur et son entourage jusqu'à sa mort en 1865.

En 1860, le Sénat et le Corps législatif reçurent le droit d'adresse; l'année suivante le droit de discuter le budget. En 1867, la liberté de la presse et de réunion fut rétablie. Ces mesures, parmi d'autres, permirent à l'opposition de mieux exprimer ses opinions. Les libéraux, les républicains et les catholiques (ceux-ci mécontents de la politique impériale en Italie) se groupèrent en une *Union libérale* et réussirent à faire élire trente-deux députés en 1863. En 1869, les républicains se présentèrent à part et reçurent trente-neuf sièges au Corps législatif.

Les partisans du régime autoritaire furent désormais en minorité et l'empereur fit appel à Émile Ollivier qui constitua un gouvernement mi-personnel, mi-parlementaire en janvier 1870. Napoléon III aurait vraisemblablement soutenu cette évolution vers l'Empire parlementaire et combattu la tendance conservatrice représentée auprès de lui par l'impératrice, mais il souffrait depuis quelques années d'une pénible

---

24. Rappelons que Victor Hugo s'exila après le coup d'État du 2 décembre 1851 et se fixa d'abord à Jersey, puis à Guernesey, pour ne revenir en France qu'après la chute de Napoléon III. *Les Châtiments* (1853) expriment toute sa haine contre l'empereur et contre tous ceux qui avaient favorisé ou accepté le coup d'État.

maladie de la vessie, et les drogues qu'on lui administrait lui enlevaient toute énergie et toute volonté. Le plébiscite du 8 mai 1870, d'ailleurs, lui montra que, malgré l'opposition grandissante des partis et de la presse, le pays le suivait puisqu'il approuva par 7.336.000 oui, contre 1.560.000 non et 1.894.000 abstentions, la politique intérieure de l'Empire. Mais, il y eut malentendu: le pays approuvait les réformes libérales, l'empereur interpréta le vote comme une approbation de sa personne. On allait voir, quelques mois plus tard, combien il se trompait.

C'est la politique extérieure de Napoléon III, en fin de compte, qui causa la chute du régime. En 1851, Louis-Napoléon avait déclaré, à Bordeaux: «L'Empire, c'est la paix!» Hélas, en dix-huit ans, l'Empire allait être engagé dans quatre guerres, sans compter plusieurs expéditions militaires. Les idées directrices de la politique extérieure de Napoléon III n'étaient pas mauvaises en elles-mêmes: la grandeur de la France et le désir d'effacer l'humiliation de 1815; le principe des nationalités—«tous les hommes qui parlent la même langue doivent se grouper en un seul et même État»; le désir de maintenir des relations amicales avec l'Angleterre. Malheureusement, l'empereur ne sut pas toujours distinguer les vrais intérêts de la France, il ne vit pas le danger que représentait pour la France l'unification de pays comme l'Allemagne et l'Italie, et il ne comprit pas que certaines de ses combinaisons ne pouvaient que refroidir l'amitié anglaise et le laisser seul en face de ses ennemis.

Les premières années de son règne augmentèrent effectivement la grandeur et le prestige de la France: l'Algérie fut pacifiée et organisée en trois départements, analogues à ceux de la métropole;[25] au Sénégal, le général Faidherbe installa la domination française et fonda le port de Dakar; en Asie, la Cochinchine et le Cambodge furent placés sous la protection française; en pleine Océanie, la Nouvelle-Calédonie devint une colonie française.

La première guerre fut provoquée par la Russie à propos des sanctuaires de la Terre-Sainte et des prétentions russes sur Constantinople. La faiblesse de la Turquie, depuis 1840, avait encouragé la Russie à reprendre sa marche vers la Méditerranée, ce qui déplaisait fortement à l'Angleterre. Napoléon III décida de joindre ses efforts à ceux de l'Angleterre, en 1854.

La guerre eut lieu surtout en Crimée. Les Anglais avaient une marine et de l'argent, la France avait une armée. Ce furent donc les Français qui tinrent le premier rôle. La victoire de l'Alma (26 septembre 1854), le

---

25. Cette mesure administrative fut prise malgré l'empereur qui aurait préféré établir un royaume algérien et qui se disait empereur des Algériens aussi bien que des Français.

siège de Sébastopol, les furieuses batailles d'Inkermann et de Balaklava, la prise de la tour de Malakoff par le général de Mac-Mahon, sont les épisodes les plus héroïques de cette guerre. Ce fut une guerre atroce, à cause du climat, du manque de services et d'approvisionnements. En tout, 75.000 Français y perdirent la vie.

Le Congrès de paix eut lieu à Paris, en janvier 1856. Aux yeux de l'Europe, ce fut la réplique française au Congrès de Vienne. Napoléon III apparut comme le premier des souverains européens et sa politique semblait dominer le continent.[26] À ce Congrès, le ministre des Affaires étrangères de la France, le comte Walewski,[27] inaugura le système des conférences diplomatiques modernes. Il fit accepter une législation internationale sur la liberté des mers et obtint des Russes des concessions importantes: neutralité de la mer Noire, liberté de navigation sur le Danube, intégrité de l'empire ottoman. Tout ceci était fort beau pour la Turquie et l'Angleterre, mais la France, qui avait fourni le plus gros effort, n'en retirait aucun profit.

La deuxième guerre fut celle d'Italie. La péninsule italienne était, à cette époque, divisée en plusieurs États, certains indépendants, la plupart des autres sous la domination autrichienne. Parmi ces derniers, le royaume de Piémont-Sardaigne, sur lequel régnait Victor-Emmanuel II de la maison de Savoie, était le plus puissant et donc tout désigné pour prendre la tête du mouvement d'unification, qui devait se faire d'abord contre l'Autriche. Napoléon III, qui aimait beaucoup l'Italie, et qui avait, nous le savons, participé à la Charbonnerie, s'entendit avec le comte de Cavour, ministre de Victor-Emmanuel, sur une intervention française. La guerre fut déclenchée en avril 1859 par le jeune empereur d'Autriche, François-Joseph, qui attaqua les Piémontais et permit ainsi à Napoléon d'intervenir. La campagne fut courte, mais sanglante. Par les victoires de Magenta (4 juin) et de Solférino (24 juin), l'armée franco-piémontaise refoula l'armée autrichienne et s'ouvrit les portes de la Vénétie. Mais, bien que Napoléon III eût promis de chasser les troupes autrichiennes de toute l'Italie du nord, il s'arrêta et offrit la paix à François-Joseph. Les Piémontais, furieux, accusèrent Napoléon de trahison. Cependant, celui-ci avait de bonnes raisons d'agir ainsi. La Prusse avait mobilisé et ses troupes se trouvaient sur le Rhin, tandis que l'armée française était en Italie. D'autre part, Cavour avait promis à Napoléon que l'unité italienne prendrait la forme d'une confédération présidée par le pape, bien que

---

26. Grâce à Napoléon III, la Moldavie et la Valachie furent libérées du protectorat russe et formèrent la Roumanie moderne.
27. Fils naturel de Napoléon Ier et de la comtesse polonaise Marie Walewska.

dirigée en fait par le roi Victor-Emmanuel. Or, à mesure que les troupes françaises s'étaient avancées vers la Vénétie, la cour de Turin avait suscité des soulèvements «spontanés» dans les États du pape, en vue de les rattacher au Piémont. Quoiqu'il en soit, la guerre se termina par la paix de Zürich, en décembre 1859. Le Piémont reçut la Lombardie et la France, l'année suivante, reçut Nice et la Savoie, après un plébiscite de ces deux provinces.

Plus tard, Napoléon III laissa Cavour annexer l'Italie centrale, le royaume des Deux-Siciles et Venise. Mais lorsque les Italiens voulurent s'emparer de Rome, Napoléon s'y opposa par la force, avivant ainsi la rancune italienne contre celui qui, en somme, avait permis l'unité de leur pays.

Trois ans après la paix de Zurich, la France se trouva engagée dans l'expédition malheureuse du Mexique. Le prétexte de cette intervention fut une démonstration militaire faite en commun par la France, l'Angleterre et l'Espagne pour rappeler à la République mexicaine, présidée par Benito Juárez, les engagements qu'elle avait pris envers les créanciers étrangers. Tandis que les Anglais et les Espagnols se rembarquaient, une fois cette affaire réglée, les troupes françaises demeurèrent, furent renforcées, et s'avancèrent sur Mexico.

C'est que Napoléon III avait conçu le projet malencontreux, encouragé par Eugénie, de fonder un empire latin et catholique au Mexique, pour faire contre-poids aux États-Unis, alors déchirés par la guerre de Sécession. Malgré l'hostilité des habitants, les Français occupèrent Mexico et forcèrent les notables à offrir la couronne au prince que Napoléon III avait choisi: l'archiduc Ferdinand-Joseph Maximilien, frère de l'empereur d'Autriche et, selon certains historiens, fils illégitime de l'Aiglon. Le nouvel empereur, avec sa femme Charlotte, s'installa à Mexico, mais Juárez continua la guérilla. Lorsque la guerre de Sécession fut terminée, les États-Unis exigèrent le retrait des troupes françaises commandées par le général Bazaine. Maximilien fut pris et fusillé, le 19 juin 1867, marquant par sa mort tragique la fin de l'«équipée mexicaine», au cours de laquelle près de 100.000 Français étaient morts.

La quatrième guerre du Second Empire allait provoquer sa chute. Le chancelier prussien, Bismarck, dont le rêve était de créer l'unité allemande autour de la Prusse, avait compris qu'il ne vaincrait la volonté d'autonomie des États allemands du sud qu'en les associant dans une guerre contre la France. Il cherchait par tous les moyens à provoquer le conflit, mais ce fut en définitive le gouvernement de Napoléon III sous Émile Ollivier, qui le déclencha. Voici comment:

En juillet 1870, l'Espagne, qui venait de renverser la dynastie des Bourbons (1868), offrit la couronne au prince Léopold de Hohenzollern-Sigmaringen. Bismarck avait préparé cette candidature depuis un an, sachant que la réaction française serait vive. Elle le fut en effet. Dès que la nouvelle fut connue, la presse française jeta feu et flammes. Les républicains étaient enchantés de cette défaite de la diplomatie impériale, les ultra-bonapartistes exultaient de l'échec infligé au gouvernement libéral. Tous demandaient la guerre, ou l'humiliation de la Prusse.

Par voie diplomatique, la France exigea que la candidature du prince Léopold fût retirée. La renonciation du prince fut publiée le 12 juillet. Mais le duc de Gramont, ministre des Affaires étrangères, exigea alors que l'ambassadeur français, Benedetti, obtînt du roi de Prusse la promesse formelle qu'aucun prince de sa maison ne serait candidat au trône espagnol. Guillaume Ier, qui prenait les eaux à Ems, reçut l'ambassadeur français avec courtoisie et lui donna une réponse vague, mais satisfaisante dans l'ensemble. Il informa Bismarck de cette réponse par une dépêche que le chancelier, furieux de voir sa guerre s'éloigner, falsifia et fit publier. Le texte remanié laissait croire que le roi de Prusse avait insulté l'ambassadeur de France, et donc la France.

À Paris, les ultra-bonapartistes profitèrent de cette «insulte» pour soulever l'opinion. Sans chercher à vérifier les faits, le ministère Ollivier déclara la guerre à la Prusse le 17 juillet 1870. Seul, parmi les hommes politiques en vue, Thiers osa se dresser contre cette folie.

L'armée prussienne était excellente et commandée par un général de grand talent: von Moltke qui, en 1866, avait infligé une défaite écrasante aux Autrichiens, à Sadowa. Les États allemands du sud, convaincus par Bismarck que la France voulait s'aggrandir à leurs dépens, se joignirent à la Prusse. L'armée française, qui avait combattu héroïquement en Crimée, en Italie et au Mexique, n'était pourtant pas préparée à la guerre moderne. Ses chefs, Bazaine et Mac-Mahon, ne valaient pas les chefs allemands. L'empereur, harassé par sa maladie qui lui causait de grandes souffrances, insista néanmoins pour exercer le commandement-en-chef.

La guerre fut désastreuse. Mac-Mahon fut attaqué par l'armée du Kronprinz et battu à Frœschviller (6 août). Le même jour, Bazaine refusa d'aider le général Frossard à Forbach, et la Lorraine fut perdue. Puis Bazaine se laissa enfermer à Metz et ne fit rien pour en sortir.

Mac-Mahon, avec Napoléon III, concentra ses forces à Sedan, mais ses 100.000 hommes ne purent rien faire contre les 240.000 Allemands. Malgré les prouesses de la cavalerie française, l'armée impériale fut encerclée. Pour éviter une plus grande effusion de sang, Napoléon III fit hisser le drapeau blanc et se rendit à l'ennemi.

Le désastre de Sedan marqua la fin de l'Empire. Sitôt la nouvelle connue, à Paris, l'impératrice voulut organiser la résistance, mais les députés républicains se hâtèrent de proclamer un gouvernement provisoire de la défense nationale. Le Corps législatif fit quelques protestations de pure forme, et se sépara. L'impératrice se réfugia alors chez son dentiste américain Evans, qui réussit à la faire passer en Angleterre, où Napoléon la rejoignit. Le Second Empire avait vécu.

Bismarck avait compté sur la fin de la résistance française dès la chute de l'Empire. Mais lorsqu'il fit savoir qu'il ne voulait traiter qu'avec un gouvernement régulier, et qu'il exigerait l'Alsace, les républicains à Paris déclarèrent que la résistance continuerait.[28] Or, les armées françaises étaient soit prisonnières, soit encerclées. Paris même fut bientôt investi par les Allemands. Le gouvernement provisoire décida donc d'envoyer Gambetta à Tours—il s'enfuit en ballon—afin de soulever les provinces, et d'envoyer Thiers dans les capitales européennes pour chercher du secours. Ces tentatives furent inutiles. Les quatre armées de volontaires, levées par Gambetta, combattirent héroïquement, mais furent défaites l'une après l'autre. Quant à l'Europe, elle ne bougea pas.

Le 28 janvier 1871, le gouvernement provisoire demanda l'armistice. Les Allemands venaient d'élire le roi de Prusse empereur d'Allemagne, dans la Galerie des Glaces, à Versailles. Ils acceptèrent la demande de Paris et attendirent l'élection d'une nouvelle Chambre pour dicter les termes de la paix.

Cette nouvelle Assemblée, qui se réunit à Bordeaux, se composait en majorité de monarchistes. L'Empire avait causé la guerre, les républicains l'avait continuée, tous les deux furent désavoués par le pays qui demandait l'ordre et la paix. L'Assemblée choisit Adolphe Thiers pour exercer le pouvoir exécutif et pour diriger les pourparlers avec les Allemands.

La paix fut durement achetée. Bismarck exigea l'Alsace, les trois quarts de la Lorraine, une indemnité de guerre de cinq milliard de francs, l'occupation de plusieurs départements jusqu'au paiement de l'indemnité. Le traité fut signé à Francfort le 10 mai 1871.

Ceci fait, il restait à organiser le nouveau régime.

28. On pourra lire, à ce propos, la nouvelle de Guy de Maupassant *Deux amis* (1883) et celles d'Alphonse Daudet dans ses *Contes du lundi* (1873).

F.E.P.I

Photographie de l'époque montrant des soldats prussiens sur la place de la Concorde en 1871

Attaque de l'Hôtel de Ville pendant la Commune, d'après une estampe de 1871

F.E.P.I

Chapitre 14

LA TROISIÈME RÉPUBLIQUE

LISTE DE DATES IMPORTANTES

1871 (18 mars–28 mai)	la Commune
1871–1940	la Troisième République
1875 (30 janvier)	lois constitutionnelles de la Troisième République
1887–1889	le Boulangisme
1897–1899	l'Affaire Dreyfus
1904	l'Entente cordiale
1905	séparation de l'Église et de l'État
1914–1918	la Première Guerre mondiale
1919 (28 juin)	traité de Versailles
1923	occupation de la Ruhr
1936	le Front populaire
1938 (30 septembre)	traité de Munich
1939 (3 septembre)	déclaration de guerre à l'Allemagne
1940 (10 mai)	invasion allemande de la Hollande, de la Belgique et du Luxembourg
1940 (10 juin)	déclaration de guerre de l'Italie
1940 (17 juin)	gouvernement du maréchal Pétain; demande d'armistice
1940 (18 juin)	appel du général de Gaulle à la radio de Londres

LA situation de la France, après la signature du traité de Francfort, était des plus mauvaises. D'une part, son territoire s'était considérablement rétréci et sa population avait diminué en raison de l'annexion allemande de l'Alsace-Lorraine; d'autre part, son prestige dans le monde avait été sérieusement atteint. Mais, ce qui était plus grave, le pays avait subi de lourdes pertes en hommes et en biens pendant la guerre, et se trouvait affaibli en face des autres nations européennes qui, elles, étaient en plein développement. Or, à l'étonnement du monde et, en particulier du chancelier Bismarck, la France, sous la Troisième République, allait, en quelques années, se relever et atteindre de nouveaux sommets de puissance et de gloire. Le relèvement, immédiatement après 1870, fut en grande partie l'œuvre d'Adolphe Thiers.

Né en 1797, à Marseille, Thiers avait joué un rôle important, nous l'avons vu, dans l'établissement de la Monarchie de Juillet; il avait été ministre à trente-cinq ans et président du Conseil à trente-neuf ans. Sous le Second Empire, il s'était opposé, en tant que membre du Corps législatif, à la politique des «nationalités» et avait été le seul à déplorer la déclaration de la guerre en 1870. Dans le pays, il jouissait d'un énorme prestige qui allait lui être d'un grand secours dans sa tâche.

Le premier problème qu'il fallait résoudre était celui du régime. Le gouvernement que présidait Thiers[1] était seulement provisoire, chargé de la défense du pays. Tant que la guerre dura, et jusqu'à la signature du traité de Francfort, l'Assemblée ajourna la discussion des affaires politiques. Mais la paix venue, celles-ci prirent tout naturellement priorité sur les autres. Nous avons vu que l'Assemblée, élue en février 1871, était en majorité composée de monarchistes. Cependant, après les élections complémentaires du 2 juillet 1871, le parti républicain avait considérablement renforcé sa représentation. L'Assemblée nationale, qui fut une des plus grandes Assemblées de l'histoire de France, groupait une élite intellectuelle et politique tout à fait remarquable,[2] qui se distribuait entre des partis disciplinés et fort actifs. À droite siégeaient les légitimistes, au centre droit les orléanistes, au centre gauche les républicains très modérés, à gauche les républicains de Gambetta et, à l'extrême-gauche, une quinzaine de démocrates plus ou moins socialisants.

À Paris, qui avait tant souffert pendant le siège (octobre 1870–janvier 1871), et où les élections de février 1871 avaient favorisé les radicaux et les révolutionnaires, l'Assemblée de Bordeaux fut considérée avec haine. Au mois de mars, Thiers décida de transporter son gouvernement à Versailles, puis de supprimer la solde des Gardes nationaux de Paris et de faire reprendre les canons de Belleville et de Montmartre, afin de dé-

---

1. On lui avait donné le titre de «Chef du pouvoir exécutif de la République française», en attendant que la question du régime fût réglée.
2. Louis Blanc, Edgar Quinet, Émile Littré, le duc de Broglie, Jules Favre, Jules Grévy, le duc Decazes, Jules Ferry, Victor Hugo, Georges Clemenceau, etc.

sarmer Paris. L'émeute éclata immédiatement et bientôt une guerre civile opposa la Commune de Paris au gouvernement de Versailles. Comme toutes les guerres de ce genre, celle-ci fut atroce. L'armée de Versailles, commandée par le maréchal de Mac-Mahon, fit le siège de Paris, sous le regard narquois des Prussiens qui occupaient toujours les forts de la rive droite. Le 21 mai, Mac-Mahon ordonna l'assaut de la ville; pendant une semaine, la «semaine sanglante», on se battit dans les rues. La Commune fit exécuter 400 otages, parmi lesquels figurait l'archevêque de Paris, monseigneur Darboy, et les Versaillais fusillèrent des milliers de Communards. En tout, environ 20.000 Parisiens périrent. Des monuments magnifiques, tels l'Hôtel de Ville et le palais des Tuileries, qui dataient du XVIᵉ siècle, furent incendiés. Finalement, la Commune fut renversée et le gouvernement de Versailles s'installa dans la capitale.

L'Assemblée put enfin se tourner vers la création d'institutions nouvelles. La majorité monarchiste savait bien quel régime elle voulait restaurer, mais les deux factions ne purent se mettre d'accord sur le monarque qui serait couronné. Les légitimistes réclamaient le petit-fils de Charles X, le comte de Chambord; les orléanistes étaient partisans du petit-fils de Louis-Philippe, le comte de Paris. Tous étaient, par surcroît, des parlementaires, c'est-à-dire qu'ils entendaient dicter leur loi au prince qui serait choisi. Cet état d'esprit, plus que l'hésitation entre deux prétendants, sera la cause de l'échec du parti monarchiste.

Le comte de Chambord était alors âgé de 51 ans et vivait en Autriche. Très attaché à l'Ancien Régime et très pieux, il avait, par ailleurs, des idées assez avancées sur le problème ouvrier et ne se gênait pas pour dénoncer les privilèges industriels et pour soutenir la nécessité des associations ouvrières libres. Sachant que la majorité monarchiste ne lui donnerait jamais le pouvoir effectif et n'accepterait pas ses idées sociales, il se servit d'un prétexte pour écarter leur offre du trône: il affirma sa volonté de conserver le drapeau blanc de la Restauration.

Le comte de Paris, né en 1838, représentait la politique orléaniste, soucieuse de préserver l'appui des milieux financiers et, donc, favorable à un conservatisme social mitigé de libéralisme politique.

Un instant on put croire que tout s'arrangerait: le comte de Paris avait accepté de soutenir le prétendant légitimiste, qui n'avait pas d'enfants, à condition d'être désigné comme héritier du trône. En plus, un malentendu donna l'impression que le comte de Chambord accepterait le drapeau tricolore. On prépara le carrosse qui devait conduire le nouveau monarque de Chambord à Paris, on pavoisa les rues, on apprêta les uniformes. Tout cela pour rien. Car «Henri V», comme le nommaient ses partisans, fit savoir qu'il n'était pas homme à renoncer à ses principes, même pour obtenir un trône. Ce fut l'anéantissement des illusions légitimistes sur une restauration immédiate, mais, malgré cela, ils n'acceptèrent point de soutenir le prétendant orléaniste. En attendant, il fallait pourtant organiser les institutions.

Sous l'impulsion énergique de Thiers, la France avait payé l'indemnité de guerre dix-huit mois avant la date prévue. Le dernier soldat de l'armée d'occupation allemande allait franchir la frontière le 16 septembre 1871. L'Assemblée, au mois de mars de cette année, avait voté la motion: «Le président de la République a bien mérité de la Patrie», mais la majorité royaliste ne lui pardonnait pas d'avoir si bien servi la cause républicaine. Sous la direction du duc de Broglie, les monarchistes organisèrent une offensive parlementaire contre le président, lui reprochant de ne pas avoir soutenu les intérêts conservateurs. Le 24 mai 1873, par 360 voix contre 344, l'Assemblée adopta l'ordre du jour monarchique et Thiers donna sa démission.

Il fut tout de suite remplacé par le maréchal de Mac-Mahon, qui demanda à Broglie de former un ministère. C'est ce ministère qui essaya de rétablir la monarchie, avec les résultats que nous avons vus plus haut. Après le refus du comte de Chambord, Broglie fit voter, en septembre 1873, une loi qui fixait à sept ans la durée des pouvoirs du président, estimant qu'alors le climat serait meilleur pour la monarchie. Lui-même fut renversé en 1874, et ses successeurs s'occupèrent de faire voter ce qu'on appelle les lois constitutionnelles de 1875. Car la Troisième République, organisée par une Assemblée monarchique, n'eut jamais de constitution proprement dite.

Les parlementaires procédèrent par étapes, votant d'abord sur l'organisation des pouvoirs publics. Le texte qui avait été présenté à l'Assemblée et d'où le mot «république» avait été soigneusement omis, commençait ainsi: «Le pouvoir législatif s'exerce par deux assemblées, la Chambre des Députés et le Sénat. La Chambre des Députés est nommée par le suffrage universel . . .»

À ce texte, le 29 janvier 1875, Henri Wallon, un député catholique, rallié à la République conservatrice, proposa l'amendement suivant: «Le président de la République est élu à la majorité absolue des suffrages par le Sénat et la Chambre des Députés réunis en Assemblée nationale. Il est nommé pour sept ans; il est rééligible.»

Cet amendement impliquait la République et fut adopté par 353 voix contre 352. Voilà comment la Troisième République fut fondée: à une voix de majorité.

La première des nombreuses crises que la jeune République allait traverser fut celle déclenchée par le président de Mac-Mahon au sujet de ses pouvoirs. Il s'agissait de savoir si le président de la République devait obligatoirement choisir ses ministres parmi la majorité, comme cela se fait dans un régime parlementaire, ou s'il pouvait les désigner comme bon lui semblait. Le ministère Jules Simon, à tendance républicaine, ayant manifesté des sentiments anticléricaux, le maréchal de Mac-Mahon, catholique et patriote dans l'âme, décida de le faire renverser. Le 16 mai 1877, Jules Simon reçut une lettre du président qui se terminait par cette phrase:

«Une explication à cet égard est indispensable, car, si je ne suis pas responsable comme vous envers le parlement, j'ai une responsabilité envers la France dont aujourd'hui, plus que jamais, je dois me préoccuper.»

Le président du Conseil donna sa démission et fut remplacé par le duc de Broglie qui constitua un ministère sénatorial et conservateur. Puis, avec l'autorisation du Sénat, Mac-Mahon renvoya la Chambre (le 25 juin) et demanda de nouvelles élections.

Certes, il n'y avait pas eu coup d'État, car les lois constitutionnelles de 1875 autorisaient la dissolution de la Chambre par l'exécutif. Cependant, ces mêmes lois impliquaient l'irresponsabilité du président, c'est-à-dire, en même temps, l'absence de politique présidentielle. Voilà la question qui allait être débattue pendant la campagne électorale et qui allait être tranchée par les électeurs.

Du côté des républicains, ce fut Gambetta le meneur du jeu. Pendant l'été de 1877, il se dépensa sans compter, faisant discours après discours, écrivant article sur article dans son journal, la *République Française*. À Lille, le 15 août, il prononça cette phrase célèbre en parlant, sans le nommer, de Mac-Mahon:

«Quand tant de millions de Français auront parlé, il n'y aura personne, à quelque degré de l'échelle politique qu'il soit placé, qui puisse résister. Quand la France aura fait entendre sa voix souveraine, croyez-le-bien, il faudra se soumettre ou se démettre.»

En effet, lorsque les élections envoyèrent à la nouvelle Chambre 315 républicains contre 199 conservateurs, le président eut à choisir entre la démission ou la soumission. Il se soumit; mais, en janvier 1879, lorsqu'un nouveau différend s'éleva entre lui et le ministère Dufaure, il préféra donner sa démission et fut remplacé par Jules Grévy.

L'affaire «du seize mai» eut de très importantes conséquences: la droite fut discréditée, le mot «conservateur» devint suspect à la masse des électeurs français, les républicains les plus avancés s'approchèrent du pouvoir, et les membres des anciennes «classes dirigeantes» se cantonnèrent dans une opposition stérile. Finalement, le droit de dissolution exercé par l'exécutif ne devait plus jamais être invoqué sous la Troisième République. Désormais, c'est le pouvoir législatif qui sera le maître, tandis que le rôle de la présidence de la République deviendra de moins en moins important. Thiers avait été élu président parce qu'il était, de loin, le plus grand homme d'État de son époque; Mac-Mahon, parce qu'il était un brave général. Jules Grévy fut élu parce qu'il était un excellent bourgeois moyen.

Le régime parlementaire de la IIIᵉ République s'installa donc en 1879. Il reposait sur la toute-puissance du Parlement, composé d'une Chambre des députés, élue au suffrage direct et universel pour quatre ans, et d'un Sénat désigné par des collèges électoraux pour neuf ans, et renouvelable par tiers tous les trois ans.

Le président de la République, élu pour sept ans par le Parlement réuni en congrès à Versailles, jouait un rôle effacé mais très utile. C'était, en quelque sorte, l'arbitre de la vie politique française. Il désignait le président du Conseil qui devait, avec son ministère, être approuvé par la majorité des voix au Parlement. La perte de cette majorité entraînait automatiquement la démission du ministère. Or, comme la Chambre des députés, sous la IIIᵉ République, fut composée d'un grand nombre de petits partis, la majorité fut toujours précaire. Cela explique la fréquence des crises ministérielles pendant les soixante-cinq ans que dura cette République.

Jusqu'en 1885, les républicains furent les maîtres incontestés du pouvoir. Les bonapartistes perdirent leur prétendant, le Prince Impérial, en 1879,[3] et les monarchistes restèrent divisés même après la mort du comte de Chambord (1883). Sous l'impulsion énergique de Gambetta, le programme républicain commença à être appliqué, et, lorsque le fougueux Marseillais mourut accidentellement en 1883, Jules Ferry devint le chef du parti et continua son œuvre.

Les élections de 1885 réduisirent considérablement la majorité républicaine: 383 députés républicains furent élus et 201 conservateurs. Parmi les nouveaux républicains se trouvait un ancien élève de l'École normale, Jean Jaurès, qui devait, plus tard, jouer un grand rôle politique en tant que leader du parti socialiste. Dans le ministère qui fut formé après les élections, figurait un protégé de Georges Clemenceau, qui allait provoquer la deuxième grande crise du régime: le général Boulanger.

3. Il fut tué à l'âge de 23 ans, alors qu'il combattait, sous l'uniforme anglais, contre les Zoulous.

Né en 1837, à Rennes, Boulanger avait fait une carrière brillante dans l'armée. C'était un bel homme, brave et sympathique, qui, de bonne heure, s'était proclamé dévoué au nouveau régime et s'était rapproché des hommes politiques de gauche, en particulier de Clemenceau. Devenu ministre de la Guerre, il se rendit très populaire par ses idées républicaines, par ses mesures antiroyalistes et par les réformes qu'il fit en vue d'améliorer le sort du troupier. Or, à cette époque, qui voyait le début du service militaire vraiment national, la France adorait son armée, et cette adoration se reportait tout naturellement sur ceux que l'armée chérissait. De plus, la mâle prestance du général, son allure héroïque lorsqu'il se promenait sur son cheval noir, le rendaient irrésistible aux femmes.

Lorsque le Parlement promulgua la loi du 23 juin 1886, interdisant le séjour en France des prétendants à la couronne française et l'entrée dans l'armée de tout membre des anciennes familles régnantes, Boulanger alla plus loin et raya des cadres ceux, visés par la loi, qui s'y trouvaient déjà. Le duc d'Aumale, quatrième fils de Louis-Philippe et général français depuis 1843, protesta en vain contre cette mesure qui l'atteignait, bien qu'il fût depuis plusieurs années en disponibilité. Quelques jours après, à la revue du Quatorze Juillet, le peuple salua poliment le président de la République, et, avec un enthousiasme voisin de la frénésie, le général Boulanger. Le soir, dans un music-hall populaire, le chanteur Paulus lança une nouvelle chanson qui fit le tour de la France et aida à lancer le boulangisme:

> Gais et contents
> Nous étions triomphants
> En allant à Longchamp,
> Le cœur à l'aise
> Sans hésiter,
> Car nous allions fêter,
> Voir et complimenter
> L'armée française. . . .
> Moi, j'faisais qu'admirer
> Not' brav' général Boulanger . . .

Que représentait Boulanger aux yeux de ses partisans? Un général de gauche qui avait su dire leur fait aux princes et aux curés, un ami du simple soldat, un homme qui saurait sans doute effacer l'humiliation de 1870. Paul Déroulède, l'animateur de la *Ligue des patriotes,* dont le programme était «la revanche», se rallia au général et amena ses deux cent mille ligueurs; le journaliste Rochefort lui apporta le soutien de *l'Intransigeant.* Le prestige de Boulanger augmenta considérablement lorsque le chancelier Bismarck le nomma dans un discours au Reichstag, le 11 juin 1887, comme un de ceux qui représentaient un danger pour l'Allemagne. Puis, l'affaire Schnaebelé[4] lui donna l'occasion de montrer son ardeur belliqueuse.

La popularité du général commença à inquiéter sérieusement les républicains. Ils décidèrent de renverser le ministère afin de pouvoir, sans danger, éliminer Boulanger de son poste. On lui donna alors le commandement du 13e Corps d'Armée, dont le siège était Clermont-Ferrand, et les républicains purent de nouveau respirer. Mais pas pour longtemps. Au mois de septembre 1887, un scandale éclata à Paris au sujet du trafic des décorations, et notamment de la Légion d'honneur, dans lequel étaient impliqués le sous-chef d'État-Major de l'Armée, un sénateur et un député; ce dernier, Daniel Wilson, était, par malheur, le gendre du président de la République. Le ministère, formé pour exclure Boulanger, fut renversé et le président Grévy donna sa démission. Pour le remplacer, on choisit Sadi Carnot,[5] le petit-fils du célèbre organisateur des armées de la Révolution. Ce scandale jeta le discrédit sur le Parlement et sur la République, et profita grandement au boulangisme. C'est alors que Boulanger se laissa persuader qu'il devait poser sa candidature dans une série d'élections partielles, les candidatures multiples étant alors légales. Ses partisans effectuèrent un rapprochement avec les partis de droite, sans, pour cela, cesser de solliciter l'appui des classes ouvrières. Confronté par cette activité politique, le gouvernement raya Boulanger des cadres de l'armée, ce qui facilita son entrée dans l'arène politique. Élu en Dordogne et dans le nord, il vint à Paris comme représentant du département du Nord et, le 4 juin 1888, fit son entrée à la Chambre des Députés.[6] Le programme de Boulanger se résumait par trois mots: dissolution, révision, Constituante. Aux monarchistes, il laissait entendre qu'il rétablirait la monarchie; aux socialistes, qu'il mettrait fin à l'exploitation des ouvriers.

Georges Clemenceau, qui avait d'abord protégé Boulanger, fut un de ceux qui, ayant compris le danger du boulangisme et le peu de mérite du général, fondèrent une ligue d'action antiboulangiste, la *Ligue des droits*

4. Schnaebelé était commissaire de police en Lorraine. En août 1887, les autorités allemandes l'attirèrent en Alsace, l'emprisonnèrent et l'accusèrent d'espionnage. Boulanger demanda à ses collègues d'envoyer un ultimatum à l'Allemagne, mais ceux-ci refusèrent. Le 30 juin, Schnaebelé fut relâché par ordre de Bismarck.

5. Il devait être assassiné par un anarchiste italien le 24 juin 1894. Jean Casimir-Périer le remplaça, mais donna sa démission en janvier 1895 et fut, à son tour, remplacé par Félix Faure.

6. On y discutait alors la loi autorisant la Compagnie du Canal de Panama à émettre un emprunt à lots, loi qui allait contribuer au célèbre scandale de Panama, en 1893.

de l'homme. Cette ligue, qui devait jouer un rôle fort important dans les années à venir, reçut immédiatement le puissant appui des partis de gauche et de la franc-maçonnerie. Boulanger, ayant donné sa démission, se présenta à de nouvelles élections en juillet et fut triomphalement élu dans trois départements. Puis, il décida de se présenter à Paris même.

Le 27 janvier 1889, l'élection parisienne donna une victoire éclatante à l'aspirant dictateur. La foule se précipita vers le restaurant Durand, place de la Madeleine, où Boulanger et son état-major avaient attendu le résultat du scrutin. Tout le monde s'attendait à une marche sur l'Élysée. Au lieu de cela, le général se borna à remarquer:

«Pourquoi voulez-vous que j'aille conquérir illégalement le pouvoir, quand je suis sûr d'y être porté dans six mois par l'unanimité de la France?»

Puis il alla se coucher. Le coup d'État qui semblait inévitable n'eut jamais lieu. Le gouvernement, ayant menacé de faire paraître le général devant la Haute-Cour, celui-ci s'enfuit à Bruxelles au mois d'août 1889 et se suicida en septembre 1891, sur la tombe de sa maîtresse.

Le régime républicain avait montré qu'il pouvait réagir contre la menace d'un aventurier populaire, mais il avait aussi révélé plusieurs point faibles. Les républicains se mirent donc à l'œuvre dès le mois de janvier 1889 pour remédier à ces faiblesses, en passant de nouvelles lois électorales, en assurant une meilleure gestion des finances publiques et en se préoccupant activement des problèmes ouvriers.

Malheureusement, une nouvelle crise allait s'ouvrir: le scandale de Panama. Le créateur du canal de Suez, Ferdinand de Lesseps, avait, en 1880, fondé une Compagnie du Canal de Panama, afin de répéter ce qu'il avait si bien accompli en Égypte. Imbu d'idées saint-simoniennes, de Lesseps avait voulu que les fonds pour cette compagnie fussent souscrits par les classes modestes. N'ayant pas prévu les difficultés qu'offrait le Panama, à cause de son terrain et de son climat, la compagnie se trouva très rapidement dans une situation financière angoissante. Elle envisagea alors, en 1885, le lancement d'un emprunt à lots et, pour cela, demanda et obtint l'autorisation du Parlement. Cet emprunt n'ayant réussi que médiocrement, la compagnie fut dissoute le 2 février 1889.

En 1893, le journal antisémite d'Édouard Drumont, la *Libre Parole*, révéla à ses lecteurs que de nombreux parlementaires avaient reçu de l'argent de la compagnie, en échange de leur vote pour autoriser l'emprunt, et que c'était principalement le parti antiboulangiste qui avait profité des largesses de la compagnie. L'opinion publique se passionna et l'antiparlementarisme connut une recrudescence significative. Une enquête parlementaire révéla que plusieurs anciens ministres figuraient parmi ceux qui avaient reçu des fonds par l'entremise du financier Jacques de Reinach. Clemenceau, même, fut accusé par Déroulède d'avoir trempé dans l'affaire.

Les effets psychologiques de ce scandale furent très graves, notamment en ce qui concerne la montée de l'antisémitisme qui était, jusqu'alors, presque inconnu en France. Néanmoins, ceux qui avaient espéré ruiner la République par l'affaire de Panama en furent pour leurs frais. Les élections de 1893 montrèrent que les Français y restaient attachés.

Un an après, la République allait subir une crise encore plus sérieuse, et qui devait avoir de très graves conséquences. Le même journal qui avait révélé le scandale de Panama publia, le 1er novembre 1894, un article sensationnel où il était affirmé qu'un officier juif, le capitaine Dreyfus, avait été arrêté pour haute trahison, qu'il avait avoué, mais que, l'espion étant juif, l'affaire serait certainement étouffée. L'Affaire Dreyfus, l'affaire judiciaire la plus célèbre de l'histoire moderne, commençait. On ne peut en donner ici qu'un bref résumé.

En septembre 1894, le colonel Henry, chef du service de contre-espionnage de l'armée française, avait reçu les morceaux déchirés d'un bordereau, provenant du bureau du colonel von Schwartzkoppen, l'attaché militaire allemand à Paris. Ce bordereau indiquait que certains documents importants avaient été vendus à l'Allemagne. Persuadé que l'auteur du bordereau devait être Dreyfus, un conseil de guerre le condamna à la détention perpétuelle. Or, on apprit, peu après, que la condamnation avait été arrachée sur la foi d'un dossier secret que ni Dreyfus ni son avocat n'avaient pu examiner. Un mouvement pour la révision du procès commença à s'organiser. En 1896, le colonel Picquart, nouveau chef du Deuxième Bureau, acquit la certitude que le véritable auteur du bordereau était le commandant Esterhazy et ajouta donc sa voix à celles qui réclamaient une révision. En récompense pour son zèle, Picquart fut envoyé dans le Sahara tunisien et fut remplacé au Deuxième Bureau par le colonel Henry. Cependant, la famille et les amis de Dreyfus continuaient à demander une révision, ce en quoi ils furent grandement aidés par le vice-président du Sénat, Scheurer-Kestner, un patriote alsacien qui avait été l'ami et le confident de Gambetta. Grâce à Scheurer-Kestner, Esterhazy fut convoqué devant un conseil de guerre, mais, soutenu par l'État-major, fut acquitté (janvier 1898).

Jusqu'ici, le public avait été mal renseigné sur les détails de l'Affaire. Or, le 13 janvier 1898, l'écrivain Émile Zola fit publier dans le journal l'Aurore, que dirigeait Clemenceau, une lettre ouverte au président de la

République Félix Faure. Cette lettre, intitulée *J'accuse,* dénonçait plusieurs officiers de l'État-major, révélait l'illégalité du procès de Dreyfus et accusait ceux qui avaient innocenté Esterhazy d'avoir obéi aux ordres de l'État-major. Le célèbre romancier fut poursuivi en diffamation et son procès, qui passionna la France et le monde entier, eut lieu du 7 au 21 février.

De nouveau, le colonel Henry donna connaissance au jury d'une pièce du «dossier secret» et, de nouveau, les jurés furent convaincus de la culpabilité de Dreyfus. Zola fut condamné à un an de prison, mais passa en Angleterre avant d'être incarcéré.

C'est alors que l'Affaire Dreyfus devint une affaire nationale. Le pays fut, littéralement, coupé en deux: d'un côté les *dreyfusards,* parmi lesquels on remarquait surtout Anatole France, Charles Péguy, Claude Monet, Léon Bloy, André Gide, Marcel Proust, Clemenceau et Jean Jaurès; de l'autre, les *antidreyfusards* dont, entre autres, Paul Valéry, Charles Maurras, Pierre Louÿs, François Coppée, Maurice Barrès, Jules Lemaître et Edgar Degas.

En général, les Grandes Écoles, la Sorbonne, les milieux protestants, les revues d'avant-garde étaient pour Dreyfus, tandis que les commerçants, les petits bourgeois, les grands cercles, la majorité des salons, la grande presse étaient contre lui. Les milieux catholiques n'étaient pas unanimes: certains se conformaient aux directives de Rome et restaient sur la réserve, d'autres adhéraient à la *Ligue des droits de l'homme* (dreyfusarde), d'autres enfin, se rangeaient du côté des Pères Assomptionnistes qui, par leur journal *La Croix,* menaient une campagne militante contre les Juifs et les «mauvais Français».

Très rapidement, la personnalité de Dreyfus passa au second plan; l'Affaire devint le prétexte d'une polémique politique et sociale. D'un côté, ceux qui soutenaient le régime au pouvoir, l'armée, l'Église et les institutions; de l'autre, ceux qui voulaient un changement de gouvernement (ou de régime), les anticléricaux, les pacifistes et les radicaux. Mais, de chaque côté se rangeaient également des hommes qui estimaient sincèrement, comme Barrès par exemple, que le sort d'un individu ne compte pas lorsqu'il s'agit de maintenir les institutions d'un pays; ou qui au contraire, comme Péguy, soutenaient qu'une seule injustice suffit à compromettre l'honneur d'une nation.

Le 30 août 1898 se produisit un étonnant coup de théâtre: le colonel Henry avoua avoir forgé un document du fameux «dossier secret», document qui avait servi à condamner Dreyfus. Puis, il se suicida. L'émotion parmi le public fut telle que le gouvernement se résigna à un nouveau procès. Dreyfus fut ramené de sa prison sur l'île du Diable, en Guyane, et comparut devant le Conseil de guerre de Rennes. Entre-temps, le président Félix Faure était mort à l'Élysée (février 1899) et le Parlement avait élu à sa place Émile Loubet, favorable à la révision du procès. Il y eut de graves manifestations royalistes à Paris et même une tentative de coup de force de la part de Déroulède et de sa *Ligue des patriotes*.

C'est donc dans une atmosphère surchauffée que le deuxième procès (août 1899) eut lieu à Rennes, ville alors réactionnaire et antidreyfusarde. Il n'y eut véritablement pas de procès, ce fut un drame qui dégénéra parfois en farce. Des sept juges, un seul, le capitaine Beauvais, prit la peine d'étudier les documents. Les autres votèrent selon l'opinion qu'ils s'étaient faite avant le procès. Dreyfus fut de nouveau déclaré coupable, par cinq voix contre deux, mais, cette fois, les juges le condamnèrent à 10 ans de prison, à cause de «circonstances atténuantes». C'était offrir au gouvernement l'occasion d'intervenir. Le 19 septembre, Dreyfus recevait un pardon présidentiel. Cependant, il fallut encore plusieurs années, et beaucoup de procès, avant que l'infortuné capitaine pût obtenir sa réhabilitation. Finalement, au mois de juillet 1906, la Cour de cassation renversa le jugement de Rennes et Dreyfus fut rétabli dans l'armée et dans la Légion d'honneur.

L'Affaire Dreyfus divisa profondément les Français; elle causa un divorce momentané entre les partis de gauche et l'armée; elle favorisa l'arrivée au pouvoir de ces partis, avec les résultats que nous verrons plus tard. Cependant, pas plus que les autres crises que nous avons examinées, elle ne put ébranler sérieusement la confiance de la masse des Français en la République.

La gauche au pouvoir

Les élections qui eurent lieu en 1902 furent envenimées par la question religieuse. Dès les débuts de la IIIe République, il y avait eu friction entre l'Église et le régime républicain, notamment au sujet de l'éducation. La politique de laïcisation, poursuivie par le parti républicain, se porta surtout sur l'assistance et sur l'enseignement. Or, dans ces deux domaines, l'Église avait, jusque-là, joué un rôle très important. En ce qui concerne l'assistance, ce sont les municipalités qui furent encouragées à prendre à leur charge les secours aux nécessiteux. Pour l'enseignement, les républicains, constatant que les effectifs des établissements religieux étaient supérieurs à ceux des lycées de l'État, s'efforcèrent de combattre l'influence de l'Église, d'abord en instituant la gratuité de l'enseignement primaire public (juin 1881), puis, l'année suivante, l'obligation de cet enseignement. Ils se tournèrent ensuite contre les congrégations religieuses dont certaines, comme les assomptionnistes et les jésuites, étaient riches et puissantes et tenaient une place importante dans l'éducation. Par une série de lois, les congrégations furent contraintes de solliciter l'autorisation des assemblées législatives, puis de fermer leurs écoles si cette autorisation leur était refusée, ce qui fut le cas pour la plupart.

Sous la direction d'Émile Combes, ancien séminariste devenu farouchement anticlérical, le ministère radical-socialiste formé après les élections de 1902 fit adopter par les chambres la loi du 8 juillet 1904 qui interdisait l'enseignement aux congrégations religieuses. Deux mois plus tôt, le gouvernement avait rompu les relations diplomatiques avec le Vatican.[7] Finalement, le 9 décembre 1905, une nouvelle loi proclama le principe de la séparation de l'Église et de l'État,[8] mettant fin au Concordat signé par Bonaparte en 1801. À la suite de ces lois, beaucoup de religieux et de religieuses s'exilèrent, d'autres revêtirent l'habit laïque et s'efforcèrent, avec la complicité des populations, de continuer leur enseignement. Pour combler le vide causé par la disparition des religieux, le gouvernement recruta un grand nombre d'instituteurs et de professeurs laïcs et construisit de nombreuses écoles. C'est à partir de cette époque que les membres du corps enseignant commencèrent à jouer un rôle dans la vie politique française, rôle qui n'a pas perdu de son importance jusqu'à nos jours.

À partir de 1906, l'évolution du corps politique français vers la gauche se précisa et s'accentua. Cette évolution fut marquée, d'une part, par l'accroissement régulier des députés socialistes, parmi lesquels il faut citer surtout Jean Jaurès, Alexandre Millerand, Jules Guesde et, un peu plus tard, Léon Blum; d'autre part, par la politique du gouvernement qui se préoccupa de plus en plus des questions sociales. Obligation du repos hebdomadaire, limitation de la durée du travail quotidien, mesures sur l'hygiène des ateliers, organisation d'un fonds de retraite, voilà quelques-unes des mesures prises par le Parlement à cette époque. Bien que très en retard sur l'Angleterre et l'Allemagne, la France entra nettement dans la voie des réformes sociales.

En ceci, il faut noter l'influence grandissante des syndicats ouvriers qui commencèrent, dans ces premières années du XXe siècle, à s'organiser

7. Elles ne furent rétablies qu'après la Première Guerre mondiale. À cette même époque, les établissements catholiques reprirent leur activité dans l'enseignement et les congrégations religieuses réintégrèrent leurs demeures.
8. Le rapporteur de la Commission parlementaire, qui élabora le projet de cette loi, était un jeune socialiste breton, Aristide Briand, qui allait devenir un des hommes politiques les plus influents de la IIIe République.

indépendamment des partis politiques. La Confédération générale du travail, née en 1894, devint le principal pôle d'attraction pour la classe ouvrière et l'aida à prendre conscience d'elle-même.

La politique extérieure jusqu'en 1914

Lorsque la IIIᵉ République prit en main les destinées de la France, celle-ci possédait un empire colonial qui s'étendait sur l'Algérie, Saint-Louis du Sénégal, quelques enclaves sur la Côte du Gabon; les Antilles, la Guyane, Saint-Pierre et Miquelon; la Réunion, les comptoirs de l'Inde, la Cochinchine, le Cambodge; la Nouvelle-Calédonie et quelques archipels océaniens. Au total, 1.122.000 kilomètres carrés, peuplés de 5 millions d'habitants. Or, à la fin de la Première Guerre mondiale, l'empire colonial français couvrait un territoire de 10.241.000 kilomètres carrés et englobait une population de 52 millions d'habitants. Il se plaçait immédiatement après l'Empire britannique. Ce qui est tout à fait remarquable, c'est que cette expansion fut accomplie en moins de cinquante ans; à vrai dire, elle avait atteint ses limites dès 1900, sauf pour le Maroc et les territoires du centre africain.

C'est grâce à une poignée d'hommes, véritablement, que cet empire fut conquis, et avec des moyens extrêmement réduits. Alors que la masse des Français restait insensible, ou même hostile, à l'idée de la colonisation, certains hommes d'État, comme Jules Ferry et Gabriel Hanotaux, et certains officiers, comme Gallieni et Lyautey, réussirent, les premiers en France, les autres outre-mer, à imposer leur conception de la «mission colonisatrice» de la France.

Cette expansion provoqua naturellement des sujets de discorde, qui risquèrent parfois de dégénérer en conflit armé avec les autres puissances. L'Allemagne, au début, encouragea la jeune République dans sa politique coloniale, estimant que celle-ci y userait son activité et ses forces; mais, plus tard, voyant tous les avantages et les profits qu'on pouvait retirer d'un empire colonial, le Kaiser fit de son mieux pour contrecarrer les efforts français. L'Italie se montra fort mécontente de l'établissement du protectorat français en Tunisie (1881), où résidaient beaucoup d'Italiens, mais finit par reconnaître ce protectorat en 1896.

C'est surtout à la Grande-Bretagne que la France se heurta, et, à plusieurs reprises, on put croire qu'une guerre franco-anglaise était sur le point d'éclater. En 1893, un incident grave se produisit à propos du Siam, mais fut réglé à l'amiable lorsque les deux puissances reconnurent l'indépendance siamoise. L'Angleterre protesta, mais faiblement cette fois, lorsque les troupes françaises, sous les ordres de Gallieni, pacifièrent l'île de Madagascar (1896). En revanche, sur le continent africain, l'expansion française excita la jalousie et provoqua la hargne britanniques.

Dès 1890, le ministre des Colonies, Eugène Étienne, avait formulé un plan qui visait à établir la continuité des possessions françaises de Tunis au Congo (que la France avait obtenu en 1880 grâce à Savorgnan de Brazza) et du Tchad (qu'un Français, Émile Gentil, venait d'atteindre) à l'Atlantique. Le plan fut réalisé dès 1895 par la création de la Fédération de l'Afrique occidentale française (l'A.O.F.), comprenant le Sénégal, la Guinée, le Soudan et la Côte d'Ivoire. L'Angleterre éleva de vives protestations, car ses colonies (Sierra Leone, Gold Coast et Nigeria) se trouvèrent ainsi bloquées et isolées, mais, en juin 1898, les deux puissances signèrent un accord qui mit fin à leurs litiges dans cette partie du continent.

Trois mois plus tard, un incident beaucoup plus grave allait surgir entre les deux pays. Le gouvernement français espérait depuis longtemps qu'en remontant la vallée de l'Oubangui les Français pourraient s'établir sur la haute vallée du Nil et, ainsi, barrer aux Anglais la route du Caire au Cap. D'autre part, cela permettrait à la France d'établir son hégémonie de l'Atlantique à la mer Rouge. Malgré les menaces de Sir Edward Grey, sous-secrétaire d'État au Foreign Office, une expédition, sous le commandement du capitaine Marchand, fut organisée en 1896 et reçut la mission d'occuper Fachoda dans le Soudan égyptien. De son côté, le gouvernement britannique décida d'envoyer une armée anglo-égyptienne forte de 25.000 hommes pour conquérir le Soudan.

C'est l'expédition française, qui ne comprenait que deux cents tirailleurs sénégalais commandés par une douzaine d'officiers français, qui arriva la première à Fachoda, le 10 juillet 1898, et y fit hisser le drapeau tricolore. Il lui avait fallu dix-huit mois d'héroïques efforts pour franchir les quelques trois mille kilomètres qui séparent Loango, sur la côte atlantique, de Fachoda. Deux mois plus tard, le général Kitchener, commandant l'armée anglo-égyptienne, se présenta devant Fachoda et somma les Français de se retirer.

Qu'allait faire le gouvernement français? À cette date, la France était déchirée par l'Affaire Dreyfus, sa flotte était nettement inférieure à la flotte anglaise, son alliance avec la Russie (élaborée en 1892) ne prévoyait pas de conflit avec l'Angleterre. Il ne pouvait donc pas être question de faire la guerre. Bien que la presse se fût déchaînée des deux côtés de la Manche, et même, que la flotte anglaise fût mobilisée, les efforts de conciliation de Delcassé, ministre des Affaires étrangères, et de la reine

Victoria, aboutirent. Fachoda fut évacué par les Français, qui poursuivirent leur route par Addis-Abéba et Djibouti jusqu'à la mer Rouge. L'année suivante, une convention franco-anglaise reconnaissait les droits de l'Angleterre sur le bassin du Nil; en échange, l'Angleterre allait appuyer les revendications françaises au Maroc.

L'incident de Fachoda avait failli amener la guerre entre la France et l'Angleterre; son règlement allait préparer l'élaboration de l'Entente cordiale.

En effet, la diplomatie française, dirigée à Paris par Delcassé de 1898 à 1905, s'efforcera désormais d'amener un rapprochement avec l'Angleterre, de renforcer l'alliance russe, de poursuivre l'expansion coloniale et de résister aux ambitions allemandes. Secondés brillamment à Londres par l'ambassadeur Paul Cambon, Delcassé, du côté français, et le roi Édouard VII, du côté britannique, réussirent peu à peu à liquider les questions pendantes entre les deux pays. Ce ne fut pas facile, car les opinions publiques de deux côtés de la Manche n'étaient guère favorables à un rapprochement. Les Anglais considéraient avec dédain les Français, ces «mangeurs de grenouilles»; les Français ne pouvaient s'exprimer au sujet des Anglais sans employer la phrase: «la perfide Albion». Néanmoins, on finit par s'entendre, grâce surtout à l'Allemagne et à ses ambitions.

C'est au sujet du Maroc que la France et la Grande-Bretagne manifestèrent leur nouvelle politique d'entente. À ce moment, le Maroc, pourtant si proche de l'Europe, vivait encore en plein moyen âge. Le sultan, Abd-el-Aziz, n'était respecté qu'en tant que chef religieux; son autorité politique ne s'étendait guère au dehors de sa capitale, Fès. Occupé surtout à dépenser le trésor qu'il avait hérité de son père, le sultan se trouva bientôt au milieu d'un pays en pleine révolte. Cette situation était naturellement inquiétante pour la France, à cause du voisinage de l'Algérie, et intéressait également l'Angleterre et l'Espagne. Jusque-là, l'Allemagne ne s'était guère préoccupée du Maroc; mais dès qu'il apprit que l'Angleterre allait appuyer la position française dans ce pays, le Kaiser décida d'intervenir. Allant en personne à Tanger, le 31 mars 1905, Guillaume Ier proclama qu'il venait rendre visite au sultan du Maroc, «souverain indépendant». L'émoi causé par ce «coup de Tanger» fut grand en France, surtout dans les milieux politiques. Les adversaires de Delcassé en profitèrent pour exiger sa démission, ce qui plut énormément à l'Allemagne. Son successeur, Rouvier, accepta la demande allemande d'une conférence internationale sur le Maroc. Réunie à Algésiras, dans le sud de l'Espagne, cette conférence se termina dans l'ensemble par

Le capitaine Dreyfus quittant l'École militaire après la cérémonie de sa réhabilitation, le 21 juillet 1906

F.C.S.

Adolphe Thiers, par Delaroche

Le départ du général Boulanger pour Clermont-Ferrand

F.E.P.I.D. F.E.P.I.D.

Georges Clemenceau, d'après une photographie prise pendant la Première Guerre mondiale

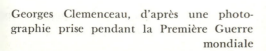

Le premier autobus sur pneus,
entre Clermont-Ferrand et Champeix, 1908

L'arrivée de Louis Blériot à Douvres,

Cinématographe Lumière

**SCÈNES
DE LA
«BELLE
ÉPOQUE»**

La mode en 1900

L'exposition internationale à Paris, en 19
la tour Eiffel et le Globe Céleste

F.E.P.I.D.

s la première traversée de
anche, le 25 juillet 1909

La circulation devant l'Opéra en 1900

F.C.S.

F.G.T.O.

Des automobiles de course

F.C.S.

Paris qui s'amuse: le Moulin de la Galette

Des tirailleurs marchant au front en 1914

Des soldats dans une tranchée

Le défilé de la Victoire sur les Champs Élysées; le maréchal Foch et le maréchal Joffre, suivis du général Weygand à la tête des troupes françaises et alliées

un succès français. Les intérêts spéciaux de la France au Maroc furent reconnus, mais sous contrôle des puissances signataires du Pacte d'Algésiras. Ce qui était plus important, c'est que la France avait été soutenue par les États-Unis, l'Angleterre et la Russie, et que l'Allemagne n'avait pu compter que sur l'Autriche-Hongrie.

Dès lors, l'Allemagne cherchera à affirmer son alliance avec ses voisins de l'est et également avec l'Italie, tandis que la France fera de même de son entente avec l'Angleterre. Lorsque la Russie aura signé un accord avec les Anglais, en 1907, l'Entente cordiale se transformera en Triple-Entente pour faire face à la Triple-Alliance élaborée par l'Allemagne. Les camps étaient maintenant formés pour le conflit qui allait sous peu se déchaîner.

La France à la veille de la guerre de 1914

Les quelques années qui précédèrent la guerre représentent, pour certains historiens, la «belle époque». En effet, pendant cette période, qui correspond au septennat d'Armand Fallières (1906–1913),[9] la France offrit l'image d'un pays foncièrement stable et prospère. À la base de cette stabilité il faut mentionner, tout d'abord, la population rurale (45,2%) qui constituait une force conservatrice, très attachée à la République, surtout depuis l'installation de l'école laïque, ensuite, une classe moyenne nombreuse, dont les effectifs s'accrurent rapidement pendant la «belle époque». Cette bourgeoisie, issue du peuple et restée très proche de lui, gouvernait la nation en tenant compte de ses aspirations démocratiques. Finalement, la solidité du franc fut un grand facteur de stabilité. Depuis 1879, il n'avait pas varié et il allait conserver sa valeur jusqu'en 1919. Cela permettait à un père de famille d'établir un plan d'existence, et d'épargner pour ses enfants, ainsi que pour ses vieux jours, en toute sécurité. La France, pendant la «belle époque» était devenue, conjointement avec la Grande-Bretagne, le banquier de l'univers, la Banque de France, une force internationale.

Le budget de l'État, en 1913, s'élevait à 5 milliards de francs (1 milliard de dollars),[10] et n'était nullement au-delà des capacités de la nation. Les

9. Il succéda à Emile Loubet; après lui, Raymond Poincaré (1913–1920), Paul Deschanel (1920), Alexandre Millerand (1920–1924), Gaston Doumergue (1924–1931), Paul Doumer (1931–1932) et Albert Lebrun (1932–1939; 1939–1940) furent successivement élus à la présidence de la République.
10. Le budget des États-Unis, cette même année, ne s'élevait qu'à 724 millions de dollars.

revenus de l'État s'obtenaient principalement au moyen d'impôts indirects et secondairement d'impôts directs (impôt foncier, impôt mobilier et impôt sur la patente).

On pouvait encore, à cette époque, diviser les Français, plus ou moins arbitrairement, en cinq catégories: le clergé, l'aristocratie, la haute bourgeoisie, la bourgeoisie et le peuple.

L'Église avait réussi, depuis la loi de Séparation, à reconquérir une bonne partie de son influence sur toutes les classes de la population. Une organisation, le Sillon, qui se rattachait aux idées de socialisme chrétien de Lamennais, avait acquis une certaine importance auprès des classes populaires. Plus tard, en 1945, le Mouvement républicain populaire, sera l'héritier de l'intérêt suscité par le Sillon. Le protestantisme faisait également preuve d'énergie. Grâce à lui, le scoutisme se développa en France, à partir de 1911, lorsque le lieutenant de vaisseau Nicolas Benoît fonda les *Éclaireurs de France*. Après la guerre, les catholiques formeront l'association des *Scouts de France*.

La noblesse, celle de l'Ancien Régime et celle qui datait de Napoléon Ier et de Napoléon III, ne jouait plus qu'un rôle effacé, surtout dans les milieux politiques. Depuis l'effondrement de leurs espoirs en une restauration, la plupart des nobles s'étaient écartés des affaires publiques et vivaient sur leurs terres ou servaient dans l'armée ou la marine.

La haute bourgeoisie, qui comptait environ 300.000 personnes, jouait un rôle considérable dans l'administration, les affaires et les professions libérales. Riche, cultivée et conservatrice, cette classe de la société fournissait la majeure partie de l'élite qui formait les «grands corps de l'État»: la Cour des comptes, le corps diplomatique, l'Inspection des finances et le Conseil d'État.

Le quart de la population française appartenait alors à la «petite» bourgeoisie. Économe et travailleuse, cette classe fournissait la grande partie des membres du parti radical-socialiste, qui était alors au pouvoir, et entre ses mains se trouvait donc le destin du pays.

La grande majorité de la nation appartenait aux classes populaires: paysans, ouvriers industriels, domestiques et pêcheurs. Les paysans auraient pu exercer une influence prépondérante sur la vie politique française; mais ceux qui les représentaient, les politiciens radicaux-socialistes, ne se rendaient guère compte de leurs désirs ou de leurs intérêts.

Les ouvriers industriels, les «prolétaires», avaient bénéficié des mesures prises depuis 1906 pour améliorer leur existence: caisses patronales, assurances, réduction des heures de travail, meilleurs logements, etc.

Cependant, c'est surtout dans la grosse industrie que ces mesures étaient appliquées, grâce aux syndicats ouvriers. Dans la petite industrie, la plus importante numériquement, les ouvriers étaient loin d'être satisfaits de leur sort.

Dans l'ensemble, donc, la nation française à la veille de la catastrophe de 1914, vivait bien et regardait vers l'avenir avec confiance. Un point faible, mais qui n'alarmait que certains spécialistes, était cependant clairement visible: la stagnation démographique. Alors que les autres pays d'Europe voyaient s'accroître leurs populations, la France enregistrait un déclin continu de la natalité. Les résultats de ce déclin allaient se manifester dans les années qui suivirent la guerre.

La Guerre de 1914–1918

Les causes de la guerre de 1914 sont multiples et beaucoup trop complexes pour être exposées ici en détail. Mentionnons, d'abord, l'essor de l'Allemagne depuis 1871. Ce pays était devenu, sous l'impulsion de la Prusse, le rival des vieilles puissances européennes et menaçait de conquérir le monde entier par les produits de son industrie et le dynamisme de son commerce. Malheureusement pour elle, les marchés étrangers lui étaient fermés par les tarifs douaniers et il lui manquait en outre les débouchés coloniaux dont profitaient les Anglais et les Français.

La politique du chancelier Bismarck, continuée par son successeur von Bülow, visait à faire de l'Allemagne, «par le fer et par le sang», une puissance mondiale. L'armée allemande était reconnue comme la plus puissante du monde, sa marine se plaçait immédiatement après la marine britannique. Pour maintenir cette position militaire, l'Allemagne s'était engagée dans une course aux armements avec les nations voisines, qui devait fatalement envenimer le climat politique.

La course aux armements, les rivalités économiques, les ambitions politiques sur l'échiquier mondial, les jalousies au sujet des colonies, l'exaspération des nationalismes, voilà plusieurs causes du conflit qui allait absorber les énergies de l'Europe pendant quatre années et bouleverser l'équilibre international.

À la fin du mois de juin 1914, l'archiduc François-Ferdinand, neveu de l'empereur François-Joseph et héritier du trône d'Autriche-Hongrie, fut assassiné, avec sa femme, par deux révolutionnaires bosniaques. L'Autriche envisagea immédiatement une action punitive contre la Serbie, mais tint à s'assurer au préalable de l'appui de Berlin. Cet appui lui étant promis, elle envoya un ultimatum à Belgrade, puis une déclaration de guerre (28 juillet). La Russie, liée par un traité avec la Serbie, déclara la mobilisation partielle, puis totale, de ses forces armées (30 juillet). L'Allemagne envoya alors un ultimatum à la Russie et à la France, puis à la Belgique, dont la neutralité avait pourtant été garantie internationalement en 1839. Ce dernier acte de provocation allait mettre fin aux hésitations du cabinet britannique qui fit savoir, le 3 août, qu'en cas d'attaque allemande contre la Belgique ou la France, la Grande-Bretagne déclarerait la guerre.

Néanmoins, l'Allemagne, qui avait déjà déclaré la guerre à la Russie (1er août), se considéra en état de guerre avec la France, le 3 août, et commença l'invasion du territoire belge. Le drame, qui allait mettre fin à la suprématie de l'Europe, bouleverser la civilisation occidentale, et dont les péripéties devaient se répercuter dans toutes les parties du globe, avait commencé. Finie, la «belle époque»; désormais, c'est sous le signe de l'angoisse que les hommes mèneraient leur existence.

Il serait impossible dans ce livre de retracer l'histoire complète de cette guerre qui fut, nous le répétons, mondiale. Ce qui nous intéresse ici particulièrement, c'est le rôle tenu par la France, rôle qui fut, nous le verrons, des plus importants et des plus décisifs.

La guerre

Lorsque les hostilités commencèrent, personne, ou presque, ne se doutait qu'elles pourraient durer plus de quelques semaines (selon le général allemand von Moltke) ou de quelques mois (selon les calculs du commandement français). De part et d'autre, on s'attendait à une lutte violente, mais courte.

L'armée allemande, forte de 109 divisions d'infanterie et 10 de cavalerie, était superbement entraînée et commandée. Son armement, notamment ses fusils, ses mitrailleuses et son artillerie lourde, était très supérieur à celui de l'armée française. En outre, ses chefs, ayant prévu certaines exigences de la guerre moderne, avaient doté les combattants d'uniformes pratiques (d'une couleur neutre, alors que l'uniforme français conservait encore le pantalon rouge), et d'un excellent matériel accessoire: téléphone, télégraphe, canons de tranchée, explosifs et outils de toute sorte.

L'armée française, composée de 84 divisions d'infanterie et de 10 divisions de cavalerie, possédait un excellent canon léger de campagne, le 75, et un fusil très efficace, le lebel, mais elle était très mal dotée en artillerie lourde et en mitrailleuses. La plupart des chefs, comme d'ailleurs ceux de l'armée anglaise, avaient servi dans les guerres coloniales, où ils avaient reçu d'excellentes leçons d'endurance et de «débrouillage», mais très peu d'entraînement pour la guerre moderne. Parmi eux, la doctrine qui ralliait le plus de suffrages, était celle de l'«offensive à outrance», dans laquelle, disaient-ils, «l'imprudence est la meilleure des sécurités».

Le plan d'opérations établi par l'État-major français envisageait une offensive double vers la Lorraine et vers le Luxembourg. En dépit des nombreux avertissements qu'on avait reçus que l'Allemagne attaquerait par la Belgique, les stratèges français, sous-estimant le nombre des divisions allemandes, restèrent persuadés que celles-ci ne pourraient s'avancer au-delà de la Meuse. Ce fut une grave erreur.[11]

Le plan allemand, conçu dès le début du siècle par le général von Schlieffen, reposait sur la nécessité de mettre la France hors de combat aussi vite que possible, avant de se retourner contre la Russie. Pour cela, il fallait envahir la Belgique, afin de contourner les puissantes forteresses françaises de l'est, et se porter rapidement vers Paris.

Dès les premiers jours de la guerre, on put s'apercevoir que l'«esprit offensif», même à outrance, ne pouvait rien contre la supériorité du feu. Les offensives françaises vers l'est furent repoussées, tandis que les Allemands bousculaient la faible armée belge, commandée par le roi-chevalier Albert Ier, et s'avançaient vers la frontière française.

Une petite armée anglaise, débarquée récemment sur le territoire français, s'efforça, mais en vain, de retarder l'avance allemande. Celle-ci pénétra de plus en plus profondément en France, et Joffre, commandant-en-chef des armées françaises, ordonna la retraite de son aile gauche en attendant que celle-ci pût être renforcée par les armées de son aile droite.

Cette retraite, dirigée par Joffre avec un sang-froid remarquable, fit apparaître le moral élevé des soldats français. Du 25 août au 6 septembre, ils reculèrent constamment, non point parce qu'ils s'estimaient battus, mais parce que le généralissime le leur ordonnait. Ce fut une retraite épuisante, mais qui n'entama aucunement le moral ou la confiance des Français. Puis, le 6 septembre, l'ordre tant attendu arriva: la retraite devait cesser, les troupes passeraient à l'attaque. Les Allemands, commandés par le général von Kluck, venaient de commettre une grave erreur: au lieu de continuer leur route droit sur Paris, ils avaient préféré pousser au-delà de la Marne, afin de déborder le gros des forces françaises et de les couper de la capitale. À Paris, le général Gallieni, voyant que le flanc droit des forces allemandes était dangereusement exposé, se disposa à l'attaquer avec la VIe armée du général Maunoury. Pour aider celle-ci

---

11. Notons ici que depuis l'Affaire Dreyfus, le service de renseignements de l'armée française avait été gravement désorganisé.

à se déplacer plus rapidement, il mobilisa tous les taxis de Paris, consti-
tuant ainsi une armée motorisée des plus pittoresques! Joffre accepta la
décision de Gallieni et donna l'ordre à son aile droite d'attaquer et à son
centre, commandé par le général Foch, de tenir ferme. Pendant six jours
la bataille fit rage, puis les Allemands, attaqués sur leurs deux flancs et
ne pouvant percer devant eux, durent battre en retraite. Ce qu'on appelle
le «miracle de la Marne» avait été accompli grâce, d'une part, à une
erreur de jugement de la part du haut commandement allemand,
ensuite à l'entente parfaite entre les généraux français, mais, avant tout, à
l'endurance, l'élan, et l'esprit patriotique du fantassin français.

Dans ses *Mémoires,* von Kluck s'exprime ainsi au sujet des soldats
français: «Que des hommes ayant reculé pendant quinze jours, que des
hommes couchés par terre et à demi morts de fatigue, puissent reprendre
le fusil et attaquer au son du clairon, c'est une chose avec laquelle nous
autres Allemands n'avions jamais appris à compter; c'est là une possibilité
dont il n'avait jamais été question dans nos écoles de guerre.»

Ayant échoué dans son projet d'annihiler les armées françaises, l'Allemagne entreprit alors une «course à la mer» dont le but était la possession des ports—Dunkerque, Calais, Boulogne—où débarquaient les
Britanniques. Grâce à l'énergie de Foch, qui coordonna les mouvements
des armées belge, anglaise et française sur cette partie du front, les Allemands subirent un nouvel échec. Par contre, les Alliés ne purent les
rejeter hors des frontières françaises.

À cette guerre de mouvement succéda alors la guerre de position, qui
devait durer jusqu'en 1918. De la frontière suisse à la mer du Nord, les
combattants se mirent à creuser des tranchées protégées par des réseaux de
fil de fer barbelé. Dans ces tranchées, les «poilus» français, les «tommies»
anglais et les «boches» menèrent une véritable existence de troglodytes,
dans des conditions souvent atroces, toujours affreuses.

Il fallut, naturellement, que les États-majors des deux côtés fissent appel
à de nouvelles tactiques, à de nouvelles armes. Les Allemands, les premiers,
utilisèrent des gaz asphyxiants, et les Alliés répliquèrent; la guerre
aérienne se perfectionna;[12] bientôt apparurent les tanks. Les nations en
armes jetèrent toutes leurs ressources, toutes leurs forces dans la bataille.
Bientôt, des mesures économiques draconiennes durent être prises. La
France et l'Angleterre, qui avaient été, nous l'avons vu, les banquiers du

12. Du côté français, se distinguèrent particulièrement le lieutenant René Fonck
(75 victoires), le capitaine Georges Guynemer (53 victoires) et le lieutenant Charles
Nungesser (43 victoires). Ce dernier disparut au-dessus de l'Atlantique nord lors de la
première tentative de traversée France-Amérique (1927).

monde, se virent obligées d'emprunter aux États-Unis des sommes considérables.

Pour étrangler l'économie allemande, les Alliés imposèrent un blocus des côtes ennemies, ce qui provoqua comme riposte le développement de la guerre sous-marine. Celle-ci, plus tard, amènera l'intervention décisive des États-Unis.

En 1915, tandis que l'Allemagne portait ses efforts contre la Russie, les Alliés lancèrent une série de petites offensives qui entraînèrent des pertes considérables sans obtenir de résultat positif. Leurs efforts en Turquie (Dardanelles et Gallipoli) et en Grèce (Salonique) se soldèrent également par des échecs.

L'année 1916 fut marquée par la bataille de Verdun. Le Haut-Commandement allemand avait décidé qu'un assaut gigantesque serait lancé contre Verdun, qui formait un saillant, insuffisamment fortifié, sur le front français. Les Français se verraient alors obligés d'engager le gros de leurs forces pour défendre cette ville, et ces forces seraient écrasées par l'artillerie allemande. En effet, la France défendit Verdun héroïquement et les troupes qui y furent engagées sous le commandement du général Philippe Pétain s'y accrochèrent avec une ténacité devenue légendaire. «Ils ne passeront pas» fut le mot d'ordre et, effectivement, «ils» ne passèrent pas.[13] Mais, contrairement à ce qu'espéraient les Allemands, le général Joffre refusa de se laisser hypnotiser par cette bataille et continua ses préparatifs pour une offensive franco-anglaise sur la Somme.

Celle-ci, montée avec beaucoup de soin, ébranla le front allemand, mais ne le rompit point. Malgré l'emploi des tanks et des bombardements aériens, tous les deux employés pour la première fois, les Alliés durent se contenter d'une légère avance, obtenue au prix de centaines de milliers de morts.

L'année 1917 fut la plus noire de la guerre. Joffre avait été remplacé par le général Nivelle. Celui-ci lança au début de l'année, sur le Chemin-des-Dames, une offensive qui aboutit à un échec sanglant. Nivelle fut, à son tour, remplacé par le général Pétain.

En Russie, la révolution de mars avait renversé le régime tsariste. Quelques mois plus tard, le coup d'État bolchevique amena Lénine au pouvoir et ensuite la paix entre la Russie et l'Allemagne (mars 1918), ce qui permit aux Allemands de transporter la plus grande partie de leurs forces sur le front occidental.

Au mois d'octobre, une offensive austro-allemande infligea une cuisante

13. Les pertes françaises dans cette bataille se chiffrent à 270.000 hommes; les pertes allemandes à 240.000 hommes.

défaite à l'armée italienne à Caporetto, obligeant la France et la Grande-Bretagne à diriger douze divisions sur la péninsule.

Les répercussions de ces divers événements se firent sentir en France sur le front et à l'intérieur du pays. Après l'échec de l'offensive Nivelle, des mutineries éclatèrent dans de nombreux régiments. Il fallut tout le prestige et la popularité du général Pétain pour rétablir le moral des troupes. À l'arrière, des grèves dans les usines, des agitations pacifistes et défaitistes montrèrent que les civils commençaient à se décourager. C'est alors que Georges Clemenceau, le «Tigre», fut appelé au pouvoir par le président Poincaré. Cet homme résolu qui, depuis 1876, avait participé à toutes les grandes crises de la Troisième République, sut tout de suite rallier les énergies défaillantes.

«Je n'ai pas recherché le pouvoir, déclara-t-il à la Chambre, je ne vous ferai pas de promesses. Ma formule est la même partout: politique intérieure, je fais la guerre; politique extérieure, je fais la guerre.» Il était alors âgé de 76 ans.

Une seule bonne nouvelle réconforta les démocraties en cette année 1917: l'entrée en guerre des États-Unis, comme «associés» des Alliés. Cette nouvelle eut l'effet d'une tranfusion de sang sur la France et l'Angleterre dont les ressources humaines et matérielles s'amenuisaient à vue d'œil. Pour l'Allemagne, cela signifiait la défaite certaine, à moins qu'elle ne pût remporter la victoire avant l'arrivée des troupes américaines. C'est ce qu'elle essaya de faire en 1918.

Le 21 mars de cette année, le général Ludendorff, commandant-en-chef des armées allemandes, réussit, par une offensive engageant 65 divisions, à percer le front britannique et à rompre la liaison entre les troupes françaises et anglaises. Devant ce grave péril, les Alliés se résolurent enfin à confier le commandement interallié au général Foch (qui fut nommé maréchal de France). Celui-ci fut désormais responsable de la conduite de la guerre; par son énergie et son audace, mais aussi par son talent de conciliateur, Ferdinand Foch sut donner aux Alliés une cohésion et un élan qui leur permit, d'abord, de rejeter quatre autres offensives allemandes, et ensuite de passer à l'attaque et de remporter la victoire.

Le général Ludendorff essaya, en effet, sur quatre autres secteurs du front allié, de frapper un coup décisif. Son offensive du mois de juillet l'amena de nouveau sur les bords de la Marne. Mais, de nouveau, l'armée française, épaulée par plusieurs divisions américaines, sut arrêter la poussée germanique. Cette deuxième victoire de la Marne marque le début de la phase finale de la guerre. Par une série d'offensives lancée sur plusieurs points du front allemand, puis par une offensive générale, utilisant toutes les ressources des armées alliées, auxquelles venaient de s'ajouter deux armées américaines autonomes, le maréchal Foch repoussa les Allemands jusqu'à leur ligne fortifiée, la «ligne Hindenburg».[14]

Sur les autres fronts, où les Français jouèrent également un rôle décisif, en Italie, dans les Balkans (où les troupes alliées étaient sous le commandement du général Franchet d'Esperey), ainsi que dans le Moyen-Orient, les forces de l'Allemagne et de ses alliés s'effondraient aussi.

Finalement, le 11 novembre 1918, l'Allemagne se décida à accepter les conditions d'un armistice. À Berlin, la révolution avait éclaté mais, de l'aveu même de leurs chefs, les armées allemandes avaient été partout battues et ne pouvaient plus opposer de résistance sérieuse aux offensives du maréchal Foch.

À Paris, une foule délirante descendit dans les rues et déferla sur les boulevards, dès que la nouvelle de l'armistice fut connue. À toutes les fenêtres flottait le drapeau tricolore et dans toutes les églises les cloches sonnaient à toute volée. Ce fut une explosion de joie, bien compréhensible lorsqu'on se rappelle les cinquante-deux mois de douleurs et de souffrances qui venaient de se terminer.

À la Chambre des députés, le président du Conseil, acclamé avec frénésie, donna lecture des clauses de l'armistice. Puis l'Assemblée vota une motion proclamant que «le citoyen Georges Clemenceau, les Armées de la République, le maréchal Foch ont bien mérité de la Patrie».

La guerre était gagnée, mais à quel prix! La France, à elle seule, avait perdu 1.654.550 hommes tués ou disparus; 2.800.000 hommes avaient été blessés, et beaucoup d'entre eux allaient mourir sous peu des suites de leurs blessures, ou resteraient mutilés toute leur vie. Malgré les 1.800.000 Alsaciens-Lorrains récupérés par la victoire, la France, en 1921, comptait moins d'habitants qu'en 1913. Et n'oublions pas que ces morts et ces blessés représentaient la partie la plus vigoureuse de la nation, et, qu'en outre, c'est l'élite intellectuelle et la classe paysanne qui furent surtout atteintes. Dans les années qui suivirent la Première Guerre mondiale, la France souffrit, de ce fait, d'une crise des élites et d'un manque de stabilité sociale et politique.

Les destructions matérielles furent formidables. C'est sur le sol de France qu'eurent lieu les batailles les plus furieuses de la guerre, et cela dans la partie la plus industrialisée du pays. En comptant les maisons détruites, les labourages et les pâturages rendus inutilisables, les mines mises hors d'état, les bois incendiés, le cheptel décimé ou enlevé par

14. Le feld-maréchal Hindenburg, plus tard président de la République allemande, était le commandant suprême des armées des Empires centraux.

l'ennemi, les industries démantelées, etc., on peut évaluer les pertes matérielles de la France à environ 35 milliards de francs-or. Quant aux dépenses budgétaires, elles s'élevèrent à 190 milliards de francs-or.

Ces chiffres donnent une idée de la contribution de la France à la défense de la démocratie.

Au lendemain de la guerre, les Français furent donc légitimement soucieux, d'une part, d'obtenir des réparations pour les dégâts causés par le conflit, d'autre part, d'assurer la sécurité de leur pays, afin d'éviter une nouvelle catastrophe de ce genre. Ces deux soucis guidèrent la politique française de 1918 à 1939.

Le traité de Versailles, qui fut signé en juin 1918, fut élaboré par les quatre grandes puissances alliées: la France, les États-Unis, l'Angleterre, et l'Italie. Leurs représentants, Clemenceau, Wilson, Lloyd George et Orlando, eurent à régler de vastes problèmes concernant non seulement l'Europe, où deux vastes empires s'étaient écroulés—l'Allemagne et l'Autriche-Hongrie—mais aussi le Moyen-Orient, à cause de la défaite de l'Empire ottoman, et l'Afrique, où il fallait régler le sort des quelques colonies allemandes. Clemenceau, au lendemain de l'armistice, avait déclaré: «Nous avons gagné la guerre, maintenant il va falloir gagner la paix, et ce sera peut-être plus difficile.» Ce fut en effet beaucoup plus difficile.

Le président Woodrow Wilson, qui avait derrière lui les immenses ressources des États-Unis, put aisément faire prévaloir ses idées sur l'élaboration d'une paix «juste et durable». Les Quatorze Points, qu'il avait énoncés en janvier 1918, servirent de guide à la conférence. Or, la plupart de ces «points» s'occupaient des problèmes territoriaux, militaires ou politiques, mais au sujet des problèmes économiques, Wilson avait été très vague. Et pourtant, ces derniers étaient parmi les plus importants. En outre, Wilson était persuadé que l'auto-détermination des peuples offrait la meilleure garantie de paix, cette auto-détermination impliquant le remaniement des frontières et l'établissement de régimes démocratiques à l'intérieur de ces frontières. Malheureusement, Wilson, qui connaissait très mal les réalités européennes, ne se rendait pas compte que, dans les territoires de l'Europe centrale en particulier, la démocratie n'avait jamais existé et était tout à fait inconnue. Il ne pouvait comprendre que, pour les paysans de ces régions, les problèmes économiques étaient beaucoup plus réels que l'espoir de pouvoir un jour disposer d'eux-mêmes.

En face de lui, les représentants européens se souciaient beaucoup plus des intérêts pratiques de leurs pays. (Après tout, c'étaient eux—et, en particulier, la France—qui avaient fourni le plus grand effort.) Lloyd

George devait tenir compte des désirs du parti conservateur et des premiers ministres des dominions. Quant à Clemenceau, qui avait vu son pays envahi deux fois par le même ennemi, il n'y avait, au fond, qu'un problème qui l'intéressait: la sécurité de la France.

C'est parce qu'il estimait qu'elle pourrait servir à cette sécurité que Clemenceau appuya la demande américaine pour une Société des Nations. Mais, lorsque la France proposa que ce nouvel organisme fût doté d'une force militaire, Wilson répondit: «Il ne faut pas substituer au militarisme allemand un militarisme international.»

Dans les discussions au sujet du problème allemand, la France dut abandonner son projet de faire de la région rhénane un état-tampon. «Ne créons pas une autre Alsace-Lorraine», s'écria Wilson. En échange il offrit à la France une garantie anglo-américaine contre toute agression allemande non provoquée. Clemenceau accepta, malgré les protestations du président Poincaré et du maréchal Foch. Ce dernier écrivit à ce moment ces lignes prophétiques:

«Si nous ne tenons pas le Rhin de façon permanente, il n'y a pas de neutralisation, de désarmement, de clause écrite d'une nature quelconque qui puisse empêcher l'Allemagne . . . d'en déboucher avec avantage. Il n'y a pas de secours suffisant, arrivant à temps d'Angleterre ou d'Amérique . . . pour éviter à la France une défaite complète.»

Vingt-deux ans plus tard cette prophétie sera réalisée. D'ailleurs, le Sénat américain refusa d'approuver les traités signés par Wilson, et la garantie anglo-américaine s'effondra d'elle-même.

Tout ce que Clemenceau put obtenir de ses alliés fut que la rive gauche serait perpétuellement démilitarisée, ainsi qu'une bande large de cinquante kilomètres sur la rive droite, et que ce territoire serait temporairement occupé par les Alliés. La Sarre, riche en charbon, et que la France voulait annexer,[15] fut placée provisoirement sous l'administration de la Société des Nations; un plébiscite au bout de quinze ans déciderait son appartenance définitive. Mais, jusqu'alors, les mines sarroises seraient propriété française, en compensation pour les mines détruites dans le nord de la France.

Quant aux réparations, cette question ne put être réglée. La France estimait qu'il était juste que les pays qui avaient souffert de l'agression allemande reçussent de l'Allemagne un dédommagement, soit en argent, soit en nature. L'Angleterre était, sur ce point, d'accord avec la France, et se montrait même plus extrémiste qu'elle, puisqu'elle exigea que les

---

15. Elle avait appartenu à la France de 1793 à 1815.

pensions de guerre soient, en partie, inclues dans les réparations. Mais, les Alliés ne purent se mettre d'accord sur un chiffre, et ce ne fut qu'en 1921 que la dette de l'Allemagne fut fixée à 132 milliards de marks-or[16] (32 milliards de dollars), chiffre astronomique et ridicule. En demandant une somme aussi élevée, on donnait un excellent prétexte à l'Allemagne de ne payer que le minimum possible.[17]

Pour compliquer cette affaire, il y avait la question des dettes inter-alliées. La France avait dû emprunter de fortes sommes pendant la guerre; elle avait, notamment, contracté une dette de près de 4 milliards de dollars envers les États-Unis. Tout en reconnaissant leur obligation de rembourser cette dette, les Français auraient voulu qu'elle fût liée aux réparations allemandes. Or, ceci ne fut jamais accepté par les dirigeants américains, qui, pourtant, acceptèrent à plusieurs reprises de diminuer le chiffre des réparations. Finalement, lorsque le moratoire des réparations fut déclaré, la France décida de suspendre ses versements à ses créanciers, et tous les débiteurs des États-Unis, à l'exception de la Finlande, suivirent cet exemple.

En somme, la paix fut, pour la France, une cause de déception et d'amertume.[18] La sécurité, qu'elle avait tant souhaitée, paraissait de plus en plus précaire; les réparations, illusoires. Mais, plus grave encore fut le désaccord qui sépara les anciens alliés. La France était maintenant, en apparence du moins, la plus forte puissance continentale. N'ayant pu obtenir de l'Angleterre et des États-Unis les garanties qu'elle estimait nécessaires pour sa sécurité, elle s'était tournée vers les petites puissances de l'Europe centrale—la Pologne, la Tchécoslovaquie, la Roumanie et la Yougoslavie—et avait signé avec elles des traités d'alliance, afin d'établir un contrepoids à la force germanique. L'Angleterre, qui ne craignait plus l'Allemagne puisque que la flotte allemande n'existait plus, voyait d'un très mauvais œil cette politique française basée sur la force. La France fut accusée alors, non seulement par l'Angleterre mais aussi par les États-Unis, de militarisme impénitent. La conférence de Washington (1922) fit apparaître son isolement: ses anciens alliés lui imposèrent, pour sa flotte de guerre, le même tonnage qu'à l'Italie—175.000 tonnes—alors que le Japon était autorisé à avoir une flotte de 385.000 tonnes. L'Angle-

16. 52% de cette somme devait être payés à la France.

17. Entre 1919 et 1931, date du moratoire Hoover, l'Allemagne paya aux puissances alliées et associées la somme de 22.891 millions de marks-or (3.493 millions de dollars), dont 9.585 millions furent versés à la France.

18. Exception faite, naturellement, de la grande joie causée par le retour à la patrie de l'Alsace-Lorraine.

terre et les États-Unis, par contre, s'autorisaient des flottes de 525.000 tonnes.

Lorsque la France, en 1923, décida d'occuper la Ruhr, l'Allemagne ayant manqué à ses obligations, elle fut violemment condamnée par l'Angleterre. Il s'agissait, d'après Poincaré, qui était à ce moment président du Conseil, d'une opération financière visant à contraindre l'Allemagne à remplir ses obligations. Mais les Anglais y virent surtout une opération politique, qui risquait de désagréger l'Allemagne. Leurs protestations furent telles que Poincaré refusa d'entamer des pourparlers avec les industriels allemands, qui pourtant auraient pu établir une jonction des économies des deux pays.[19]

Cette occupation militaire, qui dura jusqu'en 1924, marque la fin de la politique de force envers l'Allemagne. Désormais, la France s'appuiera sur la Société des Nations et tâchera même d'effectuer un rapprochement avec son ancien ennemi. Cette politique de collaboration et de rapprochement sera dirigée surtout par Aristide Briand, le grand apôtre de l'unité européenne. Cependant, la méfiance de l'Angleterre et des États-Unis envers le «militarisme» français ne disparaîtra que lentement.

Et pourtant, il y avait contradiction flagrante entre l'attitude de la France et les desseins que lui prêtaient ses alliés. Loin de poursuivre une politique aggressive, l'État-major de l'armée française avait recommandé, dès 1922, suivant l'avis du maréchal Pétain, de construire une série de fortifications le long de la frontière de l'est. Cette recommandation fut adoptée par le gouvernement en 1925 et la «ligne Maginot»[20] fut construite entre 1930 et 1939. Toutes les mesures militaires prises entre 1922 et 1939 furent conçues pour la défense des frontières et non pour une guerre offensive. Cette attitude défensive, qui correspondait à l'esprit pacifique de la nation était, d'autre part, contraire à l'esprit des traités signés avec les nations de l'Europe centrale. Comment la France pourrait-elle se porter au secours de ses alliés si son armée était organisée défensivement derrière une ligne de fortifications?

Il faut se rappeler que la nation française, gravement atteinte par la saignée de 1914 à 1918, économiquement affaiblie par les dépenses de la guerre et de la reconstruction, ne pouvait pas se permettre d'être agressive, ni même de se montrer trop énergique en dehors de ses frontières. Il

19. C'est ce qui sera réalisé après la guerre de 1939–45, par la soudure du charbon de la Ruhr et du minerai de fer lorrain.

20. Ainsi nommée d'après le ministre de la Guerre, André Maginot. Il est important de se souvenir que cette ligne couvrait la France de l'Alsace à la Belgique, mais que la frontière belge restait ouverte, cette nation étant alliée à la France.

aurait fallu, entre autres, s'occuper activement du développement des colonies, y construire des routes, des écoles, des hôpitaux, etc. Mais l'argent faisait défaut et celui dont on disposait devait servir d'abord à relever le pays de ses ruines.

Que le relèvement de la France se soit fait aussi rapidement,[21] témoigne d'une part du courage civique des Français, d'autre part de la saine politique financière poursuivie, notamment, par Poincaré. Cet homme qui, président de la République pendant la guerre, avait joué un rôle effacé auprès de Georges Clemenceau, eut l'occasion de prendre sa revanche après la guerre, lorsqu'il fut nommé président du Conseil, de 1922 à 1924 et de 1926 à 1929. Il réussit à assainir les finances et à stabiliser le franc.[22] Pendant quelques années le franc sera la monnaie la plus solide du monde.

Malheureusement, à cette ère de calme prospère allait succéder une période de déclin. La crise économique mondiale, qui débuta par le krach de Wall Street, se fit sentir en France à partir de 1931. La production industrielle subit un grave fléchissement, et le chômage s'étendit. Les élections cantonales, en cette fin d'année, marquèrent un succès pour le parti radical-socialiste qui, jusqu'en 1939, allait dominer la vie politique du pays. Le leader de ce parti, Édouard Herriot, s'efforça, lorsqu'il fut appelé à la présidence du Conseil, de restaurer l'équilibre budgétaire, mais les mesures qu'il envisageait: l'augmentation des impôts et la diminution des dépenses, se heurtèrent à l'opposition des socialistes et des partis de droite. Après sa chute, en décembre 1932, ses successeurs essayèrent, mais sans succès, de trouver un remède à la crise économique.

Les difficultés intérieures de la France, qui étaient d'ailleurs communes à tous les autres pays, se trouvèrent aggravées par les problèmes extérieurs. La crise mondiale avait favorisé la poussée de l'hitlérisme; le 30 janvier 1933, le *Führer* de ce parti, Adolf Hitler, fut nommé chancelier du Reich par le président Hindenburg. Au début, il manifesta des sentiments pacifiques et conciliatoires envers la France, mais ces sentiments ne faisaient que masquer ses préparatifs pour la guerre. Dès le mois d'octobre, l'Allemagne se retirait de la Société des Nations.

21. Dès 1925, la reconstruction des départements envahis était presque terminée, les terres arables reconstituées. La France se plaçait troisième dans le monde pour l'industrie métallurgique, deuxième pour l'aluminium et première en Europe pour la production d'automobiles. Le retour de la Lorraine, avec ses mines de fer, contribua grandement à ce renouveau industriel.
22. Avant la guerre le franc était coté par rapport au dollar à 5,18. En 1928, après être tombé à 49,22, il fut stabilisé à 25,22.

L'année suivante, l'affaire Stavisky contribua à discréditer un grand nombre d'hommes politiques français et, par contrecoup, le régime parlementaire.

Alexandre Stavisky, né en Ukraine d'une famille israélite, mais naturalisé français, avait réussi, par des opérations frauduleuses, à détourner plusieurs millions de francs du Crédit municipal de Bayonne, dont il était directeur. Lorsque ce détournement fut découvert, on s'aperçut que Stavisky avait profité de la protection de nombreuses personnalités politiques. Cette affaire déclencha une violente opposition envers le régime dont profitèrent les ligues fascistes (*Croix de feu, Jeunesses patriotes, Solidarité française, Francisme*), le parti monarchiste (l'*Action française*) et les groupements d'extrême-gauche.

Le 6 février, une manifestation, groupant des représentants des ligues, du parti communiste et des anciens combattants, eut lieu sur la place de la Concorde. Le service d'ordre fit usage de ses armes: il y eut une quinzaine de morts. Le gouvernement Daladier n'osa pas rester au pouvoir et, devant l'affolement des parlementaires, on confia le ministère à l'ancien président de la République Gaston Doumergue. Celui-ci fit de son mieux pour tâcher de restaurer l'ordre dans les finances et dans la politique, mais l'agitation des socialistes et surtout des communistes, ainsi que l'hostilité des syndicats, le firent échouer. Le 7 novembre il donna sa démission.

Le ministère Flandin, qui lui succéda, se heurta également aux difficultés financières et dut démissionner au bout de six mois. Puis vint le ministère Pierre Laval, qui obtint les pleins pouvoirs et gouverna jusqu'en janvier 1936 à coups de décrets-lois. Pendant cette période, le chômage ne diminua que faiblement, le déficit budgétaire s'aggrava à cause de l'augmentation des dépenses militaires, et l'hostilité des partis de gauche ne fit qu'augmenter.

Il faut dire que Laval, en politique extérieure, s'était montré favorable aux dictatures. Lorsque Hitler, profitant du succès du plébiscite sarrois, avait, le 16 mars 1935, rétabli le service militaire obligatoire en Allemagne, Laval n'avait pas réagi. Envers Mussolini, il s'était montré très indulgent et il est même possible qu'il ait encouragé le *Duce* dans sa campagne contre l'Éthiopie.

Les menaces antiparlementaires, la crise économique et les dangers extérieurs contribuèrent à la formation du Front populaire: une entente entre les partis communiste, socialiste et radical-socialiste, en vue des élections de 1936. Après la chute du ministère Laval, un ministère de transition, dirigé par Albert Sarraut, s'était montré aussi impuissant que ses prédécesseurs à faire face aux nombreux périls. Le chancelier Hitler ayant décidé de dénoncer le traité de Locarno[23] et de remilitariser la Rhénanie, Sarraut se contenta de convoquer une conférence des puissances signataires du traité de Locarno (moins l'Allemagne) et de saisir de l'affaire le secrétariat de la Société des Nations. Il est probable que si le gouvernement français avait réagi avec énergie et avait ordonné une action militaire punitive contre Hitler—l'article 2 du traité de Locarno lui en donnait le droit—le régime hitlérien se serait effondré. Mais, la nation française n'était moralement pas prête à faire un geste qui aurait pu déclencher une nouvelle guerre; les partis de gauche avaient encore foi dans la Société des Nations; les partis de droite redoutaient tout acte qui pourrait tourner à l'avantage des Soviets; et la Grande-Bretagne refusa de soutenir la France. Il aurait fallu un homme bien déterminé pour agir contre toutes ces circonstances défavorables; Sarraut n'était pas cet homme.

Les élections de 1936 amenèrent au pouvoir le Front populaire. Des trois grands partis de gauche, ce fut le parti socialiste (dont le nom officiel était la Section française de l'internationale ouvrière, ou S.F.I.O.) qui recueillit le plus de suffrages. C'est donc à son chef, Léon Blum, qu'il incomba de former le nouveau ministère. Cet homme très cultivé, éloquent et courageux n'avait malheureusement pas l'étoffe d'un chef. Après le premier mois de son ministère,[24] il fut débordé par les événements. Toutefois, pendant ce premier mois, il réussit à obtenir de vastes réformes sociales. Les ouvriers de Paris ayant déclaré une «grève sur le tas», Blum convoqua une réunion des représentants du patronat et de la C.G.T. qui aboutit aux «accords Matignon». Par ces accords, les patrons reconnaissaient aux ouvriers le droit à l'action syndicale, les ouvriers se déclaraient prêts à respecter la loi. En outre, la semaine de quarante heures, les congés payés obligatoires, l'institution de délégués ouvriers— ces revendications ouvrières furent acceptées. Profitant du calme qui suivit ces accords, Blum fit adopter des textes pour la nationalisation partielle des usines de guerre et pour une réforme de la Banque de France.

Cependant, les luttes politiques, loin de se calmer, devinrent encore plus violentes. La guerre civile espagnole, qui commença en juillet 1936, eut immédiatement des répercussions en France. Les partisans du Front

23. Ce traité, signé en 1925 par la France, l'Allemagne, la Belgique, l'Angleterre et l'Italie, garantissait les frontières franco-allemande et germano-belge.
24. Formé de socialistes et de radicaux-socialistes. Les communistes refusèrent d'y participer.

populaire demandaient l'intervention en faveur des républicains espagnols, mais Blum, écoutant les avis du gouvernement anglais, qui conseillait la prudence, se borna à leur livrer quelques avions et à permettre le passage de certains matériels de guerre. L'Italie et l'Allemagne, au contraire, envoyèrent une aide importante au général Franco, chef des insurgés.

Le public français suivait avec passion les événements d'outre-Pyrénées. Les intellectuels de gauche, tels André Malraux—qui joua un rôle actif aux côtés des combattants républicains et qui écrivit un des meilleurs romans basés sur cette guerre: *l'Espoir*—Jean Guéhenno et André Chamson, manifestaient activement en faveur de l'intervention, tandis que les intellectuels de droite exprimaient leur dégoût pour ceux qui «brûlaient les églises et massacraient les prêtres». Au conflit politique, s'ajoutait une opposition idéologique qui allait diviser les Français au moment où ils avaient le plus besoin de refaire l'unité nationale.

Car, et ce fait vaut la peine d'être souligné, de tous les grands pays de l'Europe continentale, la France restait seule, à la veille de la Deuxième Guerre mondiale, à être fidèle à la démocratie. Autour d'elle, le fascisme, le nazisme ou le communisme avaient triomphé. Mais c'est précisément parce que la France était restée le pays de la liberté, que ces différentes idéologies étrangères purent se heurter dans l'arène politique et y gagner des adhérents. Les multiples tendances du public français se reflétaient au Parlement et empêchaient le gouvernement d'adopter une politique ferme et uniquement française.

La France, néanmoins, était le seul bastion de la liberté dans une Europe en proie aux dictatures. Que ce bastion fût lui-même dangereusement affaibli ne devait apparaître que plus tard.

Après l'échec du Front populaire—Blum ayant dû démissionner le 20 juin 1937—un ministère radical, présidé par Édouard Daladier, et comptant parmi ses membres quelques modérés, tel Paul Reynaud qui s'occupa des Finances, tâcha de refaire l'Union nationale. Il n'y réussit pas, mais il y eut incontestablement une reprise économique et financière, ainsi qu'un indéniable redressement moral. Malheureusement, les événements extérieurs devaient interrompre cette amélioration et entraîner la chute de la Troisième République.

La France à la veille de la guerre de 1939

Nous venons de suivre les événements politiques et économiques qui se déroulèrent en France de la paix de Versailles à l'année 1939. Nous avons vu que le peuple français, dangereusement atteint dans ses forces vitales par la guerre de 1914–1918, n'avait pas réussi à trouver le remède à ses maux sociaux et économiques. En cela, il n'était nullement isolé, car aucun autre peuple n'y avait réussi. Le malheur particulier de la France fut que tous ces maux se manifestèrent à une époque où elle était affaiblie et incapable de fournir un effort énergique et continu.

Il ne faudrait pourtant pas croire que pendant les vingt et une années qui séparèrent les deux conflits (ou plus précisément, les deux actes du même conflit), la France n'ait rien accompli. Le redressement économique des années 1926–1932 est en lui-même remarquable; dans les autres domaines, artistique, littéraire et scientifique, la France contribua comme par le passé, c'est-à-dire, largement. Dans le domaine scientifique, par exemple, les travaux de Jean Perrin et de Louis de Broglie sur les atomes, ceux de Frédéric et Irène Joliot-Curie en chimie nucléaire, donnèrent à la France une avance considérable, en science atomique, sur les autres pays. En 1938, la Compagnie générale de T.S.F. créa le premier équipement utilisant les échos électromagnétiques pour déceler et situer des obstacles, ce qu'on appellera plus tard le *radar*. C'est également en France que se firent les premiers radiosondages systématiques de l'atmosphère, et que fut inventé, par André Lallemand, le télescope électronique. En 1931, René Barthélemy avait fait une démonstration publique de la télévision; en 1935, le poste radiophonique de Paris P.T.T. (Postes, Télégraphes, Téléphones) avait procédé à des émissions régulières de télévision.

Mentionnons un autre domaine où la France se montra particulièrement active: celui de l'aviation. Pendant la guerre de 1914–1918, l'aviation française s'était considérablement développée, d'importants progrès techniques avaient été réalisés. Après la guerre, ces progrès servirent la cause de l'aviation commerciale. Le 8 février 1919, le pilote français Bossoutrot réalisa la première liaison aérienne commerciale, entre Paris et Londres. La même année, prévoyant le développement des lignes aériennes par-dessus l'Atlantique, des Français avaient créé des Compagnies de transport aérien en Amérique du Sud.

Le 7 mai 1927, les pilotes Nungesser et Coli tentèrent la première traversée de l'Atlantique nord, mais disparurent sans laisser la moindre trace.[25] Cette même année, Costes et Lebrix réussirent à franchir l'Atlantique sud. En 1930, Costes et Bellonte firent la première traversée de l'Atlantique d'est en ouest, et Jean Mermoz réalisa la première liaison aérienne entre la France et l'Amérique du sud. En 1932, Codos et Robida

_____

25. Rappelons que la Manche fut franchie pour la première fois par un Français, Louis Blériot, en 1909; la Méditerranée par un autre Français, Roland Garros, en 1913.

volèrent sans escale de Hanoï à Paris, puis de Paris au Cap, et l'année suivante, Codos et Rossi établirent le record de distance en ligne droite en volant de New-York en Syrie.

Ainsi la France, où l'avion à moteur était né,[26] continua à jouer un rôle de premier plan dans le développement de l'aviation commerciale.

La Deuxième Guerre mondiale

En 1938, Adolf Hitler avait réussi à absorber l'Autriche. Il se tourna ensuite vers la Tchécoslovaquie et réclama l'annexion des provinces sudètes, habitées par des populations de langue allemande. Le président de la République tchécoslovaque, Édouard Benès, repoussa catégoriquement les demandes allemandes et ordonna une mobilisation partielle de l'armée. Or, par le traité signé en 1925, la France devait, en cas d'agression non-provoquée, prêter immédiatement «aide et assistance» à la Tchécoslovaquie. Le public français n'était guère enthousiaste pour la cause tchécoslovaque; quant au gouvernement et à l'État-major, ils savaient quelle était l'infériorité de l'armement français en comparaison avec l'armement allemand, et, d'autre part, que la stratégie défensive de l'armée française l'empêchait de porter une aide efficace à son alliée.

Néanmoins, il parut, au mois de septembre 1938, après l'échec de deux entrevues Chamberlain-Hitler, que la guerre était sur le point d'éclater, lorsque Mussolini intervint auprès du chancelier allemand pour lui faire accepter l'idée d'une conférence entre l'Allemagne, l'Italie, la Grande-Bretagne et la France. Cette conférence se réunit à Munich le 29 septembre et aboutit à une déclaration, signée par Daladier, Chamberlain, Mussolini et Hitler, qui consacrait la cession à l'Allemagne de toute la région des Sudètes. La Tchécoslovaquie avait été livrée aux Nazis.

À Paris et à Londres, le soulagement fut immense. Des foules joyeuses acclamèrent Daladier et Chamberlain lorsqu'ils rentrèrent chez eux.[27] La guerre, qui semblait inévitable, avait été écartée, voilà tout ce que l'homme de la rue voulait savoir.

Cependant, l'accord de Munich fut immédiatement suivi par le rapt de la Tchécoslovaquie, puis par l'invasion italienne de l'Albanie et, peu

---

26. Le premier appareil à moteur ayant réussi à quitter le sol fut l'*Éole* de Clément Ader qui accomplit un vol d'une cinquantaine de mètres, le 9 octobre 1890. Ader continua ses expériences en 1891 et en 1897. Les frères Wright, en 1903, exécutèrent quatre vols mécaniques, franchissant des distances allant de quarante à deux cent soixante-quinze mètres.

27. Au contraire de Chamberlain, Daladier ne se faisait pas d'illusions; on raconte que, devant les acclamations de la foule, il soupira et dit: «Tas de crétins!».

après, par de nouvelles demandes du Reich, cette fois au sujet de Danzig. La Pologne était beaucoup plus vulnérable que ne l'était la Tchécoslovaquie avant Munich, son armée moins moderne et son armement nettement inférieur. Elle était, depuis 1926, gouvernée par une dictature oligarchique. De plus, la seule puissance qui pouvait l'aider était la Russie, mais celle-ci était détestée des Polonais. D'autre part, Moscou et Berlin venaient de signer un pacte de non-agression. Il aurait donc été plus logique de la part de la France et de l'Angleterre, du point de vue idéologique ainsi que du point de vue militaire, d'abandonner la Pologne à son sort. Mais, cette fois, la patience des Français et des Anglais était à bout. L'Allemagne ayant envahi le sol polonais, le 1er septembre, l'Angleterre et la France lui déclarèrent la guerre deux jours après.

Ici encore nous ne pourrons entrer dans les détails des multiples campagnes de cette guerre; nous ne pourrons qu'indiquer les lignes générales du rôle de la France.

Le peuple français entra en guerre sans enthousiasme. Alors qu'en 1914, il y avait eu, d'une part, le vœu unanime de la nation de retrouver les provinces perdues en 1871 et, d'autre part, le désir de beaucoup de patriotes d'effacer l'humiliation de la défaite de 1870–1871, cette fois, aucun sentiment ne poussait la nation à souhaiter la reprise des hostilités. La mobilisation se fit pourtant avec discipline. Dans l'ensemble, les Français croyaient que leur armée était supérieure à celle des Allemands et que la ligne Maginot protégerait le territoire contre toute offensive ennemie.

La Pologne ayant été écrasée en quelques jours par les Allemands et par les Russes, l'Allemagne fit savoir qu'elle était prête à négocier. Daladier et Chamberlain refusèrent cette offre machiavélique. Alors commença la «drôle de guerre». Des deux côtés, les armées prirent leurs positions d'hiver et, pendant huit mois, les seuls combats furent ceux livrés par les corps francs. En novembre, la Finlande fut attaquée par la Russie et vaincue en trois mois. Le ministère Daladier, condamné pour son manque d'énergie, fut renversé le 19 mars 1940 et remplacé par un ministère d'Union nationale, présidé par Paul Reynaud.

Au mois d'avril, l'Allemagne envahit le Danemark et la Norvège, et une expédition franco-anglaise, envoyée hâtivement pour empêcher les Allemands d'obtenir le fer suédois, fut forcée d'abandonner le sol norvégien après de durs combats autour de Namsos et de Narvik.

Le 10 mai, à trois heures du matin, l'attaque que les Allemands avaient minutieusement préparée contre les armées alliées, fut déclenchée. La Hollande et la Belgique furent envahies, malgré leur neutralité, et leurs faibles armées bousculées. L'État-major français, dont la stratégie était pourtant basée sur la défensive, commit alors la grave erreur de répondre à l'appel de la Belgique et d'envoyer ses meilleures divisions, appuyées par le corps expéditionnaire anglais,[28] jusqu'à la rivière Dyle, avec mission d'établir un front allant de Givet à Anvers. C'était précisement ce que l'Etat-major allemand avait souhaité. Profitant, en ce secteur, de leur vaste supériorité en blindés et en avions, les Allemands écrasèrent les divisions alliées qui s'avançaient en territoire belge et, simultanément, lancèrent une attaque massive de sept divisions blindées à travers les Ardennes, vers Sedan. C'était le point faible du dispositif allié, l'endroit où finissait la ligne Maginot et où commençait le front mobile qui s'étendait jusqu'à Anvers. L'attaque réussit pleinement: Sedan fut pris (14 mai) et les blindés allemands purent refouler les deux parties des armées alliées, l'une vers la ligne Maginot (où les défenses ne serviraient plus à rien, puisqu'elles étaient orientées vers l'Allemagne), l'autre vers les côtes de la Manche.

La bataille de France était déjà perdue, car en face des divisions allemandes, magnifiquement entraînées et équipées pour le «blitzkrieg», les armées alliées ne pouvaient offrir qu'un armement désuet et un commandement inapte. Le président du Conseil, Paul Reynaud, tâcha, par un ultime remaniement de son ministère et du haut-commandement, de renverser le cours des événements. Il appela à ses côtés le maréchal Pétain, le vainqueur de Verdun, et Georges Mandel, qui avait été le collaborateur de Clemenceau; il nomma le général Weygand, qui avait été le bras droit du maréchal Foch, au commandement suprême des armées françaises. Mais tous ces anciens artisans de la grande victoire ne purent empêcher la défaite de 1940. Il aurait fallu des armées nouvelles, entraînées et équipées pour la guerre nouvelle; cela ne s'improvise pas.

Les armées alliées qui s'étaient avancées en Belgique furent bientôt repoussées vers la Manche. Au prix de sacrifices héroïques, une grande partie de l'armée anglaise, et un tiers des soldats français, furent évacués par Dunkerque, grâce aux efforts conjugués des marines française et anglaise, aux avions de la R.A.F. et, surtout, grâce aux combats d'arrière-garde livrés par les divisions françaises.[29]

Désormais, la France ne pouvait plus compter que sur ses seules forces,

---

28. En tout 33 divisions franco-anglaises se portèrent au secours des 22 divisions belges et des 10 divisions hollandaises. Ces 65 divisions eurent en face d'elles 135 divisions allemandes, dont 80 de première ligne et 10 divisions blindées.

29. Du 28 mai au 4 juin, les Anglais réussirent à rapatrier 215.000 hommes sur 250.000 environ; les Français ne purent sauver que 125.000 hommes sur 380.000.

c'est-à-dire, sur 49 divisions, pour affronter plus de 100 divisions ennemies grisées par la victoire. Et encore ces 49 divisions manquaient-elles de matériel et s'étiraient de la mer jusqu'à Longwy, en Lorraine.

Le 5 juin, en Picardie, l'avalanche allemande s'abattit sur la frêle ligne française. Malgré plusieurs contre-attaques, qui montrèrent que le moral, dans certaines unités bien commandées, était encore très haut, les Français durent reculer pour éviter l'encerclement. Le 9 juin, l'offensive s'étendit en Champagne; le 19 juin, le gouvernement français se transporta à Tours, et l'Italie entra dans la guerre aux côtés des Allemands.[30] Sur toutes les routes de France, le long cortège pitoyable des réfugiés, vieillards, femmes et enfants, s'étirait en une fuite éperdue, mitraillé par les avions allemands, gênant les mouvements de troupes. Sous le soleil brûlant de ce beau mois de juin, les Français traversaient un cauchemar dantesque.

Le 14 juin, Paris tomba et les Nazis défilèrent sur les Champs-Elysées; le lendemain les troupes françaises franchissaient la Loire. Le 16 juin, le président Reynaud, qui avait transporté son gouvernement à Bordeaux, reçut l'offre inattendue du gouvernement anglais d'établir une union franco-britannique.

«Désormais, la France et la Grande-Bretagne ne sont plus deux nations, mais une nation franco-britannique indissoluble», disait ce document extraordinaire. Hélas, la situation impossible dans laquelle se trouvait la France à ce moment, empêcha les ministres français d'examiner cette proposition calmement. La majorité d'entre eux estimèrent que cette union absorberait la France, qui deviendrait un Dominion britannique.[31] L'offre fut donc rejetée. Quelques heures plus tard, Reynaud remettait sa démission entre les mains du président Lebrun et ce dernier demandait au maréchal Pétain de former le nouveau ministère.

Le maréchal avait, depuis plusieurs jours déjà, déclaré, d'accord avec le général Weygand, qu'il fallait arrêter le combat devenu inutile. La première décision du nouveau gouvernement fut donc de demander à l'Allemagne ses conditions d'armistice. Celles-ci furent communiquées aux représentants français le 21 juin par Hitler, accompagné de son État-major, dans le même wagon où le maréchal Foch avait reçu les plénipotentiaires allemands en 1918.

---

30. Toutes les attaques italiennes furent repoussées par l'armée des Alpes.
31. La réaction de la comtesse Hélène de Portes, amie du président Reynaud, exprima bien le sentiment de cette majorité: «J'espère, écrivit-elle au président du Conseil, que vous n'allez pas jouer les Isabeau de Bavière!»

La France conservait sa flotte, une armée de 100.000 hommes et ses territoires d'outre-mer. Mais, une armée allemande occuperait les deux-tiers du pays et serait entretenue par le gouvernement français;[32] les 1.500.000 prisonniers français seraient gardés comme otages jusqu'à la conclusion de la paix.

Le 25 juin, à 3 heures 55, le «cessez-le-feu» annonçait la fin de la campagne de France.

Cependant, à la radio de Londres, le 18 juin, une voix française avait fait entendre un appel à la résistance, à la continuation de la guerre. C'était la voix du général de Gaulle, qui commençait ainsi un des chapitres les plus glorieux et les plus dramatiques de l'histoire de France.

32. La ligne de démarcation entre la zone libre et la zone occupée commençait près de Genève, passait par Dôle, Moulins, Bourges, suivait la voie ferrée Paris-Bordeaux et, par Mont-de-Marsan, atteignait la frontière espagnole.

Le général de Gaulle avec Winston Churchill, le 11 novembre 1944

F.E.P.I.D.

Chapitre 15

DU DIX-HUIT
JUIN 1940
À NOS JOURS

LISTE DE DATES IMPORTANTES

1942 (8 novembre)	débarquement allié en Afrique du Nord
1943 (3 juin)	Comité français de Libération nationale (de Gaulle et Giraud)
1943 (3 juin)	Gouvernement provisoire de la République (de Gaulle)
1944 (6 juin)	débarquement allié en Normandie
1944 (25 août)	libération de Paris
1945 (7 mai)	reddition des armées allemandes
1946 (20 janvier)	démission du général de Gaulle
1947 (1 janvier)	inauguration de la Quatrième République
1958 (1 juin)	investiture du gouvernement de Gaulle
1958 (21 décembre)	Charles de Gaulle élu président de la Cinquième République; il entre en fonctions le 6 janvier 1959.

CHARLES de Gaulle, né à Lille le 22 novembre 1890, était, en 1940, le plus jeune général de l'armée française. Promu sur le champ de bataille, après avoir mené deux contre-attaques victorieuses contre les Allemands (entre le 17 et le 30 mai), il avait été appelé par le président Reynaud pour servir dans son cabinet comme sous-secrétaire d'État à la Guerre. Il avait donc fait partie du dernier ministère légitime de la

Troisième République[1] et, à ce titre, avait plusieurs fois rencontré Winston Churchill, premier ministre de la Grande-Bretagne, ainsi que d'autres personnalités britanniques.

Inconnu du grand public, de Gaulle était par contre très respecté dans les milieux militaires grâce à plusieurs livres et articles qu'il avait écrits sur la stratégie moderne et, en particulier, sur l'emploi des divisions blindées. Dans un de ses livres, *Vers l'armée de métier,* le colonel de Gaulle avait indiqué ce que devait être le corps cuirassé. Ses recommandations avaient servi de base à la formation des *Panzerdivisionen* allemandes, mais l'État-major français, malheureusement, s'était montré hostile aux idées du jeune officier. Un seul homme politique, Paul Reynaud, avait soutenu ses doctrines et, nous l'avons vu, l'avait appelé auprès de lui au moment critique et l'avait envoyé plusieurs fois en mission à Londres. C'était d'ailleurs de Gaulle qui lui avait lu au téléphone la proposition anglaise d'une union franco-britannique.

Après la chute de Reynaud, le général de Gaulle décida de quitter Bordeaux et de continuer la lutte aux côtés des alliés. Accompagné d'un seul Français, son officier d'ordonnance, il s'envola dans l'avion du général anglais Spears et, après une courte escale à l'île de Jersey, il atterrit en Angleterre. Le lendemain, 18 juin, il parlait à la radio de Londres.

«Croyez-moi, disait-il, rien n'est perdu pour la France. Les mêmes moyens qui nous ont vaincus peuvent faire venir un jour la victoire. Car la France n'est pas seule. Elle a un vaste empire derrière elle. Elle peut faire bloc avec l'empire britannique qui tient la mer et continue la lutte. Elle peut, comme l'Angleterre, utiliser sans limite l'immense industrie des États-Unis. Cette guerre n'est pas tranchée par la bataille de France. Cette guerre est une guerre mondiale. Toutes les fautes, tous les retards, toutes les souffrances n'empêchent pas qu'il y a dans l'univers tous les moyens nécessaires pour écraser un jour nos ennemis. Foudroyés aujourd'hui par la force mécanique, nous pourrons vaincre dans l'avenir par une force mécanique supérieure. Le destin du monde est là.

«Quoi qu'il arrive, la flamme de la résistance française ne doit pas s'éteindre et ne s'éteindra pas!»

Par ce discours, et par ceux qu'il devait prononcer les jours suivants à la B.B.C., de Gaulle faisait naître non seulement les Forces françaises

1. Le ministère Pétain ne fut jamais investi légalement par le Parlement français. Le 1er juillet 1940, à Vichy, où Pétain avait décidé d'établir la capitale de la France non-occupée, l'Assemblée nationale lui confia les pleins pouvoirs. Le lendemain, Pétain mit l'Assemblée en vacances et prit le titre de «chef de l'État français». Cette date marque la fin de la Troisième République.

libres, qui allaient combattre aux côtés des alliés jusqu'à la victoire finale, mais aussi la Résistance intérieure, qui allait jouer un rôle de plus en plus important au cours des années suivantes.

Le 28 juin, le gouvernement anglais reconnaissait de Gaulle comme le chef de tous les Français libres. À ce moment, ils étaient peu nombreux. Mais bientôt, à la poignée des premiers volontaires, se joignirent des chasseurs alpins et des légionnaires qui se trouvaient sur le sol britannique après avoir fait partie de la malencontreuse expédition norvégienne,[2] des pêcheurs bretons et normands qui avaient traversé la Manche en barque, des jeunes gens de la zone non-occupée, qui se rendirent non sans péril à Londres en passant par l'Espagne, le Portugal ou l'Afrique du Nord. D'autres, enfin, vinrent des colonies françaises et des pays étrangers. La plupart étaient jeunes, tous étaient volontaires.

Petit à petit, une armée, une flotte, une force aérienne furent constituées ainsi que les services administratifs nécessaires. Bientôt, le ralliement de l'Afrique équatoriale française entraîna celui d'autres colonies (le Cameroun, les Nouvelles-Hébrides, la Nouvelle-Calédonie, les Établissements français d'Océanie et des Indes, Saint-Pierre et Miquelon), si bien que le général de Gaulle se trouva responsable de territoires immenses où ne vivaient pas moins de dix millions d'habitants. Il fallut donc, par la force des choses, que la France libre se dotât d'une armature afin de pouvoir gérer ces territòires, pourvoir à leur défense et ravitailler leurs populations. C'est ce que fit de Gaulle en créant à Brazzaville, le 27 octobre 1940, le Conseil de Défense de l'empire. Le mois suivant, toujours à Brazzaville, l'Ordre de la Libération était institué, ordre qui devait susciter, parmi les Français libres, une émulation comparable à celle des soldats de Napoléon pour la Légion d'honneur. L'année suivante, le 24 septembre, de Gaulle créa le Comité national, véritable Conseil des ministres, pour l'aider dans sa tâche.

Ainsi, en quelques mois, le général de Gaulle avait réussi cette chose prodigieuse: assurer la permanence de la présence française dans la guerre. Dès la fin de 1940, en effet, l'aviation de la France libre participait aux combats aériens en Angleterre, en Allemagne et en Libye; et des vaisseaux de guerre aidaient à la protection des convois alliés.[3] Quant aux forces terrestres, elles participèrent d'abord aux deux premières campagnes de Libye (1941), à celle d'Éthiopie (mars-avril 1941), puis à la campagne de

2. Voir page 346.
3. Parmi eux le sous-marin *Surcouf* qui était le plus moderne et le plus grand sous-marin du monde. Après avoir participé à la bataille de Grèce et à la libération des îles Saint-Pierre et Miquelon, il disparut sans laisser de traces, en avril 1942.

Syrie (juin-juillet 1941) qui fit passer dans le camp des alliés la Syrie et le Liban, restés jusqu'alors sous le contrôle de Vichy. Ce fut ensuite, pendant la troisième campagne de Libye, la célèbre bataille de Bir-Hakeim (juin 1942) où, pendant seize jours, une brigade française, sous le commandement du général Pierre Kœnig, repoussa les attaques répétées du général allemand Rommel. Ce «Verdun du désert», qui força les Allemands à ralentir leur avance vers le Caire et les frustra ainsi d'une victoire considérable, fut, sans aucun doute, le fait d'armes le plus héroïque des Forces françaises libres. Et ceci, deux ans, jour pour jour, après la capitulation de 1940!

Pendant que ces Français libres se battaient en Libye aux côtés de leurs alliés britanniques, d'autres s'attaquaient aux Italiens dans le désert du Tibesti. Déjà, en 1941, une colonne motorisée, commandée par le colonel d'Ornano, avait réussi un raid extraordinaire contre des postes italiens. Une autre colonne, sous les ordres du colonel Leclerc, s'emparait de l'oasis de Koufra (28 février) et assurait ainsi la ligne de communications alliée entre l'Atlantique et la mer Rouge. Plus tard, à la fin de 1942 et au début de 1943, le même Leclerc, promu général, allait conquérir le Fezzan puis s'avancer jusqu'à Tripoli, coupant en deux la Libye italienne et empêchant les troupes de Mussolini de rejoindre celles du général Rommel en Tunisie. À Tripoli, ils rencontrèrent la fameuse huitième armée britannique et, avec elle, le général Kœnig et les vainqueurs de Bir-Hakeim. Ensemble, ils participèrent à la campagne de Tunisie.

Entre-temps, que se passait-il en France? La nouvelle de l'armistice de juin 1940 avait été accueillie avec soulagement par la majorité des Français. Les scènes affreuses, nées de la fuite éperdue de la population civile, des bombardements, de la débandade d'une armée qu'on avait cru invincible, avaient, bien entendu, suscité le désir de retrouver le calme et l'ordre de la paix. Le fait que c'était le maréchal Pétain, encouragé par le général Weygand, qui avait demandé l'armistice, donnait à celui-ci une apparence d'honorabilité. En outre, beaucoup de Français croyaient alors à une collusion de de Gaulle et de Pétain, l'un à l'extérieur, poursuivant la lutte contre l'ennemi, l'autre à l'intérieur, sauvant par son prestige la France de l'anarchie et contenant, dans la mesure du possible, les réclamations du vainqueur. Au début, donc, l'union nationale se fit autour du vieux soldat. Les réfugiés rentrèrent chez eux et la vie reprit tant bien que mal. La France occupée se vit soumise à un régime stricte, mais correct, car les Allemands avaient l'espoir de finir la guerre rapidement et voulaient amener les Français à entrer de leur plein gré dans l'Europe hitlérienne. Dans la «zone libre», gouvernée par Pétain et par Pierre Laval,

vice-président du Conseil, les habitants furent encouragés à adhérer à une
«révolution nationale» glorifiant «le travail, la famille et la patrie». Cette
«révolution» n'eut aucun succès. Les conditions de vie étaient beaucoup
trop dures; à cause des prélèvements des Allemands, qui mirent la main
sur presque toute l'économie française, il devint de plus en plus difficile
de se nourrir, de s'habiller et de se chauffer.

Peu à peu, les Français des deux zones commencèrent à se rendre mieux
compte de la réalité. La «courtoisie» allemande des premiers jours ne put
longtemps masquer la sévérité de l'occupation. On s'aperçut rapidement,
par exemple, que la zone occupée était elle-même divisée: la zone nord,
comprenant Amiens et Lille, était rattachée à l'administration allemande
de la Belgique, et la zone est, comprenant l'Alsace et la Lorraine, était
administrée comme si elle était déjà annexée au Reich.[4] Les communications entre les zones libre et occupée étaient réduites à l'échange de petites
cartes imprimées sur lesquelles on pouvait écrire deux lignes en tout et
pour tout. Nul ne pouvait se rendre d'une zone à l'autre sans autorisation.
Les Juifs furent bientôt obligés à porter sur leurs vêtements l'étoile jaune
de David.

Inévitablement, l'esprit de résistance devait s'affirmer. Dès juillet 1940,
un premier mouvement s'était constitué à Marseille, formé, en majorité,
d'officiers et de soldats de l'Armée d'armistice,[5] et un autre, à Paris, autour
d'un groupe d'ethnologues appartenant au Musée de l'homme. À partir
de ces origines, les mouvements se constituèrent et s'amplifièrent au fur
et à mesure que le peuple français perdait ses illusions premières sur Pétain
pour se tourner vers le général de Gaulle. Lorsque l'Allemagne décida
d'envahir la Russie, en 1941, le Parti communiste français qui, jusqu'alors,
s'était montré antivichyste mais non antiallemand, entra de toutes ses
forces dans la Résistance. Grâce à son organisation à travers le pays et à
sa pratique de la lutte clandestine, ce parti joua un rôle de première
importance dans la lutte contre l'envahisseur, rôle qui plus tard lui assura
une voix majeure dans la vie politique d'après-guerre. En 1942, un agent
du général de Gaulle, Jean Moulin, parachuté en France, réussit à unifier
les différents mouvements de la Résistance intérieure en zone non-occupée
(*Libération, Franc-Tireur, Combat*, etc.). L'année suivante, un Conseil
national de la Résistance fut créé qui, outre les mouvements des deux
zones, comprenait une représentation des partis politiques de la IIIe

4. À Colmar l'occupant afficha: «Quiconque parlera français sera arrêté et envoyé
dans un camp de concentration.»
5. C'était l'Armée de 100.000 hommes autorisée, en France non-occupée, par
l'Armistice de juin 1940 et dissoute en 1942.

République. Jean Moulin en fut le premier président puis, lorsqu'il fut arrêté, torturé et exécuté par les Allemands, le Conseil choisit Georges Bidault pour lui succéder.

Dès 1942, les premiers maquis[6] constitués par des réfractaires au STO (Service de travail obligatoire en Allemagne) et par les anciens de l'Armée de l'armistice après sa dissolution, commencèrent à harceler l'ennemi par des sabotages, des destructions de voies ferrées, d'usines, etc. Plus tard, certains maquis livrèrent de véritables combats avec des armes parachutées par les Alliés. On estime que lorsque la bataille de France s'engagea, en 1944, plus de 200.000 maquisards y prirent part et jouèrent ainsi un rôle de premier ordre dans l'usure de l'ennemi.

Le gouvernement de Vichy qui, au début, semblait avoir beaucoup plus de chances de réussir[7] que la poignée de Français libres à Londres, était, en réalité, voué à l'échec. La politique de collaboration, qu'il déclara vouloir suivre avec l'ennemi, surtout lorsque l'amiral Darlan devint l'héritier présomptif de Pétain en février 1941, lui fit perdre rapidement une grande partie de son soutien populaire. En avril 1942, le rappel de Pierre Laval au pouvoir, d'où il avait été écarté quatre mois plus tôt, marqua une accélération de cette politique et, par contrecoup, du déclin du prestige de Vichy. L'évolution heureuse des offensives alliées dans le Pacifique et en Libye, pendant l'été de 1942, encouragea les résistants de l'intérieur. Puis, lorsque les forces anglo-américaines débarquèrent en Afrique du Nord, la France tout entière fut occupée par les Allemands.[8] Vichy perdit alors tout semblant d'indépendance. Pétain, au lieu de se rendre en Algérie, où il aurait pu vraisemblablement unifier les différentes forces françaises et justifier, en quelque sorte, l'armistice de Bordeaux, refusa de partir et se contenta d'une faible protestation orale. Finalement, au mois d'août 1944, Pétain et Laval furent emmenés de force en Allemagne; cet enlèvement marqua la fin du régime de Vichy.[9]

---

6. Le mot *maquis* désigne une région où pousse une végétation basse et touffue, donc apte à servir de refuge. Pendant l'occupation, l'expression «prendre le maquis» signifiait passer dans la Résistance organisée. Un *maquis,* par extension, signifiait un groupe de résistants.

7. Ce gouvernement fut reconnu immédiatement par les puissances démocratiques et bénéficia ainsi d'un prestige qui fut refusé au général de Gaulle jusqu'à la Libération.

8. L'armée allemande viola les conventions de l'armistice en occupant la zone «libre» et, en plus, la promesse qui avait été donnée de ne pas entrer à Toulon où était concentrée la flotte française. Celle-ci, plutôt que de tomber aux mains de Hitler, se saborda.

9. Le maréchal Pétain et Pierre Laval furent tous les deux jugés devant une Haute-Cour en 1945 et condamnés à mort. Laval fut fusillé le 15 octobre; la peine du maréchal fut commuée, par le général de Gaulle, en détention perpétuelle. Il mourut à l'île d'Yeu le 23 juillet 1951.

Le débarquement allié en Afrique du Nord (8 novembre 1942) créa une situation assez trouble parmi les Français. Pour des raisons qu'il jugeait sans doute bonnes, Roosevelt avait décidé de ne pas prévenir le général de Gaulle de ce débarquement. Par contre, d'accord avec Churchill, il avait décidé de faire transporter le général Henri Giraud[10] de la France non-occupée à Gibraltar et de là en Alger, avec l'espoir qu'il saurait rallier à la cause des Alliés l'armée française de l'Afrique du Nord qui était, dans l'ensemble, restée fidèle à Vichy. Le hasard voulut que l'amiral Darlan, toujours considéré comme l'héritier de Pétain, se trouvât au même moment en Algérie, où il rendait visite à son fils malade. Voyant que les Alliés débarquaient en force, l'amiral donna l'ordre de cesser le feu. Son intervention facilita grandement l'occupation de l'Afrique du Nord et détermina les Anglo-Américains à le reconnaître comme Haut-Commissaire. Le général Giraud fut nommé commandant en chef des forces françaises. Cette situation ne pouvait durer. Les patriotes français qui avaient, au risque de leur vie, participé à la préparation du débarquement, se plaignaient amèrement de voir le «dauphin» de Vichy installé en Alger; beaucoup d'entre eux furent jetés en prison.

Darlan, qui avait commencé à appliquer les lois de Vichy, fut assassiné le 24 décembre par le jeune Bonnier de la Chapelle. Le Conseil impérial, qui avait été formé par Darlan, désigna, d'accord avec les Américains, le général Giraud pour succéder à l'amiral avec le titre surprenant de «commandant en chef civil et militaire». Giraud, qui avait écrit une lettre au maréchal Pétain dans laquelle il lui donnait sa parole de ne jamais rien faire contre la politique de Vichy, continua à vouloir implanter ce régime en Afrique. Les Juifs furent persécutés, les patriotes gaullistes emprisonnés.

Au fur et à mesure que les événements révélaient l'incompétence de Giraud, les vœux des Français se tournaient vers de Gaulle. Les Alliés auraient préféré s'entendre avec Giraud, mais, désirant par-dessus tout la tranquillité en Algérie afin de mener à bien la campagne de Tunisie, ils finirent par exiger une rencontre entre les deux généraux pendant la conférence de Casablanca, en janvier 1943. Sous leur pression, un régime hybride fut instauré peu après: un comité français de Libération nationale siégeant en Alger et présidé alternativement par de Gaulle et Giraud.

Le 30 mai 1943, le général de Gaulle quittait Londres où, pendant trois ans, il avait défendu la cause de la France libre, et arrivait en Alger. Là,

10. Le général Giraud, alors âgé de 63 ans, avait eu une carrière militaire très distinguée. Fait prisonnier pendant la campagne de 1940, il s'était évadé de sa forteresse et avait réussi à regagner la France non-occupée.

il allait créer un gouvernement effectif, capable de diriger l'effort national dans la guerre et de maintenir la souveraineté de la France.

Il ne fallut que quelques semaines pour convaincre Giraud qu'il ne pouvait garder à la fois le titre de «commandant en chef civil et militaire» et celui de co-président du Comité national. Au mois de juillet, il fut nommé commandant en chef des forces françaises; au mois d'octobre, de Gaulle devenait seul président du Comité de la libération. Finalement, au mois d'avril 1944, un nouveau décret supprima le commandement en chef. Giraud fut nommé Inspecteur général des armées, mais, ayant refusé ce poste, il se retira tout à fait de la scène politique et militaire.

Entre temps, le Comité de la libération nationale s'était transformé en un véritable gouvernement. Par une ordonnance du 17 septembre 1943, une Assemblée consultative provisoire avait été créée, comportant quatre-vingt-quatre représentants, dont quarante de la résistance métropolitaine, douze de la résistance extra-métropolitaine, vingt du Sénat et de la Chambre des députés de la Troisième République et douze des Conseillers généraux. Puis, le 3 juin 1944, le Comité de la libération prit le nom de Gouvernement provisoire de la République française. Le général de Gaulle, devenu président du Gouvernement provisoire, pouvait maintenant s'apprêter à rentrer en France.

La libération de l'Afrique du Nord avait permis aux forces françaises libres d'augmenter considérablement leurs effectifs; grâce aux Américains, elles furent, en 1943–44, équipées et armées de pied en cap. Ainsi, à la veille de la libération de la France, le général de Gaulle disposait d'une armée de campagne de 230.000 hommes, des forces de souveraineté (employées à l'intérieur des territoires africains) de 150.000 soldats, d'une flotte de 320.000 tonnes avec 50.000 marins, d'une aviation de 500 appareils de ligne servis par 30.000 hommes. Sans compter, bien entendu, les F.F.I. (Forces françaises de l'Intérieur). Quel chemin avait été parcouru depuis le 18 juin 1940!

Pendant la campagne d'Italie, l'aviation, la flotte et l'armée françaises jouèrent un rôle important. Le Corps expéditionnaire, sous le commandement du général Alphonse Juin (1888–1966),[11] se distingua particulièrement à la bataille de Monte Cassino et à la prise de Rome (mai-juin 1944). En outre, les forces françaises, qui avaient libéré la Corse en septembre 1943, occupèrent l'autre île napoléonienne, Elbe, entre le 16 et le 18 juin 1944. Mais, c'est bien entendu vers la France que se tendaient tous les regards des combattants. Or, comme l'honneur l'exigeait, les premiers dé-

---

11. Nommé maréchal de France, et élu membre de l'Académie française en 1952.

tachements précurseurs du débarquement allié en France furent des détachements français, appartenant au Deuxième Régiment de chasseurs parachutistes, qui furent parachutés en Bretagne dans la nuit du 5 juin 1944. Et le premier à avoir donné sa vie pour la libération du sol français fut un jeune Breton de ce détachement: le caporal Émile Bouétard.

Le lendemain, 6 juin, commençait le grand débarquement sur les plages normandes. Ici encore, un commando français, sous les ordres du capitaine Kieffer, eut la gloire d'être parmi les premiers à mettre pied sur la terre de France. La nouvelle du débarquement donna aux forces clandestines le signal d'une action généralisée. Obéissant à l'ordre de de Gaulle, les maquis se mirent à combattre par tous les moyens en leur pouvoir, et sur tout le territoire. Destructions de chemins de fer, de routes, de moyens de transmission, attaques des garnisons allemandes—ces faits d'armes contribuèrent à rendre intenables les arrières des forces ennemies. Sans attendre l'arrivée des forces alliées, beaucoup de villes et de régions françaises se libérèrent elles-mêmes. D'autres, comme Paris, entreprirent leur propre libération et l'achevèrent avec l'aide des alliés.

Le samedi 19 août, au point du jour, le soulèvement parisien commença par le rassemblement de mille deux cents agents de police, en civil, sur le parvis de Notre-Dame. À huit heures, la préfecture fut occupée et le drapeau tricolore flotta au centre de l'Île de la Cité, au cœur même de la ville. Malgré la réaction de l'occupant, toute l'île fut bientôt entre les mains des F.F.I. et l'insurrection se propagea dans d'autres quartiers de Paris. Pour la première fois depuis 1871, les rues de la capitale se hérissèrent de barricades. Les combats durèrent une semaine pendant laquelle les Parisiens réussirent à libérer une bonne partie de la ville. Dans la nuit du 24 août apparurent les premiers chars de la Deuxième Division blindée, commandée par le général Leclerc,[12] qui, venant d'Angleterre, avait été engagée dans la bataille depuis le 11 août.

Cette dernière nuit d'occupation fut une nuit de fièvre. Chacun se demandait si les ordres bien connus d'Hitler, de faire sauter tous les monuments et les ponts de la ville, seraient suivis. Heureusement, le général von Choltitz, commandant militaire des forces allemandes dans la région de Paris, se laissa convaincre par des membres de la Résistance et

12. De son vrai nom Philippe de Hauteclocque. La Deuxième Division blindée, dont le noyau était composé de soldats qui avaient participé à l'expédition Fort-Lamy-Tripoli-Tunis, avait été mise sur pied au Maroc. C'est elle qui devait libérer Strasbourg, le 23 novembre 1944, et s'emparer le 4 mai 1945, du repaire d'Hitler: Berchtesgaden. Des bords du lac Tchad aux montagnes du Tyrol, les soldats de Leclerc avaient écrit une des pages les plus glorieuses de l'histoire militaire française.

par le consul suédois, Raoul Nordling, que ce serait commettre un crime contre l'humanité d'obéir à ces ordres insensés. Paris fut sauvé.

Le 25 août, à 15 heures, la convention de reddition de la garnison allemande de Paris fut signée entre le général Leclerc et le général von Choltitz. Une heure plus tard, le général de Gaulle faisait son entrée à Paris, par la porte d'Orléans, rencontrait le général Leclerc à la gare Montparnasse, puis se rendait directement au ministère de la Guerre, rue Saint-Dominique, qu'il avait quitté avec Paul Reynaud dans la nuit du 10 juin 1940. Peu après, de Gaulle se rendit à l'Hôtel de ville où l'attendaient les membres du Comité national de la Résistance et un immense rassemblement de Parisiens.

Le lendemain, ce fut l'apothéose. Entouré des généraux Juin, Leclerc et Kœnig, de l'amiral Thierry d'Argenlieu, de Georges Bidault, de plusieurs unités de la Deuxième Division blindée et d'innombrables combattants des F.F.I., le général de Gaulle, après avoir ranimé la flamme sur le tombeau du Soldat inconnu, à l'Arc de Triomphe, descendit à pied les Champs-Élysées, acclamé par une foule en délire qui scandait le nom du libérateur.

Cependant, la libération du territoire se poursuivait. Le 15 août la Ière Armée française (deux divisions blindées, cinq divisions d'infanterie), commandée par le général de Lattre de Tassigny,[13] avec le 6e Corps d'Armée américain, sous les ordres du général Truscott, avait débarqué sur la côte méditerranéenne entre Cavalaire et Saint-Tropez. Dans cette opération, qui devait, en un temps record, entraîner la libération de tout le Midi de la France, la nouvelle armée française put enfin démontrer, sur une grande échelle, ce qu'elle pouvait faire une fois équipée et commandée convenablement. Pendant que les Américains remontaient la route Napoléon vers Grenoble et Lyon, les Français libéraient Toulon et Marseille, puis remontaient la vallée du Rhône et arrivaient à Lyon le même jour que leurs alliés, le 3 septembre. Neuf jours plus tard, dans un petit village de la Côte-d'Or, Nod, les détachements d'avant-garde de la Ière Armée rencontraient ceux de la division Leclerc. Ainsi, en moins d'un mois, les Alliés avaient réussi à opérer la jonction de leurs forces. Il ne restait plus que l'Alsace-Lorraine à libérer, ainsi que certains ports de l'Atlantique, notamment Royan et La Rochelle.

La bataille de Lorraine commença le 18 septembre et fut menée par l'armée du général américain Patch, à laquelle était rattachée la division

13. Nommé maréchal de France, à titre posthume, en 1952.

Leclerc. Ce fut une dure campagne qui se termina le 20 novembre par la libération de Metz. Trois jours plus tard, Leclerc entrait à Strasbourg. Mais déjà d'autres Français avaient eu l'honneur d'atteindre le Rhin les premiers: en effet, le 2e Corps d'Armée, commandé par le général de Montsabert, avait lancé une attaque en pleine tempête de neige par la trouée de Belfort (14 mai). Pendant que la 5e Division blindée occupait Belfort, la 1ère Division blindée, (général du Vigier) s'insinuait le long de la frontière suisse et atteignait le Rhin le 19 novembre dans la région de Saint-Louis. Puis, le 24 novembre, la même division libérait la deuxième grande ville d'Alsace, Mulhouse. Les Allemands ne tenaient plus en France que la «poche» de Colmar, qui fut réduite le 2 février 1945, et les «poches atlantiques» qui furent prises au mois d'avril. La France était alors complètement libérée, après cinq ans d'occupation.

Dans la dernière partie de la guerre, l'armée française eut également son rôle à jouer. Après avoir forcé la ligne Annemarie, entre Haguenau et le Rhin (15–17 mars), puis la ligne Siegfried, entre Steinfeldt et le Rhin (19–24 mars), l'armée de Lattre franchit le Rhin de vive force le 31 mars à Spire et à Gemersheim. Puis ce fut la prise de Karlsruhe, de Freudenstadt, de Fribourg, de Stuttgart et d'Ulm, et la poussée jusqu'au lac de Constance et aux Alpes bavaroises. Lorsque l'armistice entre les Alliés et les Allemands fut signé à Reims, le 7 mai, le drapeau français flottait sur 80.000 kilomètres carrés du Grand Reich hitlérien. Et lorsque l'acte solennel de la capitulation du Reich fut signé à Berlin, le 8 mai, le général de Lattre de Tassigny y apposa sa signature au nom de la France. Ainsi se réalisaient les paroles prophétiques de Charles de Gaulle dans son appel du 18 juin 1940:

«Dans l'univers libre, des forces immenses n'ont pas encore donné. Un jour, ces forces écraseront l'ennemi. Il faut que la France, ce jour-là, soit présente à la victoire.»

La guerre en Europe terminée, il fallut reconstruire et réorganiser la France. Jamais, dans sa longue histoire, ce pays ne s'était trouvé dans une situation aussi pénible. Du point de vue physique, il avait grandement souffert, d'une part, de l'occupation[14] pendant laquelle des prélèvements considérables avaient été opérés sur les produits agricoles[15] et sur l'industrie, et, d'autre part, de la libération qui provoqua la destruction de tous les ports, de la majorité des ponts, des lignes de chemin de fer, et de

14. Notons que pour la première fois dans l'histoire de la France son territoire, à partir de 1942, fut en totalité occupé par l'ennemi.

15. En conséquence, la carte de rationnement, en 1943, donnait droit à 1.000 calories, alors que 1.500 à 2.000 sont considérées comme un minimum.

beaucoup de villes et de villages. En outre, lorsque l'armistice fut signé, 2.500.000 Français se trouvaient en Allemagne dans des camps de prisonniers ou de concentration.

Du point de vue moral, la situation était fort complexe. Les Français ne pouvaient pas oublier qu'il y avait eu la campagne de 1940 et le régime de Vichy, et qu'une partie de la population, si infime quelle fût, avait collaboré avec l'ennemi. Au sentiment de fierté inspiré par la victoire, se mêlait donc l'humiliation suscitée par la défaite et la collaboration. Par contre, grâce à de Gaulle et aux Français libres, la France se trouvait du côté des vainqueurs. Mais elle y jouait un rôle de second plan.

Il avait fallu tout l'entêtement et le talent diplomatique du général de Gaulle pour que l'on reconnût le droit de la France à siéger dans les conseils des Alliés. Absente des conférences de Yalta, de Téhéran et de Potsdam, où les Trois Grands avaient décidé entre eux du sort du monde, la France avait finalement été invitée à participer à la conférence de Londres qui devait fixer les zones d'occupation en Allemagne.[16] Plus tard, en juin 1945, la France signa la charte des Nations unies et devint une des cinq nations ayant droit à un siège permanent au Conseil de Sécurité.

Il était clair, toutefois, que le rôle international que la France avait joué depuis des siècles s'était considérablement amenuisé. L'état d'esprit des Français, confrontés par les ruines matérielles de leur pays et par la perte de son prestige, n'était donc pas des meilleurs. Est-ce pour cela que le général de Gaulle se fit un devoir de proclamer, dans chacun de ses discours, sa foi en la grandeur de la France?

Un des premiers problèmes que de Gaulle eut à résoudre fut celui posé par les institutions de la France. L'effondrement du gouvernement de Vichy avait laissé un vide qui aurait pu être très dangereux pour le pays. En effet, deux menaces, inspirées par des motifs différents, pesèrent sur là souveraineté française au moment de la Libération. D'un côté, les Alliés qui, ayant refusé de reconnaître de Gaulle et le gouvernement d'Alger jusqu'à la dernière minute, avaient constitué, sous l'égide de l'AMGOT (Allied Military Government of Occupied Territory), des cadres administratifs qui devaient, comme en Italie et plus tard en Allemagne, s'occuper de l'administration des territoires libérés. Seulement, la France n'était pas un territoire ennemi et le gouvernement d'Alger avait lui aussi des cadres prêts à entrer en fonction. Ce sont ces derniers qui effectivement prirent la responsabilité administrative au fur et à mesure de l'avance

16. La zone française englobait le Tyrol autrichien, le pays de Bade, une partie du Wurtemberg, la rive gauche du Rhin de la frontière suisse à Cologne, ainsi que Vienne et Berlin, ces dernières villes en partage avec les autres Alliés.

alliée. Les membres de l'AMGOT furent rapidement convaincus de leur inutilité.

L'autre menace, plus dangereuse, vint des communistes. Le parti communiste, grâce à son organisation cellulaire qui s'étendait sur tout le territoire français, avait joué un rôle très efficace dans la Résistance. Profitant de la sympathie du public pour les pertes qu'ils avaient subies et le courage qu'ils avaient déployé, les chefs communistes espéraient bien se mettre à la tête de l'insurrection et s'infiltrer dans tous les rouages de l'État avant que de Gaulle n'ait eu le temps d'y installer les siens. Peu s'en fallut, d'ailleurs, qu'ils ne réussissent! Mais de Gaulle avait prévu cette menace; dans toutes les villes où les communistes faisaient mine de saisir le pouvoir, le chef du gouvernement provisoire fit son apparition, prit d'autorité diverses mesures et montra aux gens que l'État avait une tête. D'ailleurs, la majorité des Français sentaient profondément que dans le désarroi où se trouvait la nation, il leur fallait suivre de Gaulle pour éviter l'anarchie, puis la dictature.

Néanmoins, le gouvernement provisoire se devait, dès que les circonstances le permettraient, de rendre la parole au pays afin de le laisser se prononcer sur les institutions futures. C'est ce qui fut fait le 21 octobre 1945 lorsque les électeurs français—qui comprenaient pour la première fois les femmes—eurent à élire une nouvelle Assemblée et à se prononcer par référendum sur le rôle et les pouvoirs de celle-ci. Une majorité écrasante (96%) décida que la nouvelle Assemblée serait constituante, rejetant ainsi la possibilité de revenir aux lois constitutionnelles de 1875; une majorité moins forte (66%) décida que cette Assemblée ne serait pas souveraine, mais au contraire verrait ses pouvoirs limités au profit d'un exécutif stable.

Dans cette nouvelle Assemblée, la première élue depuis 1936, trois grands partis reçurent la majorité des voix; le Parti communiste (avec 152 députés sur 586), le Parti socialiste (132 députés) et un nouveau parti, le Mouvement républicain populaire (151 députés). Le Parti radical-socialiste, qui avait dominé la scène politique entre les deux guerres, s'était effondré ainsi que la droite classique. Cette dernière payait Vichy; le radical-socialisme, Munich.

Le M.R.P. était, de tous les partis, le plus dévoué au général de Gaulle. Fondé par des catholiques favorables à la nationalisation des entreprises d'intérêt public et à une législation sociale faisant une large part aux syndicats ouvriers, ce parti «démocrate-chrétien» représentait un point de vue assez répandu dans l'Europe d'après-guerre. Malheureusement, les chefs de ce parti—professeurs, journalistes ou juristes pour la plupart—

manquaient d'expérience. Par surcroît, aucun d'entre eux, même Georges Bidault, un de ses principaux fondateurs, n'avait la volonté, le caractère ou le talent nécessaires à un homme d'État. Le «parti de de Gaulle» ne pouvait donc lui fournir que d'honnêtes subalternes, mais aucun collaborateur intime.

La position du Général était d'ailleurs très délicate. Tant que la guerre avait duré, il avait pu parler au nom de la France, sûr d'exprimer le sentiment de l'immense majorité des Français. Il avait, en quelque sorte, incarné la France. Mais, la paix revenue, il sentait bien que les passions politiques renaissantes allaient saper le soutien populaire dont il avait joui jusqu'alors. Pour continuer à diriger les affaires du pays, il lui faudrait donc descendre dans l'arène politique, accepter des compromis, des combinaisons, des demi-mesures selon les règles du jeu parlementaire. C'était un rôle qui lui était étranger. Par ailleurs, le rôle de dictateur lui répugnait profondément.

En attendant, les tâches qui confrontaient le gouvernement restaient ardues. Déjà, de nombreuses mesures, étudiées et préparées pendant la guerre, en France et en Alger, avaient été appliquées par le gouvernement provisoire. Les sources principales de l'énergie, la Banque de France et les grands établissements de crédit avaient été nationalisés; le Bureau des pétroles, le Haut-Commissariat à l'Énergie atomique, ainsi que la Caisse centrale de la France d'outre-mer avaient été créés. L'année 1945 avait également vu la refonte entière, et l'extension à des domaines multiples, du régime des assurances sociales. Un système complet d'allocations familiales fut mis en vigueur afin de soutenir financièrement les familles nombreuses. Des Comités d'entreprises furent organisés pour réunir les patrons d'usines et les représentants de leurs ouvriers, afin de faire de ceux-ci des associés responsables. Une École nationale d'administration vit le jour en août 1945 pour former les cadres administratifs nécessaires à l'État.

Dans tous les domaines, donc, le gouvernement provisoire, entre la Libération et la fin de 1945, avait agi avec énergie et méthode. En ce qui concernait les affaires extérieures, le même souci de veiller aux intérêts de la France, tout en reconnaissant l'évolution des affaires humaines, s'était fait sentir.

Tant que la guerre avait duré, l'Empire colonial français avait fait preuve d'une loyauté remarquable. Sauf l'Afrique du Nord et l'Indochine, tout l'Empire, après 1941, s'était rallié à la France libre. Nous avons vu le rôle de l'Afrique du Nord. L'Indochine avait été occupée par les Japonais dès 1942 et était restée sous leur contrôle jusqu'à la capitulation du Japon.[17] Même avant cette capitulation, le général de Gaulle avait obtenu qu'un corps expéditionnaire français, sous le commandement du général Leclerc, fît partie des troupes qui devaient, de la Birmanie, lancer une offensive vers l'Indochine.

Le corps expéditionnaire français arriva à Saïgon le 12 septembre et l'amiral Thierry d'Argenlieu, Haut-Commissaire de France, s'y installa le 31 octobre. Cependant, le prestige français avait reçu une trop forte atteinte du fait de l'occupation japonaise. Dès leur arrivée, les Français s'aperçurent que les populations indo-chinoises ne voulaient pas retourner au *status quo ante bellum*. Faute d'avoir sous-estimé leur désir d'indépendance, la France allait, à partir de mars 1946, se trouver engagée dans la guerre d'Indochine qui, pendant sept ans, agit comme un cancer sur le corps de la Quatrième République et contribua largement à sa chute.

D'autres parties de l'Empire manifestèrent leur désir, en 1945, d'instituer de nouvelles relations avec la France. Le Maroc et la Tunisie notamment, par l'intermédiaire de leurs souverains, le sultan Mohammed V et le bey Sidi Lamine, entamèrent des conversations avec de Gaulle, en vue d'obtenir leur éventuelle indépendance. Celui-ci était d'ailleurs bien disposé envers une telle évolution, ainsi qu'il l'avait démontré à Brazzaville en 1944 lorsqu'il avait posé les fondements de la future Union française.

«En Afrique française, avait-il dit, comme dans tous les autres territoires où des Français vivent sous notre drapeau, il n'y aurait aucun progrès si les hommes sur leur terre natale n'en profitaient pas moralement et matériellement, s'ils ne pouvaient s'élever peu à peu jusqu'au niveau où ils seront capables de participer chez eux à la gestion de leurs propres affaires.»

Malheureusement, les discussions raisonnables qui auraient pu aplanir les difficultés inhérentes à l'évolution coloniale ne furent jamais poursuivies. Au mois de janvier 1946, le général de Gaulle, écœuré de voir renaître le jeu des partis, donna sa démission de chef du gouvernement provisoire et se retira dans sa propriété à Colombey-les-deux-Églises.

L'Assemblée constituante se mit immédiatement à la tâche d'organiser la Quatrième République. Elle élut, pour remplacer de Gaulle, le socialiste Félix Gouin qui, non sans peine, forma un gouvernement appuyé sur les trois grands partis. Puis, l'Assemblée commença les travaux constitutionnels. Deux tendances opposées se heurtaient: l'une, soutenue par les communistes et les socialistes, demandait un régime où l'exécutif

17. Le général Leclerc représentait la France à bord du *Missouri,* le 2 septembre 1945, lorsque fut signée la cessation des hostilités.

serait impuissant et soumis à l'autorité d'une assemblée unique; l'autre, soutenue par le M.R.P., réclamait un véritable régime parlementaire basé sur deux Chambres. C'est la première tendance qui obtint la majorité des voix, mais ce projet de constitution fut rejeté par les électeurs français le 5 mai 1946.

Une nouvelle Assemblée constituante fut élue le 2 juin suivant et, cette fois, c'est le M.R.P. qui obtint le plus grand nombre de sièges et qui revendiqua pour son président, Georges Bidault, la charge de former le nouveau gouvernement. Une nouvelle constitution fut élaborée pendant l'été qui ressemblait comme une sœur à celle du 5 mai, mais qui fut adoptée par le pays, le 13 octobre, à 9.039.032 voix contre 7.830.369 et 7.880.119 abstentions. Le général de Gaulle s'était formellement prononcé contre cette constitution.

Le pouvoir législatif était confié à une Assemblée nationale, élue pour cinq ans au suffrage universel direct et seule qualifiée pour voter les lois. Celles-ci étaient alors soumises pour avis au Conseil de la République, élu pour six ans au suffrage indirect par l'Assemblée nationale, les Conseils généraux et les Conseils municipaux. Ce Conseil, renouvelable par moitié tous les trois ans, avait des pouvoirs très limités. À part ces deux Chambres, qui formaient le Parlement, deux assemblées consultatives avaient été créées: le Conseil économique et l'Assemblée de l'Union française. La première était consultée sur les propositions de lois de caractère économique; la seconde, sur celles relatives à l'Union française, qui remplaçait l'ancien Empire colonial.[18]

La Quatrième République dura jusqu'en 1958. Sa brève histoire se situe entre le départ du général de Gaulle et son retour au pouvoir et est caractérisée par une succession vertigineuse de gouvernements: vingt et un en douze ans et cinq mois! Cette instabilité ministérielle, due autant aux défauts de la Constitution qu'aux profondes divergences d'opinion entre les nombreux partis, empêcha la Quatrième République d'adopter des mesures énergiques, soit à l'intérieur, soit à l'extérieur. Qu'il s'agît des relations avec les autres puissances ou avec les colonies, des réformes sociales ou constitutionnelles, le régime se cantonna dans l'immobilisme. C'est cette incapacité d'agir qui causa sa chute lorsque les événements d'Algérie exacerbèrent le sentiment nationaliste des Français.

Dans un seul domaine, cependant, celui de l'économie et de la technique, la Quatrième République sut adopter des réformes de base qui permirent des progrès remarquables. Le Haut-Commissariat au Plan d'équipement et de modernisation, créé pendant le gouvernement pro-

18. Voir plus loin, pages 379–381.

visoire de de Gaulle, élabora un plan, connu sous le nom de Plan Monnet,[19] qui fut appliqué de 1946 à 1953. Malgré les turbulences de la scène politique, malgré les dépenses extraordinaires occasionnées par la guerre d'Indochine, ce premier plan réussit à augmenter la production industrielle du pays de 71%, la production agricole de 21% et contribua à un relèvement de 30% du niveau de vie. Grâce à l'aide américaine fournie de 1947 à 1952 par le plan Marshall (3 milliards et demi de dollars), la Quatrième République tourna le dos à la stagnation économique et à l'insuffisance technique. Une mentalité nouvelle, tournée vers l'avenir, gagna toute l'industrie française, puis l'agriculture. Il est indéniable que la Quatrième République, après avoir rattrapé les retards de l'entre-deux-guerres,[20] et réparé les ruines de 1940–45, a engagé la France dans la voie de la civilisation moderne.

Malheureusement, les dirigeants de cette République ne surent pas épauler l'économie par une politique financière stable. La hausse des prix, le refus d'entreprendre la réforme des contributions directes, les dévaluations successives du franc furent autant de manifestations de la carence de l'État dans ce secteur essentiel de la vie nationale. Le déficit des comptes extérieurs, le manque de devises, firent peser, vers la fin de la Quatrième République, la menace d'une crise majeure.

En ce qui concerne la politique extérieure, le régime fut également malheureux. Les troubles en Indochine avaient, à partir du mois de décembre 1946, dégénéré en une véritable guerre, lorsque, à la suite de nombreux incidents, les troupes vietnamiennes[21] passèrent à l'attaque à Hanoï et massacrèrent quarante Français. Léon Blum, qui était premier ministre à cette époque, déclara que l'ordre pacifique devait être restauré «avant de reprendre avec loyauté l'œuvre interrompue, c'est-à-dire l'organisation d'un Viet-nam libre». Ce que les gouvernements successifs de la Quatrième République essayèrent de réaliser, la restauration des droits de la France en Indochine, était, dès le début, condamné à l'échec. Le parti révolutionnaire, le Viet-minh, était sous le contrôle des communistes; aucune concession ne pouvait donc le satisfaire sauf l'indépendance complète. Pendant sept années, l'Indochine joua le rôle d'un «tonneau des Danaïdes» dans lequel la France versa deux fois la somme qu'elle

19. Jean Monnet fut le premier Commissaire-général; Étienne Hirsch lui succéda en 1952, suivi en 1959 par Pierre Massé.
20. Entre 1930–39, l'indice de la production industrielle en France avait fléchi de 14% alors que, dans les pays voisins, il s'était élevé d'environ 25% durant la même période.
21. En 1949, le Tonkin, l'Annam et la Cochinchine avaient été réunis en un seul pays, le Viet-nam, avec Bao-Daï, empereur d'Annam comme souverain. À la même époque, le Laos et le Cambodge avaient obtenu leur indépendance tout en restant dans l'Union française.

avait reçue du plan Marshall et sacrifia presque tous les jeunes officiers dont elle avait si grand besoin pour entraîner sa nouvelle armée en Europe. Ce fut une guerre impopulaire, détestée même; mais que personne ne pouvait, ou ne voulait arrêter. Finalement, après le désastre de Dien-Bien-Phu où une garnison française de 15.000 hommes capitula après avoir résisté du 13 mars au 7 mai 1954 à l'attaque de 92.000 soldats vietnamiens, le gouvernement français accepta de négocier. Le premier ministre, Pierre Mendès-France, élu le 18 juin après avoir promis de démissionner si une solution satisfaisante n'avait pas été trouvée avant le 20 juillet, se rendit à Genève pour assister à une conférence internationale. Le 21 juillet, les textes furent signés qui séparèrent le Viet-nam en deux au niveau du 17e parallèle; la région du nord étant placée sous le contrôle des communistes, celle du sud sous celui des nationalistes.

Dix jours plus tard, Mendès-France se rendait en Tunisie pour proclamer l'autonomie interne de ce pays où de sérieux troubles avaient éclaté entre la population française et les musulmans. Les négociations entre les chefs tunisiens et le gouvernement français aboutirent aux accords de juin 1955 et à la proclamation de l'indépendance de la Tunisie, le 20 mars 1956.

Au Maroc, la situation évolua différemment mais aboutit au même résultat. Nous avons vu plus haut que le sultan du Maroc avait, dans ses entretiens avec le général de Gaulle en 1945, exprimé le vœu de voir son pays atteindre à l'indépendance. Après le départ du général, le gouvernement français, par l'intermédiaire du Résident-général, Gabriel Puaux, poursuivit une politique répressive contre les nationalistes marocains. Cela ne fit qu'exacerber la volonté d'indépendance des Marocains et amener de nouveaux adhérents au parti nationaliste: l'Istiqlal. En 1946, Eric Labonne remplaça Gabriel Puaux à la Résidence. Labonne était sincèrement convaincu de la nécessité d'accomplir des réformes, mais malheureusement, celles qu'il envisageait étaient plutôt d'ordre économique et éducatif que politique. Elles ne pouvaient satisfaire les nationalistes et elles soulevèrent l'opposition farouche des colons français. Attaqué des deux côtés, Labonne ne put rien accomplir. Le 14 mai 1947, il fut remplacé par le général Juin. Ce dernier, un Français d'Algérie, imposa, avec l'assentiment de Paris, des restrictions très sévères sur la vie politique du pays. Mais le sultan qui, en théorie, était le souverain du Maroc, opposa aux mesures du Résident la seule arme qui lui restait: le refus de signer les décrets qui lui étaient présentés. Profitant d'une visite officielle à Paris, Sidi Mohammed fit connaître ses revendications directement au gouvernement et obtint quelques concessions d'ordre secondaire.

Cette démarche déplût fortement au général Juin et renforça sa détermination de se débarasser du sultan. Au mois de janvier 1951, il le somma de
désavouer le parti de l'Istiqlal ou d'abdiquer et, pour renforcer sa demande, le général fit venir autour de Rabat, de Fez et de Salé les tribus
berbères du pacha de Marrakech, Thami el Glaoui, l'ennemi juré du
sultan.

Celui-ci s'inclina et accepta de «condamner les méthodes d'un certain
parti». Pendant une année, la tranquillité revint au Maroc, mais aucune
réforme ne s'ensuivit. Lorsque le général Juin, en mars 1952, fut remplacé à la Résidence par le général Guillaume, la même politique d'immobilisme fut poursuivie. À partir du mois de décembre, cependant, les
événements se précipitèrent. L'assassinat d'un nationaliste marocain
provoqua des émeutes sérieuses à Casablanca. Le Glaoui en profita pour
réclamer la déposition du sultan et obtint finalement gain de cause. Sidi
Mohammed fut arrêté avec ses deux fils, le 20 avril 1953, et transporté en
Corse. À sa place on installa Mohammed Moulay ben Arafa, un vieillard
de plus de soixante-dix ans. Ce coup de force eut comme résultat principal
d'investir l'ancien sultan d'un prestige et d'une popularité qu'il n'avait
jamais connus auparavant. De plus, le peuple marocain perdit toute
confiance en Paris.

Peu après la déposition de Sidi Mohammed une véritable guerre de
libération fut déclenchée par les nationalistes, guerre qui se manifesta
par le boycottage, le sabotage et des actes de terrorisme. À la fin de l'année 1954, le pays était sur le point de tomber dans l'anarchie. L'encouragement donné aux Marocains par la Ligue arabe, l'insurrection algérienne
et aussi les doutes du public français quant à la sagesse gouvernementale,
contribuèrent au renversement de la politique suivie jusqu'alors. Au mois
d'octobre 1955, Sidi Mohammed fut ramené de son exil et, après une
courte halte à Paris, réinstallé dans sa capitale, Rabat. Le 2 mars 1956, la
France reconnaissait formellement l'indépendance du Maroc. Ainsi se
terminait un chapitre important de l'histoire de la France en Afrique du
Nord. Le protectorat commencé sous de si heureux auspices par le pro-
consulat du maréchal Lyautey s'était terminé tristement, faute de sagesse
et de compréhension de la part des autorités françaises.

Tandis que la Tunisie et le Maroc obtenaient leur indépendance,
l'Algérie s'agitait et allait finalement causer la chute de la Quatrième
République. L'Algérie n'avait jamais été une colonie française et, contrairement aux deux autres pays nord-africains qui, eux, avaient une
longue histoire nationale, c'est de la France qu'elle avait reçu son unité
politique et jusqu'à son nom.

C'est en 1830 que la France intervint pour la première fois en Alger. À cette époque, le territoire que nous appelons maintenant l'Algérie, était la partie centrale des États barbaresques qui étaient nominalement sous le contrôle des Turcs. En réalité, l'anarchie régnait à l'intérieur du pays et les villes côtières étaient des repaires de brigands et de pirates contre lesquels les expéditions militaires des puissances européennes et même des États-Unis n'avaient eu aucun succès.

En 1827, le dey d'Alger, au cours d'une discussion qui portait sur les dettes algéroises envers des banques françaises, frappa le consul de France d'un coup d'éventail. Après de vains efforts pour obtenir réparation de cet affront, le gouvernement de Charles X envoya une expédition militaire contre Alger. Cette ville capitula, le 5 juillet 1830, et entraîna la chute de l'État barbaresque qui avait nargué les marines européennes durant trois siècles. Par cette expédition, la France se trouvait, bon gré, mal gré, engagée sur le sol nord-africain. Deux semaines plus tard, la révolution de 1830 forçait Charles X à s'enfuir en Angleterre. Son successeur, Louis-Philippe, parut d'abord fort embarrassé de cette nouvelle conquête. Il décida qu'on se bornerait à l'occupation des côtes, mais les attaques indigènes forcèrent les troupes françaises à pénétrer de plus en plus vers l'intérieur. C'est ainsi que Constantine fut occupée en 1837, après une dure campagne. Puis l'émir Abd-el-Kader déclara la «guerre sainte» et réussit à grouper sous ses ordres un certain nombre de tribus. Le général Bugeaud mena les troupes françaises contre Abd-el-Kader et, avec l'aide d'autres tribus arabes, ainsi que de nouvelles troupes telles que la Légion étrangère, les Zouaves, les Spahis et les Chasseurs d'Afrique, il força l'émir à se rendre en 1847. Abd-el-Kader fut déporté en Syrie et les troupes françaises continuèrent la pacification du territoire. En 1902, la France étendit sa domination sur le Sahara et constitua, de cette région de 1.968.000 kilomètres carrés, les Territoires du Sud, qui furent plus tard (1947) organisés en deux départements.

La Troisième République décida de reprendre la politique inaugurée par la Constitution de 1848 et de procéder à l'assimilation pure et simple de l'Algérie. Trois départements algériens furent créés et placés sous l'autorité d'un Gouverneur-général, la citoyenneté française fut accordée aux Israélites algériens, et un budget autonome pour l'Algérie fut institué. Malheureusement, tout en proclamant que l'Algérie faisait partie intégrante du territoire français, le gouvernement à Paris refusa d'accorder aux autochtones de ce pays les droits politiques dont jouissaient les colons. C'est ainsi que les lois électorales distinguaient deux sortes de citoyens: ceux de souche européenne ou israélite et ceux des musulmans qui avaient renoncé au statut local, d'une part, et d'autre part, les musulmans qui formaient le reste de la population. Or, ces derniers, bien qu'étant la grande majorité, se trouvaient très faiblement représentés. Il était inévitable que tôt ou tard cette majorité numérique exigerait des réformes. Les jeunes musulmans qui avaient reçu leur éducation dans les écoles et les universités françaises furent tout naturellement les premiers à demander l'égalité devant la loi et, devant le refus des autorités françaises, à former des groupements nationalistes.

Le 8 mai 1945, le jour même de la capitulation allemande, des émeutes éclatèrent dans plusieurs localités algériennes. Des fonctionnaires, des cultivateurs, des commerçants, des femmes et des enfants, tous d'origine européenne, furent assassinés après avoir subi d'affreuses mutilations. La répression fut rapide, brutale et aveugle. Ferhat Abbas, chef d'un des partis nationalistes, fut appréhendé, l'aviation écrasa des villages musulmans sans avertissement préalable, la Légion étrangère occupa des localités accusées d'avoir abrité des émeutiers, des colons abattirent de nombreux musulmans. Ces «vêpres algériennes» marquent le début du drame algérien, mais ce ne fut que neuf ans plus tard que l'insurrection ouverte éclata. Entre-temps, plusieurs tentatives furent faites pour apaiser les revendications nationalistes. Déjà, en 1943, le gouvernement provisoire siégeant en Alger avait promis de conférer la citoyenneté française aux élites musulmanes, et cette promesse avait été tenue au mois de mars 1944. Mais, cette mesure avait mécontenté les Européens d'Algérie et elle avait été critiquée par les musulmans eux-mêmes, qui ne voulaient pas, pour la plupart, d'une politique d'assimilation. L'échec de cette tentative illustre bien le dilemme qui allait confronter tous les gouvernements de la Quatrième République: l'autonomie aurait été acceptée par les musulmans (même si cette autonomie signifiait un lien étroit avec la France) mais aurait été rejetée par les Européens. Ceux-ci ne souhaitaient que le maintien pur et simple du régime, c'est-à-dire de la domination du pays par les colons. Les deux côtés rejetaient une politique d'intégration et d'assimilation. Le décret de mars 1944 ne fut donc jamais appliqué.

Il faut noter qu'à la veille de l'insurrection l'Algérie était socialement divisée en deux communautés: d'une part un million et demi environ d'Européens, qui étaient à la tête des grandes et moyennes entreprises industrielles et commerciales, propriétaires de vastes domaines agricoles, et qui tenaient les leviers de commande de toute la vie économique du pays; d'autre part près de neuf millions de musulmans, dont un cinquième à peine participaient à l'économie moderne créée par les Européens. Les autres vivaient médiocrement d'une agriculture rudimentaire. Beaucoup de musulmans (400.000 en 1948) passaient quelques années en France, à Paris surtout, et envoyaient une grande partie de leurs salaires en Algérie. On estimait en 1958 qu'un sur deux musulmans d'âge adulte avait séjourné en France et acquis ainsi l'habitude de vivre dans une société moderne. À leur retour en Algérie, il leur était plutôt difficile de rentrer dans la société musulmane. Ce sont ces Algériens et plus particulièrement ceux d'entre eux qui avaient poursuivi leurs études dans les écoles françaises, qui provoquèrent et poursuivirent la révolution. Quant à la population européenne (dont la majorité était de souche française et le reste d'origine espagnole, italienne ou maltaise) elle souhaitait, comme nous l'avons constaté plus haut, le maintien du *statu quo*. Beaucoup d'entre eux appartenaient à des familles venues en Algérie vers la fin du XIXe siècle et qui, à force de travail, de persévérance et de sacrifices, avaient littéralement créé le pays et l'avait doté d'une économie moderne. Ce faisant, ils n'avaient pas dépossédé la population indigène, mais l'avaient au contraire fait participer, bien que dans une mesure plus que modeste, au développement du pays.

Le problème était donc ardu. D'un côté, une population nombreuse, réclamant, à l'exemple de tous les pays colonisés, son indépendance; de l'autre côté, une population pouvant alléguer, à juste titre, qu'elle était chez elle, dans un pays qu'elle avait pratiquement créé.

On ne peut ici entreprendre une relation de toutes les péripéties de la guerre algérienne, mais on peut cependant en tracer les grandes lignes. La révolte éclata dans la nuit du 31 octobre au 1er novembre 1954. Préparée de longue date par l'«Organisation de Sécurité», nom donné au dispositif de combat du *Parti du Peuple algérien*,[22] cette révolte débuta par une série de raids sur soixante-dix postes militaires, situés dans l'intérieur de l'Algérie, ainsi que sur la côte. À cette époque la France, engagée dans la guerre d'Indochine, ne maintenait qu'environ 50.000 hommes en Algérie. C'était trop peu pour assurer l'ordre et, en même temps, traquer les rebelles dans leurs repaires. Trois bataillons de parachutistes furent immédiatement expédiés de la métropole par le premier

---

22. Fondé en 1937 par Ferhat Abbas, ce parti passa dans la clandestinité en 1945. Son action politique fut ouvertement continuée par le «Mouvement pour le Triomphe des libertés démocratiques», fondé également par Ferhat Abbas. Le MTLD, en 1951, forma un Front commun avec les autres partis nationalistes et fut dissout en 1954 au profit du Comité révolutionnaire pour l'Unité et l'Action (CRUA), dominé par les jeunes révolutionnaires. Immédiatement après le soulèvement du 1er novembre, le CRUA devint le Front de Libération nationale (FLN) qui, le 21 août 1955, se donna une Assemblée, le Congrès national de la République algérienne, et un Exécutif, le Comité de Coordination et d'Exécution. En septembre 1958, enfin, fut créé le GPRA: le Gouvernement provisoire de la République algérienne.

ministre, Mendès-France. Ces soldats furent l'avant-garde des quelques 500.000 hommes qui, de 1954 à 1962, devaient servir sous le drapeau français en Algérie.

Au début, la révolution se manifesta surtout dans les montagnes de l'Aurès où le terrain favorisait la guérilla. De là, elle s'étendit vers Constantine, Philippeville et Bône, puis, de la frontière marocaine autour de Tlemcen, de Mascara, d'Orléansville et de Laghouat. Les villes restèrent sous le contrôle de l'armée française, mais dans la campagne le FLN imposa progressivement sa loi.

Les six gouvernements de la Quatrième République qui se succédèrent de 1954 à 1958 essayèrent sérieusement de mettre fin à la révolution et de maintenir l'Algérie française. Par l'action militaire et par des essais de réformes, ils tâchèrent d'une part de démontrer que la rébellion armée ne pouvait pas aboutir et, d'autre part, que le sort des populations algériennes serait infiniment meilleur si elles restaient loyales envers la France. D'importants crédits furent votés par le Parlement pour encourager le développement industriel de l'Algérie. Un résultat de cet effort fut le forage, dans le Sahara, du gisement de pétrole à Hassi Messaoud, en 1956, suivi peu de temps après de la découverte du gisement de gaz naturel à Hassi R'Mal.

De son côté, le FLN s'efforça de trouver des alliés afin de renforcer sa situation matérielle et morale, et d'internationaliser le conflit. Dès le début, l'Égypte du colonel Nasser lui avait fourni argent et munitions. La Ligue des États arabes avait également offert son aide. À plusieurs reprises, la question algérienne fut débattue à l'Organisation des Nations unies, mais à chaque fois, la France refusa de participer aux discussions car elle considérait que c'était là une affaire de politique intérieure qui échappait donc à la compétence des Nations unies.

En 1956, la situation internationale s'aggrava par la crise de Suez. Le 26 juillet, Nasser avait décrété la nationalisation du canal qui, jusque là, avait été contrôlé par la Compagnie du canal de Suez composée de trente-deux directeurs: 19 Français, 10 Anglais, 2 Égyptiens et un Hollandais, et dont le siège était à Paris. Les pourparlers engagés aussitôt entre la France, l'Angleterre et l'Égypte n'aboutirent pas. Sur ces entrefaites, les relations entre Israël et l'Égypte se détériorèrent à un tel point que, le 29 octobre, une armée israélienne s'avança à travers le désert du Sinaï en direction du canal. La France et l'Angleterre expédièrent alors un ultimatum aux deux belligérants, les sommant de retirer leurs troupes à seize kilomètres du canal. Israël accepta l'ultimatum, mais l'Égypte le rejeta. Entre-temps, le Conseil de Sécurité de l'ONU s'était réuni, mais n'avait pu trouver de solution satisfaisante. L'Angleterre et la France décidèrent donc d'agir seules et de débarquer des troupes qui occupèrent une zone de trente kilomètres de chaque côté du canal. Le régime du colonel Nasser semblait sur le point de s'écrouler, (et, avec lui, les espoirs des nationalistes algériens) lorsque la Russie, s'étant d'abord assurée que les États-Unis désapprouvaient l'action franco-britannique, adressa à la France, à l'Angleterre et à Israël un ultimatum qui exprimait la résolution soviétique de recourir si nécessaire à la force. Le président Eisenhower ayant, par téléphone, formellement enjoint au premier ministre anglais, Anthony Eden, d'obéir à l'ultimatum soviétique, et de suspendre les opérations militaires à Suez, le gouvernement britannique s'inclina. La France ne put faire autrement que le suivre.

L'échec de cette intervention franco-britannique encouragea grandement les nationalistes algériens. Néanmoins, pendant l'année suivante, les opérations militaires en Algérie favorisèrent l'armée française. Les actes de terrorisme diminuèrent notablement, grâce en partie à l'installation, le long de la frontière tunisienne, d'un barrage électrifié qui empêchait le passage d'hommes et d'armes venant de la Tunisie. Cependant, pour la première fois, des actes de terrorisme eurent lieu en France où les agents du FLN s'attaquèrent aux musulmans vivant à Paris et qui appartenaient à des organisations rivales.

L'année 1958, qui allait amener la chute de la Quatrième République, débuta par le vote de la «loi-cadre» destinée à l'Algérie. Cette loi devait augmenter considérablement la participation des musulmans au gouvernement de l'Algérie; elle prévoyait la création d'un collège unique pour remplacer les deux collèges (européen et musulman) qui jusqu'ici avaient servi de corps législatif algérien. Malheureusement, le gouvernement de Félix Gaillard ne vécut pas assez longtemps pour appliquer cette nouvelle loi (qui n'aurait d'ailleurs pas satisfait le FLN). Le 8 février, onze bombardiers français prirent part au bombardement d'un village tunisien, Sakiet-Sidi Youssef, où le FLN avait établi une base et d'où des batteries antiaériennes avaient tiré sur des avions français. Le bombardement causa la mort de soixante-neuf Tunisiens, hommes, femmes et enfants, et entraîna la chute du gouvernement Gaillard.

La crise ministérielle ouverte alors dura du 15 avril au 13 mai et fut finalement résolue par l'investiture d'un nouveau gouvernement dirigé par Pierre Pflimlin. Durant ce mois, rempli d'intrigues politiques, les Français pensèrent de plus en plus à celui qui, depuis 1946, vivait en retraite à Colombey-les-deux-Églises: le général Charles de Gaulle. Mais les politiciens n'étaient pas encore prêts à faire appel à celui qu'ils avaient rejeté. En Alger, l'inquiétude causée par des rumeurs suivant lesquelles Paris allait abandonner l'Algérie, avait grandi à un tel point que les généraux Salan, Allard, Massu et Jouhaud expédièrent, le 10 mai, un télégramme au président de la République, René Coty:

«L'armée en Algérie est troublée . . . à l'égal de la population française de l'intérieur qui se sent abandonnée et des Français musulmans qui, chaque jour plus nombreux, ont redonné leur confiance à la France, confiants dans nos promesses réitérées de ne jamais les abandonner.

«L'armée française, d'une façon unanime, sentirait comme un outrage l'abandon de ce patrimoine national. On ne saurait préjuger sa réaction de désespoir.»

Le télégramme s'achevait en soulignant «notre angoisse, que seul un gouvernement fermement décidé à maintenir notre drapeau en Algérie peut effacer». Par ce message, l'Armée faisait son entrée officielle dans la politique.

Lorsque l'investiture de Pflimlin fut connue, la «réaction de désespoir» s'ensuivit immédiatement en Alger. Aux cris de l'«Algérie française», une foule de manifestants se rendit au Forum et, avec la complicité des parachutistes, occupa l'immeuble du Gouvernement général. Un Comité de Salut public fut constitué, présidé par le général Massu, qui fit connaître à la métropole son désir de voir «la création d'un gouvernement qui affirmerait par des actes d'autorité sa volonté formelle de garder l'Algérie dans le sein de la mère patrie». Plusieurs villes algériennes suivirent l'exemple d'Alger et annoncèrent la création de Comités de Salut public. Paris essaya de réagir, mais sa cause était perdue. Le 15 mai, le général Salan, parlant aux Algérois massés sur le Forum, lança la formule magique: «Vive le général de Gaulle!» qui fut reprise à pleins poumons par la foule. Cette même formule commençait à se faire entendre aussi dans les rues de Paris. Comme réponse à ces appels, de Gaulle fit savoir que si le pays l'appelait par les voies légales, c'est-à-dire, par le Parlement, il était prêt «à assumer les pouvoirs de la République».

Le lendemain, 16 mai, un spectacle extraordinaire, inattendu et émouvant se déroula dans les rues d'Alger. Des dizaines de milliers de musulmans descendirent de la Casbah pour se rendre au Forum, avec les Européens, dans un rare mouvement de fraternité, afin d'acclamer le nom de de Gaulle. Les deux communautés montrèrent, en ce moment, ce qu'aurait pu être le sort de l'Algérie si les réformes nécessaires avaient été appliquées à temps. Dans de nombreuses villes algériennes, les mêmes démonstrations de loyauté eurent lieu envers la France, et surtout envers la personne du général de Gaulle.

Or, le gouvernement Pflimlin hésitait toujours. Devant cette hésitation, des Comités de Salut public commencèrent à se former en France. Des rumeurs de coup d'État se répandirent dans le pays. Le 19 mai, de Gaulle se rendit à Paris pour tenir une conférence de presse avec le consentement du gouvernement. Il affirma de nouveau qu'il était prêt à servir le pays et qu'il n'avait aucune intention de détruire la République, ce dont l'accusaient les partis de gauche.

Les événements se précipitèrent. D'Algérie, l'armée envoya une compagnie de parachutistes en Corse où ils furent reçus avec enthousiasme. Des préparatifs de descente en France furent entrepris et les détails de cette opération (nommée «résurrection») préparés avec soin dans l'intention ouvertement proclamée de porter de Gaulle au pouvoir. Or, le général ne voulait à aucun prix être porté au pouvoir par un coup d'État, ni devoir son retour à l'Armée. Il demanda et obtint une rencontre avec Pflimlin, le 26 mai, qui n'aboutit à rien mais qui permit au général d'ordonner à l'armée algérienne de remettre à plus tard l'opération «résurrection». Celle-ci fut remise au 29 mai. Le 28 mai, Pierre Pflimlin remit sa démission au président Coty qui, dans une lettre adressée aux deux Chambres, annonça alors son intention d'inviter le général de Gaulle à former un nouveau gouvernement:

«Dans le péril de la Patrie et de la République, je me suis tourné vers le plus illustre des Français, vers celui qui, aux années les plus sombres de notre histoire, fut notre chef, pour la reconquête de la Liberté.»

Le président Coty ajoutait qu'il était prêt, quant à lui, à remettre sa démission si le Parlement refusait d'investir de Gaulle.

Le 2 juin, l'Assemblée vota l'investiture de «l'homme du 18 juin». Celui-ci avait demandé que le Parlement lui donnât les «moyens nécessaires pour faire face au lourd devoir qui lui incombait», c'est-à-dire: les pleins pouvoirs pour une durée de six mois, et une réforme de l'article 90 de la Constitution, afin de lui permettre de procéder aux changements institutionnels qu'il jugeait indispensables.

Ainsi la Quatrième République, qui était née en 1946 après le départ du général de Gaulle, remettait ses pouvoirs entre les mains de ce même homme, sachant bien que cet acte signifiait la fin de son existence. Pendant douze années, assaillis de multiples problèmes politiques, économiques et militaires, les gouvernants de la Quatrième République avaient dû faire de leur mieux avec les pouvoirs que leur donnait la Constitution de 1946. Celle-ci avait le grave défaut de n'offrir aucun contre-poids aux décisions d'une Assemblée qui, d'autre part, était trop souvent réduite à l'impuissance par ses divisions internes.

Pendant ses douze années de retraite, Charles de Gaulle avait de temps en temps exprimé son opinion sur les événements politiques, nationaux et internationaux. Le 16 juin 1946 il prononçait, à Bayeux, un discours important où il précisait le caractère des institutions qu'il jugeait indispensables et où il insistait surtout sur la nécessité d'accorder des pouvoirs étendus au président de la République. Le 7 avril 1947, de Gaulle créait, à Strasbourg, le *Rassemblement du peuple français* (R.P.F.) qui devait, au-dessus des partis politiques, permettre «le grand effort de salut commun et la réforme profonde de l'État». Le R.P.F. avait obtenu un grand triomphe aux élections municipales de 1947 et aux élections générales de 1951. Mais les députés élus grâce à l'appui du R.P.F. avaient fini par entrer dans le jeu parlementaire et avaient ainsi faussé l'idée du fondateur du Rassemblement. Aussi de Gaulle avait-il dissout, le 6 mai 1953, le R.P.F. qui s'était alors reconstitué sous le nom de *Parti républicain social*. De 1933 à 1958, le général s'était tenu à l'écart des affaires politiques et avait profité de cette trêve pour écrire ses *Mémoires de Guerre*.

Lorsque les événements que nous avons retracés l'eurent ramené au pouvoir, de Gaulle se mit aussitôt au travail pour former son gouvernement. Ceci fait, il se rendit lui-même en Algérie. Son séjour en Alger, du 4 au 7 juin, fut un véritable triomphe, mais sema aussi les premiers germes du malentendu entre lui et les Européens d'Algérie. En effet, après avoir traversé la ville pavoisée de drapeaux et été salué par les acclamations unanimes des Algérois, le général se rendit au Forum où il prononça un discours dont les premiers mots furent: «Je vous ai compris!» Les Algérois crurent que cela signifiait: «J'approuve ce que vous avez fait.» Et ils s'imaginèrent que de Gaulle allait, à son tour, soutenir la thèse que l'Algérie devait coûte que coûte continuer à faire partie intégrante de la France. Or, le général avait d'autres idées qui peuvent se résumer ainsi: tenter au maximum d'améliorer la situation économique et sociale des populations musulmanes pour les amener à se prononcer en faveur d'une étroite collaboration avec la France; soutenir les efforts de l'armée pour réprimer la rébellion, afin que le règlement final ne soit pas imposé à la France; et finalement donner la parole au peuple algérien, dans son ensemble, pour qu'il décide du sort de l'Algérie.

Cette politique rencontra l'hostilité des extrémistes des deux camps. Les Européens se sentaient trahis, le FLN ne voulait pas accepter l'éventualité que l'Algérie pût rester dans la communauté française. Dès le mois de septembre, le FLN se transforma en gouvernement provisoire pour bien montrer qu'il n'accepterait pas de compromis. La lutte continua donc et, des deux côtés, on eut à déplorer une recrudescence d'actes de terrorisme et de tortures. En janvier 1960, les extrémistes européens en Alger tentèrent de répéter l'insurrection de mai 1958. Mais cette fois de Gaulle, agissant avec énergie et rapidité, sut briser ces efforts séditieux.

Le 8 janvier 1961, les électeurs dans la métropole et en Algérie eurent à se prononcer sur un référendum que leur avait soumis le gouvernement. Il s'agissait d'approuver ou de rejeter l'autodétermination des populations algériennes telle que la proposait de Gaulle. Le vote donna 75,9% de oui en France et 69% de oui en Algérie (où les musulmans votèrent en masse malgré les ordres contraires du GPRA). Cette victoire du gouvernement suscita une nouvelle insurrection en Alger, le 21 avril, dirigée par les généraux Salan, Jouhaux, Challe et Zeller. Le président de la République invoqua l'article 16 de la nouvelle Constitution et, armé de pouvoirs dictatoriaux, réussit à mater les factieux. Ceux-ci passèrent dans la clandestinité et alors commença le terrorisme de l'O.A.S. (Organisation de l'Armée secrète), dirigé à la fois contre les musulmans et contre les Européens qui acceptaient l'éventualité de l'autodétermination. Néanmoins, le gouvernement ouvrit des négociations avec les représentants du FLN à Évian-les-Bains, négociations qui n'aboutirent pas à cette époque principalement à cause de l'intransigeance algérienne au sujet du Sahara. Les négociations furent reprises secrètement au début de 1962 entre Louis Joxe et Belkacem Krim et se terminèrent cette fois par un accord qui fut signé à Évian le 18 mars.

Cet accord, qui fut approuvé par un référendum le 8 avril, stipulait un cessez-le-feu, des garanties pour l'autodétermination et la formation, après l'autodétermination, d'un État algérien souverain et indépendant, coopérant avec la France. La coopération franco-algérienne devait se manifester dans le domaine économique et financier (maintien de l'Algérie dans la zone franc), dans le domaine culturel et dans le domaine technique. Quant au Sahara, dont le sort avait été longtemps débattu, l'accord prévoyait la garantie des droits français sur les puits de pétrole et sur les mines et le maintien des stations expérimentales pendant cinq ans. En outre, la France obtenait la concession de la base de Mers-el-Kébir (près d'Oran) pour quinze ans, renouvelable par accord entre les deux pays.

Ainsi, un nouvel État prenait sa place parmi les nations.[23]

Il avait donc fallu quatre ans pour que le général de Gaulle pût, d'une part, amener ses concitoyens à accepter d'abord l'éventualité puis le fait

---

23. La réaction des Européens en Algérie fut désastreuse pour l'économie de la nouvelle nation: sur les quelques 1.100.000 qui y demeuraient encore en 1962, il n'en restait, au début de 1963, que 150.000 environ.

d'une Algérie indépendante, et, d'autre part, convaincre les chefs du FLN de la nécessité de négocier. Les nombreux écueils, les insurrections, les tentatives d'assassinat mêmes,[24] ne purent empêcher le général d'atteindre l'objectif qu'il s'était fixé, et que personne autre que lui n'aurait pu faire accepter au peuple français.[25]

À part cet énorme problème qu'il avait résolu, de Gaulle avait eu à s'occuper de la réforme des institutions, de l'économie et des finances du pays, des réformes sociales, du rôle de la France dans la nouvelle révolution industrielle créée par la force atomique, ainsi que des relations de la France avec ses anciennes colonies, avec l'Europe et avec le monde.

La réforme des institutions débuta par l'élaboration de la nouvelle constitution qui fut adoptée le 28 septembre 1958. Le général de Gaulle fut élu président de la République et de la Communauté le 21 décembre et son entrée en fonction eut lieu officiellement le 8 janvier 1959. Le même jour, il nomma Michel Debré premier ministre. Celui-ci se présenta devant l'Assemblée nationale le 15 janvier et reçut le lendemain l'investiture des députés. Son ministère devait rester en fonction jusqu'au 16 avril 1962 et être suivi par celui de Georges Pompidou, investi le 27 avril et qui devait se maintenir jusqu'au mois de juillet 1968, pour être remplacé par celui de Maurice Couve de Murville.

La Constitution de 1958 a permis une stabilité gouvernementale que n'avait jamais connue la République française. En outre, l'émiettement des partis, qui avait tant contribué à la faiblesse des Troisième et Quatrième Républiques, semble avoir été évité. En effet, l'Assemblée qui fut élue les 18 et 24 novembre 1962 comportait dix partis, formant six groupes:

Union pour la Nouvelle République—Union démocratique du travail: 234 membres: Socialistes: 67 membres; Centre démocratique: 55 membres; Communistes: 41 membres; Rassemblement démocratique: 39 membres; Républicains indépendants: 35 membres. (En plus, l'Assemblée comportait 13 députés non-inscrits).

Grâce à cette stabilité gouvernementale, la Cinquième République a réussi à résoudre les problèmes financiers qui avaient tant contrarié le

24. Il y eut deux tentatives, l'une en 1959, l'autre en 1962, toutes deux dirigées contre le Général alors qu'il se rendait de Paris à Colombey-les-deux-Églises.

25. Il y eut en France, et notamment à Paris, de nombreuses manifestations contre les excès de l'armée française en Algérie et, en particulier, contre l'emploi de la torture. Au mois de septembre 1960, un manifeste, signé par 121 écrivains, artistes et professeurs, entre autres Simone de Beauvoir, André Breton, Françoise Sagan, Jean-Paul Sartre et Tristan Tzara, justifiait le refus de porter les armes contre le peuple algérien et l'aide fournie par des Français aux combattants algériens. Ce manifeste, en outre, affirmait que la cause du peuple algérien était celle de tous les hommes libres.

régime défunt. Dès le mois de décembre 1958, des réformes monétaires et budgétaires étaient entreprises, telles la dévaluation du franc, la création du Nouveau Franc (coté à \$0.20), la réduction des dépenses de l'État, l'augmentation de certains impôts, etc. Deux ans après, le gouvernement pouvait annoncer que le franc avait retrouvé sa stabilité, que le commerce extérieur se développait considérablement, que les réserves d'or et de devises étrangères atteignaient la somme d'un milliard sept cent dix neuf millions de dollars (comparées à six cent cinquante millions en 1957) et que l'inflation avait été arrêtée.

L'effort du gouvernement dans les affaires sociales se porta surtout sur la construction des logements, l'éducation, et la santé publique. Dans le domaine de l'éducation, les réformes portèrent surtout sur les programmes scolaires et sur la décentralisation universitaire.

En 1945, le général de Gaulle avait créé le Commissariat pour l'énergie atomique. Dès son retour au pouvoir, il annonça son intention de voir la France faire partie du «Club atomique». Le 13 février 1960, une première bombe atomique fit explosion dans le Sahara, et une deuxième suivit, le 1er avril, faisant de la France la quatrième puissance ayant à sa disposition l'arme thermonucléaire.[26]

La Constitution de 1958 créa de nouvelles institutions pour régler les rapports entre la France et ses possessions d'outre-mer. Déjà, en 1946, la Quatrième République avait transformé l'ancien empire colonial en une «Union française». Cette Union s'étendait sur 12.438.654 kilomètres carrés (y compris la France métropolitaine) et englobait une population de près de cent vingt millions. Les pays qui constituaient cette Union étaient soumis à des statuts différents. Il y avait les départements d'outre-mer (la Guadeloupe, la Martinique, la Réunion, la Guyane et les départements algériens) qui, avec la France métropolitaine, formaient la République française proprement dite; les États associés: le Viet-nam, le Cambodge et le Laos, qui obtinrent leur indépendance en 1954 et quittèrent l'Union; les protectorats: le Maroc et la Tunisie, qui eux aussi déclarèrent leur indépendance en 1956 et 1957; les territoires sous tutelle: le Togo et le Cameroun. Tous les habitants de cette Union jouissaient de la citoyenneté française et étaient représentés (sauf ceux des États associés) à l'Assemblée nationale et au Conseil de la République. Le président de la République était président de l'Union et était assisté d'un Conseil supérieur composé de représentants des différents pays de

---

26. Le 24 août 1968, la France fit exploser un engin thermonucléaire au Centre d'Expérimentation du Pacifique, au-dessus du lagon de Mururoa. Un deuxième engin «H» fut explosé le 8 septembre 1968.

l'Union. De plus, une Assemblée de l'Union française comptant 240 membres élus exerçait un rôle consultatif.

C'est cette Union qui fut remplacée en 1958 par la Communauté française. La Constitution, reprenant une formule prononcée à Brazzaville en 1944 par le général de Gaulle, où il parlait «d'intégrer dans la communauté française (les territoires d'Afrique noire) avec leur personnalité, leurs intérêts, leurs aspirations, leur avenir», avait offert à tous les pays de l'Union le choix de créer avec la France une Communauté, ou de rejeter cette association. Ce choix était solennellement reconnu dans le Préambule de la Constitution.

Le président de la République était en même temps président de la Communauté, et les États membres participaient à son élection. À côté de lui, un Conseil exécutif, composé du premier ministre de la République, des chefs de gouvernement des États membres et des ministres chargés des affaires communes, organisait la coopération des États membres. Le pouvoir législatif était dévolu au Sénat de la Communauté, qui délibérait sur la politique économique et financière commune avant le vote des lois prises en la matière par le Parlement de la République. Finalement, une Cour arbitrale de la Communauté devait statuer sur les litiges entre les membres de la Communauté.

La Communauté fut acceptée par tous les pays de l'Union française, sauf la Guinée qui se déclara indépendante le 2 octobre 1958. Toutefois, il était apparent que cette Communauté n'était qu'une étape vers l'indépendance éventuelle de tous les pays qui avaient évolué sous la tutelle française. La Constitution prévoyait d'ailleurs cette possibilité.

En 1960, quatorze des États membres obtinrent leur indépendance et, à l'exception du Togo et du Cameroun, restèrent dans la Communauté. Ces douze États étaient: la République du Mali et la République du Sénégal, qui formèrent pendant un an la Fédération du Mali, puis se séparèrent; la République islamique de Mauritanie; la République de Haute-Volta; la République de Côte-d'Ivoire; la République du Tchad; la République du Dahomey; la République du Niger; la République centrafricaine; la République du Congo; la République gabonnaise; et la République malgache. Pour leur permettre de rester dans la Communauté, l'article 86 de la Constitution fut modifié. En 1961, tous ces États, sauf la Mauritanie (contre laquelle s'exerça le veto de l'U.R.S.S.) furent admis à l'O.N.U. Au mois de septembre 1961, les douze États africains et malgache (avec le Ruanda, ex-possession de la Belgique) décidèrent de mettre en œuvre une organisation concertée de leurs relations extérieures et de leurs politiques économiques au sein d'un groupement:

l'Union africaine et malgache. Cette grande organisation régionale, fondée sur un passé historique commun et une culture commune, exercera certainement une influence considérable sur l'évolution des relations africaines.

Les institutions communautaires ont, naturellement, été dissoutes et remplacées par des accords entre la France et les divers états africains. De nos jours donc, la Communauté ne comprend que la République française, avec ses départements d'outre-mer, les territoires d'outre-mer, les terres australes et l'Antarctide françaises, et les Nouvelles-Hébrides.

C'est une grande réussite du gouvernement de la Cinquième République d'avoir pu, sans heurts et sans troubles graves, amener à l'indépendance ou plutôt à «la souveraineté nationale», selon la formule du général de Gaulle, ces seize pays de l'Afrique noire. Et ces pays, qui ont choisi d'être indépendants, continuent néanmoins à recevoir de la France l'aide économique et financière et l'assistance technologique dont ils bénéficiaient avant 1960. C'est là un fait dont les Français peuvent s'enorgueillir; de toutes les nations industrialisées qui, de nos jours, font l'effort d'aider les régions sous-développées du monde, la France se place au premier rang. En 1961, elle consacra à cet effet 1,8% de son revenu national brut, comparé à 1,32% fourni par la Grande-Bretagne, 1,17% fourni par l'Allemagne Fédérale et 0,97% fourni par les États-Unis.

La Cinquième République s'est acquis un autre titre de gloire: la réconciliation de la France avec son ancienne ennemie, l'Allemagne. En effet, dès la création de la Communauté du charbon et de l'acier (1952), il était devenu évident que la reconstruction de l'Europe ne pouvait se faire sans cette réconciliation franco-allemande. Or, il s'est trouvé que le chancelier de l'Allemagne fédérale, Konrad Adenauer, et le président de la République française, Charles de Gaulle, avaient tous les deux le même désir de mettre fin aux rivalités qui, depuis le traité de Verdun (843) avait causé tant de souffrances aux deux peuples. De nombreuses déclarations furent faites de part et d'autre, soulignant le désir des deux gouvernements d'arriver à une entente formelle. À plusieurs reprises, le chancelier Adenauer vint à Paris où il fut, à chaque fois, reçu chaleureusement par le peuple parisien. Le 3 juillet 1962, à la fin d'une de ces visites officielles, Adenauer déclara:

«Au moment de notre plus grande détresse, après la débâcle de 1945, les Français furent parmi les premiers, malgré tout ce qui s'était passé dans leur pays, à étendre une main secourable pour nous aider à nous relever. Nous n'oublierons jamais cela.»

Au mois de septembre 1962, le général de Gaulle se rendit solennellement en Allemagne et y reçut le plus chaleureux accueil. L'enthousiasme de la part des Allemands confirma d'une manière impressionnante que la solidarité franco-allemande n'était pas seulement l'affaire de deux gouvernements, mais aussi celle de deux peuples.

Enfin, le 22 janvier 1963, à l'issue d'une nouvelle conférence, un traité de coopération fut signé par les deux hommes d'État, qui fut plus tard ratifié par les Parlements français et allemand. Ce traité stipule que les chefs d'État et de gouvernement des deux pays se réuniront en principe au moins deux fois par an pour mettre au point les directives nécessaires et suivre la mise en œuvre du programme. Les ministres des affaires étrangères se réuniront au moins tous les trois mois et veilleront à l'exécution du programme dans son ensemble. Des rencontres régulières auront lieu entre les autorités responsables des deux pays dans les domaines de la défense, de l'éducation et de la jeunesse. Dans chacun des deux pays, une commission interministérielle sera chargée de suivre les problèmes de la coopération.

Ainsi se termina officiellement la longue et douloureuse rivalité entre les deux plus grands pays de l'Europe occidentale.

Le premier septennat du président de Gaulle prit fin en 1965. Au mois de décembre de cette année, les électeurs français furent appelés à se prononcer sur le choix d'un nouveau président. Au premier tour de scrutin cinq candidats, parmi lesquels Charles de Gaulle, se partagèrent les 24.502.957 bulletins de vote, mais aucun ne reçut la majorité absolue. Au deuxième tour de scrutin, les électeurs eurent à choisir entre le général de Gaulle et François Mitterand. Le premier reçut 55,19% des voix et fut donc proclamé président de la République par le Conseil Constitutionnel le 28 décembre. Le 8 janvier 1966, le nouveau gouvernement, proposé par Georges Pompidou et nommé par le président de Gaulle, entra en fonction.

Depuis 1966, la politique extérieure menée par le gouvernement français a suscité de vives controverses. D'une part, la France a cru bon (mars 1966) de se retirer de *l'Organisation du traité de l'Atlantique nord* (O.T.A.N.), de refuser à la Grande-Bretagne son entrée dans le Marché commun, et de pratiquer simultanément une politique de détente envers les pays communistes et une politique d'indépendance envers les États-Unis. D'autre part, la France a condamné les efforts militaires des Israéliens contre les Arabes (juin 1967) et a encouragé le mouvement séparatiste du Québec, notamment au cours du voyage du président de Gaulle au Canada (juillet 1967).

Toutes les démarches du gouvernement français en politique extérieure semblent bien avoir été guidées d'abord par le souci d'établir l'indépendance de la France envers les deux «géants», la Russie et les États-Unis, et ensuite d'établir une Europe, indépendante également, capable de jouer un rôle de premier ordre dans les affaires mondiales, que celles-ci soient politiques ou économiques. C'est ainsi que le général de Gaulle, au cours d'un voyage à Bonn, en juin 1965, s'est exclamé, évoquant les Européens bâtisseurs de cathédrales: «Maintenant nous entreprenons, vous et nous, la construction de l'Europe occidentale. Ah, quelle cathédrale! . . . Et, qui sait? Quand nous aurons abouti, peut-être aurons-nous pris goût à bâtir de tels monuments. Et peut-être voudrons-nous alors et pourrons-nous alors construire une cathédrale encore plus grande et encore plus belle, je veux dire l'union de l'Europe tout entière!»

C'est ainsi également que le Général a invité les Polonais (septembre 1967) et les Roumains (mai 1968) à se montrer plus indépendants vis-à-vis de l'U.R.S.S., pendant ses voyages à Varsovie et à Bucarest. Toujours dans cet ordre d'idées, la France a reconnu la République populaire de la Chine (janvier 1964), a refusé de continuer sa participation au pool de l'or (juin 1967) et a demandé la réforme du système monétaire (mars 1968).

Toutes ses décisions ont contribué à forger l'image d'une France farouchement préoccupée de sa position mondiale et quelque peu difficile à vivre.

Dans sa politique intérieure, le gouvernement français s'est efforcé, ces dernières années, d'aménager le territoire et d'accélérer la transformation de l'économie du pays afin de lui permettre d'affronter la concurrence des autres pays membres du Marché commun. Dans l'ensemble ses efforts ont réussi: le niveau de vie des Français, depuis 1962, s'accroît en moyenne de 4% par an et le produit national brut de 5,6%. À la fin de 1967, les réserves d'or et de devises étaient de cinq milliards et demi de dollars, soit sept fois plus qu'en 1958.

Par contre la France, comme tous les pays industrialisés, connaît les problèmes et les à-coups du progrès, les alternances de récessions et de reprises, ainsi que le nivellement des façons de vivre.

Au début de l'année 1968 la France offrait donc un visage serein et optimiste. Cependant, au mois de mai, des événements inattendus allaient révéler que la prospérité économique et la stabilité politique masquaient un malaise profond, d'abord et surtout chez les jeunes.

Les étudiants français, comme leurs confrères dans beaucoup d'autres pays, y compris les États-Unis, s'étaient depuis plusieurs années montrés de plus en plus hostiles envers la «société de consommation» et envers la techno-bureaucratie. Tandis que leurs aînés, heureux d'avoir échappé à la guerre et aux privations, s'étaient contentés d'avoir comme idéal la poursuite du bonheur matériel, eux réclamaient autre chose. Poussés par un élan un peu romantique mais certainement généreux, ils réclamaient une réforme profonde de la société tout entière en commençant par l'Université.

Les événements de mai-juin 1968 débutèrent par des incidents à la nouvelle Faculté des lettres de Nanterre, dans la grande banlieue de Paris. Émules des étudiants de l'université de Columbia, un groupe d'étudiants d'extrême-gauche occupa (le 22 mars) un amphithéâtre pour protester contre le caractère archaïque et traditionnel de l'enseignement français, en particulier contre l'inadaptation des examens et le caractère désuet des cours magistraux. Quelques jours plus tard, l'insurrection des jeunes extrémistes prit un caractère plus violent (attaque des bureaux de l'administration) et le doyen, après avoir fait appel à la police, proclama la suspension des cours.

L'agitation se transporta alors à la Sorbonne. Le 3 mai, la police dut intervenir, fait inouï dans l'histoire de la plus vieille université française. Le résultat fut le commencement des émeutes dans le Quartier latin et d'un mouvement de révolte à travers la France. Une grève générale s'ensuivit, déclarée non par les syndicats mais, spontanément, par les ouvriers eux-mêmes. L'économie française fut frappée d'une paralysie générale.

Les historiens diront plus tard quelles furent les causes exactes de cette révolte qui faillit renverser le régime gaulliste. Contentons-nous ici d'indiquer, à part le malaise ressenti par la jeune génération, l'opposition d'un nombre considérable de Français au régime personnel du général de Gaulle, à l'autoritarisme de son gouvernement qui, selon eux, refusait la discussion et n'acceptait aucun compromis. Ajoutons les revendications des ouvriers qui se plaignaient, à juste titre, des salaires trop bas.

Au moment où les émeutes éclatèrent dans le Quartier latin, le Premier ministre, Georges Pompidou, se trouvait en voyage officiel en Iran et en Afghanistan, et le général de Gaulle en voyage officiel en Roumanie. Rien ne peut indiquer plus clairement la priorité accordée par le gouvernement à la politique extérieure! Pompidou revint en vitesse à Paris et tâcha d'apaiser les émeutiers et les grévistes, mais en vain. De Gaulle abrégea son séjour à Bucarest et s'efforça de reprendre en main le contrôle des événements. Il proposa un référendum, mais devant l'indifférence et même l'hostilité d'une grande partie du public, et voyant que les partis de

La libération de Paris; devant l'Arc de Triomphe, des chars de la Deuxième Division blindée, commandée par le général Leclercq

La libération de Paris; des partisans en armes devant une barricade

Pendant les événements de mai 1968: des étudiants arrachant des pavés

Le président Charles de Gaulle et le président Richard Nixon pendant le dîner
à l'ambassade des États-Unis, à Paris, le 2 mars 1969

gauche s'apprêtaient à profiter de la crise politique, il se ravisa et décida de dissoudre l'Assemblée.

Le discours de de Gaulle du 30 mai déclencha des manifestations enthousiastes à travers la France de la part de ceux qui jusqu'alors s'étaient tus, mais qui avaient considéré avec stupeur puis avec horreur les faits et gestes des étudiants et des politiciens de gauche.

Les élections générales (23 et 30 juin) donnèrent une éclatante victoire aux gaullistes. Pour la première fois dans l'histoire de la République française, un parti avait réussi à obtenir la majorité absolue[27] et pouvait donc envisager la poursuite d'un programme législatif sans avoir besoin de faire appel au soutien d'un autre parti et donc d'accepter des compromis.

Les événements de mai et de juin eurent un effet profond. Tandis que le général de Gaulle avait, de 1958 à 1962, consacré toute son attention au règlement du problème algérien, il s'était depuis 1962 dédié aux grands problèmes de politique extérieure. Le discours qu'il prononça à la suite des élections de 1968 annonçait bien une nouvelle phase du gaullisme: il s'agissait maintenant de la réforme en profondeur de la société française.

À plusieurs reprises depuis 1958, le général de Gaulle avait annoncé son désir de construire une société à mi-chemin du capitalisme et du communisme, au moyen de ce qu'il appelle la participation. Dans le discours mentionné ci-dessus, il précisa cette intention:

«Par dessus tout, il s'agit d'accomplir la vaste mutation sociale qui, seule, peut nous mettre en état d'équilibre humain et qu'appelle d'instinct notre jeunesse.

Il s'agit que l'homme, bien qu'il soit pris dans les engrenages de la société mécanique, voie sa condition assurée, qu'il garde sa dignité, qu'il exerce sa responsabilité. Il s'agit que, dans chacune de nos activités, par exemple une entreprise ou une université, chacun de ceux qui en font partie soit directement associé à la façon dont elle marche, aux résultats qu'elle obtient, aux services qu'elle rend à l'ensemble national. Bref, il s'agit que la participation devienne la règle et le ressort d'une France renouvelée.»

Le 10 juillet 1968, le Premier ministre Georges Pompidou présenta, selon la coutume après l'élection d'une nouvelle Assemblée, la démission de son gouvernement au président de la République. Celui-ci l'accepta et nomma comme nouveau Premier ministre Maurice Couve de Murville qui avait exercé depuis 1958 les fonctions de Ministre des Affaires étrangères. Cette nomination, qui causa une certaine surprise, puisque Pompidou

27. Voir page 26.

avait présidé au triomphe électoral du parti gaulliste, soulignait bien le désir de de Gaulle d'entamer une nouvelle politique. Le nouveau gouvernement se présenta devant l'Assemblée le 18 juillet et fit connaître les lignes principales de son programme de grandes réformes. Le Premier ministre termina son discours de présentation en disant:

«L'œuvre à accomplir est immense pour rétablir la situation et nous faire entrer définitivement dans le monde moderne. Mais s'il veut consentir l'effort nécessaire, les chances de notre pays restent entières.»

Le siège de l'U.N.E.S.C.O. à Paris

F.G.T

F.E.P.I.D.

F.E.P.I.D.

e collège de France

Guillaume Budé

Quatrième Partie

LA PENSÉE
ET LES ARTS
FRANÇAIS

François Rabelais

Jean Calvin

Michel Eyquem de Montaigne

René Descartes

Blaise Pascal

Jean-Jacques Rousseau

Voltaire

Auguste Comte

Chapitre 16

LA PHILOSOPHIE
FRANÇAISE

IL est bien entendu qu'on ne peut séparer la philosophie des autres activités humaines et, pareillement, la philosophie française de la pensée européenne ou de la pensée universelle. Néanmoins, on se doit de tâcher ici d'esquisser une histoire des idées en France, tout en recommandant aux lecteurs de faire eux-mêmes les rapprochements qui s'imposent avec les faits historiques et avec les sciences et les arts.

Nous nous occuperons dans ce chapitre de la philosophie française à partir du XVIe siècle jusqu'à nos jours. Cela ne veut pas dire que le moyen âge français n'eut pas son rôle à jouer dans le développement des idées, bien au contraire. La pensée française dans la période qui s'étend du XIIe siècle au XVIe siècle fut étonnamment riche et féconde, et d'autant plus admirable que la connaissance scientifique était encore rudimentaire. Des hommes tels que Pierre Abélard (1079–1142), le défenseur du conceptualisme,[1] Pierre Lombard (mort en 1164), qui fit dans son livre *Sentences* un magistral résumé de toutes les connaissances de son temps; saint Bernard (1090–1153), le grand adversaire d'Abélard, le fondateur de Clairvaux et le prédicateur de la deuxième croisade, qui fut l'organe le plus redouté et le plus populaire de la théologie du moyen âge; Jean Charlier, dit Gerson (1362–1428), le «docteur très chrétien», un mystique ennemi du mysticisme extravagant; ces hommes, et maints autres, qui eurent le sens de la mesure dans la diversité, préparèrent le merveilleux équilibre que l'on admire tellement dans le classicisme. D'autre part, c'est l'Université de Paris qui, au moyen âge, servit de centre modérateur et de diffuseur de la pensée chrétienne. La scolastique française a donc joué un rôle important. Toutefois, c'est à partir de la Renaissance que se dessine nettement l'originalité de cette pensée et c'est par cette époque donc que nous commencerons notre résumé.

1. Le conceptualisme soutient que l'Idée a sa réalité dans l'esprit qui la conçoit.

Au XVIe siècle, les traditions philosophiques, religieuses et politiques, héritées du moyen âge, furent bouleversées par la Réforme, la Renaissance et l'humanisme. La Renaissance, dont nous avons dans un chapitre précédent noté certaines causes extérieures, fut une émancipation de l'esprit humain déterminée par une reprise de contact avec l'esprit antique. Abandonnant l'école de l'Église pour se mettre à l'école des anciens, les hommes de ce siècle, qui ne voulaient plus être les élèves de saint Augustin ou de saint Thomas, devinrent les disciples de Plutarque, d'Épictète et de Platon. Remarquons ici le rôle capital joué par l'imprimerie. Tandis que les écrits du moyen âge ne circulaient qu'en exemplaires manuscrits, difficiles à manier et à lire, les écrits du XVIe siècle et les reproductions des écrits antiques étaient imprimés et présentés sous forme de livres facilement lisibles, maniables et présentés de la même manière et dans la même écriture. Ainsi s'est établie, dans l'esprit de l'homme du XVIe siècle, l'idée de la continuité de l'antiquité par son siècle et, d'autre part, le rejet du moyen âge dans l'ombre. Cela explique le nom de Renaissance qui souligne bien le sentiment de la résurrection de la pensée après le néant qu'elle avait connu pendant le moyen âge. Il faudra attendre le XIXe siècle pour que justice soit rendue à l'époque médiévale.

La Renaissance inspira dans les hommes de ce temps un fier désir de liberté, le goût du risque et de l'aventure et, en même temps qu'un goût sincère pour le labeur intellectuel, un sentiment très vif de la personnalité. Il n'est donc pas étonnant que cette période fut particulièrement fiévreuse et que dans tous les domaines se manifesta une activité où s'unirent la fantaisie à la vérité, la passion à la raison.

Les humanistes, qui témoignent de l'esprit sérieux de la Renaissance à ses débuts, voulaient s'avancer avec prudence et méthode dans la voie des réformes. En France, Lefèvre d'Étaples (1450–1536), qui le premier traduisit la Bible en français, Guillaume Budé (1468–1540), helléniste génial qui fit fonder le Collège de France, sont deux exemples typiques de ces hommes de bon sens et de goût, exempts d'ambition personnelle et de fanatisme. Leur intérêt principal, d'ailleurs, était de bien connaître et de bien imiter les grands génies littéraires des siècles passés. Ils ne se sentaient donc ni novateurs, ni insurgés, ni hérétiques.

Par contre, les réformés reniaient et repoussaient avec horreur le moyen âge. Eux aussi voulaient retourner au passé, mais à un passé autre que celui de la Renaissance, car ce qui les attirait c'était le christianisme primitif. La Réforme était donc contre l'humanisme, puisque l'humanisme était traditionnaliste, timide et ennemi des ruptures brusques;

elle était contre la Renaissance aussi, puisque celle-ci se tournait vers l'antiquité païenne.

On voit donc que l'esprit des hommes du XVIᵉ siècle était partagé par des tendances discordantes mais qui eurent ceci en commun qu'elles furent toutes des retours en arrière vers un passé éloigné et qu'elles eurent paradoxalement comme résultat un progrès réel dans tous les domaines. C'est le XVIᵉ siècle qui nous donna le goût de penser, de croire, et de parler librement.

Nous choisirons quatre hommes pour illustrer les divers aspects de l'esprit du XVIᵉ siècle en France: Budé, Rabelais, Calvin et Montaigne.

Guillaume Budé naquit à Paris dans une famille riche et cultivée. Sa jeunesse fut toute remplie des occupations et dissipations ordinaires des gentilshommes. Il fit son droit à l'Université d'Orléans mais, de son aveu même, les trois années qu'il y passa furent occupées plutôt à jouer au jeu de paume et à danser qu'à étudier sérieusement. De retour à Paris, il continua à s'intéresser aux distractions nobles, telles la fauconnerie et la vénerie. Puis, à vingt-trois ans, Guillaume Budé commença à étudier sérieusement: il refit son droit, seul cette fois, se mit à lire les écrivains grecs et latins, et à se plonger dans l'étude de ce qu'on appelait alors les «lettres d'humanité», c'est-à-dire la culture laïque, héritière de la culture païenne, opposée à la théologie. Grâce à son père, Budé fut nommé secrétaire royal, mais ses fonctions, qui consistaient à écrire des lettres de chancellerie, ne l'empêchèrent point de poursuivre ses études. Bientôt il publia des traductions en latin de certaines œuvres de Plutarque, puis des commentaires sur la science juridique, un ouvrage consacré à l'étude des monnaies, etc. Sa correspondance avec des savants français et étrangers, tels Erasme, Bembo, Dolet, Thomas More, témoigne de l'intérêt qu'il prenait à éveiller ou à entretenir le goût des études antiques. Afin d'avancer la cause des humanités, il quitta la paix de son cabinet pour aller vivre à la cour. François Iᵉʳ le nomma garde de sa bibliothèque, puis maître des requêtes. Cette charge exigeait qu'il fût toujours près du roi, et ainsi Budé eut de nombreuses occasions d'intervenir en faveur des humanistes. Ses efforts furent récompensés: le roi aida les travaux des savants français, encouragea la traduction des livres anciens, acheta de nombreux manuscrits grecs pour sa bibliothèque qui était ouverte aux érudits. Puis, sur les instances de Budé, François Iᵉʳ créa en 1530 un collège de professeurs chargés d'enseigner le grec, l'hébreu et le latin. On lui donna le titre de *Collège des lecteurs royaux;* au XVIIᵉ siècle, ce collège devint le *Collège royal de France* et, après la Révolution, le *Collège de France.* La création de cet établissement fut un véritable triomphe pour la cause de l'humanisme car, pour la première fois, l'enseignement des langues anciennes échappait à la tutelle des théologiens.

En 1529, Budé publia ses *Commentaires sur la langue grecque* qui lui assurèrent la première place parmi les hellénistes de son temps. Vers la fin de sa vie, il se tourna de plus en plus vers la philosophie et la théologie. Lorsqu'il mourut, la France pleura la perte du plus illustre de ses savants.

La vie de Budé fut donc entièrement consacrée au service des humanités. Par ses œuvres il aida à préparer la révolution décisive qui allait se produire dans l'esprit français. C'est lui le premier qui comprit et démontra comment on devait faire l'exégèse des livres antiques: en examinant soigneusement les manuscrits afin de retrouver le texte authentique. C'est lui qui ne cessa d'enseigner que l'étude des humanités devait inévitablement contribuer à polir et à adoucir les mœurs, à rendre les hommes plus heureux, plus nobles, plus civilisés.

François Rabelais, le génial Tourangeau, naquit vers 1494 tout près de la tranquille et joyeuse ville de Chinon. Jeune, il entra dans l'Église et devint moine. Curieux et doué d'une mémoire extraordinaire, le jeune Rabelais se mit à étudier et à lire le latin et le grec. À cette époque, la langue grecque était suspecte et il était dangereux, surtout pour les gens d'Église, de s'adonner à son étude. Par contre, ceux qui l'étudiaient formaient une sorte de franc-maçonnerie et s'entr'aidaient le cas échéant. Ainsi, quand Rabelais fut tracassé par ses supérieurs, Guillaume Budé lui offrit son amitié qui lui valut celle de Geoffroy d'Estissac, évêque de Maillezais. Ce dernier fit venir le jeune moine chez lui. Rabelais continua donc à étudier et se découvrit un nouveau talent, celui de conteur. Toute sa vie allait désormais se passer à apprendre, à conter, ou à professer. Il étudia les trois langues classiques, les langues modernes (allemand, anglais et italien), le droit, la médecine, l'astronomie et l'histoire naturelle; il fit des recherches personnelles; il visita les collections; il fit des dissections de corps humains, bien avant Andréas Vesalius, le «père de l'anatomie». Il alla trois fois à Rome avec le cardinal du Bellay, il fut l'ami et le protégé de François Ier et de Henri II. En dépit de ses multiples occupations, il trouva le temps d'écrire la *Vie inestimable de Gargantua* et les *Faits et dits héroïques du grand Pantagruel*. Moine, médecin, professeur, voyageur, causeur et écrivain, il mena une vie sérieuse, laborieuse, généreuse et cordiale. Il eut beaucoup d'amis et peu d'ennemis, mais ceux-ci étaient de taille, car c'étaient les docteurs de la Sorbonne, qui le poursuivirent de leur haine jusqu'à sa mort en 1553.

L'œuvre de Rabelais le révèle comme un homme de la Renaissance pour qui la vie doit être pleine de satisfactions pour le corps et l'esprit. Ennemi de l'idéal ascétique du moyen âge, il considère que la nature est bonne et que l'homme n'a qu'à la suivre. À l'éducation scolastique il préfère l'éducation naturelle qui permet le développement de toutes les facultés et qui sera couronnée par la religion. «Parce que science sans conscience n'est que ruine de l'âme, il convient de suivre, d'aimer et de craindre Dieu.» Mais cette éducation sera surtout, presque exclusivement, scientifique. En ceci Rabelais ressemble moins à Budé qu'à Buffon, le naturaliste du XVIIIe siècle. Pour Rabelais, la vie idéale serait gouvernée par le bon sens et la prudence, occupée par les travaux intellectuels, exempte de préoccupations pour les choses qui échappent au pouvoir des hommes; une vie gaie et sereine, un peu dédaigneuse et ironique.

Nous ne connaissons que très mal les détails de la vie de Jean Calvin (né Cauvin), du moins en sa première moitié. Nous savons qu'il naquit le 10 juillet 1509 à Noyon, dans cette province de Picardie qui vit naître Pierre l'Ermite, le prédicateur de la première croisade, et Lefèvre d'Étaples, le précurseur de Luther. Le jeune Calvin fit de bonnes études générales, puis son droit, d'abord en Sorbonne et ensuite à Orléans. Excellent étudiant, très réservé, ne fréquentant que peu ses condisciples, il était déjà cet homme «timide et craintif, de nature un peu sauvage et honteuse» qu'il nous décrivit plus tard. Pendant son séjour à Paris, il avait fait la connaissance de certains protestants, entre autres Guillaume Farel, et commencé à lire Luther. Après ses études de droit, il perdit son père. Son héritage le mettant à l'abri du besoin, il retourna, en 1531, dans la capitale pour commencer à prêcher. Bientôt ses discours hétérodoxes l'obligèrent à s'enfuir; il trouva refuge à Nérac, auprès de Marguerite de Navarre, sœur du roi François Ier, et l'une des femmes les plus savantes et les plus distinguées de son temps. C'est à cette époque que l'*Institution chrétienne* fut écrite, en sa première forme. Ensuite, il se rendit à Bâle, à Ferrare en Italie, puis à Genève où demeurait son ami Farel. Celui-ci le retint auprès de lui dans cette ville qui venait d'obtenir son indépendance, pour l'aider à lutter contre les catholiques et les libertins. Calvin saisit immédiatement l'occasion qui s'offrait à lui d'établir une religion municipale et nationale et de faire de Genève la capitale morale du protestantisme. Il resta donc, et sauf pour une période de deux ans, il ne quitta plus Genève jusqu'à sa mort. Pendant vingt-trois ans, Calvin gouverna la ville, et son gouvernement reste un modèle de tyrannie. Il organisa l'église protestante, non seulement à Genève mais en Europe, et lui imposa sa doctrine qui était admirablement nette et extraordinairement rigoureuse. Jusque là, le protestantisme était resté très confus et avait engendré une foule de doctrines divergentes qui se réclamaient toutes de la liberté de penser. Calvin résolut de fixer le dogme protestant avec netteté et intransigeance afin d'établir une église cohérente qui pourrait opposer à l'église catholique le même caractère d'immobilité et d'imperméabilité auquel celle-ci doit sa puissance.

Pour cela, il lui fallut réagir contre le catholicisme, contre la Renaissance et contre les autres doctrines protestantes. Le calvinisme se distingue du catholicisme par son principe extérieur et formel: l'Écriture sainte est la source et la norme unique de la foi. Son principe intérieur et matériel le distingue du luthérianisme en ce qu'il reconnaît l'irrévocable fatalité de la prédestination. Luther admettait la justification par la foi, autrement dit une possibilité de salut pour les hommes de bonne volonté, mais pour Calvin cette justification par la foi devait être subordonnée à la foi en la souveraineté absolue et exclusive de Dieu. Selon lui, le culte devait être ramené à sa simplicité primitive, s'adresser uniquement à Dieu et ne s'exprimer que dans une langue connue des fidèles.

Il est intéressant de noter que c'est en France, et non en Suisse, que l'action de Calvin fut la plus profonde et la plus immédiate. Dès 1557, malgré ou peut-être à cause des persécutions, la réforme calviniste s'affirma parmi les Français, en premier lieu dans les milieux d'artisans ou de petits marchands. Puis, certains grands seigneurs, comme Antoine de Bourbon, François d'Andelot et l'amiral de Coligny adoptèrent le calvinisme et furent imités par beaucoup de leurs amis et de leurs courtisans. Le premier synode national fut tenu en France le 26 mars 1559. À cette date on comptait soixante-douze églises calvinistes dans le royaume; sept ans plus tard, il y en avait deux mille deux cent cinquante!

Pendant la première moitié du XVIᵉ siècle la pensée française fut partagée entre les fantaisies truculentes de Rabelais et la rigueur doctrinale de Calvin. Mais la fin du siècle apporta l'apaisement des *Essais* de Montaigne.

Né en Périgord le 28 février 1533, Michel Eyquem de Montaigne eut la bonne fortune de venir au monde dans une très bonne famille, et d'avoir comme père un homme sage et avisé qui le fit instruire dès son enfance dans les lettres anciennes. C'est ainsi qu'il fut latiniste avant de savoir le français, et qu'il apprit ensuite le grec et l'italien, ce qui lui permit de lire énormément. Ses lectures l'encouragèrent à la réflexion et ses réflexions le menèrent aux Écritures. Après avoir servi comme membre du Parlement, puis comme maire de Bordeaux, Montaigne se retira dans son château en 1572 et commença à rédiger les *Essais,* un genre qu'il inventa et qui fut pour lui une sorte de méditation et d'exercice spirituel incités par ses lectures. Dans celles-ci, ce qu'il recherchait, c'était «la connaissance de l'homme en général», et c'est cette même connaissance qu'il chercha dans les hommes qu'il rencontrait, et puis, et surtout, en lui-même. «Chaque homme, écrivit-il, porte en soi la forme entière de l'humaine condition.»

La supériorité de l'homme sur les autres animaux vient, selon Montaigne, du fait qu'il est illimité. Il obéit à la nature, à la coutume, à la conscience personnelle; or, ces trois déterminantes sont souvent contradictoires et contribuent ainsi à l'instabilité de la nature humaine. Cette instabilité, qui fait que l'homme peut offrir une quantité infinie de variations, justifie pleinement l'étude de l'espèce humaine. De cette étude, Montaigne dégagea une philosophie sceptique qu'il résuma lui-même par ces mots: «Que sais-je?» Les hommes, d'après lui, ne savent rien et ne peuvent se mettre d'accord sur rien. Que ce soit en religion, en politique ou en morale, les hommes à travers les siècles ont élaboré un chaos de systèmes et de pratiques qui ne valent pas la vie d'un seul être, et qui pourtant suscitent d'incessantes persécutions et d'innombrables meurtres. Montaigne s'élève donc contre le dogmatisme et le fanatisme et défend le scepticisme non seulement comme un moyen de vivre à l'aise au milieu des guerres civiles (les guerres de religion faisaient rage à l'époque où il écrivait), mais aussi comme moyen de prévenir ces guerres civiles. Cet homme de la Renaissance donna ainsi une leçon de modestie et d'humilité à ceux de ses collègues qui s'imaginaient pouvoir se fier à la raison pour atteindre la vérité absolue. Et cet humaniste invita ses semblables à se préparer dès l'enfance, par une éducation libérale et heureuse, à vivre selon la nature. Ce fut un merveilleux maître de sagesse humaine dont l'influence se fit sentir dès le XVIIe siècle et continue à se manifester aujourd'hui.

Un des lecteurs de Montaigne au XVIIe siècle fut René Descartes qui, de nos jours, est considéré comme le fondateur de la pensée moderne. Né en 1596, à la Haye, en Touraine, le jeune Descartes reçut une excellente instruction au collège jésuite de La Flèche. En 1616, il obtint son baccalauréat et sa licence en droit. L'année suivante, incertain de sa vocation, il s'engagea comme volontaire dans l'armée de Maurice de Nassau et, plus tard, dans celle de l'électeur de Bavière. Il parcourut ainsi la Hollande, l'Autriche, la Hongrie et l'Allemagne, puis, quittant l'armée, il voyagea en Italie. Rentré en France en 1625, il participa au siège et à la prise de La Rochelle en 1628. L'année suivante, se sentant insuffisamment libre dans son pays, ou, peut-être, attiré par le foyer scientifique, littéraire et philosophique que constituait alors la Hollande, il se rendit dans ce pays et y séjourna une vingtaine d'années. Là il publia, en 1637, le célèbre *Discours de la méthode pour bien conduire sa raison et chercher la vérité dans les sciences,* qui fut suivi par plusieurs autres ouvrages, entre autres, en 1649, le *Traité des passions de l'âme.* Ayant eu à subir plusieurs vexations en Hollande, où les protestants se montraient aussi intolérants que les catholiques en d'autres pays, Descartes finit par accepter l'invitation de la reine Christine de Suède à se rendre auprès d'elle. En 1649 il fut reçu triomphalement à Stockholm mais, hélas, le climat lui fut funeste. Au bout de quelques mois il tomba malade et mourut le 11 février 1650.

Descartes fut à la fois un mathématicien (il inventa la géométrie analytique), un physicien et un psychologue, mais c'est surtout comme philosophe qu'il exerça son influence. Son œuvre fut écrite à un moment où la pensée occidentale se caractérisait par un souci grandissant de l'ordre. Or, la philosophie de Descartes s'efforçait de fonder la certitude scientifique sur une méthode rigoureuse et répondait ainsi aux aspirations de ses contemporains.

C'est pendant son service militaire en Allemagne que Descartes, ayant examiné ses connaissances, avait reconnu leur peu de valeur et trouvé les principes essentiels d'une philosophie nouvelle. Au fond de la pensée cartésienne se trouve une passion invincible pour la certitude. S'étant interrogé sur ce qu'on lui avait enseigné et ayant jugé que tout ce qu'il avait appris était incertain, Descartes entreprit d'édifier une science nouvelle basée sur la raison, la faculté essentielle de l'homme. C'est par la pensée, se dit-il, que l'homme se prouve son existence et qu'il reçoit sa première certitude:

«Je connus de là que j'étais une substance dont toute l'essence ou la nature n'est que de penser . . . ; en sorte que moi, c'est-à-dire l'âme, par laquelle je suis ce que je suis, est entièrement distincte du corps, et même qu'elle est plus aisée à connaître que lui. . . . *Je pense, donc je suis.*» (*Discours de la méthode,* 4ème partie)

Ce sera donc sur la raison que la science nouvelle s'édifiera et, avec ce guide, l'homme pourra parvenir aux plus hautes vérités, si toutefois il observe les principes suivants que Descartes s'était fixés pour lui-même:

«Le premier était de ne recevoir jamais aucune chose pour vraie que je ne la connusse évidemment être telle. . . . ;

«Le second, de diviser chacune des difficultés que j'examinerais en autant de parcelles qu'il se pourrait et qu'il serait requis pour les mieux résoudre;

«Le troisième, de conduire par ordre mes pensées en commençant par les objets les plus simples et les plus aisés à connaître pour monter peu à peu, comme par degrés, à la connaissance des plus composés;

«Le dernier, de faire partout des dénombrements si entiers et des revues si générales que je fusse assuré de ne rien omettre.» (*Discours de la méthode*, 2ème partie).

À ces règles, il convient d'ajouter la proposition qui se trouve dans un ouvrage inachevé de Descartes, *Règles pour la direction de l'esprit*, selon laquelle la pensée humaine n'a que deux moyens de s'élever à la connaissance de la vérité: par l'intuition et par la déduction. L'intuition étant, selon Descartes, «la conception évidente d'un esprit sain et attentif, conception qui naît de la seule lumière de la raison et est plus sûre parce qu'elle est plus simple que la déduction». La déduction, pour lui, est l'opération «qui, d'une chose dont nous avons la connaissance certaine, tire des conséquences qui s'en déduisent nécessairement».

Ainsi, la méthode cartésienne comprend deux temps: au premier temps il faut, par intuition, discerner les principes simples, les vérités et les idées dont le reste dépend; au second temps, il faut, par déduction, en tirer les conséquences nécessaires.

Il est inutile de souligner le caractère révolutionnaire de cette méthode; d'un coup, toute autre voie pour parvenir à la certitude—autorité, tradition, révélation, se trouvait écartée. Les honnêtes gens du XVIIe siècle ne s'y trompèrent point: ils reconnurent en cette méthode l'expression de ce qu'ils ressentaient obscurément jusqu'ici, à savoir, le pouvoir de la raison. Les théologiens et les savants le comprirent également, d'où leur opposition. Toutefois, le caractère irréligieux du cartésianisme n'apparut pas tout de suite. Par prudence, Descartes avait pris soin de séparer les domaines de la raison et de la foi; de plus, sa méthode l'avait conduit à certaines vérités, telles que l'âme immatérielle et immortelle et l'existence d'un Dieu infini, que la religion revendiquait également. Au début donc, le cartésianisme se fit l'auxiliaire du christianisme auquel il fournissait, semblait-il, un fondement rationnel.

Les penseurs du XVIIe siècle furent pour ou contre le cartésianisme selon qu'ils étaient, en langage philosophique, optimistes ou pessimistes, et non à cause d'une opposition fondamentale. Les jansénistes eux-mêmes, qui ne pouvaient pardonner à Descartes d'avoir voulu, selon la parole de Pascal, «se passer de Dieu», subirent l'influence cartésienne en ce qui concerne la méthode et l'art de conduire les idées. Ce n'est que plus tard, à partir du XVIIIe siècle, lorsque les affirmations dogmatiques de Descartes auront été écartées, et que l'esprit de la méthode cartésienne prévaudra, que le cartésianisme deviendra l'auxiliaire des irréligieux. Notons, en passant, que le *Discours de la méthode,* écrit en français, acheva l'œuvre commencée par Calvin: il enleva au latin le privilège de traduire la pensée philosophique.

Nous avons déjà eu l'occasion de parler de Blaise Pascal lorsque nous avons mentionné le jansénisme au XVIIᵉ siècle. Ce mathématicien de génie (on lui doit le triangle arithmétique, le calcul des probabilités et le principe de l'analyse infinitésimale), ce physicien (on lui doit les lois de la pression atmosphérique et de l'équilibre des liquides), cet inventeur (on lui doit la machine arithmétique, ancêtre de la machine à calculer, la presse hydraulique et le premier omnibus municipal), fut également un écrivain remarquable et un philosophe génial.

Né en 1623, à Clermont en Auvergne, Blaise Pascal fut élevé par son père qui, après avoir vendu sa charge de président en la Cour des aides, alla résider à Paris en 1631 pour se consacrer tout entier à l'éducation de son fils. Celui-ci, dès son enfance, avait manifesté une étonnante intelligence; à onze ans il composa un traité des sons; à douze, il retrouva par lui-même la trente-deuxième proposition du premier livre d'Euclide; à seize, il écrivit son *Essai pour les coniques.*

En 1646, Pascal entra en relation avec Port-Royal et fut tellement séduit par la doctrine janséniste qu'il convertit son père et sa sœur Jacqueline. Celle-ci entra à Port-Royal dès janvier 1652, mais Blaise lui-même ne s'y retira qu'en novembre 1654, après une nuit d'extase et de joie au cours de laquelle le jeune savant se trouva face à face avec son Dieu. De ce moment jusqu'à sa mort en 1662, Pascal vécut une vie de dévotion et de piété sombre et violente. Pour défendre les jansénistes contre les jésuites, il écrivit les *Lettres provinciales* (1657), le premier chef-d'œuvre du goût classique. Puis, en vue d'un livre pour la défense de la religion, il nota ses pensées qui, après sa mort, furent publiées sous ce titre. C'est surtout dans les *Pensées,* un des plus beaux livres de la langue française, que l'on trouve les idées profondes de Pascal.

On se plaît, de nos jours, à voir en Pascal les traits d'un moderne, d'un contemporain ardent et curieux, tourmenté par l'angoisse existentielle. Et, en effet, on trouve dans les *Pensées* maints passages qui évoquent le philosophe danois Kierkegaard. Tous les deux placent l'homme devant une éternité de misère, de laquelle il ne peut échapper que par l'autorité divine.

Pascal, comme Montaigne, démontre l'impuissance de l'homme à saisir la vérité et insiste sur la faiblesse de l'intelligence humaine:

«L'esprit de ce souverain juge du monde n'est pas si indépendant qu'il ne soit sujet à être troublé par le premier tintamarre qui se fait autour de lui. Il ne faut pas le bruit d'un canon pour empêcher ses pensées: il ne faut que le bruit d'une girouette ou d'une poulie.» (*Pensées*, 79.)

Il trouve des images saisissantes pour illustrer la condition humaine:

«Qu'on s'imagine un nombre d'hommes dans les chaînes, et tous condamnés à mort, dont les uns étant chaque jour égorgés à la vue des autres, ceux qui restent voient leur propre condition dans celle de leurs semblables, et, se regardant les uns les autres avec douleur et sans espérance, attendent à leur tour. C'est l'image de la condition des hommes.» (*Pensées*, 199.)

Il invite l'homme, perdu entre l'infini de grandeur qu'il sent au-dessus de lui et l'infini de petitesse qu'il voit et devine au-dessous de lui [«Car enfin qu'est-ce que l'homme dans la nature? Un néant à l'égard de l'infini, un tout à l'égard du néant, un milieu entre rien et tout.» (*Pensées*, 351)]; il l'invite à abandonner le domaine incertain de la raison pour celui de la vérité divine. Convaincu qu'il n'y a de salut que par la grâce, Pascal, après avoir souligné la faillite de la raison, adjure l'homme d'abandonner son arrogance et d'accepter la foi. À ceux qui s'imaginent que le bon sens s'oppose à la foi, il répond par le célèbre «pari»:

«Examinons donc ce point et disons ‹Dieu est, ou il n'est pas›. Mais de quel côté pencherons-nous? La raison n'y peut rien déterminer. Puisqu'il faut choisir, voyons ce qui vous intéresse le moins. Vous avez deux choses à perdre: le vrai et le bien, et deux choses à engager: votre volonté, votre connaissance et votre béatitude; et votre nature a deux choses à fuir: l'erreur et la misère. Votre raison n'est pas plus blessée en choisissant l'une que l'autre, puisqu'il faut nécessairement choisir. Voilà un point vidé. Mais votre béatitude? Pesons le gain et la perte, en prenant croix que Dieu est. Estimons ces deux cas: si vous gagnez, vous gagnez tout; si vous perdez, vous ne perdez rien. Gagez donc qu'il est, sans hésiter.» (*Pensées*, 233.)

La pensée de Pascal est donc très éloignée de celle de Descartes et également de celle de Montaigne. Car ce dernier, s'il a reconnu, comme nous l'avons constaté, la faiblesse de la raison humaine, n'a connu ni l'angoisse morale ni le vertige métaphysique de Pascal. Ce n'est pas Montaigne qui aurait écrit: «Le silence éternel de ces espaces infinis m'effraie.» (*Pensées*, 206.)

Précisément parce que Pascal a échappé et au rationalisme libre-penseur de Descartes et à l'ironie nonchalante de Montaigne, il inspirera désormais tous ceux qui, pour réagir contre l'emprise et l'arrogance de l'esprit scientifique, feront appel soit à la religion, soit à l'inspiration supra-rationnelle de l'homme.

Un autre esprit remarquable du XVIIe siècle, Malebranche, essaya de concilier le rationalisme chrétien et les théories cartésiennes en comblant les lacunes de la philosophie de Descartes par des éléments de foi que celui-ci avait négligés. Né à Paris en 1638, Nicolas de Malebranche entra à vingt-deux ans dans la Congrégation de l'Oratoire après avoir étudié la théologie en Sorbonne. La lecture, en 1664, du *Traité de l'homme* de Descartes fit de lui un cartésien et, à partir de ce moment, il se mit à méditer et à écrire un grand ouvrage philosophique où cartésianisme et christianisme se rejoignent sans contradictions. Malebranche écrivit plusieurs volumes, entre autres la *Recherche de la vérité* (1674), le *Traité de la nature et de la grâce* (1680), le *Traité de morale* (1684), et les *Entretiens sur la métaphysique et sur la religion* (1688), dans lesquels il défendit le cartésianisme contre les théologiens et contre les pédants. Sa réputation se répandit dans toute l'Europe et quand il mourut, âgé de soixante-dix-sept ans, cet homme très bon, très doux, extrêmement simple et pieux, était admiré et aimé de toute la société polie du temps.

On trouve dans les écrits de Malebranche le même respect de la pensée que dans Descartes, mais chez lui la pensée est soutenue par Dieu et c'est par elle que la philosophie s'élève jusqu'à Dieu. Comme Descartes, il distingue le monde de l'esprit du monde de la matière, mais il établit la nécessité du trait d'union de la puissance divine pour expliquer le miracle de la communication entre deux mondes si disparates. Selon Malebranche, l'esprit ne peut rien concevoir sans l'intermédiaire du Créateur; le monde extérieur n'est que «la cause occasionnelle» de nos pensées; la cause réelle qui nous fait réfléchir et comprendre, c'est Dieu. En d'autres termes, le monde matériel et l'esprit humain ne sont ni exaltés, ni humiliés par Malebranche. Il établit seulement que ces deux mondes ne peuvent se pénétrer l'un l'autre que dans le Créateur. C'est en Dieu que l'esprit prend contact avec l'essence intelligible des choses, c'est en Dieu qu'il voit le monde et qu'il se voit lui-même.

Les doctrines cartésiennes avaient eu comme résultat de mettre en branle l'esprit de libre recherche. Malgré l'effort de Pascal pour arrêter des ravages qu'il jugeait redoutables, malgré les tentatives de conciliation de Malebranche, l'esprit critique se fit de plus en plus exigeant. On le constate d'abord dans les questions religieuses. Dès la fin du XVIIe siècle, et jusqu'à la Révolution de 1789, la religion sera soumise à un examen sévère qui aboutira à l'affirmation que seule la morale est divine, mais que tout le reste est humain.

Le dix-huitième siècle philosophique continuera le dix-septième siècle par bien des aspects, mais il ajoutera une revendication des droits de la nature. Ce qui caractérise essentiellement l'époque de *l'Encyclopédie*, c'est une espèce de philosophie expérimentale appliquée aux faits de l'histoire et de la vie sociale, un déterminisme historique qui ressemble au déterminisme physique des contemporains de Descartes.

Nous verrons dans un autre chapitre l'extension prodigieuse que prirent au XVIIIe siècle les sciences expérimentales. Inévitablement, les progrès scientifiques devaient influencer les philosophes qui, après avoir renversé l'idole de la religion traditionnelle, s'attaquèrent à la métaphysique cartésienne. Ils se tournèrent vers les Anglais Bacon, Newton et Locke pour trouver les éléments d'une philosophie de la science, de la nature et de l'esprit. Et, avec ces éléments, ils échafaudèrent un système qui fut présenté au public dans *la Grande Encyclopédie*.

L'Angleterre joua donc au XVIIIe siècle le rôle qu'avait joué naguère l'Italie. C'est l'Angleterre qui fournit aux penseurs français les éléments de cette «philosophie de la lumière» qui, comme le cartésianisme, rayonna sur toute l'Europe et ainsi sur le monde, et fournit à la Révolution française l'essentiel de son contenu idéologique.

Le premier des «philosophes»[2] de l'âge des lumières est un aristocrate et un homme de loi. Latiniste remarquable et grand voyageur, Charles-Louis de Secondat, baron de la Brède et de Montesquieu (1689–1755) connut son premier succès avec ses *Lettres persanes* (1721) dans lesquelles des Persans profitaient du dépaysement de Paris pour formuler sur la civilisation française, et son gouvernement, des jugements dont l'amusante naïveté faisait excuser la sévérité. Après son étude, annonçant celle de Gibbon, intitulée *Considérations sur les causes de la grandeur des Romains et de leur décadence* (1734), il entreprit son chef-d'œuvre *l'Esprit des lois* (1748), qui eut, fait inouï à l'époque, vingt-deux éditions en dix-huit mois. On a dit de cette œuvre qu'elle était le «newtonisme» appliqué à l'homme, de même que celle de Jean-Philippe Rameau était le «newtonisme» appliqué à la musique. Par «newtonisme» on entendait la recherche expérimentale de lois et de constantes selon lesquelles le désordre apparent du monde était en réalité logiquement organisé. De même que Rameau devait chercher les lois de l'harmonie dans les mathématiques, de même Montesquieu allait découvrir les lois gouvernant les associations humaines dans une vaste enquête à travers l'histoire et à travers le monde contemporain. Selon Montesquieu les lois sont «les rapports nécessaires qui dérivent de la nature des choses». Cette vérité

2. Au XVIIIe siècle, les philosophes abandonnent la métaphysique et la psychologie pour une philosophie expérimentale et sociale. Le philosophe de ce siècle est donc plutôt un économiste et un politique qu'un philosophe au sens traditionnel du terme.

s'applique au monde des choses comme au monde des hommes. Après avoir défini les variantes telles que le terrain, le climat, l'étendue, Montesquieu établit des rapports flexibles mais constants, capables d'expliquer des gouvernements tels que la démocratie fondée sur la vertu civique, la monarchie fondée sur le principe de l'honneur et le despotisme fondé sur la crainte. Sa définition de la liberté a un caractère moral et individuel: la liberté «consiste à pouvoir faire ce qu'on doit vouloir et à n'être point contraint de faire ce qu'on ne doit pas vouloir». Dans un passage célèbre, l'auteur se prononce contre l'esclavage des nègres, mais comme cette idée était trop hardie pour l'époque, il se sert d'une périphrase ironique:

«Il est impossible que les nègres soient des hommes, parce que si nous les supposons des hommes, on commencerait à croire que nous ne sommes pas, nous-mêmes, chrétiens.»

De nombreuses études ont été consacrées à l'influence de *l'Esprit des lois* sur la Constitution américaine. Nous nous bornerons ici à indiquer que l'œuvre de Montesquieu contribua à faire naître des doutes sur le principe de la monarchie de droit divin et sur le caractère sacré des lois, et à préparer involontairement l'explosion de la Révolution.

C'est toutefois Voltaire plus que tout autre qui, par ses *Lettres philosophiques* ou *Lettres anglaises* (1734), contribua à diffuser en France la pensée anglaise, et d'abord celle de Locke. Celui-ci dans son *Essai sur l'entendement humain* avait démontré que toutes nos idées procèdent de l'expérience. Parce qu'elle détruisait la théorie des idées innées, cette philosophie allait mettre en question toutes les certitudes acceptées d'autorité, et servir de base à la critique d'institutions telles que l'Église et l'État. Né à Paris en 1694, François-Marie Arouet, dit Voltaire, fit ses études chez les jésuites. Interdit de séjour à Paris, il décida de s'exiler en Angleterre où il passa environ trois années, de 1726 à 1729. Il apprit l'anglais et se familiarisa avec les œuvres de ceux qui devaient devenir ses maîtres et ses modèles, Locke, Newton, Shakespeare et Swift. De ce séjour il rapporta la matière des *Lettres philosophiques* suivies des *Remarques sur Pascal* qui mettaient en relief le contraste entre les deux civilisations. En 1739, ayant dû fuir Paris, il se réfugia en Lorraine, à Cirey, chez la marquise du Châtelet pour qui il écrivit *la Philosophie de Newton*. En 1750, il accepta l'invitation du roi de Prusse, Frédéric, de se rendre auprès de lui à Potsdam; à la suite d'une dispute avec Frédéric, Voltaire regagna la France en 1753, se fixa aux Délices, près de Genève, puis en 1759 à Ferney où il resta jusqu'à sa mort. En 1763, il publia son *Traité sur la tolérance* et l'année suivante, les *Questions sur l'Encyclopédie*, connues sous le nom de *Dictionnaire philosophique*. Il mourut en

1778 au cours d'un voyage qu'il entreprit pour assister à Paris à la première représentation de son drame *Irène*.

Toute l'ambition de Voltaire peut se résumer ainsi: il voulut libérer l'homme des préjugés qui causent son malheur, et mettre la vie intellectuelle, morale et sociale au niveau de la philosophie. L'homme est ce qu'il est, c'est-à-dire égoïste et rempli de passions, mais cet égoïsme et ces passions ne sont nuisibles que parce que l'homme est ignorant et rempli de préjugés. C'est donc l'ignorance et les préjugés qu'il faut combattre et vaincre si l'on veut faire le bonheur des hommes.

De Locke, Voltaire et les autres philosophes avaient appris que toutes nos idées nous viennent par les sens, c'est-à-dire que les limites des connaissances humaines sont définitivement tracées. Cela menait directement à la répudiation de la métaphysique cartésienne. Quant à l'existence de Dieu, Voltaire, comme Locke, se servait de l'argument des causes finales:

> L'univers m'embarrasse, et je ne puis songer
> Que cette horloge existe et n'ait pas d'horloger.

Et comme il est convaincu que la religion est utile au peuple et que l'idée d'un Dieu rémunérateur et vengeur est essentielle au bonheur des hommes, Voltaire insiste sur la nécessité de la croyance en Dieu, mais à condition qu'on ne mêle point à cette croyance des «superstitions déshonorantes». Contre ces «superstitions» Voltaire lutta toute sa vie. Quand il écrivait «Écrasons l'infâme», il voulait bien dire le fanatisme religieux et l'intolérance qu'il engendre. Mais derrière ce fanatisme il visait les églises et particulièrement l'Église catholique.[3]

En somme, Voltaire, comme la plupart des philosophes du XVIIIe siècle, témoigne dans ses opinions d'une immense confiance en l'homme, cette confiance qui allait ouvrir les voies à une religion nouvelle, celle de l'homme, et à un culte nouveau, celui du progrès humain. Car l'idée qui imprègne toute *l'Encyclopédie*, c'est bien l'idée du progrès, qui est lié ici avec le progrès matériel issu de la science.

Un homme, cependant, n'acceptait pas cette conception et, par son refus de célébrer l'accroissement du pouvoir de l'homme sur la nature, allait contribuer grandement à jeter les fondements d'une littérature et d'une philosophie nouvelles: Jean-Jacques Rousseau.

Né à Genève en 1712, fils d'un horloger, il commença de bonne heure une vie vagabonde. En 1728 il quitta sa ville natale et pendant treize ans vécut au hasard des rencontres. Un séjour chez Madame de Warens

---

3. Néanmoins Voltaire se confessa deux fois avant sa mort, rétracta ses fautes envers l'Église catholique et mourut en chrétien.

(1736) lui permit d'apprendre la musique et le latin et de lire les philosophes. En 1741 il se fixa à Paris où, à partir de 1745, il entra en relations avec les philosophes, avec Diderot surtout, le génial éditeur de *l'Encyclopédie*. En 1750, il remporta un grand succès avec le *Discours sur les sciences et les arts*, et en 1754 avec le *Discours sur l'origine de l'inégalité*. Peu après il quitta Paris et alla vivre près de la forêt de Montmorency, à l'Ermitage. En 1758, il écrivit la *Lettre à d'Alembert sur les spectacles*, puis *la Nouvelle Héloïse* (1761), *le Contrat social* (1762) et *l'Émile* (1762). Cette dernière œuvre fut partout condamnée et, pour échapper à l'arrestation, Rousseau se réfugia en Suisse, puis en Angleterre et en Dauphiné, et ne revint à Paris qu'en 1770. *Les Confessions,* publiées après sa mort, décrivent l'existence tourmentée qu'il mena à cette époque. En 1777, il accepta l'hospitalité du marquis de Girardin, à Ermenonville; c'est là qu'il mourut le 2 juillet 1778.

La première œuvre de Rousseau, le *Discours sur les sciences et les arts*, lui valut le prix offert par l'Académie de Dijon. Dans ce *Discours,* et dans celui sur l'inégalité qui suivit, Rousseau développe le thème majeur de sa pensée, à savoir que l'état de nature est capable du bien et que le mal vient de la société et de la civilisation. «Tout est bien sortant des mains de l'Auteur des choses, tout dégénère entre les mains de l'homme.» (*Émile*)

Les trois premières œuvres de Rousseau, appelées généralement les trois Discours, sont une critique dévastatrice de la civilisation. La civilisation y est attaquée successivement sous ses trois aspects, les arts, la propriété et enfin le théâtre. La corruption morale se cachant sous les apparences civilisées, la décadence provoquée par le progrès des connaissances, l'inégalité résultant de l'institution du droit de propriété et la division du travail, le théâtre, enfin, empoisonnant par ses artifices un public plein de compassion, tels sont les thèmes bien connus de ces Discours. Les trois œuvres qui suivirent sont des projets de reconstruction. La vertu est réhabilitée dans *la Nouvelle Héloïse. Le Contrat social* et *l'Émile* proposent des programmes de gouvernement et d'éducation. Les trois dernières œuvres, *les Confessions, Rousseau juge de Jean-Jacques,* et *les Rêveries d'un promeneur solitaire,* sont un poignant essai de justification, offrant la plus précieuse contribution de Rousseau dans les domaines littéraire et psychologique.

Rousseau occupe parmi les «philosophes» du XVIIIe siècle une position difficile à définir. Citoyen de la République de Genève, protestant, fils d'ouvrier, autodidacte, libéré de toutes les traditions qui emprisonnaient encore ses confrères français, Rousseau devrait en effet être l'incarnation du «philosophe» idéal. Sa méthode toutefois le sépare irrévocablement du groupe encyclopédiste. Le guide de Rousseau n'est pas l'expérience raisonnée, l'enquête scientifique, la connaissance systématisée de faits observables, mais la conviction intérieure, la révélation, l'inspiration, ce qu'il appelle le «cœur».

Rousseau voit dans la nature le guide moral nécessaire au bonheur de l'homme sur terre. Dans l'*Émile,* l'écrivain genevois proclame sa confiance en la religion naturelle fondée sur le témoignage de la conscience, et en une éducation naturelle qui met l'enfant en contact direct avec la Création de Dieu plutôt qu'avec les livres des hommes.

«J'ai refermé tous les livres, écrit Rousseau dans la ‹Profession de foi du vicaire savoyard›, il en est un seul ouvert à tous les yeux, c'est celui de la nature. C'est dans ce sublime livre que j'apprends à servir et adorer son divin Auteur.» (*Émile*)

Il faut toutefois se garder de simplifier à l'extrême la théorie de Rousseau et de faire du philosophe une âme simple proclamant que l'homme est né bon et vertueux. En dépit de ses convictions calvinistes, Rousseau refusait l'idée du péché originel. Selon lui Dieu aurait créé l'homme capable du bien et l'aurait pourvu de tous ses bienfaits. L'homme n'était né ni pécheur, ni vertueux, mais innocent, sans péché parce que sans loi. La société créant les lois, créa les conditions du péché. Rousseau ne prêche pas le retour à l'âge primitif: il avoue ne pas même savoir si cet âge a véritablement existé. L'exemple des paysans lui montre cependant que la civilisation n'a pas contribué au progrès moral. Le programme qu'il propose dans *le Contrat social* le rapproche des «philosophes». Loin de proclamer la vertu des sauvages, comme on lui en a trop souvent prêté l'intention, Rousseau écrit de l'homme: «il devrait bénir sans cesse l'instant heureux qui l'arracha [à sa condition primitive] pour jamais, et qui, d'un animal stupide et borné fit un être intelligent et un homme.» (*Contrat social,* Livre I, chap. VIII.)

Le Contrat social est un exposé abstrait des principes de gouvernement. Comme Montesquieu dans *l'Esprit des lois,* Rousseau y recherche les lois les plus naturelles aux hommes. Si *l'Esprit des lois* est un catalogue impartial de ces lois, *le Contrat social* au contraire est un plan d'action et un programme vigoureux. C'est pourquoi la conception rousseauiste de l'homme social, soumis à la loi de la majorité et à l'idéal égalitaire, eut une très grande influence sur la Révolution de 1789.

Paradoxalement, c'est de Rousseau que se réclament également les anarchistes, les socialistes, les partisans de l'étatisme comme ceux de l'individualisme, les sociologues et les solitaires. Rousseau lui-même reconnaissait qu'il y avait deux hommes en lui: l'homme de raison et l'homme de passion. C'est le second et en particulier l'auteur des *Rêveries* qui a agi le plus profondément sur l'âme moderne. Son appel à la solitude, au recueillement et à la méditation intérieure a devancé le lyrisme romantique. Rappelons à ce sujet que c'est dans la *Cinquième rêverie* que l'adjectif «romantique» apparaît pour la première fois dans la littérature française.

Denis Diderot (1713–1784), mentionné plus haut comme directeur de l'immense entreprise de *l'Encyclopédie,* était sans doute le plus typique des «philosophes». Esprit curieux et d'une extrême intégrité intellectuelle, Diderot n'écrivit ni traités ni systèmes mais plutôt des essais et des dialogues où sa pensée ne se trouvait pas prisonnière d'une démonstration. Ses extraordinaires intuitions, cent ans avant Darwin, Marx et Freud, font de Diderot un des écrivains les plus vivants et les plus stimulants du XVIIIe siècle.

Bien que Montesquieu, Voltaire, Rousseau et Diderot, pour ne nommer que les quatre grands «philosophes» du XVIIIe siècle, aient tous contribué à la chute de l'Ancien Régime, Voltaire et Rousseau seuls furent les héros des révolutionnaires. Cela vient du fait que leurs œuvres avaient connu un immense succès populaire.

Lorsque l'empire de Napoléon Ier s'écroula en 1815, mettant fin à l'époque révolutionnaire qui avait commencé en 1789, les philosophes français s'efforcèrent de fournir les bases nécessaires à la reconstruction de la société. Ne retenant guère de la Révolution que les massacres et les guerres, la plupart d'entre eux furent d'accord pour condamner les idées dont les révolutionnaires s'étaient inspirés. C'est ainsi que certains voulurent retourner à des opinions traditionnelles: la vérité de la religion catholique et de la théorie monarchique du droit divin. Ce furent les *ultramontains,* connus aussi sous le nom de Théocrates. D'autres, estimant qu'il était impossible d'effacer ce que *l'Encyclopédie* et la Révolution avaient accompli, voulurent retourner à ces propositions de la philosophie du XVIIe siècle qui n'avaient pas été combattues par le XVIIIe siècle, et notamment à celle qui enseignait que la raison innée de l'homme peut saisir des vérités éternelles. Ces vérités, ce sont les axiomes du vrai, du bien et du beau. Ainsi les philosophes de l'école *spiritualiste* voulurent fonder les bases d'une morale indiscutable sur les évidences qui s'imposeraient à tout le monde. Le troisième courant de la pensée du XIXe siècle s'opposera à la fois aux ultramontains et aux spiritualistes. Elle affirmera qu'une seule méthode a fait ses preuves dans le monde humain: la méthode scientifique. C'est sur elle, et sur elle seule, donc, que l'humanité doit compter. Et tout d'abord, il faut appliquer cette méthode à la société. Ainsi naîtra la sociologie, qui aura la noble ambition d'organiser la vie pour le plus grand bien de tous.

Parmi les traditionnalistes, le plus important fut sans doute Joseph de Maistre. Né à Chambéry en 1753, il entra, après avoir fait de solides études, dans la magistrature. Lorsque la Révolution éclata, de Maistre la considéra avec sympathie, mais bientôt il se réfugia à Lausanne et commença à écrire des pamphlets contre-révolutionnaires. En 1802, le roi de Sardaigne le nomma ambassadeur à Saint-Pétersbourg où il resta jusqu'à la chute de Napoléon. Il rentra alors à Turin où il mourut en 1821. Adversaire acharné de l'esprit du XVIIIᵉ siècle, de Maistre dans ses ouvrages, dont certains comme *les Soirées de Saint-Pétersbourg* ne furent publiés qu'après sa mort, opposa au rationalisme des «lumières» la réalité de l'ordre surnaturel. Pour lui, la Révolution avait été un châtiment nécessaire infligé par Dieu à la France pour lui rappeler sa mission chrétienne. La France devait donc retourner à la monarchie traditionnelle et, rejetant le gallicanisme, s'unir étroitement à Rome.

Dans le second groupe de penseurs, il faut mentionner Destutt de Tracy (1754–1836), Maine de Biran (1766–1824) et surtout Victor Cousin (1792–1867) qui est considéré comme le chef de l'école spiritualiste éclectique. Professeur de philosophie à l'École normale, puis à la Sorbonne, Cousin fut attiré par la philosophie allemande et particulièrement par celle de Kant. Pendant un voyage en Allemagne, il fit la connaissance de Hegel et de Schelling. Sous la monarchie de Juillet, Cousin devint directeur de l'École normale, puis Ministre de l'Instruction publique. Après le coup d'État de Napoléon III, il abandonna sa chaire à la Sorbonne et passa le reste de sa vie à étudier et à écrire.

La philosophie de Cousin est un effort de synthèse des idées de Descartes, des philosophes écossais et de celles de Hegel et de Schelling, synthèse qu'il appela lui-même éclectique. Elle voulait concilier tous les systèmes en retenant d'eux ce qu'ils ont de plus précieux; elle contenait deux thèmes principaux: d'abord la nécessité d'employer la méthode d'observation et d'expérience; ensuite la nécessité d'établir par cette méthode les croyances du sens commun que possède tout homme avant toute réflexion. Ces croyances contiennent les axiomes du vrai, du beau et du bien dont le caractère éternel est saisi par la raison humaine. Or, ce caractère éternel ne peut s'expliquer que par Dieu. La raison humaine est donc une aptitude à saisir intuitivement les principes qui règlent la pensée, la beauté et l'action divine.

Avant d'examiner le troisième courant, représenté surtout par Auguste Comte, jetons un coup d'œil sur les idées de quelques réformateurs sociaux de la première moitié du siècle. Certaines des doctrines sociales de cette époque auront une très grande influence sur les événements politiques et sociaux à la fin du XIXe siècle et même au siècle suivant.

Parmi ces réformateurs, notons d'abord Charles Fourier. Né à Besançon, dans le Jura, en 1772, fils d'un drapier, il puisa dans les affaires la haine du système économique d'alors. Cette haine le fit réfléchir à l'organisation de la société, ainsi qu'aux maux dont souffre l'humanité, et le fit dévelop-per un système philosophique et économique qu'on appelle le fouriérisme et qu'on trouve exposé dans ses livres, tel le *Traité de l'association domestique et agricole* (1822).

Fourier, frappé par l'harmonie universelle qui règne dans le monde physique et à laquelle seul l'homme fait exception, était persuadé que l'homme s'était éloigné de cette harmonie parce qu'il avait remplacé la loi d'attraction morale par des caprices philosophiques. La loi d'attraction universelle, découverte par Newton, se traduit dans le monde moral, disait Fourier, par l'attraction passionnelle. C'est en vain que les mora-listes veulent réprimer les passions; il faut, au contraire, modeler sur elles l'organisme social. Les passions, au nombre de douze, peuvent se grouper en huit cent dix caractères différents. Si l'on double ce nombre on aura tous les spécimens possibles de caractères. Avec mille six cent vingt person-nes, on pourra donc établir ce que Fourier appelle une *phalange,* l'unité sociale de la société future. Chaque phalange, logée dans un *phalanstère,* sera composée de *séries,* elles-mêmes composées de *groupes,* dans lesquels les travailleurs participeront aux travaux qu'ils auront choisis. Ainsi, tous les métiers nécessaires seront exercés, le travail, devenu attrayant, se fera sans effort et sera infiniment fructueux. Ce système de cellules sociales remplacera graduellement la société «civilisée», se généralisera sur le globe et formera un seul *empire unitaire.*

Inutile de dire que toutes les réalisations pratiques tentées par les fouriéristes en France, au Brésil, en Algérie et même au Texas, furent des échecs retentissants. Néanmoins, il faut se rappeler que Fourier contribua puissamment à la diffusion des idées collectivistes et que ses théories firent de lui un précurseur du socialisme, bien que lui-même ne songeât pas du tout à supprimer la propriété privée.

Un autre théoricien social, Claude-Henri de Rouvroy, comte de Saint-Simon (1760–1825), influença également les premiers socialistes français, les théories d'Auguste Comte et les tenants contemporains de la techno-cratie moderne.

Saint-Simon avait participé avec La Fayette à la guerre d'Indépendance des États-Unis. Revenu en France en 1783, il s'était enrichi, puis ruiné, par des spéculations sur les biens nationaux. C'est alors qu'il commença son apostolat philosophique et social en publiant ses *Lettres d'un habitant de Genève à ses contemporains* (1802). Les ouvrages suivants, notamment *De la réorganisation de la société européenne* (1814), définirent les grands thèmes du saint-simonisme et contribuèrent à réunir autour de lui de nombreux disciples attirés par ses vues neuves sur l'économie et la politique, parmi eux Augustin Thierry, le futur historien, et Auguste Comte.

La doctrine de Saint-Simon, confuse mais riche en intuitions parfois prophétiques, reflète admirablement les aspirations diverses du XIXᵉ siècle. En politique, Saint-Simon débuta par l'idée d'une union européenne; mais ce qui distingue ce projet de ceux préconisés par d'autres avant lui, c'est qu'il mettait les chefs d'industrie à la place des ambassadeurs. Les industriels devaient prendre la place qui correspond à leur influence sociale. «La classe industrielle, écrit-il, est la classe fondamentale, la classe nourricière de la nation.» Dans la société future qu'il rêvait d'établir, Saint-Simon voulait que le pouvoir appartînt non pas aux riches mais aux sages. Aux anciennes classes dirigeantes, il voulait substituer le gouvernement des «capacités», c'est-à-dire les industriels, les savants et les banquiers. Comme Fourier, il voulait que l'association universelle remplaçât l'antagonisme social; afin de faire cesser l'exploitation de l'homme par l'homme, c'est l'État, et non plus la famille, qui hériterait des richesses accumulées et qui répartirait les instruments de travail selon les besoins et les capacités. Dans ses grandes lignes, le saint-simonisme préconise un système d'économie planifiée, à l'inverse du libéralisme. Pour cette nouvelle société il fallait une religion nouvelle, plus puissante que les religions antérieures, dans laquelle serait conservée une morale, un culte et un dogme, mais où le déisme serait remplacé par le culte des lois physiques du monde.

Le saint-simonisme a contribué puissamment au développement industriel du XIXᵉ siècle: il a encouragé la création d'une société de crédit et d'assistance sociale, la construction des chemins de fer, l'urbanisme de Paris (bien avant Haussmann), la colonisation de l'Algérie, le percement de l'isthme de Suez (bien avant de Lesseps) et du canal du Nicaragua, ancêtre du canal de Panama.

Né à Montpellier en 1798, Auguste Comte fut élève à l'École polytechnique, puis, de 1817 à 1824, secrétaire de Saint-Simon. C'est pendant cette période qu'il écrivit le *Système de politique positive* et le *Plan des travaux scientifiques nécessaires pour réorganiser la société*. Après avoir quitté Saint-Simon, dont il méprisait le mysticisme, Comte commença à donner des leçons de philosophie positive devant un auditoire de savants.

En 1832, il accepta un poste de répétiteur à l'École polytechnique; cet emploi assura son existence jusqu'en 1844. À partir de cette date jusqu'à sa mort en 1857, il vécut des contributions volontaires de ceux qui avaient été séduits par le positivisme, entre autres Émile Littré et John Stuart Mill. De 1830 à 1842, il avait fait paraître le *Cours de philosophie positive*. En 1846, inspiré par la mort de son amie, Clotilde de Vaux, il se mit à élaborer une religion de l'humanité, dont il se proclama le grand prêtre, et qui modifia profondément certaines parties de sa doctrine. Littré devait ironiquement quitter son maître devenue mystique, comme Comte avait lui-même abandonné Saint-Simon.

Auguste Comte se trouve au centre du XIXᵉ siècle, un centre d'où rayonnent les grandes avenues de la pensée contemporaine: la science positive, l'histoire interprétée comme une science d'observation, la sociologie (dont Comte est le père et Montesquieu et Rousseau les grands-pères), et finalement la religion sociale. Le *Cours de philosophie positive*, mentionné plus haut, est considéré comme l'un des monuments de la philosophie des sciences. C'est dans cette œuvre que l'on trouve sa classification célèbre. Comte considérait l'humanité en évolutionniste et voyait dans chacune de ses civilisations successives une étape de la psychologie humaine. Le premier stade, l'état théologique, correspond au moment où l'homme attribue la direction des événements à l'action surnaturelle des divinités; le deuxième stade, l'état métaphysique, correspond au moment où l'homme, moins naïf et ayant réfléchi davantage, remplace les agents surnaturels par des forces abstraites; finalement, le troisième stade, l'état positif, est celui dans lequel, par le raisonnement et l'observation, l'homme découvre les lois effectives des phénomènes. Ce dernier stade est «le véritable état définitif de l'intelligence humaine». Notons ici l'absence de la psychologie qui pour Comte n'est pas une science puisque l'âme n'est pas un fait démontrable. Assimilée à la biologie ou à la sociologie, la psychologie sera négligée par l'école naturaliste.

Chaque homme, selon Comte, passe plus ou moins par ces trois étapes et, pareillement, chaque science est appelée à les franchir progressivement et plus ou moins vite, selon la nature de son objet. Mais la science la plus complexe, celle qui a pour objet la vie humaine en société, restait à fonder et c'est elle que Comte nomma la sociologie.

Dans la cité future, Comte donnait le premier rôle aux savants et aux philosophes. Il leur incomberait de veiller à ce que le devoir prime l'égoïsme, que la pensée prime la matière, et que le droit prime la force. Un comité international des positivistes aurait pour mission de rappeler à tous que toutes les classes sont solidaires dans la société, et que les riches ne sont que les dépositaires d'une part de la fortune publique. Le travail lui-même désignerait les dirigeants de la société moderne et déterminerait la véritable hiérarchie.

Quant au gouvernement, il serait le véritable organisateur de la vie sociale, mais ne serait cependant pas communiste, car Comte refusait de porter atteinte aux principes de propriété et d'héritage. L'État serait dirigé par des banquiers qui le serviraient gratuitement et, à la fin de leur mandat, désigneraient leurs successeurs.

L'œuvre de Comte, où se trouve un étrange mélange de vues géniales et déséquilibrées, témoigne d'une grande foi en la science, ses méthodes et ses résultats. Elle est surtout un plaidoyer pour la résolution scientifique des problèmes moraux et politiques posés par la Révolution de 1789. Les idées de Comte se répandirent en Angleterre, où elles rejoignirent celles de John Stuart Mill et rencontrèrent l'évolutionnisme de Darwin et de Spencer. Elles pénétrèrent en Allemagne aussi, où elles s'unirent à celles de Büchner, le philosophe matérialiste, et à celles de Haeckel, qui s'était fait le champion du transformisme. Puis elles revinrent, tranformées, en France et servirent de base à ce qu'on a appelé le naturalisme scientiste, illustré surtout par Hippolyte Taine, philosophe, historien et critique,[4] qui vécut de 1828 à 1893. Les scientistes affirmaient que tous les phénomènes, quels qu'ils soient, sont soumis à des lois constantes qui sont déterminables par l'observation et l'expérimentation. Ces lois une fois connues permettent à l'homme d'agir avec certitude dans tous les domaines.

Cette conception déterministe de l'univers menant inévitablement à la croyance que la morale traditionnelle n'a guère de sens, fut combattue à la fin du XIXe siècle par les idéalistes et les spiritualistes. Parmi ces derniers, le plus influent, surtout en ce qui concerne les idées du XXe siècle, fut Henri-Louis Bergson.

Né à Paris en 1859, Bergson fit ses études au lycée Condorcet, puis entra à l'École normale supérieure, en 1878. Agrégé de philosophie en 1881, il débuta comme professeur de philosophie au lycée d'Angers et fut ensuite nommé au lycée Blaise Pascal à Clermont-Ferrand, où il resta jusqu'en 1888. Il revint alors à Paris et enseigna au lycée Henri IV, à l'École normale supérieure et finalement au Collège de France.

En 1889, Bergson fut reçu docteur ès lettres et publia sa thèse, *Essai sur*

4. Taine considérait le génie des grands écrivains et des grands artistes comme gouverné par une faculté maîtresse, elle-même dominée par des influences géographiques (le sol et le climat), et surtout par les trois grandes influences parallèles de la race, du moment et du milieu.

les données immédiates de la conscience, qui marque une date importante dans l'histoire de la pensée française. Puis parurent les grandes œuvres dans lesquelles se reflète le développement de la pensée bergsonienne: *Matière et mémoire* (1897), essai sur la relation du corps à l'esprit, *Le Rire* (1900), essai sur la signification du comique, dans lequel se trouvent des pages remarquables sur le rôle de l'artiste, *l'Évolution créatrice* (1907), *l'Énergie spirituelle* (1919), *Durée et simultanéité* (1922). En 1914, Bergson avait été élu à l'Académie française; en 1928, il reçut le Prix Nobel de littérature. En 1932, il publia son dernier ouvrage important, *Les deux sources de la morale et de la religion,* dans lequel on peut constater que sa pensée le menait à l'expérience mystique proprement chrétienne. Il mourut à Paris le 4 janvier 1941.

Le centre même de la doctrine de Bergson est l'intuition de la durée. «La représentation d'une durée hétérogène, qualitative, créatrice, est le point d'où je suis parti et où je suis constamment revenu», a-t-il écrit. Cette intuition foncière est avant tout une négation: le temps réel *n'est pas* le temps spatialisé de notre physique, le mouvement *n'est pas* une quantité d'états se succédant et se remplaçant les uns les autres. «Les plus grosses difficultés, disait Bergson, sont nées de ce que les philosophes ont toujours mis temps et espace sur la même ligne.»

Le contenu positif de cette intuition porte sur le progrès intérieur de la vie psychique, sur le mouvement vécu par lequel nos états psychiques se fondent dans une multiplicité virtuelle, qui néanmoins reste une, et sur le fait que nous durons tout en changeant d'une manière qui ne peut être divisée et qui pourtant nous enrichit et nous permet de triompher sur l'inertie de la matière.

Les formules bergsoniennes par excellence: «élan vital» et «évolution créatrice», expriment la conviction du philosophe que la vie est de l'esprit en marche, en jaillissement, une marche créatrice et libre. La philosophie de Bergson veut donc substituer la dynamique à la statique et démontrer que la pensée est une chose illusoire et creuse dès qu'elle perd le contact avec la vie, c'est-à-dire avec le sentiment et avec le mouvement. Le grand mérite de cette doctrine, c'est d'avoir tiré la philosophie de l'ornière scientifico-matérialiste où elle risquait de s'embourber. Le bergsonisme exerça pendant la première moitié du XXe siècle une influence très marquée sur la psychologie, la morale et la littérature.

Après la Deuxième Guerre mondiale, la philosophie existentialiste a complètement remis en question l'idée même de la philosophie, telle qu'elle avait été traditionnellement conçue: la recherche d'une vérité durable et valable pour tous. Après la terrible catastrophe de la guerre, après les horreurs des camps de concentration et de la bombe d'Hiroshima, il est naturel que les hommes aient senti le besoin de regarder l'existence en face, telle qu'elle est vécue, et se soient détournés des abstractions théoriques. Un nouveau tragique s'esquissa entre la grandeur de l'homme et sa misère, et l'angoisse pascalienne retrouva sa vérité. L'existentialisme, en tenant compte du caractère angoissant des problèmes qui se posent à l'homme contemporain et de l'insuffisance des solutions que la raison prétendait leur apporter, sembla, par son athéisme, dans le cas de Sartre, son anticonformisme et l'importance qu'il plaçait sur les notions de liberté morale et de responsabilité sociale, bien fait pour offrir, sinon une réponse, du moins une attitude légitime.

En France, l'existentialisme se propagea grâce surtout aux écrits de Jean-Paul Sartre. Né à Paris, le 21 juin 1905, Sartre fit ses études à La Rochelle, puis dans la capitale. Après avoir obtenu son baccalauréat, en 1923, il entra à l'École normale supérieure et, en 1928, fut reçu premier à l'agrégation de philosophie. Après son service militaire, il commença sa carrière de professeur de philosophie, d'abord au Havre, puis à Paris. Sa première œuvre philosophique fut une analyse phénoménologique: *l'Imagination,* publiée en 1936; elle fut suivie en 1939 par *l'Esquisse d'une théorie des émotions* et, en 1940, par *l'Imaginaire, psychologie phénoménologique de l'imagination.*

Entre-temps, Sartre avait obtenu un succès d'estime avec *La Nausée,* un roman, et, en 1939, avec une collection de nouvelles intitulée *Le Mur.* Pendant la campagne de 1939–40, il servit comme infirmier, fut fait prisonnier par les Allemands, puis libéré en avril 1941. Il reprit alors ses cours au lycée Pasteur, puis au lycée Condorcet, tout en participant au mouvement de résistance. En 1943, sa pièce *Les Mouches* remporta un grand succès grâce surtout aux sous-entendus patriotiques que les Parisiens saisirent, mais que les occupants ne comprirent point. La même année parut son grand essai philosophique, *l'Être et le néant.* Après la guerre, Sartre continua à publier dans tous les genres,[5] sauf le genre poétique. Il fonda la revue *Les Temps modernes* et devint rapidement un des maîtres à penser les plus influents de la jeune génération.

L'existentialisme sartrien (car il y a plusieurs sortes d'existentialisme, entre autres celui de Gabriel Marcel, qui, lui, est catholique) repose sur l'affirmation que chez l'homme l'existence précède l'essence. Cette doctrine rejette l'idée d'une essence universelle de l'homme et maintient que chaque homme crée la sienne par les actes qu'il commet au cours de sa

---

5. En philosophie, notons son œuvre la plus récente: *Critique de la raison dialectique* (1960).

vie, actes qu'il ne peut pas ne pas commettre puisque l'homme, étant libre, est paradoxalement condamné à choisir à chaque instant. Le choix implique l'action et l'action implique la responsabilité. L'homme, n'étant rien que ce qu'il se fait, ne peut invoquer les excuses habituelles pour justifier sa conduite. À l'intérieur de la situation où il se trouve (race, famille, pays, etc.) il est libre d'agir comme bon lui semble, et d'engager sa vie à partir de cette situation afin de lui donner un sens. L'homme seul, dans un monde sans Dieu, doit agir selon une morale individuelle qui reconnaît comme valeurs premières la liberté et la solidarité. L'existentialisme est donc avant tout une morale et une discipline rigoureuse ne laissant place ni aux alibis de l'ignorance ou de la bonne intention, ni au subterfuge de la restriction mentale.

L'existentialisme, dont nous n'avons pu donner ici qu'un aperçu, eut son heure de gloire entre les années 1945 et 1960. Aujourd'hui, il paraît quelque peu démodé. Il est fort probable que les récentes explorations de l'espace, avec toutes leurs conséquences pour la race humaine, amèneront un nouvel humanisme qui répondra mieux que l'existentialisme aux aspirations des générations montantes.

F.E.P.I.D.

Henri Bergson

F.E.P.I.D.

Jean-Paul Sartre

Chapitre 17

L'ART FRANÇAIS
DEPUIS LES DÉBUTS
JUSQU'AU XVIIIᵉ SIÈCLE

L'ART français a exercé une influence prépondérante en Europe, du moyen âge au XVᵉ siècle, et du XVIIᵉ siècle à nos jours. À vrai dire, cette influence a largement débordé les limites de l'Europe, même au moyen âge et est devenue mondiale dès le commencement du XIXᵉ siècle.

Dans ce chapitre, nous examinerons les grandes périodes de l'art français du commencement au XVIIIᵉ siècle, sans négliger toutefois de mentionner en passant telles manifestations artistiques des autres périodes qui méritent d'être citées.

C'est en France, par exemple, que l'art préhistorique a été étudié avec le plus de soin et de science, et ceci explique que l'histoire de cet art, qu'il s'agisse de l'Europe ou même du monde, s'identifie à celle de l'art préhistorique français. À quoi peut-on attribuer ce fait sinon à la présence sur le sol français d'une quantité impressionnante de vestiges de la culture préhistorique. Les premières découvertes de ces vestiges remontent à 1840, mais c'est surtout à partir de 1860 que les trouvailles dans la vallée de la Vézère révélèrent l'existence de la civilisation de la pierre taillée. Dans les caves de la Dordogne, de la Gascogne et du Languedoc, des armes et des outils, faits d'os ou d'ivoire, des statuettes, des galets gravés, bref, toutes sortes d'objets appartenant à ce qu'on appelle l'art mobilier, témoignent, de même que les animaux peints ou gravés sur les murs, des tâtonnements primitifs vers une expression artistique de la vie. Notons toutefois que ces peintures pariétales n'avaient pas un but d'embellissement, mais vraisemblablement un but magique: il s'agissait de favoriser le bon résultat de la chasse.

En Bretagne surtout, mais aussi dans les vallées de la Seine et de la Loire et dans quelques autres régions de la France occidentale, l'époque préhistorique a laissé certains vestiges architecturaux, auxquels on a donné des noms bretons, tels que *dolmen* (dol—table; men—pierre), *menhir* (hir—long), *cromlech* (crom—rond; lech—pierre), et sculpturaux, comme les figures humaines schématisées que l'on a découvertes gravées sur les murs de certaines caves funéraires, ou comme les menhirs en forme de statues.

L'art gallo-romain

Dès le VIe siècle avant J.-C., la région au sud-est de la Gaule fut influencée par la civilisation méditerranéenne. Cependant, il ne faudrait pas croire que les Gaulois n'avaient pas développé auparavant leur propre culture. Les pièces d'argent, les médailles, les statuettes que l'on a découvertes prouvent l'existence d'un art gaulois d'avant l'arrivée des Grecs et des Romains. En outre, les récits des historiens romains témoignent de l'ingéniosité des Gaulois. Ceux-ci avaient déjà inventé la barrique de bois et l'émail, inconnus des Grecs et des Romains. C'étaient des agriculteurs avisés qui employaient des engrais et se servaient d'une machine agricole, ancêtre de la moissonneuse moderne, qui émerveilla les Romains. Néanmoins, ce n'est qu'à partir de la conquête romaine que l'on peut véritablement parler des débuts de l'art en Gaule.

L'architecture gallo-romaine

Les Gaulois adoptèrent les principes de construction et d'urbanisme des Romains. Ceux-ci, moins artistes que les Grecs qui avaient, dans la région de Marseille, élevé surtout des temples, firent construire des routes, des ponts, des thermes et des amphithéâtres. La construction de ces monuments utilitaires reflète l'organisation sociale des Romains et donc des Gallo-Romains: une forte centralisation, des ressources immenses en main-d'œuvre et en matériaux. Puisque les Romains voulaient pouvoir bâtir même dans les provinces les plus éloignées, ils avaient imaginé un système de construction qui permettait à un petit nombre de maîtres-ouvriers de diriger le travail effectué par de très nombreux manœuvres. De plus, puisqu'ils comptaient avant tout sur des maçons improvisés, ils en vinrent à une division extrême du travail: les uns construisaient, les autres décoraient. C'est ainsi que l'art de bâtir chez les Romains se présenta bientôt sous deux aspects: la construction proprement dite, nécessairement fruste, et la décoration qui consistait en un revêtement plus ou moins luxueux. Chez les Grecs, la décoration résultait de la manière dont tout l'édifice avait été conçu et exécuté. Une autre différence essentielle entre l'art grec et l'art romain consistait en l'emploi chez ce dernier de l'arc au lieu de l'architrave. Or, c'est la conception de l'arc qui va déterminer en grande partie le développement de l'architecture romane et de l'architecture gothique.

Pendant l'ère romaine, les villages gaulois se transformèrent en cités. Certains se développèrent sur le lieu même de leur origine, d'autres, situés sur des hauteurs stratégiques, descendirent se placer sur des routes de communications. La plupart des cités gallo-romaines, telles que Arles, Orange, Autun, Lutèce (Paris) et Senlis, adoptèrent le plan en échiquier, adapté au plan du village gaulois ou bien à la configuration du terrain. Les deux rues principales se rencontraient au *forum,* où se trouvaient d'ordinaire les édifices publics.

Les principales cités étaient entourées de fortifications et les portes étaient protégées par des tours circulaires et par un mur en demi-cercle. Les arcs de triomphe étaient des monuments isolés bâtis pour commémorer un événement, pour glorifier un personnage ou pour embellir une ville. Le plus ancien arc de triomphe semble être celui qui a été conservé à Arles, mais le plus beau et le plus grand est celui d'Orange, construit sous le règne de l'empereur Auguste. Orné de reliefs représentant des combattants et des trophées maritimes et terrestres, il commémore vraisemblablement les campagnes de César contre Marseille.

Les édifices les mieux préservés de l'époque gallo-romaine sont les théâtres. On en trouve à Orange, à Arles, à Vienne, à Lyon, à Autun, etc. Ce dernier était le plus grand de toute la Gaule. À Lyon, les fouilles de 1933 ont révélé l'existence de deux théâtres contigus, dont le plus large pouvait recevoir sept mille spectateurs. Le plus petit était, croit-on, un Odéon, réservé aux représentations musicales. Il pouvait accommoder trois mille spectateurs.

Au IIIᵉ siècle, les architectes de la Gaule produisirent un nouveau genre d'édifice qui combinait les aspects du théâtre grec et de l'amphithéâtre romain: les arènes. Les plus célèbres sont celles de Paris. Celles d'Arles, élevées en 46 avant J.-C., comptent parmi les plus anciennes du monde romain et pouvaient contenir vingt-six mille spectateurs.

En dehors des villes, les monuments les mieux préservés de l'époque gallo-romaine sont les ponts (Apt, Saint-Chamas, Saintes, etc.) et les aqueducs. Le pont du Gard, une des œuvres d'art de l'aqueduc construit par Agrippa vers l'an 19 avant J.-C. pour amener l'eau à la colonie de

Nîmes, mesure 273 mètres de long et 49 mètres de haut. Trois rangs d'arcades forment autant de ponts étagés, en retrait les uns sur les autres.

La sculpture gallo-romaine

Les meilleures statues de l'époque qui ont été retrouvées, surtout dans la Gaule narbonnaise, offrent les traits caractéristiques de l'art gréco-romain. Les Gaulois, qui se plaisaient à reproduire des individus, apprirent des Romains l'art de la portraiture. À Lyon et à Narbonne, beaucoup de statues en marbre ou en bronze, représentant soit un individu, soit un group familial, ont été retrouvées. Certaines de ces statues, d'un genre héroïque ou conventionnel, avaient une tête qui pouvait être démontée et remplacée par une autre, selon les besoins.

Les bas-reliefs funéraires sont les produits les plus abondants et les plus originaux de la sculpture gallo-romaine. À part les portraits réalistes du défunt et de sa famille, ces bas-reliefs nous fournissent de précieux renseignements sur la vie quotidienne de l'époque.

Le peinture gallo-romaine

Nous n'avons qu'un très petit nombre de peintures de cette époque; celles-ci sont surtout des restes de peintures murales, des fresques notamment, dont les couleurs prédominantes sont le rouge, le blanc, le vert d'eau, le jaune tendre et le gris bleu. Par contre, un très grand nombre de mosaïques ont été retrouvées dont les sujets représentent une extrême variété, depuis les décors géométriques simples jusqu'aux scènes compliquées: les aventures de Jupiter, des scènes rurales, les Muses et leurs disciples, etc. Les meilleures mosaïques datent du IIe et du IIIe siècles, et certaines portent la signature de l'artiste.

L'art gallo-romain, qui avait réussi à faire une synthèse entre l'art grec et l'art romain, fut grandement transformé par deux événements: l'essor du christianisme et les invasions barbares. La religion chrétienne provoqua, d'une part, l'éclosion d'une architecture nouvelle et, d'autre part, entraîna une réaction contre l'art païen. Quant aux Barbares, qui apportèrent quelques formules de décoration, quelques motifs d'orfèvrerie, leur action fut plutôt indirecte et négative. Leur arrivée provoqua l'avènement d'un milieu social plus primitif, qui eut inévitablement une influence sur l'architecture. La construction d'un bel édifice en pierre suppose un milieu stable et policé; aussi, après le Ve siècle, l'architecture en pierre subit-elle un recul marqué sur l'architecture en bois. Ceci explique le fait qu'il ne subsiste en France qu'un petit nombre de monuments remontant à cette époque.

L'art roman

La fin du Xe siècle et les premières années du XIe ont été marquées par une grande activité architecturale. Il faut noter, en guise d'explication, que cette époque marque la fin des invasions. Les Normands, après le traité de Saint-Clair-sur-Epte (911) s'étaient fixés dans le duché concédé par Charles le Chauve et avaient adopté le parler, les mœurs et l'architecture de leurs nouveaux compatriotes. Les Arabes avaient peu à peu été chassés de la Provence et du Languedoc, et refoulés en Espagne. La Méditerranée était redevenue une voie d'échanges commerciaux et culturels. Les structures politiques de l'Europe médiévale commençaient à émerger, ainsi que des structures sociales nouvelles. À côté de la civilisation féodale et monastique allait se développer une civilisation marchande et urbaine. Une nouvelle classe, la bourgeoisie, allait, modestement d'abord, puis de plus en plus sûrement, acquérir la puissance économique, et par conséquent la puissance politique et l'importance sociale.

Il ne faut pas tomber dans l'erreur de croire que, dès la fin du Xe siècle, on se mit à construire partout de grands monuments et que ceux-ci étaient tous d'une perfection achevée. À côté de certaines abbatiales et cathédrales remarquables, furent érigés à cette époque de nombreux bâtiments qui témoignent d'une grande pauvreté technique. Cela se comprend si l'on se souvient de l'ignorance générale de l'époque, du manque de fonds, de techniciens et d'ouvriers qualifiés. Ce qui est extraordinaire, c'est qu'il y eut, dans les quelques foyers où la culture s'était maintenue, une si heureuse activité du bâtiment.

L'art de bâtir pendant ces années s'éloigna de plus en plus de l'art romain. Le même phénomène qui détermina l'évolution de la langue populaire, issue du latin, en une langue *romane,* fit que l'art de construire évolua pour donner une architecture originale que l'on appelle l'architecture *romane.* Dans l'histoire de cet art nouveau, il faut tenir compte, d'abord, du rôle prépondérant des moines. La naissance de l'art roman, en effet, coïncide avec l'épanouissement de l'ordre monastique de Cluny. Ensuite, il faut tenir compte des pèlerinages qui ont eu une action indéniable sur la diffusion de l'art roman. C'est dire, en somme, que l'art roman est d'abord un art religieux, favorisé par le renouveau de ferveur religieuse et par une paix et une prospérité relatives.

L'architecture romane

Caractères généraux de l'édifice roman. La nouveauté essentielle de l'église romane est qu'elle est entièrement construite en pierre. Les formes de voûtes romanes sont nombreuses, mais la véritable voûte romane est la vieille voûte en berceau des Romains qui va peu à peu subir des transformations. La voûte en berceau peut se définir ainsi: c'est un arc qui se prolonge. Sa section est le plus souvent en demi-cercle (voûte en plein cintre), mais peut être en arc brisé ou en tiers-point (voûte en berceau brisé). Cette voûte agit comme un arc: elle exerce des poussées latérales sur toute sa longueur et a donc besoin d'être établie sur des murs très épais, n'offrant que peu d'ouvertures.

De bonne heure, les maîtres d'œuvre ont cherché à améliorer la voûte en berceau afin d'obtenir un meilleur éclairage et d'économiser la maçonnerie. Ils ont d'abord imaginé de disposer sous la voûte en berceau, à intervalles réguliers, des arcs supplémentaires, appelés *arcs doubleaux,* destinés à supporter la voûte. À leur niveau, les murs ont été renforcés par des éperons appelés *contreforts.* Ce système de voûte s'appelle la *voûte en berceau sur doubleaux.*

Puis les constructeurs romans firent de nouveaux progrès en adoptant la *voûte d'arêtes.* Cette voûte est l'intersection à angle droit de deux voûtes en berceau dont les clefs sont à la même hauteur. Elle est ainsi dénommée par ce qu'elle projette en dessous des arêtes saillantes. Son avantage sur la voûte en berceau est de localiser les poussées latérales au point d'aboutissement des arêtes le long des murs. Mais elle a l'inconvénient d'être beaucoup plus difficile à construire.

Afin de masquer l'imperfection des arêtes, les architectes décidèrent de construire par-dessous deux arcs de même sens, se coupant eux aussi en diagonales. C'est la *croisée d'ogives (ogive* vient du mot latin *augere:* augmenter). Cette invention sera plus tard un des éléments essentiels de l'architecture gothique.

L'équilibre d'une voûte pouvait être assuré par un autre moyen: en la juxtaposant à d'autres voûtes. Les églises à trois nefs pouvaient offrir plusieurs combinaisons: (a) la voûte principale beaucoup plus haute que les deux autres, comme à l'église de Vézelay; ceci permettait l'éclairage direct de la nef principale, mais l'équilibre était moins bien assuré; (b) les trois voûtes à la même hauteur, comme dans Notre-Dame-la-Grande, à Poitiers; ceci empêchait la nef principale d'être éclairée directement, d'où le nom de *nef aveugle;* (c) les bas-côtés sont traités autrement que la nef principale, comme dans Saint-Trophime à Arles, Notre-Dame-du-Port à Clermont-Ferrand, et Saint-Philibert à Tournus.

Le plan de l'église romane est, sauf quelques exceptions, celui de la basilique, mais le transept et le chœur ont subi un développement inconnu jusqu'alors. C'est surtout le chevet qui a été enrichi par les absides et les chapelles rayonnantes.

Extérieurement, l'église romane se présente comme un système de masses, se ramenant à des formes géométriques simples, dont la disposition traduit exactement l'arrangement intérieur. En plus, la combinaison de ces masses exprime toujours l'équilibre plutôt que l'élan.

Enfin, l'église romane est dotée d'une peinture et d'une sculpture importantes dont les deux caractéristiques sont, d'une part, une humanisation qui marque un retour à l'art antique et, d'autre part, une soumission au cadre architectural.

La Bourgogne, au XIe siècle, éleva des édifices considérables, dont les trois principaux étaient ceux de Cluny, de Dijon (Saint-Bénigne) et de Tournus (Saint-Philibert). De ces trois grandes églises, seule celle de Tournus demeure et peut nous donner une idée de ce que furent les autres. C'est un monument complexe, dont la construction, qui s'étale sur une longue période, témoigne de la hardiesse et de l'ingéniosité des bâtisseurs de ce temps. Le narthex, du début du XIe siècle, a deux étages; la nef, consacrée en 1019, était à l'origine couverte d'une charpente en bois, mais reçut dans la seconde moitié du siècle une voûte faite d'une succession de berceaux transversaux s'équilibrant l'un l'autre comme les arches d'un pont; le chevet, qui date de 1015 environ, comporte un déambulatoire et des chapelles rayonnantes.

Le XIe siècle fut également le grand siècle de l'architecture romane normande. C'est l'époque des grandes abbayes et des grandes cathédrales: Jumièges (1037); Saint-Étienne (1064) et la Trinité (1062) à Caen; le Mont-Saint-Michel (1023); la cathédrale de Coutances (1091), celle de Bayeux (1077), etc. La particularité de l'effort des architectes normands du XIe siècle est que, délaissant les voûtes en berceau, ils s'orientent vers les voûtes à pénétration, c'est-à-dire les voûtes d'arêtes, ce qui les conduira presque immédiatement à l'ogive. Après la conquête de l'Angleterre, le style normand se répandit rapidement dans cette île: les cathédrales de Canterbury, de Durham, de Winchester et de Lincoln, entre autres, reproduisent les modèles normands.

La plupart des grandes églises romanes qui sont parvenues jusqu'à nous remontent au XIIe siècle. Parmi celles-ci, nous examinerons l'abbaye de Cluny et l'église de la Madeleine à Vézelay.

La vie monastique est un des aspects les plus importants de l'époque médiévale et, de tous les monastères, le plus large et le plus imposant, fut, sans aucun doute, celui de Cluny. Fondé en 910 par Guillaume Ier, duc d'Aquitaine, cet ordre dut son exceptionnelle destinée à quelques abbés qui se rangent parmi les plus hautes figures du moyen âge. La congrégation de Cluny donna à l'Église trois papes (Grégoire VII, Urbain II et Pascal II) et un grand nombre de cardinaux et de prélats; elle parvint à son apogée dans la seconde moitié du XIᵉ siècle sous le long gouvernement de saint Hugues (1049–1109). Le centre spirituel et politique de l'occident chrétien était alors non pas Rome, mais Cluny. À la mort de Hugues, le chiffre des maisons soumises à la direction de Cluny était de plus de 300 (en Europe et jusqu'en Orient), mais un grand nombre d'autres monastères avait adopté la règle clunisienne sans être directement soumis à la maison-mère.

Comme tous les monastères, Cluny était un monde en miniature et réunissait des représentants de toutes les classes d'alors. À côté des saints se trouvaient des criminels qui cherchaient là un refuge; à côté de ceux qui voulaient fuir le monde vivaient ceux qui n'avaient jamais connu que la vie religieuse. Les moines, en faisant vœu de pauvreté, de chasteté et d'obéissance, avaient renoncé à tous les avantages et plaisirs mondains, et même à l'exercice de la liberté individuelle. Selon la règle de saint Benoît, fondateur de la vie monastique occidentale, un moine «ne devait rien posséder, ni livre, ni écritoire, ni plume—absolument rien. Car, en effet, il n'est pas permis aux moines d'être maîtres de leur corps ou de leur volonté». Ce renoncement aux désirs mondains poussait les moines à la recherche d'une vie supérieure de l'esprit et exigeait donc une retraite complète du monde, et un genre de vie spécial.

Les monastères furent, au moyen âge, les centres de la vie intellectuelle où se trouvaient les seules écoles, bibliothèques et hospices. La règle bénédictine soulignait l'importance du travail et, entre autres, prescrivait six ou sept heures de travail manuel. Au début, cela signifiait que les moines cultivaient les champs et gardaient le bétail, mais à mesure de l'augmentation en nombre et en richesse de la communauté monastique, une division du travail s'opéra. Aux moines, la récitation des prières, le chant des psaumes, la copie des manuscrits; aux paysans et aux serfs, les travaux agricoles, sous la surveillance des frères laïques.

Pour favoriser cette vie spéciale, il fallait un cadre approprié. Puisque la vie d'un moine clunisien consistait presque entièrement en exercices religieux, alternant avec des heures de contemplation, l'âme du monastère était l'église abbatiale, et le cœur était le cloître. L'église recevait également les pèlerins qui venaient, en foule, voir les reliques des saints.

La journée monastique était divisée en heures, comptées à partir du lever du soleil. À l'aube, les moines chantaient *matines* et *laudes,* une heure après l'aube *prime, tierce* deux heures plus tard, *sexte* trois heures après, *none* trois heures plus tard, les *vêpres* au coucher du soleil, les *complies* à la tombée de la nuit, *nocturne* et *vigile* pendant la nuit. Pendant les longues nuits d'hiver, du 16 novembre à Pâques, *nocturne* était chanté vers deux heures du matin; pendant les autres mois, quand les nuits étaient courtes, *vigile* était chantée juste avant l'aube. Dans ce cas, les moines ne se couchaient pas avant le chant de *matines,* mais faisaient une courte sieste à midi.

À part les *heures canoniales,* les moines chantaient une messe solennelle après *prime* et une autre après *tierce.* Le chant des psaumes et des prières liturgiques, avec les hymnes, les cantiques, les répons et les antiennes pendant les jours de fêtes, occupait donc une très grande partie de la journée clunisienne. Le reste de la journée se passait à faire de menus travaux (la cuisine, le nettoyage, le blanchissage, etc.), à lire (la bibliothèque de Cluny était très riche en œuvres religieuses et classiques), à écrire, et à copier des manuscrits.

Cluny occupe une place unique dans l'histoire de l'architecture. En vérité, il y eut trois églises de Cluny. De la première, datant de la fondation de l'ordre, nous ne savons rien. Sur la seconde, dite Cluny II, nous avons beaucoup de renseignements; elle est l'œuvre de saint Mayeul et date de 981. C'était une basilique à trois nefs, à plafonds horizontaux, avec transept. Les trois nefs se prolongeaient au-delà du transept et finissaient chacune par une abside. Chacune des ailes du transept, à son tour, s'ouvrait, du côté de l'est, dans une chapelle très profonde. Au-dessus de la croisée s'élevait un clocher; deux tours flanquaient la façade occidentale du porche.

Cet édifice marque une date importante dans l'évolution de l'architecture monastique, car il servit de prototype pour une série considérable de constructions en France, en Suisse, en Espagne et en Allemagne. Parmi ses caractéristiques, notons surtout que l'édifice, théoriquement du moins, était divisé en deux parties: la nef était réservée au public, le reste était réservé aux moines pour leurs offices. Cette église étant devenue insuffisante pour le nombre de moines et l'importance des cérémonies qui s'y déroulaient, saint Hugues de Cluny entreprit la construction de Cluny III, en 1088. Cette immense abbatiale, la plus grande église du monde avant la reconstruction de Saint-Pierre de Rome, fut terminée en 1125. Elle mesurait 187 mètres de long et sa nef centrale élevait sa voûte à une hauteur de 30 mètres. Elle présentait une vraie synthèse de l'art de l'époque: un narthex à trois nefs voûtées d'ogives primitives, avec doubles bas-côtés, deux transepts, un déambulatoire avec cinq chapelles rayonnantes.

Ses proportions grandioses, l'ampleur de l'élévation intérieure, ses fenêtres hautes et sa voûte en berceau brisé annonçaient l'esprit gothique, une
conception nouvelle de l'espace intérieur. Ajoutons aussi la substitution
de l'arc brisé en plein cintre, qui facilitera grandement le développement
de la croisée d'ogives. Cluny, comme la plupart des églises bourguignonnes, possédait aussi une admirable sculpture, dont nous parlerons plus
loin.

Cette église fut, malheureusement, détruite en grande partie au début
du XIXe siècle. Tout ce qui nous en reste est un transept avec sa tour,
des chapiteaux du déambulatoire, et quelques fragments sculpturaux.

L'histoire millénaire de Vézelay plonge ses racines dans le passé carolingien, car c'est le régent du royaume de Provence, Girart de Roussillon,
qui fonda l'abbaye en 859 sous le règne de Charles le Chauve. À l'origine
cette abbaye, admirablement située sur le haut d'une colline, était réservée aux femmes et reçut l'honneur de relever directement de l'autorité
pontificale. Au XIe siècle, le bruit s'étant répandu que le corps de Marie-
Madeleine se trouvait dans l'église abbatiale, les foules commencèrent de
gravir avec ferveur les pentes de la colline. Il importe peu que les pèlerins
aient été les dupes d'une pieuse supercherie; ce qui compte, c'est que de
cette croyance naquit le pèlerinage qui devait assurer la prospérité et
l'éclat de l'abbaye. Au XIIe siècle, le pèlerinage de Vézelay comptait
parmi les plus illustres du temps, au même rang que Saint-Martin-de-
Tours et que Saint-Jacques-de-Compostelle.

La vieille basilique carolingienne ne suffisant plus à contenir la foule
des pèlerins, il fut décidé, en 1096, de faire construire un nouvel édifice.
En 1104, le chœur et le transept de celui-ci furent dédicacés puis, à cause
d'une querelle entre l'abbaye et le village, les travaux furent interrompus
jusqu'en 1120. À cette date, l'abbé de Vézelay, Renaud de Semur, neveu
de saint Hugues de Cluny, profita des dégâts causés par un incendie dans
l'abbatiale pour abattre la vieille nef carolingienne et faire avancer la
construction du vaisseau que nous admirons aujourd'hui. Ce dernier fut
achevé en 1160, mais entre 1185 et 1190, le chœur et le transept romans
furent abattus et remplacés par une œuvre gothique inondée de lumière.
L'édifice fut achevé au XIIIe siècle par l'addition d'une tour sur la façade,
dont la partie centrale fut remplacée par une grande fenêtre gothique, et
par une autre tour qui fut montée sur le croisillon sud.

Le prestige de Vézelay avait été renforcé d'abord par saint Bernard
qui s'y était rendu en 1146 pour prêcher la deuxième croisade; puis par
Philippe-Auguste et Richard Cœur de Lion qui, en 1190, avaient fait dans
l'église le serment de partir pour la troisième croisade. Hélas, en 1279,

À Paris: une tête de chérubin datant de
l'époque gallo-romaine

L'arc de triomphe à Orange

Le théâtre antique à Arles

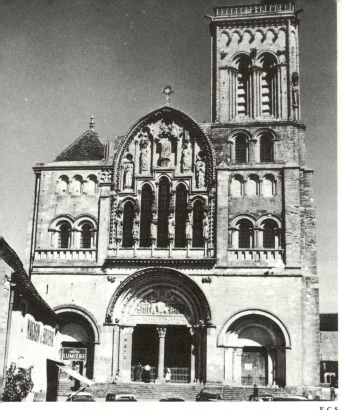

L'église Sainte-Marie-Madeleine à Vézelay

Vézelay: vue de la nef

Vézelay: le tympan du narthex représentant le Christ et deux apôtres

Un des chapiteaux de Vézelay: des viticult au travail

le neveu de Saint Louis, Charles de Salerne, ayant fait ouvrir des sarco-
phages à Saint-Maximin, proclama qu'un corps qui s'y trouvait était celui
de la Pénitente. Malgré tous les efforts du pape et des moines de Vézelay,
l'effet de cette «découverte» fut immédiat. Le grand mouvement de
ferveur qui, pendant deux siècles, avait amené les pèlerins à Vézelay, les
poussa maintenant vers la Provence. La colline qui avait connu tant de
gloire fut bientôt enveloppée de silence.

Dès lors, l'histoire de ce lieu fut celle d'une abbaye délaissée, ayant une
église trop vaste pour ses fidèles, et d'un entretien trop onéreux pour la
bourse de ses abbés. De siècle en siècle, l'église connut une lente mais implacable ruine, jusqu'à ce que, en 1835, l'écrivain Prosper Mérimée jetât
un cri d'alarme. Inspecteur des monuments historiques, il avait, au cours
d'une visite à l'église de Vézelay, été frappé par la beauté de ce chef-
d'œuvre et avait pris la résolution de le faire restaurer. Pour cela, il fit
appel à un jeune homme de 26 ans, Eugène Viollet-le-Duc, qui brûlait de
se signaler par un travail de premier ordre. En 1839, il reçut l'ordre de
restaurer l'église et commença ainsi une carrière qui devait lui assurer un
renom international. Il fallut vingt ans de travaux pour que Vézelay
retrouvât son éblouissante jeunesse; puis, en 1870, une relique de Marie-
Madeleine, conservée à Sens et donnée à la basilique vézelienne, fut le
point de départ de nouveaux pèlerinages. Ainsi, chaque année, le 22
juillet, les pèlerins gravissent de nouveau la colline et, comme leurs lointains ancêtres, viennent prier sous les voûtes de l'église de Vézelay.

Ce que remarque le pèlerin lorsqu'il approche de l'église, c'est la
façade, percée de trois belles portes dont celle du centre, divisée par un
trumeau, a un grand bas-relief (le Jugement dernier) au tympan. Les
trois portes conduisant du narthex à la nef sont encore plus remarquables;
au tympan de la porte principale figure le Christ répandant le Saint Esprit
sur les Apôtres. Les sujets exposés sur les tympans secondaires, les voussures, les chapiteaux historiés des ces portes romanes sont tirés des vies de
Saint Jean-Baptiste et de Sainte Madeleine.

Le narthex présente une disposition savante de voûtes bombées. Dans
la nef tout est à plein cintre, toutes les voûtes sont à simples arêtes et de
pur style roman. Le transept et le chœur sont des imitations frappantes
des parties similaires de l'église de Saint-Denis bâtie par Suger. Le chœur
est considéré comme un des édifices qui ont le plus contribué à introduire
en Bourgogne le style ogival.

Lorsqu'on pénètre dans la nef de l'église, on ne peut qu'être frappé de
l'incomparable beauté de la pierre. Les teintes en sont infiniment diverses: les blocs des piliers, des arcades et des murs sont tantôt blancs,

tantôt bruns, parfois jaunes, verts ou roses. Ces pierres de mille couleurs donnent au vaisseau une chaleur de ton qui fait contraste avec le chœur où les matériaux, blancs ou gris-bleus, ont un aspect plus froid.

La sculpture romane

La sculpture de l'époque romane fut influencée par les innombrables spécimens de l'art antique qui couvraient le sol de la Gaule, ainsi que par l'art animalier apporté par les barbares. Cet art, peuplé de chimères, de sirènes, de dragons venus du plus lointain Orient, explique les étranges bestiaires du moyen âge et la fauve imaginaire des chapiteaux. Il explique aussi l'archaïsme de cet art nouveau, car ses modèles étaient très anciens. Les anges de la sculpture romane sont vêtus comme des empereurs d'Orient, les hommes sont couverts d'habits et d'armes disparus depuis plusieurs siècles.

Nous ne devons pas davantage oublier les monuments des âges précédents. Certes, les églises mérovingiennes et carolingiennes, ornées de portes de bronze, de figures de stuc, de carreaux de terre cuite, si elles nous sont inconnues, ont dû néanmoins jouer un rôle éducatif qu'on ne doit pas sous-estimer.

Ainsi, la complexité romane s'explique par les multiples éléments qui présidèrent à sa formation. L'art roman, qui n'a voulu rien rejeter et qui, au contraire, a tout accepté, a brassé cette immense matière et en a tiré une œuvre originale. Les chapiteaux des églises romanes montrent tous les thèmes chrétiens abordés depuis les catacombes, mais transformés par des artistes qui voyaient neuf.

Notons, d'abord, la variété du décor sculptural roman: personnages, animaux, motifs floraux et motifs géométriques. Mais cette variété est soumise à certaines règles. D'abord, l'irréalisme. On a dit que l'art roman était en dehors de la nature; il serait plus exact de dire qu'il n'existe pas pour lui de limite entre le réel et l'imaginaire. Le roman sculpte aussi bien des chevaux, des singes et des éléphants que des basilics, des chimères ou des sirènes.

Ensuite l'art roman est adapté au cadre et, c'est d'ailleurs son trait le plus original, il est adapté à la fonction. Les éléments du décor sculpté sont associés à l'architecture; leur arrangement est conçu pour un emplacement donné—chapiteau ou portail—et même pour tel ou tel type de chapiteau.

Le développement et les variations de la sculpture romane peuvent être étudiés en contemplant les chapiteaux. Au XIᵉ siècle, les motifs végétaux, animaux ou géométriques prédominent; les personnages sont encore rares. Plus tard, l'homme paraît seul pour animer les scènes sacrées. En Bourgogne, les chapiteaux du chœur de Cluny offrent des figures symbolisant les Tons de la musique, les Saisons, les Vertus, les Arts libéraux, les Fleuves du Paradis. Les deux cents chapiteaux de Vézelay offrent une iconographie très variée: les allégories profanes coïncident avec des sujets tirés de la Bible ou de la Vie des Saints.

Le tympan, qui dérive du fronton antique, reçut une forme et une importance nouvelles après l'adoption de la voûte en plein cintre. Le sujet choisi par la plupart des artistes romans pour orner ce fond fut le *Christ en majesté.* L'un des premiers exemples (1094) est celui du portail ouest de l'église de Charlieu; plus tard, à Vézelay (1120–1150) et à Moissac (1115–1135) cette scène a été confondue avec celle du *Jugement dernier.*

L'emplacement privilégié pour la sculpture romane était contre les *trumeaux* ou les *piédroits,* c'est-à-dire contre les jambages d'une porte ou d'une fenêtre, ou contre le pilier carré portant la naissance d'une voûte. À Moissac, en Tarn-et-Garonne, se trouve une des œuvres les plus frappantes de l'art sculptural roman. Dans le cloître se trouvent dix bas-reliefs et soixante-seize chapiteaux qui racontent les *Noces de Cana,* la *Délivrance de Saint Pierre,* l'*Adoration des bergers,* etc. Plus étonnants encore sont le porche, le tympan et les piédroits. Le *Dieu vengeur* est assis entouré d'animaux ailés qui empêchent les anges et les vieillards d'approcher de trop près. Vingt-quatre rois couronnés renversent leurs faces étonnées pour contempler l'autocrate gigantesque. Cette scène est soutenue par un trumeau où grouillent des fauves, tandis que de chaque côté du porche s'encadrent des sculptures narratives inspirées des scènes de l'Évangile ou des légendes populaires.

Au tympan de l'église de Vézelay se trouve une des plus belles scènes de la sculpture romane: la *Mission des Apôtres.* Le Christ, qui unit la majesté à la tendresse, sort, de la toge qui l'enveloppe, deux mains longues, fines et expressives avec lesquelles il bénit les Apôtres qui se pressent passionnément autour de lui. Sur le linteau sont représentés des païens aux oreilles d'éléphant, des pygmées, des Arméniens, des hommes aux têtes bestiales, etc.

À Autun, l'une des plus admirables cathédrales romanes du XIIe siècle, Saint-Lazare, offre, au tympan de son portail occidental, une des pages les plus inspirées de la sculpture médiévale. Nous n'avons, jusqu'ici, mentionné le nom d'aucun artiste, et pour cause, car dans la majeure partie des cas, le nom des architectes et des sculpteurs du moyen âge reste inconnu. Autun fait exception à la règle, car sur la bordure supérieure du linteau du grand portail on lit: *Gislebertus hoc fecit.* On ne sait que très peu de chose de cet artiste, mais le fait qu'il ait été autorisé à signer son œuvre nous prouve qu'il jouissait d'un réelle célébrité. Depuis quelques années, l'œuvre de Gislebert a été l'objet d'études sérieuses de plusieurs historiens de l'art, qui tous sont d'avis que la majeure partie des sculptures de l'église Saint-Lazare sont de lui, et qu'il a dû présider à toute la décoration sculptée de l'édifice. Le tympan, d'une âpre beauté, témoigne de la virtuosité technique, du sens du mouvement et de la sensibilité de l'artiste. Ces mêmes qualités se retrouvent dans les sculptures de plusieurs chapiteaux. Dans la figure d'Ève, qui se trouve en bas-relief sur le linteau, Gislebert fait preuve d'une audacieuse innovation. Ève est représentée en grandeur naturelle, dissimulant à demi sa nudité parmi les arbres du Paradis terrestre. Allongée et accoudée, son corps sinueux et tentateur symbolisant le serpent de la Genèse, elle est sur le point de présenter la pomme fatale à son compagnon. Aucun sculpteur médiéval n'avait jusqu'ici osé traiter sous forme d'arabesque décorative un nu féminin aussi suggestif, aussi souple et ondoyant. En ceci Gislebert préfigure l'esthétique de la Renaissance.

En Auvergne, dans les confins du Rouergue, se trouve la monumentale église de Conques, une des étapes sur la route de pèlerinage de Saint-Jacques-de-Compostelle. Connue surtout par un trésor miraculeusement préservé (la statue d'or de Sainte Foy, le reliquaire de Pépin d'Aquitaine et l'A de Charlemagne[1]), l'église commencée au XIᵉ siècle est un des plus beaux spécimens de l'art roman. Au tympan est sculpté un dramatique *Jugement dernier,* où des anges soulèvent les dalles des tombeaux pour aider les morts, tandis que d'autres traînent au ciel les bienheureux par la main comme des petits enfants sages et fatigués.

En Provence, l'école romane a laissé de très belles façades sculptées, notamment celles de Saint-Gilles (dans le Gard) et de Saint-Trophime, à Arles. La façade de Saint-Trophime (1180–1200) nous présente la *Vision Apocalyptique* dominant une frise antique où défilent les Élus, les Apôtres et les Damnés. Celle de Saint-Gilles est le chef-d'œuvre de l'école provençale. Le tympan central a malheureusement disparu, mais le porche médian, très influencé par l'art antique, nous présente des sujets d'inspiration diverse: histoire sainte, monstres, centaures, etc. Les épisodes de la Passion se déroulent tout au long de la frise qui relie les trois portails et qui est soutenue par des colonnes et par de grands reliefs à personnages.

1. Ainsi dénommé à cause de sa forme.

La peinture romane

Jusqu'au XVᵉ siècle, la peinture reste subordonnée à l'architecture et ne joue qu'un rôle complémentaire. Elle se présente sous trois formes: la miniature (sur parchemin), la peinture mobile sur panneau de bois, et la peinture murale, de beaucoup la plus importante à l'époque romane. Puisqu'elle était liée à l'architecture, la peinture murale a été victime de ses progrès. À mesure que les murs sont devenus moins importants et qu'ils ont été remplacés par des cloisons vitrées, la peinture a cédé la place au vitrail. Ainsi, dès que le style gothique a commencé à l'emporter sur le style roman, la peinture murale a été remplacée par le vitrail, que nous étudierons plus loin, et la tapisserie.

Les peintures murales ont certainement été très nombreuses en France à l'époque romane; malheureusement, il ne nous en reste qu'une faible partie. Le climat, les guerres, le vandalisme ont détruit le reste. Le plus vaste ensemble de ce genre de peinture qui subsiste en France se trouve dans la grande abbaye bénédictine de Saint-Savin-sur-Gartempe, à l'est de Poitiers. L'église date de la première moitié du XIᵉ siècle; on a la surprise, quand on y entre, de la trouver pleine de lumière. Trois nefs, presque également élevées, et de hautes colonnes, lui donnent un air léger et lumineux. Le clocher, qui occupe la façade de l'église, forme un porche dont les deux étages sont décorés de peintures. Au rez-de-chaussée se trouve une des plus anciennes représentations du *Jugement dernier* qu'il y ait en France. Au premier étage se trouvent les principales scènes de la Passion, aujourd'hui à peine déchiffrables. Le morceau capital se trouve sur la voûte de la nef où une trentaine de grandes compositions retracent l'histoire des premiers temps du monde, de la création jusqu'à Moïse.

Les peintures de Saint-Savin, qui datent vraisemblablement du XIIᵉ siècle, ont été exécutées sur un revêtement encore humide (*al fresco*); les couleurs, dont les tons sont volontairement éteints, ont probablement été mélangées avec de la chaux. Le brun rouge, l'ocre jaune, le blanc et un vert-gris sont les couleurs prédominantes employées par l'artiste qui a réservé le bleu pour le nimbe de Jésus, ou pour la bordure de sa tunique. Les figures s'enlèvent sur des fonds très clairs et parfois sur des fonds blancs, contrairement à la méthode byzantine et italienne.

Dans ces fresques on ne peut qu'admirer la largeur du dessin, la noblesse des attitudes et la profondeur du sentiment biblique, ainsi que le goût de la vérité familière dont témoigne l'artiste.

L'autre centre principal de la peinture murale de cette époque était la Bourgogne, dont l'activité artistique se concentrait à Cluny. Il ne reste aucun vestige des peintures qui décoraient la célèbre abbaye, mais on a retrouvé en 1893, à Berzé-la-Ville (Saône-et-Loire) dans une chapelle qui appartenait aux moines de Cluny, de belles fresques qui nous donnent une idée du talent des peintres de la grande abbaye. Elles représentent le Christ en majesté, accompagné de six apôtres, et plusieurs scènes de la légende de saint Blaise. Les fonds sont bleus, les plis des vêtements sont multipliés, et les bustes des saintes offrent une étonnante ressemblance avec la figure de Théodora, l'impératrice byzantine, telle qu'on la voit dans les mosaïques de Ravenne.

L'art gothique

L'art gothique succède à l'art roman dont il est sorti. Expliquons-nous d'abord sur ce terme «gothique». Certains historiens affirment que c'est Raphaël qui le premier employa le mot dans un rapport au pape Léon X, pour définir l'art d'avant la Renaissance. Dans sa pensée, le mot «gothique» était un terme de mépris, synonyme de «barbare». Or, ce mot a fait fortune et, pendant très longtemps, jusqu'à ce que les Romantiques remettent le moyen âge à l'honneur, on a cru que l'art «gothique» avait été inventé par les Goths qui l'auraient importé en France.

En réalité, l'art gothique est né en France et devrait tout simplement s'appeler art *français,* ou *francien,* puisqu'il s'est épanoui en Île-de-France avant de se répandre dans le reste du pays et à travers le monde.

Il est difficile de donner une définition purement technique de cet art. Longtemps on a défini l'architecture gothique par l'arc brisé, plus récemment par l'emploi de la croisée d'ogives. Or, l'arc brisé se trouve déjà dans les édifices romans, et la croisée d'ogives est bien antérieure au XIIe siècle. On a voulu aussi le définir en disant que c'était l'art d'une époque allant de la fin du roman au début de la Renaissance. Mais l'architecture gothique a largement débordé cette époque, puisque même de nos jours des monuments néo-gothiques sont érigés en Angleterre, en France et même aux États-Unis.

Force nous est donc de conclure que l'architecture gothique est essentiellement un *style* qui exprime une certaine forme de pensée monumentale et plastique dont les traits caractéristiques sont: la verticalité, la prépondérance des vides sur les pleins, une décoration abondante, qui tend de plus en plus à s'échapper de l'architecture, et le naturalisme. Les deux premiers traits ont été rendus possibles par l'emploi de l'arc brisé et de la croisée d'ogives, mais, nous le répétons, ces derniers ne suffisent nullement à définir le style. D'autre part, le style gothique n'a cessé d'évoluer au cours de quatre siècles; au XIIe, le gothique vit côte à côte avec le roman et il est, en réalité, du roman avec croisée d'ogive; au XIIIe, les caractères structuraux indiqués ci-dessus atteignent peu à peu leur maximum; aux XIVe et XVe siècles, le gothique juxtapose deux éléments de signe contraire: une structure de plus en plus simple, une décoration de plus en plus abondante et compliquée. Ce dernier gothique a reçu le nom de «flamboyant».

Caractères généraux du gothique. Nous avons parlé de la verticalité du gothique. Ceci nous mène à souligner d'abord le *symbolisme* comme un des caractères généraux de cet art. En effet, les lignes ascendantes sont le symbole de la pensée chrétienne qui s'élance vers le ciel. Les vitraux ont un sens symbolique plus compliqué: la lumière, qui est l'image la plus adéquate que nous puissions nous former de Dieu, le verre, matière mystérieuse que la matière de la lumière ne brise pas en traversant (image admirable donc de l'Immaculée Conception), la fenêtre, enfin, qui éclaire et protège, à la fois, l'Église contre les tempêtes du siècle. Les liturgistes du moyen âge n'ont cessé de comparer les fenêtres aux Prophètes ou aux Apôtres, la lumière des verrières à la Grâce qui se manifeste dans le cristal de la foi. De même, la sculpture qui couvre les portails est en elle-même un vaste symbole.

Le deuxième trait du style gothique qu'il importe de souligner est son rationalisme. Tout, dans sa structure, est dicté par la logique. L'étalon de l'échelle architecturale est la taille de l'homme, et non le rayon de la colonne comme dans l'architecture antique. Une cathédrale, quelles que soient ses dimensions, aura une porte de la même hauteur que celle d'une église, tandis que la porte d'un temple grec variera selon la grandeur du temple.

Notons finalement que l'art gothique est essentiellement original. Quelle que soit l'origine de la croisée d'ogives, c'est la France qui a su en tirer un style. Une série d'expériences sur l'ogive s'est poursuivie dans le domaine royal, et c'est le style du domaine royal qui s'est imposé au reste de la France et en Europe.

Influences politiques et sociales. Pour bien comprendre la signification du style gothique, il faut tenir compte de l'évolution de la société du temps et des institutions politiques.

Notons d'abord, dans la deuxième moitié du XIe siècle, le rôle de plus en plus considérable que les villes commencent à jouer. La bourgeoisie naissante, formée à l'origine par des marchands-aventuriers, avait vite compris qu'il lui fallait établir des dépôts fixes où elle pourrait entreposer ses marchandises, et que ces dépôts devaient être près des lieux fortifiés, vu l'insécurité générale. La ville du moyen âge naît donc de la juxtaposition d'une forteresse et d'un établissement marchand. Dans la cité vivaient les gens d'église, les soldats, les seigneurs, les serviteurs et les serfs. Dans le faubourg, les commerçants, hommes détachés du sol et de l'autorité seigneuriale, de profession indépendante. Or des deux, c'est le faubourg qui allait croître le plus rapidement. Grâce à la circulation de l'argent, le faubourg attirait les artisans de toute sorte, les uns produisant les nécessités de la vie, les autres, sous la direction des marchands, transformant les matières premières en produits destinés à l'exportation. Petit à petit, c'est le faubourg qui absorba le reste de la ville médiévale, qui lui imposa de nouvelles coutumes et qui lui donna l'administration municipale.

À cette évolution il faut juxtaposer celle de la royauté. Profitant de l'affaiblissement des seigneurs féodaux provoqué par leur participation aux croisades, le roi, s'appuyant d'une part sur la conception romaine de la souveraineté, d'autre part sur le sacre de l'Église qui faisait de lui l'oint du Seigneur, s'imposa de plus en plus comme le «suzerain des suzerains». Le pouvoir passa donc, graduellement il est vrai, entre les mains du roi qui demeurait à Paris.

Dans le domaine religieux, le même phénomène est apparent. Tandis qu'aux Xe et XIe siècles ce furent les abbés, comme ceux de Cluny, qui firent la loi, au douzième siècle le pouvoir passa entre les mains des évêques qui, eux aussi, demeuraient dans les villes.

L'étroite relation qui existe dès le XIIe siècle entre la royauté, l'Église et la bourgeoisie naissante, explique que l'art gothique, à l'encontre de l'art roman, soit essentiellement un art urbain.

À ces considérations sociales et politiques, il faut, bien entendu, ajouter l'élan de la foi chrétienne qui, à partir du XIIe siècle, s'exprime surtout par le culte de la Vierge. On ne peut comprendre le phénomène de la cathédrale gothique si l'on ne tient pas compte de l'image que se faisait de la Vierge l'homme de cette époque. Pour lui, Dieu était trop sévère, Jésus trop sublime, le Saint Esprit trop incompréhensible. Seule la Vierge, une femme douce, charitable et infiniment bienveillante, pouvait offrir un refuge au pécheur. Elle seule pouvait, et osait, intervenir auprès de son Fils, et renverser les décisions de Dieu. L'amour naïf et passionné de l'homme médiéval pour la Vierge Marie est le fondement sur lequel s'éleva la cathédrale gothique. Aussi longtemps que persista cet amour, les vastes sommes d'argent nécessaires à la construction de ces édifices furent trouvées sans difficulté. Ceux qui n'avaient pas d'argent payaient de leur personne, en travaillant sans rémunération même aux tâches les plus humbles. De riches évêques se ruinèrent pour assurer l'achèvement d'un portail; la vente des indulgences aida grandement lorsque les dons faisaient défaut, ainsi que les «relaxations» qui permettaient aux fidèles, moyennant une somme d'argent versée à l'Église, de manger du beurre pendant Carême. C'est pourquoi une des tours de la cathédrale de Rouen s'appelle la «Tour du Beurre».

Essor des villes, puissance grandissante du roi et des évêques, le culte de la Vierge—ces faits expliquent en grande partie le surgissement des cathédrales. Mais, il fallait aussi qu'il y eût le talent technique. Celui-ci fut fourni, du moins au début, par les Frères-Barbus, ces moines-maçons qui portaient la barbe comme signe de leur vocation et qui, à Cluny, à Cîteaux et dans d'autres monastères, avaient appris la géométrie et les sciences mathématiques. Le déclin des abbayes coïncide avec l'importance croissante du bâtiment urbain et cette croissance favorisa le rôle des frères-maçons. Autour de chaque cathédrale surgit la corporation des maçons à qui fut transmise la science des Frères-Barbus.

L'architecture gothique

La cathédrale gothique. C'est l'église abbatiale de Saint-Denis, au nord de Paris, qui est reconnue comme le prototype de la cathédrale gothique. Ce monastère était sous le patronage direct des rois capétiens, et l'église leur servait de sépulture. De 1122 à 1151, l'abbé Suger, conseiller de Louis VI et de Louis VII, et régent de France pendant la deuxième croisade, gouverna l'abbaye. En 1130, il entreprit la reconstruction de l'église et, comme c'est lui qui allait diriger les travaux, il fit un séjour d'abord à Cluny pour étudier la célèbre abbaye. L'église de Saint-Denis, qui fut dédicacée solennellement en 1144, est remarquable non pas tellement pour ses innovations que pour la synthèse réussie de développements romans, tels que l'arc brisé, la croisée d'ogives et l'arc-boutant. Beaucoup des églises clunisiennes de la fin de l'époque romane possédaient un ou deux de ces caractères structuraux, mais c'est à Saint-Denis que pour la première fois on les voit réunis tous les trois dans un système architectural cohérent.

La première grande cathédrale gothique fut celle de Sens, dont la re-construction, entreprise par l'archevêque Henri le Sanglier, date de 1140. Ses caractères sont les suivants: un transept légèrement saillant; une unique chapelle absidiale; des voûtes d'ogives sexpartites reposant sur des supports alternativement forts et faibles; pas de tribunes, mais un

ARC-BOUTANT SIMPLE
Egl. de La Chapelle ./Crécy

ARC-BOUTANT DOUBLE
Amiens . Cathédrale

ARC-BOUTANT à 2 VOLÉES
Bourges . Cathédrale

ARCS-BOUTANTS à 2 VOLÉES   *BOURGES . Cathédrale .*

VOÛTE sur CROISÉES D'OGIVES

L'art gothique: éléments de construction

simple triforium (simple galerie de circulation aménagée dans l'épaisseur du mur). Ce dernier caractère est le plus important et le plus neuf.

Dans la deuxième moitié du XIIe siècle, un certain nombre de grandes cathédrales apparurent, dont les principales sont: Noyon (1155), Senlis (1155), Laon (1160), Paris (1163) et Soissons (1180). Elles présentent un certain nombre de caractères communs, mais aussi certaines différences qui indiquent que les maîtres d'œuvres tâtonnaient encore. La cathédrale de Paris a la voûte beaucoup plus haute (32 mètres) que celles des cathédrales antérieures; c'est le début d'une ascension qui va se poursuivre pendant un siècle. La façade, qui date des premières années du XIIIe siècle, garde la robustesse des façades romanes normandes avec leur double système de divisions verticales et horizontales.

De 1200 à l'avènement des Valois (1328) se constitua autour de Paris le style véritablement gothique, caractérisé comme nous l'avons indiqué plus haut, par l'économie des matériaux et la prédominance des vides sur les pleins, par l'élan vertical, par une ornementation de plus en plus abondante et naturelle. Pendant cette époque, les monuments surgissent de toutes parts, très variés malgré l'unité de l'ensemble.

En général, ces cathédrales, bien qu'elles gardent le plan des grands édifices romans, affirment progressivement l'importance du chœur. Suivant l'exemple de Sens, elles renoncent aux tribunes pour le triforium. Les fenêtres deviennent de plus en plus hautes et larges. Au mur pignon de la façade et des croisillons, toute la partie supérieure est ajourée par une immense verrière. Ainsi l'édifice tend à n'être plus qu'une vaste cage de verre.

La voûte, sauf dans certaines provinces comme la Bourgogne, est barlongue, c'est-à-dire rectangulaire. À l'extérieur, l'édifice devient progressivement plus compliqué. L'arc-boutant, d'abord dissimulé, prend de plus amples proportions. À partir de Chartres, ce sont deux arcs superposés, rattachés par une série d'arcades. La portée de l'arc-boutant est divisée et soulagée par l'addition d'un contrefort supplémentaire. Les contreforts reçoivent un pinacle qui sert de lest et devient parfois une niche pour une statue.

Les clochers projettent vers le ciel leurs lignes ascendantes; beaucoup, cependant, n'ont pu être achevés. Reims devait en avoir sept, Chartres neuf, au lieu de deux.

Autour des cathédrales se pressaient d'autres bâtiments: cloître, salle capitulaire, palais épiscopal, écoles et même maisons. À Paris, entre les contreforts, des boutiques avaient été aménagées. Il faut se souvenir qu'au moyen âge l'église n'était qu'une maison au milieu d'autres maisons.

Comme il nous serait impossible de décrire ici toutes les grandes cathédrales de France, bornons-nous à examiner celle de Chartres, la plus célèbre de toutes, celle que Ruskin appelait l'«Acropole de la France».

Dès avant l'époque romaine, le lieu où se trouve Chartres avait commencé à exercer une influence religieuse. La région était alors occupée par la tribu des Canutes et l'agglomération, que les Romains plus tard appelèrent Autricum, était l'un des principaux centres druidiques. La tradition veut qu'il y eût là un autel druidique avec une statue de la «Vierge-qui-enfantera». Lorsque le christianisme pénétra en Gaule, les missionnaires auraient construit une petite chapelle au-dessus de la grotte qui renfermait l'autel druidique. D'où l'origine de la crypte qui sera aménagée plus tard sous les édifices successifs, y compris la cathédrale actuelle.

La statue des druides fut brûlée, dit-on, en 1020. La réplique de cette statue fut détruite en 1793 par les révolutionnaires. C'est donc la copie de la réplique, qu'on appelle Notre-Dame-de-Sous-Terre, qui se trouve aujourd'hui dans la crypte et qui, avec l'autre grande relique de la cathédrale, le Voile de la Vierge, attire chaque année une foule de pèlerins du monde entier. Avant 1793, on croyait que ce «voile» était une «chemise», mais, lorsque le reliquaire fut brisé, les «sans-culottes» ne trouvèrent qu'un long morceau d'étoffe qu'ils déchirèrent en plusieurs morceaux. Deux de ces morceaux furent préservés, et c'est tout ce qui reste de la relique donnée à Charlemagne par l'empereur byzantin Constantin Porphyrogénète. Selon une expertise moderne, ces deux pièces de soie écrue peuvent très bien dater du temps de Jésus.

Ce sont ces deux reliques qui expliquent l'ardeur avec laquelle les habitants de Chartres construisirent leur cathédrale. Car l'adoration des reliques au moyen âge était une force si puissante qu'elle mettait en marche des centaines de milliers de gens; et la possession des reliques encourageait la construction des plus splendides bâtiments-reliquaires. Notons aussi que Chartres était un des grands foyers intellectuels de la Chrétienté, le siège d'une très célèbre école de médecine, d'une école de droit, et surtout d'un centre d'études de philosophie et de théologie. C'était, en particulier, le centre de la culture grecque où l'on essayait de concilier la théologie chrétienne avec la philosophie de Platon. Les évêques de Chartres étaient donc des personnalités importantes, capables de susciter, pour leur œuvre de construction, l'élan des foules de travailleurs volontaires et celui, plus utile, des donateurs qui financèrent l'œuvre.

C'est en 1120 que la première vague d'enthousiasme religieux poussa les habitants à élever une cathédrale qui devait remplacer le sanctuaire détruit par un incendie. Sous l'impulsion de l'évêque Fulbert, une crypte romane, en fer à cheval et avec trois chapelles, fut d'abord construite et sur cette fondation une cathédrale romane fut érigée. Celle-ci était sur le point d'être terminée lorsqu'un nouvel incendie, dans la nuit du 9 au 10 juin 1194, anéantit tous les travaux sauf la crypte, la façade et les clochers. La reconstruction de la cathédrale fut entreprise immédiatement. Rois, princes, barons et bourgeois firent assaut de générosité et ceux qui n'avaient pas d'argent prêtèrent leurs forces. Cet élan permit à la cathédrale d'être achevée en 25 ans (les porches sud et nord furent ajoutés 20 ans plus tard), ce qui lui assura une unité de style et de décoration presque unique dans l'art gothique.

Du point de vue architectural, l'œuvre présente une importance historique considérable, car en elle le gothique prend sa forme définitive, avec les caractères que nous avons indiqués plus haut. Bien que gêné par l'obligation de conserver la crypte et les soubassements romans, l'architecte a repris le plan des grandes cathédrales à transept, en développant beaucoup le chœur entouré d'un double déambulatoire. L'innovation la plus frappante est l'utilisation des arcs-boutants à deux étages.

Les deux flèches et le portail royal de la façade composent l'un des ensembles les plus admirés de l'art religieux français. Le clocher de gauche date de 1134 et est surmonté d'une flèche de pierre de 115 mètres de haut qui remplaça, en 1506, l'ancienne flèche de bois détruite par un incendie. La tour de droite date de 1145 et, avec sa flèche sobre, est considérée comme l'un des chefs-d'œuvre de l'art roman. C'est elle dont parle Charles Péguy dans son poème «Présentation de la Beauce à Notre-Dame de Chartres»:

> Tour de David voici votre tour beauceronne.
> C'est l'épi le plus dur qui soit jamais monté
> Vers un ciel de clémence et de sérénité,
> Et le plus beau fleuron dedans votre couronne.
>
> Un homme de chez nous a fait ici jaillir,
> Depuis le ras du sol jusqu'au pied de la croix,
> Plus haut que tous les saints, plus haut que tous les rois,
> La flèche irréprochable et qui ne peut faillir.

Le plan de la cathédrale représente une croix latine dont le pied et la traverse seraient sensiblement trop courts. La nef, qui mesure 16 mètres de large, renferme six travées; elle est accompagnée, au nord et au sud, d'un bas-côté qui se poursuit le long des deux bras du transept. Celui-ci, à son tour, comprend sept travées absolument semblables à celles de la nef, de sorte qu'il forme comme une seconde église transversale.

Le chœur est entouré d'une admirable clôture, commencée en 1514 par Jehan de Beauce et terminée au XVIIIᵉ siècle, qui comprend quarante-et-un bas-reliefs illustrant la vie du Christ et celle de la Vierge.

Les voûtes, exceptionnellement larges et hautes de 37 mètres, sont soutenues par trois rangs d'arcs-boutants d'une grande puissance. Ces arcs s'appuient sur de robustes contreforts qui servent en même temps à maintenir les voûtes du bas-côté. Vus de l'extérieur, ces arcs-boutants et ces contreforts ne produisent pas un effet écrasant, mais donnent l'impression d'un système combiné avec vigueur et logique, d'une œuvre véritablement forte et majestueuse.

La sculpture gothique

Caractères généraux. La sculpture gothique diffère de la sculpture romane d'abord par son naturalisme. Sans prétendre encore s'affranchir de l'architecture, elle cesse néanmoins de faire d'êtres vivants des combinaisons géométriques. Les personnages ont des proportions réelles; les végétaux sont ceux que chacun peut voir autour de soi. L'iconographie réserve une place de plus en plus grande à la Vierge et à ses saints. Il s'agit, pour les sculpteurs de l'époque, non plus de terrifier, mais d'instruire et d'émouvoir. Ainsi, le Dieu qui règne sur les cathédrales gothiques est un Dieu d'amour et un Dieu de science; la décoration tend à résumer la somme du savoir humain. Les sculpteurs s'inspirent des clercs: ils écoutent et traduisent leurs leçons. Les portails et les porches des cathédrales sont de véritables encyclopédies où les scènes de l'Ancien et du Nouveau Testament occupent la place la plus importante.

La sculpture de Chartres. Le portail royal de Chartres, encore roman d'aspect, est gothique par l'ordonnance et l'accent. À droite, Jésus descend sur la terre: c'est la Nativité; à gauche, il remonte au ciel: c'est l'Ascension; au centre, il revient juger les hommes: c'est la Parousie. Au centre du tympan, la Vierge présente l'Enfant-Dieu à l'adoration des foules. Cette statue de la Vierge montre toute l'importance de la dévotion mariale dans l'art gothique en sa fleur. Toutes les statues donnent une impression allègre de nouveauté, de jeunesse et de grâce. Par-dessus tout, le spectateur est frappé par le caractère individuel et presque réaliste de certains visages.

Les voussures sont consacrées au Calendrier et aux Arts libéraux. Chaque art est accompagné d'une image de son créateur ou du sage qui a

F.C.S.

Le développement de la sculpture gothique: (a) le portail ouest de Chartres; notez les corps allongés et les vêtements ciselés; (b) le portail sud de Chartres: les statues de saint Théodore et de ses compagnons datent de 1235–1240; (c) le portail ouest de Reims: *l'Annonciation* et *la Visitation* (à gauche, l'«ange au sourire»). Ces statues datent de 1247–1255.

cathédrale Saint-Gatien-de-Tours
ntrant toute l'évolution du style
hique. Le couronnement des clochers
e de la Renaissance.

Notre-Dame-de-Paris: la nef vue des tribunes

F.E.P.I.D.

F.C.S.

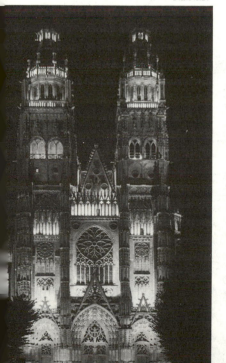

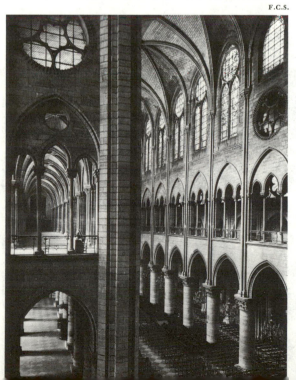

Un maître-verrier contemporain, en costume médiéval, expliquant à des écoliers
l'art du vitrail

Un maître-verrier contemporain à l'œuvre

L'intérieur de la Sainte-Chapelle

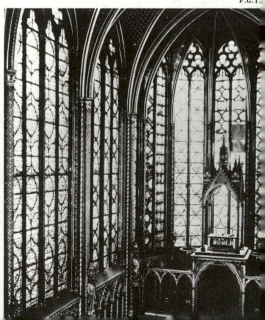

excellé dans son exercice: Aristote accompagne la dialectique; Cicéron la rhétorique; Euclide la géométrie; Boèce l'arithmétique; Ptolémée l'astronomie; Donat la grammaire; et Pythagore la musique.

La décoration des trois entrées du portail nord est consacrée à la venue du Christ, celle des entrées du portail sud au Jugement dernier. Des médaillons traduisent d'une manière très vivante des anecdotes de la vie des Saints martyrs, les Vices et les Vertus.

Les vitraux gothiques

Nous avons déjà mentionné l'importance symbolique du vitrail qui, pour l'homme médiéval, signifiait les vérités de la foi, en vertu des propriétés de sa matière et de son effet. Les origines du vitrail remontent fort loin, peut-être au début du second millénaire avant Jésus-Christ. Mais c'est au XIIe siècle et au XIIIe siècle que brusquement le vitrail a connu une prodigieuse prospérité. Non seulement il incarnait les plus hautes aspirations des hommes de ce temps, mais encore l'ample fleuraison des églises neuves offrait aux artistes une immense surface de fenestrages et de baies. À partir du XIVe siècle, l'importance du vitrail ira en décroissant et ce ne sera qu'au XXe siècle qu'il retrouvera une nouvelle jeunesse.

Le vitrail est un assemblage de morceaux de verre *coloré dans la masse,* retenus entre eux par des lames de plomb. Quant à la façon dont le vitrail était exécuté, au moyen âge, nous ne pouvons mieux faire que de citer le moine Théophile (XIIe siècle) qui, dans son traité *Diversarum artium schedula* nous renseigne ainsi:

«Sur une table de bois bien unie, blanchie à la craie finement pulvérisée et délayée dans de l'eau, l'artiste traçait à la règle et au compas, la largeur et la longueur du panneau qu'il avait à meubler. Puis, il dessinait très soigneusement, d'abord avec un style de plomb ou d'étain, ensuite au pinceau, les traits et les ombres du dessin. Chaque partie étant bien arrêtée, il indiquait par une lettre de quelle couleur elle devait être. D'après ces indications, le vitrier découpait alors les verres de diverses couleurs et formait ainsi une mosaïque à tons unis, fond de la verrière. Entre chaque morceau, il avait soin de ménager un petit intervalle pour la place du plomb destiné à maintenir l'ensemble. Pour couper le verre, on se servait d'une petite tige de fer renflée au bout, rougie au feu, et d'une pince dite ‹ grugeoir ›. Une fois découpés, tous les morceaux étaient réunis à leur place et le peintre commençait alors son travail, calquant en quelque sorte à travers le verre, les traits de la table blanche. À l'aide de retouches, hachures, demi-teintes, grisailles, le verrier accentuait les formes, soulignait les traits, accusait le pli d'un vêtement et donnait au vitrail son aspect définitif. Le verre subissait alors une seconde cuisson avant le dernier montage.»

Il semble que ce soit l'abbé Suger qui ait donné une impulsion nouvelle à l'art du vitrail au XIIᵉ siècle. Les vitraux de Saint-Denis eurent une influence décisive sur les principaux ensembles du XIIᵉ siècle, non seulement en France (Chartres, Le Mans, Angers), mais aussi en Angleterre (York, Canterbury). Au XIIIᵉ siècle, Chartres possédait le principal atelier et le style chartrain se répandit dans toute la France du nord et le bassin de la Loire, ainsi qu'en Angleterre. Dans la seconde moitié du XIIIᵉ siècle, c'est le domaine royal qui sert d'exemple, avec la Sainte-Chapelle et les roses du transept de Notre-Dame. C'est l'atelier parisien qui produisit les fenêtres des chapelles de Clermont-Ferrand, et ce sont des artistes parisiens qui fondèrent des ateliers à Tours, au Mans et à Angers.

Les vitraux de Chartres. Malgré quelques mutilations regrettables datant du XVIIIᵉ siècle, l'ensemble des vitraux de Chartres, exécutés entre 1215 et 1240, est l'un des plus beaux de France et donne une idée parfaite de l'aspect d'une cathédrale gothique du début du XIIIᵉ siècle.

À l'étage supérieur, les figures de Prophètes, d'Apôtres, de Martyrs et de Confesseurs sont de taille gigantesque, car elles devaient être contemplées de loin. Dans les bas-côtés, par contre, les vitraux sont divisés en un certain nombre de médaillons où sont peintes de petites scènes légendaires empruntées à la Bible ou à la vie des Saints. Pour bien comprendre le sens de certaines de ces compositions, il est bon de consulter les vieilles compilations du XIIIᵉ siècle, comme la *Légende dorée,* de Jacques de Voragine ou le *Miroir historial* de Vincent de Beauvais; mais certains vitraux n'ont pu être encore interprétés avec certitude.

La peinture gothique

Jusqu'à la fin du XIIIᵉ siècle, la peinture proprement dite reste un art mineur; son évolution se modèle sur celle des autres arts et se subordonne à eux. Nous ferons donc débuter notre étude de la peinture au XIVᵉ siècle.

Dès la deuxième moitié du XIIIᵉ siècle, un besoin de plus en plus impérieux s'était fait sentir dans l'art européen: le désir de rendre plus accessibles à l'esprit les aspects du monde et de suggérer ce qu'ils ont de complexe. Les hommes de ce siècle voulaient introduire dans l'art une vie plus conforme aux apparences quotidiennes, s'adressant davantage aux sens qu'à l'esprit. Ce désir s'exprima d'abord dans la littérature, puis dans la sculpture, et gagna enfin la peinture.

Au cours du XIVe siècle, deux milieux artistiques se partageaient la production de tableaux de caractère français: d'un côté, le vaste ensemble de territoires qui englobait le nord, le centre et l'est de la France, ainsi que l'ouest et le sud des Pays-Bas, et dont le centre était Paris; de l'autre côté, la Provence, avec Avignon pour centre.

En ce qui concerne le premier, il faut noter la grande influence qu'-exerçaient les peintres d'origine néerlandaise. Ceci est tout à fait naturel, étant donné que les frontières politiques de l'époque féodale étaient très perméables et que, à cette époque, les régions les plus peuplées et les plus actives des Pays-Bas étaient soumises à l'influence de la civilisation française. Paris était alors la capitale de la peinture européenne au nord des Alpes, et les peintres considéraient le voyage à Paris comme obligatoire pour se familiariser avec les finesses du style français. Ainsi se forma la première école de Paris, composée de peintres de toutes nationalités, mais où dominaient les Franco-Flamands.

Les plus anciens témoins de la peinture indépendante en France sont le *Portrait de Jean le Bon* (vers 1360–1364) et le *Parement d'autel,* dit de Narbonne (1373–1378). Le portrait de Jean, avec son front abrupt et son nez saillant, sa tête massive et spirituelle, est un excellent exemple de la peinture française à ses débuts. Le *Parement de Narbonne* (ainsi appelé parce qu'il fut trouvé dans cette ville) est un parement d'autel sur soie exécuté sans doute pour le roi Charles V. Sur l'un de ses segments figurent les portraits de ce roi et de la reine Jeanne de Bourbon, portraits qui respirent la familiarité et la dignité tout ensemble. Cette harmonie est l'un des caractères les plus chers au portrait français à travers les siècles.

L'école de Paris rayonna sur les provinces du Domaine royal et ses artistes travaillèrent pour le roi et ses frères. Les mêmes tendances, le même dosage d'esprit français et flamand apparaissent à la cour d'Angers, à celle d'Orléans, à Bourges et à Riom. Une des œuvres les plus célèbres de cette époque est le livre *Les très riches heures du duc de Berry,* exécuté par Pol de Limbourg et ses frères. La cour du duc était un des centres les plus actifs de l'art franco-flamand. Les trois frères, Pol, Jean et Hermann, avaient d'abord été attachés, vers 1402, à la cour de Bourgogne et, en 1410, étaient devenus «valets de chambre» du duc de Berry. C'est probablement en 1415 qu'ils commencèrent leur chef-d'œuvre qui ne fut achevé qu'en 1489 par Jean Colombe. La partie de l'œuvre due aux Limbourg comprend, outre les 86 lettres ornées, les compositions inspirées de l'Ancien et du Nouveau Testaments, l'admirable calendrier dont chaque mois est symbolisé par une scène de la vie seigneuriale ou de la vie des champs. Les fonds de ces compositions reproduisent quelques-uns des décors architecturaux les plus fameux à cette époque: le Louvre, la Saint-Chapelle et les châteaux du duc. L'humanité représentée par ces peintres est vraie et cependant raffinée, la nature est familière mais ennoblie par la présence de l'homme, de ses ouvrages, de ses rêves. On y voit le reflet de l'admirable humanisme du moyen âge finissant, et en même temps une des expressions constantes de l'humanisme français.

En dehors de Paris et du Domaine royal, l'art franco-flamand s'étendait à travers l'État de Bourgogne qui, par sa position, formait une transition artistique entre les Pays-Bas et la Provence. Les peintres franco-flamands de cet état puissant puisaient plus largement dans les ressources de l'art italien que ceux de la France royale. L'influence italienne (en particulier celle de Sienne), venant d'Avignon, remontait vers la Bourgogne et suivait les itinéraires commerciaux qui traversaient les foires de Champagne, pour aboutir aux ports flamands. Cette influence est particulièrement visible chez les peintres tels Jean de Beaumetz, Jean Malouel et Henri Bellechose qui participèrent aux travaux artistiques de la célèbre Chartreuse de Champmol, choisie par Philippe le Hardi pour être le mausolée de sa race.

Au XVe siècle, la tragique discorde entre Armagnacs et Bourguignons aboutit à la scission du Domaine royal en deux: le nord, avec Paris, sous Henri d'Angleterre, et le sud, sous Charles VII. Le prestige du Domaine royal s'effondra; ce sont les villes bourguignonnes et provençales, avec les villes industrieuses du nord, qui devinrent les centres intellectuels et artistiques. La peinture française de ce temps se présente donc sous la forme de plusieurs écoles régionales dont les plus importantes sont la Touraine et la Provence.

L'école de Touraine doit son prestige surtout au peintre Jean Fouquet (1420–1480) qui fut l'un des plus célèbres artistes de son temps. Nous n'avons que peu de précisions sur sa biographie, mais nous savons qu'il fit son apprentissage à Paris, qu'il fit un voyage à Rome en 1445, et que, de retour en France, il fut, à partir de 1448, attaché à la cour de Charles VII et ensuite de Louis XI. Il nous reste de son œuvre beaucoup de miniatures, notamment celles des *Heures d'Étienne Chevalier*, et plusieurs peintures. Parmi celles-ci, notons le *Portrait du roi Charles VII*, celui de *Guillaume Jouvenel des Ursins*, et l'admirable *Vierge à l'Enfant entouré d'anges rouges*.

Le *Portrait du roi Charles VII* continue une tradition française du portrait royal, mais le tableau de Fouquet frappe par son caractère monumental et sculptural. Charles VII apparaît comme un homme malingre, à l'expression inquiète et veule, mais cependant empreinte de majesté.

A part Fouquet, il faut faire mention, lorsqu'on parle de l'école de Touraine, de la production anonyme des miniaturistes attachés à la cour du roi René, à Angers. Les miniatures du *Cœur d'Amour épris* (1450–1455), en particulier, atteignent un des sommets de la peinture européenne du temps. Leur auteur, par l'emploi des effets lumineux, a su transposer un médiocre roman de chevalerie dans l'ambiance raffinée d'un conte de fée. Ces miniatures sont les plus anciennes peintures connues en Europe où l'artiste ait osé traiter une lumière dont la source, soleil ou flamme, apparaît sur la scène même traitée par l'artiste.

Étroitement associée à la Touraine, la région du centre de la France produisit à cette époque une importante peinture sur verre et sur émail. En ce qui concerne la peinture sur chevalet, elle s'enorgueillit des œuvres d'un artiste de premier plan, celui que l'on nomme le Maître de Moulins. Ce grand anonyme est un des plus fameux Primitifs français; son nom lui vient du triptyque de la cathédrale de Moulins dont le volet central représente la Vierge et l'Enfant entourés d'anges, et les volets latéraux les donateurs: Pierre II de Bourbon et Anne, son épouse. Ce chef-d'œuvre du Maître est en même temps un ouvrage très français par sa composition et surtout par l'aristocratique mélancolie empreinte sur les visages et dans les gestes des personnages.

En Provence, malgré l'abandon d'Avignon par les papes, la vie artistique continua à fleurir, aidée sans doute par le fait que le légat du pape continua à résider en Avignon et à y maintenir une cour importante, et aussi par la présence à Aix du bon roi René d'Anjou. Des œuvres telles que le *Triptyque de l'Annonciation d'Aix,* anonyme, le *Couronnement de la Vierge,* d'Enguerrand Quarton et surtout la *Pietà de Villeneuve-lès-Avignon* font honneur à la peinture européenne de ce siècle.

La *Pietà* de Villeneuve est sans doute le chef-d'œuvre de ce genre et également celui de l'école provençale. On ne peut qu'admirer la fermeté et la discrétion avec lesquelles le peintre a traduit la douleur de la Vierge, la beauté lugubre du Christ et la lumineuse confiance qui se dégage de la figure du donateur. Ce mystère funèbre, silencieux et seigneurial est une œuvre anonyme, mais certains critiques croient pouvoir l'attribuer à Pierre Villate, qui travailla momentanément avec Quarton.

Vers la fin du siècle, le peintre le plus éminent de la Provence fut Nicolas Froment. Influencé par l'art flamand dans sa jeunesse, ainsi qu'en témoigne sa *Résurrection de Lazare* (1461), il se dégagea assez rapidement et donna des œuvres personnelles, comme le *Triptyque du buisson ardent* (1475), qui lui valent de compter comme l'un des maîtres de l'école d'Avignon.

En résumé, la peinture médiévale en France compte plusieurs chefs-d'œuvre qui rejoignent les sommets de la peinture européenne du temps. Moins abondante que celle de l'Italie, des Pays-Bas, de l'Allemagne ou de l'Espagne, elle offre par contre de magnifiques tableaux qui se distinguent des œuvres contemporaines par leur sérénité toute humaine, toute proche de nous.

L'art de la Renaissance

Les idées fondamentales à l'époque de ce qu'on appelle la Renaissance peuvent se grouper autour de trois mots-clefs: l'humanisme, le naturalisme et l'individualisme. Dans leur acception la plus large, ces concepts ne sont pas neufs au XVIᵉ siècle; l'humanisme existait déjà au moyen âge, le naturalisme était devenu un des caractères du gothique, et quant à l'individualisme, on ne peut dire qu'il ait été absent d'aucune période ou d'aucune civilisation. Néanmoins, on doit reconnaître que le XVIᵉ siècle en France, comme le XVᵉ siècle en Italie, a été dominé par une ferveur et un élan qui ont donné à ces trois concepts une importance et une nouveauté particulières. D'autre part, ce siècle a été caractérisé par un esprit de liberté, par un amour extrême de l'indépendance sous toutes ses formes, qui confèrent à ses manifestations artistiques un cachet tout à fait spécial.

L'architecture de la Renaissance

Pour les périodes précédentes, nous avons choisi d'étudier l'architecture religieuse (abbayes, églises et cathédrales) afin de parvenir à définir les styles roman et gothique. Bien entendu, il existait également une architecture séculaire qui, elle aussi, a suivi l'évolution du bâtiment. Pour la Renaissance, c'est surtout l'architecture civile que nous étudierons, et plus particulièrement l'architecture du château, puisque c'est celle-ci qui fournira les exemples les plus célèbres.

Vers la fin du XVᵉ siècle, les progrès de l'artillerie, qui rendaient inutiles les anciens dispositifs de défense, et le développement de la puissance royale qui engendrait la sécurité du pays, avaient contribué à faire perdre au château, la demeure seigneuriale par excellence, son caractère de place forte. Il suffit de considérer, dans la cour du château de Blois, l'aile Louis XII et la galerie de Charles d'Orléans, pour se rendre compte qu'en ses dispositions générales le bâtiment de la Renaissance est calqué sur celui du XVᵉ siècle. Les maçons français, il est clair, n'avaient pas attendu les Italiens pour créer un style accueillant d'architecture séculaire où les corps de logis s'ouvraient librement à l'air et à la lumière. À ce point de vue, la Renaissance n'a pas innové. À l'extérieur, toutefois, les châteaux gardaient un aspect militaire, le plus souvent parce que les murailles anciennes étaient encore debout. Mais même dans les bâtiments neufs on conservait traditionellement les fossés et les tours couronnées d'un chemin de ronde. Cette apparence féodale ne disparaîtra que lentement au cours du XVIe siècle.

Lorsque Charles VIII et ses compagnons se rendirent en Italie, ce qui ravit d'aise ces jeunes gens à la fleur de l'âge, ce fut la liberté et la plénitude de vie méridionale, et c'est en ses manifestations les plus diverses qu'ils rêvèrent au retour d'importer en France cette vie de luxe. Dans les résidences princières de l'Italie, rien ne les enchanta davantage que la splendeur des jardins napolitains. C'est par la transformation des dehors que se manifesta en premier lieu la Renaissance dans les châteaux français.

En 1492, le roi Charles VIII, ayant décidé de faire de son château d'Amboise, où il était né, sa demeure principale, donna l'ordre de transformer l'ancien château-fort en une vaste demeure royale tenant à la fois du palais et de la forteresse. À son retour d'Italie, en 1496, les travaux d'Amboise étaient presque terminés. Or, dans la suite du roi se trouvait un groupe de vingt-deux Italiens représentant les métiers les plus divers: orfèvres, menuisiers, ébénistes, décorateurs, etc.; parmi eux deux architectes: Fra Giocondo et Dominique de Cortone. Cette équipe contribua à l'ornement d'Amboise et plus tard à celui d'autres demeures royales. L'année 1496 est donc mémorable car elle marque le début de l'emprise de la Renaissance italienne sur l'art français. Sur Amboise même, cette influence ne fut pas très sensible, mais elle allait s'accentuer sous Louis XII et triompher sous François Ier.

Dans ce qu'on appelle la «première Renaissance» (1496–1530), l'influence italienne se fera sentir surtout dans la décoration des bâtiments plutôt que dans l'art de construire. Il est aisé de comprendre que la technique architecturale, reposant forcément sur des conditions géographiques et sur des traditions de métiers, résiste mieux que la sculpture et la peinture aux innovations. Aussi les œuvres les plus typiques de cette première Renaissance: Chambord, Azay-le-Rideau, l'aile Louis XII et l'aile François Ier à Blois, sont-elles des demeures seigneuriales à la française, décorées à l'italienne. Cet art italien de la décoration se traduit surtout par des parures délicates et souples qui revêtent les pilastres et les frontons des lucarnes: emblèmes, médaillons, rinceaux fleuris, rubans déroulés qui retiennent de menus objets. Tous ces motifs sont d'une grâce abondante et facile où ne survit plus le moindre souvenir de l'ornementation gothique.

La première grande entreprise de François Ier fut le château de Chambord. Commencé en 1519, il fut terminé vers 1540. Nous avons déjà noté dans le chapitre 6 de la deuxième partie de ce livre que le plan de ce vaste château (il mesure 156 m. sur 117 m.) est féodal: un donjon central à quatre tours et une enceinte. Grâce à l'esprit nouveau, cependant, ce château n'a aucunement l'aspect guerrier; c'est une demeure royale de plaisance. Le donjon est de proportions gigantesques et divisé par deux vestibules se recoupant en croix. À ce croisement se trouve le célèbre escalier à double vis, fait de deux hélices qui se superposent sans se rencontrer. Traditionnellement, les escaliers en hélice étaient placés à l'extérieur, comme à Blois, ou enfermés dans une tourelle. Cette nouveauté de Chambord fut copiée dans plusieurs châteaux de la Loire.

Une autre originalité de Chambord est la terrasse. Directement inspirée de l'Italie, elle offre, avec ses lucarnes, ses trois cent soixante-cinq cheminées, ses pignons et sa lanterne, le tout décoré avec exubérance, un contraste saisissant avec la sobriété des étages inférieurs.

Vers 1528, c'est-à-dire après son retour de captivité, François Ier abandonna la Loire pour la région parisienne. Il annonça qu'il voulait «faire la plupart de ses demeures et séjours en la bonne ville de Paris et alentour». Le résultat fut la tranformation, ou la construction, de châteaux tels que Madrid (dans la forêt de Boulogne), Fontainebleau, Villers-Cotteret et Saint-Germain-en-Laye.

Pour ces entreprises, François Ier fit venir plusieurs artistes italiens. Le premier arrivé fut Girolamo della Robbia qui se consacra tout entier à la construction du château de Madrid. Ce dernier fut immédiatement imité à Fontainebleau par le maçon français Gilles Le Breton. Quatre ou cinq ans après della Robbia arrivèrent en France le Rosso, puis le Primatice qui allaient transformer la décoration intérieure des demeures princières. Jusqu'alors, l'aménagement des appartements était resté, dans son ensemble, ce qu'il était au moyen âge. À Chambord et Amboise, par exemple, l'habitude avait voulu que les salles étaient restées nues suivant la tradition; elles n'étaient meublées et tendues de tapisseries que lorsque le roi y venait. À Fontainebleau apparut pour la première fois la galerie d'apparat, prototype de celles que l'on verra plus tard au Louvre et à Versailles. Sous la direction du Rosso, la galerie François Ier, exécuté de 1533 à 1540, fut décorée de figures de stuc, à grande échelle et en très haut relief, encastrées par des fresques, le tout monté sur un riche lambris atteignant la moitié de la hauteur des parois.

En 1541, l'architecte bolonais Sébastien Serlio arriva à Fontainebleau avec le titre de «peintre et architecteur ordinaire du roi». Or, cet artiste représentait l'école de l'Italien Bramante, fondée essentiellement sur la science des proportions harmonieuses retrouvées grâce à l'étude approfondie des anciens. L'influence de Serlio se fit sentir immédiatement et son rôle, en tant que théoricien du néo-classicisme, fut considérable. La première manifestation de ce qui allait devenir le style classique fut la construction du château de Saint-Maur sous la direction d'un jeune français, Philibert Delorme, qui avait fait des études à Rome où il s'était occupé surtout de l'art antique.

En 1546, François Iᵉʳ chargea Pierre Lescot de reconstruire le Louvre. Le roi étant mort peu après, son successeur Henri II confirma Lescot dans ses fonctions. Le Louvre fut donc construit sous ce dernier prince, mais il apparaît néanmoins comme le couronnement architectural du règne de François Iᵉʳ. Il est une manifestation d'italianisme intégral, la plus importante de toute la Renaissance française. Même avant d'être terminée, la façade occidentale du palais était considérée comme «le plus bel édifice de France». Elle comporte deux ordres superposés de pilastres couronnés chacun d'un entablement et surmontés d'un attique magnifiquement sculpté. La science de l'architecte est révélée par la manière dont il a su rompre la monotonie des lignes horizontales par trois avant-corps à colonnes engagées. Nous aurons l'occasion plus tard de souligner le rôle important que jouent les décors sculptés conçus par Jean Goujon.

En 1548, Henri II avait confié l'administration des bâtiments à un homme de métier, Philibert Delorme, le constructeur du château de Saint-Maur. Désormais, le style qui régna sur les chantiers officiels fut celui qu'imposa un architecte érudit formé par l'étude directe des monuments antiques. L'avènement du nouveau surintendant marqua l'affranchissement des jeunes architectes français de la tutelle italienne, car l'existence d'hommes tels que Delorme ou Lescot rendait inutiles les leçons d'un Serlio. Tandis que le jeune Delorme s'était, à Saint-Maur, contenté de répéter ce qu'il avait appris en Italie, il se mit, devenu surintendant, à imaginer un style nouveau, à la fois imbu de classicisme et profondément enraciné dans la tradition nationale. Ce style était surtout visible dans le palais des Tuileries, et l'est encore aujourd'hui dans la chapelle du château d'Anet, construit pour Diane de Poitiers.

Conçu pour Catherine de Médicis, le palais des Tuileries était un quadrilatère immense, composé de pièces en enfilade, de grandes salles ovales, de galeries distribuées autour de cinq cours intérieures; il possédait, en outre, ce qui manquait au Louvre: l'agrément d'un beau jardin. L'influence italienne se faisait surtout sentir dans le caractère théâtral du plan,

mais tous les éléments du décor venaient directement de l'antiquité.
L'hérédité française se manifestait par l'isolement du palais derrière un
fossé, franchi par un pont-levis, par l'emploi de lucarnes, par le vaste
escalier en hélice, et surtout par la recherche du mouvement basé sur
l'emploi d'éléments pittoresques tirés du moyen âge français.

Ainsi, au point d'aboutissement de la Renaissance française, l'architecte des Tuileries était revenu à une formule très voisine de celle de la
première heure: un décor nouveau sur une ossature empruntant ses
éléments à la tradition nationale.

Delorme mourut en 1570, Lescot huit ans plus tard. Avec la disparition
de ces deux grands maîtres s'achève la période brillante de la Renaissance
française. Après eux, les bâtiments seront caractérisés par un fâcheux penchant pour la mégalomanie et le style déclamatoire, penchant qui influença
la construction du Luxembourg et du pavillon de l'Horloge au Louvre.
Il faudra attendre le règne de Louis XIII pour retrouver un style sobre
qui ne sera, en somme, qu'un retour aux enseignements de Philibert
Delorme.

La sculpture de la Renaissance

Au début de la Renaissance française, la sculpture subit l'influence
directe des Italiens. Dans la suite de Charles VIII, lorsqu'il revint d'Italie,
se trouvait le sculpteur Guido Mazzoni qui allait travailler pendant vingt
ans en France. D'autres artistes italiens furent également invités à venir
de ce côté des Alpes, comme la famille des Juste qui travaillèrent au
château de Gaillon du cardinal d'Amboise. Ce château est le premier
exemple français d'une demeure de plaisance. Mais, très vite, on prit
l'habitude aussi de faire venir d'Italie des œuvres toutes faites. Ainsi
Louis XII fit exécuter par deux Florentins et deux Lombards un monument funéraire pour ses ancêtres où quatre gisants, Louis d'Orléans,
Valentine, sa veuve, Charles, le poète-prisonnier, et Philippe interprètent
le thème traditionnel français, tandis que, à la base, douze apôtres à la
manière italienne font leur apparition.

Lorsque François Ier rentra de captivité et décida d'embellir Fontainebleau, il appela à lui, comme nous l'avons vu, une équipe d'Italiens dont
l'influence devait être décisive. Successivement arrivèrent en France
Rusticci (1527), Regnauldi (1528), le Rosso (1530), le Primatice (1532),
et d'autres encore. Dans cette équipe le premier rôle fut joué par le Rosso,
un Florentin distingué et cultivé qui amena avec lui le grand style de
Florence et de Rome. Son œuvre capitale fut la galerie de François Ier,

u palais de Fontainebleau:
l'escalier du roi

e palais de Fontainebleau

La cour carrée du Louvre. L'aile gauche est l'œuv
de Pierre Lescot; les bas-reliefs sont de Jean Gouj

Une nymphe de gloire de Germain Pilon (la che-
minée du château de Villeroi) et une des nymphes
de Jean Goujon de la célèbre Fontaine des Innocents
à Paris

qui témoigne d'une science prestigieuse de la composition ainsi que d'une remarquable sûreté dans l'alliance du relief avec les peintures. Le Primatice, qui continua l'œuvre du Rosso, montra plus d'élégance et de grâce que son maître, mais moins de génie. Néanmoins son style s'imposa à toute une génération d'artistes.

À la mort de François Ier, son fils Henri II renversa la politique de ses prédécesseurs et, au lieu d'aller chercher les Italiens chez eux, se mit à protéger les artistes français. Ceux-ci réagirent contre le nouveau décor, qui mêlait la fable, l'archéologie et la nature, et travaillèrent à retrouver l'origine et les lois d'un art véritablement antique. Le plus grand de ces artistes français fut Jean Goujon (1510–1568), le premier de son temps qui ait su ranimer l'inspiration grecque.

Nommé sculpteur du roi en 1547, Goujon décora ce qui est aujourd'hui l'hôtel Carnavalet et exécuta les fameuses *Nymphes de la fontaine des Innocents*. Celles-ci, de fluides figures qui versent l'eau de leur urne, représentent avec une élégance suprême le thème de la source. En 1549, Goujon commença au Louvre cette longue entreprise qui devait être interrompue par sa fuite de Paris pendant les troubles religieux. Il orna la belle façade de Lescot avec des reliefs allégoriques représentant *l'Histoire et la Victoire, la Guerre et la Paix, la Gloire et la Renommée,* et sculpta les magnifiques *Cariatides* de la tribune des musiciens à l'intérieur du palais. Par leur allure, elles rappellent la grâce souveraine des jeunes Athéniennes de l'Érechthéion.

Un des collaborateurs de Goujon fut Pierre Bontemps, qui travailla également avec Philibert Delorme. Il est l'auteur de la plupart des gisants et des priants, ainsi que de la statue de Charlotte de France, qui se trouvent sur le tombeau de François Ier à Saint-Denis. Mais son originalité se manifeste surtout dans les cinquante-quatre bas-reliefs de ce monument, qui racontent les campagnes d'Italie. La victoire de Marignan, la défaite de Cérisoles et l'entrée à Milan y sont représentées avec une exactitude de chroniqueur.

Le chef-d'œuvre de Bontemps est sans doute le délicat monument du cœur de François Ier, également à Saint-Denis. Des adolescents et des jeunes filles, symbolisant les sciences et les arts, rappellent combien ceux-ci étaient chers au «roi de la Renaissance».

L'autre grand sculpteur officiel de cette époque fut Germain Pilon (1525–1590), fils d'un sculpteur parisien, qui reçut, à l'âge de vingt-quatre ans, la commande du monument pour le cœur de Henri II. Ce jeune homme, contemporain de Montaigne et de Ronsard, représentait une nouvelle génération, celle de la vraie Renaissance française. Homme laborieux et tenace, aussi bon psychologue que portraitiste, il fut en même temps le dernier des grands artistes médiévaux et l'annonciateur des temps modernes. Parmi ses œuvres principales, citons le tombeau de Henri II et de Catherine de Médicis, comportant des gisants nus allongés pathétiquement sur leur linceul, et celui de Valentine Balbiani, où la défunte est représentée par une double effigie: l'une en costume de vie, mollement accoudée, lisant un roman d'amour, l'autre un cadavre décharné. Sa vraie réussite, cependant, Pilon la trouva dans les bustes et les médaillons des Valois.

En dehors du Domaine royal, le plus grand sculpteur de cette époque fut le Lorrain Ligier Richier (1500–1567), un maître du pathétique. Son œuvre la plus célèbre est la statue funéraire de René de Chalon, prince d'Orange-Nassau, commandée par sa veuve. Devant un somptueux manteau d'hermine, entouré de cierges et d'ossements, le cadavre, dressé debout sur sa tombe, lève son bras de squelette pour offrir à Dieu le cœur qu'il vient d'arracher de sa poitrine.

On ne peut quitter la sculpture de la Renaissance française sans mentionner les calvaires de la Bretagne, où l'on trouve les derniers vestiges d'un gothique populaire. Ces calvaires, taillés dans le granit, représentent les scènes de la vie du Christ et de sa Passion et constituent un ensemble unique en Europe. Le plus ancien se trouve à Tronoën (1490); les autres grands ensembles datent de la fin du XVIe siècle et même du XVIIe: Guimilau, Daoulas, Saint-Thégonnec et Pluyben.

La plupart de ces calvaires ne comportent que cinq ou six personnages, mais d'autres représentent des groupes, voire des scènes. Les sculpteurs de ces calvaires étaient des primitifs de courte science, mais très sincères et doués d'un sentiment de la vie et d'une imagination étonnants.

La peinture de la Renaissance

Comme dans la sculpture, l'influence italienne sur la peinture atteignit son maximum vers le milieu du siècle, mais elle fut d'une durée plus courte et son bilan fut moins substantiel qu'en sculpture. Tout le monde sait que François Ier invita Léonard de Vinci a rentrer en France avec lui et qu'Andréa del Sarto accepta la même invitation en 1518. Mais pour grand qu'ait été le prestige de ces deux artistes, ils ne créèrent que peu d'œuvres en France. Il fallut attendre le retour de François Ier de Madrid et l'embellissement de Fontainebleau pour que se constituât une équipe d'artistes qui allait ensuite, sous le règne de Henri II, donner naissance à une école et à un style. Ce style se caractérise par sa perfection technique, par ses arabesques et par son goût pour la *grande manière* italienne, c'est-à-dire pour les décors intérieurs de fresques et de stucs.

Les peintres italiens, le Rosso, le Primatice et Niccolo dell'Abbate, eurent une grande influence sur les peintres français de Fontainebleau, dont Antoine Caron et Jean Cousin le père. Ce dernier est l'auteur probable de l'*Eva Prima Pandora,* un nu magnifique qui s'appuie sur une tête de mort; c'est d'ailleurs le premier nu dans la peinture française. La renommée de l'école de Fontainebleau se répandit très vite à travers l'Europe; pour un temps, Fontainebleau remplaça, surtout pour les Flamands, l'Italie.

Sous Charles IX et Henri III, c'est l'influence flamande qui se fit sentir, beaucoup plus que l'italienne, surtout dans l'art des portraits. Les œuvres de Jean Clouet, originaire de Bruxelles, et de son fils François, sont d'une grande originalité. La majeure partie sont des «crayons» (de simples dessins à la mine de plomb) parfois rehaussés de pastel, qui font défiler devant nos yeux la cour des derniers Valois. Leur art de stricte probité, de vérité parfois cruelle, continue la tradition française du portrait.

L'art du XVIIe siècle

En 1594, lorsque, après plus de trente ans de guerres civiles, Henri IV devint roi de France, tout était à refaire ou à reprendre dans les travaux publics, les bâtiments royaux, les demeures privées et les édifices du culte. Malheureusement, tout manquait: l'argent, les architectes et les artistes. C'est le duc de Sully qui reçut la charge de la surintendance des bâtiments et qui commença à établir une certaine centralisation dans l'administration des arts.

Le règne de Henri IV fut bref (1594–1610) et les constructions, pendant ces seize années, furent surtout du domaine des édifices utilitaires: des ponts, des hôpitaux, etc. On s'occupa aussi de l'ordonnance des places et des grandes voies. Le célèbre Pont-Neuf, à Paris, date de cette époque, quoique la première pierre en fut posée par Henri III en 1578. Les travaux furent terminés en 1606 et furent dirigés par Baptiste du Cerceau et Pierre des Illes. Très vite ce pont fut occupé par des boutiques et des tréteaux et devint une des promenades favorites des Parisiens.

La place des Vosges fut entreprise pour répondre au désir de Henri IV de voir s'élever un centre de commerce de luxe. Toutes les maisons, construites en briques pour raison d'économie, devaient être symétriques et construites sur une galerie qui abriterait les boutiques. Ce plan nouveau fut suivi à la lettre, mais malheureusement le roi fut assassiné avant d'avoir pu en voir l'achèvement.

L'architecture du XVIIᵉ siècle

Sous Louis XIII, le plus illustre des architectes de son règne, Salomon des Brosses, commença la construction du palais du Luxembourg pour la reine mère Marie de Médicis. Voulant rappeler à celle-ci son ancienne demeure toscane, le palais Pitti, l'architecte donna à ses bâtiments une touche florentine. La cour du palais, entourée par un corps central et ses deux ailes, est fermée par une galerie à arcades dont les bras aboutissent à une porte monumentale surmontée d'un dôme.

Le début du XVIIᵉ siècle a été en France une grande période de foi; il n'est donc pas étonnant que de 1610 à 1660 il y eut une extraordinaire floraison d'églises et de couvents. Pendant longtemps, les historiens de l'art avaient méprisé ces églises auxquelles ils avaient appliqué l'appellation de «style jésuite». De nos jours, on a rendu justice à ces églises en faisant remarquer d'abord qu'il n'y a pas de «style jésuite» universel, et que les églises bâties en France par la Compagnie de Jésus se situent tout naturellement dans l'évolution de l'architecture française des XVIIᵉ et XVIIIᵉ siècles. Loin de se placer avec servilité dans le sillage des traditions italiennes, les architectes de la Compagnie restèrent attachés à l'esprit médiéval retouché par la Renaissance finissante.

Les plans de ces églises se rangent dans trois types principaux—(a) plan basilical à nef unique, qui ne fleurit guère que dans la première moitié du siècle: à Paris, l'église des Carmes (1613), l'église Saint-Paul-Saint-Louis (1627), Notre-Dame-des-Victoires (1629), etc.; (b) l'église de plan centré, où le dôme joue un rôle essentiel: à Paris, le temple Sainte-Marie (construit par François Mansart en 1632), le collège des Quatre Nations et l'église des Invalides (J. Hardouin-Mansart 1680–1706), le Panthéon (Germain Soufflot 1757–1778); (c) le plan basilical complet et traditionnel du moyen âge, comportant trois nefs avec déambulatoires et chapelles rayonnantes: à Paris, la basilique de Saint-Sulpice, en province, les cathédrales de Nancy, de Versailles et d'Arras.

Les façades comportent aussi plusieurs types—(a) la façade à tours selon la tradition médiévale: Notre-Dame de Versailles, Saint-Eustache et Saint-Sulpice à Paris, et les cathédrales de Nancy, d'Auch, de Langres et de Rennes; (b) la façade à trois étages, création française, dont le modèle fut donné à Saint-Gervais; (c) la façade à deux étages, du type des églises romaines, transformé bientôt par l'incorporation du dôme, ce qui en fait un ensemble entièrement original: la Sorbonne, le Val-de-Grâce, les Invalides. Ce dernier genre marque la rupture complète du classicisme français avec le baroque italien.

Le Louvre et Versailles. En 1665, peu après sa prise de pouvoir, Louis XIV, à l'insistance de son ministre Colbert, décida d'inviter en France un artiste italien, représentant du style baroque, dont la renommée emplissait alors toute l'Europe: le Cavalier Bernini (Giovanni Lorenzo Bernini). Celui-ci avait alors soixante-sept ans et était au faîte de sa gloire. Le Cavalier arriva à Paris au mois de mai. Six mois plus tard il repartait, n'ayant pu s'accommoder, disait-il, de la «manière petite, triste et morne» des Français. Le départ de Bernini est un événement d'une certaine importance, car avec lui était banni de France le baroque monumental, et l'esprit classique s'en trouvait fortifié.

Le projet pour lequel on avait fait venir le Cavalier était la reconstruction du Louvre. Bernini proposa d'abattre ce qu'on avait élevé sous les règnes de Henri IV et de Louis XIII, et d'élever un grandiose palais dans le style baroque italien. Son projet surprit les Français par son étrangeté et le foisonnement de l'ornement. Il fut donc écarté et son auteur fut congédié avec politesse et maints cadeaux.

Une équipe d'artistes et d'architectes français fut alors chargée de continuer les travaux, dont firent partie Charles Perrault, Charles Le Brun, Louis Le Nôtre et François d'Orbay. Le monument qu'ils élevèrent servit comme une sorte de manifeste de l'art classique. Ils retinrent certaines idées de Bernini, comme par exemple la couverture en terrasse masquée par une balustrade palladienne, mais dans l'ensemble ce furent les vues de Perrault qui prévalurent. Celui-ci opta pour deux pavillons d'angle et un corps central, surmonté d'un fronton et relié aux pavillons par une colonnade faite de gigantesques colonnes couplées. Le socle de ce palais est composé d'un étage bas percé de fenêtres uniformes.

Bien avant l'arrivée de Bernini, Louis XIV avait conçu l'idée d'une demeure royale en dehors de Paris, où il pourrait s'échapper de la ville et élaborer une nouvelle manière de vivre. À cette époque, Versailles n'était qu'un village, un pavillon de chasse, une forêt. En quelques années, le village devint une ville, avec des places régulières, des avenues, des hôtels; le pavillon de chasse se transforma en un palais, le plus vaste de l'Europe; la forêt fit place à un ensemble de jardins, de parcs, de canaux, de fontaines, habité par tout un peuple de statues.

L'histoire de Versailles est fort compliquée et raconte à sa manière le conflit du baroque et du classique. Le premier Versailles fut le «château de cartes» que Louis XIII fit construire à partir de 1631. De couleurs vives (bleu, blanc, et rouge), coiffé d'un grand toit, il exprime un art qui ne doit rien à l'Italie mais qui plonge ses racines dans la tradition nationale. Il comprenait un corps de bâtiment de cinq pièces, disposées en enfilade, des pavillons accrochés aux angles, et deux ailes en retour avec des escaliers au centre. Louis XIV ne voulut jamais laisser démolir ce premier château qui forme encore aujourd'hui l'essentiel de la cour de Marbre.

Le second Versailles (1668–1678) est dû à l'architecte Le Vau et au peintre Le Brun qui avaient déjà collaboré à Vaux-le-Vicomte pour le surintendant Foucquet. Réunis de nouveau à Versailles, ils y ajoutèrent de nouvelles constructions dans le goût italianisant et baroque. Des ailes, prolongeant le premier château, se terminaient par un portique à six colonnes et un toit en terrasse garni de statues. Le corps central du château, du côté des jardins, présentait également une terrasse, dallée de marbre et ornée d'un jet d'eau. À l'intérieur, Le Brun avait fourni une décoration fastueuse. L'escalier des Ambassadeurs, aujourd'hui disparu, s'élevait dans une architecture de marbres polychromes et était décoré de fausses perspectives et d'ingénieux trompe-l'œil parmi lesquels évoluaient des courtisans et des animaux peints.

Le troisième Versailles fut commencé à partir de 1679 par Jules Hardouin-Mansart, toujours en collaboration avec Le Brun. Hardouin-Mansart continua le programme fixé par Le Vau mais en le modifiant selon ses goûts classiques. Ainsi, la vaste poche dans la façade postérieure fut bouchée par la galerie des Glaces et la même composition fut répétée dans les deux ailes symétriques du nord et du sud. L'Orangerie et le Grand Trianon témoignent encore mieux de cette réaction contre le baroque de Le Vau, ainsi que la chapelle dont l'intérieur est un modèle d'élégance.

On ne saurait séparer le palais de Versailles de son parc et de ses jardins. Ceux-ci sont entièrement dûs à Le Nôtre. Né à Paris en 1613, André Le Nôtre travailla de bonne heure dans l'atelier du peintre Simon Vouet. Il s'initia ensuite aux principes de l'architecture et, ainsi muni de solides connaissances artistiques, se voua, à partir de 1649, à l'art des jardins. Son premier grand travail fut la création du nouveau jardin des Tuileries.

Tous les jardins de Le Nôtre obéissent aux mêmes principes. Les abords de la maison sont largement dégagés, les bosquets sont éloignés pour faire place aux parterres ou aux pièces d'eau au pied même du bâtiment. Pour que ces parterres ou ces bassins soient mieux saisis par le regard, ils sont dominés par une terrasse. Les jardins eux-mêmes sont divisés dans le sens de la longueur par une allée d'axe, et dans la largeur par des allées transversales. Entre les bras d'allées sont placés les bosquets disposés non pas symétriquement mais en «équivalences» les uns par rapport aux autres, c'est-à-dire de même volume, mais de dessin différent. Le Nôtre insistait pour que la grande allée médiane ne soit limitée par aucun obstacle, mais au contraire qu'elle pût se prolonger au-delà des jardins et se perdre à l'horizon.

Après les Tuileries, Le Nôtre fut chargé des jardins de Vaux-le-Vicomte où il put collaborer, comme nous l'avons vu, avec Le Brun et le Vau. Là, il affirma son talent et sa maîtrise dans l'ordonnance des parterres, des bassins, des terrasses et des bosquets. À Vaux, pour la première fois en France, on fit une large place aux statues dans les jardins; cette innovation allait être imitée dorénavant dans tous les grands parcs.

La réussite de Vaux valut à Le Nôtre de recevoir la charge des jardins de Versailles. La tâche était immense, car il fallait non seulement adapter les jardins à un site défavorable et à une nature ingrate, mais encore transformer ceux qui existaient depuis Louis XIII. En outre, Le Nôtre dut constamment tenir compte des remaniements et des agrandissements du château. Car les jardins de le Nôtre, répétons-le, sont pour ainsi dire incorporés dans le vaste plan qui comprend le château lui-même et toutes ses dépendances.

De la terrasse haute qui sert d'assiette à la colossale façade du château, le regard plonge jusqu'à l'horizon. À droite, le parterre du nord avec ses lignes de buis entourant des plates-bandes de fleurs. Deux bassins et la fontaine de la Pyramide le décorent. Puis viennent, en contre-bas, le bain des nymphes de Diane, d'où descend l'allée d'Eau (dite des Marmousets) et enfin le bassin de Neptune aux multiples effets d'eau.

À gauche, le parterre du midi, bordé par une ravissante suite de vases de bronze. Ce parterre domine l'Orangerie d'Hardouin-Mansart encadrée par les magnifiques Cent Marches imaginées par Le Nôtre. Ces marches mènent au parterre de l'Orangerie et à la vaste pièce d'eau des Suisses (treize hectares).

Du haut du parterre d'Eau, au centre de la terrasse, le regard se porte sur le Tapis vert, une large avenue couverte de gazon et bordée par une muraille de feuillage épais, qui s'étend du bassin de Latone jusqu'au bassin d'Apollon où le dieu du Soleil s'élance dans son char. Puis s'étend la nappe fastueuse du Grand Canal, d'une superficie de vingt-trois hectares. De part et d'autre du Tapis vert se trouvent des bosquets qui, par leurs sculptures et leurs bassins, offrent une note d'extrême variété que l'on ne trouve pas dans le plan général. La foule de statues des jardins de Versailles ne fut pas conçue comme un décor indifférent: elle entre dans l'iconographie générale du culte monarchique et son thème générateur est la légende d'Apollon, de sa mère Latone et de sa sœur Diane.

Malgré les immenses travaux de Versailles, de Marly et autres demeures royales, Paris ne fut pas négligé sous le règne de Louis XIV. De larges boulevards plantés d'arbres remplacèrent les remparts, des arcs de triomphe remplacèrent les anciennes places fortifiées (place du Trône, Saint-Antoine, Saint-Denis); enfin, quatre grands monuments furent élevés: le collège des Quatre Nations, l'hôpital de la Salpêtrière, l'Observatoire et l'Hôtel des Invalides. Notons également les grands ensembles des places royales, la place des Victoires et la place Vendôme.

L'architecte des Invalides, Libéral Bruant, avait reçu l'ordre de Louis XIV d'élever un monument tenant à la fois d'un hospice, d'un couvent et d'une caserne, où pourraient être logés les vieux soldats infirmes. Cet ensemble aurait paru un peu morne si Hardouin-Mansart n'y avait ajouté la chapelle et le dôme. Ce dernier est un chef-d'œuvre inégalé, grâce aux rapports harmonieux de ses mesures, et à sa gracieuse courbe elliptique.

La sculpture du XVIIe siècle

C'est pendant le règne de Henri IV que commence une série d'effigies ayant pour seul prétexte la glorification du roi. La plus importante de ces effigies est la statue équestre représentant le roi en triomphateur, que Marie de Médicis avait demandée à Jean Boulogne. Celui-ci n'exécuta que la monture et son élève Tacca la surmonta du cavalier. Son autre élève, Francheville, plaça le Béarnais sur le Pont-Neuf en 1614.

Sous Louis XIII, les sculpteurs se groupent autour de Jacques Sarazin (1588–1660) qui, après un séjour de dix-huit ans à Rome, revint en France en 1628. Ses chefs-d'œuvre sont les tombeaux du cardinal de Bérulle et celui du cœur de Henri de Bourbon, prince de Condé. Ce dernier surtout tranche par son originalité. Protégé par une balustrade circulaire, où veillent *la Justice, la Religion, la Prudence* et *la Piété,* un autel à l'antique supporte l'urne qui contient le cœur. Autour du mur de la rotonde une suite de bas-reliefs en bronze illustrent les *Triomphes* de Pétrarque: *la Mort, le Temps, la Renommée et l'Éternité.* Dans ces bas-reliefs, l'artiste s'est représenté lui-même entouré du Dante, de Michel-Ange et de Raphaël.

Peu après sa prise de pouvoir, comme nous l'avons noté plus haut, Louis XIV fit venir en France le Cavalier Bernini. L'échec de Bernini fut aussi,

Versailles: le Grand Trianon et les jardins

Un jardinier à l'œuvre, d'après une vieille estampe

Versailles: la façade de Louis Le Vau et de Jules
Hardouin-Mansart

Famille de paysans, de Louis Le Nain

Les bergers d'Arcadie, de Nicolas Poussin

nous l'avons dit, un échec pour le baroque. Un autre échec de ce style fut enregistré grâce à la misanthropie d'un grand sculpteur français, Pierre Puget (1620–1694). Fils d'un maître maçon de Marseille, il alla une première fois en Italie à l'âge de dix-huit ans. Pendant trente années sa vie se partagea entre Rome (où il fut l'élève de Pierre de Cortone), Toulon, Gênes et Marseille. En 1655, il reçut pour l'Hôtel de ville de Toulon la commande des fameux *Atlantes* qui soutiennent le balcon de la façade. La renommée de ces *Atlantes* lui valut de la part du ministre Foucquet, la commande d'un *Hercule gaulois au repos* pour le parc de Vaux-le-Vicomte. Cette commande fut malheureuse pour lui, car Colbert, qui avait sollicité l'artiste en même temps que Foucquet, avait essuyé un refus. Après la disgrâce de Foucquet, Colbert se souvint de cet affront et poursuivit Puget de son inimitié. Il le raya des cadres de l'Académie de peinture et de sculpture, mais lui donna néanmoins l'autorisation d'exécuter une statue: *Milon de Crotone,* et un bas-relief: *Alexandre et Diogène. Milon,* la main saisie dans l'étau d'un chêne coupé et dévoré par un lion, c'est, à n'en pas douter, le sculpteur lui-même, victime de la destinée. Quant à *Diogène,* assis dans son tonneau et insultant le maître du monde, c'est encore Puget se vengeant du sort par une magnifique injure.

La violence du génie de Puget et son amour du baroque lui donnent une place à part parmi ses contemporains. Son art viril, son sentiment tragique de la vie, exprimé par la souffrance et l'effort, le rapprochent plutôt de Claus Sluter et de Michel-Ange.

Dans le système monarchique de Louis XIV, l'art était devenu un moyen de gouvernement, preuve de sa puissance et prolongement de son prestige. Les artistes furent donc soumis aux mêmes contraintes, à la même hiérarchie, que les autres serviteurs de l'État, et reçurent comme eux les honneurs et les privilèges accordés non plus par un mécénat particulier, mais par le roi.

Par le truchement des Académies, Colbert et ses collaborateurs Perrault et Le Brun purent imposer une unité de doctrine reposant sur la conviction générale que seul le vrai est beau et que le vrai se trouve dans l'ordre. Or, l'antiquité semblait, surtout par ses statues, répondre d'avance à ce désir. C'est ainsi que l'Académie de France à Rome fut créée en 1666 pour permettre aux artistes français d'aller étudier l'antiquité chez elle.

Les principaux sculpteurs classiques de l'époque de Louis XIV furent François Girardon (1628–1715) et Antoine Coysevox (1640–1720). Girardon, sculpteur d'un *Louis XIV* équestre pour la place des Conquêtes (devenue place Vendôme), d'un groupe de nymphes, de tritons et de chevaux pour le bassin d'Apollon à Versailles, est surtout célèbre pour le remarquable tombeau de Richelieu qui se trouve à la Sorbonne.

Coysevox fut un grand artiste qui domina nettement les sculpteurs de son époque. Comme ceux-ci, il exécuta plusieurs statues et fontaines pour les jardins de Versailles, mais il se distingua surtout par ses bustes qui forment la part la plus personnelle et la plus originale de son œuvre. Le plus illustre de ses clients fut, naturellement, le roi dont il fit plusieurs bustes. Le premier date de 1679 alors que Louis XIV avait quarante ans et était à l'apogée de son règne. Le dernier, qui date de la fin de la vie du monarque, nous le représente comme un vieillard fatigué et amaigri, mais toujours superbe. Le Grand Condé fut un autre de ses clients; le sculpteur a su admirablement rendre l'homme irrésistible, un peu fou, avec son visage terrible, son nez de vautour et ses yeux sauvages.

La peinture du XVIIe siècle

En 1617, quand Marie de Médicis voulut faire peindre son palais, le Luxembourg, il lui fallut faire venir Rubens, ne disposant de personne en France pour cette besogne. Le célèbre Flamand ne fit que passer à Paris et reçut la commande de vingt et une peintures murales représentant la vie de la reine mère. Mais en 1627 parut enfin un peintre français doué d'un génie vaste et agréable: Simon Vouet. Âgé alors de trente-huit ans, il revenait d'Italie où il s'était acquis une excellente réputation et où il avait exercé les fonctions de directeur de l'Académie de Saint-Luc. Paris l'adopta et son succès fut prodigieux. Rappelons qu'à cette époque un mécénat puissant refleurissait en France en la personne de Richelieu. Ce que le grand cardinal préparait de merveilles en matière de bâtiment, de peinture, de sculpture, réclamait des services auxquelles Vouet dut paraître propre. Il fut nommé *premier peintre du Roi* et la décoration du palais du Luxembourg, du château de Rueil, du Palais-Royal et de l'hôtel Bullion lui fut confiée, ainsi que celle de nombreuses églises et chapelles de Paris. Il exécuta pour le Louvre de nombreux cartons de tapisseries, parmi lesquels le *Moïse sauvé des eaux* qui reflète très nettement l'influence du style baroque de l'époque. La grande partie des œuvres qu'il acheva en France ayant disparu, c'est surtout par les peintures qu'il fit en Italie (*les Parques, Salomé*) qu'on peut juger du talent de celui qui fut le grand maître du règne de Louis XIII. Sa manière ne dénote pas une grande originalité: il se contentait d'un mélange de toutes les formules italiennes. Ses personnages ont une certaine lourdeur et un maniérisme d'un goût douteux. Néanmoins, son œuvre est à la base de toute la peinture ecclésiastique et de toute la peinture décorative de la première moitié du XVIIᵉ siècle. Son influence se fit sentir sur les œuvres de ses élèves Le Sueur et Le Brun, ainsi que sur certains tableaux de Poussin.

Sous Louis XIV, l'histoire de la peinture française peut se résumer dans la querelle des «poussinistes» et des «rubénistes». Ces derniers, à la suite de Rubens, préféraient sacrifier le dessin à la peinture, attachaient un grand prix au coloris et prônaient l'inspiration de la nature. Les «poussinistes», admirateurs de Nicolas Poussin (1594–1665), étaient au contraire partisans de la prédominance du dessin sur la couleur et de l'idéalisme dans les tableaux.

Parmi les rubénistes, notons Pierre Mignard (1610-1695), Nicolas Largillière (1656–1746), Hyacinthe Rigaud (1659–1743) et Philippe de Champaigne (1602–1674).

Mignard avait étudié dans l'atelier de Simon Vouet et s'était ensuite rendu en Italie, en 1635, où il resta jusqu'à son rappel en France par Louis XIV en 1657. À Rome, il se fit une grande réputation comme portraitiste (*Urbain VIII, Innocent X, Alexandre VII*). En France, il fit le célèbre portrait de *Molière jouant César dans la «Mort de Pompée»* qui se trouve aujourd'hui à la Comédie-Française. Le grand comédien célébra Mignard dans ces vers:

Dis-nous, fameux Mignard, par qui te sont versées,
Les charmantes beautés de tes nobles pensées . . .
(*La Gloire du Val de Grâce*)

Mignard succéda à Le Brun en 1690 comme directeur de l'Académie et *premier peintre du Roi*. Un de ses meilleurs portraits est celui de Mazarin, qui témoigne d'une observation aiguë et d'une grande sensibilité.

Largillière fut élevé à Anvers dans la tradition flamande. Quand il vint à Paris, en 1678, il fut remarqué par Le Brun et fut bientôt reçu à l'Académie royale en qualité de «peintre de portraits et d'histoire». Il ne fit que fort peu de tableaux d'histoire (*les Échevins implorant Sainte Geneviève*), mais il donna libre cours à sa vocation de portraitiste. Presque toutes les personnalités de son temps posèrent pour lui. Il excella surtout dans les portraits de femmes qu'il représentait préférablement dans des décors de jardins et de parcs (*la princesse Ragotski, Mademoiselle Duclos, Marie de Laubépine,* etc.).

Hyacinthe Rigaud est un autre portraitiste de grand talent, dont la carrière fut lancée lorsqu'il fit le portrait de Monsieur, frère de Louis

XIV. Sa première manière reflète l'influence de Rubens. Les portraits du *Marquis de Dangeau,* de *Gaspard de Gueydan,* par exemple, recourent à l'exubérance baroque pour exprimer la grandeur et le caractère pompeux de ces personnages. Plus tard, Rigaud s'inspira de Rembrandt dont l'influence est visible dans sa *Présentation au Temple.* De tous les portraits de Louis XIV c'est celui peint par Rigaud qui nous communique le mieux la majesté royale de ce monarque.

L'œuvre de Philippe de Champaigne porte la marque de l'influence de Rubens et de Van Dyck jusqu'à sa conversion au jansénisme, après quoi elle évolua vers un classicisme austère qui n'a pas d'équivalent dans ce siècle imprégné de baroque italien. Or, c'est surtout dans sa seconde manière que Champaigne a le plus pleinement manifesté ses dons. Sa propre fille était religieuse à l'abbaye de Port-Royal et c'est elle, en compagnie de sa supérieure, qu'il a représentée dans une de ses toiles les plus célèbres: *La mère Agnès Arnauld et sœur Catherine de Sainte-Suzanne,* où la gravité et l'austère piété des jansénistes sont évidentes. Son portrait de *Richelieu* est également très frappant.

La réputation de Nicolas Poussin a considérablement grandi de nos jours; les Français le considèrent maintenant comme l'un de leurs plus grands peintres. Une grande partie de ses tableaux se trouve au Louvre, mais beaucoup d'autres se trouvent à Londres, aux États-Unis et en Russie.

Lorsque Rubens travaillait aux peintures murales qui allaient décorer le palais du Luxembourg, Nicolas Poussin, alors sans renom, exécutait quelques décors secondaires dans ce même palais. Se sentant mal à l'aise dans l'atmosphère académique de Paris, Poussin décida d'aller à Rome où il pourrait peindre en toute liberté. Là, il se fit une excellente réputation et Richelieu, qui avait acheté plusieurs de ses tableaux, l'invita à revenir en France. En 1640, il reçut la mission de décorer la Grande Galerie du Louvre et Louis XIII le combla d'honneurs et lui donna le titre de *premier peintre du Roi.* Toutes ces attentions royales attirèrent au pauvre Poussin d'inévitables jalousies, si bien que sa vie devint intenable et qu'il décida de retourner à Rome en 1642. Il y passa le reste de sa vie comme «ambassadeur» de l'art français en Italie, recevant et surveillant les peintres français envoyés à Rome par le gouvernement royal pour étudier et copier les chefs-d'œuvre italiens afin d'en décorer le Louvre.

L'œuvre de Poussin se range en quatre catégories: les sujets païens et mythologiques; les sujets religieux; les tableaux historiques; les tableaux archéologiques, comprenant des paysages avec des personnages fortuits.

Dans la première catégorie se trouvent des tableaux tels *Apollon et Daphné* et *l'Enfance de Bacchus.* Le premier illustre le désir du peintre de créer un art microcosmique, de peindre un tableau qui serait le symbole d'un aspect de la vie. Ce tableau représente tous les âges de l'homme: l'enfance, la maturité et la vieillesse. On remarque aussi la figure du vieillard qui personnifie la rivière—un détail qui se répètera dans de nombreuses toiles de Poussin.

Les tableaux religieux de cet artiste sont de la même veine que ceux de Simon Vouet et des autres peintres de son temps. On exigeait de lui de montrer quelques martyres ou quelques miracles, mais la grandiloquence oratoire, appropriée aux peintures d'église, n'était pas le fort de Poussin. Il préféra donc condenser en de petites compositions la pensée d'un texte de la Bible ou de l'Évangile. On y trouve le même souci d'intelligibilité que dans ses œuvres profanes, avec ni plus ni moins de tendresse ou de mysticisme (*la Fuite en Égypte, le Baptême du Christ,* etc.).

Les tableaux historiques de Poussin étaient, à son époque, grandement estimés. Ce sont eux qui déterminèrent la conception académique du «Grand Art» qui devint la doctrine de l'Académie française à ses débuts. Toute une école de «peinture d'histoire», qui devait fleurir jusqu'au milieu du XIXe siècle, découle de Poussin. Ses tableaux étaient des «tableaux vivants», la cristallisation d'un moment du passé. En même temps, ils devaient démontrer l'habileté technique de l'artiste. Les sujets choisis par Poussin étaient parfois tirés de la Bible (*les Sept Sacrements, le Massacre des Innocents*) parfois de l'histoire romaine (*l'Enlèvement des Sabines, Camille et le maître d'école*).

De nos jours, ce sont surtout les tableaux archéologiques qui reçoivent les suffrages. L'harmonie formelle et l'unité de ces tableaux les rapprochent de l'architecture et de la musique. La nature y est représentée avec une majesté austère; de grands nuages suspendus répondent aux plans simples du terrain et des feuillages massifs. La campagne où dorment les ruines est la même que celle décrite par Virgile, et elle était donc familière aux humanistes du XVIIe siècle (*Orphée et Eurydice, les Quatre Saisons, les Bergers d'Arcadie*).

Les principaux partisans de Poussin furent Eustache Le Sueur (1616–1655), Claude Gellée, dit Le Lorrain (1600–1682) et Charles Le Brun (1619–1690).

Le Sueur fut élève de Simon Vouet et ses premiers tableaux (les huit compositions représentant *le Songe de Polyphile*) portent nettement la marque de son maître. De bonne heure, il se consacra à la peinture religieuse et réussit à échapper, en partie du moins, à l'académisme issu du baroque italien. Ses tableaux, d'une facture très personnelle, reflètent une volonté d'un dépouillement rare à l'époque, mais tempéré par une grande tendresse. (*Vie de saint Bruno, la Messe de saint Martin de Tours, Saint Paul à Éphèse*).

Claude Gellée, comme Poussin, alla s'établir à Rome et n'en revint jamais. Né en Lorraine (d'où son surnom), Gellée ne reçut aucune instruction formelle et savait à peine signer son nom. Sa première instruction artistique lui fut donnée par son frère aîné, un graveur sur bois. Puis, à Rome, il travailla quelques années pour le peintre Agostino Tassi. Son premier succès lui vint en 1630 lorsque le roi d'Espagne lui commanda huit paysages et marines, dont cinq se trouvent aujourd'hui au Prado, à Madrid. Malgré ces succès, le Lorrain vécut toujours simplement, à l'écart, ne recherchant ni la richesse ni les honneurs.

Il compte parmi les grands paysagistes français et il est considéré comme l'un des précurseurs de l'impressionnisme. Il se plaisait surtout à représenter des marines où le soleil suit sa course de l'aurore au coucher. Nul artiste de son temps n'a su comme lui rendre la chaude lumière du ciel méditerranéen. Parmi ses nombreuses œuvres, citons l'*Embarquement de Sainte Ursule*, l'*Embarquement de la reine de Saba*, *Un port de mer au soleil couchant* et le *Débarquement de Cléopâtre à Tarse*.

En parlant de Versailles, nous avons noté le rôle important qu'y joua Charles Le Brun. *Premier peintre du Roi,* directeur de la manufacture des Gobelins, recteur de l'Académie royale de peinture et de sculpture, il régna en despote sur l'art de son temps.

Élève, dès l'âge de onze ans, de Simon Vouet, il exécuta à douze ans son premier portrait et à quinze ans il peignit deux tableaux d'histoire pour le cardinal Richelieu. Le chancelier Séguier le prit alors sous sa protection et l'envoya à Rome (1642), où il étudia avec Poussin. À son retour en France, trois ans plus tard, il prit une part active à la fondation de l'Académie royale de peinture et de sculpture. Sa renommée lui valut d'innombrables commandes de la part de Foucquet, de Mazarin, de Louis XIV. Ce dernier lui confia la décoration de la galerie d'Apollon au Louvre et des grandes galeries de Versailles. Sous sa direction, l'art classique se mit au service de la monarchie.

Les grandes compositions de Le Brun, comme l'*Érection de la Croix* et le *Passage du Rhin*, illustrent bien le genre de peinture académique. Les principes en étaient les suivants: corriger les «imperfections» de la nature en vertu d'un certain canon de la beauté tiré des chefs-d'œuvre grecs et romains. Devant la nature, le peintre devait dessiner ce qu'il voyait, ensuite, à loisir, il devait améliorer ses figures dans le sens arbitrairement choisi. C'est donc un art abstrait qui manque trop souvent de charme. Le Brun fut un prestigieux décorateur, mais non pas un grand peintre.

À part les «poussinistes» et les «rubénistes», le XVIIe siècle produisit des peintres de la vie quotidienne et familière tout à fait remarquables. Nommons d'abord les trois frères Le Nain, Antoine (1588–1648), Louis (1593–1648) et Mathieu (1607–1677) qui vécurent à Paris et travaillèrent beaucoup en commun. Quoiqu'il soit très difficile de fixer la part de chacun dans cet œuvre, la critique moderne croit pouvoir affirmer les points suivants:

Antoine aurait surtout fourni des portraits et des groupes de portraits, d'un métier méticuleux et d'une exécution assez raide; Louis se serait surtout plu à peindre des scènes rustiques, qui ont fait la célébrité des Le Nain (*Famille de paysans, Repas de paysans,* etc.); quant à Mathieu, dit le Chevalier (car il appartenait à l'ordre de Malte), il aurait peint les œuvres plus aimables et faciles où sont représentés des gentilshommes ou des bourgeois de la ville (*Réunion d'amateurs, Joueurs de tric-trac,* etc.).

Comme nous venons de le dire, c'est surtout par leurs peintures de la vie paysanne que les Le Nain sont devenus célèbres. Leurs paysans n'ont nullement l'aspect farouche et affamé de ceux de l'écrivain La Bruyère; ils sont assis à une table couverte d'une belle nappe, ils mangent un pain savoureux et boivent du vin dans de magnifiques verres de cristal.

Un autre grand peintre du XVIIe siècle, dont l'existence même avait été oubliée juqu'à nos jours, est Georges de La Tour (1593–1652). Ses œuvres, jusqu'en 1913, avaient été attribuées soit aux Le Nain, soit à des peintres espagnols, soit au pastelliste du XVIIIe siècle, Quentin de La Tour. Révélé par de patientes et subtiles recherches, Georges de La Tour est maintenant un des peintres de la réalité les plus en vogue.

Disciple de l'Italien Caravage, La Tour étudia avec passion le problème technique suivant: comment, dans certaines conditions, une source éclairante agit-elle? Il s'agit tantôt d'une torche ou d'une bougie, visibles ou masquées, tantôt de la lumière du soleil filtrant, par exemple, à travers un soupirail sur le visage d'un personnage. Le plus souvent la lumière est de source artificielle et la science de La Tour semble anticiper sur les découvertes et les procédés du cinéma et de la photographie modernes. Citons parmi ses nombreux tableaux, le *Saint Sébastien, le Joueur de Vielle, la Nativité* et *l'Adoration des Bergers.*

Chapitre 8

L'ART FRANÇAIS DU XVIIIᵉ SIÈCLE À NOS JOURS

LE XVIIIᵉ SIÈCLE

L'architecture

À LA mort de Louis XIV, en 1715, Paris retrouva son rang de capitale. Le régent, Philippe d'Orléans, fit du Palais-Royal le centre d'une nouvelle cour et Versailles fut pour le moment déserté. Grâce à une fièvre de spéculation dont l'affaire Law marque la pointe extrême, l'activité dans le bâtiment s'accrut. À Paris, la place Louis XV (aujourd'hui place de la Concorde) fut aménagée sous la direction de Jacques-Ange Gabriel. Au centre se dressait la statue équestre du roi; du côté nord, Gabriel éleva deux palais symétriques dont les façades à colonnes marquent un certain progrès sur celles du Louvre. Le faubourg Saint-Germain se couvrit d'hôtels particuliers, ainsi que le quartier du Marais. Ces hôtels, construits pour favoriser l'intimité et le confort, abandonnèrent les pièces en enfilade, les portes et les fenêtres ouvertes en vis-à-vis. Ce n'est plus la majesté des ordonnances ou la perspective en profondeur que l'on demandait aux architectes, mais la commodité. Notons toutefois que c'est sur la distribution intérieure que se porta l'ingéniosité des architectes; l'aspect extérieur ne changea guère. C'est de cette époque que datent les hôtels qui abritent de nos jours les ministères, les ambassades, et la présidence de la République. Cette dernière, depuis 1873, est logée dans le palais de l'Élysée, construit en 1718 par Claude Mollet pour le comte d'Evreux, et devenu en 1753 la propriété de Madame de Pompadour.

Pendant le long règne de Louis XV, les villes de France firent constamment effort pour s'adapter au confort moderne et au style classique. Pour cela il fallut beaucoup détruire et c'est ainsi que disparurent de nombreux édifices de l'âge gothique. Mais, à la fin du siècle beaucoup de grandes villes possédaient de larges avenues, des places régulières, de beaux jardins et des monuments publics à l'instar de Paris et de Versailles.

Parmi ces villes, notons Bordeaux où le fils de Jacques-Ange Gabriel, Victor Louis (1731–1807), continua l'œuvre d'embellissement commencée par son père. Il construisit notamment le grand théâtre, un des plus beaux monuments classiques, et de nombreux hôtels pour la riche bourgeoisie. À Nancy, capitale de la Lorraine, se trouve le plus bel exemple du style Louis XV; le roi Stanislas y fit construire, auprès d'un quartier médiéval, une ville nouvelle, ensemble de places et de promenades, d'arcs de triomphe, de galeries et de grilles, par l'architecte Emmanuel Héré (1705–1763). Aux quatre coins de la place Stanislas on dressa les célèbres grilles forgées par le ferronier Jean Lamour.

La sculpture

Au XVIIIᵉ siècle, l'art de Coysevox domine toute la sculpture, grâce à ses neveux Nicolas et Guillaume Coustou et à son élève J. L. Lemoyne. Ce dernier, à son tour, forma plusieurs artistes illustres comme Pigalle, Falconet, Pajou et Caffiéri.

Nicolas Coustou (1658–1733) étudia la sculpture auprès de son oncle à partir de 1676. De 1683 à 1686 il séjourna à Rome. Sept ans plus tard il fut reçu à l'Académie; son œuvre de réception étant un bas-relief allégorique au sujet du *Rétablissement de la santé du Roi.* Après cela il produisit de nombreux ouvrages parmi lesquels une *Descente de Croix* pour Notre-Dame de Paris, les *Tritons* pour Versailles, et un bas-relief, le *Passage du Rhin* qui se trouve au Louvre.

Son frère cadet, Guillaume (1677–1746), étudia également avec Coysevox et séjourna lui aussi à Rome; sa réception à l'Académie date de 1704. Son chef-d'œuvre, les *Chevaux de Marly,* se trouve depuis 1795 à l'entrée des Champs-Elysées à Paris. Le Louvre possède de lui la *Mort d'Hercule, Louis XIII* et *Marie Leszczynska.*

L'art des Coustou se caractérise par un assouplissement général de la forme, par une touche brillante et une sensibilité mobile. Dans leurs statues, le marbre imite davantage que chez leurs prédécesseurs la souplesse et l'élasticité de la chair.

J. L. Lemoyne (1665–1755) exécuta plusieurs de ces monuments glorificateurs qu'on se plaisait alors à élever à Paris et dans les principales villes de province. Il fut chargé, par exemple, des monuments que les États de Bretagne voulurent élever pour célébrer la guérison de Louis XV. Le roi est représenté debout en costume d'empereur romain et au-dessus se trouvent deux figures, la *Bretagne* agenouillée et la *Santé* accoudée. Ces grands ouvrages, cependant, sont très inférieurs à ses bustes d'après nature: *Pierre Michel, Fénelon, Philippe d'Orléans,* etc.

Les successeurs des Coustou montrèrent un talent aimable, fait de grâce et de charme, dans les très nombreuses statues historiques et décoratives élevées sur les places publiques, dans les groupes mythologiques faits pour orner les jardins, enfin dans les portraits et les bustes, frémissants de vie et pleins de noblesse.

Deux sculpteurs éminents dominent la deuxième moitié du XVIIIe siècle: Pigalle et Houdon.

Jean-Baptiste Pigalle (1714–1785) commença ses études avec Lemoyne. Ayant échoué au concours de Rome, il décida de se rendre en Italie à pied. Là, il faillit mourir de privations, mais fut aidé à temps par l'ambassadeur de France qui lui acheta sa première œuvre, la *Joueuse d'osselets.* De retour à Paris, en 1744, il fut reçu à l'Académie, sa pièce de réception étant la charmante statuette *Mercure attachant ses talonnières.* Grâce à l'amitié de Madame de Pompadour, Pigalle reçut de nombreuses commandes: *l'Amour et l'Amitié, l'Enfant à la cage, l'Éducation de l'Amour,* le *Mausolée du Maréchal de Saxe,* etc. Dans ses monuments funéraires, Pigalle fit montre d'un goût un peu théâtral, mais ses bustes et ses statuettes témoignent d'un réalisme puissant et d'un tour spirituel.

Au début de sa carrière, Jean-Antoine Houdon (1741-1828) fut influencé par le style baroque théâtral de Bernini; bientôt, cependant, les conseils de Pigalle l'amenèrent à une conception plus calme de l'art. Pendant son séjour à Rome, il fit de nombreuses copies de statues antiques mais, poussé par son souci du réalisme et son besoin de documentation, il fit des études d'anatomie dans l'amphithéâtre de dissection de Saint-Louis des Français. Ces études lui permirent d'exécuter le célèbre *Écorché* (1767) qui sert encore aujourd'hui de modèle aux élèves de l'École des Beaux-Arts. Rentré à Paris en 1768, Houdon fut reçu à l'Académie royale l'année suivante. Dès lors, la plupart des grands noms de la société française et étrangère, du XVIIIe et du début du XIXe siècles, posèrent devant lui. Diderot, Benjamin Franklin, Voltaire, Mirabeau, Buffon, Napoléon, Washington, ont tous eu leurs traits fixés à jamais par ce génial sculpteur.

Houdon se servait du compas pour mesurer les angles de la face, prenait des moulages sur nature et obtenait ainsi une ressemblance physique remarquable. Mais en plus, ce grand maître était un admirable psychologue et il sut donner à ses bustes une saisissante ressemblance morale. Parmi ses chefs-d'œuvre notons la statue de *Washington* (aujourd'hui à Richmond), celle de *Voltaire* assis et vêtu à l'antique (dans le foyer de la Comédie-Française) et *la Diane chasseresse.*

La peinture

Le XVIIIe siècle en peinture est celui d'une extrême diversité; il traita tous les genres, usa de tous les moyens et emprunta à presque toutes les écoles précédentes ou contemporaines. Nous ne pourrons pas examiner tous les grands talents de ce siècle, faute de place, et devrons nous contenter des plus représentatifs, en souhaitant que le lecteur se souvienne que beaucoup d'autres furent dignes d'attention.

Le grand maître du début du siècle fut Antoine Watteau (1684–1721). Très goûté de son vivant et jusqu'au milieu de son siècle, il fut l'une des très nombreuses victimes de la réaction pseudo-classique en faveur du «retour à l'antique» sous la Révolution et l'Empire. Il fallut attendre un siècle, et l'intervention passionnée des frères Goncourt, pour rendre à Watteau son prestige évanoui.

Né à Valenciennes, il fut de bonne heure influencé par les peintures de Rubens et de Van Dyck. Arrivé à Paris en 1702, il trouva l'école française de peinture entièrement gagnée à Rubens et tous les peintres français copiant et imitant les tableaux du Flamand. Cependant, grâce à l'hospitalité que Watteau reçut chez le financier Pierre Crozat, qui possédait une splendide collection de dessins italiens, il put s'imprégner profondément de l'art vénitien. En parlant de l'œuvre de Watteau, le peintre Delacroix a pu dire avec justesse: «Venise et la Flandre s'y trouvent réunies.» Cette influence vénitienne a donc fait contrepoids aux influences flamandes qui, à l'époque, menaçaient de submerger la peinture française. C'est aux maîtres de Venise que Watteau doit, en particulier, le raffinement exquis de ses *Fêtes galantes*. Ajoutons finalement l'influence indéniable sur Watteau de l'école parisienne, car le rôle le plus important dans sa formation artistique revient à ses deux maîtres parisiens: Claude Gillot et Claude Audran; d'autres peintres français comme Antoine Coypel et Charles de Lafosse contribuèrent également à la formation de son style.

En regardant les tableaux de Watteau on pourrait imaginer que le peintre était un épicurien aristocratique vivant dans l'atmosphère de plaisir et de libertinage de la Régence. En réalité, Watteau était le fils d'un couvreur, il fut malade une grande partie de sa vie et mourut phtisique à l'âge de 37 ans. De plus, sa vie s'écoula pendant les tristes années de la fin du règne de Louis XIV. Ce fut un misanthrope au caractère inquiet et changeant et qui aimait par dessus tout la solitude.

En dépit de sa santé chétive, Watteau produisit en une douzaine d'années un œuvre immense qui compte 279 peintures, 73 dessins d'arabesques et 351 dessins gravés à l'eau-forte. La variété de cet œuvre est aussi remarquable que son abondance, car loin de se confiner dans une spécialité, il fit de la peinture religieuse, de la peinture de genre, des portraits, de la peinture d'histoire; il dessina des arabesques, des scènes de comédie et de pastorales, etc. La partie essentielle et vraiment originale de son œuvre est constituée par les sujets militaires, les scènes de théâtre et les fêtes galantes.

Dans une dizaine de petites toiles, Watteau peignit l'envers de la guerre, le train-train quotidien de la vie de camp avec son absence totale d'héroïsme ou même de parade. C'était alors une formule toute neuve de la peinture militaire.

Dans les scènes de comédie, Watteau suivit l'exemple de son maître Claude Gillot. Grâce à celui-ci, il se familiarisa avec le répertoire des Comédiens italiens dont il se servit comme point de départ de sa fantaisie. Tous les personnages de la Comédie-Italienne défilent dans l'œuvre de Watteau: Arlequin, Scapin, Mezzetin, Scaramouche, Pantalon, Colombine et Pierrot. Ce dernier, avec lequel le peintre se découvrait sans doute le plus de ressemblance, inspira le chef-d'œuvre qui se classe immédiatement après l'*Embarquement pour Cythère* et l'*Enseigne de Gersaint:* c'est le *Gilles* qui compte parmi les plus beaux tableaux du Louvre. Tout de blanc vêtu, le personnage se détache sur un décor de parc italien; autour du tertre sur lequel il se dresse on aperçoit, en contrebas, les têtes rieuses du docteur Boloardo, de Colombin et de Mazzeton.

La démarcation entre les scènes de comédie et les fêtes galantes est plutôt difficile à établir. En effet, les mêmes personnages se retrouvent dans les deux genres, car Watteau introduit dans les assemblées de jeunes gens qui dansent, écoutent de la musique ou échangent des propos d'amour, des types, des costumes et des situations de théâtre. La plus célèbre des fêtes galantes, l'*Embarquement pour Cythère,* a comme origine un vaudeville de Dancourt intitulé les *Trois Cousines,* qui était fort populaire en 1702. Une des chansons contenait ces vers:

> Venez dans l'île de Cythère
> En pèlerinage avec nous.
> Jeune fille n'en revient guère
> Ou sans amant ou sans époux.

Sous un apparent laisser aller, Watteau a transposé et poétisé avec beaucoup de science et de raffinement ce thème qui a donné le branle à son imagination. L'unité de l'œuvre est assurée par la souple arabesque qui relie comme une chaîne les couples d'amoureux, et aussi par la même action qui, partant du premier plan à droite, progresse par étapes jusqu'au finale au fond à gauche. C'est l'apothéose du plaisir, mais d'un plaisir voilé d'une secrète mélancolie.

Sur ce même thème, Watteau fit de nombreuses variations. Mais, fatigué à la longue de se répéter, il laissa comme œuvre suprême non pas une «fête galante», mais un tableau de genre: l'*Enseigne de Gersaint*, peint pour son ami qui était marchand de tableaux au pont Notre-Dame. Cette œuvre représente la boutique de Gersaint, tapissée de peintures de toutes les écoles et peuplée d'une élégante clientèle ainsi que de commis occupés à emballer les tableaux qui viennent d'être vendus. C'est la suprême fleur du génie de Watteau, comparable aux plus belles toiles de Vermeer ou de Vélasquez.

Après Watteau se place Jean-Baptiste-Siméon Chardin (1699–1779). Fils d'un menuisier parisien, il vécut toute sa vie, simple et laborieuse, à Paris. Son amour pour la peinture hollandaise l'incita à devenir le peintre des intérieurs. Il peignit des enfants au jeu (l'*Enfant au toton*), des dames prenant leur récréation (*les Amusements de la vie privée*) et des études de la vie domestique (*la Gouvernante*, la *Toilette du matin*, la *Récureuse*, le *Bénédicité*, etc.). Chardin était heureux dans ces intérieurs petits-bourgeois et n'avait aucun désir de peindre des arbres ou des champs. On ne trouve dans ses tableaux aucune fenêtre par laquelle, comme dans les intérieurs peints par les Hollandais ou les Anglais, le regard peut s'échapper et se perdre dans des perspectives lointaines. Ce sont des intérieurs douillets, soigneusement clos, dans lesquels ne circule aucun courant d'air.

Chardin fut le grand poète des intérieurs, mais il fut aussi un prodigieux technicien de la couleur, comme le révèlent ses natures mortes. Il fut un des premiers à saisir la fraternité que la lumière établit entre les objets, à comprendre la muette conversation des objets entre eux par le reflet. Il décomposait parfois la couleur, de façon que son ouvrage ressemblât un peu à la mosaïque. Sa préoccupation des accords de ton et son goût de la belle matière posée par touches larges et grasses font immédiatement penser à Cézanne.

Un des grands admirateurs de Chardin fut le plus célèbre des critiques d'art du XVIIIe siècle: Denis Diderot, l'éditeur de *l'Encyclopédie*. En tant que critique,[1] Diderot doit être considéré comme le précurseur de Ruskin et de Tolstoï. Selon lui, un tableau devait contribuer à la morale publique et à l'appréciation des vertus familiales. Il appréciait donc beaucoup les scènes d'intérieurs de Chardin et la vérité de ses natures mortes. Par contre, Diderot attaqua durement François Boucher, le peintre de la femme, des amours et des abandons gracieux.

Boucher (1703–1770) naquit et mourut à Paris. Ses premières leçons lui furent données par son père, un dessinateur de broderies. Il devint en-

---

1. Les neuf *Salons* de Diderot, écrits entre 1759 et 1781, constituent la meilleure documentation sur l'art français du XVIIIe siècle.

suite l'élève de Lemoyne (le décorateur du Salon d'Hercule à Versailles) et du graveur Laurent Cars, qui contribua grandement à l'essor de l'estampe au XVIIIᵉ siècle. À 19 ans, Boucher remporta le premier prix de l'Académie et à 21 ans alla en Italie où il séjourna six ans. De retour en France, en 1731, il fut bientôt reçu à l'Académie (grâce à son tableau *Renaud et Armide*) et en fut nommé directeur en 1765. Cette même année, il devint *premier peintre du Roi*. Peu après, il fut présenté à Madame de Pompadour dont il fit plusieurs portraits et qui, désormais, le protégea.

Boucher a laissé un œuvre immense, car il travaillait avec une prodigieuse facilité, passant d'une peinture religieuse à une scène galante, d'un décor d'opéra à une scène champêtre, d'un sujet mythologique à des dessins d'animaux avec un égal brio. Étant de formation classique, Boucher se plut surtout à raconter les amours de l'Olympe et Vénus fut sa divinité d'élection, une Vénus blanche, grasse et fine, au visage spirituel et au corps fleuri de fossettes. Ses tableaux, d'une composition admirable, doivent être jugés comme faisant partie d'un décor, car c'est surtout comme dessinateur que Boucher excella. Citons, parmi ses nombreuses œuvres, *l'Enfant Jésus et le petit Saint Jean, Naissance de Vénus, Toilette de Vénus, le Déjeuner du matin, le Lever* et *le Coucher du Soleil*.

Le plus connu parmi les nombreux élèves de Boucher fut Jean-Honoré Fragonard (1732–1806). Né à Grasse, Fragonard vint à Paris en 1747 et fut d'abord l'élève de Chardin, puis de Boucher qui l'employa comme assistant. À vingt-quatre ans, il obtint le prix de Rome et alla séjourner cinq ans en Italie, où il se lia d'amitié avec un autre peintre français de grand talent, Hubert Robert (1733–1818). De retour en France, il fut reçu à l'Académie pour son tableau *Le grand prêtre Corésus se sacrifiant pour sauver Callirhoé*. Mais si les honneurs ne lui furent pas épargnés, l'argent cependant lui faisait défaut. Aussi abandonna-t-il les peintures d'histoire pour se mettre à faire des décorations chez les fermiers-généraux, chez Madame de Pompadour et chez les courtisanes.

L'œuvre de Fragonard comprend environ cinq cents tableaux, beaucoup de dessins, des miniatures, des illustrations et des eaux-fortes. Cet œuvre reflète admirablement le ton du jour: ses amants polissons trouvent finalement le bonheur en élevant d'innombrables bambins. À côté des scènes galantes, peintes avec fougue mais sans vulgarité (*le Baiser à la dérobée*, le *Verrou*, etc.), figurent des scènes de famille (*la Jeune mère, Visite à la nourrice*, etc.). Ce fut un grand artiste qui introduisit, avec sa bonne humeur, sa malice, sa spontanéité et sa délicatesse, un esprit nouveau dans la peinture française.

Parmi les portraitistes du XVIIIᵉ siècle, il faut faire une place à part

F.C.S.

L'amitié, de J.–B. Pigalle

F.C.S.

La statue de Washington à Richmond, de
Jean-Antoine Houdon

La râtisseuse de navets,
de J.–B. Siméon Chardin

F.C.S.

Détail de l'*Embarquement pour Cythère* d'Antoine Watteau

F.C.S.

F.C.S.

F.C

La danse, de Jean-Baptiste Carpeaux. Ce groupe se trouve devant l'Opéra de Paris.

Détail de l'Arc de Triomphe de l'Étoile: *Marseillaise,* de François Rude

L'église de la Madeleine, à Paris, souvenir du Panthéon romain

F.G.T.O.

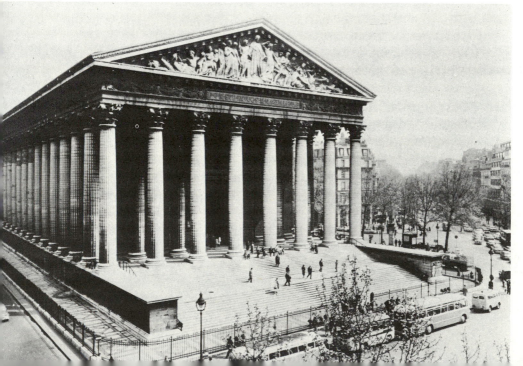

à Maurice Quentin de La Tour (1704–1788) et à Madame Marie-Louise
Vigée-Lebrun (1755–1842). La Tour abandonna très tôt dans sa carrière
la peinture à l'huile pour se consacrer exclusivement au pastel. Ses
portraits, qu'il dessinait avec une virtuosité étonnante, lui assurèrent
rapidement une grande réputation. Toutes les personnalités du monde
des arts, des lettres et du théâtre furent ses clients, sans oublier le roi
Louis XV, la reine Marie Leszczynska et Madame de Pompadour. Vif
animateur de la physionomie humaine, La Tour excellait surtout à
fixer en quelques coups de crayon toute l'expression cherchée en deux
points: le regard et les lèvres.

Madame Vigée-Lebrun, fille d'un pastelliste, apprit pratiquement seule
les rudiments de l'art. Dès l'âge de vingt ans, elle était déjà célèbre grâce
à ses portraits de la duchesse d'Orléans et de la comtesse de Brionne. En
1779, elle fit le portrait de Marie-Antoinette qui la combla d'honneurs et
qui posa ensuite pour plus de vingt portraits. Ses toiles sensibles, fermement exécutées, lui ont assuré une place très honorable parmi les femmes-
peintres de l'École française.

LE XIXᵉ SIÈCLE

L'architecture

Dans tous les domaines, le XIXᵉ siècle fut une période de conflits où
s'affrontèrent de multiples tendances et théories. En architecture, la
découverte de matériaux nouveaux, la production industrielle du métal
et du verre allaient permettre des structures et des techniques révolutionnaires. Par contre, aucun style original ne fut inauguré; au contraire,
l'érudition historique et l'étude des civilisations disparues éveillèrent à
nouveau l'intérêt pour les monuments du passé. Or, le développement
rapide des techniques et l'essor de l'industrie incitèrent l'architecture à
exprimer le caractère technique et l'aspect mécanique de la nouvelle
civilisation. Influence du passé et exigences du présent: de cette con-
frontation est née l'architecture moderne qui, dans certains de ses aspects,
paraît étrangement réactionnaire.

Au début du XIXᵉ siècle, le goût de l'empereur Napoléon Iᵉʳ pour la
Rome impériale entraîna les architectes à faire surgir du sol des monuments de style gréco-romain. Le temple de la Gloire (la Madeleine
d'aujourd'hui) est un souvenir du Panthéon romain, et les arcs de
triomphe (Le Carrousel, l'arc de l'Étoile) sont des interprétations originales de modèles prestigieux. Quant à la colonne Vendôme, elle rappelle
les colonnes romaines qui portaient les statues de Trajan et de Marc

Aurèle. Même les monuments d'utilité publique, comme la Bourse, le Palais-Bourbon, le théâtre Napoléon, subirent le goût de l'Antiquité nouvellement redécouverte et reçurent la forme, ou du moins la façade, d'un temple antique. Imitées de Rome, également, ces grandes perspectives comme l'avenue qui de l'Étoile à la Bastille devait être la *Via Sacra* de Paris.

En développant le culte du moyen âge, le romantisme a grandement contribué à la renaissance du style gothique en France et à la formation d'une architecture à laquelle le néo-gothique, le roman, le baroque, le byzantin et le classique ont tous versé leur contribution.

Nous avons vu, en parlant de Vézelay, quel fut le rôle de Viollet-le-Duc dans la restauration des monuments gothiques. Après celle de Vézelay, il collabora avec Jean-Baptiste Lassus à la restauration de Notre-Dame de Paris, puis il travailla à Saint-Denis, Amiens, Chartres, Carcassonne, etc.

Quant aux contributions originales, c'est surtout dans l'architecture religieuse que le style néo-gothique devait sévir. On estime qu'en 1852 plus de deux cents églises gothiques étaient en construction. Plus tard, l'imitation des styles nationaux devait s'étendre au roman et à la première renaissance: à Paris, les églises Saint-Ambroise et Notre-Dame-des-Champs affectent le style néo-roman, et l'église de la Trinité le style néo-renaissance.

Notons, dans les constructions civiles, le goût des financiers et des industriels de la fin du XIXᵉ siècle pour le style éclectique. L'invité d'une de ces familles bourgeoises pouvait entrer dans une antichambre gothique, passer dans un salon Louis XIV, dîner dans une salle à manger renaissance, s'asseoir à un bureau empire et se coucher dans une chambre Louis XVI. Notons enfin, comme exemple célèbre du style éclectique, l'Opéra de Garnier, commencé en 1861 et inauguré en 1875. La façade principale est constituée par un rez-de-chaussée surélevé, percé de sept arcades. Une loggia à seize colonnes repose sur ce rez-de-chaussée et est couronnée par un attique richement sculpté. Toute cette façade, ainsi que les façades latérales, sont décorées de bustes, de statues et de groupes dont le plus célèbre est *la Danse* de J.-B. Carpeaux. À l'intérieur se trouve un grand escalier d'honneur, un énorme et luxueux foyer public et une salle à cinq étages abondamment ornée. De nos jours, des peintures de Marc Chagall ont été superposées, au plafond de cette salle, à celles de Lenepveu. La scène mesure soixante mètres de hauteur sur cinquante-cinq de largeur et vingt-cinq de profondeur.

Terminons ce bref aperçu de l'architecture du XIXᵉ siècle en soulignant l'importance des nouvelles méthodes et des nouveaux matériaux produits par l'âge industriel. Bien que l'emploi du fer dans la construction des ponts et des bâtiments industriels date de la fin du XVIIIe siècle, ce n'est que vers le milieu du XIXe qu'on commença à s'en servir pour les bâtiments publics et résidentiels. En 1843, l'architecte Henri Labrouste commença la reconstruction de la bibliothèque Sainte-Geneviève à Paris et décida d'employer le fer comme système de charpente. Ceci lui permit de remplacer les lourds piliers de maçonnerie dans la salle de lecture, par exemple, par des colonnes corinthiennes de fer très légères. Il fit de même dans la Bibliothèque nationale en 1858 et contribua, par ces deux constructions, à préparer la voie à une nouvelle architecture. Celle-ci offrit, pour l'exposition internationale de 1889, un de ses exemples les plus frappants: la tour Eiffel, édifiée au Champ-de-Mars par l'ingénieur Gustave Eiffel.

La sculpture

Sous le règne de Napoléon, le sculpteur le plus renommé fut l'Italien Antonio Canova. L'Empereur aurait bien voulu que cet artiste s'installât à Paris, mais il ne put obtenir de lui que quelques visites en France au cours desquelles il exécuta un *Napoléon* nu, en dieu Mars, tenant une petite Victoire dans sa main gauche. Il sculpta aussi la statue de la sœur de Napoléon, *Pauline,* en Vénus, *Madame Mère* en Agrippine, *Marie-Louise* en Concorde, et l'autre sœur de Napoléon, *Elisa,* en Polymnie.

À Canova, la France d'alors ne pouvait opposer que trois sculpteurs secondaires: Joseph Chinard (1756–1813), dont le chef-d'œuvre est le buste de *Madame Récamier;* Pierre Cartellier (1757–1831), célèbre surtout pour la statue priante de *Joséphine;* et Antoine-Denis Chaudet (1763–1810) dont le *Paul et Virginie au berceau* fut tant admiré par Bernardin de Saint-Pierre.

Le romantisme bouleversa la sculpture de même qu'elle bouleversa les autres arts, mais toutefois avec un retard d'une dizaine d'années sur la peinture. Au Salon de 1833, qui fut le seul vrai Salon romantique, le public put contempler les œuvres de deux grands sculpteurs: Antoine-Louis Barye (1795–1875) et François Rude (1784–1855).

Le premier est le plus grand sculpteur animalier français. Né à Paris, il étudia avec le sculpteur François-Joseph Bosio, lui-même élève de Canova, et avec le peintre Gros. L'amour des fauves le poussa à étudier ceux-ci non seulement au Jardin des Plantes, mais aussi à l'amphithéâtre. Amateur de paléontologie, il fréquentait avec assiduité le Muséum d'histoire naturelle à Paris. En 1831, il présenta son *Tigre dévorant un gavial* et en 1833 son *Lion au serpent*. Cette dernière œuvre souleva la fureur de ses confrères qui lui refusèrent la permission d'exposer au Salon de 1837. Barye consacra les vingt années suivantes à travailler méthodiquement et à produire des merveilles telles le *Lion assis* (1846) et le *Jaguar dévorant un lion* (1850), *la Paix et la Guerre*, et *la Force et l'Ordre* (1854).

Les fauves de Barye sont traités avec ampleur, les détails sont éliminés pour ne laisser que les gros plans où la structure s'affirme. Nul mieux que lui, selon les Goncourt, n'a su exprimer chez l'animal «la volupté gourmande du sang». Romantique dans sa conception, Barye n'obéit, comme exécutant, qu'aux lois de son métier.

François Rude, comme Barye, s'est penché sur la nature vivante qu'il a, comme lui, exaltée et magnifiée. Né à Dijon, il arriva à Paris en 1807. Il exposa au Salon de 1828 une *Vierge immaculée* en plâtre et le modèle de son *Mercure rattachant ses talonnières*. À partir de cette date, sa vie s'écoula sans incidents et fut consacrée entièrement à la production de ses nombreuses œuvres. Parmi celles-ci, les meilleures sont le relief de l'Arc de triomphe de l'Étoile, le buste de *Gaspard Monge*, le *tombeau de Cavaignac* et *Napoléon s'éveillant à l'immortalité*.

Le relief de l'Arc de triomphe, intitulé le *Départ des volontaires*, mais connu sous le nom de *la Marseillaise*, est un des morceaux les plus célèbres de l'art français moderne. D'une composition et d'une technique superbes, ce haut-relief représente un groupe de volontaires répondant à l'appel de la Patrie en danger, en 1792. Les six figures mâles, nues ou vêtues à l'antique, forment un ensemble dynamique et fougueux. Au-dessus des guerriers, dont l'un est un adolescent impétueux et un autre un vieillard résolu, plane Bellona, la déesse de la guerre, qui les encourage en chantant *la Marseillaise*.

Nous avons mentionné le nom de Carpeaux lorsque nous parlions de l'Opéra de Paris. Jean-Baptiste Carpeaux (1827–1875) n'eut qu'une très courte carrière, une douzaine d'années seulement, mais il réussit à faire passer dans la sculpture académique de son temps un souffle de vie frémissante grâce à ses statues pleines de chaleur et d'élégance. Élève de Rude, puis de l'École des Beaux-Arts, il obtint un Prix de Rome en 1854. Là il sculpta, entre autres, *Ugolin et ses enfants* (1860) qui obtint un triomphe, mais qui fut froidement reçu à Paris. Heureusement, Carpeaux fut protégé par la princesse Mathilde, nièce de Napoléon Ier et cousine de Napoléon III. Grâce à elle, il reçut la faveur d'exécuter la statue du Prince impérial et de modeler le buste de l'impératrice Eugénie. Puis, il fut chargé d'exécuter une partie de la décoration du pavillon de Flore, au Louvre. Son œuvre représente une ronde dansante d'enfants joufflus entourant une nymphe agenouillée et rieuse: *la France protégeant l'Agriculture et la Science.*

Cette même préoccupation du rythme et de la danse se retrouve dans ses autres ouvrages, tels la *Fontaine de l'Observatoire* (1867–72) et la célèbre *Danse* de l'Opéra (1869). Ces deux groupes firent scandale à l'époque à cause de la sensualité et de la passion qui se dégagent des corps.

À la fin du siècle, la sculpture fut dominée par le génie d'Auguste Rodin (1840–1917). Né à Paris, Rodin étudia à l'École des Arts décoratifs et travailla au Muséum avec Barye. Par trois fois, il échoua au concours d'entrée de l'École des Beaux-Arts. En 1864 il voulut exposer au Salon son étude de tête, l'*Homme au nez cassé,* mais les directeurs de cette exposition lui en refusèrent l'admission. Furieux, Rodin alla vivre à Bruxelles d'où il ne revint qu'en 1877. C'est alors qu'il exposa sa célèbre statue de l'*Âge d'airain* qui ameuta les critiques. Ceux-ci l'accusèrent d'avoir moulé son modèle sur nature, tant la statue paraît vivante. En 1880, il exposa son *Saint Jean-Baptiste,* qui fit également scandale. Comme Carpeaux, Rodin avait le don de donner vie à ses statues, mais en outre il savait imprimer à ses œuvres un accent très personnel. Ainsi ses bustes (*J.-P. Laurens, Madame de Noailles, Clemenceau,* etc.) impressionnent par leur caractère de force et de vérité.

Bien que Rodin ait été considéré par ses contemporains comme un sculpteur baroque, ses statues les plus célèbres, telles *le Baiser, Balzac, le Penseur,* et le groupe des *Bourgeois de Calais,* frappent par le sentiment de calme qu'ils dégagent. Le dernier groupe est certainement sa plus forte création. Il représente les six bourgeois au moment où ils quittent la ville pour s'offrir à la merci du roi d'Angleterre. Chacun d'eux est sculpté avec un réalisme sombre qui respecte le caractère individuel de ces héros civiques.

Rodin exerça une grande influence, non seulement en France mais également à l'étranger, sur toute une génération de sculpteurs. Un de ceux qui subit son influence fut Antoine Bourdelle (1864–1929), qui enjambe les deux siècles et dont l'œuvre marque le prolongement et la fin du romantisme en sculpture. Cependant, Bourdelle se dégagea vite de l'art de Rodin ou, plutôt, il ajouta au réalisme sensitif du maître son propre désir de bâtir selon des rythmes préconçus. Il se tourna alors plus volontiers vers les sculpteurs grecs ou romains. Parmi ses nombreuses œuvres (il laissa près de neuf cents sculptures), citons l'*Héraclès archer,* le monument du *Général Alvéar* (à Buenos Aires) et des bustes d'*Anatole France,* de *Charles-Louis Philippe,* de *Rodin,* etc.

La peinture

En 1764 parut un livre qui devait avoir un retentissement énorme sur le développement des arts en France: l'*Histoire de l'art chez les Anciens,* de l'Allemand Johann Winckelmann. Ce livre soulignait le fait que le caractère principal et universel des chefs-d'œuvre de l'antiquité classique était une «noble simplicité et une calme grandeur. De même que les profondeurs de la mer demeurent toujours au repos, bien que la surface soit agitée, ainsi l'expression des figures grecques révèle au milieu de la passion une âme noble et inébranlable.» Ce jugement fut adopté par les critiques du baroque et servit à Diderot dans ses polémiques contre Boucher et Fragonard, à qui il reprochait de ne pas rendre la «vertu adorable et le vice répugnant».

L'enthousiasme pour l'antiquité qui se propagea à cette époque en France fut grandement nourri par les découvertes archéologiques à Herculanum et à Pompéi et par les gravures de l'Italien Jean-Baptiste Piranèse, dont les célèbres recueils des *Prisons* et des *Vues de Rome antique,* et ses *Vues de Pæstum,* contribuèrent beaucoup à la propagation du goût néo-classique en Europe.

La première moitié du XIXᵉ siècle en France est dominée par le peintre Jacques-Louis David (1748–1825). Alors que la pratique française avait jusqu'ici reposé sur l'imitation de la nature et l'étude des maîtres, anciens et modernes, David adopta les principes de Winckelmann qui affirmait que le but de l'art ne devait plus être d'imiter la nature mais de réaliser le *beau idéal.* Cet idéal, dont les caractères sont la simplicité et la généralité et qui prône la forme plutôt que la couleur, n'existe pas dans la nature. L'artiste pourrait donc le créer par un art antiréaliste et purement intellectuel. Mais, puisque les Grecs, selon Winckelmann, avaient déjà réalisé cette beauté idéale, les artistes n'avaient qu'à copier les modèles grecs. Bien que David se soit quelquefois écarté de Winckelmann dans le choix de ses sujets, il lui est resté fidèle dans sa technique.

David naquit à Paris et fut élevé par ses oncles, son père étant mort lorsque Louis avait neuf ans. Dès sa jeunesse, il montra un certain talent pour le dessin et, sur les conseils de Boucher, il fut placé dans l'atelier du peintre Joseph-Marie Vien. En 1774, il obtint le Prix de Rome et accompagna Vien en Italie. Là, il découvrit l'antiquité romaine et subit l'influence des théoriciens néo-classiques, dont Winckelmann. Après un séjour de trois ans, David retourna en France et, en 1784, fut reçu à l'Académie. L'année précédente, il avait peint la *Douleur d'Andromaque* où s'affirmaient les théories de la nouvelle école. Les tableaux qui forment sa «série antique»—le *Serment des Horaces* (1784), les *Sabines arrêtant le combat entre les Romains et les Sabins* (1799), le *Léonidas aux Thermopyles* (1814)—nous paraissent aujourd'hui vides et froids. Ce sont pourtant des tableaux dramatiques qui illustrent bien la conception héroïque du néo-classicisme de David.

David joua un rôle actif dans la Révolution de 1789. Membre du Club des Jacobins et de la Convention, il vota la mort de Louis XVI et contribua à la suppression de l'Académie royale de sculpture et de peinture. Nommé surintendant des Beaux-Arts, il devint l'ordonnateur des fêtes populaires. Lorsque Robespierre fut renversé, David fut incarcéré, mais fut bientôt libéré. Sous le Consulat et sous l'Empire, il fut considéré comme le peintre officiel et exécuta, entre autres, le *Sacre de Napoléon Iᵉʳ,* un immense tableau mesurant six mètres dix par neuf mètres trente et un, et présentant une série de portraits admirablement ordonnée. Napoléon est représenté au moment où il va placer la couronne sur le front de Joséphine. Le pape Pie VII est assis devant l'autel et lève légèrement la main en signe de bénédiction. David avait d'abord représenté Pie VII les mains croisées sur les genoux, mais l'Empereur ayant fait la remarque que Sa Sainteté n'avait pas entrepris ce long voyage pour ne rien faire, le peintre avait cru bon de rectifier ce détail. Il avait dû inclure aussi Madame Mère, qui n'était pas présente au sacre. Par dépit, David avait décidé, puisqu'on lui demandait de faire ces entorses à la vérité historique, de se placer, lui et sa famille, dans la loge immédiatement au-dessus de celle occupée par la famille impériale.

À part ces grandioses tableaux, David exécuta de nombreux portraits, que l'on considère aujourd'hui comme la meilleure partie de son œuvre, tels *Madame Récamier* (1800), le *Pape Pie VII* (1807), les *Trois Dames de Gand* (1816), dans lesquels il se révèle excellent psychologue.

Le renom de David fut très grand, mais son influence le fut beaucoup moins. Ses disciples les plus célèbres—Gérard, Girodet et Gros—n'écoutèrent que très distraitement les paroles du maître. Anne-Louis Girodet (1767–1824), avait l'âme d'un romantique et se laissa inspirer, dans ses meilleures œuvres, par Chateaubriand. Son *Atala portée au tombeau* (1808) réussit à exprimer un peu des nouveautés immenses que la nouvelle du poète apportait aux Français: la poésie des quatre thèmes combinés de l'amour, de la mort et du Christianisme entourés des solitudes vierges du Nouveau Monde.

Son *Sommeil d'Endymion* (1792) représente le jeune chasseur, mollement étendu et dormant sous la caresse d'un rayon de lune. Le sentiment efféminé qui se dégage de ce tableau forme un contraste saisissant avec la dureté des tableaux de David.

Jean-Antoine Gros (1771–1835) entra fort jeune dans l'atelier de David et fut choisi par celui-ci pour accompagner le général Bonaparte dans sa première campagne d'Italie. Son *Bonaparte au pont d'Arcole* (1796), par sa vertu dynamique et sa facture véhémente et large, a déjà un cachet antidavidien et préromantique. Le jeune général n'est vu qu'à mi-corps, mais par l'imagination nous pouvons voir toute sa personne et derrière lui nous sentons toute l'armée qu'il entraîne à sa suite. En 1804, Gros exécuta le *Bonaparte visitant les pestiférés de Jaffa,* qui illustre un épisode de la campagne d'Égypte. Il y a dans ce tableau de merveilleux contrastes entre le soleil oriental du patio et l'ombre du portique, entre l'Orient et l'Europe, entre la pitié et l'enthousiasme, entre les cadavres livides et le groupe étincelant des généraux. Ce même effet des contrastes est présent dans son célèbre tableau, *Napoléon sur le champ de bataille d'Eylau* (1808), où l'on voit l'horreur du champ de bataille, le crépuscule et l'humidité glacée de l'hiver polonais, la mort, l'agonie et le froid, mais aussi le splendide cortège impérial et la figure imposante de l'Empereur.

Au milieu du XIXᵉ siècle, l'école classique eut un chef incontesté: Jean-Auguste-Dominique Ingres (1780–1867). Né à Montauban (où se trouve aujourd'hui le Musée Ingres), il vint à Paris en 1797 et fut accepté par Louis David dans son atelier. Mais bien que fortement influencé par David, la peinture d'Ingres marqua dès le début une prédilection pour les Grecs, plutôt que pour les Romains. Plus tard, lorsqu'il se rendit à Florence, où il devait passer dix-huit ans (1806–1824), il apprit à connaître les primitifs italiens. Il peignit alors *Œdipe et le Sphinx,* qui révèle encore l'influence de David: Œdipe est un bel éphèbe nu et le sphinx ressemble plutôt à un bras de fauteuil en bois tourné qu'au monstre qui dévorait les taureaux et les jeunes filles! Mais il exécuta aussi *Jupiter et Thétis,* l'*Odalisque couchée* et le *Songe d'Ossian,* ce dernier étrangement romantique. À son retour en France, Ingres remporta un grand succès, au Salon de 1824, avec son tableau le *Vœu de Louis XIII.* Les tenants du classicisme firent de lui le champion de leur cause et l'opposèrent au tableau romantique de Delacroix, les *Massacres de Scio.* En 1827, Ingres obtint la commande d'un plafond pour le Louvre: l'*Apothéose d'Homère,* qui devait être comme le credo de la religion classique: groupés autour du poète de l'Iliade et de l'Odyssée, les artistes et les écrivains de génie lui rendent hommage. Il est à remarquer, cependant, que Shakespeare figure parmi ces génies! En 1834, le *Martyre de Saint Symphorien* n'eut qu'un succès médiocre et Ingres, courroucé, s'exila de nouveau en Italie pour une période de sept ans pendant laquelle il occupa le poste de directeur de la Villa Médicis. Son retour en France, en 1841, fut un triomphe. Pendant les années suivantes il exécuta une série de portraits et plusieurs grandes toiles telles que la *Grande Odalisque,* le *Bain turc,* et l'*Odalisque à l'esclave.* Il mourut sénateur et chargé d'honneurs.

Bien qu'il soit considéré comme un continuateur de David—il resta fidèle au *beau idéal* et fut surtout un dessinateur plutôt qu'un coloriste—Ingres s'écarta de son maître sur plusieurs points importants. Il tira lui aussi ses modèles de la réalité, mais il leur donna une interprétation très personnelle, en même temps qu'une stylisation et une déformation qui font de son art un art très intellectuel, précurseur en cela de l'art des cubistes et des surréalistes. À l'encontre de David, il chercha le modèle de la peinture non dans la sculpture, mais dans la peinture même et, en particulier, chez Raphaël et chez Poussin. Bref, le classicisme d'Ingres n'est pas un classicisme d'école, mais le résultat d'un sentiment profond pour l'histoire, d'une sorte de spiritualité contemplative, de piété et de pathos chrétiens, proches du romantisme.

Nous avons vu plus haut que le *Vœu de Louis XIII* avait été exposé en même temps que les *Massacres de Scio* de Delacroix et que les deux tableaux avaient symbolisé la querelle des classiques et des romantiques. En effet, le romantisme en peinture s'était opposé au classicisme de David et de Gros à partir de 1817. À ceux-ci, les peintres romantiques reprochaient le choix des sujets qu'eux-mêmes empruntaient au moyen âge et à la Renaissance, à l'histoire contemporaine ou même à la littérature étrangère. Ils s'en prenaient à l'esprit même du classicisme qui s'efforçait d'atteindre l'universel et le permanent, alors que les romantiques visaient l'individuel et le fugitif, substituant à la notion du *beau idéal,* celle beaucoup plus personnelle que leur suggérait leur individualité. La technique même des classiques fut critiquée, les romantiques retournant à la conception française du XVIIIᵉ siècle, qui donnait la primauté à la couleur.

Des romantiques, nous devons retenir surtout deux grands noms: Géricault et Delacroix, qui représentent deux aspects presque opposés de ce mouvement.

Théodore Géricault (1791–1824) exposa pour la première fois au Salon de 1812. Son *Officier de Chasseurs à cheval,* qui dépeint le geste instantané d'un cavalier commandant la charge, dressé sur son cheval cabré, avait provoqué la colère des partisans de David, choqués par la fougue et la vigueur du dessin. Ce premier tableau laissait prévoir un génie épique et puissant. Pendant la Restauration, Géricault, poussé par son amour de l'équitation autant que par ses vues politiques, s'engagea dans les Mousquetaires du Roi. À Rome, où il se rendit en 1817, il fut frappé par l'expression grandiose du corps humain et du cheval qu'il découvrit chez Michel-Ange. À son retour en France, il exposa le célèbre *Radeau de la Méduse* (1819), mélange de sentiments préromantiques: la tempête, la souffrance et l'agonie, et de sentiments réalistes: les corps peints d'après nature à la morgue et à l'hôpital. Mais il y a encore des éléments traditionnels dans ce tableau: la composition en pyramide et la subordination des éléments au drame humain.

Pendant son séjour en Angleterre (1820–1823), il exécuta de nombreuses lithographies et dessins et, parmi ses peintures, le *Derby d'Epsom* où les chevaux glissent «ventre à terre» sur la pelouse du champ de course.

Au Salon de 1822, un jeune ami de Géricault, Eugène Delacroix (1798–1863) exposa son *Dante et Virgile aux Enfers.* Connu de son vivant comme mondain plutôt que comme peintre, Delacroix est de nos jours reconnu comme le premier grand maître de l'école moderne. Son œuvre dénote une richesse d'imagination qui s'exprime d'abord par la variété des sujets et par leur intellectualité. Ses sujets, il les trouva dans la réalité et dans la fable, dans l'histoire et dans la religion, chez l'homme et dans la nature. Exception faite pour ses tableaux d'Orient, on peut noter que les tableaux simplement pittoresques et descriptifs sont, chez Delacroix, relativement peu nombreux. En gros, son art est une peinture d'évasion: l'Orient, le passé, où il cherche surtout des symboles. Notons enfin que chaque tableau de Delacroix offre, grâce à la mélodie et à l'harmonie des couleurs, une grande joie visuelle, qu'il tenait pour le but final de la peinture. «Le premier mérite d'un tableau, c'est d'être une fête pour l'œil.» Pour la construction colorée de ses œuvres, Delacroix n'hésita pas à inventer ce que la nature ne lui offrait pas: certains de ses chevaux, par exemple, sont violets ou roses. De plus, il faut remarquer que la cohésion de ses tableaux est telle qu'on ne peut en supprimer un élément sans détruire l'ensemble.

Ses innovations furent vivement attaquées par le public et par les critiques d'art. Seul Baudelaire le comprit et le défendit. Ses premières œuvres furent dominées par la manière de Géricault, la *Barque du Dante* s'apparente fort au *Radeau de la Méduse.* Mais, à partir de sa découverte de l'Anglais Constable, sa palette s'illumina: les *Massacres de Scio* (1824) et la *Mort de Sardanapale* (1827) sont tous les deux remarquables par la magnificence des couleurs.

Pour célébrer l'avènement de Louis-Philippe, Delacroix peignit la *Liberté guidant le peuple sur les barricades* (1830), œuvre qui fut achetée

F.C.S.

Le fou, de Théodore Géricault

F.C.S.

Jeune fille au cimetière, d'Eugène Delacroix

Les gens de justice,
d'Honoré Daumier

Victor Hugo, d'Auguste Rodin

F.C.S.

F.C.S.

Portrait de Mme G., de Claude Monet

L'automne, d'Édouard Manet

Mlle Grumpel aux rubans bleus, d'Auguste
Renoir

Auto-portrait, de Paul Cézanne

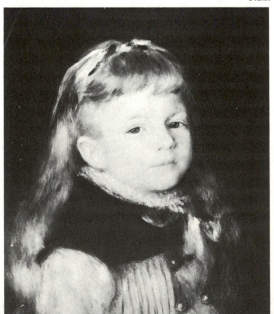

par le roi. Deux ans plus tard, il fut envoyé en mission avec l'ambassadeur de France au Maroc et entra en contact avec la nature et les peuples de l'Afrique du Nord. C'est de ces voyages que Delacroix tira l'inspiration pour ses tableaux «orientaux», tels *Femmes d'Alger, Noce juive au Maroc, Bords de l'Oued Sebou,* etc. Il est le premier grand peintre qui ait vu et célébré les beautés de l'Afrique du Nord.

Grâce à l'amitié d'Adolphe Thiers, ministre de l'Intérieur à cette époque, Delacroix reçut d'importantes commandes de l'État: le Salon du roi et la bibliothèque du Palais-Bourbon, la bibliothèque du Luxembourg, etc. Il continuait néanmoins à peindre des tableaux. En 1841, il exécuta *l'Entrée des Croisés à Constantinople,* œuvre d'une composition puissante. Ses dernières années furent occupées, entre autres travaux, à peindre la chapelle des Saint-Anges à l'église Saint-Sulpice; deux fresques: la *Lutte de Jacob avec l'Ange* et le *Châtiment d'Héliodore* commémorent la résistance de l'homme au destin et la victoire de Dieu sur les forces du mal.

Delacroix est l'un des mieux connus parmi les peintres du XIXᵉ siècle, grâce à sa correspondance et surtout à son *Journal,* une œuvre humaine et littéraire de premier ordre.

À partir du milieu du XIXᵉ siècle, le paysage, qui avait été négligé par David, devint l'événement principal de la peinture française. À vrai dire, le paysage était dans la tradition française depuis le XVᵉ siècle, mais avait subi une éclipse pendant les siècles suivants. Sous l'influence du romantisme, le paysage, et surtout celui de la Normandie et de l'Île-de-France, retrouva son importance. Le type du paysagiste romantique est Théodore Rousseau (1812–1867), qui se retira en 1835 à Barbizon, près de Fontainebleau, où vivait déjà une petite colonie d'artistes. Rousseau est surtout connu comme peintre des arbres: *Les Chênes, Sortie de forêt,* etc. Ses tableaux révèlent son sens de la composition et son talent de dessinateur. Mais on peut lui reprocher d'avoir trop recherché l'effet et d'avoir traité ses arbres comme des personnages qui prennent des attitudes.

Fortement opposé à Rousseau se trouve Camille Corot (1796–1875), qui ne commença à peindre sérieusement qu'à l'âge de vingt-six ans. Ses premiers paysages sont ceux des environs de Rouen, puis son père l'envoya en Italie et il se mit à peindre des vues de Rome: *Le Colisée,* le *Pont de Narni,* le *Château Saint-Ange,* etc., imprégnées de la lumière des matinées romaines. Mais la nature qui parla le mieux à sa sensibilité est celle de l'Île-de-France, avec son air léger, sa lumière tamisée et son ciel nuancé. C'est surtout au crépuscule qu'il aimait peindre et de préférence des arbres au feuillage frissonnant, tels le peuplier, le tremble, le bouleau et l'osier. À ce genre appartiennent *Une matinée* et *Souvenirs de Morte-fontaine*. Dans sa vieillesse il peignit des tableaux urbains: *Beffroi de Douai, Cathédrale de Sens,* etc., dans lesquels les vibrations de la lumière annoncent déjà l'impressionnisme.

Entre le romantisme et l'impressionnisme se place l'école réaliste qui apparaît vers 1848. Cette école se caractérise d'abord par une imitation totale et exacte de la nature et ensuite par un élargissement des sujets qui englobent toute la vie quotidienne. Aux héros de la fable ou de l'histoire, on substitua les paysans, les travailleurs, les bourgeois. Mais l'école réaliste n'apporta aucune transformation de la technique.

Honoré Daumier (1808–1897) est un des maîtres du réalisme. Grand poète de la lithographie, Daumier fut également peintre et sculpteur. Ses lithographies—*Gargantua,* 1833, le *Ventre législatif,* 1834, *Enfoncé La Fayette,* 1834—lui valurent un séjour en prison à cause de leur caractère satirique et polémique. Dans ses images puissantes et atroces de la société, Daumier a traité la figure humaine avec une audace étonnante, qui révèle un tempérament encore tout romantique. À partir de 1848, tout en continuant ses caricatures, il se mit à peindre à l'huile. Ses toiles—*Wagon de 3ème classe,* 1856, *Blanchisseuse,* 1863, *Don Quichotte et la mule morte,* 1868—nous font penser, par l'énergie de la facture et la puissance de vision synthétique, à Michel-Ange.

Le seul qui ait accepté l'épithète de «réaliste», c'est Gustave Courbet (1819–1877), qui contribua à la formation de la doctrine réaliste tant littéraire qu'artistique. Natif de la Franche-Comté, Courbet était un robuste ouvrier qui eut pour principe de ne jamais inventer ou corriger. Tout en abandonnant les élans romantiques, il garda une certaine ambiance lyrique dans la pénombre qui baigne ses portraits et dans les motifs de ses paysages. En outre, il mit son réalisme au service des idées de son temps, orientées vers les revendications prolétariennes.

Ses premières œuvres témoignent de sa préférence pour Rembrandt et les peintres espagnols. Au Salon de 1850 il exposa neuf tableaux et parmi ceux-ci le célèbre *Enterrement à Ornans.* L'originalité de ce tableau, où l'on voit un groupe de paysans réunis autour d'une tombe, chaque personnage étant traité, suivant l'exemple des tableaux hollandais du XVIIIe siècle, comme un portrait isolé, fit scandale à l'époque.

En 1852, Courbet fit la rencontre de Proudhon, dont il admirait les idées sociales. Ses tableaux, les *Casseurs de pierres* et les *Cribleuses de blé* témoignent de sa sympathie pour la classe travailleuse, et de son désir d'introduire dans la «grande peinture» les sujets de la vie quotidienne. Les paysages de Courbet révèlent la conception saine et robuste qu'il avait de la nature, mais contiennent encore certaines intentions romantiques. Son célèbre tableau, l'*Atelier,* est très intéressant à plusieurs points de vue. C'est en quelque sorte l'apothéose de ses idées, de sa vie et de son monde. À gauche, il a représenté un groupe de personnes qui symbolisent les classes qui vivent en marge de la société, travailleurs et paysans, etc.; à droite, un groupe de ses amis comprenant Champfleury et Baudelaire. Le peintre est assis au centre à son chevalet et a près de lui un modèle nu qui, selon certains critiques, représente la Liberté. Il est occupé à peindre un paysage franc-comtois et, ce qui frappe, c'est que cette peinture s'achève dans un atelier et non en plein air.

Les admirateurs de Courbet et les artistes qu'il forma à son atelier continuèrent l'école du réalisme et la firent entrer, malgré l'opposition de l'Académie, à l'École des Beaux-Arts. Ce groupe de réalistes fut dominé par Edouard Manet (1833–1883) jusqu'à l'époque où il commença, vers 1875, à verser dans l'impressionnisme.

Manet, à ses débuts, fut un disciple de Courbet et de l'école réaliste espagnole. Ses premières œuvres témoignent de sa volonté de rajeunir les poncifs classiques. *Le Déjeuner sur l'herbe* (1863) fit scandale, personne ne s'étant aperçu que c'était une adaptation moderne du *Concert champêtre* de Giorgione et que le groupe central était la copie d'un dessin de Raphaël, *le Jugement de Pâris!* Ce fut le même scandale pour son *Olympia* (1865) qui était une réplique de la *Vénus couchée* du Titien.

À cette époque, la palette de Manet était surtout faite de noirs et de blancs, avec une ou deux couleurs claires, tels le rose et le bleu. C'est le «Manet sombre», influencé par Vélasquez et Goya. Mais il fut aussi influencé par les estampes japonaises qui devenaient populaires alors en France. Ceci explique la mise en page de certains tableaux, comme le *Portrait d'Émile Zola* (1868).

Manet fut le premier à se rendre compte que la peinture ne pouvait pas saisir toute la richesse et toute la complexité de la vie moderne dans le menu détail, mais qu'il appartenait au peintre de faire un choix et de s'attacher à ce qui lui paraissait essentiel et le plus caractéristique. Ceci explique le sentiment de vie directe qui se dégage de ses tableaux.

Sous l'influence de sa belle-sœur, Berthe Morisot, elle-même peintre, Manet, en 1875, se tourna vers la peinture claire des effets de lumière. Déjà, il avait commencé à employer de plus en plus fréquemment des couleurs pures posées en aplat sur la toile, technique qui le rattachait naturellement à l'impressionnisme. Le *Bar des Folies-Bergère* (1882), peint à la veille de sa mort, est un des grands tableaux de cette nouvelle école.

L'impressionnisme est né officiellement en 1875. Il y eut cette année, dans l'atelier du photographe Félix Nadar, une exposition de tableaux de Manet, Monet, Degas et Renoir. Or, une toile de Monet s'intitulait: *Soleil levant—Impression.* Par dérision, un des visiteurs s'exclama: «Ce ne sont pas des peintres, mais des impressionnistes!» Le mot fut repris par un journaliste et demeura attaché à la nouvelle école qui réunit, d'ailleurs, des artistes assez différents: des paysagistes comme Monet, Pissarro et Sisley, des peintres de figures comme Manet, Degas et Renoir, des peintres de la femme et de l'enfant comme Berthe Morisot et Mary Cassatt. Il est donc assez difficile de donner une définition de l'impressionnisme. On peut cependant noter que tous les peintres nommés ci-dessus étaient d'accord avec Manet qui disait: «Le personnage principal dans un tableau, c'est la lumière.» Ce ne sont plus les surfaces, les volumes, ni les formes qui importent, rien que les jeux de lumière. Or, pour peindre la lumière, et les effets de la lumière sur les objets, il faut peindre en plein air, et pour rendre l'effet d'air et de soleil on doit peindre selon les enseignements de la science.

Jusque là, les peintres avaient vu dans la nature des arbres verts, des ombres bleues ou grises, des neiges blanches. En réalité, les feuilles peuvent comporter des tons jaunes ou marrons, les ombres peuvent être bleues ou mauves, et la neige n'est que rarement blanche, mais offre des tons bleus, violets ou roses suivant l'éclairage. D'autre part, selon les lois de l'optique, les tons qui paraissent unis sur la rétine de notre œil sont au contraire complexes. Le peintre doit donc, pour obtenir une verdure qui paraisse vraiment verte et saturée des rayons solaires, mêler du bleu, du vert et du jaune en petites touches juxtaposées et non, comme on le faisait jusqu'à Courbet, étaler tout simplement du vert. En s'éloignant du tableau impressionniste, le spectateur peut retrouver l'unité et reconnaître l'aspect habituel de chaque objet. Une conséquence de cette manière de peindre est que les objets offrent non plus un aspect stable et solide, mais une vibration saturée de lumière, et qu'il n'y a donc pas un objet en soi mais autant d'objets qu'il y a d'éclairages et de voisinages différents. Voilà ce qui fait de l'impressionnisme la révolution picturale essentielle du XIXᵉ siècle. C'est en France que cette école trouva sa forme parfaite, mais des mouvements parallèles se développèrent ensuite dans le reste de l'Europe.

Le plus représentatif des peintres impressionnistes, c'est Claude Monet (1840–1926). Notons qu'il est né au Havre et que cette région de France, où la terre et l'eau se confondent constamment, offre un ciel dont la couleur et l'éclairage varient sans cesse. Les limites entre ciel, terre et eau paraissent imprécises et les apparences y sont continuellement renouvelées. C'est cette région qui inspira les peintres Eugène Boudin (1824–1898) et Jean-Berthold Jongkind (1819–1891) qui eurent une grande influence sur Monet au début de sa carrière. C'est alors qu'il peint *la Pointe du Havre* et *l'Embouchure de la Seine à Honfleur.* Il subit ensuite l'influence de Courbet et de Bazille (1841–1870), un jeune artiste méridional. Après la guerre de 1870, Monet fit un séjour en Angleterre et découvrit les paysages imprécis de ce pays, ainsi que les tableaux de Turner. À son retour en France, il se fixa dans la vallée de la Seine et s'appliqua à peindre une nature saturée de lumière et d'une grande mobilité. *Les Meules, la Cathédrale de Rouen, Londres et la Tamise,* sont tous des tableaux, certains répétés sous plusieurs versions, où le même motif, reproduit à toutes les heures du jour sous différents éclairages, prend autant de figures différentes.

Edgar Degas (1834–1917) est connu surtout pour ses tableaux des coulisses de l'Opéra, mais il fut aussi un portraitiste, un dessinateur et un sculpteur de grand talent. Il n'eut que fort peu de points communs avec les impressionnistes, mais appartient néanmoins au groupe par sa technique. Il débuta par de grandes compositions historiques, puis se mit au portrait où il excella à capturer l'expression fugitive et la pose momentanée. Après 1874, il se tourna vers le ballet, le champ de courses et le cirque, là où il pouvait encore mieux rencontrer l'instantané, le moment passager et surtout le mouvement, qu'il analysa comme Monet avait analysé la lumière. Sa mise en page fut fréquemment inspirée par les estampes japonaises, comme en témoigne son *Basson Dilhau à l'orchestre de l'Opéra.* Ses toiles les plus célèbres sont sans doute la *Classe de danse* (1876), l'*Absinthe* (1876), le *Champ de course* (1878) et les *Repasseuses* (1884).

Le paysage impressionniste fut représenté, avec Monet, par Camille Pissarro (1831–1903), qui fit le voyage de Londres avec Monet, et par Alfred Sisley (1839–1899). Pissarro peignit de préférence des paysages aux environs de Paris: *Bords de la Marne* (1866), *Vue de Pontoise* (1868), les *Toits rouges* (1877). Ces tableaux sont tout à fait dans la manière de Monet. Plus tard, vers 1883, il adopta la technique pointilliste, sous l'influence de son ami Seurat, puis revint à l'impressionnisme. Pendant les dernières années de sa vie, il se consacra surtout aux paysages urbains et fit, entre autres, une remarquable série sur le Pont-Neuf.

Sisley naquit en France de parents anglais. Il apporta au mouvement impressionniste une grande sensibilité et, séduit par la lumière de l'Île-de-France, il s'efforça de saisir, avec beaucoup de subtilité, les effets de cette

lumière à toutes les heures de la journée. *La Barque pendant l'inondation,
le Canal, l'Écluse de Bougival* comptent parmi les tableaux les plus
représentatifs de l'impressionnisme.

Né à Limoges, Auguste Renoir (1841–1919) commença à travailler dès
l'âge de treize ans, d'abord comme apprenti décorateur sur porcelaine,
puis comme ouvrier peintre sur éventails. Dès son enfance, il visita le
Louvre et principalement les salles de sculpture. En 1857, il entra à
l'École des Beaux-Arts et peu après fit la rencontre de Monet, de Sisley et
de Bazille. Ceux-ci lui firent connaître Pissarro et Cézanne et avec eux il
se rendit fréquemment à la forêt de Fontainebleau pour peindre d'après
nature. De sa première période impressionniste datent le *Printemps*
(1876) et le *Chemin montant dans les hautes herbes* (1880), ainsi que la
Liseuse (1876), le *Moulin de la Galette* (1878) et le *Déjeuner des canotiers*
(1882). Un séjour en Afrique, en 1879, et un autre en Italie, en 1882,
déterminèrent une nouvelle phase de son œuvre, dans laquelle, tournant
le dos à l'impressionnisme, il se mit à l'école des classiques. Pendant cette
période il peignit surtout le nu féminin: les *Grandes Baigneuses* (1886),
Femme allaitant son enfant (1886), etc. Sa palette se limitait alors aux
notes tendres, surtout au bleu, d'où le nom «Renoir bleu» donné à cette
partie de son œuvre. Sa peinture, faite non plus en plein air mais à
l'atelier, est alors caractérisée par une composition architecturale et par
le souci du rythme linéaire.

Après 1885, une nouvelle transformation apparaît, caractérisée par un
compromis entre sa première manière et son souci architectural. *Les
Chapeaux d'été* (1890) est un bel exemple de ce nouveau style, ainsi que
Près de Pont-Aven (1892). C'est un retour à l'impressionnisme, mais avec
une importance plus grande donnée au problème du volume plutôt qu'à
celui de la lumière. À partir de 1889, Renoir commença à se servir de
deux modèles, deux enfants, une blonde et une brune, qui allaient
réapparaître dans une succession de tableaux, se transformant graduellement d'enfants en adolescentes, puis en jeunes femmes.

Gravement atteint de rhumatisme, Renoir alla vivre à Cannes en 1903
et là, pendant seize ans, le pinceau attaché à sa main tordue par l'arthrite,
il continua à peindre ses sujets préférés: l'enfant et la femme, cette
dernière sous les traits de Gabrielle Renard, dont l'opulente beauté
domine les derniers tableaux du maître.

La grandeur de l'art de Renoir repose en partie sur l'emploi original
d'une belle couleur lumineuse, sur la manière avec laquelle ses figures sont
modelées par un passage subtil d'une nuance à l'autre, sur son dessin,
merveilleusement simplifié et d'où, dans les derniers tableaux de sa

maturité, étaient bannies les lignes rigides, rudes et angulaires. Mais cette grandeur repose aussi sur son profond amour des hommes et de la nature.

Avant de quitter l'impressionnisme, il nous faut mentionner un peintre dont la gloire est aujourd'hui consacrée dans le monde entier: Henri-Marie-Raymond de Toulouse-Lautrec (1864–1901). Né à Albi, descendant des comtes de Toulouse, il semblait voué à l'existence d'un grand seigneur terrien. Mais, de santé débile, il fit deux chutes à l'âge de quatorze ans et resta infirme et nain. De bonne heure, il avait montré beaucoup de goût et de talent pour le dessin, si bien qu'en 1881 il décida d'entrer à l'atelier de Léon Bonnat, un peintre académique, et l'année suivante dans celui de Fernand Cormon. Cet atelier se trouvait tout près de Montmartre et, tout naturellement, Toulouse-Lautrec se mit à fréquenter les déclassés et les prostituées de ce quartier, c'est-à-dire ceux qui, comme lui, se sentaient rejetés par la société. C'est dans les music-halls et les café-concerts qu'il alla chercher la plupart de ses thèmes. Les célébrités de l'époque, Jane Avril, la Goulue, Yvette Guilbert, seront immortalisées par lui dans ses portraits, ses lithographes et ses affiches.

Dans ses tableaux, on trouve le réalisme le plus cruel allié à une extrême sobriété de moyens. Comme les impressionnistes, comme Degas par exemple, il s'intéressait à la vie, au mouvement, à l'instant fugitif. Il subit lui aussi l'influence des estampes japonaises, et dans la dernière partie de sa vie adopta un expressionnisme lyrique et psychologique très particulier.

Celui qu'on a appelé le «plus grand nain du monde» mourut à l'âge de trente-six ans, miné par la maladie et surtout par l'alcool, laissant derrière lui un œuvre remarquable non seulement par son art, mais aussi par sa valeur de document d'une société et d'une époque. Parmi ses toiles les mieux connues, citons: *Au Cirque Fernando* (1888), *Valentin le Désossé et la Goulue au Moulin de la Galette* (1888), *Bal au Moulin de la Galette* (1889), *Au Salon de la rue des Moulins* (1894). Parmi ses affiches, les plus célèbres sont celles du *Divan japonais* (1892), *Jane Avril au Jardin de Paris* (1893) et *Aristide Bruant dans son cabaret* (1893).

La réaction contre l'impressionnisme se manifesta d'abord chez Georges Seurat (1859–1891). Fondateur du néo-impressionnisme, Seurat aborda la peinture avec un esprit méthodique et scientifique. Il accepta la division de tons, comme les impressionnistes, mais au lieu de se servir, comme eux, de virgules ou de hachures, il ne se servit que de points, d'où le nom *pointillisme* appliqué à sa technique. Pour son tableau, *Un Dimanche d'été à la Grande Jatte* (1884–86), il commença par faire plusieurs dessins impressionnistes, puis dans son atelier élabora chaque aspect du tableau séparément. Au lieu d'essayer, comme les impressionnistes, de traduire le papillottement de la lumière, il s'attacha à reconstruire des surfaces géométriques. C'est ainsi qu'il influencera les Fauves et que sa technique sera étudiée par les cubistes.

Les sujets de ses peintures, il les trouva dans les music-halls et dans le cirque, ou parmi les estivants sur les bords de la Marne. Dans la *Baignade* (1884), les *Poseuses* (1888), comme dans la *Grande Jatte,* il s'efforça de créer des compositions équilibrées; dans le *Chahut* (1890) et dans le *Cirque* (1891), il essaya de maintenir cette sérénité tout en représentant la gaieté et le mouvement au moyen de rythmes linéaires. C'est ce problème qui l'occupait lorsqu'il mourut à l'âge de trente et un ans.

Il était inévitable que les recherches de l'impressionnisme sur l'imprécis et le spontané, sur le pittoresque et le moderne dussent aboutir à une impasse. La réaction contre ce mouvement s'opéra de plusieurs manières: certains peintres se retournèrent vers la tendance classique, vers le stable et le permanent, d'autres s'évadèrent de la réalité vers le rêve et l'imaginaire, vers l'irréalisme volontaire, d'autres encore vers une réalité intellectuelle ou une super-réalité. Leurs recherches et leurs succès furent grandement facilités du fait de la création, à partir de 1884, du Salon des Indépendants qui fut ouvert à tous les artistes, sans égard pour leur école ou leur technique, et qui n'eut pas de jury. L'histoire de ce Salon, de 1884 à 1914, est un résumé de l'histoire de l'art moderne.

De cette peinture, le grand initiateur fut Paul Cézanne (1839–1906), un des très grands maîtres de la peinture française. Né à Aix-en-Provence, où il fut à l'école le condisciple d'Émile Zola, Cézanne commença ses études de dessin à l'âge de 19 ans, tout en faisant son droit. En 1861, il reçut de son père la permission de devenir peintre et d'aller étudier à Paris, où il retrouva son ami Zola. Dans ses premiers tableaux, il employa des couleurs sombres mais, sous l'influence de Pissarro, sa palette s'éclaircit. Bien qu'il eût essayé la technique impressionniste, il ne l'accepta jamais et préféra dès le début chercher à rendre la structure essentielle de chaque objet plutôt que sa chatoyante surface. La beauté superficielle de l'impressionnisme ne pouvait pas, selon lui, servir de base pour un art significatif. Aussi Cézanne s'attacha-t-il à rendre par la couleur la sensation des masses et des volumes, à révéler les formes, à séparer l'espace en plans et à produire l'illusion de la projection et du recul. Ses tableaux se caractérisent par leur ordre, leur harmonie et leur sérénité, mais savent exprimer aussi bien la chaleur du soleil méridional (l'*Estaque* et le *Golfe de Marseille*) que l'ombre et la fraîcheur des paysages montagnards (le *Lac d'Annecy*).

À partir de 1886, Cézanne résida surtout à Aix dans la propriété de son père. Le Mont Sainte-Victoire lui servira de modèle pour une quantité de tableaux: *Plateau de la Montagne Sainte-Victoire, Mont Sainte-Victoire, Paysage,* l'*Aqueduc,* etc. Il s'adonna également à la peinture de natures mortes où domine, là aussi, le souci de la composition et des formes géométriques: le *Vase bleu,* le *Vase de tulipes, Nature morte,* la *Table de cuisine,* etc.

Il faut ajouter que Cézanne se distingua également dans ses représenta-tions de la figure humaine: les *Joueurs de cartes* (1890), l'*Homme à la pipe* (1890), les *Grandes Baigneuses* (1895–1905), ainsi que dans ses portraits, comme celui de *Gustave Geffroy* (1895).

L'exemple de Cézanne fut pour beaucoup dans la décision de Paul Gauguin (1848–1903) de réagir contre l'impressionnisme. Pour lui, cet art, qui l'influença lorsqu'il n'était encore qu'un peintre amateur, était «purement artificiel, tout de coquetterie, purement matériel, où la pensée ne réside pas». Lorsque Gauguin, à l'âge de trente-cinq ans, décida d'abandonner sa femme et ses enfants, son métier et sa fortune pour pouvoir «peindre tous les jours», il tourna le dos également à la tech-nique impressionniste.

Il s'embarqua alors dans une aventure spirituelle dont le but était de retrouver l'«âme primitive» qui coïncide avec la «nature tout entière». Ce qu'il voulait, en somme, c'était retrouver dans la vie intérieure et dans la poésie originelle la source de tous les mythes et de toutes les cultures. Après un voyage à la Martinique, en 1887–1888, Gauguin fit plusieurs séjours en Bretagne, à Pont-Aven, où l'attirait l'art naïf et grandiose des calvaires. Là il peignit d'étranges compositions: le *Christ jaune,* la *Belle Angèle,* la *Lutte de Jacob avec l'ange,* se servant d'une riche gamme de jaunes, de rouges, de violets et de verts. Un court séjour à Arles avec Van Gogh fut interrompu par une crise de folie de ce dernier, et Gauguin retourna à Pont-Aven. Au début de 1891, ayant réussi à vendre une trentaine de tableaux aux enchères, il s'embarqua pour Tahiti et les îles Marquises où, à l'exception d'un séjour de deux ans en France (1893–1895), il devait passer le restant de sa vie dans une misère de plus en plus pénible.

Les tableaux tahitiens de Gauguin, surtout ceux peints pendant son premier séjour, forment la meilleure partie de son œuvre. Ils nous in-troduisent dans un monde ancien et mystérieux: l'*Esprit veille, Ia Orana*

Maria, Maternité, D'où venons-nous, etc. L'extrême simplification de la ligne et de la couleur est l'aspect de son art qui aura le plus d'influence sur la peinture du XXe siècle.

Nous avons mentionné Van Gogh plus haut. Ce peintre hollandais, dont la vie dramatique (1853–1890) a été si souvent racontée, fut lui aussi martyr de son art. Il avait trente-trois ans lorsqu'il vint pour la première fois à Paris; là, il rencontra Gauguin, Toulouse-Lautrec et Seurat, et leur exemple eut une influence profonde sur son art. Jusqu'ici (il n'avait commencé à peindre qu'en 1880), sa peinture avait été sombre et âpre, mais la découverte qu'il fit du néo-impressionnisme, des couleurs claires et aussi des estampes japonaises, transforma sa technique et lui permit de peindre les tableaux qui firent de lui un des grands peintres modernes. De cette époque datent, entre autres, la *Guinguette,* le *Restaurant de la Sirène* et surtout le portrait du *Père Tanguy.*

En 1887, il se rendit à Arles où l'attirait le soleil méditerranéen. Là, il se mit à peindre avec frénésie. *Ma chambre à coucher, Café de nuit,* les *Tournesols,* le *Champ de blé,* la *Nuit étoilée* témoignent du plaisir sensuel que cet homme du nord prenait à enregistrer l'exubérance de la nature et des couleurs du midi. Lorsque Gauguin vint lui rendre visite, Van Gogh, sous l'influence de son ami, fit un effort pour contrôler ses passions et discipliner son pinceau. Il peignit alors l'*Avenue des tombeaux,* les *Aliscamps* et plusieurs *Arlésiennes,* ainsi que la *Berceuse.* Mais après la crise de folie (au cours de laquelle il se trancha le lobe de l'oreille droite), et le départ de Gauguin, il retourna à sa manière exubérante, à l'emploi des lignes tourbillonnantes et des couleurs crues: l'*Homme à l'oreille coupée,* les *Blés jaunes, Champ d'oliviers,* etc.

En 1890, il retourna à Paris et se confia aux soins du docteur Gachet (qui collectionnait les tableaux impressionnistes). Pendant les deux mois qu'il lui restait à vivre, il exécuta plusieurs paysages, ainsi que le *Portrait du docteur Gachet.* Il se suicida le 27 juillet 1890. La grandeur de son art réside dans ce mélange d'un réalisme puissant, qui nous fait sentir la qualité des objets, et d'une sensibilité frémissante. Cet «expressionnisme», dont il est un des fondateurs, se manifeste par les couleurs intenses et par la vigueur des coups de pinceau.

Vers la fin du siècle, un groupe de jeunes peintres adopta le nom de *Nabis,* qui signifie prophète en hébreu. Réunis autour de Maurice Denis (1870–1943), ces peintres, dont la plupart allaient devenir célèbres: Sérusier, Bonnard, Vuillard, Roussel, proclamèrent leur désir de régénérer la peinture. Bonnard, Denis et Vuillard avaient connu et admiré Gauguin lorsqu'il était en Bretagne. Comme lui, ils voulaient simplifier le dessin et le ton et supprimer le modelé et la profondeur. À ceci, ils ajoutèrent la recherche de l'arabesque, notamment dans la décoration. C'est d'ailleurs dans cet art, et surtout dans les théâtres et les églises, qu'ils se distinguèrent d'abord. Dans la peinture à l'huile, les Nabis marquent la transition entre les impressionnistes et les «fauves».

LE XXᵉ SIÈCLE

Lorsqu'on aborde l'histoire des arts au XXᵉ siècle, on est immédiatement saisi par la grande diversité des écoles, des mouvements, des doctrines et des théories. Certaines de ces écoles s'exprimèrent et expirèrent presque simultanément, d'autres par contre, telles le cubisme et le surréalisme, déchaînèrent des forces créatrices qui exercent encore leur influence aujourd'hui. Il est encore trop tôt pour pouvoir déclarer lesquels des très nombreux artistes de cette première moitié du siècle demeureront et lesquels tomberont dans l'oubli. On peut toutefois noter que ceux que notre siècle a qualifiés de «grands» se rangent pour la plupart en dehors des écoles et semblent avoir préféré maintenir la liberté de choix et la recherche des idées neuves.

Notre siècle a été marqué par guerres et révolutions comme par d'incomparables bouleversements technologiques. Il n'est donc pas surprenant que ces événements politiques, sociaux et techniques aient influencé l'expression artistique, et que les peintres, entre autres, aient voulu refléter les nouvelles découvertes dans leurs tableaux. En gros, l'art de ce siècle a suivi deux tendances distinctes: l'expressionnisme et le constructivisme. Le premier mouvement implique un point de vue subjectif et un engagement émotif, le second un point de vue objectif dans lequel dominent des considérations logiques et analytiques. Le premier encourage l'exploration du monde des émotions et des états psychologiques, ainsi qu'une protestation contre les conditions actuelles du monde extérieur. C'est à cette tendance que se rattachent le dadaïsme et le surréalisme. Le constructivisme, par contre, englobe le cubisme, le futurisme et l'art figuratif ainsi que le style fonctionnel de l'architecture contemporaine.

L'architecture

La première moitié du XXᵉ siècle a vu se développer, en France, le talent de deux architectes de génie: Auguste Perret (1874–1954) et Charles-Edouard Janneret, dit Le Corbusier (1887–1965).

Perret, né à Bruxelles d'un père français, fit ses études à Paris. En 1905, avec ses frères Gustave et Claude, il fonda une entreprise qui se consacra surtout à la construction d'immeubles en béton armé. On ne sait au juste à qui revient l'honneur d'avoir inventé le béton armé; certains nomment l'Écossais William Fairbairn qui, en 1845, enroba des tiges de fer dans du ciment, d'autres nomment Joseph Monnier, un jardinier de Boulogne-sur-Mer qui, en 1849, fabriqua des bacs à fleurs en ciment avec armature de fer. Quoiqu'il en soit, le premier monument important construit à Paris où l'on utilisa le béton armé fut l'église Saint-Jean de Montmartre (1894) l'œuvre de l'architecte Anatole de Baudot (1834–1915).

Jusqu'ici le béton armé n'avait été employé que comme matériau auxiliaire et dissimulé. C'est Auguste Perret qui le premier décida de l'employer comme ossature visible dans un immeuble, rue Franklin à Paris, en 1902. De 1911 à 1913, Perret construisit le Théâtre des Champs-Élysées qui, en 1957, fut classé monument historique. En se servant du béton armé, l'architecte put dégager la salle de tous les supports qui encombraient la vue et prouver, en même temps, que ce matériau était aussi valable que le marbre. De 1920 à 1924, il érigea la fameuse église du Raincy, chef-d'œuvre qui est à l'origine de toute l'architecture religieuse contemporaine. Entièrement construit en béton armé, le vaisseau, dont les murs sont réduits à une simple ossature reliée par d'immenses panneaux ajourés, dotés de vitraux par Maurice Denis, a été comparé à celui de la Sainte-Chapelle.

Après la Deuxième Guerre mondiale, Perret fut chargé de la reconstruction du Vieux Port de Marseille et de celle du Havre. Tout son œuvre fut dirigé par le souci de démontrer que les techniques modernes sont compatibles avec le respect dû aux styles classiques.

Le Corbusier, né en Suisse et naturalisé français en 1930, débuta dans l'architecture comme apprenti chez les frères Perret. Sa grande préoccupation fut toujours de bâtir des immeubles aptes à assurer aux habitants le plus grand confort et les plus grandes commodités. Sa conception de l'habitation se caractérise par l'emploi de terrasses, éclairées horizontalement de mur en mur, le tout reposant sur des potences en béton. Dans cet esprit, il éleva de nombreuses villas à Vaucresson, Garches et Ville-d'Avray, une cité-jardin à Pessac près de Bordeaux, et, en 1946–1952, la célèbre «Ville radieuse» à Marseille. Cette dernière fut construite en vue de donner aux 1600 habitants un cadre intime de vie familiale tout en leur réservant les commodités d'une organisation collective.

En 1954, Le Corbusier reçut la charge de diriger le plan d'urbanisme de

(*En haut*) L'église Notre-Dame-du-Haut, à Ronchamp, dessinée par Le Corbusier. (*À gauche*) Fragment de la "Rose bleue", vitrail de Marc Chagall à la cathédrale de Metz. (*En bas, à gauche*) La chapelle de Matisse, à Vence; l'autel et les vitraux. (*En bas, à droite*) La chapelle de Cocteau, à Ville-franche-sur-Mer.

Un buste, par Georges Oudot

Brigitte Bardot, par Van Dongen

F.C.S.

F.C.S.

Une statue d'Auguste Maillol dans le jardin des Tuileries

F.C.S.

la capitale de Pendjab, Chandigarh; la même année, il termina la construction de l'église Notre-Dame-du-Haut, à Ronchamp. Cette église a fait l'objet de beaucoup de critiques et de beaucoup de louanges. Rompant superbement avec toutes les formes connues de l'architecture religieuse, Le Corbusier éleva, au sommet d'une colline, une chapelle construite en béton, formée de surfaces concaves et d'un toit en voile courbe. On peut aimer ou haïr cette église, mais on ne peut rester indifférent devant elle; elle a, en outre, le mérite d'attester la vitalité de l'art sacré contemporain en France. Notons que de nos jours, les grands artistes ont tenu à avoir «leur chapelle»: Matisse à Vence, Rouault à d'Assy, Cocteau à Villefranche-sur-mer, Léger à Audincourt, etc.

Depuis la Deuxième Guerre mondiale, un esprit de rénovation s'est manifesté en France, éveillé d'abord par la nécessité de reconstruire les villes dévastées, et amplifié ensuite par le puissant essor économique. Depuis l'époque de Haussmann on peut dire que l'urbanisme avait été grandement négligé; les architectes français continuaient à tracer des plans pour des villes, mais pour des villes étrangères, telles que Ankara, Casablanca, Buenos Aires, le Cap ou Québec. À partir de 1945, cependant, ces architectes reçurent de la part de l'État d'importantes commandes. Le Havre, Abbeville, Calais, Boulogne, Royan, Saint-Malo sont quelques-unes des villes qui durent être reconstruites presque entièrement. D'autre part, l'État eut le mérite de se rendre compte que les ensembles industriels qui allaient naître dans toutes les régions de France devaient eux aussi avoir leur architecture. C'est ainsi qu'on peut aujourd'hui visiter avec intérêt le Centre nucléaire de Chinon, la ville de Mourenx-le-Neuf, près de Lacq, le Centre atomique de Marcoule, le barrage de Donzère-Mondragon, qui offrent tous autant d'intérêt que les palais, les châteaux et les cathédrales d'antan.

Autour des grandes villes se sont érigés de grands ensembles de logements, de grands blocs de pierre aux lignes verticales qui offrent aux Français d'aujourd'hui un nouveau genre de vie.

La sculpture

Le premier grand sculpteur du XXe siècle est Auguste Maillol (1861–1944). D'abord peintre et cartonnier de tapisserie, Maillol se tourna vers la céramique et la sculpture après avoir rencontré Paul Gauguin en 1894. Bientôt il se voua presque exclusivement à la sculpture de la femme, ou plutôt d'un type de femme, qui doit autant au sentiment et à l'imagination du sculpteur qu'à l'observation du réel. Courte et râblée, les épaules rondes, les seins gonflés, les chevilles épaisses et les jambes en colonnes, la femme de Maillol est sereine, noble et d'une simplicité naïve. Parmi ses principaux chefs-d'œuvre, notons: *Léda* (1900), *la Pensée* (1901), *l'Action enchaînée* (1906), *Flore* (1911) et *l'Air* (1940).

Charles Despiau (1874–1946) travailla pendant cinq années (1907–1912) avec Rodin. Ce dernier avait remarqué les trois statues: *Jeune fille lisant, la Petite fille des Landes* et *Paulette*, que Despiau avait exposées au Salon de 1907 et l'avait invité à devenir son aide. Comme Maillol, Despiau préférait commencer par de nombreux dessins afin de fonder sur une observation directe l'idéalisation ultérieure du modèle. Comme Maillol également, il transformait la vie intelligente en vie végétative et préférait les sujets féminins. Parmi ses statues, notons: *Femme allongée* (1919), *Athlète au repos* (1923), *Assia* (1937) et *Dionysos* (1939), et parmi ses bustes: *la Dame au nez pointu* (1913) et *la Grecque* (1944).

Le cubisme, qui fut surtout un mouvement en peinture et que nous examinerons donc plus loin, influença la sculpture dans les premières années du XXe siècle. Pablo Picasso fut un des premiers à exécuter des sculptures cubistes; sa *Tête de femme* (1910) reflète bien le souci de construire par plans et, en 1914, son *Verre d'absinthe* présente une vue simultanée du dedans et du dehors du sujet, conséquence logique de la doctrine cubiste.

Le premier sculpteur français qui ait illustré la doctrine cubiste est Henri Laurens (1885–1954). Au début, ce sculpteur se caractérisait par des constructions anguleuses d'après des figures et des objets réels: *Femme à l'éventail* (1917), *Guitare* (1918). Plus tard, il montra une préférence pour les lignes courbes, et alors la rondeur du corps féminin, très amplifiée, lui servit de prétexte à toute une série de statues polychromes où les courbes se referment hermétiquement sur elles-mêmes: *Femme accroupie* (1929), la *Sirène* (1944) comptent parmi les meilleures des sculptures cubistes.

Il y avait une contradiction fondamentale entre la théorie cubiste et son application à la sculpture. En effet, tandis que la peinture peut justifier l'abstraction en refusant de peindre aucun objet—même un objet inventé—la sculpture, par sa nature même, ne peut éviter d'être elle-même un objet. Le terme *abstrait* a donc une signification toute différente lorsqu'il s'applique à la sculpture. L'objet pour les sculpteurs cubistes devint graduellement une forme synthétique ou schématique, un signe. L'œuvre du sculpteur roumain (naturalisé français) Constantin Brancusi (1876–1959) illustre bien cette évolution. Pendant trente ans il sculpta une série de formes ovoïdes qui, soit dit en passant, eurent une influence considérable sur le dessin industriel contemporain: la *Sagesse* (1908), la *Colonne sans fin* (1918), le *Commencement du monde* (1924), etc.

Après la Première Guerre mondiale, les sculpteurs se tournèrent de plus en plus vers le fer comme matériau, reflétant en ceci l'importance grandissante de la machine dans la vie des hommes. L'Espagnol Julio González (1876–1942) qui arriva à Paris vers 1900, fut l'un des premiers à se consacrer à la sculpture en métal repoussé puis, à partir de 1925, en fer forgé: *Femme se coiffant* (1930), l'*Ange* (1933), *Tête de Montserrat* (1942). Ses statues créèrent, en quelque sorte, un nouveau langage symbolique qui allait être utilisé par beaucoup d'autres sculpteurs.

L'art abstrait allait amener tout naturellement une réaction. Parmi les sculpteurs contemporains qui ont eu le désir de réhabiliter la figure humaine, il faut d'abord citer Georges Oudot dont les compositions bien rythmées réunissent la force et la grâce, et Volti qui, dans ses statues de femmes puissantes et charnues comme celles de Maillol, recherche particulièrement la beauté des courbes et le rythme des volumes.

La peinture

En 1905, une nouvelle école de peintres se fit reconnaître, groupant des artistes comme Matisse, Derain, Braque, Dufy, Marquet, Vlaminck, Van Dongen et Maurice Denis. À vrai dire, on ne devrait pas employer le nom d'«école», car seule la volonté de réagir contre l'impressionnisme les réunissait, ainsi que le désir de revenir à la forme originelle, au ton pur, au choc chromatique émotionnel. Ces peintres, qui travaillèrent isolés les uns des autres, reçurent le nom de «fauves», grâce à un article du critique Louis Vauxcelles qui, rendant compte du Salon d'automne de 1905, décrivit la salle où leurs peintures étaient réunies comme la «salle aux fauves». Essentiellement, le fauvisme tendait à tout exprimer par une orchestration de couleurs pures, dans laquelle les rapports entre les différentes surfaces et volumes dépendaient uniquement du sentiment et de la pensée de l'artiste. Il contribua ainsi à ouvrir la voie au cubisme, au surréalisme, à l'abstraction et à l'irréalisme, et à partir de 1908, les «fauves» s'engagèrent dans d'autres directions.

Henri Matisse (1869–1954) étudia à l'École des Beaux-Arts dans l'atelier de Gustave Moreau qui disait à ses élèves: «Je ne crois à la réalité ni de ce que je vois, ni de ce que je touche, mais uniquement à celle de mon sentiment intérieur.» Matisse commença par des peintures traditionnelles (le *Tisserand breton*, 1896) puis, sous l'influence de Pissarro il évolua vers l'impressionnisme et peignit alors des paysages de la Corse et de la côte d'Azur ainsi que des natures mortes inspirées par Renoir (la *Desserte,* 1898). En 1899, il fit la découverte de Gauguin, Seurat, Cézanne et Van Gogh et emprunta à leurs différentes techniques pour produire, entre autres, le célèbre *Carmélina* (1901) qui marque, avec certains tableaux de Van Gogh, le début du fauvisme. Il donna ensuite, toujours dans la manière fauve, *Luxe, calme et volupté* (1902), le *Jeune marin à la casquette* (1906) et d'autres tableaux qui sont tous remarquables par la violence de la couleur. Matisse, ensuite, évolua vers un art plus strict et qui, sans participer véritablement au cubisme, affirmait une volonté de construction de plus en plus précise. C'est alors qu'il peignit la *Femme au tabouret, Tête blanche et rose,* la *Leçon de musique,* etc., où les couleurs sont relativement sombres. Vers 1919, il retourna à un art détendu aux couleurs claires et au dessin souple puis, en 1927, il adopta à nouveau un style plus ferme et plus tendu, et un dessin plus schématique. De cette époque jusqu'à sa mort, son style évoluera vers une simplicité et un dépouillement de plus en plus accentués. Cette diversité dans l'art de Matisse témoigne de sa préoccupation de se renouveler toujours et de ne jamais vivre sur des formules acquises. D'ailleurs, sous cette diversité se cache une unité profonde, car les sujets, les sources d'inspiration et la poétique de Matisse sont d'une grande cohérence. «Ce qui m'intéresse le plus, écrivait-il en 1908, ce n'est ni la nature morte, ni le paysage, c'est la figure. C'est elle qui me permet le mieux d'exprimer le sentiment quasi religieux que j'ai de la vie.» Notons que par «figure» il ne voulait pas dire «portrait», car ses figures sont impersonnelles. Ainsi, un de ses tableaux les plus célèbres, qui représente une femme vêtue d'une blouse brodée, a le titre de *Blouse roumaine* et non de *Femme roumaine,* car le visage de la femme n'est indiqué que schématiquement et l'intérêt du tableau se trouve dans le jeu des lignes, des formes et des couleurs de la blouse, des manches et de la jupe.

De 1947 à 1951, la plus grande partie de l'activité de Matisse fut consacrée à la construction et à la décoration de la chapelle du Rosaire à Vence. Non seulement il en fut l'architecte et le décorateur, mais il dessina même le modèle de l'autel, les vêtements et les accessoires liturgiques. Dans cette chapelle, d'une grande simplicité et d'une merveilleuse harmonie, seuls les vitraux et les chasubles sont colorés, le reste est en noir et blanc. On ne peut mieux faire, pour caractériser l'art de ce grand dessinateur et de ce grand coloriste, que citer ses propres idées, exprimées en 1910: «Je veux un art d'équilibre, de pureté, qui n'inquiète ni ne trouble; je veux que l'homme fatigué, surmené, éreinté, goûte devant ma peinture le calme et le repos.»

Le cubisme donna naissance à un mouvement beaucoup plus cohérent que le fauvisme. C'est Matisse qui est responsable du nom donné à ce mouvement: le jury du Salon d'automne, auquel il appartenait, ayant refusé des paysages de Georges Braque, il parla de ceux-ci au critique Louis Vauxcelles en les décrivant comme étant construits «en petits cubes». Vauxcelles se servit de cette expression et baptisa les tableaux du mot «cubiste». En réalité ce mot est impropre, car il ne suffit pas à définir un mouvement qui tend à considérer le tableau, ou la sculpture, comme des faits indépendants de l'imitation directe de la nature. Apollinaire, dans son livre, les *Peintres cubistes* (1913), a présenté cette nouvelle esthétique comme celle de «la peinture pure, qui n'est pas un art d'imitation, mais un art de conception qui tend à s'élever jusqu'à la création». Jusqu'alors, les divers moyens d'expression picturale manifestaient de nouvelles façons de voir, de sentir et de représenter la nature, mais le cubisme, agissant au moyen d'une disjonction et d'une reconstruction arbitraire des formes, voulut reconstruire l'objet en ne tenant compte ni de la perception sensible, visuelle ou tactile, ni de l'imagination qui modèle illusoirement des solides à trois dimensions dans un espace fictif. C'est en ceci que le cubisme est la plus audacieuse révolution qu'il y ait eu dans l'histoire de l'art. La peinture cubiste s'adresse à l'intelligence et à l'esprit et ne cherche pas à toucher ou à séduire par l'intermédiaire d'impressions physiques. Ainsi, elle représentera, par exemple, un objet vu simultanément sous ses divers aspects et non plus seulement sous l'aspect qui se présente à l'œil.

Les grands initiateurs de ce mouvement furent Georges Braque (1882–1964) et Pablo Picasso. Braque fit ses premières études à l'École des Beaux-Arts du Havre; ses premières œuvres étaient relativement sombres, puis, sous l'influence de Matisse, il découvrit les possibilités de la couleur pure et se rangea, pour un court moment, parmi les «fauves». Ceux-ci, nous l'avons vu, s'intéressaient principalement au problème de la lumière, mais Braque, de plus en plus, se tournait vers les problèmes de l'espace et de la forme. Aussi abandonna-t-il petit à petit les teintes brillantes pour adopter finalement les gris et les tons neutres du cubisme. Plus tard encore, Braque découvrit que «la couleur agit indépendamment de la forme» et se sentit alors autorisé à l'utiliser en dehors de l'objet.

À partir de 1910, Braque se consacra presque exclusivement à la nature morte, ce qui lui valut le surnom de «Chardin du cubisme». Les tableaux qu'il peignit à cette époque, la *Mandore* (1910), le *Guéridon* (1911), etc., ressemblent beaucoup à ceux de Picasso chez lequel il séjourna fréquemment. Son *Aria de Bach* (1912–1913) est l'une des plus remarquables illustrations de la technique du collage, dont on l'a dit l'inventeur. Avec Picasso, Braque introduisit dans ses compositions des matériaux réels (sable, bois, papiers) ainsi que des imitations de bois et de marbre.

Le secret de l'art de Braque réside dans son pouvoir de concentration chromatique, dans le goût infaillible qu'il avait des relations qui unissent la forme, les couleurs et la substance des sujets qu'il peignait.

Le nom de Picasso (né en 1881) est devenu le symbole de l'art moderne. Son œuvre, énorme et varié, a passé par au moins dix périodes principales. Né à Malaga, Picasso se rendit à Paris pour la première fois en 1900 et s'y installa définitivement en 1904. Il appartient donc à l'école de Paris, au même titre que maints artistes étrangers qui ont cultivé leurs talents dans la capitale française.

La première période de Picasso, dite «période bleue», à cause de la tonalité bleue des toiles qu'il peint à cette époque, représente des êtres misérables, filles, buveurs, mendiants, dans une atmosphère de désespoir. Il était alors sous l'influence de Toulouse-Lautrec et de Steinlen, mais ses figures étaient, en outre, empreintes d'un expressionnisme tragique tout espagnol. Après un court séjour en Hollande (1905), il inaugura une époque «rose», d'un style moins amer, qui dura jusqu'en 1907. Il fit alors la connaissance de Braque et des toiles de Cézanne et s'éprit des masques nègres et polynésiens. C'est de cette époque que datent les *Demoiselles d'Avignon* (1906–1907), œuvre capitale qui ouvrit une voie nouvelle à l'art moderne. Pendant les années suivantes, de 1909 à 1914, Picasso domina, avec Braque, le mouvement cubiste et donna, entre autres, les *Bols*, la *Femme au miroir* et *Journaux et violon*. Après l'époque cubiste, il peignit des tableaux surréalistes, sous l'influence d'André Breton et de ses amis, et son œuvre présenta alors une grande dislocation des figures, telles les *Femmes effrayées au bord de la mer* (1923), les *Baigneuses* et les *Dormeuses*. Puis suivit une période expressionniste dans laquelle les figures, quoique reconnaissables, sont disloquées, désarticulées et recomposées selon des rythmes violemment expressifs. Cette période atteint son point culminant avec le tableau *Guernica* (1937), inspiré par le bombardement de cette ville par les avions allemands pendant la guerre civile espagnole. Ce tableau, un des plus importants de notre siècle, rappelle à la fois les *Jugements derniers* de l'art roman et l'expressionnisme sociologique des peintures de Goya et de Daumier.

Selon l'artiste, une grande partie de cette œuvre est symbolique: le guerrier qui tient dans sa main coupée un tronçon d'épée représente le peuple espagnol, le cheval transpercé par une lame, la république espagnole. Une main tient, au centre du tableau, une lampe de vérité, tandis que le taureau, la seule figure triomphale dans cette lutte entre les forces de la civilisation et celles de la barbarie, représente la force brute.

En 1946, Picasso s'installa à Vallauris, sur la côte d'Azur, et commença son œuvre de céramiste, tout en continuant à peindre une série de tableaux sur différents thèmes: les *Femmes d'Alger* (1954), l'*Atelier* (1956), les *Minimes* (1957), etc.

Le surréalisme fut un mouvement qui influença surtout la littérature, mais qui eut aussi une grande importance dans les arts. Le fondateur du mouvement, André Breton, définit ainsi l'expression picturale du surréalisme:

«Pour moi, la plus forte de ces images surréalistes est celle qui présente le degré d'arbitraire le plus élevé . . . celle qu'on met le plus longtemps à traduire en langage pratique, soit qu'elle recèle une dose énorme de contradiction apparente, soit que l'un de ses termes en soit curieusement dérobé, soit qu'elle prête très naturellement à l'abstrait le masque du concret, soit qu'elle implique la négation de quelque physique élementaire, soit qu'elle déchaîne le rire.»

L'artiste surréaliste se plut à recréer les formes, ou les objets de la nature, en leur donnant un sens inédit, se refusa à reconnaître l'utilité du raisonnement, sollicita toutes les fantasmagories de l'imagination et n'obéit qu'à son propre génie.

A part les Espagnols Joan Miró et Salvador Dali, le peintre qui illustra le plus authentiquement ce mouvement fut sans doute Yves Tanguy (1900–1955). Ses tableaux, aux formes nettement délimitées, mais constituées par une matière en remous, évoquent des paysages désolés, sans espoir, troublants, tels les premiers bouleversements de l'univers où les mondes s'élaboraient en inventant leurs propres formes: *Théorie de réseaux, Mer close, Monde ouvert, Nombres imaginaires,* etc.

Terminons ce survol de la peinture contemporaine française en examinant l'œuvre d'un très grand peintre, Georges Rouault (1871–1958) qui, après être passé par le fauvisme, devint le plus illustre représentant de l'expressionnisme français. Né à Paris, fils d'un artisan, il commença son apprentissage chez un peintre verrier, puis entra à l'École des Beaux-Arts. Ses premières compositions importantes furent inspirées par la Bible (*Samson tournant la meule,* l'*Enfant Jésus parmi les docteurs,* le *Christ mort pleuré par les saintes femmes*) et témoignent de l'indépendance de son esprit et de ses aspirations mystiques. Celles-ci furent encouragées par J.-K. Huysmans et Léon Bloy, deux écrivains catholiques. À part ces sujets religieux, Rouault peignit de nombreux portraits de filles et de clowns, ces deux catégories représentant deux manières de révolte contre le siècle.

À partir de 1916, il avait livré toutes ses toiles au marchand de tableaux Ambroise Vollard. À la mort de celui-ci, en 1939, Rouault récupéra toutes ses œuvres et en brûla trois cent quinze qu'il estimait inachevées. Celles qu'il conserva et qu'il continua à retoucher jusqu'à sa propre mort, sont toutes d'inspiration religieuse: *Crucifixion, Christ aux outrages,* le *Vieux Roi, Jeanne d'Arc,* etc.

Comme Daumier, Rouault fut aussi un grand lithographe. Son tableau, l'*Homme est un loup pour l'homme,* exprime toute son horreur pour les atrocités de la guerre. Les toiles de Rouault sont, pour la plupart, chargées d'une pâte épaisse, aux coloris sourds, et les formes sont entourées d'un large cerne noir qui rappelle les plombs des vitraux dans les églises gothiques.

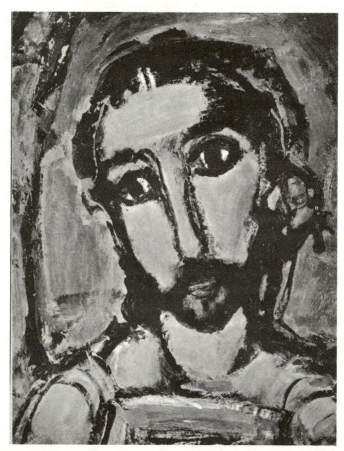

Le Sauveur,
de Georges Rouault

Chapitre 19

LA MUSIQUE
FRANÇAISE

L'HISTOIRE de la musique occidentale des temps modernes date du début du IXᵉ siècle. À partir de cette époque et pendant les neuf siècles suivants, la musique qui, pendant l'antiquité gréco-romaine, avait été tributaire de la poésie et du théâtre, sera sous la dépendance de la liturgie dont elle constituera un des éléments essentiels.

Un des premiers problèmes techniques que la musique eut à résoudre fut celui de la notation. Au VIIᵉ siècle, un savant, saint Isidore de Séville, avait déclaré: «Si les sons ne sont pas retenus par la mémoire, ils périssent, car il est impossible de les écrire.» À partir du Xᵉ siècle, le système des *neumes* (signes employées comme moyen mnémotechnique pour indiquer la courbe de la mélodie) s'imposa, et peu à peu atteignit à une précision suffisante pour que la lecture permît de reconstituer une musique inconnue. Plus tard, au XIᵉ siècle, on commença à employer des lignes et à donner aux *neumes,* qui à l'origine n'étaient que des accents graves ou aigus, la forme ronde de notre notation actuelle.

C'est également vers le début du IXᵉ siècle qu'apparut le *trope* qui semble avoir été inventé à l'abbaye de Jumièges (près de Rouen). À proprement parler, le *trope* n'est pas une forme musicale mais une création poétique adaptée à une pièce musicale. Pour fixer la mémoire des longues vocalises de la musique liturgique, les moines de Jumièges eurent l'idée de composer un texte s'adaptant à ces vocalises de sorte qu'à chaque note correspondrait une syllabe. Ainsi naquit un genre nouveau qui, se dissociant des pièces liturgiques sous le nom de *séquences,* allait être à l'origine des chansons populaires et, indirectement, du drame liturgique. C'est le *trope* également qui sera à la source de la poésie des troubadours du XIIᵉ siècle. Certains historiens expliquent ainsi l'origine du mot troubadour: *trobar* venant de *tropare,* c'est-à-dire, *faire des tropes.*

C'est à l'abbaye de Saint-Martial-de-Limoges que la musique et la poésie profanes bénéficièrent de l'intérêt le plus vigilant au Xᵉ siècle, et c'est dans ce foyer extraordinaire de culture et d'art, ainsi que dans certaines autres abbayes de l'époque, que les bases de la *polyphonie* s'élaborèrent patiemment. La *polyphonie* fait entendre simultanément plusieurs parties différentes et réalise l'union entre plusieurs mélodies indépendantes. C'est là une conception hardie que ni les Romains ni les Grecs ne connaissaient et dont la France a fait cadeau au monde musical, à l'époque même où elle élevait les cathédrales gothiques. Dans l'histoire de la polyphonie, il faut distinguer trois périodes, attachées chacune à un foyer: Paris, Reims et Cambrai; chaque foyer ayant un chef: Pérotin, Machaut et Dufay.

La grande école polyphonique française se développa à Paris au moment où Maurice de Sully achevait la cathédrale Notre-Dame (1163), où Robert de Sorbon remettait sa maison aux étudiants en théologie de l'Université, et où celle-ci confiait à la musique la dignité d'art libéral. Pérotin le Grand (1183–1236), le premier grand nom de la musique française, continuant l'œuvre de son maître Léonin, fait figure de créateur dans ses *organa*[1] à trois et à quatre voix, et aussi dans ses *conduits* (chants de conduite ou de procession) d'inspiration semiliturgique et semi-profane. En rompant avec le soutien d'un thème liturgique, Pérotin aida le *conduit* à s'affranchir de toute servitude culturelle et bientôt à exprimer des sentiments profanes. (C'est ainsi qu'au temps de François Villon, les *écorcheurs* ou *coquillards,* qui formaient une corporation mal famée mais redoutablement organisée, chantaient des *conduits* qui allaient du plus farouche anticléricalisme à la plus agressive impiété). Notons finalement que Pérotin eut le mérite immense de s'être servi pour la première fois de l'*imitation* qui est le principe sur lequel est édifié toute la polyphonie des siècles à venir, et particulièrement le *canon* et la *fugue.*

Dès la deuxième moitié du XIIe siècle, un art plus individuel, expression d'une société plus raffinée, allait succéder à l'art simple de la polyphonie liturgique: le *motet.* Celui-ci, comportant en règle générale trois voix, illustre cette période mieux que toute autre forme; il servit de divertissement aux auditeurs cultivés du temps de Saint Louis. Une autre forme, le *rondeau,* fut particulièrement illustré par le génial Adam de La Halle (1240–1287), auteur du *Jeu de la Feuillée* (1262) et de la première comédie-musicale, le *Jeu de Robin et de Marion* (1282). On connait de lui seize rondeaux à trois voix dans lesquels il montre un sens harmonique déjà affiné, ainsi que plusieurs motets sur des textes profanes et écrits pour plusieurs voix.

---

1. *L'organum* est une cantilène à deux voix, une forme ancienne de l'harmonie et du contrepoint, fondée sur un thème de plain-chant.

À l'*ars antiqua* de Pérotin et de de La Halle, succéda l'*ars nova* qui allait permettre toutes les nuances dans l'expression des sentiments et des passions, et cela au moment où la France servait de berceau et de guide à toute la musique européenne. C'est Philippe de Vitry (1291–1321), ecclésiastique et fonctionnaire royal, qui donna ce nom à cette période dans un traité célèbre écrit à Paris vers 1320. Dans ce traité, Vitry décrit et se fait l'apologiste de cette nouvelle manière d'écrire qui ajoutait plusieurs valeurs à la notation rythmique.

La figure dominante dans l'*ars nova* du XIVe siècle est celle de Guillaume de Machaut (1300?–1377), poète, musicien, homme de cour et voyageur, bref, le type de l'artiste du moyen âge. Son œuvre musical, avec l'exception notable de sa *Messe à quatre voix*, est entièrement profane et comporte motets, rondeaux, virelais, lais et ballades. Œuvre considérable, variée et d'une perfection accomplie, la *Messe* de Machaut est la première connue intégralement composée par un seul musicien. Dans cette œuvre, le compositeur révèle un grand instinct harmonique et se montre, par la conception de la modulation, tout à fait en avance sur son temps. La gloire de Machaut fut considérable à son époque, et son esthétique trouva un terrain favorable non seulement en France, mais aussi en Italie. Puis, délaissé, presqu'oublié pendant six siècles, il connaît depuis le début du XXe siècle une faveur nouvelle et méritée.

Après Machaut, l'*ars nova* succomba sous les excès du maniérisme. À vouloir user et abuser des formules, les musiciens se perdirent dans des subtilités qui finirent par dessécher leur inspiration. Le renouveau de l'écriture musicale allait venir du nord et particulièrement de Cambrai. Dans cette ville vécut, de 1445 à 1474, un musicien-prêtre, Guillaume Dufay (1400–1474). Après avoir passé une partie de sa vie en Italie, il était revenu à Cambrai où il avait été nommé chanoine de la cathédrale. À ses débuts en Italie, Dufay avait été influencé par l'*ars nova*, ainsi qu'en témoignent les *motets*, les *chansons* et le *Credo* écrits à cette époque. Rentré à Cambrai, ses chansons reflètent l'influence de l'art populaire par leur rythme simplifié, ainsi que par leur charmante bonhommie. Dans ses compositions religieuses (*Magnificat*, hymnes, messes) Dufay, par sa faculté d'ordonner une mélodie, d'en ponctuer les périodes, de lui confier la souplesse et le naturel du discours parlé, annonce l'avenir. Avec lui, la messe succède au motet comme terrain central d'expérience pour l'art de la composition musicale.

Dans le premier quart du XVe siècle, s'ouvre le «deuxième âge d'or» de la musique française. Les grands musiciens de cette époque: Jean de Ockeghem, Josquin des Prés et Roland de Lassus, furent attirés surtout par la forme de la messe. Celle-ci, sous leur impulsion, acquit une variété, une souplesse et aussi une grandeur que seules les dernières œuvres de Dufay avaient laissé présager. Une autre forme musicale allait également connaître une vogue considérable en France et acquérir la même souplesse et la même variété: la *chanson polyphonique*.

Notons en passant que la diffusion de la musique sera grandement servie pendant cette période par l'imprimerie musicale. Celle-ci, née à Venise en 1501, fit son apparition à Paris en 1528.

Jean de Ockeghem, né vers 1430 dans les Flandres, entra au service du duc de Bourbon vers 1447 et puis devint maître de chapelle sous les règnes de Charles VII, Louis XI et Charles VIII. Son œuvre comporte des *Chansons françaises*, des *Motets*, des *Messes*, ainsi qu'un *Canon à trente-six voix* (*Deo Gratias*). Mais c'est surtout par sa musique religieuse que Ockeghem est célèbre. Dans ses messes polyphoniques il sut se libérer de toute influence ou de tout artifice d'école. L'ampleur des formules mélodiques, le lyrisme de certaines courbes et l'originalité dans l'emploi des différentes voix donnent à ses messes un style raffiné et vivant.

Son élève, Josquin des Prés sut continuer son œuvre en la magnifiant et en l'amplifiant. Né près de Cambrai vers 1442, il mourut en 1527 à Condé-sur-Escaut. Après avoir été au service du duc de Bourgogne, il passa plusieurs années à Milan et à Rome, puis séjourna à la cour de Louis XII et obtint, en 1509, un canonicat à Saint-Quentin. Après Ockeghem, Josquin porta la messe à son apogée. Jusqu'à lui l'écriture à troix voix avait prédominé, avec lui et ses contemporains commence le règne de l'écriture à quatre voix. Dès lors, la messe musicale s'affranchit définitivement de sa primitive servitude cultuelle et devint une véritable «forme musicale», ayant une signification en soi, indépendamment de ses thèmes d'inspiration et de la liturgie.

Les chansons de Josquin ont les mêmes qualités fondamentales que sa musique religieuse. Sa profonde intelligence des textes se révèle par la transposition constante et réfléchie de la poésie en musique. En ceci, Josquin renoue avec la tradition des meilleurs troubadours chez qui poésie et musique étaient une identité complexe et indissociable. Mais chez les troubadours la musique était strictement mélodique, chez Josquin elle est polyphonique; le problème était donc beaucoup plus complexe. C'est à lui que revient à juste titre l'honneur d'avoir créé la chanson polyphonique française. Parmi ses chansons, notons surtout *Adieu mes amours*, *À l'ombre d'un buissonnet*, *La plus des plus*, et *Mille regrets de vous abandonner*.

Jusqu'ici, nous n'avons pas parlé de la musique instrumentale. C'est qu'elle occupait, comme d'ailleurs la musique de théâtre, une place très réduite et secondaire durant tout le moyen âge et le XVe siècle. Les compositeurs n'écrivaient pas d'œuvres qui fussent spécialement destinées aux instruments, et lorsqu'ils les utilisaient, c'était pour leur confier une ou deux des «voix» qui se mêlaient aux voix chantées. Peu leur importait donc que ce fût un violon, une flûte ou un hautbois. Pour expliquer cette négligence, il faut rappeler d'abord que la musique à ses débuts était essentiellement liturgique et que l'Église mena un combat déterminé pour éliminer du culte les instruments de musique, puis que la plupart des instruments avant le XVIe siècle étaient d'une qualité tout à fait médiocre.

Les principaux instruments usités dès le moyen âge sont les suivants:

Instruments à cordes: (1) *Cordes pincées*—le luth (5 ou 6 cordes), la harpe, la guiterne, le clavicymbalum (un instrument à clavier, ancêtre du clavecin); (2) *cordes frottées*—la lyre, le rebec (à deux ou trois cordes), la gigue (une sorte de vielle).

Instruments à vent: la flûte, le flageolet, le hautbois, le cor, le chalumeau (ancêtre du hautbois), la buccine (qui avait une tessiture grave semblable à celle du trombone moderne), la saquebute (ancêtre du trombone à coulisse), le clairon;

Instruments à percussion: le tambour, le tambourin, les sonnettes, les castagnettes, les cymbales et les timbales.

L'orgue, connu en France à partir du VIIIe siècle (le premier fut offert à Pépin le Bref en 755 par l'empereur de Byzance, Constantin Kopronyme) devint positif (par opposition à portatif) à partir du Xe siècle. Au XIIIe siècle il fut muni de claviers et depuis le XIVe siècle de pédaliers. L'orgue de Reims, en 1469, possédait 2400 tuyaux.

L'influence de Josquin des Prés fut prépondérante pendant le XVIe siècle. Ses continuateurs immédiats, comme Claude de Sermisy, Nicolas Gombert et Adrien Willaert, retinrent particulièrement les leçons de ses chansons. Mais c'est son plus célèbre élève, Clément Jannequin qui assura la continuité de l'«âge d'or» de la musique française. Plus que tout autre, il personnifie la chanson française entre 1520 et 1560; son œuvre connu comporte plus de trois cents chansons en plus des *Messes*, des 80 *Psaumes de David*, des *Cantiques* et des *Motets*.

Né vers 1490 dans le Poitou, il vivait encore en 1559, puisque dans une dédicace à Marie Stuart il parle, à cette date, de sa «povre vieillesse», mais nous ignorons la date exacte de sa mort. Vers 1520 il donna une première édition de plusieurs de ses chansons, parmi lesquelles *la Guerre,* qui relate les combats de Marignan dont il fut probablement témoin, et qui lui valut une immédiate renommée. Il séjourna de 1530 à 1539 à Angers où il fréquenta les cercles littéraires et artistiques. Il passa alors au service du cardinal Jean de Lorraine et ce mécénat lui permit de composer de nombreuses chansons: la *Prise de Boulogne,* la *Réduction de Boulogne,* le *Caquet des femmes,* etc. Il rencontra alors le jeune Pierre de Ronsard et cette amitié lui valut plus tard d'être nommé curé à Paris. En 1559, il dédia deux chansons à François de Guise: le *Siège de Metz* et la *Bataille de Reuty.*

Grâce à l'imprimerie, les chansons de Jannequin furent largement distribuées et toutes les classes de la société leur réservèrent un accueil chaleureux. La chanson se répandit à cette époque tant en province qu'à Paris, avec une rapidité et un succès que nulle forme n'avait jusqu'alors connus. La société polie du XVIe siècle exigeait une certaine finesse, la désinvolture, la grâce et l'élégance, et considérait qu'un artiste qui insistait, qui étalait son savoir, qui appuyait trop, commettait autant de fautes contre la politesse et le goût. Ce sentiment raffiné se prolongea d'ailleurs jusqu'à l'époque de Louis XV. L'art de Jannequin ajoute ce raffinement à la science qu'il avait héritée du passé. Esprit aristocratique, il réussit, tout en se rapprochant du style populaire, à s'éloigner de toute vulgarité. Avec Jannequin, la musique française prend nettement ce caractère aristocratique qu'elle ne perdra jamais, et qui, dans une certaine mesure, n'exclut pas un aspect populaire, car la véritable aristocratie rejoint toujours le peuple dont elle est issue.

Dans ses chansons, Jannequin se contenta de quatre voix et abandonna, ou presque, la forme à trois voix. Au lieu de s'en tenir aux groupements graves préconisés par Josquin (trois voix d'hommes, une de femme), il préféra s'en tenir à un programme plus équilibré et qui devint la règle: deux voix aiguës, deux voix graves. Sa science contrapuntique fut égale à celle du grand Palestrina, ainsi que le prouve sa chanson: *J'ai esté vostre amy,* où l'agencement, la répartition et l'ordonnance des voix font penser à une pièce d'horlogerie.

Les années 1560–1570 marquent une coupure dans l'histoire de la musique française. Par un brusque revirement des choses, la France qui, en musique, n'avait cessé de féconder l'Italie, se met maintenant à écouter la voix ultramontaine. Le madrigal italien contraint la chanson française à lui emprunter maintes formules; le style fugué bat en retraite devant le style homophone; le chromatisme fait son apparition. Devant cet état de choses, un courant se dessina qui chercha à faire une synthèse des apports français et italien tout en maintenant l'évolution logique de la polyphonie franco-flamande. Cet art international eut pour champion Roland de Lassus.

Né à Mons en 1532, de formation musicale et linguistique française, il séjourna en Italie mais passa toute sa vie à Munich où il mourut en 1594.

Un premier voyage à Paris, en 1571, lui permit de se faire remarquer par Charles IX qui lui accorda une pension, et de fréquenter les poètes de la Renaissance. Les interprétations musicales des poèmes de Ronsard, de Marot et de Remy Belleau démontrent, par leur intelligence et leur sensibilité, combien Lassus avait su pénétrer l'esprit de ces poètes. Sa musique révèle et sa correspondance confirme les deux aspects de ce génial compositeur: l'humour et la vivacité burlesque, opposés à un esprit profondément troublé par le problème de la vie et de la mort. Tour à tour sensuel ou sentimental, spiritualiste ou réaliste, aristocratique ou populaire, mystique ou libertin, Lassus se distingue aussi bien dans la musique profane que dans la musique religieuse. Celle-ci comporte cinquante-deux *Messes,* dont le chef-d'œuvre est *Je suis déshérité* (quatre voix), une centaine de *Magnificat* et les sept *Psaumes de la Pénitence.*

Entre le deuxième âge d'or de la musique française, qui prend fin vers le milieu du XVIe siècle, et le troisième, qui débute à la fin du XVIIe siècle, une centaine d'années s'écoulent. Pendant ce siècle de transition, l'Italie s'impose en maîtresse à la conception musicale française. Sous François Ier, Henri II, Henri III et Henri IV, les compositeurs italiens vinrent en grand nombre en France et propagèrent le madrigal, la musique instrumentale et le ballet. Cependant, à l'heure où la musique italienne semblait devoir triompher définitivement, un musicien, Italien de naissance mais Français de formation, de langue et de conceptions esthétiques, Jean-Baptiste Lully, allait enrayer le mouvement italianisant et fonder l'opéra français.

Le troisième âge d'or s'ouvre lorsque Louis XIV prend le pouvoir. À cette date, l'Académie royale de danse est créée et quelques années plus tard l'Académie royale de poésie et de musique. Cet âge s'achève à la mort de Rameau en 1764, et entre ces deux dates (1669–1764) trois générations se succèdent, chacune connaissant simultanément deux chefs: Lully et Charpentier; La Lande et Couperin; Rameau et Leclair. La première génération porte son effort sur la musique dramatique et l'art religieux; la seconde sur la musique religieuse et l'art instrumental; la troisième sur l'art instrumental et l'art lyrique. Rappelons que les premiers âges d'or n'avaient connu qu'une seule manière de penser en musique: on s'exprimait par la voix et la musique religieuse l'emportait sur l'art profane.

Fils d'un meunier, né à Florence en 1632, Lully fut amené en France à l'âge de 14 ans et mis en service chez la Grande Mademoiselle. Ses talents de danseur et de musicien furent bientôt remarqués et on lui fit donner des leçons de danse, de violon et de composition. En 1652, il fut reçu parmi les *24 Violons du Roi;* l'année suivante Louis XIV le nomma «compositeur de la musique instrumentale». En 1661, il fut naturalisé français et nommé surintendant de la musique de chambre. Trois ans plus tard commença sa collaboration avec Molière: *le Mariage forcé, l'Amour médecin, Monsieur de Pourceaugnac, le Bourgeois gentilhomme,* etc. En 1671, le succès de la tragédie-ballet *Psyché* (en collaboration avec Thomas Corneille et Molière), permit à Lully d'obtenir la direction de l'Académie de poésie et de musique, où le grand musicien s'affirma bon administrateur. De cette date jusqu'à sa mort, Lully exerça une véritable dictature sur la musique française.

Lully fut le créateur de l'opéra français. Ses ballets, ses comédies-ballets et ses tragédies lyriques (*Cadmus et Hermione,* 1673; *Thésée,* 1675; *Armide,* 1686, etc.) préparèrent la voie que devaient suivre les compositeurs français de ce genre et repoussèrent les avances de l'opéra italien. La conception de l'opéra lullyste est basée sur le *merveilleux,* un merveilleux où se rencontrent la poésie, l'action, la musique et la danse. L'opéra ainsi conçu a été défendu par La Bruyère, qui écrivait: « . . . le propre de ces spectacles est de tenir les esprits, les yeux et les oreilles dans un égal enchantement.» Dans la musique, Lully joua un rôle qui ressemble fort à celui que joua Malherbe dans la poésie.

À la même époque, un Français, Marc-Antoine Charpentier (1634?–1704) travaillait dans un sens tout à fait opposé, mais dans la musique religieuse. Né à Paris, Charpentier étudia à Rome et, de retour dans la capitale, se mit à fréquenter les centres italianisants soucieux de faire goûter au public français les beautés de la mélodie italienne. Du point de vue strictement musical, Charpentier fut incontestablement supérieur à Lully; son style est plus riche, plus divers et plus subtil, et son langage harmonique plus sensible. Son œuvre, très abondant, comporte de la musique profane (*le Mariage forcé,* 1672, *le Malade imaginaire,* 1674, l'opéra *Médée,* 1693), mais surtout de la musique religieuse (motets, hymnes, psaumes, messes). En 1698, il devint maître de chapelle à l'église de Versailles où il fit exécuter ses somptueux *Te Deum, Magnificat* et *Office des Ténèbres,* dans lesquels l'influence italienne est très sensible, surtout dans l'emploi de la mélodie et de l'harmonie.

Après la mort de Lully, Richard-Michel de La Lande (1657–1726) obtint sa succession et commença alors une prodigieuse ascension qui devait le faire accéder à toutes les charges officielles. Son activité s'exerça en un double domaine: musique sacrée et musique profane. Dans la première, de La Lande se distingua surtout dans les «grands motets», destinés à la chapelle du roi, où l'opposition des chœurs entre eux, des chœurs et de l'orchestre, des solistes et des instruments, fait naître des effets parfois dramatiques et violents, parfois tendres et gracieux. Dans son œuvre, il a su réaliser une heureuse union des deux styles français et italien.

Tandis que de La Lande dirigeait ses chœurs et ses orchestres, un autre musicien occupait une place éminente dans le domaine de l'orgue et du clavecin. François Couperin, dit le Grand, naquit à Paris en 1668 dans une famille de musiciens distingués. Son grand'père, son oncle et son père avaient tous les trois été organistes; et François devint l'un des plus grands virtuoses de son temps. Organiste de Saint-Gervais en 1686, il publia en 1690 ses premières pièces pour orgues. En 1693, il devint organiste de la chapelle royale et en 1717 claveciniste du roi. Il mourut en 1733, n'ayant servi qu'un idéal: la fusion entre les goûts français et italien. Son œuvre, merveilleusement équilibré, clair et raffiné, dans lequel les formes et les passions sont allègrement contenues, illustre admirablement cette tendance qu'André Gide a définie avec tant de pénétration: «Le classicisme—et par là j'entends le classicisme français—tend tout entier vers la litote. C'est l'art d'exprimer le plus en disant le moins. C'est un art de pudeur et de modestie.»

Couperin composa environ deux cents pièces pour le clavecin et parmi celles-ci les meilleures sont celles qui évoquent ou qui décrivent. Leur technique transcendante emprunte à la France le cadre classique, à l'Italie les harmonies arpégées et les mélodies souples et sensuelles. Il peint des caractères (l'*Auguste,* la *Séduisante,* l'*Insinueuse*), des sentiments (les *Langueurs tendres,* les *Regrets*), des portraits (la *Garnier, Sœur Monique*), des batailles (la *Triomphante,* la *Guerre*) la nature (les *Ondes,* les *Vergers fleuris*). Par son horreur de la rhétorique et de l'emphase, il est Français; par la recherche de l'audace harmonique, par l'obstination de certains motifs et la rigueur de son architecture, il est Italien.

Maître de l'orgue et du clavecin, Couperin se montra également grand dans la musique pour cordes. Admirateur des Italiens, il leur emprunta la sonate à trois et la développa en réalisant la synthèse de l'art français (Lully) et de l'art italien (Corelli). En 1724, il publia une grande sonate descriptive: l'*Apothéose de Corelli,* et l'année suivante un «grand concert»: l'*Apothéose de Lully.*

L'équipe Rameau-Leclair mettra un terme au mouvement dont les origines remontent au milieu du XVIIe siècle, et après elle commencera la décadence.

Jean-Philippe Rameau naquit à Dijon en 1683. Fils d'un organiste, il décida de bonne heure de se consacrer à la musique. Après un court voyage en Italie, il revint en France et fut organiste en Avignon (1702), puis à Clermont-Ferrand, avant de se fixer à Paris en 1723. Là, il publia son *Traité de l'harmonie* et s'établit comme professeur de clavecin, organiste et compositeur. En 1733, il embrassa la carrière dramatique et fut tout de suite plongé dans la polémique, car il représentait la parfaite expression du goût français au moment précis où le public s'en détachait. Il mourut en 1764, alors que Louis XV venait de l'anoblir et que les honneurs commençaient à lui être décernés.

Dans ses écrits théoriques, Rameau défendit passionnément la science de l'harmonie. Pour lui, l'harmonie l'emportait sur la mélodie qu'elle engendrait, soutenait et justifiait. Toute sa théorie reposait sur l'accord parfait et ses différents renversements; l'allégresse et la magnificence devaient être rendues par certains accords consonants, la souffrance par les dissonances. Aujourd'hui, ces notions nous semblent naturelles, mais à l'époque elles paraissaient inconcevables. D'où les attaques de ses contemporains, tels Rousseau et certains Encyclopédistes.[2]

L'œuvre de clavecin de Rameau brille par sa clarté et sa vigueur. Citons: *le Rappel des oiseaux, les Tourbillons, l'Entretien des Muses,* ainsi que la *Gavotte en la mineur.* Celle-ci s'adapte aussi bien d'ailleurs aux cordes pincées qu'aux cordes frappées. Nous sommes à l'époque où le piano forte commence à livrer au clavecin un combat dont ce dernier allait sortir vaincu à la fin du siècle.

C'est cependant dans son œuvre dramatique que Rameau donna ses chefs-d'œuvres: *Hippolyte et Aricie* (1733), qui souleva la querelle entre «lullistes» et «ramistes», à cause de ses audaces harmoniques et orchestrales, *les Indes Galantes* (1735), *Castor et Pollux* (1737) et *Dardanus* (1739). La densité émotive et poétique de la musique de Rameau est malheureusement trop manifestement supérieure à celle du texte et de l'action. Il eut le malheur de ne pas trouver de librettiste digne de son génie.[3]

Jean-Marie Leclair (1697–1764) fut un des plus illustres violonistes du XVIIIe siècle. Il initia l'école française de violon à la technique audacieuse et cohérente qui allait lui permettre de rivaliser avec l'école italienne. Sa musique aristocratique et raffinée, traversée par un lyrisme contenu qui fuit toujours les effets extérieurs, marque un heureux compromis entre les tentatives françaises et les réalisations italiennes. À part son opéra *Scylla et Glaucus* (1746), il se consacra presque entièrement

2. Admiration et critique du génie de Rameau sont admirablement exposées dans le récit de Diderot intitulé *le Neveu de Rameau.*

3. Sa collaboration avec Voltaire, sur l'ordre du roi Louis XV, et plus tard avec J.-J. Rousseau, se solda par un échec.

aux cordes: *Sonates* pour violon, *Sonates* pour deux violons et douze *Concertos* pour violon et cordes. La technique de son métier lui valut d'être nommé plus tard le «Bach français».

Après deux siècles d'efforts pour assouplir et enrichir la musique française au contact de la musique italienne, on aurait pu croire que celle-là pouvait espérer un avenir brillant. Le destin en a voulu autrement. La Révolution, en faisant disparaître la société aristocratique et les mécènes fit du même coup subir à la musique une courbe descendante. Avant la Révolution, à de rares exceptions près, les théoriciens étaient compositeurs; après la Révolution naquit la critique musicale dirigée non par des musiciens mais par des littérateurs dont les discussions ne reposaient sur aucune réalité, sur aucune connaissance de l'histoire de la musique ni de sa technique. Le résultat fut l'encouragement des musiciens secondaires et l'engouement pour une musique facile, senti-mentale et parfois vulgaire. Seuls les étrangers, certains avant, d'autres après la Révolution, tentèrent quelques essais de redressement: Grétry dans l'opéra-comique, Gossec dans la symphonie et Gluck dans la tragédie musicale.

Christophe-Willibald Gluck (1714–1787) répéta, à cent ans de distance, et sur une autre échelle, le cas de Lully. Son premier voyage à Paris, en 1745, lui avait permis de s'initier à la musique de Rameau et, dès cette époque, la connaissance approfondie de l'art français se superposa en lui à la tradition germanique et italienne. De 1758 à 1764, il composa pour les Habsbourg de Vienne une quantité d'opéras-comiques «français» sur des paroles de Lesage, de Sedaine et de Dancourt (*l'Arbre enchanté, l'Ivrogne corrigé, les Pèlerins de la Mecque,* etc.). Réagissant contre les erreurs de l'opéra italien, Gluck s'efforça d'abandonner les artifices et les boursouflures pour se consacrer à un style sobre, simple et dramatique. En 1762, il fit jouer son *Orfeo ed Euridice,* en langue italienne, qui fit sensation.

Cependant, Gluck rêvait d'intéresser la société française à son œuvre. Étant fort au courant des disputes qui se livraient à Paris sur les mérites respectifs de l'opéra français et de l'opéra italien, il sut se concilier Jean-Jacques Rousseau, partisan des Italiens, en louant le *Devin du village* du philosophe, et ainsi s'assura l'appui des Encyclopédistes. Mais surtout, il sut s'assurer la protection de son ancienne élève, Marie-Antoinette, devenue dauphine de France. La première d'*Iphigénie en Aulide* (1774) rencontra un grand succès; *Orphée* et *Alceste* devaient être encore mieux accueillis. Ces trois œuvres allaient d'ailleurs séparer Paris en deux clans. Ceux qui ne voulaient pas accepter sa conception de l'opéra tentèrent de lui opposer un Italien: Nicolas Piccini, dont le talent était plus tendre que profond. Le malheureux Italien se laissa entraîner dans une compétition avec Gluck. On demanda aux deux musiciens de traiter le même sujet: l'*Iphigénie en Tauride*. Malgré une victoire éphémère du Napolitain, celui-ci dut finalement s'avouer vaincu et retourner dans son pays.

Homme de théâtre et dramaturge, Gluck sut rendre à la musique son vrai rôle, qui est de servir la psychologie des personnages et nuancer leurs états d'âme. Sans ouvrir encore la voie au romantisme, Gluck a cependant fait sa place à un sentimentalisme rousseauiste et germanique, fort éloigné de la réserve française. Néanmoins, grâce à lui, le théâtre musical a pu acquérir une pureté et une vigueur qui l'influenceront longtemps.

Pendant le règne de Napoléon, la musique italienne continua à jouir de la faveur du public. Parmi les musiciens français de l'Empire, nommons Étienne Méhul (1763–1817), auteur du célèbre *Chant du départ* et de la *Messe* pour le couronnement de Napoléon; Jean-François Lesueur (1763–1837) maître de chapelle à Notre-Dame de Paris et professeur au Conservatoire (où il eut pour élèves Berlioz et Gounod), et dont l'opéra *Les Bardes* (1804) fut l'un des plus grands succès de toute l'histoire du théâtre lyrique français; Henri Berton (1767–1844), adversaire acharné de l'italianisme et auteur de plusieurs ouvrages lyriques qui obtinrent un très grand succès. Sous la Restauration, Daniel-François Auber (1782–1871), Ferdinand Hérold (1791–1833), Adolphe Adam (1803–1856) et Jacques Halévy (1799–1862) fournirent des œuvres agréables, mais sans grande originalité ni profondeur.

Dans toute cette foule de compositeurs secondaires, apparut un génie isolé qui tour à tour illustra la musique symphonique, la musique dramatique et la musique religieuse: Hector Berlioz (1803–1869). Au moment où il apparut sur la scène, la musique française touchait au fond de la décadence. Depuis Jean-Jacques Rousseau, et malgré les efforts de Gluck, l'italianisme avait prévalu et avait habitué le public aux prouesses vocales et aux effets de scène. Berlioz renoua, par-dessus le XVIIIe siècle, une tradition perdue depuis la mort de Lully. Mais Berlioz fait aussi figure de précurseur, car il prépare la voie que suivront Liszt, Wagner, Strauss et Rimski-Korsakov.

Fils d'un médecin, Berlioz devait lui-même embrasser la carrière médicale, mais un voyage à Paris en 1821 lui fit découvrir la musique de Gluck et de Méhul. Il décida de se consacrer à la musique et devint un des élèves de Lesueur. Après plusieurs échecs, il obtint le Prix de Rome en 1830 et la même année fit exécuter sa *Symphonie fantastique*. L'année

1830, c'est par excellence l'année romantique, la Révolution de juillet, la première d'*Hernani,* et l'on comprend que dans cette œuvre, Berlioz ait tenu à retracer un épisode de sa vie sentimentale: son amour pour l'actrice Harriett Smithson. Cette symphonie est considérée comme la première page de la «musique à programme». Son séjour à Rome lui inspira *Harold en Italie* (1834), symphonie pour alto principal. De retour en France, sa *Grand'messe des morts* lui valut un succès unanime, mais son opéra *Benvenuto Cellini* rencontra l'incompréhension du public. Encouragé par un don de 20.000 francs de Paganini, et par la commande d'un *Requiem* (1837), Berlioz se lança dans une nouvelle création: le poème symphonique avec chœurs et soli. Il composa *Roméo et Juliette* en 1839 et donna ainsi une des plus pures transcriptions de l'expression amoureuse. Pour célébrer le dixième anniversaire de la Révolution de 1830, le gouvernement lui commanda la *Symphonie funèbre et triomphale,* qui passa inaperçue mais qui compte comme la première œuvre française authentiquement populaire et démocratique. Wagner disait de cette œuvre qu'elle était «grande, de la première à la dernière note». Et il continuait: «Si j'étais Beethoven, je dirais: ‹si je n'étais Beethoven, et si j'étais Français, je voudrais être Berlioz.› » Malgré tout, la misère guettait Berlioz et son ménage. Il décida de tenter sa chance à l'étranger et fit un voyage en Allemagne. À son retour, il donna *la Damnation de Faust* (1846) devant une salle vide. De nouvelles tournées à l'étranger comme chef d'orchestre suivirent, notamment en Russie et en Angleterre. Puis il retourna en France et retrouva Paris transformé par la Révolution de 1848. Il composa alors son *Te Deum* ainsi que son *Enfance du Christ* qui remporta un grand succès. Élu à l'Institut en 1856, il se mit à composer un opéra sur un sujet extrait de l'*Énéide: Les Troyens* (1855–1858). Malheureusement, l'Opéra, sous l'influence des musiciens italianisants, refusa d'accepter cette œuvre. Une nouvelle tournée à l'étranger lui procura de nouveaux triomphes, surtout en Russie, mais l'épuisa. Il mourut à Paris le 8 mars 1869.

Comme nous l'avons noté plus haut, Berlioz fut tout à fait en marge du mouvement musical de son temps. Seul musicien à s'être rangé sous la bannière du romantisme, Berlioz fut, le plus souvent, incompris et ignoré du public. Par son amour de la musique objective, il appartient au passé et continue la tradition de Jannequin et de Couperin; par son amour du théâtre, il est bien de son temps; mais par la liberté qui souffle dans toute sa musique, par la place prédominante qu'il donne à l'orchestre, au poème symphonique, à la symphonie, il appartient à l'avenir. Il disait lui-même qu'il ne serait compris qu'en 1940, et le destin a voulu, en effet, que ce soit de nos jours que Berlioz ait commencé à sortir de l'oubli où il était si injustement tombé après sa mort.

Berlioz nous apparaît aujourd'hui comme l'incarnation des aspects contradictoires du romantisme, de son irrationnel et de sa nocivité, mais aussi de ce qu'il peut avoir de généreux, d'illuminé, de génial.

Le quatrième «âge d'or» de la musique française, qui va de 1910 à nos jours, a eu comme précurseurs des musiciens que l'on peut ranger en trois groupes:

Ceux qui, comme Gounod et Saint-Saëns, cherchaient à maintenir une certaine discipline, un équilibre et une clarté qu'ils trouvaient dans les polyphonistes du XVIᵉ siècle et dans les classiques français et étrangers du XVIIIᵉ siècle;

Ceux qui, comme César Franck, plus proches du romantisme et du germanisme, se faisaient les introducteurs de Schubert, de Beethoven, de Schumann et de Wagner;

Ceux, enfin, comme Bizet, Chabrier, Massenet, Lalo et Charpentier, les «esprits indépendants», qui cherchaient leur voie entre le classicisme français et le romantisme allemand.

Après eux pouvait venir la pléiade de compositeurs, Fauré, d'Indy, Debussy, Dukas, Roussel, Schmidt, Ravel, et, plus près de nous, le «Groupe des Six»—Auric, Poulenc, Taillefer, Durey, Milhaud, Honegger —qui allaient redonner à la France la première place en musique, celle qu'elle avait occupée au moyen âge.

Charles-François Gounod (1818–1893) fut de son vivant critiqué pour son «manque du don mélodique», pour son «wagnérisme» et pour son «excès d'intellectualisme». Aujourd'hui, il nous est difficile d'accepter ces critiques; nous lui reprochons plutôt d'avoir parfois manqué de goût et d'avoir souvent cédé à la facilité. Mais nous lui reconnaissons le mérite d'avoir cherché, et trouvé, l'équilibre et la déclamation justes qui sont les marques de la musique française classique, et d'avoir rendu au théâtre lyrique français sa franchise et sa dignité.

Élève de Lesueur, Gounod obtint le Prix de Rome en 1839 et se familiarisa, pendant son séjour en Italie, avec la musique de Palestrina, puis en Allemagne, avec l'art de Bach, Mozart et Beethoven. Il débuta par des œuvres religieuses (*Requiem, Messe de Sainte-Cécile, Te Deum, Mors et Vita*) et songea même à entrer dans les ordres. Un tout autre aspect de son talent apparaît dans ses ravissantes *Symphonies* (en ré et en mi bémol), où l'on retrouve l'influence de Haydn, et dans son savoureux petit chef-d'œuvre, *le Médecin malgré lui*. (C'est Stravinsky qui retrouva ce dernier morceau et le présenta, en collaboration avec Diaghilev, en 1923.) Les mélodies de Gounod, charmantes pour la plupart, sont à l'origine de toute la production de l'école des mélodistes français modernes. Le mérite essentiel de ces mélodies est de conférer au piano un rôle indépendant qui s'oppose à la conception de l'accompagnement tel que le pratiquaient les auteurs de romance de son époque.

Mais c'est surtout son œuvre lyrique qui a établi la réputation de Gounod. Ses meilleurs opéras sont *Faust* (1859), *Mireille* (1863) et *Roméo et Juliette* (1867). Malgré certains défauts, *Faust* a des qualités indéniables de jeunesse et de fraîcheur qui ont gagné tous les publics. La partition de Gounod est pleine d'idées musicales, les personnages ont beaucoup de relief; il existe une union intime entre la substance musicale et les propos des chanteurs, les sentiments qui les animent et les gestes qu'ils accomplissent. Bref, cette œuvre forme un ensemble cohérent où rien n'est arbitraire ni superflu.

Camille Saint-Saëns occupe une place privilégiée parmi les réformateurs du style musical français. Il fut l'un des premiers à remettre en honneur la sonate et les formes qui en dérivent. Il eut le plus grand souci de la pureté de l'écriture, de la perfection de la forme, de l'autonomie du langage musical, délesté de toute recherche de l'effet. Il vécut très longtemps (1835–1921) et participa ainsi à trois époques et à trois courants de la musique. Or, il ne sut malheureusement pas renouveler sa technique première et fit donc figure de retardataire auprès de ceux qui, comme Fauré et Debussy, arrivèrent après lui mais le dépassèrent rapidement. Il conserva, en outre, une fougue et une intolérance juvéniles jusqu'à l'âge le plus avancé, ce qui lui valut de solides et durables inimitiés.

La position esthétique de Saint-Saëns est plutôt paradoxale, car, tout en étant caractéristiquement française par ses qualités d'équilibre, de pureté et de logique, elle épouse les disciplines et les cadres strictement allemands: la fugue selon Bach, la sonate selon Mozart, la symphonie selon Beethoven. Avec Berlioz, il peut revendiquer l'honneur d'avoir créé une école symphonique française.

Saint-Saëns a laissé trois symphonies, dont la dernière, en ut mineur avec orgue, est un des chefs-d'œuvre du genre. À l'image de Liszt, il excella dans le poème symphonique, tels *la Danse macabre* et *le Rouet d'Omphale*. Il composa de nombreux morceaux de piano, des sonates pour violon et violoncelle, de la musique de chambre (son *Carnaval des animaux*—1886—est particulièrement connu), des œuvres religieuses, un oratorio dramatique, *Samson et Dalila* (1877) qui fut plus tard transformé en opéra, des préludes et fugues pour orgues, etc. L'art de Saint-Saëns est lumineux, correct et plutôt froid, mais d'une grande perfection académique.

Né à Liège en 1822 et mort à Paris en 1890, César Franck appartient à proprement parler à l'École française. Arrivé à Paris à l'âge de 13 ans, il y passa le restant de sa vie et fut naturalisé en 1870. Son œuvre, étonnamment riche, se partage entre la musique religieuse, la musique symphonique et la musique de chambre. Pendant les vingt premières années de sa carrière, Franck chercha sa voie; après sa nomination comme organiste à Sainte-Clotilde à Paris, en 1860, et pendant les trente dernières années de sa vie, il produisit une succession de chefs-d'œuvre. *Les Béatitudes* (1869–1879) sont l'une des œuvres maîtresses de la musique religieuse des temps modernes; *le Quintette* (1879) est le premier grand morceau de ce genre de la musique française; les quatre poèmes symphoniques: *les Éolides* (1876), *le Chasseur maudit* (1882), *les Djinns* (1884), *Psyché* (1887) montrent tous une grande richesse harmonique; *la Symphonie en ré mineur* (1888), est une œuvre passionnée, pittoresque et dramatique où l'influence de Liszt est prédominante. Partout, dans tous les genres, Franck traça des sillons nouveaux. Il sut libérer l'art français du goût qui régnait alors, et lui donner un sérieux qui lui manquait depuis plus d'un siècle.

Parmi les musiciens qui subirent la rayonnante emprise de Franck, il faut mentionner surtout Ernest Chausson (1855–1899) qui, en quelques années, nous donna de merveilleuses compositions comme la *Symphonie en si bémol*, le *Poème pour violon et orchestre*, le *Concert pour piano, violon et quatuor à cordes*, que beaucoup tiennent pour son chef-d'œuvre. À part ces œuvres, et d'autres du même genre, on doit ajouter un grand nombre de mélodies (*la Chanson perpétuelle*, sur un poème de Charles Cros, *Serres chaudes*, *les Heures*, sur un poème de Camille Mauclair) qui font de lui un des créateurs du *lied* français.

Nous ne pouvons parler en détail de chacun des musiciens qui forment le groupe des «esprits indépendants». À part Bizet, auquel nous reviendrons, notons d'abord Emmanuel Chabrier (1841–1894) dont l'art spontané, franc et ingénu est authentiquement populaire. Son premier succès fut *España* (1883), une étourdissante évocation de l'Espagne, mais il se distingua surtout dans l'opéra-bouffe: *l'Étoile* (1878), *le Roi malgré lui* (1887), etc. Notons ensuite Jules Massenet (1842–1912) qui excella dans l'art lyrique et qui, dans des œuvres telles que *Manon* (1884), *Le Cid* (1885), *Werther* (1892) et *Thaïs* (1894), fit preuve d'une science approfondie du pittoresque musical. Sa musique, onctueuse, tendre et féminine, était bien faite pour plaire au public qui fréquentait les Grands Boulevards. Édouard Lalo (1823–1892) est le premier musicien français qui ait su incorporer le génie ibérique. Sa *Symphonie espagnole* (exécutée pour la première fois par l'incomparable violoniste Jacques Thibaud) précéda d'un an la création de *Carmen,* de Bizet, et se distingue par sa grâce élégante et tendre, sa verve spirituelle et son panache. Fort sensible à l'aspect régionaliste de la musique et à la «couleur locale», Lalo composa une *Rhapsodie norvégienne,* un *Concerto russe* (1886) et le *Roi d'Ys* (1879) sur une légende bretonne. Sa *Symphonie en sol mineur* (1886) est une date mémorable dans l'histoire de la symphonie française. Il fut également l'un des pionniers de la musique de chambre française moderne.

Élève de Massenet, Gustave Charpentier (1860–1956) compte surtout comme le créateur de *Louise* (1900), une des réussites les plus marquantes du théâtre lyrique. Rempli de fantaisie, de désinvolture, de gentillesse et de comique, cet opéra nous mène en plein cœur de Paris, sur la Butte Montmartre, et nous fait participer à l'amour, la vie de bohème et le socialisme esthétique du début du XXᵉ siècle.

Le nom de Georges Bizet (1838–1875) est connu dans le monde entier grâce à son opéra *Carmen* qui fut présenté l'année de sa mort. Quand on songe que ce musicien génial est mort à un âge où ni Rameau, ni Beethoven, ni Wagner n'avaient encore écrit leurs chefs-d'œuvre, on peut mesurer tout ce que l'on pouvait attendre de lui, d'autant plus que son œuvre marque une évolution ascendante continue de ses premières compositions à ces réussites indéniables que sont l'*Arlésienne* (1872) et *Carmen.*

Né à Paris d'une famille de musiciens, Bizet entra à neuf ans au Conservatoire et obtint le premier Prix de Rome en 1857. Deux ans auparavant il avait déjà composé une *Symphonie,* dans un style assez proche de celui de Haydn, et deux opérettes: *la Prêtresse* et *le Docteur Miracle.* À Rome, il écrivit une suite symphonique, *Roma,* un opéra-bouffe, *Don Procopio* et une ode symphonique, *Vasco da Gama.* En 1863, le directeur du Théâtre-Lyrique à Paris lui confia le livret des *Pêcheurs de Perles* de Michel Carré et E. Cormon. Cette œuvre marque le réel début de Bizet sur la scène, et à partir de ce moment il ne travailla plus que sur commande: *Ivan le Terrible* (1865), *la Jolie fille de Perth* (1867), *Djamileh* (1872) et l'*Arlésienne.*

C'est l'excellent livret que Meilhac et Halévy avaient tiré de la belle nouvelle de Prosper Mérimée qui fournit à Bizet l'occasion d'écrire le drame puissant et chatoyant de *Carmen.* Malgré que le compositeur ne fût jamais allé en Espagne, il réussit admirablement à agrémenter son œuvre de rythmes, de couleurs et d'atmosphères spécifiquement espagnols. *Carmen* est une œuvre musicale d'une étonnante cohérence où le drame et la comédie, la passion et la sentimentalité, la joie et l'aventure ont chacun leur rôle bien dosé, le tout surmonté de la menace occulte du tragique qui s'achève par le cri d'amour, de passion et de désespoir le plus déchirant qu'on ait jamais fait entendre au théâtre.

Bizet fut apprécié en son temps par des musiciens comme Liszt, Grieg et Saint-Saëns, et par des écrivains comme Nietzsche («Bizet me rend fécond»), qui surent reconnaître l'originalité de son écriture, l'imprévu de ses harmonies et l'accent profondément humain de sa musique. Mais le public lui fut indifférent. Ce n'est que huit ans après sa mort que *Carmen* remporta un premier succès et commença sa carrière triomphale dans toutes les salles d'opéra du monde.

Avant d'aborder la «pléiade» de compositeurs que nous avons mentionnée plus haut, disons quelques mots des remarquables organistes qui, à la suite de César Franck, illustrèrent particulièrement la musique religieuse de la fin du XIXᵉ et du début du XXᵉ siècles. Charles-Marie Widor (1844–1937) succéda à Franck au Conservatoire et fut organiste à Saint-Sulpice. Musicien accompli, compositeur génial et professeur remarquable (parmi ses élèves se trouvaient Vierne, Dupré, Honegger et Milhaud) il laissa huit *Symphonies pour l'orgue* qui marquent une date dans l'histoire contemporaine de l'orgue. On lui doit aussi des pièces de piano, des œuvres symphoniques, des *Concerts* pour piano et orchestre, etc.

Son élève Louis Vierne (1870–1937), qui avait étudié lui aussi avec César Franck, fut organiste de Notre-Dame de Paris de 1900 à sa mort. Ses six *Symphonies,* sa *Messe basse pour les défunts* et ses nombreux morceaux pour le piano, sont tous animés d'une flamme romantique et d'un intarissable jet de lyrisme. Un autre élève de Franck et de Widor, Charles Tournemire (1870–1939), fut un des plus notables représentants de l'école française moderne d'orgue. Il parvint à concilier les impératifs de l'orgue symphonique et de l'orgue liturgique dans ce remarquable monument, auquel il donna le titre de *l'Orgue mystique,* qui contient cinq méditations sur chacune des fêtes dominicales.

Né à Rouen en 1886, Marcel Dupré reçut le Prix de Rome en 1914; en 1926 il devint professeur d'orgue au Conservatoire, dont il devait être directeur de 1954 à 1956. Virtuose et improvisateur éblouissant, Dupré est également un compositeur fécond dont il faut mentionner notamment la *Symphonie passion* (1924), le *Chemin de la Croix* (1932) et le *Concerto* (1934) pour orgue et orchestre.

Jean-Philippe Rameau

Hector Berlioz

Claude Debussy

Gabriel Fauré

Pierre Boulez

Olivier Messiaen

Francis Poulenc

Darius Milhaud

Une scène de *Bolivar,* opéra de Milhaud

Comme Beethoven, Gabriel Fauré (1845–1924) souffrit pendant les vingt dernières années de son existence d'une affreuse surdité qui l'empêcha d'entendre la musique qu'il ne cessa d'écrire jusqu'à sa dernière heure. Né dans l'Ariège, Fauré vint tout jeune à Paris où il étudia avec Saint-Saëns et Louis Niedermeyer. Ce dernier lui inculqua l'amour des modes grégoriens et une aversion pour le cabotinage, la recherche du succès et la routine académique. Saint-Saëns lui fit étudier Bach et lui révéla les «modernes»: Liszt, Schumann et Wagner. En 1877, après avoir été organiste à Rennes, puis dans plusieurs églises de Paris, Fauré devint maître de chapelle à la Madeleine et organiste en titre en 1896. La même année, il succédait à Massenet comme professeur de composition au Conservatoire, dont il devint le directeur de 1905 à 1920. Nommé membre de l'Institut en 1909, il continua à mener une vie modeste et retirée jusqu'à sa mort. Le gouvernement français lui fit des obsèques nationales.

Ni orchestrateur ni homme de théâtre, Fauré se contenta généralement du cadre intime de la musique de chambre.[4] Il laissa également plus de deux cents mélodies ainsi que de nombreux morceaux pour piano. Au début de sa carrière sa musique était empreinte d'un chaud lyrisme et d'une grande tendresse, mais au cours de son évolution cette musique obéit de plus en plus à des lois plus strictes, elle évita les éclats, rechercha le dépouillement et tira de sa simplicité une grande force persuasive et une remarquable puissance d'évocation. Parmi ses mélodies, citons *Lydia, Après un rêve, Au bord de l'eau, Nell, Clair de lune;* parmi les morceaux de piano: *Impromptus, Barcarolles, Préludes, Nocturnes,* et, dans la musique de chambre, les *Sonates* pour violon, les *Sonates* pour violoncelle, le *Trio* avec piano et le *Quatuor* à cordes. La meilleure description qu'on ait donnée de la musique de Fauré est celle-ci: «Sa musique commence de parler alors qu'elle s'est tue.»

Le grand écrivain Romain Rolland, parlant de Vincent d'Indy, en disait: «Par son caractère, son exemple, son esprit, il fut un des premiers éducateurs musicaux de la France actuelle.» Originaire du Vivarais, d'une famille noble et traditionaliste, d'Indy (1851–1931) reçut sa première éducation musicale de sa grand'mère et de son oncle. Sa famille connaissait Berlioz et Rossini et donnait des soirées musicales où l'on entendait, ce qui était plutôt rare alors, des compositions de Bach, de Couperin, de Rameau, de Haydn et de Mozart. Les premières amours de d'Indy allèrent aux Allemands, mais après la guerre de 1870, il contribua à la résurrection de la musique française de chambre et se mit à l'école de Rameau et de Franck.

---

4. Notons cependant son sublime *Requiem,* qui fut joué pour la première fois à ses obsèques.

Entre 1873 et 1895, d'Indy composa plusieurs poèmes symphoniques (*Antoine et Cléopâtre, la Chevauchée du Cid,* la trilogie de *Wallenstein*) et sa *Symphonie sur un thème montagnard français,* que certains critiques considèrent comme son chef-d'œuvre. Pour le théâtre, d'Indy donna un opéra-comique, *Attendez-moi sous l'orme,* un opéra-mystère, *la Légende de Saint Christophe.* Citons également ses *Tableaux de voyage* et *la Grande Sonate,* parmi ses morceaux de musique de chambre. Malgré l'indigence et l'excessive brièveté de ses idées mélodiques, la musique de d'Indy est remarquable par son ingéniosité rythmique et son orchestration somptueuse.

Nous arrivons maintenant à un des très grands noms de la musique française moderne: Claude Debussy (1862–1918), qui se nommait lui-même, vers la fin de sa vie: Claude de France. Né à Saint-Germain-en-Laye, il entra au Conservatoire à l'âge de dix ans et obtint le premier Prix de Rome en 1884, avec sa composition l'*Enfant prodigue.* Malgré ce début traditionnel, le jeune Debussy manifesta de bonne heure son besoin d'indépendance et se forgea très tôt un style personnel. On le taxa tour à tour de classicisme, de romantisme, d'impressionnisme, de symbolisme et finalement on l'accusa d'être révolutionnaire. Tous ces qualificatifs s'appliquent en effet à sa musique. Révolutionnaire, Debussy bouleversa les notions techniques enseignées au Conservatoire en libérant les accords de leur primitive contrainte, en employant les dissonances et les successions de tons entiers; romantique, il employa un lyrisme d'une brûlante sensualité (*la Mer, Prélude à l'après-midi d'un faune*); impressionniste, il sut peindre avec délicatesse le passage des *Nuages* ou la trace des *Pas sur la neige;* symboliste, il se servit d'un art subtil de correspondances (*la Fille aux cheveux de lin, la Cathédrale engloutie*); classique, il écrivit plusieurs préludes à la française et ce morceau profond, chargé de gravité et de majesté, l'*Hommage à Rameau.*

L'esthétique debussyste fut profondément marquée par la poésie de Verlaine, de Baudelaire et de Mallarmé. Comme eux, il voulait non pas dire mais suggérer, non pas décrire mais évoquer. Pour la poésie baude-lairienne il composa les *Cinq poèmes de Baudelaire,* pour celle de Verlaine, les *Fêtes galantes* et la *Suite bergamasque,* pour celle de Mal-larmé les *Trois poèmes de Stéphane Mallarmé* ainsi que l'*Après-midi d'un Faune.* Pour le livret de Maeterlinck il écrivit la musique de *Pelléas et Mélisande,* pour celui de d'Annunzio celle du *Martyre de Saint Sébastien.* Poète de l'enfance, Debussy dédia à sa fille le délicieux *Chil-dren's corner,* un des chefs-d'œuvre du genre, dont un passage, le *Gol-liwog's Cake Walk* contient en germe quelques-uns des procédés les plus significatifs du jazz, alors dans sa phase embryonnaire.

Né à Ciboure, dans les Basses-Pyrénées, d'une mère basque et d'un père suisse, Maurice Ravel (1875–1937) n'avait que quelques mois lorsque sa famille se fixa à Paris. Il entra au Conservatoire en 1889 et très tôt manifesta son goût pour le rare, le précieux et le raffiné. Ses maîtres préférés étaient Couperin et Rameau, en premier lieu, Mozart, Weber et Chopin, les Russes Borodine et Moussorgsky, ainsi que, plus près de lui, Gounod, Massenet et Bizet.

Ses premières compositions, *Habanera* (1895), *Pavane pour une Infante défuntē* (1899), *Jeux d'eau* (1901), *Schéhérazade* (1903), le *Quatuor à cordes* (1903) témoignent de la précocité de sa maîtrise. Viennent ensuite l'*Heure espagnole* (1907), *Ma mère l'oye* et *Gaspard de la nuit* (1908), *Les Valses nobles et sentimentales* (1911), *Daphnis et Chloé* (1912), *La Valse* (1919), etc. Parmi les chefs-d'œuvre de la dernière période, notons l'*Enfant et les sortilèges* (1920–25), le *Boléro* (1928), le *Concerto pour la main gauche* (1931). On doit également nommer les orchestrations des pages de Debussy, de Satie, de Schumann, et surtout les *Tableaux d'une exposition*, de Moussorgsky (1922).

L'esthétique du cubisme, des ballets russes, et de tout ce qui gravitait autour de Picasso et d'Apollinaire a eu une grande influence sur Ravel. Son orchestration, infiniment délicate, subtile, chatoyante et ingénieuse, a su utiliser au maximum les ressources de chaque instrument, réglant le dosage des timbres, des intensités et des couleurs. On a remarqué que tandis qu'il y a plusieurs façons d'exécuter Debussy, il n'y en a qu'une de jouer du Ravel. Toute sa musique, ou presque, pourrait être dansée et on y trouve toutes les danses, depuis les plus anciennes (menuet, pavane, chacone) jusqu'aux plus récentes (les *blues*). Mais de toutes ces danses, c'est la valse qui semble avoir retenu l'attention particulière de Ravel.

Beaucoup de critiques considèrent que son chef-d'œuvre est le *Concerto pour la main gauche,* écrit pour le pianiste autrichien Wittgenstein qui avait été amputé du bras droit. Le caractère douloureux et angoissé de ce morceau, traversé par de fulgurants élans de lyrisme qui sont autant de supplications et d'appels, semble révéler tout ce que Ravel a dissimulé de lui-même. Cette troublante confidence est particulièrement émouvante quand on considère que c'est la dernière œuvre majeure de Ravel qui, atteint d'apraxie, devait peu après succomber à la suite d'une opération.

En janvier 1920, un groupe de jeunes musiciens, qui avaient adopté le sobriquet de «Nouveaux Jeunes», se réunit chez Darius Milhaud. À cette soirée participait le poète Jean Cocteau qui, enthousiasmé par le talent de ces jeunes gens, les baptisa le «Groupe des Six» et devint, en quelque sorte, leur agent publicitaire. Ce groupe, composé de Georges Auric, Louis Durey, Arthur Honegger, Darius Milhaud, Francis Poulenc et Germaine Taillefer, collabora à une œuvre, *Les Mariés de la Tour Eiffel*, de Cocteau. Mais, à part leur commune réaction contre l'impressionnisme et le symbolisme, ces musiciens se sont comportés de façon fort distincte.

Auric (né en 1899) se distingua surtout dans la musique de scène, de ballet et de film. Ses meilleures réussites ont été obtenues dans le ballet: *Les Matelots, le Peintre et son modèle*, etc. Pour la scène, il composa, entre autres, la musique de *Volpone*, de *Monsieur le Trouhadec* et de *la Femme silencieuse;* pour les films, la musique de *la Belle et la bête, À nous la liberté, Moulin-Rouge*, etc.

La production de Louis Durey (né en 1888) est assez limitée. D'abord séduit par la technique de Schönberg, il adopta une écriture atonale, puis s'affranchit totalement de cette influence et donna des œuvres charmantes, d'une savoureuse fraîcheur. Les *Poèmes de Pétrone*, les *Épigrammes de Théocrite* apportent une façon neuve de concevoir la poésie du passé. Sa troisième manière, où il s'attache à créer un langage plus riche, plus divers, a déjà fourni le *Poème de la prison*, sur des textes d'Apollinaire, et le *Printemps au fond de la mer*, pour voix et dix instruments, sur un texte de Cocteau.

Poulenc (1899–1963) s'est intéressé à toutes les formes de la musique. Son intelligence poétique a fait de lui un des maîtres de la mélodie française (*Cinq poèmes d'Éluard, Calligrammes*, etc.). Ses compositions pour le théâtre, *les Mamelles de Tirésias*, le *Dialogue des Carmélites, la Voix humaine* ont une grandeur pathétique qui forcent l'admiration. En 1935, il composa sa première œuvre religieuse, les *Litanies à la Vierge noire*, qui fut suivie en 1937 par une *Messe en sol*, par les *Motets pour un temps de pénitence* (1938-1939), par le *Stabat Mater* (1950), etc. Excellent pianiste lui-même, Poulenc a écrit plusieurs pièces pour le piano (le *Concert champêtre*, composée pour Wanda Landowska, le *Concert pour piano et orchestre*, etc.). La musique de Poulenc se distingue par son énergie, son exubérance et par le brillant de sa mélodie et de ses harmonies.

Darius Milhaud a déjà produit un œuvre énorme et déconcertant. Ce musicien est d'une fécondité surprenante; certains critiques parlent de lui comme d'une «force de la nature, désordonnée et excessive». Ce jugement rappelle un peu celui porté par les critiques littéraires sur Paul Claudel, l'ami et le collaborateur de Milhaud.

Né à Aix-en-Provence en 1892, de parents juifs, Milhaud a réussi à concilier son héritage sémite, la tradition française et le génie provençal. L'unité fondamentale de son œuvre repose sur trois aspects fondamentaux de la tradition française: le rationalisme logique, la science mesurée et la rigueur des disciplines spirituelles. De son héritage sémite, Milhaud tient la plénitude de vivre et l'absorption du réel. Sa musique est essentiellement de plein air et reflète l'attachement profond de l'artiste aux paysages de Provence, à ses vibrations lumineuses, à son âme, à sa joie et à sa gravité (*Carnaval d'Aix, Suite provençale*, etc.).

C'est en 1911 que Milhaud rencontra Claudel pour la première fois. «Depuis ce jour, a-t-il écrit, ce fut une longue collaboration qui est la meilleure chose de ma vie de musicien et le début d'une amitié précieuse dont je suis fier.» Milhaud trouva au contact de Claudel la vigueur poétique qui était à la mesure de son tempérament. En 1917, Claudel, nommé ambassadeur de France à Rio de Janeiro, emmena Milhaud en qualité d'attaché d'ambassade. Les *Sept poèmes de la Connaissance,* les *Quatre poèmes,* sur des textes de Claudel, la musique d'accompagnement pour les *Choéphores, Agammenon* et les *Euménides,* traductions de Claudel, ainsi que celle écrite pour les pièces *Protée, l'Homme et son désir, Christophe Colomb,* sont toutes issues de la collaboration entre ces deux grands artistes.

À part cette musique d'accompagnement, Milhaud composa plusieurs œuvres pendant son séjour en Amérique du Sud: *Saudades do Brazil,* deux *Petites Symphonies* et la *Cantate de l'Enfant Prodigue.*

Revenu à Paris, il participa au «Groupe des Six» à l'époque des «scandales» dadaïstes, époque qui voit naître le *Bœuf sur le toit,* les *Cinq études* pour piano et orchestre, *la Création du monde, Salade,* etc.

En 1940, Milhaud réussit à passer aux États-Unis où il fut nommé professeur à Mills College, en Californie; il exerça longtemps ce poste avec celui de professeur de composition au Conservatoire de Paris.

On trouve chez Arthur Honegger (1892–1955) le même caractère puissant que chez Milhaud, le même sens du grandiose et de l'épique. Lui aussi collabora avec Claudel (*Tête d'Or, Jeanne au bûcher*). Mais Honegger, né au Havre d'une famille zurichoise, a été surtout tributaire d'une culture spécifiquement germanique. Son admiration pour Beethoven l'a poussé vers la description d'états de sensibilité extrêmes et parfois excessifs. Son protestantisme, par contre, a favorisé sa connaissance et son intelligence de l'Ancien Testament, ainsi que le révèlent ses oratorios *le Roi David* et *Judith.*

Il y a une curieuse antinomie entre la musique d'orchestre de Honegger et sa musique de chambre. La première (*le Chant de Nigamon, Prélude pour la tempête, Pacific 231,* cinq *Symphonies,* etc.) traduisent surtout l'élément de violence et d'éclat qui caractérise une des forces de son génie;

la seconde (*Quatuors, Sonates pour violon, alto, violoncelle, Sonatine pour violon et violoncelle,* etc.) étant sous le signe de la méditation grave et repliée.

Son chef-d'œuvre est probablement la *Danse des Morts* qui ne connaîtra sans doute jamais un grand succès populaire, à cause de la rigueur de son style, de l'absence de tout élément anecdotique, et de l'âpreté de son caractère apocalyptique. Le public lui préférera toujours son oratorio, *Jeanne au bûcher,* créé à Bâle en 1938. La musique de Honegger, fraîche, ingénue, souriante, épouse admirablement le texte de Claudel, qui nous présente la sainte en pleine crise de doute et de désespoir, mais quand même triomphante grâce à sa foi. *Jeanne au bûcher* est une œuvre d'une haute spiritualité, profonde et intensément dramatique; c'est aussi une œuvre vraiment populaire, au sens le plus élevé et le plus vaste de ce terme.

Parmi les musiciens nés au XXᵉ siècle, nous nous contenterons de signaler Olivier Messiaen (1908) et Pierre Boulez (1925). Messiaen passa une partie de son enfance à Grenoble où il apprit le piano et commença à composer. En 1919, il entra au Conservatoire où il eut comme maîtres Marcel Dupré et Paul Dukas, entre autres. Nommé organiste à l'église de la Trinité en 1931, il fit jouer cette même année sa première œuvre pour orchestre: *Offrandes oubliées.* Cinq ans plus tard il formait le groupe *Jeune France,*[5] et en 1942 était nommé professeur au Conservatoire. Là il eut parmi ses élèves Jean-Étienne Marie (1917), André Hodeir (1921) Serge Nigg (1924), qui se sont tous distingués dans la musique moderne, ainsi que Pierre Boulez.

Les premières œuvres de Messiaen, écrites pour l'orgue, *le Banquet céleste* (1928) et *Diptyque* (1930), attirèrent l'attention sur lui et furent suivies de *l'Apparition de l'Église éternelle* (1932), de *l'Ascension* (1933), et de *la Nativité du Seigneur* (1935), toutes pour le même instrument.

Messiaen a également composé des œuvres vocales, des symphonies et des morceaux pour le piano. Parmi ceux-ci, un recueil de *Préludes* (1929), *le Réveil des oiseaux* (1953) et *Vingt regards sur l'Enfant Jésus* (1944). Le langage musical de Messiaen a été profondément influencé par les rythmes de l'Inde, par le plain-chant, ainsi que par les mélodies de Massenet. Il faut noter également que ce compositeur porte un intérêt particulier au chant des oiseaux, dont il a dressé un catalogue, et qu'il incorpore dans ses mélodies.

5. Groupe de quatre musiciens: Yves Baudrier (né en 1906), André Jolivet (1905), Daniel Lesur (1908) et Messiaen, dont la tendance commune était de «réhumaniser la musique» et de revendiquer ses droits au sentiment et à la spiritualité.

Boulez est le premier compositeur français à avoir réalisé la symbiose des acquisitions les plus importantes de la musique contemporaine: le dodécaphonisme sériel de Schönberg, les découvertes rythmiques de Messiaen et de Stravinski, et l'organisation des timbres de Webern.

Le Visage nuptial (1947–1950), *Structures, le Marteau sans maître,* deux *Études* de musique concrète[6] figurent parmi ses œuvres les plus importantes. Musicien sincère et d'un grand talent, Boulez est aussi un homme intransigeant et un polémiste redoutable. Il est sans aucun doute le représentant le plus spectaculaire du dodécaphonisme.

6. La *musique concrète* développée depuis 1949 est un effort d'utiliser toutes les sources sonores imaginaires, enregistrées sur magnétophone. L'œuvre musicale ainsi obtenue doit être saisie comme un tout *concret,* d'où son nom.

La mort d'Orphée, cantate d'Hector Berlioz (musique et notes autographes dans la Bibliothèque nationale)

Chapitre 20

LA SCIENCE FRANÇAISE

LA science française peut s'honorer à juste titre d'une très longue et glorieuse histoire. Sans vouloir remonter aussi loin que le moyen âge, où pourtant, dès le XIᵉ siècle, la médecine et la pharmacie prirent un certain essor, commençons notre résumé au XVIᵉ siècle. Après l'invention de l'imprimerie, les sciences connurent, elles aussi, une véritable renaissance. François Viète (1540–1603) édifia l'algèbre moderne en formulant la théorie générale des équations (1591) et Jean Fernel (1497–1558) mesura le tour de la Terre (1527). Grâce au génial Ambroise Paré (1517–1590) la chirurgie commença à se perfectionner. L'agronomie, avec Olivier de Serres, auteur du *Théâtre d'agriculture* (1600), fit de notables progrès. Quant à la botanique, notons que le célèbre jardin de Montpellier, destiné aux besoins réunis de la médecine, de la science et de l'agriculture, date de 1593 et qu'il contenait, dès 1598, 1.600 espèces de plantes. À Paris, un jardin royal des plantes médicinales fut créé en 1626. Aujourd'hui, il est devenu le *Muséum national d'histoire naturelle*.

Le XVIIᵉ siècle vit éclore un prodigieux mouvement scientifique dans lequel la France joua un rôle de tout premier plan. En mathématiques, citons d'abord Pierre de Fermat (1601–1665) à qui l'on doit la première application du calcul différentiel pour la recherche des tangentes. René Descartes (1596–1650), philosophe, écrivain, mathématicien et physicien, posa les bases de la science rationnelle et imagina la géométrie analytique.

Blaise Pascal (1623–1662) s'intéressa aux sciences dès son enfance: à 16 ans, il écrivit un *Traité des sections coniques* et, deux ans plus tard, il inventa une machine à calculer. Il s'illustra ensuite par la découverte du calcul des probabilités, des lois de la pesanteur de l'air et de l'équilibre des liquides. On lui doit également le triangle arithmétique, la presse hydraulique et la théorie de la roulette.

L'Observatoire de Paris fut construit par Charles Perrault en 1671 et permit les travaux astronomiques et topographiques de Jean-Dominique Cassini (né en Italie en 1625, mort à Paris en 1712), et de son fils Jacques

(1677–1756), ainsi que les travaux de Christian Huyghens (1629–1695). Ce dernier formula l'hypothèse des ondulations lumineuses, la théorie du pendule composé et découvrit l'anneau de Saturne.

Vers le milieu du siècle, l'abbé Edmée Mariotte (1620–1684) énonça la loi qui porte son nom sur la compressibilité des gaz. En 1690, le protestant Denis Papin (1647–1714), qui avait inventé le digesteur autoclave, construisit le modèle d'une machine à vapeur. Chassé de France par l'Édit de Nantes, il se réfugia en Allemagne, où son modèle fut détruit par les villageois qui croyaient avoir affaire à une machine diabolique!

Notons que la fondation de l'Académie des Sciences, en 1666, encouragea grandement les travaux des savants de cette époque, et que la diffusion de leurs travaux à travers l'Europe fut favorisée par la création du *Journal des Savants* en 1665. Avant cela, la diffusion des travaux scientifiques avait été accomplie surtout par correspondance. Par exemple, les lettres écrites par le père Marin Mersenne (1588–1648) à la plupart des savants éminents de son temps forment une sorte de journal scientifique de l'époque.

Au XVIIIᵉ siècle, les sciences naturelles et médicales furent très cultivées en France. René-Antoine Ferchault de Réaumur (1683–1757) publia de très nombreux mémoires en zoologie, mais son œuvre la plus connue est constituée par les six volumes sur l'histoire naturelle des insectes. Il y a décrit non seulement la structure, mais aussi, et surtout, les instincts et les mœurs de ces animaux, leur développement et leurs métamorphoses. Les travaux de Jean de la Quintinie (1626–1688) et de Duhamel du Monceau (1700–1781) permirent aux agriculteurs français de tirer un meilleur parti de leurs champs, tandis qu'Antoine-Augustin Parmentier (1737–1813) leur apprenait la culture de la pomme de terre.

Parmi les mathématiciens de ce siècle, il faut surtout nommer Pierre-Siméon de Laplace (1749–1827) qui s'occupa des questions de mécanique céleste, inventa le système cosmologique qui porte son nom, et formula les lois élémentaires de l'électromagnétisme; Louis de Lagrange (1736–1813) qui énonça la théorie des vibrations de la lune et fit de nombreux travaux sur le calcul des variations et des probabilités; Jean Le Rond d'Alembert (1717–1783), un des fondateurs de l'*Encyclopédie,* qui étudia les équations différentielles et la mécanique, et dont l'œuvre capitale est le *Traité de dynamique;* Charles de Coulomb (1736–1806) qui détermina les lois mathématiques des attractions et répulsions électriques et magnétiques.

Notons en géographie et en ethnologie les importantes contributions des navigateurs Louis-Antoine de Bougainville (1729–1811) et Jean-François de La Pérouse (1741–1788). Bougainville exécuta en 1766–69 un voyage de circumnavigation qui lui permit de voir ou de découvrir différents archipels de la Polynésie, entre autres Tahiti et les Nouvelles-Hébrides. Le récit de son voyage—*Voyage autour du monde* (1771)—contribua grandement à diffuser les théories sur «le bon sauvage». La Pérouse, comme Bougainville, participa à la guerre de l'Indépendance américaine. La paix venue, il reçut le commandement d'une expédition de découverte conçue par Louis XVI. Ses deux frégates, *l'Astrolabe* et *la Boussole,* abordèrent en 1786 aux îles de Pâques, puis aux îles Hawaï. Après avoir reconnu la côte nord-ouest de l'Amérique, il revint vers Hawaï, découvrit l'île Necker et se rendit par les Philippines jusqu'au Japon. Là, il reconnut, le 12 août 1787, un détroit qui, depuis, porte son nom, entre l'île Sokhaline et la Corée. Du Kamtchatka, il vogua vers les îles Samoa, atterrit à Botany Bay, en Australie, puis fit naufrage et fut massacré par les habitants de l'île Vanikoro, près des îles Salomon.

Dans la navigation, les Français du XVIIIe siècle se distinguèrent particulièrement. Claude-François Jouffroy d'Albans (1751–1832) fut l'un des inventeurs de la navigation à vapeur (1776). Six ans plus tôt, Joseph Cugnot avait réalisé la première voiture à vapeur, tandis que les frères Montgolfier lançaient, en 1783, le premier aérostat.

Un des grands noms de la science française est celui d'Antoine-Laurent de Lavoisier (1743–1794) qui est l'un des créateurs de la chimie moderne. On lui doit la détermination de la composition de l'air et la découverte de l'oxygène (cette dernière simultanément avec Scheele en Suède et Priestley en Angleterre). Il fit connaître le rôle de l'oxygène dans la respiration et dans les combustions. En physique, il donna des travaux remarquables sur la chaleur et les propriétés des corps à l'état gazeux. Avec trois autres savants, il établit la nomenclature chimique. Il se préparait à un vaste programme de recherches, comme conséquence de ses découvertes précédentes, lorsqu'il fut guillotiné avec les autres fermiers-généraux, en 1794.

La réforme de l'enseignement supérieur scientifique et technique, réalisée en France par la Révolution, accordait aux mathématiques une place beaucoup plus importante que par le passé dans les programmes scolaires. De plus, mettant l'enseignement en contact direct avec la recherche et l'ouvrant à des classes plus larges de la société, la réforme révolutionnaire favorisa l'éclosion de vocations beaucoup plus nombreuses. Il n'est pas étonnant, donc, de constater que la France, au début du XIXe siècle, fut le foyer incontesté des études mathématiques. Le renom de Paris dans cette science attira de nombreux étudiants et chercheurs étrangers tout au long du siècle, et les publications françaises assurèrent la diffusion presque immédiate des résultats nouveaux et maintinrent le renom de l'enseignement français.

Un des mathématiciens les plus originaux de son siècle fut Evariste Galois (1811–1832), mort à moins de vingt-et-un ans des suites d'un duel. Son mémoire, *Sur les conditions de résolubilité des équations par radicaux,* ne fut connu qu'en 1846 et montra que ce jeune savant est le véritable fondateur de la théorie des groupes de substitution.

Sous l'influence de Gaspard Monge (1746–1818), créateur de la géométrie descriptive, une partie de la jeune école mathématique française s'orienta, au début du XIXe siècle, vers l'étude des diverses branches de la géométrie: pure (ou symbolique), analytique, infinitésimale. Le développement de la géométrie pure fut particulièrement brillant. En 1822, Jean-Victor Poncelet (1788–1867) publia son *Traité des propriétés projectives des figures,* qui marque la création véritable de la géométrie projective. Celle-ci reçut ensuite l'attention de Michel Chasles (1793–1880) qui contribua grandement à l'essor et à la diffusion des méthodes nouvelles de géométrie synthétique.

Le principal disciple direct de Monge en géométrie infinitésimale fut Charles Dupin (1784–1873) qui publia de nombreux travaux spécialisés et qui appliqua les résultats de ces travaux à la construction des routes, à l'étude de la stabilité des vaisseaux et à l'optique. Citons également les travaux de Gaston Darboux (1842–1917) dont les *Leçons sur la théorie générale des surfaces* est une remarquable synthèse de l'apport du XIXe siècle en géométrie infinitésimale.

L'analyse mathématique doit énormément aux travaux d'Augustin Cauchy (1789–1857), qui s'intéressa surtout aux applications de l'analyse à l'optique ondulatoire et à l'astronomie. Son œuvre fut continuée en France par Joseph Liouville (1809–1882).

Mentionnons ensuite les travaux de Léon Foucault (1819–1868) sur le matériel expérimental destiné à mettre en évidence la rotation de la Terre. Son génie physique l'amena à l'invention du gyroscope (1852), appareil appelé à d'innombrables applications, ainsi qu'à la détermination expérimentale de la vitesse de la lumière.

Dès le début du XIXe siècle, de nombreuses recherches furent entreprises sur les effets chimiques de la lumière, recherches orientées vers la reproduction des images apparaissant sur la face arrière d'une chambre noire. En mai 1816, un inventeur français, Nicéphore Niepce (1765–1833), réussit à fixer partiellement des images formées sur du papier enduit de chlorure d'argent. Six ans plus tard, après de nombreuses expériences (et après avoir inventé le diaphragme à iris), il obtint après une exposition de huit heures sur une plaque recouverte de bitume de Judée, la première photographie véritable, qu'il put reproduire par héliogravure. L'art de la photographie était né.

En 1829, Niepce, qui ne pouvait réussir à exploiter son invention, s'associa avec le peintre Louis-Jacques Daguerre (1787–1851). Ce dernier, après la mort de Niepce, mit au point un nouveau procédé, la daguerréotypie, qui employait comme support sensible une plaque d'argent recouverte d'iodure d'argent. L'image latente obtenue était révélée et fixée par des vapeurs de mercure; les restes d'iodure d'argent étaient éliminés par une solution d'hyposulfite de sodium. En 1839, le gouvernement français acheta cette invention et la daguerréotypie, mise dans le domaine public, obtint dès lors un succès rapide. En quelques années, le procédé fut simplifié et devint de moins en moins coûteux. Après l'invention, en 1847, par Niepce de Saint-Victor (1805–1870), cousin de Niepce, du négatif sur plaque de verre recouverte d'albumine, qui fut bientôt suivie par l'emploi du film de celluloïd, la photographie put faire d'immenses progrès. Dès son apparition, la plaque photographique se révéla comme un précieux récepteur de lumière et comme un incomparable moyen d'investigation scientifique. Le soleil fut photographié pour la première fois par Foucault et Hippolyte Fizeau, en 1845. En 1868, la photographie des couleurs fut réalisée par Charles Cros et Ducos du Hauron. En 1885, les frères Prosper et Paul Henry employèrent la photographie pour dresser une carte du ciel.

En 1846, un astronome français, Urbain Le Verrier (1811–1877), fit sensation, dans le monde scientifique et dans le public, en découvrant par le calcul la position présumée d'une planète inconnue, que l'on nomma Neptune. En même temps que Le Verrier, un astronome anglais, J. C. Adams, avait fait les mêmes calculs et, sans connaître les travaux de son collègue français, avait abouti à la même conclusion. Après sa découverte sensationnelle, Le Verrier se voua au problème essentiel de la mécanique céleste: l'établissement d'une théorie des planètes tenant compte de l'ensemble de leurs perturbations mutuelles.

Dans les autres domaines des sciences physiques (optique, acoustique, électricité, magnétisme, chaleur, chimie) l'apport du XIXe siècle français est d'une ampleur considérable. Les débuts de la photométrie remontent à Pierre Bouguer (1698–1758) qui compara entre elles différentes sources de lumière artificielle et naturelle et définit leur intensité. En 1748, il inventa le photomètre et l'héliomètre (appareil destiné à mesurer le diamètre apparent des corps célestes). Le photomètre de Bouguer fut considérablement amélioré au cours du XIXe siècle, notamment par

François Arago (1786–1853) qui perfectionna le premier photomètre à polarisation. C'est Arago, également, qui mesura, en 1822, la vitesse du son et qui suggéra, en 1838, l'utilisation d'un miroir tournant pour déceler la différence entre les vitesses de la lumière dans l'air et dans l'eau. On lui doit aussi l'invention de l'électro-aimant en 1820.

En ce qui concerne l'électromagnétisme, plusieurs savants français du début du XIXe siècle contribuèrent aux découvertes qui devaient faire progresser cette science. Le plus grand d'entre eux fut André-Marie Ampère (1775–1836) qui publia en 1820 ses premières observations sur les effets magnétiques des courants. En 1821, il énonça la loi concernant l'action mutuelle des aimants et des courants et découvrit ensuite la loi fondamentale de l'électrodynamique (action mutuelle des courants électriques). Son nom a été donné à l'unité pratique d'intensité des courants électriques.

Sadi Carnot (1796–1832), fils aîné du célèbre général et homme d'État, est considéré comme l'un des fondateurs de la thermodynamique. En effet, c'est dans ses *Réflexions sur la puissance motrice du feu* (1824) que se trouve établi pour la première fois un lien entre chaleur et travail. Selon le «principe de Carnot», il n'y a pas de transformation de chaleur en travail sans l'emploi de deux sources de chaleur à des températures différentes. Plus tard, l'Allemand Clausius et l'Anglais Thomson tirèrent les conclusions de ce principe, tout en rendant justice au génie de Sadi Carnot.

Si nous nous tournons vers la chimie française du XIXe siècle, nous devons d'abord citer le nom de Louis-Joseph Gay-Lussac (1778–1850) qui formula une loi très importante sur les gaz. Cette loi, dite de Gay-Lussac, s'énonce ainsi: *les volumes gazeux de deux corps qui entrent en réaction simple sont entre eux dans des rapports simples; les volumes gazeux des corps formés sont dans des rapports simples avec les volumes gazeux des corps qui ont disparu.* Cette loi, et les conséquences tirées de celle-ci par l'Italien Avogadro et le Français Ampère, comptent parmi les principales notions sur lesquelles devait plus tard s'appuyer la théorie atomique.

Citons ensuite Charles-Frédéric Gerhardt (1816–1856) qui fit d'importantes recherches en chimie organique et qui, avec son ami Auguste Laurent, créa un nouveau système de notation atomique. Laurent est une des figures les plus attachantes de cette période. Né à Langres en 1808, professeur à Bordeaux, puis employé à la Monnaie à Paris, il mourut de tuberculose à l'âge de quarante-cinq ans. Persuadé que beaucoup de ses contemporains, entre autres certains de ses maîtres, faisaient fausse route, Laurent n'hésita pas à proclamer et à soutenir ses propres idées, notamment en ce qui concerne l'isomorphisme et les réactions de substitution. Ses idées, reconnues exactes plus tard, marquent un point tournant dans l'histoire de la chimie.

Au cours du XIXᵉ siècle, la préhistoire humaine, qui se rattache à la fois à la paléontologie, à l'anthropologie et à l'archéologie, commença à être etudiée. Grâce à la multiplication des découvertes, à la création et au perfectionnement de nouvelles méthodes, l'âge réel de l'humanité fut prouvé par l'action conjuguée des géologues, des anthropologistes et des archéologues. À la fin du XVIIIᵉ siècle, la doctrine officielle considérait qu'aucun homme n'avait pu être le contemporain des animaux disparus; cette doctrine fut plus tard modifiée et admit que certains hommes avaient été les contemporains de ces animaux, mais qu'ils ne pouvaient être nos ancêtres puisque, entre eux et nous, avait eu lieu le déluge universel. Finalement, on démontra que l'homme actuel descend effectivement de l'homme fossile, préhistorique. Or, dans l'élaboration de cette dernière étape, les savants français jouèrent un rôle de première importance.

La science des fossiles trouvera sa méthode et verra se préciser ses buts grâce en premier lieu à Georges Cuvier (1769–1832) qui peut être considéré, en un certain sens, comme le fondateur de l'anatomie comparée. Se limitant aux vertébrés, il poursuivit une recherche dominée par un thème fondamental: *le principe des corrélations organiques.* Ce principe repose sur l'idée que, dans un être vivant, les organes ne sont pas simplement juxtaposés mais agissent les uns sur les autres et coopèrent à une action commune. «Tout être organisé forme un ensemble, un système unique et clos, dont les parties se correspondent mutuellement et concourent à la même action par une réaction réciproque. Aucune de ces parties ne peut changer sans que les autres changent aussi; et, par conséquent, chacune d'elles, prise séparément, indique et donne toutes les autres.» (*Discours sur les révolutions du globe,* 1812).

C'est ce principe que Cuvier appliqua à ses reconstitutions paléontologiques et qui devint la conception directrice de l'anatomie comparée et de la paléontologie.

Cette conception fut réfutée par un autre savant français, Geoffroy Saint-Hilaire (1772–1844), professeur de zoologie au Muséum de Paris et créateur de l'embryologie. Selon Geoffroy, la question à résoudre était celle-ci: «L'organisation des animaux vertébrés peut-elle être ramenée à un type uniforme?» Pour cela, il s'engagea à rechercher non pas les différences, mais les analogies anatomiques. Cette théorie des analogies s'appuie sur le principe des connexions, car en effet on ne peut retenir l'identité des fonctions des organes (les mêmes organes pouvant remplir des fonctions très différentes et des organes très différents remplir les mêmes fonctions), ni la forme ni la grandeur des organes. Il ne reste alors que la position relative, que la connexion des organes entre eux. De ce principe des connexions en découle un autre, qui est celui de la compensation des organes: lorsqu'un organe normal tend à se développer, il le fait au détriment d'un autre.

En réalité, les principes de Cuvier et de Geoffroy Saint-Hilaire ne sont ni incompatibles ni contradictoires. Ils forment deux points de vue sur des niveaux et des aspects différents de la réalité biologique. Comme Gœthe l'a si bien exprimé:

«Les naturalistes partisans de Cuvier et de Geoffroy me paraissent des soldats qui creusent des mines et des contremines; les uns fouillent du dehors au dedans; les autres du dedans au dehors; s'ils sont habiles ils doivent se rencontrer dans les profondeurs.»

Par ailleurs, Cuvier, dans son *Discours préliminaire des recherches sur les ossements fossiles* (1824), précisa le but des recherches anatomiques et définit dans toute son ampleur la science des êtres disparus:

«Si l'on met de l'intérêt à suivre dans l'enfance de notre espèce les traces presque effacées de tant de nations éteintes, comment n'en mettrait-on pas aussi à rechercher dans les ténèbres de l'enfance de la Terre les traces des révolutions antérieures à l'existence de toutes les nations? N'y aurait-il pas quelque gloire pour l'homme à savoir franchir les limites du temps, et à retrouver, au moyen de quelques observations, l'histoire de ce monde et une succession d'événements qui ont précédé la naissance du genre humain?»

Le premier objet des recherches de Cuvier fut de comparer des espèces fossiles avec les espèces actuelles. Il établit ainsi que toute espèce fossile— à part quelques rares exceptions—est une espèce perdue. Le second objet de sa recherche fut d'établir les rapports de l'étude des fossiles et de la théorie de la Terre, de déterminer dans quelles couches géologiques on trouve chaque espèce et d'établir quelques lois générales relatives à cette distribution.

Certaines des conclusions de Cuvier furent infirmées par les chercheurs qui le suivirent, mais les méthodes qu'il créa sont, au moins dans leur esprit, celles qui sont employées aujourd'hui. C'est dans la voie qu'il a ouverte que se développa, en France, la paléontologie évolutive.

La théorie évolutionniste de l'Anglais Darwin eut un retentissement énorme en France. Son *Origine des espèces* (1859) fut traduite en français en 1862 et déclencha des controverses passionnées et violentes. Le paléontologue Albert Gaudry (1827–1908) et le botaniste Charles Naudin

(1815–1899) qui avaient formulé des idées proches de celles de Darwin, se rallièrent à l'évolutionnisme et contribuèrent ainsi à donner à la science des fossiles un élan nouveau. C'est en effet sur les paléontologues que Darwin eut le plus rapidement une vive influence.

La bataille de l'homme fossile se livra dans la première moitié du siècle, et jusqu'en 1868, entre les partisans de la science orthodoxe et les fondateurs de la préhistoire. Ces derniers s'appuyèrent sur les nombreuses découvertes faites dans les grottes ou dans les alluvions des rivières. Les premières découvertes dans des grottes près de Sarlat, en 1815, et celles faites dans les alluvions du Rhin près de Strasbourg, en 1823, ainsi que de nombreuses autres entre 1826 et 1829, ne furent pas prises au sérieux. Cependant, en 1841, Jacques Boucher de Perthes (1788–1868), trouva des ossements dans une sablière près d'Abbeville et, en 1844, plusieurs haches taillées et une molaire d'éléphant. Il se rangea lui-même à l'opinion (toujours combattue d'ailleurs par Cuvier) que les hommes qui avaient taillé ces haches étaient bien contemporains des mammouths, mais ne pouvaient être nos ancêtres puisqu'ils avaient été anéantis par le déluge biblique. Les découvertes se multipliaient et des savants de plus en plus nombreux se rangeaient aux côtés de Boucher de Perthes. En 1860, Édouard Lartet (1801–1871) explora la station d'Aurignac et ses découvertes l'amenèrent à déclarer que l'histoire de l'homme, comme celle des animaux ou celle de la Terre, est une œuvre continue, et à rejeter donc les idées de déluge ou de cataclysme. En 1864, il découvrit le célèbre mammouth gravé dans la grotte de la Madeleine (Dordogne), confondant ainsi les savants qui continuaient à maintenir que mammouth et homme n'avaient pu vivre à la même époque. En 1868, sous l'abri de Cro-Magnon, Lartet découvrit cinq squelettes dans un niveau géologique contemporain de l'âge du renne. Vers cette même époque, Lartet commença aussi à fouiller les grottes de la Vézère, qui depuis ont fourni les trouvailles les plus considérables de la préhistoire.

Des squelettes semblables à ceux de Cro-Magnon furent découverts par Émile Rivière entre 1872 et 1875 dans les grottes de Grimaldi, près de Menton; d'autres encore entre 1875 et 1900. En 1888, un squelette de petite taille fut découvert à Chancelade, près de Périgueux. On connaissait donc, à la fin du XIXe siècle, trois races de l'homme fossile: Néanderthal (découvert en Allemagne par Fuhlrott en 1859, et à Arcy-sur-Cure, en France, en 1865), Cro-Magnon et Chancelade. L'anthropologie historique faisait ainsi de rapides progrès. Toutefois, la discussion, plus philosophique que scientifique, continuait entre ceux qui désiraient prouver l'origine animale de l'homme et ceux qui niaient cette descendance.

La découverte de nombreux objets en bronze, fer, cuivre ou pierre d'âge indéterminé, encouragea les savants à tenter une classification des différents âges. L'anglais C. Thomson esquissa une classification tripartite: âges de la pierre, du bronze et du fer, en 1836. Plus tard, on proposa l'âge de la pierre taillée et l'âge de la pierre polie. En 1865, l'Anglais John Lubbock proposa la division en époque paléolithique (pierre ancienne) et époque néolithique (pierre nouvelle).

En 1869, le Français Gabriel de Mortillet (1821–1898) présenta à l'Académie des Sciences, à Paris, sa classification qui est celle acceptée aujourd'hui: il subdivisait le paléolithique en quatre époques, chelléenne, moustérienne, solutréenne et magdalénienne, auxquelles il ajouta plus tard l'acheuléenne (entre la chelléenne et la moustérienne). Tous ces noms venaient de stations françaises où furent découverts les différents types d'outillage: Chelles, Saint-Acheul, Moustier, Solutré et La Madeleine. En 1887, un nouveau niveau archéologique, postérieur au magdalénien, fut découvert au Mas-d'Azil dans l'Ariège, par Édouard Pielle. On lui donna le nom d'azilien, première étape d'un étage mésolithique entre le paléolithique et le néolithique.

Quant aux découvertes d'art préhistorique, notons que la première remonte à 1833. C'était un bâton en bois de renne orné d'une gravure d'oiseau, trouvé en Haute-Savoie par François Mayor. Puis ce furent les découvertes de Lartet à La Madeleine (1864) suivies de beaucoup d'autres, comme celles faites dans les grottes de Grimaldi (1883–1895). Ces découvertes permirent aux savants de se faire une idée sur les origines de l'art, mais ce ne fut qu'au siècle suivant que ces données géologiques et artistiques furent complètement mises en valeur.

Dans les sciences médicales au XIXᵉ siècle, les Français apportèrent une ample contribution. Notons d'abord les travaux de Philippe Pinel (1745–1826) qui le premier recommanda un régime de douceur et de bonté dans le traitement des fous. Un autre docteur, Jean-Michel Corvisart (1755–1821), apporta des notions importantes et nouvelles sur les maladies du cœur, notamment en ce qui concerne l'influence des causes sociales et morales sur les lésions organiques du cœur. Le cardiologue Théophile Laënnec (1781–1826) inventa le stéthoscope en 1815 et fit de nombreuses études sur les maladies des poumons.

Claude Bernard (1813–1878) est universellement connu pour son œuvre *Introduction à l'étude de la médecine expérimentale* (1865). Ses recherches l'orientèrent d'abord vers l'étude des phénomènes chimiques de la digestion et lui permirent de découvrir la fonction glycogénique du foie. Il s'orienta ensuite sur la neurologie et fit la découverte capitale des nerfs vaso-moteurs et des nerfs d'arrêt ou d'inhibition. Dans son *Introduction*, Bernard formula les règles de la méthode expérimentale qu'il avait pratiquée et perfectionnée, et qui est valable dans tous les domaines de la recherche scientifique. Son fondement est le suivant: la sensation engendre l'idée, la raison déduit les conséquences de l'idée et la soumet à l'expérience; l'expérience seule nous livre la vérité. L'homme ne connaîtra jamais ni les causes premières ni l'essence des choses, mais il peut saisir le milieu, c'est-à-dire ce qui nous entoure immédiatement. La vérité est donc une conquête à laquelle on accède par l'observation et l'expérience. Malheureusement, les vérités de l'homme ne sont que partielles et provisoires; l'homme de science recule les limites de la condition humaine et marche «des vérités partielles à des vérités plus générales, mais sans jamais prétendre qu'il tient la vérité absolue.»

L'Introduction, par l'exaltation du pouvoir de l'homme, par l'intérêt qu'il porte à son destin, et par son souverain optimisme, reste l'une des œuvres capitales de la seconde moitié du XIXᵉ siècle. À côté de ce livre il faut placer le magistral *Rapport sur les progrès de la physiologie en France* (1867) dans lequel Bernard embrasse toute l'évolution de la physiologie et y expose les conditions nécessaires à son progrès.

Cette méthode expérimentale fit ses preuves entre les mains d'un autre très grand savant, Louis Pasteur (1822–1895). Né à Dole, Pasteur fit ses études à Arbois et à Besançon, puis fut reçu à l'École normale supérieure en 1843. A 26 ans, il se rendit célèbre dans le monde savant par la publication d'un mémoire de cristallographie. La même année, 1848, il fut nommé professeur titulaire à la Faculté des Sciences de Strasbourg où il continua à étudier les problèmes de la dissymétrie moléculaire, fondant ainsi un nouveau chapitre de la physique et de la chimie, d'où sortira plus tard la stéréochimie. En 1854, Pasteur fut transféré à Lille où il commença ses recherches sur la fermentation. Il déclara que les fermentations étaient dues à un microorganisme et que chaque type de fermentation répondait à un ferment spécifique. Pasteur prouva ensuite (1862), en appliquant la méthode expérimentale, que la génération spontanée était une chimère. Il était, entre-temps, revenu à Paris pour enseigner à l'École normale supérieure. Ses travaux l'amenèrent ensuite à étudier la fermentation du vin et à découvrir une méthode pour éviter son altération. Cette méthode s'appelle aujourd'hui la *pasteurisation*, et elle est appliquée principalement au lait. Vers cette même époque, les élevages de vers à soie dans le sud de la France furent anéantis par une maladie mystérieuse de ces insectes. Pasteur découvrit que cette maladie, la pébrine, pouvait être combattue et sauva ainsi la sériciculture. La période

M. et Mme Lavoisier,
par Jacques-Louis David

Georges Cuvier

F.E.P.I.D.

Claude Bernard

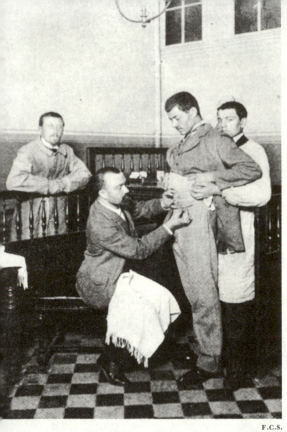

Louis Pasteur inoculant un homme contre
la rage

Frédéric et Irène Joliot-Curie dans le
laboratoire

Pierre et Marie Curie dans leur laboratoire

la plus féconde de l'œuvre de Pasteur se place entre 1870 et 1886. C'est alors qu'il réalisa le vaccin contre la maladie charbonneuse et qu'il fit, avec le docteur Roux, ses recherches sur la rage. Celles-ci aboutirent à l'obtention d'un vaccin qui put être appliqué pour la première fois à un jeune Alsacien, Joseph Meister, le 26 juillet 1885. Le succès de cette vaccination antirabique eut un retentissement énorme; une souscription internationale fut lancée qui permit la construction de l'Institut Pasteur en 1888. Lorsque Pasteur mourut, on put affirmer sans exagération qu'il avait révolutionné la médecine, la chimie et la chirurgie.

Le plus célèbre des collaborateurs de Pasteur fut Émile Roux (1853–1933). Il participa avec l'illustre savant à ses travaux sur le choléra des poules, la maladie charbonneuse et, nous l'avons vu, la rage. En 1889, le docteur Roux découvrit la toxine diphtérique et réalisa, en 1894, la sérothérapie de la diphtérie.

LE XXe SIÈCLE

Grâce à ses nombreux savants et grâce aussi à la création de l'Institut Pasteur, la science française au début du XXe siècle avait amorcé un net redressement. Son expansion, cependant, fut freinée par la centralisation excessive de ses structures et par l'insuffisance de l'appui matériel apporté à la recherche. Il fallut attendre 1936 pour que le gouvernement acceptât de créer le poste de sous-secrétaire d'État à la Recherche scientifique et 1938 pour que fût fondé un Centre national de la Recherche scientifique.

Toutefois, les Français continuèrent à contribuer aux découvertes scientifiques et prirent une part active et brillante à la révolution intellectuelle qui transforma la pensée scientifique de notre époque.

En mathématiques, il faut nommer Henri Poincaré et Émile Picard. L'un et l'autre se rendirent célèbres par leurs travaux sur le calcul fonctionnel, les équations intégrales et le calcul des probabilités. Poincaré (1854–1912), considéré comme l'un des plus grands génies scientifiques de tous les temps, s'intéressa surtout à l'analyse mathématique, à la mécanique céleste ainsi qu'à la philosophie des sciences. À toutes ces sciences, il fit réaliser des progrès considérables.

Bien que sa découverte la plus importante, celle de la radioactivité, date de 1896, on peut se permettre de citer Henri Becquerel (1852–1908) dans ce chapitre, puisque cette découverte eut une telle importance sur la science du XXe siècle. Professeur de physique à l'École polytechnique, Becquerel, à l'instigation de Poincaré, fit des recherches pour découvrir s'il existait une relation entre la production des rayons X et la phosphorescence. C'est ainsi qu'il mit en évidence le phénomène de radioactivité des sels d'uranium. C'est pour ces travaux qu'il reçut le Prix Nobel en 1903 (prix partagé avec les Curie).

Pierre et Marie Curie sont deux des noms les plus illustres de la science française. Pierre Curie (1859–1906) commença ses travaux scientifiques en étudiant avec son frère Jacques (1855–1941) les radiations infrarouges et les propriétés des cristaux. En 1895, il épousa une jeune Polonaise, Marie Sklodowska (1867–1934), qui était venue en France en 1891 pour poursuivre ses études à la Sorbonne. Tous les deux collaborèrent à des travaux sur le phénomène de la radioactivité découvert par Becquerel. En 1898, ils isolèrent le polonium puis le radium. Après la mort de Pierre Curie, sa veuve continua leurs travaux et occupa la chaire de physique générale créée pour lui à la Sorbonne. C'est à elle que nous devons la découverte de la radioactivité du thorium et l'isolation du radium à l'état métallique. Pour ses travaux personnels, elle reçut un second Prix Nobel de chimie, en 1911.

Dans la science industrielle, il faut citer Georges Claude (1870–1960), technicien de premier ordre et chercheur génial. En 1902, il réussit à perfectionner un procédé industriel de liquéfaction de l'air et, huit ans plus tard, il démontra les possibilités d'utilisation pour l'éclairage des tubes luminescents au néon. Dès 1926, Claude se livra à la recherche de nouvelles sources d'énergie et fit de nombreuses expériences sur l'utilisation de la différence de température existant entre les eaux profondes et les couches superficielles des océans.

Le docteur Albert Calmette (1863–1933), fondateur et directeur de l'Institut Pasteur à Lille de 1896 à 1919, se livra principalement à l'étude de la bactériologie. Avec son collègue, le docteur Camille Guérin, il inventa la méthode de vaccination préventive de la tuberculose à l'aide du vaccin bilié Calmette-Guérin (B.C.G.).

C'est surtout en physique et en chimie que la contribution de la science française fut la plus active entre les deux guerres. En 1921, le duc Maurice de Broglie (1875–1960) découvrit l'effet photo-électrique nucléaire. Son frère, le prince Louis de Broglie (né en 1892) présenta, trois ans plus tard, une thèse remarquable sur les *Recherches sur la théorie des quanta* par laquelle il créait la mécanique ondulatoire qui allait bouleverser la physique. Pour ses travaux, il reçut le Prix Nobel de physique en 1929.

Un nouveau chapitre de la chimie nucléaire fut ouvert en 1934 grâce aux travaux de la fille des Curie, Irène (1897–1956) et de son mari,

Frédéric Joliot-Curie (1900–1958). Travaillant en collaboration, ces deux savants, qui reçurent le prix Nobel de chimie en 1935, étudièrent l'action des neutrons sur les éléments lourds, l'uranium notamment, et avancèrent ainsi la découverte de la fission de l'uranium. Leurs recherches sur la structure de l'atome furent une étape essentielle dans la découverte du neutron. Leur plus importante découverte, cependant, fut celle de la radioactivité artificielle. Grâce à eux, la France fut dotée du premier cyclotron de l'Europe occidentale. À la veille de la Deuxième Guerre mondiale, ces deux savants étaient sur le point de réaliser, avec l'aide de Hans Halban et de Lev Kowarski, une pile atomique à uranium et à eau lourde. En 1940, ils réussirent à faire transporter en Angleterre les documents et les matériaux relatifs à leurs recherches. Après la guerre, les Joliot-Curie dirigèrent la construction de la première pile atomique française.

La recherche scientifique en France

Le gouvernement de la Cinquième République, conscient que le développement des sciences est la marque du monde moderne, a largement favorisé l'action des savants et des chercheurs. Depuis quelques années, donc, la recherche en France est en pleine croissance. Cette croissance est marquée par deux phénomènes indissociables: l'importance et la diversité des organismes de recherche ont été accrues, les moyens financiers mis à leur disposition ont été augmentés.

Plutôt que séparer, dans la recherche, le secteur public du secteur privé, car les deux sont étroitement liés, il serait plus conforme à la réalité de distinguer deux groupes d'organismes: les uns relevant directement de l'État, les autres appartenant à un domaine beaucoup plus composite—laboratoires dépendant d'entreprises purement privées, centres techniques associant les entreprises de différentes branches, organismes para-publics entretenant des liens étroits avec les administrations et avec les entreprises privées.

Dans le secteur public, il importe de souligner le rôle des organismes de recherche qui dépendent du ministère de l'Éducation nationale, dont le *Centre national de la Recherche scientifique* qui employait en 1962 3.773 chercheurs et 4.869 techniciens; les organismes dépendant des différents ministères techniques (Santé publique, Agriculture, Industrie, Travaux publics et Transports, Construction, Postes et Télécommunications, Coopération, Justice, Anciens Combattants, Finances et Affaires économiques, Intérieur) qui tous possèdent des laboratoires ou des centres de recherche; les organismes dépendant du ministère des Armées; et enfin, dans le domaine de l'atome et de l'espace, les organismes relevant du ministre d'État chargé de la Recherche scientifique et des questions atomiques et spatiales.

Il est incontestable que la recherche fondamentale, purement théorique, est essentielle pour l'avenir économique et scientifique d'un pays. Ces recherches de base réclament non seulement un niveau intellectuel élevé, mais encore un désintéressement total et une grande liberté de réflexion. Dans ce domaine, les chercheurs sont donc essentiellement des universitaires et, par conséquent, l'importance qu'un pays accorde à cette forme de recherche est indiquée par la vitalité des universités. En France, il existe actuellement vingt facultés des sciences, dix-huit facultés des lettres et sciences humaines, seize facultés de droit et sciences économiques, quatre facultés de médecine, trois facultés de pharmacie, six facultés mixtes de médecine et de pharmacie.[1]

En outre, d'autres établissements tels le Collège de France, l'École normale supérieure, le Muséum national d'histoire naturelle, les Écoles nationales supérieures d'ingénieurs, dépendent du ministre de l'Éducation nationale, ainsi que le C.N.R.S., nommé plus haut. Ce dernier dirige de nombreux laboratoires, centres et instituts, parmi lesquels l'Institut de Calcul Blaise Pascal, l'Observatoire de Haute-Provence, le laboratoire d'énergie solaire et le navire océanographique «Calypso».[2]

Parmi les organismes dépendant des différents ministères, il importe de souligner l'importance de l'Institut national d'hygiène, l'Institut national de la Recherche agronomique, l'Office de Recherche scientifique et technique d'outre-mer, le Centre national d'Études des télécommunications (qui a équipé la station de Pleumeur-Bodou où ont eu lieu les premières réceptions d'images de télévision, transmises des États-Unis le 11 juillet 1962 par l'intermédiaire du satellite artificiel *Telstar*).

Le ministre d'État chargé de la Recherche scientifique et des Questions atomiques et spatiales a sous sa direction deux organismes d'une haute importance: le Commissariat à l'Énergie atomique, créé en 1945, et le Centre national d'Études spatiales, créé en 1959. Le C.E.A. dispose de plusieurs centres de recherches générales: Fontenay-aux-Roses, où l'on étudie plus particulièrement la fusion contrôlée, la chimie et la métallurgie du plutonium; Saclay, Grenoble et Cadarache, où l'on fait surtout

1. Notons aussi la création en 1965 de treize Instituts universitaires de Technologie.
2. Navire rendu célèbre par son commandant, le capitaine de vaisseau Jacques-Yves Cousteau (né en 1910), l'inventeur du scaphandre autonome et un pionnier de l'exploration sous-marine.

des recherches neutroniques et technologiques. Saclay est le plus important des grands centres de recherches nucléaires français. En collaboration avec les universités, il assure la formation des spécialistes nucléaires.

Le C.N.E.S. n'a pas d'établissements de recherche propres, mais il élabore les programmes d'études et dirige leur exécution. En fait, il suit la mise en œuvre de recherches importantes effectuées à l'aide de fusées-sondes. En outre, il dirige l'étude des satellites français. Le premier, le A-1, fut lancé de la base d'Hammaguir, dans le Sahara, le 26 novembre 1965. Le second, le FR-1A fut lancé de la base de Vandenberg, par une fusée américaine, le 6 décembre 1965. Le troisième satellite français, le D-1A, fut lancé de Hammaguir le 17 février 1966. À l'avenir, ces satellites seront lancés de la base de Kourou, en Guyane, qui est en voie de construction.

Les organismes que nous avons mentionnés plus haut sont en étroite relation avec ceux qui se trouvent en dehors du secteur public, tels les centres de recherches industrielles et les Instituts Pasteur (Paris, Lille, Lyon). Grâce aux efforts conjugués de tous ces organismes, la France a obtenu, aux cours des dernières années, d'importants résultats scientifiques qui seront suivis, à n'en pas douter, par d'autres de plus grande importance.

Pour terminer, notons que trois Français ont partagé le Prix Nobel de médecine de 1965: les professeurs Jacques Monod, François Jacob et André Lwoff; et que le Prix Nobel de physique de 1966 fut partagé par le Français Alfred Kestler et l'Américain Charles Townsend, pour leurs travaux sur les rayons «Laser».

Le centre de recherches nucléaires à Saclay, près de Versailles

F.G.T.O.

Une vue de l'autoroute du Nord

Le siège du Centre national des industries et techniques (C.N.I.T.) à Paris

Cinquième Partie

LA FRANCE
CONTEMPORAINE

Le lycée de jeunes filles, à Nîmes

La Faculté de droit, à l'Université
de Strasbourg

Chapitre 21

L'ENSEIGNEMENT
EN FRANCE

L'HISTOIRE de l'enseignement en France remonte au moyen âge. À cette époque, et jusqu'à la Révolution de 1789, l'éducation était dirigée exclusivement par le clergé. C'est l'Assemblée constituante qui, par la loi du 3 septembre 1791, proclama le droit de tous les citoyens à recevoir une instruction. La Convention établit les bases du système scolaire public et fonda les Grandes Écoles. Ce système fut développé pendant le XIXᵉ siècle, mais c'est sous le Troisième République que l'enseignement primaire et secondaire fut organisé.

De nos jours, l'enseignement français est gratuit, laïque et obligatoire pour tous les enfants jusqu'à l'âge de 16 ans. À côté des écoles de l'État, il existe des écoles privées, maintenues et dirigées par des particuliers, des associations, des agences professionnelles ou des institutions religieuses. Ces écoles privées peuvent recevoir des subventions de l'État, elles peuvent être intégrées dans le système scolaire public. Bien qu'autonomes, elles sont soumises à un certain contrôle de la part de l'État. Celui-ci veille à l'assiduité scolaire, à l'observation des lois d'hygiène et des lois de la République.

Les examens de l'État sont administrés à tous les élèves des écoles publiques et privées et seuls les diplômes décernés par l'État sont valables. (Cependant certains diplômes des écoles techniques privées sont reconnus par l'État).

Le ministère de l'Éducation nationale est responsable de tout l'enseignement public en France. Pour les besoins d'administration scolaire, la France est divisée en 23 académies. Chaque académie englobe plusieurs départements; elle est administrée par un Recteur qui est le délégué du ministre de l'Éducation nationale et le directeur de l'université régionale. Dans chacun des départements de son académie, le Recteur est représenté par un Inspecteur d'académie qui administre tous les services et tous les établissements scolaires de ce département, à l'exception des établissements d'enseignement supérieur. Le Recteur et l'Inspecteur d'académie sont nommés directement par le Ministre. Celui-ci est en outre assisté par des Inspecteurs généraux dont la tâche principale est de visiter les écoles, de s'instruire des problèmes de celles-ci, et de noter le personnel enseignant.

Les programmes scolaires et les méthodes pédagogiques sont déterminés pour toute la France par décision ministérielle après consultation avec les Conseils composés, pour la plupart, de représentants des différents secteurs scolaires.

Les instituteurs et les professeurs sont recrutés selon des procédés

La carte des régions académiques

uniformes pour le pays entier. Ils sont tous nommés par le Recteur ou le Ministre. Chaque département a une école normale pour la formation des instituteurs et une autre pour la formation des institutrices. Ces écoles offrent un programme de quatre ans, les trois premières années étant essentiellement consacrées à la préparation du baccalauréat, la dernière année étant réservée à la formation pédagogique théorique et pratique des futurs enseignants.

Les professeurs de lycée sont recrutés au moyen de deux différents concours: le C.A.P.E.S. (*Certificat d'aptitude au professorat de l'enseignement du second degré*) et l'agrégation. Les candidats au C.A.P.E.S. doivent d'abord avoir obtenu une licence d'enseignement dans le sujet qu'ils désirent enseigner. Le concours est divisé en deux parties, l'une théorique, l'autre pratique. Pour cette dernière, les candidats ayant passé la première partie sont envoyés dans un Centre pédagogique régional où ils enseignent sous la surveillance de conseillers pédagogiques.

Les candidats à l'agrégation doivent également avoir la licence d'enseignement et en plus le *diplôme d'études supérieures* (décerné par l'Université). Les Écoles normales supérieures, rue d'Ulm à Paris pour les hommes, Sèvres pour les femmes, les Écoles normales supérieures de Saint-Cloud et de Fontenay-aux-Roses, ainsi que les Facultés des lettres et sciences des universités, préparent les élèves au concours de l'agrégation. Certains des agrégés poursuivent leurs études et leurs recherches afin d'obtenir le doctorat et d'accéder ainsi aux postes les plus hauts dans l'enseignement supérieur.

L'entrée dans les Grandes Écoles se fait par voie de concours (il y a toujours dix fois plus de candidats que de places libres). Environ 15.000 élèves y entrent chaque année et reçoivent de l'État des subsides qui paient leur droit d'inscription, leurs frais de logement et de nourriture. Les plus hautes personnalités dans le domaine des sciences, des lettres et de la politique, ainsi que de l'industrie et du commerce, sont très souvent d'anciens élèves de ces Grandes Écoles. À part les Écoles normales supérieures, qui, nous l'avons vu, préparent les professeurs les plus qualifiés de l'enseignement supérieur et secondaire, citons l'École polytechnique, qui prépare les ingénieurs et certains officiers, le Conservatoire des Arts et Métiers, l'École nationale supérieure des Mines, l'École nationale d'Administration, l'École des Sciences politiques, l'École spéciale militaire interarmes (Saint-Cyr), l'École navale, l'École de l'Air, l'École des Hautes Études commerciales, etc.

Nous avons noté plus haut que dans chaque Académie se trouve une université régionale. Cette université est administrée par un Conseil de l'université, présidé par le Recteur. Chaque faculté de l'université élit parmi les professeurs un doyen, qui est assisté dans sa tâche par un Conseil de faculté. Les professeurs de l'université doivent être pourvus du doctorat dans les facultés de lettres et de sciences, mais dans les facultés de médecine, de pharmacie et de droit ils sont recrutés par un concours spécial d'agrégation. Les professeurs sont nommés par décret sur présentation du Conseil de l'université. À côté des professeurs, les maîtres de conférences, les chargés de cours et les professeurs-assistants, sont nommés par le Ministre, s'ils sont agréés par le Conseil de faculté.

Les grades conférés par l'université, à part le baccalauréat, sont la licence et le doctorat. La licence comporte un certificat d'études littéraires générales ou de connaissances scientifiques générales, et plusieurs certificats d'études supérieures. Les candidats au doctorat doivent être licenciés et ils possèdent, pour la plupart, l'agrégation. Ils soutiennent deux thèses, une thèse principale et une thèse complémentaire, lesquelles demandent généralement une dizaine d'années de recherches. Depuis 1958, un *troisième cycle d'études* a été créé, pour favoriser les travaux de recherches, qui confère aux licenciés le titre de *docteur* après deux années d'études et la soutenance d'une thèse qui est équivalente de la thèse complémentaire du doctorat d'État. Il y a en outre un *doctorat d'Université*, créé en 1897, qui n'est pas considéré comme un grade, mais comme un titre purement scientifique et qui est délivré après la soutenance d'une thèse. Ce titre est surtout recherché par les étudiants étrangers.

Le baccalauréat est un grade conféré par l'Université pour sanctionner les études de l'enseignement secondaire. Depuis plusieurs années, le baccalauréat est le sujet de nombreuses réformes.

Pendant l'année scolaire 1964–1965 le nombre d'élèves inscrits dans les universités françaises se répartissait comme suit:

Aix-Marseille	26.000	Nancy	15.000
Besançon	5.000	Nantes	7.000
Bordeaux	20.000	Orléans	4.000
Caen	10.000	Paris	110.500
Clermont	9.000	Poitiers	10.000
Dijon	7.000	Reims	3.500
Grenoble	16.000	Rennes	13.000
Lille	18.000	Rouen	4.500
Lyon	21.000	Strasbourg	15.000
Montpellier	20.000	Toulouse	22.000

(L'université d'Amiens venait d'ouvrir ses portes; l'université de Nice fut inaugurée le 1er octobre 1966.)

Le décret du 6 janvier 1959, portant sur la réforme de l'enseignement public a grandement modifié l'organisation de cet enseignement et a prévu la structure suivante:

L'enseignement préscolaire ou maternel non-obligatoire: pour les enfants âgés de 2 à 5 ans. Cet enseignement est dispensé dans les écoles maternelles et dans les classes enfantines rattachées à une école primaire.

L'enseignement élémentaire obligatoire: pour les enfants de 6 à 11 ans. Il est donné dans les écoles primaires et dans quelques classes fonctionnant encore dans les lycées classiques et modernes. Il comprend trois cours: un cours préparatoire, d'un an, un cours élémentaire, de deux ans, et un cours moyen, de deux ans.

Le cycle d'observation: de 11 à 13 ans. Ce cycle doit permettre la recherche des aptitudes des élèves et leur orientation vers les options adéquates dans les divers enseignements qui s'offrent à eux. Il ne requiert pas pour lui seul un établissement particulier, mais il fonctionne dans les lycées classiques et modernes et dans les collèges d'enseignement général. À la suite du cycle d'observation, cinq formes d'enseignement s'offrent au choix des élèves de 13 à 18 ans:

a) *L'enseignement terminal:* trois années d'études donnant un complément de formation générale et une préparation concrète et pratique aux activités agricoles, artisanales, commerciales ou industrielles. Cet enseignement est sanctionné par le *certificat d'études primaires élémentaires.*

b) *L'enseignement général court:* dispensé dans les Collèges d'enseignement général. Il prépare en trois années, au delà du cycle d'observation, les élèves aux emplois moyens non-techniques et aux écoles normales d'instituteurs. Il est sanctionné par le *brevet d'enseignement général.*

c) *L'enseignement général long:* il comporte, après les deux années du cycle d'observation,

deux années de premier cycle avec trois options:

    classique A (grec, latin et une langue moderne)

    classique B (latin et deux langues modernes)

    moderne (deux langues modernes)

deux années de second cycle,

  avec trois options classiques:

    grec, latin, une langue moderne

    latin, deux langues modernes, sciences humaines

    latin, sciences humaines, une langue moderne

  deux options modernes:

    sciences, deux langues modernes

    sciences physiques, biologiques et expérimentales, et une langue

      moderne

et deux options techniques:

    sciences, une langue moderne, techniques industrielles fondamentales

    facteurs économiques et leurs moyens d'expression modernes, une

        langue moderne

une année terminale, avec cinq sections: philosophie, sciences expérimentales, mathématiques, mathématiques et technique, sciences économiques et humaines.

L'enseignement général long est dispensé dans les lycées classiques et
modernes et dans les lycées techniques. Il est sanctionné par le baccalauréat qui, jusqu'à ces dernières années était divisé en deux parties, la
première venant à la fin de la sixième année et la seconde à la fin de la
septième année, quand les élèves atteignaient l'âge de 17 et de 18 ans.

    d) *L'enseignement professionnel court,* donné dans les collèges d'en-
seignement technique, a pour objet d'assurer la formation des ouvriers et
des employés qualifiés; il comporte trois années d'études au-delà du cycle
d'observation. Il est sanctionné par le *Certificat d'aptitude professionelle.*

    e) *L'enseignement professionnel long* a pour fonction d'assurer la
formation:

    en quatre ans des agents techniques qui sont des professionnels quali-
        fiés. Ces études sont sanctionnées par le *brevet d'enseignement com-*
        mercial, ou *industriel.*

    en cinq ans des techniciens, futurs cadres moyens de l'économie; cette
        formation est sanctionnée par le *brevet supérieur d'enseignement*
        commercial et par les *brevets de technicien.*

Cet enseignement est dispensé dans les lycées techniques. Cependant,
des sections techniques, dispensant l'enseignement professionnel long,
fonctionnent également dans les lycées classiques et modernes et dans
les collèges d'enseignement général.

Entre autres choses, les pages précédentes démontrent que les Français prennent très au sérieux l'éducation de leurs enfants. La querelle
du baccalauréat, qui passionne actuellement le public en France, en est
une autre preuve. Il faut se rappeler, naturellement, que le baccalauréat
était, jusqu'à ces dernières années, indispensable à qui voulait poursuivre
ses études ou désirait ne pas se confiner dans un emploi subalterne.

Chapitre 22

L'ÉCONOMIE
FRANÇAISE

L'ÉCONOMIE française est devenue, de nos jours, une économie très moderne, grâce à l'adoption de procédés originaux. Les campagnes en faveur de la productivité et, surtout, la mise en œuvre de la planification, ont suscité un intérêt soutenu parmi les élites, et même dans le grand public, pour la science, la technique et l'économie. Le contraste entre l'économie du XIXe siècle et celle qui s'est développée après la Deuxième Guerre mondiale est tout à fait frappant et se manifeste d'une part dans les taux de croissance du produit global français et, d'autre part, dans les conditions humaines du développement de la nation.

De toutes les innovations françaises du XXe siècle, la planification est certainement la plus importante. Créé le 3 janvier 1946 par un décret signé du général de Gaulle, alors président du Gouvernement provisoire, le Commissariat au Plan est, depuis cette date, la clef de voûte de la politique économique de la France. Ce Commissariat groupe environ cent cinquante personnes, réparties entre différents services correspondant aux principaux secteurs de l'économie. En outre, des Commissions de modernisation, instituées à l'occasion de la préparation de chaque plan, jouent un rôle capital. Composées de fonctionnaires, d'experts, de représentants des syndicats et des chefs d'entreprises, ces commissions sont chargées de formuler, pour chaque secteur de l'économie, des propositions dont la synthèse formera le Plan. Ceci permet un dialogue positif entre les différentes catégories économiques et sociales, et constitue un des aspects les plus originaux et les plus féconds de la planification française.

L'élaboration du Plan comporte plusieurs phases. D'abord les experts du Commissariat établissent un certain nombre d'esquisses préliminaires. À partir de celles-ci, le Gouvernement dégage les objectifs généraux— en particulier les taux de croissance souhaitables—qui servent de base au Plan. Ensuite, partant de ces objectifs généraux, les Commissions de modernisation élaborent les différents chapitres du Plan. Puis le Commissariat général effectue la synthèse générale et rédige le rapport final. Le Gouvernement soumet alors ce rapport au Conseil économique et social et finalement sollicite le vote du Parlement. Notons que ce Plan n'est pas un instrument de contrainte, mais simplement un plan indicatif. Il respecte, dans son ensemble, le régime de la libre entreprise et traduit le résultat de la collaboration volontaire de tous les agents économiques, tant dans son élaboration que dans son exécution. Bien entendu, l'État français, qui est aujourd'hui le premier patron de la nation (il contrôle par exemple la majeure partie des industries de base, des transports et du système bancaire), pèse d'un grand poids sur la marche de l'économie et est à même d'orienter son évolution dans le sens dégagé par le Plan.

De 1946 à 1965, quatre plans d'équipement et de modernisation ont été mis en œuvre en France. Le premier (1946–52) eut comme but de relever l'économie française. Il s'agissait, après les dévastations de la guerre, d'atteindre puis de dépasser de 25% le niveau moyen de la production de 1939. Pour y parvenir, la priorité fut donnée au développement des moyens de production: charbon, électricité, carburants, ciment, engrais et machines agricoles, moyens de transport. Le deuxième plan (1954–57) continua l'effort dans les secteurs de base, mais l'accent fut mis sur la modernisation des industries de transformation, sur la construction des logements, sur le développement de l'agriculture et des productions d'outre-mer. Le troisième plan (1958–61) s'était fixé pour objectif de préparer l'adaptation de l'économie française aux transformations en perspective: arrivée au travail de jeunes générations plus nombreuses, accélération du progrès scientifique et technique, association sur de nouvelles bases avec les populations d'outre-mer, établissement progressif d'une communauté économique européenne. Le quatrième plan (1962–65) s'occupa surtout de mettre le développement économique au service du rayonnement du pays et du mieux-être des Français. Tandis que les Plans précédents étaient avant tout préoccupés d'équipement et de modernisation, ce quatrième plan était délibérément économique et social. Il accordait une priorité particulière à l'éducation, à l'équipement urbain et rural, à la santé, à la culture et à la recherche. Pour la première fois, une place particulière avait été faite aux économies régionales. La France fut divisée en vingt et une régions dites «circonscriptions d'action régionale», chacune dotée d'un plan de développement et d'aménagement. Ces plans régionaux, tout comme le Plan national, visaient à résoudre les problèmes propres à chaque région. Une certaine hiérarchie fut établie entre les zones à urbaniser en priorité, les zones de développement, les zones de conversion (où l'industrialisation est l'objectif essentiel) et les zones d'action rurale (où l'agriculture bénéficie d'un effort spécial). Cette hiérarchie permettait une différenciation efficace dans l'affectation de crédits d'origine publique ou privée.

Le cinquième plan (1966–70) a été élaboré en tenant compte des données ou prévisions suivantes: en 1970, la France sera un pays d'environ 51 millions d'habitants; la population active se chiffrera à 21 millions de personnes qui travailleront, en moyenne, une heure et demie de moins par semaine qu'en 1962. La production aura augmenté de 5% par an et la consommation par habitant de 3,5%. Tandis qu'en 1965 la consommation totale atteignait 263 milliards de francs, il est prévu qu'en 1970 elle aura atteint 314 milliards de francs. En outre, l'histoire économique des prochaines années sera dominée par le développement de la concurrence internationale.

Les objectifs généraux du cinquième Plan ont donc été formulés afin de: réaliser un taux de croissance de 5% par an sans inflation; développer l'innovation scientifique et technique; développer la formation des hommes et la pratique d'une politique active de l'emploi; promouvoir une politique plus efficace d'exportations.

Grâce à cette planification, la France a enregistré des succès notables dans tous les secteurs de son économie. Nous nous contenterons d'examiner dans ce chapitre deux des secteurs principaux: l'agriculture et l'industrie.

L'AGRICULTURE

Le territoire français est presque entièrement consacré aux cultures et à l'élevage, et se caractérise par une grande variété de récoltes et de bétail. Sur les 24.586.524 hectares cultivés, presque la moitié (11.444.868) produisent des céréales; 7.406.542 hectares sont réservés aux fourrages pour les animaux; 3.025.750 aux tubercules et légumes (pommes de terre, patates, carottes, etc.). Les herbages occupent 16.136.139 hectares, les bois et les forêts 14.283.886 et les vignobles 1.746.162. En tout, la surface productive couvre 56.752.711 hectares.

Le paysan français a depuis le commencement de l'histoire de son pays pratiqué la polyculture à base céréalière. A cela, il y a plusieurs explications. D'abord le climat qui, modéré dans son ensemble, varié dans sa répartition régionale, nuancé à l'infini suivant les lieux, se prête à des productions diversifiées. «De tout un peu» est très tôt devenu la règle d'or du paysan français. Ensuite, la variabilité des saisons se corrige dans une certaine mesure par la variété des cultures: ce qui est défavorable aux unes l'est moins à d'autres, ou même leur est propice. Enfin, la polyculture vivrière met le paysan à l'abri des vicissitudes du marché, des fluctuations de la politique et même, du moins dans le passé, des désastres de la guerre. Pour toutes ces raisons, les cultures diversifiées se sont établies de sorte que, dans le terroir, elles ont pu bénéficier d'un ensemble de conditions nuancées qu'on ne trouve nulle part aussi répandu qu'en France.

Cette polyculture a toutefois conduit le paysan, au cours des siècles passés, à n'offrir au marché que ses surplus, l'essentiel de sa récolte étant destiné à couvrir les besoins de sa famille. Il est donc resté un gagne-petit, soucieux d'épargner en vue des mauvaises années, et soucieux de ménager sa terre. Pour ces mêmes raisons, il a été l'homme de la tradition, respectueux des modes de travail qui lui avaient été transmis par les générations passées. Pendant de nombreux siècles, c'est donc la culture du blé qui prédominait sur tout le territoire français. Cependant, au XVIIIe siècle, un changement se produisit dans l'histoire agricole. La découverte de la pomme de terre et du maïs dans le Nouveau Monde bouleversa la culture fondamentale du blé, qui était pratiquée avec une alternance de la jachère biennale ou triennale. Des rotations nouvelles furent pratiquées: blé et maïs dans le sud-ouest; céréales et pommes de terre en d'autres portions du pays. Après cela, les vieux systèmes ayant été ébranlés, de nouvelles acquisitions furent possibles, par exemple celle de la betterave sucrière, surtout à partir du Blocus continental au début du XIXe siècle. Les prairies artificielles commencèrent à se multiplier et, grâce à elles, le bétail apparut comme une ressource et un auxiliaire indispensable, alors qu'il était considéré auparavant comme un «mal nécessaire».

Ces nouvelles acquisitions amenèrent inévitablement une amélioration de l'outillage traditionnel puis, mais très lentement, l'introduction des machines agricoles. La mécanisation et la motorisation permirent aux paysans de retrouver les loisirs que leur avait fait perdre la multiplication des cultures due à la révolution agricole des XVIIIe et XIXe siècles. Mais, à côté des loisirs procurés par un équipement mécanique, les paysans français ont vite aperçu cet autre avantage: la possibilité d'exécuter tout ce qu'ils avaient à faire au moment le plus convenable.

De plus en plus, la commercialisation des produits du sol devint la grande affaire. C'est ce passage de l'ancienne exploitation autarcique à la culture pour le marché qui marque le mieux l'évolution de l'économie paysanne. Produïre plus et à meilleur marché, et permettre aux récoltes abondantes de lutter contre la concurrence, voilà le mot d'ordre que se donna l'agriculture française au début du XXe siècle. Le symbole et l'instrument de cette transformation est le tracteur.

Il ne faudrait pas croire, cependant, que la motoculture ait été adoptée facilement par le paysan français. En 1929, on ne comptait en France que 26.000 tracteurs en service, et jusqu'à la Deuxième Guerre mondiale on n'enregistra qu'un faible progrès. Puis, la paix revenue, les prix agricoles restant relativement élevés, les paysans, craignant une dévaluation de la monnaie, se mirent à acquérir un nouvel outillage. Dès 1948, on comptait 98.000 tracteurs; en 1953, 196.000; en 1956, 335.000 et en 1964, 900.000. Parallèlement, les moissonneuses-batteuses devenaient de plus en plus nombreuses: 4.900 en 1950, 18.000 en 1955, 75.000 en 1964. L'industrie des machines agricoles se place aujourd'hui immédiatement après l'industrie automobile.

Afin de profiter des bienfaits de la mécanisation et de la motorisation, il fallait s'attaquer à un obstacle majeur: la constitution des domaines ruraux et la répartition de la terre entre ceux qui la cultivent. Le sol agricole français est en effet divisé à l'extrême, en des centaines de milliers de parcelles. Ce parcellement est naturellement un très grave obstacle à une exploitation rationnelle, car il rend impossible l'introduction des machines dans des champs dont la surface moyenne n'excède pas 60 ares. C'est pour cela qu'à partir de 1942 le gouvernement français institua une politique de *remembrement rural* pour encourager la réunion en un bloc de toutes les parcelles appartenant au même exploitant. Cette politique a déjà enregistré d'heureux résultats. Une autre mesure, prise en 1961 pour empêcher le morcellement des fermes, stipulait que les terres ne pouvaient être divisées que cinq ans après la mort du propriétaire, et qu'alors elles devaient de préférence aller à l'un des héritiers, les autres recevant une compensation échelonnée, si nécessaire, sur dix ans. Enfin, en 1962, le gouvernement fit voter des lois pour encourager le groupement des fermes en coopératives pour atteindre un rendement maximum.

Toutes ces mesures visent à une transformation fondamentale de la paysannerie française, afin de lui permettre d'améliorer ses conditions de vie et de participer activement au commerce extérieur.

Les principaux produits de la France sont: les céréales, les fruits, les fleurs, les légumes, les vins et les cultures industrielles. Ajoutons aussi l'industrie laitière et l'industrie alimentaire.

Les céréales

La France se place au cinquième rang des pays producteurs de blé, après l'Union Soviétique, les États-Unis, la Chine et le Canada. Le quart des terres cultivées françaises sont emblavées; mais c'est surtout dans le nord de la France, en Brie et en Beauce, que le froment fait l'objet d'une culture intensive. La grande partie de la récolte est achetée par des organismes stockeurs ou des négociants, agréés par l'Office national interprofessionnel des Céréales, et qui exploitent environ 10.000 silos. Des silos, le blé est envoyé aux moulins ou aux minoteries; ces dernières se trouvent surtout dans les ports d'exportation et les grands centres de consommation, alors que les moulins fonctionnent dans les grandes régions productrices de blé. Après la mouture, les farines sont livrées aux boulangeries, souvent par camions-citernes.

Il existe aujourd'hui environ 54.000 boulangeries en France, dont la majorité conserve une structure artisanale et familiale. Le pain français est réputé dans le monde entier, et à juste titre; cependant, les Français, de nos jours, se sont détournés de la consommation du pain. Alors qu'en 1900 la consommation individuelle moyenne atteignait 900 grammes par jour, elle n'est plus aujourd'hui que de 250 grammes. Aussi, les boulangeries se sont-elles orientées vers d'autres activités: sans abandonner la vente du pain, elles deviennent aussi pâtisseries, confiseries et salons de thé.

Le pain n'absorbe que les cinq sixièmes environ des farines moulues. D'autres industries alimentaires transforment la farine en biscottes, farines composées, industries de régime, entremets. Les semoules et pâtes alimentaires, qui fournissent une part importante des industries françaises d'alimentation, sont fabriquées à partir des blés durs cultivés dans les régions méditerranéennes.

Les autres céréales importantes sont le seigle, l'avoine, l'orge, le maïs (surtout en Alsace, en Gascogne et dans le Poitou), et le riz. Depuis la perte de l'Indochine, la France produit le long de la Méditerranée et principalement en Camargue, tout le riz dont elle a besoin.

Quant au maïs, on a pu constater une extension spectaculaire dans sa culture depuis la Deuxième Guerre mondiale. En 1948, le maïs occupait l'avant-dernière place dans le rang des céréales françaises; aujourd'hui, grâce aux nouvelles techniques de culture et aux expériences sur des semences de maïs hybrides importés des États-Unis, le maïs se place immédiatement après le blé, l'orge et l'avoine.

Les cultures industrielles

La plus importante de toutes les plantes industrielles cultivées en France est la betterave sucrière qui fournit une grande partie du sucre consommé par les Français. Les plantes textiles sont le lin, qui est

La récolte des betteraves

La moisson des blés dans la Beauce

F.G.T.O.

F.E.P.

La récolte du houblon,
près de Strasbourg

La culture du riz, en Camargue

La culture du tabac, à Beynac

F.G.T

excellent, et le chanvre qui exige de très bonnes terres et des fumures coûteuses. Notons aussi le houblon, cultivé surtout dans le nord, en Bourgogne et en Alsace, et le tabac, cultivé avec l'autorisation et sous la surveillance de la Régie, dans trente-trois départements.

L'usage du tabac commença à s'étendre en France vers le milieu du XVIe siècle lorsque Jean Nicot, l'ambassadeur de France au Portugal, fit parvenir à Catherine de Médicis, qui souffrait de migraines, «une herbe d'Inde de merveilleuse et expérimentée propriété». En 1629, le cardinal Richelieu, constatant l'importance de la consommation de cette plante, que l'on commençait à cultiver dans le sud-ouest, frappa les tabacs d'importation d'un droit de douane. Dès lors, l'État ne cessa de s'intéresser au tabac. En 1810, Napoléon constitua le monopole du tabac, géré directement par l'État, qui s'est poursuivi jusqu'à nos jours. Aucune culture en France n'est plus contrôlée et réglementée que celle du tabac. Chaque année, la liste des départements autorisés à cutiver cette plante, et la superficie que chacun d'eux pourra y consacrer, sont fixées par le comité technique du *Service d'Exploitation industrielle des Tabacs et Allumettes* (S.E.I.T.A.). À l'intérieur des départements, les communes doivent recevoir individuellement une autorisation; à l'intérieur des communes, les particuliers doivent être agréés par une commission des permis. Les graines sont fournies par le S.E.I.T.A.; les planteurs doivent se soumettre en tout temps au contrôle des agents de l'administration et doivent livrer intégralement leur récolte. La superficie cultivée en 1962 était de 27.600 hectares et la récolte a atteint 54.000 tonnes. Comme les besoins totaux annuels de tabac en feuille sont de l'ordre de 70.000 tonnes, force est donc pour la France de faire appel à l'importation.

Il y a en France environ 50.000 débits de tabac qui sont attribués à des titulaires nommés par le ministre des Finances ou par les préfets, choisis parmi les personnes possédant des ressources modestes qui ont rendu (eux-mêmes ou leurs proches parents) des services méritoires au pays.

Une des parties les plus saines de l'agriculture française est l'élevage. La France occupe le quatrième rang des pays producteurs de bœuf et de porc et le huitième rang pour la production du mouton et de l'agneau.

Pour la production du lait, la France se place au premier rang des États de la Communauté économique européenne. Sur le plan national, la production laitière constitue la deuxième production agricole française. Le développement de cette production, surtout ces dernières années, est la conséquence de l'accroissement du troupeau, le nombre des vaches laitières étant passé de 8.033.000 en 1938 à 10.882.400 en 1962, et de l'accroissement de la demande qui résulte lui-même de l'élévation des niveaux de vie.

Le fromage. Parmi les produits laitiers, le fromage occupe très certainement la première place, les Français étant les plus grands mangeurs de fromage du monde entier. La France est aussi le premier pays pour le nombre et la diversité des produits fromagers, et, en ce qui concerne le tonnage fabriqué (environ 350.000 tonnes par an), elle occupe le second rang dans le monde, après les États-Unis.

L'inventaire de tous les fromages français serait trop long à faire ici. Notons simplement, selon la nature de leur lait, les grandes catégories et, dans celles-ci, les principaux fromages:

1. *Fromage de lait de vache.* (a) *fromage frais:* le suisse et le petit-suisse, le demi-sel, le double-crême; (b) *fromage à pâte molle moussée:* (la surface est recouverte d'une abondante mousse blanche) le Camembert, le Brie, le Dreux, le Carré de l'Est, le Nantais, le Neufchâtel; (c) *fromage à pâte molle à croûte lavée* (le lavage de la croûte empêche la moisissure superficielle): le Pont-l'Évêque, le Munster, le Langres, le Livarot, le Vacherin; (d) *fromage à pâte persillée* (marbrures bleu-vert): le Bleu d'Auvergne, le Bleu des Causses, le Bleu de Gex, le Bleu de Bresse; (e) *fromage à pâte pressée* (doux de goût, pâte simple): le Saint-Paulin, l'Edam français, le Gouda français, le Reblochon; (f) *fromage à pâte ferme ou dure:* le Cantal, l'Emmental français, le Gruyère.

2. *Fromage de lait de brebis.* Le plus célèbre est le Roquefort, dont l'appellation est exclusivement réservée aux fromages fabriqués avec du lait de brebis provenant de l'Aveyron et des départements limitrophes, de la Corse, des Hautes-Pyrénées et des Basses-Pyrénées, et affinés dans les caves de Roquefort (Aveyron).

3. *Fromage de lait de chèvre.* Très nombreux, ces fromages ont de multiples formes et des dimensions très variées: Saint-Maure, Chabichou, Chevrotin, Cabecou, Picodon, Boutons de culotte, etc.

Le vin. Le vin vient au quatrième rang des productions agricoles françaises, après la viande, les produits laitiers et le blé. C'est la boisson traditionnelle de la plupart des régions de la France et il entre pour une bonne part, 10% en moyenne, dans les dépenses d'alimentation qui, elles, s'élèvent à environ la moitié du budget du travailleur moyen. Avec le pain et la viande, le vin est un des trois éléments de la trilogie quotidienne dans les préoccupations des ménagères. Chaque année, le chiffre d'affaires auquel le vin donne lieu est de l'ordre de sept milliards de francs.

Bien que la consommation du vin en France soit à peu près stabilisée (moins d'un demi-litre par jour et par tête), la production, en revanche, est instable à l'excès, car la culture de la vigne est très aléatoire. Une récolte peut être compromise par un printemps précoce suivi de quelques journées, voire d'une seule nuit, de gelées tardives. Une chute de grêle peut l'anéantir. Si l'été est trop pluvieux, le raisin gonflera, mais ne mûrira pas; si l'été est trop chaud, le vin sera sucré et riche en alcool, mais trop peu abondant. En règle générale, la quantité ne s'obtient qu'au détriment de la qualité, et vice versa. En plus, il est quasi impossible de compenser cette irrégularité, car, en matière de vin, les caractères de tel cru sont si particuliers qu'aucun autre ne peut lui être substitué. Aussi le vigneron ne peut-il songer à mélanger deux récoltes du même vignoble, à plus forte raison deux récoltes de vignobles différents (sauf pour les vins de coupage, dont nous parlerons plus loin). Le sol, le cru, l'exposition, l'année, le traitement, sont autant de facteurs de différenciation.

Il est cependant exact qu'un certain nombre d'éléments permettent d'identifier un vin et qu'il est par conséquent possible de tracer des délimitations plus ou moins étendues à l'intérieur desquelles deux bouteilles ou deux barriques pourront être considérées comme semblables.

On distingue d'abord plusieurs catégories dans les vins français:

1. *Les vins ordinaires* (ou de grande consommation), qui comprennent: les vins de coupage, obtenus en mêlant plusieurs vins d'origines diverses; et les vins de pays, qui ne doivent pas être mélangés et sont présentés sous le nom de leur canton d'origine.

2. *Les vins dits «délimités de qualité supérieure»*. Ces vins, environ une cinquantaine, ont droit à l'appellation V.D.Q.S., décernée par une commission professionnelle après analyse et dégustation.

3. *Les vins d'appellations d'origine contrôlée* pour lesquels un décret ministériel a défini l'aire de culture, les cépages autorisés, le rendement maximum à l'hectare, le degré alcoolique minimum et les procédés de culture et de vinification. Il y a aujourd'hui 251 vins qui tombent dans cette catégorie.

4. *Les vins de châteaux et de domaines* qui sont renommés dans le monde entier et qui, pourtant, n'ont aucun statut administratif propre. Cependant, les appellations «Grand cru», «Premier cru» et «Cru classé» sont définies par des décrets.

On distingue ensuite les vins des différentes régions de France. Parmi les crus les plus célèbres, notons d'abord les vins de Champagne. Les Champagnes des grandes marques sont obtenus par mélange des trois principales régions de production: Montagne de Reims, Vallée de la Marne et Côte des Blancs. Seuls les raisins sains sont retenus et, pour le tirage en bouteille, seules les deux premières serres sont utilisées. La troisième serre est employée pour les Champagnes bon marché; la quatrième, comprenant le jus de pépins et de grappes, n'a pas droit à l'appellation Champagne. Après la mise en bouteilles, une adjonction d'un mélange de vin vieux et d'une dose variable de sucre de canne détermine les formes: brut (1% de liqueur), sec (3%), demi-sec (6–8%). Le Champagne doit être servi frais (6 à 8 degrés centigrades); trop froid il perd sa saveur, plus chaud il s'alourdit et sa mousse ne tient pas.

Les vins d'Alsace comprennent surtout des vins blancs avec, en plus, quelques rosés. Ce sont des vins légers, fruités et élégants comme ceux de Riesling, de Traminer, de Gewürtztraminer.

La Bourgogne donne de célèbres vins blancs et vins rouges. Rien que dans la Côte-d'Or, il existe 65 «appellations contrôlées». Il y a, en Bourgogne, trois secteurs célèbres: le Chablis, qui donne des vins blancs, fins et nerveux, les Côtes-de-Nuits, qui fournissent des vins rouges très corsés, comme le Chambertin, le Romanée-Conti et le Clos-Vougeot, et la Côte-de-Beaune, dont le cru le plus célèbre est le Montrachet.

Au sud de ces trois secteurs, le Mâconnais fournit des vins de consommation courante, comme le Pouilly-Fuissé, un vin blanc très apprécié. Plus au sud encore, se trouve le Beaujolais qui produit plusieurs crus, tels le Moulin-à-Vent, le Côte-de-Brouilly et le Saint-Amour.

Dans les Côtes-du-Rhône, les noms des crus les plus connus sont le Châteauneuf-du-Pape, l'Ermitage, le Château-Grillet et le Côte-Rôtie. Notons aussi un rosé célèbre, le Tavel.

Le Roussillon produit des vins de dessert, vins doux ou liquoreux, parmi lesquels le Banyuls est peut-être le plus renommé. Mais, c'est le Languedoc qui fournit la plus grande quantité de vins de consommation courante. Le vin, sa production et sa vente sont les préoccupations essentielles des Languedociens. Cinq des départements (Hérault, Aude, Gard, Var, Pyrénées-Orientales) vivent essentiellement de la vigne et fournissent à eux seuls 49% de la récolte française et 54% de la récolte des vins de grande consommation.

Les vins de Bordeaux sont plus distingués que les vins de Bourgogne, moins alcoolisés et d'une couleur sombre et discrète qui a donné son nom à la teinte «bordeaux». Dans le Bordelais, les propriétés viticoles s'appellent des «châteaux»; on en compte 1.500, répartis en plusieurs secteurs: le Médoc, le Saint-Émilion, les Graves, les Sauternes et l'Entre-deux-Mers. Parmi les vins rouges on distingue quatre «Premiers grands crus»: Château-Lafitte, Château-Latour, Château-Margaux, et Château-Haut-Brion, quinze «Deuxièmes crus», quatorze «Troisièmes crus» et dix «Quatrièmes crus». Pour les blancs le «Premier grand cru supérieur» est le Château-Yquem.

La fermentation du vin de Cassis

F.C.S.

Des ouvriers dans une teinturerie à Lyon

F.E.P.I.D.

F.G.T.O.

Une papeterie à Ambert

F.G.T.O.

Dans les caves de Roquefort

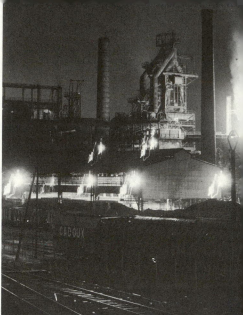

(*En haut, à gauche*) La centra[le] atomique électrique de Chinon; [(à droite*) Une aciérie à Pont-à-Mou[s]son, en Lorraine

La production des voitures Renault

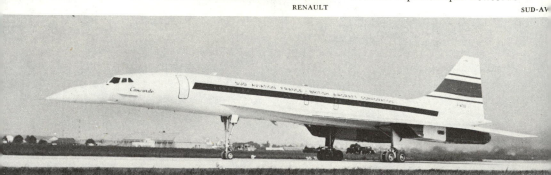

RENAULT

L'avion supersonique Concorde

SUD-AV[IATION]

Notons finalement les vins du Val de Loire, parmi lesquels le Muscadet, les vins de Saumur et, en Touraine, le Vouvray, un vin blanc liquoreux très fruité, qui est quelquefois champagnisé.

L'exportation des vins et alcools compte pour beaucoup dans le commerce extérieur français. Les plus gros clients sont, par ordre, la Grande-Bretagne, l'Allemagne fédérale et les États-Unis; les produits exportés sont le cognac (364.813.000 francs en 1963) le Champagne (166.083.000 francs), le Bourgogne (126.106.000), le Bordeaux (106.800.000) et les vins de consommation courante (131.621.000).

L'industrie française

L'industrie française depuis 1945 a fait preuve d'un développement remarquable. L'accroissement annuel est aujourd'hui le triple de ce qu'il était pendant la période 1920–1940. Depuis 1949, la production industrielle a augmenté de 122%. Cet accroissement s'est manifesté non seulement dans l'acier, dont la production a doublé dans les dix dernières années, dans les textiles et dans les produits chimiques, mais dans d'autres domaines encore, comme celui de l'industrie automobile, qui exporte maintenant 35,6% de ses fabrications, dans l'industrie électronique et dans l'industrie alimentaire.

Un facteur important dans cet accroissement a été la découverte et l'exploitation de nouvelles sources d'énergie: le gaz naturel, le pétrole et l'atome. L'extraction de la houille, la production de l'énergie électrique ont également doublé depuis 1945. Un autre facteur a été la formation de la Communauté Européenne. De nos jours, grâce à cette Communauté, les projets formulés par les industriels doivent tenir compte d'un marché constitué par 170 millions de consommateurs, ainsi que des nombreux concurrents hors des frontières françaises. De 1956 à 1965, les exportations françaises augmentèrent de 11 à 36.5 milliards de francs.

L'industrie électronique: De 1950 à 1960, l'industrie électronique française a décuplé son chiffre d'affaires et fait donc preuve d'une remarquable vitalité. En 1962, l'industrie française a produit 2.700.000 récepteurs de radio, soit près de deux fois plus qu'en 1956, et environ un million de téléviseurs, soit plus de quatre fois le nombre produit en 1956.[1] Les exportations françaises, grâce à leurs qualités, se répandent un peu partout dans le monde (y compris les États-Unis). La France exporte, entre autres, des radars aéroportés, des stations de météo, des appareils de

---

1. Henri de France réussit, en 1956, à mettre au point un procédé de télévision en couleur (le «SECAM») dont la supériorité sur les autres systèmes fut reconnue, en juin 1966, à la conférence internationale d'Oslo.

mesure, des émetteurs-récepteurs, des engins et fusées téléguidés, des tubes électroniques, des tubes accélérateurs de particules, etc. Dans le domaine de l'espace, la France, nous l'avons vu, a son propre programme orienté par ses recherches particulières.

L'industrie atomique: En 1939, la France se trouvait au premier rang parmi les nations qui poursuivaient des recherches nucléaires, grâce notamment aux travaux de Frédéric Joliot-Curie (1900–1958). La guerre arrêta ces travaux et dispersa l'industrie atomique française. Les savants français qui purent s'échapper collaborèrent avec les ingénieurs anglo-saxons, mais la France, en 1945, dut recommencer à zéro. Elle dut tout créer, tout inventer et tout financer par elle-même, car elle ne bénéficia d'aucune aide ni d'aucun renseignement de la part des puissances atomiques occidentales. On comprend donc que devant l'incontestable réussite de la jeune industrie atomique, les Français ressentent un légitime sentiment de fierté.

En octobre 1945, le Commissariat à l'Énergie atomique fut créé par le général de Gaulle. Ce Commissariat est devenu depuis un puissant organisme de recherches en même temps qu'un producteur industriel. En janvier 1963, il employait plus de 23.700 personnes et dirigeait les recherches effectuées dans quatre centres: Fontenay-aux-Roses, Saclay, Grenoble et Cadarache. Le budget du Commissariat s'élevait en 1966 à 4 milliards et demi de francs.

Aujourd'hui, la France produit 1.300 tonnes d'uranium métal par an; elle produit également le graphite, le thorium, le zirconium, le hafnium et le béryllium en qualité et en quantité susceptibles d'être exportées. À Pierrelatte, dans la vallée du Rhône, une usine de séparation isotopique produit de l'uranium 235, tandis que le plutonium est obtenu dans les piles de l'Électricité de France à Chinon.

Ainsi, grâce à un effort coûteux mais tenace, la France, dans cette industrie, a rattrapé un peu du retard causé par la guerre et se trouve maintenant en mesure de bénéficier des applications de l'énergie atomique. Dans quelques années, elle pourra disposer d'une énergie électrique abondante et bon marché.

La sidérurgie: La sidérurgie, ou métallurgie du fer, englobe l'ensemble des opérations qui transforment le minerai en semi-produits ou produits finis utilisables par les industries mécaniques, électriques, de construction, etc. Après la Deuxième Guerre mondiale, la France eut à remplacer les installations sinistrées et à accomplir un effort accéléré de modernisation. Grâce aux plans, cet effort a été couronné de succès. En 1961, la France se plaçait troisième parmi les nations exportatrices d'acier. En 1965, la production sidérurgique atteignit 25.5 millions de tonnes d'acier-lingot, soit quatre fois plus qu'en 1939. Les principaux centres de production d'acier en France sont situés dans l'est (66% de la production totale), dans le nord (22% de la production totale), dans le centre (7%) et dans l'ouest (5%).

L'industrie automobile: Cette industrie a une longue histoire en France. En 1771, un ingénieur français, Joseph Cugnot, construisit un véhicule à trois roues, appelé «fardier», qui employait un moteur à vapeur. En 1883, Delamarre-Debouteville fit circuler la première voiture automobile munie d'un moteur à explosion fonctionnant à l'essence. Lorsqu'un moteur léger à grande puissance fut mis au point, les pionniers de l'industrie automobile française commencèrent à fabriquer des voitures portant leurs noms: Peugeot, en 1897, Bollée en 1897, Renault en 1899, de Dion en 1902, etc.

De nos jours, l'industrie automobile française produit plus d'un million de voitures particulières par an et plus de 200.000 véhicules utilitaires. En 1967, les chiffres de production étaient les suivants: 2.007.000 automobiles[2] (dont 550.000 furent exportées) et 255.000 véhicules utilitaires, dont 43.000 furent exportés.

La Régie Renault est certainement le plus important des constructeurs français. La maison Renault date de 1899, lorsque Louis Renault commença à fabriquer en série la voiturette qu'il avait construite en 1898. Pendant la guerre de 1914–18, l'usine, installée à Billancourt dans la banlieue de Paris, fabriquait également des tanks, des avions et des munitions. La paix revenue, l'usine Renault reprit la fabrication des automobiles et se transforma en un grand ensemble industriel, l'un des premiers en France pour la production en grande série. C'était l'époque où l'on découvrait le machinisme, avec ses promesses et ses dangers. L'île Séguin, où se trouvaient les usines, devint un symbole de la grande industrie. Puis, en 1947, Billancourt devint le lieu de naissance d'une seconde évolution capitale de la vie industrielle: l'automation. La maison Renault avait été nationalisée et transforméee en Régie nationale des Usines, en 1945, et ses nouveaux animateurs avaient décidé d'en faire une entreprise-pilote. Ainsi toutes les installations furent modernisées et équipées de machines-transfert, capables d'effectuer plusieurs opérations d'usinage à la fois, puis de transférer automatiquement les pièces d'un poste d'usinage à un autre. Pour répondre aux besoins d'une clientèle appauvrie par les années de guerre, il fut décidé de fabriquer une petite

---

2. Citroën, 451.875; Peugeot, 338.846; Renault, 666.224; Simca, 327.433.

voiture populaire, la 4 CV, et de la fabriquer sur une base alors inconnue en France: 300 par jour. Le succès de cette voiture répondit pleinement aux prévisions énoncées par la Régie. En 1950, une nouvelle usine, l'une des plus modernes du monde, fut érigée à Flins pour le lancement de la Dauphine, qui se fabrique maintenant à raison de plus de 1.000 voitures par jour.

La Régie est placée sous le contrôle du ministère de l'Industrie. Le directeur-général, nommé par le gouvernement, a la même liberté et la même responsabilité qu'un dirigeant d'une firme privée. Il préside un conseil d'administration groupant des représentants de l'État, des utilisateurs et du personnel, et sa gestion n'est pas contrôlée «a priori» mais «a posteriori» comme il convient dans une industrie où l'on prévoit quinze ans à l'avance et où les choix sont pratiquement irréversibles. Tout en étant le premier constructeur d'automobiles, la Régie est aussi le second constructeur de tracteurs agricoles et le sixième producteur de machines-outils.

D'autres industries françaises méritent d'être citées. L'industrie du papier en France date du XIIIᵉ siècle, lorsque des croisés, revenus d'Asie Mineure, installèrent des moulins à papier dans la région de Beaujeu (dans le Beaujolais) et en Auvergne. À la veille de la Révolution, 741 moulins à papier produisaient environ 20.000 tonnes de papier. En 1798, un Français, Nicolas-Louis Robert construisit la première machine à fabriquer du papier «en continu», c'est-à-dire non plus en feuilles, mais en ruban. Lorsqu'on remplaça le chiffon, comme matière première, par le bois, les nouvelles fabriques françaises s'installèrent à proximité des massifs forestiers: Vosges, Alpes, Landes. Puis, lorsqu'il fallut commencer à importer de la matière première, soit sous forme de bois, soit sous forme de pâte, les papeteries s'installèrent dans la région des ports (à Rouen, par exemple). C'est ainsi qu'on trouve aujourd'hui dans la papeterie française de vieux moulins artisanaux, qui fabriquent surtout du papier de qualité rare, et de grandes usines dans les zones forestières et dans les grands ports.

La France est aujourd'hui le septième pays producteur de papier dans le monde, et le huitième dans la production de pâtes à papier.

L'industrie cotonnière française commença à se développer pendant le règne de Louis XIV. En 1773, à Amiens, la première filature de caractère industriel fut créée et, peu à peu, les filatures se répandirent en Picardie, en Flandre, en Normandie et en Alsace. Lorsque Napoléon Iᵉʳ décréta le blocus de la Grande-Bretagne, la France dut prendre des mesures pour se suffire à elle-même et le nombre de filatures augmenta considérablement. Aujourd'hui, on dénombre plus de 300 filatures, 800 tissages et plusieurs centaines d'entreprises de blanchiment. L'industrie cotonnière emploie au moins 500.000 personnes, y compris celles des industries et des commerces annexes. Elle exporte surtout vers la Grande-Bretagne, les Pays-Bas et l'Égypte, ainsi que vers les pays de l'Afrique de langue française.

L'industrie de l'aluminium est une création française. En 1853, Henri Sainte-Clair Deville réussit à obtenir pour la première fois l'aluminium à l'état pur, et, en 1854, il mit au point la première méthode de production industrielle, par voie chimique. Cette méthode était très coûteuse, si bien que l'aluminium était alors considéré comme un métal précieux. En 1886, un autre Français, Paul Héroult, réussit la première préparation de l'aluminium par dissociation électrolytique de son oxyde (l'alumine). C'est cette méthode qui est aujourd'hui universellement utilisée, et qui a permis l'essor de la production en grande quantité. L'aluminium est devenu de nos jours une matière première industrielle d'usage courant. La France possède de bonnes ressources en bauxite (le minerai d'aluminium) dans le sud-est, approximativement du massif de l'Esterel jusqu'aux premiers contreforts des Pyrénées. L'aluminium est produit par deux sociétés: la Compagnie de Produits chimiques et électrométallurgiques, à Péchiney, et la Société d'Électro-Chimie d'Ugine.

Citons, pour terminer, l'industrie française du pétrole, qui est en pleine expansion, et l'industrie du verre, qui s'est acquis de longue date une prestigieuse réputation mondiale.

Les installations pétrolières à Lavéra, dans les Bouches-du-Rhône

F.E.P.I.D.

Chapitre 23

LA FRANCE
DANS LE MONDE

Son rôle historique

Arrivés au terme de cette présentation de la France et de sa civilisation, nous devons terminer en essayant de dégager l'importance du rôle de la France dans le monde.

L'historien Jules Michelet a écrit que «si l'on voulait entasser ce que chaque nation a dépensé de sang et d'or et d'efforts de toute sorte pour les choses désintéressées qui ne devaient profiter qu'au monde, la pyramide de la France irait montant jusqu'au ciel». Parcourons rapidement le cours des siècles afin de dégager certaines des actions françaises qui ont influencé l'Europe et le monde.

En 756, Pépin le Bref, après avoir libéré Rome de l'étreinte lombarde, constitua l'acte de fondation des États pontificaux, nouant ainsi l'alliance entre le spirituel et le temporel et préparant le règne européen de Charlemagne. Celui-ci, couronné empereur le 25 décembre 800, incarnera magnifiquement l'idée impériale du continent, la première idée européenne.

En 910, l'abbaye de Cluny reçut du duc Guillaume d'Aquitaine une charte de franchises qui lui conférait une indépendance absolue vis-à-vis des puissances laïques, y compris celle du roi. En quelques années, cette abbaye devint la tête d'un empire monastique et la Bourgogne le centre de gravité de l'Église. Cluny fut non seulement le porte-flambeau de la France d'alors, mais aussi le porte-parole de l'Église. Par elle, la culture française se répandit dans toute l'Europe et, conjuguée avec l'expansion normande, dans le Moyen-Orient. Aux XIᵉ et XIIᵉ siècles, l'Europe, grâce aux croisades, profita d'un sursis qui permit à la culture occidentale d'échapper à l'étouffement dont la menaçaient les musulmans. Ces croisades, commencées par les Français, serviront aussi à rétablir les échanges commerciaux entre les deux extrémités de l'Eurasie, contribution capitale à la civilisation universelle.

Pendant le moyen âge l'esprit français commença à s'affirmer, esprit caractérisé par une dualité où s'affrontent le mysticisme et le rationalisme, la foi et le scepticisme. Cette dualité est demeurée vivace à travers toute l'histoire de la France et a sans doute inspiré aux Français l'amour de la tolérance et de la justice. Le XIIIᵉ siècle, par exemple, fut le siècle de l'incrédulité autant que de la mystique et c'est pourquoi il fut aussi un siècle si humain. C'est alors que fleurit l'institution de la chevalerie qui, si elle ne fut pas spécifiquement française, se cristallisa néanmoins en France, ainsi qu'en témoignent les *chansons de geste* et les *romans de chevalerie*. L'amour courtois, dans lequel la première place revient à l'honneur, se propagea dans tout le monde chrétien. «Ce fut là, écrit Gustave Cohen, le don gratuit et magnifique que la France fit au monde occidental et sans quoi Dante et Pétrarque n'auraient, peut-être, adoré ni Béatrice ni Laure.»

Il s'est trouvé que le roi de France, à cette époque, incarnait l'archétype de cette humanité courtoise et apparaissait à ses contemporains comme le premier des chevaliers. Louis IX, ou Saint Louis, ne fut pas un roi national, mais un roi chrétien, un roi justicier et par lui s'étendit le rayonnement de la France. Paris avait remplacé Rome, non par la force des armes, mais par le prestige de sa culture.

Aux XIVᵉ et XVᵉ siècles, la France joua, vis-à-vis des peuples européens, un rôle initiateur qui se définit par deux grandes notions: indépendance du pouvoir temporel à l'égard du pouvoir spirituel, et indépendance d'un pouvoir temporel à l'égard d'un autre pouvoir temporel. Cette dernière conduisit à la notion moderne de la souveraineté nationale et la grande œuvre de la France de cette époque fut d'élaborer la notion d'État national. L'expansion de la civilisation française au XIVᵉ siècle se fit surtout par l'établissement de la maison d'Anjou à Naples et par l'élection d'empereurs et de papes d'origine française.

Pendant ces siècles, l'art français continua à être un modèle pour le reste du monde chrétien. En peinture, en musique, en architecture, les artistes français, soit à Paris, soit en Bourgogne ou même dans les Flandres, alors soumises à une véritable francisation, témoignent d'une égale vitalité.

Au XVIᵉ siècle, la France donna au monde Calvin et ensuite Rabelais, grand apôtre de la tolérance, ainsi que Montaigne, professeur en pragmatisme. Puis, c'est la guerre de Trente Ans à la suite de laquelle la France, par les traités de 1648 et de 1659, contribua à organiser le premier équilibre européen. Lorsque Louis XIV prend le pouvoir en

1660, la nation française est prête à jouer un rôle planétaire et ouvre en même temps à l'humanité de grandes perspectives spirituelles grâce aux œuvres de Descartes et de Pascal. À cette époque, toute l'Europe de la noblesse et du commerce se servait de la langue française, véhicule de la pensée occidentale.

Au siècle suivant, par les œuvres de Montesquieu, de Voltaire, de Rousseau et des Encyclopédistes, la France se fit le champion de la recherche de la liberté, de la justice et du bonheur. «La littérature des lumières de la France au XVIIIe siècle, écrit l'Allemand Büchner, a rendu au genre humain et à la cause de l'humanité des services qu'on ne saurait trop exalter; elle marque . . . une des flexions les plus puissantes de la société moderne.» Mais, outre ces apports de la philosophie française, il faut mentionner celui de la chimie française qui, grâce à Lavoisier et à ses émules, permit le renouvellement de la science contemporaine et le progrès de la civilisation matérielle des deux derniers siècles.

Pendant l'époque des Grandes Découvertes, la France, après s'être laissé distancer d'abord par les Portugais, les Néerlandais et les Anglais, fit un grand effort pour rattraper le temps perdu. Dans les Antilles et au Canada, les établissements français se multiplièrent. Il est à noter que le mouvement qui porta la France en Amérique ne relevait pas uniquement d'un impérialisme religieux ou d'une cupidité vulgaire; dès les débuts, les Français traitèrent les indigènes en égaux, fidèles en ceci aux enseignements des philosophes du XVIIIe siècle.

Le 6 février 1778, la France signait le *Traité d'amitié et de commerce* avec la République américaine, traité qui donnait le certificat de naissance international à ce jeune État. Par cet acte, la France se donnait le droit désormais de revendiquer le titre de «plus ancienne alliée des États-Unis». L'intervention désintéressée de volontaires tels que La Fayette, Aiguillon, Noailles, Vioménil, et beaucoup d'autres, apporta aux insurgés un appui moral qui compta presque autant que l'appui matériel fourni par le gouvernement royal. Il n'est peut-être pas exagéré de dire que cette participation de la France se classe parmi les interventions les plus nobles auxquelles elle ait jamais pris part.

À la veille de la Révolution, la nation française pouvait se féliciter de ses succès humains et spirituels, de ses triomphes économiques (grâce aux physiocrates) et de ses initiatives généreuses.

Elle pouvait aussi s'enorgueillir de la gloire obtenue par ses écrivains, ses peintres, ses architectes et ses urbanistes. Ces derniers furent invités par tous les pays d'Europe qui désiraient posséder des hôtels parisiens et des châteaux de la Loire, sinon des Versailles. Quant aux urbanistes français, ils œuvrèrent aux Antilles, au Canada, en Inde, au Cap, en Annam, en Russie, etc. Le plus célèbre fut sans doute le major L'Enfant qui, après avoir accompagné La Fayette en Amérique, en 1777, se vit chargé de construire le premier hôtel de ville de New-York et ensuite de dessiner le plan de la capitale de la nouvelle République.

N'oublions pas non plus les découvertes techniques de cette époque, notamment celles qui allaient permettre le développement de l'aéronautique. Lorsque, le 5 juin 1783, le ballon des Montgolfier s'éleva au-dessus de Versailles, suivi le 21 novembre par l'ascension de Pilâtre de Rozier et du Marquis d'Arlande, la voie se trouvait ouverte à la conquête de l'atmosphère.

Le 14 juillet 1789, le peuple de Paris, en renversant le symbole de l'absolutisme, annonçait l'effondrement d'un univers social et l'avènement d'un univers nouveau. La *Déclaration des droits de l'homme et du citoyen* fut saluée dans toute l'Europe et les quatre libertés fondamentales, proclamées par la Révolution, c'est-à-dire les libertés spirituelle, politique, civile et économique, envahirent l'Europe avec le raz de marée napoléonien. Plus tard, le *Code civil* répandit à travers le mondes le *credo* de la Révolution française. Et n'oublions pas cette autre contribution française: le système métrique décimal qui fut adopté dans le monde entier et que finalement les États-Unis et la Grande-Bretagne s'apprêtent à accepter de nos jours.

Au XIXᵉ siècle, la révolution de 1830 et surtout celle de 1848 témoignèrent de la nouvelle détermination des Français de se faire les champions d'un interventionnisme idéologique. En Grèce d'abord, où le gouvernement de Charles X, entraîné par l'opinion publique, se décida d'envoyer une armée et une flotte. Ce fut donc la France qui eut la gloire de proclamer l'indépendance grecque, le 22 mars 1829.

Les «Trois Glorieuses» de 1830 eurent une répercussion immédiate sur les peuples européens. En Belgique, en Pologne, en Italie, en Allemagne, en Suisse, en Espagne et même en Angleterre, la Révolution de 1830 détermina soit des mouvements populaires, soit des revendications démocratiques, sinon des insurrections armées. On a pu même écrire que 1830 était une date «moins importante dans l'histoire de France que dans celle de l'Europe au XIXᵉ siècle».

Les mêmes répercussions se firent sentir après la Révolution de 1848. En Italie, on vit les peuples de Palerme, de Naples et de Florence réclamer et obtenir des constitutions, suivis par ceux de Milan, de Rome, de Turin et de Venise. Les Roumains et les Serbes s'agitèrent également. La plupart de ces mouvements révolutionnaires furent vite réprimés, mais les idées venues de France ne furent pas étouffées. Plus tard, dans certains de ces pays, grâce cette fois à l'intervention de Napoléon III, elles devaient triompher.

Pendant le XIXe siècle, c'est en France que naquirent les doctrines sociales et économiques qui allaient plus tard donner naissance au socialisme international. Notons aussi que la contribution de la France à l'organisation économique et à la mise en valeur du globe fut, au XIXe siècle, de première grandeur. Citons, par exemple, le traité de 1860, signé par la France et l'Angleterre, qui introduisit le libéralisme dans l'économie française et ensuite en Europe. Citons ensuite le percement de l'isthme de Suez qui reliait directement les deux extrémités de l'Eurasie.

L'œuvre française dans les pays d'outre-mer, accomplie sous la Troisième République, mérite d'être étudiée plus calmement qu'il n'a été possible de le faire jusqu'ici. Les mouvements nationalistes encouragés par le sentiment anticolonialiste, qui s'est affirmé depuis la Deuxième Guerre mondiale, ont quelque peu obscurci le travail civilisateur accompli par les pays colonisateurs. Lorsque les esprits se seront apaisés, il est probable que la contribution de la France au progrès des peuples moins privilégiés sur le continent africain, en particulier, recevra une juste appréciation.

Son rôle actuel

La France d'aujourd'hui joue de nouveau un grand rôle dans le monde. La Constitution de 1958 lui a permis de jouir d'une stabilité gouvernementale et politique telle qu'elle n'en avait pas connu depuis plusieurs générations. Les différents plans économiques lui ont permis d'augmenter sa production industrielle de plus de 50%, depuis 1946, et de moderniser son agriculture. Depuis 1959, la France est devenue un grand pays exportateur et ses réserves de devises sont maintenant considérables. L'économie française de nos jours est donc en pleine croissance et elle est compétitive. Quant à la population, nous l'avons déjà remarqué, elle rajeunit d'année en année. Les conséquences de ce renouveau démographique sont multiples, mais soulignons ici seulement qu'à la mentalité précautionneuse de leurs aïeux, les jeunes Français d'aujourd'hui opposent le goût du risque, la volonté d'investir, d'acheter, c'est-à-dire de stimuler l'économie.

Certaines images traditionnelles que l'on se faisait de la France de naguère ne sont plus du tout valables aujourd'hui. Loin d'être un pays essentiellement agricole, la France voit d'année en année décroître sa population active en agriculture, tout en voyant par contre croître le rendement individuel. Sur 100 Français actifs en 1962, 29 étaient employés dans l'agriculture, 35 dans l'industrie, 14 dans le commerce, 12 dans les activités professionnelles et l'administration, 5 dans les transports et 5 dans les services divers. Ceci atteste le rôle croissant de l'industrie. Notons aussi que si l'on sépare les différentes activités en trois secteurs: le secteur primaire (agriculture), le secteur secondaire (industrie) et le secteur tertiaire (services) l'on trouve qu'en 1961 le tableau des effectifs s'établissait comme suit:

primaire, 4.200.000; secondaire, 7.200.000; tertiaire, 7.600.000

En 1965, ce tableau devient:

primaire, 4.000.000; secondaire, 7.500.000; tertiaire, 8.100.000.

Et l'on prévoit qu'en 1975, il sera devenu:

primaire, 3.300.000; secondaire, 8.500.000; tertiaire, 10.000.000.

Cela signifie que le secteur industriel continuera de croître et le secteur agricole de décroître, mais que le secteur des services (transports, communications, hôtellerie, banques, assurances, professions libérales, enseignement, hygiène, santé, commerce, etc.) c'est-à-dire, les services fort recherchés dans une société riche, sera le grand bénéficiaire.

Cette France nouvelle est donc amenée à jouer un rôle de plus en plus important, non seulement en Europe mais dans le monde entier. En Europe, la France, qui prit l'initiative d'une politique d'intégration du continent en proposant dès 1950 la création de la Communauté européenne du Charbon et de l'Acier, a fortement contribué également à la création du Marché commun et de l'Euratom. De nos jours, deux tendances s'affrontent, toutes deux visant à l'unification de l'Europe, mais divergeant sur la manière d'atteindre ce but, et sur le genre d'organisation que l'Europe se donnera. La première tendance serait pour une fédération immédiate des six pays du Marché Commun et un abandon pour chacun de ces pays de sa souveraineté nationale; la seconde, préconisée par la France, serait pour une union de tous les pays d'Europe (et éventuellement de la Grande-Bretagne) dans laquelle chaque pays maintiendrait sa souveraineté. L'avenir se chargera de partager le différend entre les deux. De toutes façons, l'économie européenne, ou du moins celle des six pays du Marché commun, est à l'heure actuelle si bien assimilée qu'un retour au passé serait inconcevable.

D'autre part, la France, qui, en 1945, avait un immense empire qu'elle avait tant bien que mal conservé malgré la Deuxième Guerre mondiale, a eu le grand mérite d'accepter franchement et sans réticences, l'avènement d'un monde nouveau composé d'États indépendants. La guerre d'Indochine (1946–1954) et la guerre d'Algérie (1954–1962) ont marqué les jalons de cette évolution. Mais, entre temps, toutes les colonies françaises de l'Afrique noire ont été émancipées, et cette émancipation s'est accomplie avec le minimum de secousses. Aujourd'hui, les liens culturels et économiques de la France avec ces nouveaux pays demeurent très forts. Les Français consacrent 1,8% de leur revenu national pour aider les pays sous-développés, ce qui signifie que la France, dans ce domaine, vient en tête de toutes les nations du monde.

Quant aux relations de la France avec le monde démocratique occidental, et particulièrement avec les États-Unis, il faut souligner d'abord le choix fait en 1949 de signer le Pacte atlantique et donc de se ranger du côté de celle des deux puissances mondiales qui soutient les espoirs démocratiques. Lorsque l'affaire de Cuba amena le monde au bord d'une nouvelle guerre mondiale (1962), la France se rangea spontanément, et la première, aux côtés des États-Unis. Cependant, cette alliance ne signifie pas pour les Français un abandon de leur indépendance. La politique européenne qu'elle entend poursuivre lui interdit de jouer le rôle d'un subordonné.

Il est clair, néanmoins, que le choix des Français si, par malheur, le monde se laissait entraîner dans un nouveau conflit, se ferait sans hésitation, et que ce choix les rangerait dans le camp des démocraties. À travers sa longue histoire, la France a toujours servi la cause de l'homme.

M. Xuan Thuy, représentant le gouvernement de Hanoï, accueilli au Quai d'Orsay par Maurice Couve de Murville, ministre des Affaires étrangères. C'est à Paris que furent entamés les pourparlers pour mettre fin à la guerre du Viet-nam

F.E.P.I.D.

Appendice

Liste d'ouvrages
à consulter

Géographie

D. Faucher, *La France, géographie, tourisme,* Larousse, 1951–1952, 2 vol.

M. Le Lannou, *Les régions géographiques de la France,* C. D. U., 1959.

G. Monmarché et Ch. Bacquet, *France,* "Les Guides Bleus", Hachette, 1961.

R. Clozier, *Géographie de la France,* "Que sais-je", P.U.F., 1967.

Histoire

F. Lot, *Naissance de la France,* Fayard, 1948.

J. Calmette, *La formation de la France au moyen âge,* "Que sais-je", P.U.F., 1955.

Ch. Seignobos, *Histoire sincère de la nation française,* Le Club français du livre, 1951, 2 vol.

J. Bainville, *Histoire de la France,* Fayard, nouv. ed., 1959.

G. Duby et R. Mandrou, *Histoire de la civilisation française,* A. Colin, 1958, 2 vol.

A. Maurois, *Histoire de la France,* A. Michel, 1958, 2 vol.

Économie

J. Fourastié et J. P. Courthéoux, *L'économie française dans le monde,* "Que sais-je", P.U.F., 1967.

J. M. Jeanneney, *Forces et faiblesses de l'économie française 1945–1959,* A. Colin, 1959.

P. Maillet, *La structure économique de la France,* "Que sais-je", P.U.F., 1967.

Institutions

J. Droz, *Histoire des doctrine politiques en France,* "Que sais-je?", P.U.F., 1966.

J. Ellul, *Histoire des institutions,* P.U.F., 1955–1956, 3 vol.

J. J. Chevallier, *Histoire des institutions et des régimes politiques de la France moderne (1784–1958),* Dalloz, 1967.

M. Duverger, *Constitutions et documents politiques,* P.U.F. 1966.

Beaux-arts

L. Hautecœur, *Les Beaux-Arts en France. Passé et avenir,* A. et J. Picard, 1948.

L. Benoist, *La sculpture française,* Larousse, 1945.

P. et J. Francastel, *Histoire de la peinture française,* Gonthier, 1967, 2 vol.

Musique

N. Dufourq, *La musique française,* Larousse, 1949.

R. Dumesnil, *La musique contemporaine en France,* A. Colin, 1930, 2 vol.

Index

Abbas, Ferhat, 370, 371 n.22
Abbate, Niccolo dell', 451
Abd-el-Kader, 369
Abd-el-Rahman Ier, 167
Abélard, Pierre, 389
Académie de France à Rome, 457
Académie Française, et Richelieu, 218
Acheuléens, 147
Adam, Adolphe, 512
Adenauer, Konrad, 381–382
Ader, Clément, 345 n.26
Affaire Dreyfus, 1', 321, 322, 325, 331 n.11
Afrique Occidentale Française, 325
Agriculture, 553–561
Aignan, Saint, et Attila, 161
Aix-en-Provence, 117–118, 156
Aix-la-Chapelle, paix d', 1748, 244; traité d', 1668, 227
Aix-les-Bains, 111, 112
Alain-Fournier, et la Sologne, 87
Albert Ier de Belgique, 331
Albi, 122–123; et le catharisme, 122; et l'hérésie albigeoise, 183
Albigeois, croisade des, 182–185
Alcuin (Albinus Flaccus), et école à Tours, 91
Alembert, Jean Le Rond d', 248, 527
Alès, la Grâce d' (1629), 215–216
Algérie, l', 368–371, 373–378
Algésiras, conférence d', 326–327
Aliénor d'Aquitaine, 94, 132, 180, 181
Allemagne, traité de coopération avec (1963), 382; zone d'occupation, 361, 361 n.16
Alpes, les, 5
Alsace, 74–77, et la paix de Francfort, 310
Amboise, château d', 445
Ampère, André-Marie, 531
Amiens, 63–64; cathédrale, 63–64; traité d' (1802), 275, 276
Anagni, attentat d', 188
Angers, 93
Angleterre, et la crise de Suez, 372–373; et la pensée française au XVIIIe siècle, 401
Angoulême, 100
Angoumois, 98
Anjou, 92
Anjou, famille d', histoire, 92
Annecy, lac d', 111
Anne d'Autriche, 219–220
Anne de Bretagne, 196
Antilles, les, 140, 275
Apollinaire, Guillaume, et le cubisme, 497
Arabes, les, en Gaule, 167
Architecture: gallo-romaine, 416–418; romane, 420–426; gothique, 433–438; de la Renaissance, 444–448; du XVIIe siècle,

452–456; du XVIIIe siècle, 464–465; du XIXe siècle, 471–473; du XXe siècle, 491–493
Argenlieu, Thierry d', amiral, et l'Indochine, 364
Arles, 115–116
Armagnacs, les, 192
Armées, les forces, 34
Armistice de 1940, conditions, 348–349, 349 n.32; 355 n.8
Arnauld, Angélique, 16, 230
Arnauld, Antoine, 229
Ars nova, l', 503
Art: préhistorique, 415–416; gallo-romain, 416; roman, 419; gothique, 430–433; de la Renaissance, 444; du XVIIe siècle, 451–452
Artois, 64
Arvernes, les, 153, 155
Assemblée: de Bordeaux, (1870), 312, 312 n.2; 313; Constituante (1789–91), 254–255, 259, 545; Constituante (1945), 362; Constituante (1946), 364–365; Législative (1791–92), 257–261
Atomique, la bombe, 344, 379
Atomiques, installations, 121 n.12
Attila, 105, 161
Aubusson, 101
Auch, 130
Auge, pays d', 60
Aumale, Henri d'Orléans, duc d', 52, 317
Aunis, 98
Auric, Georges, 521
Austerlitz, bataille d', 278
Autun, 427
Auvergnats, les, 104
Auvergne, 102–103
Auvergne, dauphins d', et fondation de Montferrand, 103; origine du titre, 103 n.5
Auvergne, Université d', 104
Aviation, 344–345
Avignon, 114–115; le pont d', 114, 115
Azincourt, bataille d', 192

«Babylone, captivité de», 189 n.12
Bagaudes, les, 159
Bâle, traité de, (1795), 266
Barras, Paul, 268
Bart, Jean, 235
Barthélemy, René, 344
Barye, Antoine-Louis, 473–474
Bas-Limousin, 102
Bas-Poitou, 95, 96
Basque, le pays, 127–128
Bassin parisien, 9, 10
Bastille, la, 38, 255

Baudelaire, Charles, et Delacroix, 481
Baux, Les (famille), 115; (ville), la bau-
  xite, 115
Bayard, Pierre du Terrail, seigneur de,
  108, 197
Bayeux, 61
Bayonne, 3
Bazaine, Achille, 307, 308
Béarn, 126, 127
Beauce, la, 88
Beaune, 83
Beauvais, 52
Becquerel, Henri, 537–538
Bellonte, René, 344
Benoît XI (pape), 188
Benoît XII (pape), 114
Benoît, Saint, 166, 175–176
Bergson, Henri, 104, 411, 412
Berlioz, Hector, 512–514
Bernadette de Lourdes, Sainte, 16, 130
Bernadotte, Jean, 126, 281
Bernard, Claude, 535–536
Bernard, Saint, 16, 179, 180, 389
Bernini, Giovanni Lorenzo, (le cavalier
  Bernin, dit), 453, 456–457
Berre, étang de, 11, 116
Berry, le, 86–87
Berton, Henri, 512
Biarritz, 128, 129
Bibliothèque nationale, la, 47
Bidault, Georges, 355, 363
Bir-Hakeim, bataille de, 353
Bismarck, Otto, prince de, 307–308, 309,
  312, 318, 329
Bizet, Georges, 517–518
Blanc, Louis, 295, 297, 298–299
Blanche de Castille, 184
Blériot, Louis, 344 n.25
Blois, 89
Blum, Léon, 27, 28, 342 n.24, 342–343
Bombe «H», 379, n.26
Bonaparte, Jérôme, 279
Bonaparte, Joseph, 279, 280
Bonaparte, Louis, 279, 300
Bonaparte, Louis-Napoléon, (voir aussi
  Napoléon III), 293, 300–301
Bonaparte, Napoléon, (voir Napoléon Ier)
Boniface VIII (pape), 188
Bontemps, Pierre, 449
Bordeaux, 133–134, 465
Bordeaux, Université de, 133–134
Bossuet, Jacques-Bénigne, 16, 213, 230
  n.14, 233
Bossoutrot, Lucien, 344
Boucher, François, 469–470
Boucher de Perthes, Jacques, 534
Boufflers, Louis-François, duc de, 236
Bougainville, Louis-Antoine de, 527
Bouguer, Pierre, 530
Boulanger, Georges, général, 317–319
Boulez, Pierre, 524
Boulogne, Jean, 456
Boulogne-sur-Mer, 64
Bourbon, Antoine de, 205
Bourbon, (famille), 85, 291–292
Bourbonnais, le, 85–86

Bourdaloue, Louis, 16
Bourdelle, Antoine, 475
Bourdonnais, Mahé de la, 244
Bourges, 86–87
Bourget, lac du, 111
Bourgogne, la, 81–83; son rôle au XVe
  siècle, 195
Bouvines, bataille de, 182, 182 n.3, 4
Brancusi, Constantin, 494–495
Braque, Georges, 497–498
Brest, 56
Bretagne, la, 54–58; les calvaires, 58, 450;
  Monts de, 4
Breton, André, 378 n.25, 499
Briand, Aristide, 323 n.8, 339
Briçonnet, Guillaume, 204
Brillat-Savarin, Anthelme, 136, 247
Broglie, Albert, duc de, 314, 315
Broglie, Louis, prince de, 344, 538
Broglie, Maurice, duc de, 538
Bronze, l'âge du, 150
Brosses, Salomon des, 452
Bruant, Libéral, 456
Brumaire (18-), 272
Budé, Guillaume, 200, 391–392
Burgondes, les, 81

Caen, 61
Cahiers de doléances (1789), 252
Cahors, 135
Calais, 64; siège de (1347), 191
Calmette, Albert, 538
Calvi, 138
Calvin, Jean, 16, 205, 393–394
Calvinisme, 205, 393–394
Camargue, 9, 115–116
Cambodge, 305
Cambrai, 65; traité de (1529), 203
Campagne de France (1814), 284–285
Campagne de Russie (1812), 283–284
Campo-Formio (1797), traité de, 270
Cannes, 11, 119
Canova, Antonio, 473
Canton, le, 33, 33 n.10
Capétiens, les, 40, 190
Carcassonne, 124–125
Cardan, Jérome, 200
Carême, Marie-Antoine, 247
Carnac, 57
Carnot, Lazare, 266, 268
Carnot, Nicolas-Sadi, 531
Carnot, Sadi, 318 n.5
Caron, Antoine, 451
Carpeaux, Jean-Baptiste, 472, 474–475
Cartellier, Pierre, 473
Cartésianisme, le, 247, 396–398
Cartier, Jacques, 144, 201
Cateau-Cambrésis (1559), traité de, 203–
  204
Catherine de Médicis, 204, 204 n.23, 205–
  206
Catinat, Nicolas de, Maréchal, 234, 236
Cauchy, Augustin, 529
Cavaignac, Louis-Eugène, général, 299
Cayenne, 140
Celtes, les, 12, 13, 149–150

Cent-Jours, les, 289
Centre national: d'études judiciaires, 31;
    d'études spatiales (CNES), 540; de la
    recherche scientifique (CNRS), 537, 539,
    540
César, Jules, 15, 80, 86, 88, 151, 157–158
Cézanne, Paul, 488–489
Chabrier, Emmanuel, 516
Chagall, Marc, 472
Chaillot, palais de, 45, 46
Chaillot, théâtre de, 46
Châlons-sur-Marne, 68
Chambéry, 112
Chambord, château de, 89–90, 446
Chambord, Henri, comte de, 313, 314, 316
Chamonix, 6, 112
Champagne, 67–70
Champagne, vin de, 68–69; 559–560
Champaigne, Philippe de, 460
Champlain, Samuel de, 213
Champmol, Chartreuse de la, 83, 442
Champs catalauniques, bataille des, 68
    n.14
Chantilly, château de, 52; forêt de, 52
Chardin, Jean-Baptiste-Siméon, 469
Chardonnet, Hilaire de, 105
Charlemagne (Charles Ier le Grand), 74,
    168–170, 566
Charles II le Chauve, 171–172
Charles III le Simple, 172
Charles IV le Bel, 190
Charles V le Sage, 38, 46, 191–192
Charles VI le Bien-Aimé, 192–193
Charles VII le Victorieux, 69, 86, 97, 192,
    194, 195
Charles VIII l'Affable, 196–197, 200, 204,
    445
Charles IX, 201, 205, 206
Charles X, 51, 290–291, 369
Charles Martel, 167
Charles d'Orléans, 89
Charles V, dit Charles Quint, 201–202, 203
Charles le Téméraire, 81–82, 195–196
Charpentier, Gustave, 517
Charpentier, Marc-Antoine, 508
Charte de 1814, 286; de 1830, 292
Chartres, cathédrale de, 88–89, 436–438
Chartreux, les, 109
Chasles, Michel, 529
Chateaubriand, François-René de, 57 n.7,
    290, 477
Châteauroux, 86
Chaudet, Antoine-Denis, 473
Chausson, Ernest, 516
Chénier, André, 42, 264
Cherbourg, 62
Childéric Ier, 161
Chinard, Joseph, 473
Choiseul, Etienne-François, duc de, 242,
    245
Cholet, 96
Chouannerie, 268
Circonscriptions administratives, 33
Cité, Ile de la, 37, 42–43
Classes sociales actuelles, 17–20
Claude, Georges, 538

Claudel, Paul, 16, 97
Clemenceau, Georges, et l'Affaire Dreyfus,
    320, 321; et l'Affaire de Panama, 319; et
    Boulanger, 316, 317, 318; et la *Ligue des
    droits de l'homme*, 318–319; devient
    premier ministre, 334; et la Rhénanie,
    337; et le traité de Versailles, 336–337
Clément, Jacques, 208
Clément V (pape), 114, 189
Clermont-Ferrand, 103–104
Climat, 6
Clouet, François, 451
Clouet, Jean, 451
Clovis Ier, 161–162, et la bataille de Poi-
    tiers, 95
Clubs politiques (1789), 255–256
Cluny: abbaye de, 84, 422–423, 430, 566;
    monastère de, 175–176; ordre de, 421–423
Cochinchine, et le Second Empire, 305
Cocteau, Jean, 521
Code civil (Code Napoléon), 31, 274
Codos, Paul, 344, 345
Cœur, Jacques, 87
Cognac, 99–100; vignoble de, 99
Colbert, Jean-Baptiste, 223–225, 457
Coligny, amiral Gaspard de, 205–206
Collège de France, 201
Colmar, 76, 77
Cologne, 161
Colonies, les, 571–572
Combes, Émile, 323
Combourg, plage de, et Proust, 61
Comité: de défense nationale, 34; du salut
    public, 264; de sûreté générale, 264
Commissariat: à l'énergie atomique (CEA),
    540; au Plan, 551–552
Communauté européenne, 571
Communauté française, 380
Commune, la, 31, 32
Commune de Paris (1871), 313
Comores, les îles, 142
Compagnie de Jésus, 205
Compiègne, 52
Comte, Auguste, 409–411
Concile de Trente (1545–1563), 205, 229
Concini, Concino (maréchal d'Ancre), 213–
    214
Concordat, le (1802), 275–276, 323
Concordat de Bologne (1516), 198
Concorde, place de la, 44, 464
Condé, Louis II, prince de, 218, 220,
    227
Confédération du Rhin, 278
Congrès de paix (1856), 306
Conques, et l'église Sainte-Foy, 122, 428
Conseil: des Anciens, 268; des Cinq-Cents,
    267; constitutionnel, 25, 26; d'État, 29,
    47; général, 33; municipal, 32; supérieur
    de la magistrature, 25; supérieur mili-
    taire, 34
Constant, Benjamin, 287
Constitution: de 1791, 257; de l'An III,
    267–268; de l'An VIII, 273–274; de 1848,
    299; de 1958, 21–34, 378, 379; civile du
    clergé (1792), 256
Contre-réforme, 205

Convention Nationale (1792–1795), et le calendrier révolutionnaire, 265; et l'éducation, 545; et la guerre, 266; et le procès de Louis XVI, 263; et la religion, 266; et la situation financière, 262; se sépare, 267
Corday, Charlotte, 42, 263 n.4
Cordeliers, club des, 256, 259
Corneille, Pierre, 60, 218
Corot, Camille, 481–482
Corporations, les, 198–200
Corse, 137–138
Cortone, Dominique de, 200
Corvisart, Jean-Michel, 70, 535
Costes, Dieudonné, 344
Côte d'Azur, 11, 118–120
Côte d'Or, 82
Côte Vermeille, 10, 125
Côtes, les, 9–11
Cotentin, péninsule du, 61–62
Coty, René, 374
Coulomb, Charles de, 527
Couperin, François, 509
Cour: d'appel, 30; d'assises, 30; de cassation, 31
Cours d'eau, 7
Courbet, Gustave, 482–483
Cousin, Jean (le père), 451
Cousin, Victor, 407
Cousteau, Jacques-Yves, (capitaine), 540 n.2
Coustou, Guillaume, 465
Coustou, Nicolas, 465
Couve de Murville, Maurice, 385–386
Coysevox, Antoine, 458
Crécy, bataille de, 191
Crêt de la Neige, 6
Creuse, 101; rivière, 8
Crimée, guerre de, 305–306
Croisades, 178 n.2, 179, 566; première, 177, 178; deuxième, 180
Cro-Magnon, abri, 534; l'homme de, 148
Cromlech, le, 149, 416
Cros, Charles, 530
Cubisme, 497
Cugnot, Joseph, 528
Cultures industrielles, les, 556–557
Curie, Jacques, 538
Curie, Marie, 538
Curie, Pierre, 538
Cuvier, baron Georges, 532, 535

Dagobert Ier, 163
Daguerre, Louis-Jacques, 530
Daladier, Edouard, 341, 345, 346
Danton, Georges-Jacques, 259, 260, 261, 265
Darboux, Gaston, 529
Darlan, François, amiral, 355, 356
Daudet, Alphonse, 309 n.28
Daumier, Honoré, 482
Dauphiné, 107–110
Dauphine, la place, 42
David, Jacques-Louis, 476–478
Deauville, plage, 61

Debussy, Claude, 520
Debré, Michel, 378
Decazes, Elie, duc, 289, 290
Degas, Edgar, 485, 487
Delacroix, Eugène, 44, 481–482
Delcassé, Théophile, 325–326
Delorme, Philibert, 87, 447–448
Denain, 66; bataille de, 237
Département, le, 32
Déroulède, Paul, 317, 322
Descartes, René, 247, 395–398
Deschanel, Paul, 327 n.9
Desmoulins, Camille, 259, 265
Despiau, Charles, 494
Destutt de Tracy, Antoine, 407
Dettes interalliées, et la France, 338
Diderot, Denis, 248, 406, 469, 476, 510 n.10
Dijon, 83; université de, 83
Dion Cassius, et Vercingétorix, 158
Directoire, le, 268
Djibouti, 144
Dole, 80
Dolmen, le, 149, 416
Dôme, Puy de, 4
Dômes, chaîne des, et ses volcans, 103
Domrémy, et Jeanne d'Arc, 71
Donzère, défilé de, 9, 110
Dordogne, 8, 135, 136
Doumer, Paul, 327 n.9
Doumergue, Gaston, 327 n.9, 341
Dreyfus, l'Affaire, 320–322
Droits de l'homme, 255, 569
Drumont, Edouard, 318
Druides, 153–155
Druidique, la religion, 154–155
DuBarry, Madame (Jeanne Bécu), 42, 241
Ducos, Roger, 272, 272 n.8
Dufay, Guillaume, 503
Duguay-Trouin, René, 235
Dumouriez, Charles-François, général, 261, 261 n.3
Dunkerque, 65; et la Deuxième Guerre mondiale, 347, 347 n.29
Dupin, Charles, 529
Dupleix, Joseph-François, 244
Dupré, Marcel, 518
Duquesne, Abraham, amiral, 227
Durance, la, 5, 6, 9, 113
Durey, Louis, 521

Éclaireurs de France, 328
Éclectique, le style, au XIXe siècle, 472
École de l'Arme blindée et de la Cavalerie (Saumur), 93
«École de Paris», définition, 41
École militaire, 45
Écoles normales supérieures, 547
Édit de Beaulieu, 207, 211
Édit de Nantes, 211, 215, 233
Édouard III, roi d'Angleterre, et la bataille de Poitiers, 95; et la France, 190, 326
Éducation nationale, organisation, 545–550
Égyptologie, 271

Eiffel, Gustave, 473; la tour, 45, 473
Elbe, île d', 275, 285, 287
Élysée, palais de l', 46, 464
Empire, le second, 302; la cour impériale, 303; évolue vers le libéralisme, 304; sa fin, 309; vie politique jusqu'en 1860, 302
Encyclopédie, 248
Épernay, 69
Épinal, les images d', 71 n.15
Equites, 153
Escaut, 4
Espagne, la guerre civile d', et Blum, 343; et Malraux, 343, ses répercussions en France, 342–343
Estérel, 11
États-Généraux, (*1302*) convoqués par Philippe le Bel, 188; (*1484*), 196; (*1576*), convoqués par Henri III, 208; (*1614*) 213–214; (*1789*); 250; se réunissent à Versailles, 252; nombre de députés, 252; se transforment en Assemblée Nationale, 252
Étienne II (pape), 168
Étoile, place de l', 46
Eugène, le prince (Eugène de Savoie-Carignan), 236
Eugénie, l'impératrice (Eugénie-Marie de Montijo de Guzman, comtesse de Téba), 129, 302, 309
Evian-les-Bains, 112, 377
Existentialisme, idées générales, 412–414; et Jean-Paul Sartre, 413

Fachoda, l'incident de, 325–326
Fallières, Armand, 327
Faure, Félix, 318 n.5, 322
Fauré, Gabriel, 519
Fauves, 495–496
Fécamp, 59
Fédération de la gauche démocratique, 26
Fénelon (François de Salignac de la Mothe-), 247
Féodale, la société, et l'église, 175; sa hiérarchie, 174–175; son organisation, 174; et le roi, 175
Fermat, Pierre de, 526
Fermiers-Généraux, enceinte de, 38
Fernel, Jean, 526
Ferry, Jules, 316, 324
Fête de la Fédération (1790), 256
Fizeau, Hippolyte, 530
Flandin, Pierre, 341
Flandre, 64–65
Fleurus, bataille de, 266, 266 n.6
Fleury, André-Hercule, cardinal de, 242–243
Foch, Ferdinand, Maréchal, 52, 332, 334, 335, 337
Foix, 126; comté de, 125, 126
Foix, Gaston de, 197
Fonck, René, 332 n.12
Fontainebleau, école de, 51; forêt de, 51; palais de, 51, 446–447
Fontenay-le-Comte, 97
Fontenelle, Bernard Le Bovier de, 247

Fontenoy, bataille de, 244
Fontevrault, Abbaye de, 94
Fontfroide, Abbaye de, 124
Forces Françaises Libres, 351–352, 357, 360
Fort-de-France, 139
Foucauld, le Père Charles de, 16
Foucault, Léon, 529, 530
Fouché, Joseph, 274, 281
Foulques III (dit Nerra), 92
Fouquet, Jean, 442
Foucquet, Nicolas, 51, 222, 223
Fouquier-Tinville, Antoine-Quentin, 265, 267
Fourier, Charles, 295, 408
Fouriérisme, 408
Fragonard, Jean-Honoré, 470
Francfort, traité de, 310, 311–312
Franche-Comté, 79
Franck, César, 516
François Ier, et l'affaire des placards, 204; et les artistes italiens, 200, 446–447; et le camp du drap d'or, 202; son caractère, 198; et Charles-Quint, 201–203; et le château de Blois, 89; et le château de Chambord, 446; et le Concordat de Bologne, 198–199; et la défaite de Pavie, 202; emprisonnement, 202, 203; état du royaume sous, 199–201; et Fontainebleau, 51, 446–447; et la guerre d'Italie, 198–199; et Henri VIII d'Angleterre, 202, 203; en Italie, 202; et *la Joconde*, 200 n.22; et Léonard de Vinci, 47, 200, 450; lettre à sa mère, 202; et le Louvre, 46, 447; le monument de son cœur, 449; sa mort, 50, 205; et le protestantisme, 204; signe traité avec Turquie, 198 n.18; son tombeau à Saint-Denis, 449; et le traité de Cambrai, 203; et Verrazano, 201
François II, 204
François III, duc de Lorraine, 243–244
Francs, les, 159, 160
Frédéric II (de Prusse), 244, 246
Fromages, 558
Froment, Nicolas, 443
Frondes, les, 219, 220, 220 n.9.
Front populaire, 342–343

Gabriel, Jacques-Ange, et la place Louis XV (Concorde), 44, 464; et Compiègne, 52; et l'École Militaire, 45
Gaillard, Félix, 373
Gallicanisme, le, 230
Gallieni, Joseph, maréchal, 324, 325, 331–332
Gallois, Évariste, 529
Gambetta, Léon, 312, 315, 316
Gard, le, 9; le pont du, 121, 122
Garnier, Charles, 472
Garonne, la, 4, 5, 8, 134
Garros, Roland, 344 n.25
Gascogne, 129, 132
Gaston d'Orléans, 89
Gaudry, Albert, 534
Gauguin, Paul, 143, 489–490

Gaule, la, division en provinces sous les Romains, 53; division sous les Capétiens, 54; division en royaumes sous les Francs, 54; partagée en trois, 160–161; population de, 13

Gaule Narbonnaise, composition, 53

Gaules, le primat des, 105 n.6

Gaulle, Charles de, 15; acclamé aux Champs-Elysées, 359; et l'Allemagne (1958), 381–382; et les Alliés, 360, 361; appel du 18 juin 1940, 349, 351, 360; carrière avant 1940, 350; et le Comité National, 352; et le Commissariat au Plan, 551; conférence de presse, 19 mai 1958, 375; co-présidence en Alger, 356; et le débarquement en Afrique du Nord, 356; sa démission (1946), 364; deuxième septennat (1965), 382; discours à Bayeux, 376; son discours à Brazzaville (1946), 364, 380; écrit ses *Mémoires*, 376; et l'Empire Colonial, 352; et l'énergie atomique, 379; son entrée à Paris, 359; et l'Europe de l'est, 383; idées sur l'Algérie, 376; inaugure tunnel du Mont-Blanc, 5; et les institutions de la France (1945), 361–362; et l'insurrection de 1960, 377; et l'insurrection de 1961, 377; investi par Assemblée (1958), 375; invoque article 16 (1961), 22 n.2, 377; et la menace communiste, 362; nommé général, 350; et l'Ordre de la Libération, 352; et la politique d'après-guerre, 363; élu président de la République (1958), 378; président du Gouvernement Provisoire (1943), 357; et le Québec, 382; quitte Bordeaux, 351; à Rambouillet en 1944, 51; reçoit le président Kennedy, 50; reçoit la reine d'Angleterre, 50; reconnu chef des Français-libres, 351–352; et la réforme des institutions, 378; relations avec Maroc et Tunisie, 364; rencontre Giraud, 356; se rend en Algérie, 376; son retour au pouvoir (1958), 373–375; tentatives d'assassinat, 378 n.24; et le R.P.F., 28, 376

Gaulois, les, 12, 13; adoptent civilisation latine, 158; leur architecture, 416–417; leur art, 416; leur civilisation, son unité, 155; costumes, 152; leur culture, 416; leurs cités, 417; les dieux, 154; économie, 151; gouvernement, 153; industries, 153; leurs maisons, 152; origine du nom, 150; relations commerciales, 153; religion, 153–154; routes, 153; villes, 152–153

Gay-Lussac, Louis-Joseph, 531

Géographie, 3–11

Gerhardt, Charles-Frédéric, 531

Géricault, Théodore, 479–480

Germains, 13; en Gaule, 160

Gênes, république de, et la Corse, 137

Geneviève, Sainte, 161; et les fresques au Panthéon, 43

Gerson, Jean Charlier dit, 389

Girardon, François, 457–458

Giraud, Henri, général, 356, 356 n.10, 357

Girodet, Anne-Louis, et Chateaubriand, 477

Gironde, département de la, 132–133

Girondins, les, 259, 262, 263

Giustinian, Marc-Antoine, 15

Givet, 3

Gluck, Christophe-Willibald, 511–512

Godefroi IV de Boulogne, dit de Bouillon, et le royaume de Jérusalem, 177–178

Gogh, Vincent van, 489, 490

Gonzales, Julio, 495

Goujon, Jean, 449

Gonneville, Paulmier de, 201

Gounod, Charles, 514–515

Gouvernement provisoire: (1848), 298; (1946), 363–364

Grande Chartreuse, massif de la, 5; monastère de, 109

Grandes écoles, 547

«Grande Terreur», 265

Grasse, 119

Grasse, François-Joseph-Paul, comte de, amiral, 251

Grégoire XI (pape), et l'Université de Paris, 186

Grégoire de Tours, 160, 162, 164

Grenoble, 108–109

Grévy, Jules, 316, 318

Grimaldi, grottes de, 534

Gros, Jean Antoine, 478

«Groupe des six», 521–522

Guadeloupe, 139

Guérin, Camille, 538

Guerre de Cent Ans, 190–191

Guerre de la Ligue d'Augsbourg, 233

Guerre de la Succession d'Espagne, 235–236

Guerre de Sept Ans (1756–1763), 244

Guerre franco-prussienne (1870–1871), 307–308

Guerre mondiale (1914–1918), la première; l'armée allemande, 330; l'armée anglaise, 332; l'armée belge, 331; l'armée française, 330–331; l'armée italienne, 332–333; l'armistice, 335; dans les Balkans, 333; batailles de la Marne et de Verdun, 333; ses causes, 329; la course à la mer, 332; destructions matérielles, 335–336; et les États-Unis, 334; la guerre aérienne, 332; la guerre de mouvement, 332; la guerre sous-marine, 333; la guerre de position, 332; dans le Moyen-Orient, 333; le plan Schlieffen, 331; pertes françaises, 335; rôle de la France, 330–335

Guerre mondiale (1939–1945), la deuxième; et l'Afrique du Nord, 335; campagne de France (1940), 347–349; campagne de Norvège, 346; ses causes, 345–346; ses débuts, 346; la drôle de guerre, 346; entrée en guerre de l'Italie, 348, 347 n.30; la France pendant l'occupation, 353–354; invasion de la France, 347; invasion des Pays-Bas et de la Belgique, 346; le débarquement allié en Normandie, 358; la France entière occupée, 355; libération de Paris (1944), 358–359; prise de Paris (1940), 348; rôle des Maquis, 358

Guesclin, Bertrand du, 191

Guillaume d'Aquitaine, 175

Guillaume Ier, le Conquérant, 61, 176–177

Guillaume III, roi d'Angleterre, (Guillaume d'Orange), et Louis XIV, 234

Guise, François, duc de, 204, 206, 208

Guizot, François, 16; et l'école primaire, 296; et la Monarchie de Juillet, 293, 294; et la presse, 296

Guyane, 139, 140–141

Guyenne, 129, 132

Guynemer, Charles, 332 n.12

Halévy, Jacques, 512

Hameau, le, à Versailles, 50

Hardouin-Mansart, Jules Hardouin, dit, et les Invalides, 456; et l'Orangerie, 455; et Versailles, 454

Haussmann, Georges, baron, et l'Ile de la Cité, 42; et les transformations de Paris, 303; et l'urbanisme parisien, 38, 39

Haut-Commissariat au Plan, création, 365–366; dirigé par Monnet, 366 n.19

Haut-Poitou, 95–97

Haute Cour de Justice, fonction, composition, 25

Haute-Garonne, département de la, 130

Hautes-Pyrénées, département des, 129–130

Hébert, Jacques, 259, 265

Henri II, et les artistes français, 447; le calvinisme, 205; et Charles Quint, 203; et Fontainebleau, 51; guerres, 203–204; et le Louvre, 447; et Philibert Delorme, 447; sa mort, 204; son sacre, 203

Henri III, autorise attentat contre Coligny, 206; et l'assassinat de Guise, 208; son caractère, 207; convoque les États-Généraux, 208; sa cour, 207; et l'Édit de Beaulieu, 207; et les ligueurs, 208; sa mort, 208; et les protestants, 208

Henri IV, abjure le catholicisme, 207; abjure le protestantisme, 266; à la bataille d'Arques, 210; à la bataille d'Ivry, 210; son caractère, 210; les constructions sous son règne, 451; sa conversion au catholicisme, 210; et l'Édit de Nantes, 211; ses enfants, 213; entrée à Paris, 211; épouse Marguerite de Valois, 206; épouse Marie de Médicis, 210 n.1; et Fontainebleau, 51; et les Gobelins, 212 n.3; et Henri III, 208; et l'industrie de la Loire, 212; et la maison de Bourbon, 84; son mariage avec Marguerite de Valois annulé, 210 n.1; sa mort, 213; et la Nouvelle-France, 213; et le panache, 310, 310 n.2; et Pau, 126; et la reconstruction de la France, 211; son règne, 209–213; sacré à Chartres, 210; et la Saint-Barthélemy, 206; sa statue équestre, 42, 456

Henri II Plantagenêt (roi d'Angleterre), 94, 132, 181

Henri VI (roi d'Angleterre), 193

Henri VIII (roi d'Angleterre), 202, 203

Henry, Hubert-Joseph, colonel, et l'Affaire Dreyfus, 320, 321

Henry, Prosper et Paul, 530

Hérault, département de l', et la viticulture, 123

Hérédia, José-Maria de, 60

Hérold, Ferdinand, 512

Héroult, Paul, 565

Herriot, Edouard, 340

Hitler, Adolf, et l'armistice de 1940, 348; et l'Autriche, 345; dénonce Locarno, 342, 342 n.23; à la forêt de Compiègne, 52; et la France, 340; et la Conférence de Munich, 345; nommé chancelier, 340; remilitarise la Rhénanie, 342; rétablit service militaire obligatoire, 341; et la Société des Nations, 340; et la Tchécoslovaquie, 345

Holbach, Paul-Henri, baron d', 248

Honegger, Arthur, 521, 523–524

Honfleur, 61

Honorius III (pape), 186

Houdon, Jean-Antoine, 466

Humanisme, 390

Hugo, Victor, 80; et la campagne de Russie, 283 n.14; son exil pendant le second empire, 304 n.24

Hugues Capet, élu roi, 172; son domaine, 173–174; et les féodaux, 174

Huyghens, Christian, 527

Huysmans, Joris-Karl, 97

Ibères, les, 12; et les Celtes, 150

Ile-de-France, 48–52

Ile-du-Diable, et le capitaine Dreyfus, 141; et les déportés politiques, 140

Impressionnisme, 481–487

Indochine, la guerre d', ses débuts, 363–364, 366; et Dien-Bien-Phu, 367; impopularité, 367; négociations de paix, 367

Industries, 561–564

Indy, Vincent d', 519–520

Ingres, Dominique, 134, 478–479

Invalides, esplanade des, 45

Invalides, hôtel des, 45, 456

Isabeau de Bavière, et le traité de Troyes, 192

Isère, département de l', 108

Isidore de Séville (Saint), et la musique, 501

Israël, 382

Istres, 116

Ivry, bataille d', 210

Jacob, François, 541

Jacobins, le Club des, 259, 260; ses chefs, 256; fermé par Convention, 267; influence en 1789, 256, 256 n.1

Jannequin, Clément, 505–506

Jansénisme, 229–231

Jansenius, Cornelius Jansen, dit, 229
Jarnac, 100
Jarry, Alfred, 94
Jaurès, Jean, 27, 316
Jean II le Bon, 95, 191
Jean XXII (pape), 114
Jean sans Peur, 81, 83
Jean sans Terre, 181–182
Jeanne d'Arc, 16; arrive à Chinon, 194; ses batailles, 194; faite prisonnière, 194; monument à Rouen, 60; naissance, 193; et Orléans, 88; et le patriotisme français, 195; son premier échec, 194; procès et mort à Rouen, 60, 194; et le sacre de Charles VII, 69, 194; à Vaucouleurs, 193
Jésuites, les, et les jansénistes, 230–231
«Jeune France», le groupe, 524 n.5
Joffre, Joseph, maréchal, 331, 333
Joliot-Curie, Frédéric, 344, 538–539
Joliot-Curie, Irène, 344, 538–539
Josquin des Prés, 16, 504
Jouffroy d'Albans, Claude-François, marquis de, 528
Juifs, les, en France, 16, 17
Juin, Alphonse, maréchal, 357, 367–368
Jumièges, abbaye de, et le trope, 501
Jura, 6, 79, 80
Justice, Ministère de la, 29

Kellermann, François-Christophe, duc de Valmy, maréchal, 261
Kitchener, Lord Herbert, général, et Fachoda, 325
Kluck, Alexander von, général, et la bataille de la Marne, 332
Kœnig, Pierre, général, et Bir-Hakeim, 353
Krak des Chevaliers, le, 178

La Baule, plage de, 57
Labrouste, Henri, 473
La Bruyère, Jean de, et la révocation de l'Édit de Nantes, 233
Lacordaire, Jean-Baptiste-Henri, le père, 296
Lacq, 126–127
Laennec, Théophile, 535
La Fayette, Marie-Joseph, marquis de, 287, 293; et l'Amérique, 251; et le retour de Louis XVI à Paris, 255
Lafitte, Jacques, 293
La Fontaine, Jean de, et la révocation de l'Édit de Nantes, 233
Lagrange, Louis de, 527
La Halle, Adam de (Adam le Bossu), 502
La Lande, Richard-Michel de, 508–509
Lallemand, André, 344
Lally-Tollendal, Thomas-Arthur, baron de, 245
Lalo, Édouard, 517
Lamartine, Alphonse de, 292; et la Deuxième République, 297; et l'élection présidentielle (1848), 299; et le tricolore, 297
Lambert, Anne-Thérèse, marquise de, 239
Lammenais, Félicité de, 296

Landes, département des, 132
Languedoc, 120–121
La Pérouse, Jean-François de, et la Nouvelle-Calédonie, 143; ses voyages, 527–528
Laplace, Pierre-Simon, marquis de, 527
Largillière, Nicolas, 459
La Rochelle, 99; siège de, 99, 215–216
Lartet, Édouard, 534, 535
Lascaux, grotte de, 136, 148
Lassus, Roland de, 506–507
La Tour, Georges de, 463
La Tour, Maurice-Quentin de, 471
Latran, concile de, et Avignon, 114
Lattre de Tassigny, Jean de, maréchal, 359, 366
Laurens, Henri, 494
Laurens, Jean-Paul, 131, n.16
Laurent, Auguste, 531–532
Laval, Pierre, emmené en Allemagne, 355; et le gouvernement de Vichy, 355; et Hitler, 314; procès et exécution, 355 n.8; son ministère (1934–1936), 341; et Mussolini, 341; vice-président du Conseil à Vichy, 353–354
Lavoisier, Antoine-Laurent de, 264, 528
Law, John, 239–240
Le Breton, Gilles, 446
Lebrun, Albert, 327 n.9
Le Brun, Charles, 49, 453, 454, 462–463; et la Galerie des Glaces (Versailles), 50; et Hardouin-Mansart, 454; et Vaux-le-Vicomte, 51; et Versailles, 49, 454
Leclair, Jean-Marie, 510–511
Leclerc, Philippe de Hauteclocque, maréchal, et la bataille de Lorraine, 359–360; et l'Indochine, 364; et la libération de Paris, 358–359, 358 n.12; libère Strasbourg, 360; représente la France à bord du *Missouri*, 364 n.17; son rôle en Afrique 1941–1942, 353
Le Corbusier, Charles-Édouard Jeanneret-Gris, dit, 117, 492–493
Leczinska, Marie, 241
Leczinski, Stanislas, 71, 243, 245
Lefèvre d'Étaples, 200, 204
Légion d'honneur, ordre de la, création, 276
Le Havre, 60
Leibnitz, Gottfried Wilhelm, et Louis XIV, 228; sur l'Égypte, 271 n.7
Leipzig, bataille de (1813), 284
Lemoyne, Jean-Louis, 465–466
Le Nain, les frères (Antoine, Louis, Mathieu), 463
L'Enfant, Pierre-Charles, et Washington, 568
Le Nôtre, André, les jardins des Tuileries, 46, 455; les jardins de Vaux-le-Vicomte, 51, 455; les jardins de Versailles, 49, 455–456
Le Nôtre, Louis, 453
Léon X (pape), et le Concordat de Bologne, 198
Léonin, 185
Lérins, îles de, 11, 119

Lescot, Pierre, et la reconstruction du Louvre, 477
Lesseps, Ferdinand de, 318
Le Sueur, Eustache, 460–461
Lesueur, Jean-François, 512
Le Tellier, Michel, 222
Le Vau, Louis et Vaux-le-Vicomte, 51; et Versailles, 49, 454
Le Verrier, Urbain, 530
Ligue (1575), 207
Ligue des patriotes, 317
Ligugé, Abbaye de, 97
Ligures, 12, 150
Lille, 66
Limagne, (ou Basse-Auvergne), 4, 102–103
Limbourg, les frères (Pol, Hennequin, Hermen), 52, 441
Limoges, 102
Limousin, 4, 101–102
Lisieux, 60, 61
Locarno (1925), traité de, 342, 342 n.23
Locke, John. 402–403
Loire, 4, 8
Lombard, Pierre, 389
Londres, la Conférence de (1945), 361
Lons-le-Saulnier, 81
Lorient, 56
Lorraine, Charles de Guise, cardinal de, 204, 208
Lorraine, 70–71
Lot, 8
Lot, département du, 135
Lothaire Ier, empereur (840), 171
Loti, Pierre, et Tahiti, 143
Louis Ier (le Débonnaire ou le Pieux), 170–171
Louis II (le Germanique), et les *Serments de Strasbourg*, 171
Louis VI, et Fontainebleau, 51
Louis VII, et Aliénor d'Aquitaine, 181; limites de son royaume, 181
Louis VIII, 183 n.5; et la croisade des Albigeois, 183–184; et les Plantagenêt, 183
Louis IX (Saint), 13, 16; et Carcassonne, 124; et le château d'Angers, 93; et les croisades, 184, 186–187; et l'esprit scientifique, 186–187; et le "gothique", 185; et les lettres, 186–187; et Notre-Dame de Paris, 43; sa mort, 187; sa personnalité, 184; et le rayonnement de la France, 567; règne de, 186; et la Sainte-Chapelle, 42; et Saintes, 100; et l'Université de Paris, 185
Louis X, 190
Louis XI, agrandit le domaine royal, 196; son aspect physique, 195; et la Bourgogne, 195–196; son caractère, 195; et Charles le Téméraire, 195–196; crée l'ordre de Saint Michel, 63; sa mort, 196; réunit Anjou à la couronne, 92; réunit Maine à la couronne, 94
Louis XII, épouse Anne de Bretagne, 196 n.16; et le duché de Milan, 197; et le château de Blois, 89; et Fra Giocondo, 200; et le Milanais, 197; sa mort, 198;

«Père du Peuple», 198; quitte l'Italie, 198
Louis XIII, son caractère, 214; et Concini, 213; désigne Anne d'Autriche régente, 219; et le duc de Luynes, 213; et la Guerre de Trente-Ans, 217–218; et Marie de Médicis, 213; sa mort, 218; et Poussin, 460; rappelle Richelieu, 214; et Versailles, 49
Louis XIV, et l'Académie des Jeux Floraux, 131; et l'Alsace, 74; et Bernini, 456–457; ses bustes par Coysevox, 458; son caractère, 221; commence règne personnel, 222; sa cour à la fin de sa vie, 239; ses dernières années, 237–238; et le duc d'Anjou, 235; et l'Édit de Nantes, 231–232; son éducation, 221; et l'embellissement de Paris, 456; s'établit à Versailles, 228; et Foucquet, 51, 52; et les Frondes, 222; et la Guerre de Dévolution, 226, 226 n.12; et la Guerre de Hollande, 227; et la Guerre de la Ligue d'Augsbourg, 234; et la Guerre de la Succession d'Espagne, 235; et Guillaume d'Orange, 234; et l'hôtel des Invalides, 45; et Jacques II d'Angleterre, 234; et les jansénistes, 231; et Le Brun, 462; et Lully, 507, 508; et Madame de Maintenon, 228; et ses ministres, 222; sa mort, 238; et les nobles, 228; et la paix de Nimègue (1678), 227–228; son portrait par Rigaud, 460; et le protestantisme, 231–232; et la reconstruction du Louvre, 453; sa statue équestre (place Vendôme), 457; et le traité d'Aix-la-Chapelle (1668), 227; et Versailles, 49, 50, 453–454
Louis XV, son éducation, 241; et Fontainebleau, 51; ses maîtresses, 241–242; son mariage, 241; son portrait, 241; et Rameau, 510 n.10; son règne, 241–247; et le traité d'Aix-la-Chapelle, 244
Louis XVI, 42; arrêté à Varennes, 258; et l'Assemblée legislative, 259–260; attaqué aux Tuileries, 260; caractère, 249; et la constitution civile du clergé, 258; effet de sa mort sur l'Europe, 263; emprisonné au Temple, 261; s'enfuit de Paris, 258; et la Fête de la Fédération 256; et Fontainebleau, 51; ses ministres avant 1789, 249; sa politique extérieure, 250; ramené à Paris, 255; sa mort, 263; son procès, 263; se réfugie à l'Assemblée, 260; et le serment du Jeu de Paume, 253; et le Tiers-État, 253; et le traité de Versailles, 251
Louis XVIII, appelé au trône, 285; caractère, 285; et la Charte, 286; deuxième entrée à Paris, 288–289; s'enfuit en Belgique, 288; son gouvernement, 286; sa mort, 290; et la Sainte-Alliance, 289
Louis-Philippe Ier, son abdication, 297; et l'Algérie, 369; et l'ascension de la bourgeoisie, 294; son caractère, 292; couronné, 292; lieutenant-général, 292; et l'obélisque de Louqsor, 44
Louise de Savoie, 202

Louisiane, cédée à la France, 275; vendue aux Etats-Unis, 275 n.10
Lourdes, 130
Louvois, Michel Le Tellier, marquis de, et l'Hôtel des Invalides, 226; son œuvre, 225–226; et le Palatinat, 234; et les «passe-volants», 225; et les protestants, 232
Louvre, le palais du, et Bernini, 453; histoire, 46; et Louis XIV, 453; musée, 47; prolongé par Tuileries, 38; sa reconstruction, 447, 453; transformation sous François Ier, 38
Loubet, Émile, 322, 327 n.9
Loyola, Ignace de, et la Compagnie de Jésus, 205
Ludendorff, Erich von, général, 334
Lully, Jean-Baptiste, 507–508
Lunéville (1801), traité de, 275
Lutèce, 37
Luther, Martin, 204
Luxembourg, François-Henri, duc de, maréchal, 234
Luxembourg, jardin du, 43; palais du, 43
Luynes, Charles d'Albert, duc de, 214
Lyautey, Louis-Hubert, maréchal, 324
Lyon, 104–106
Lyonnais, 104
Lwoff, André, 541

Machaut, Guillaume de, 503
Mac-Mahon, Patrice de, maréchal, et l'Affaire du 16 Mai, 315–316; et la Commune, 313; donne sa démission, 315; et la guerre de Crimée, 306; et la guerre franco-prussienne, 308; remplace Thiers, 314
Madeleine, église de la, 44, 471
Maginot, la ligne, 339, 339 n.20
Magistrats, formation et recrutement, 31
Maillol, Auguste, 493–494
Maine, le, 94
Maine, la, 4, 7, 8
Maine de Biran, François-Pierre, 407
Maine, Louise de Bourbon, duchesse du, 239
Maintenon, Françoise d'Aubigné, marquise de, 228
Maire, le, 32
Maires du palais, 163
Mairet, Jean, 80
Maison carrée, 121
Maistre, Joseph de, 407
Maître de Moulins, 86, 443
Malebranche, Nicolas de, 400
Malplaquet, bataille de, 236
Malraux, André, et la guerre civile espagnole, 343
Malte, île de, et les Anglais, 276; saisie par Bonaparte, 271; et le traité d'Amiens, 275
Mandel, Paul, 347
Manet, Édouard, 483–484
«Manifeste des 121», et la guerre d'Algérie, 378 n.25

Mans, 94
Mansart, François, et le château de Blois, 89
Mansart, Jules-Hardouin, (voir Hardouin-Mansart).
Maquis, définition géographique, 144
Maquis, sous la Résistance, 354–355, 355 n.6; pendant la libération, 358
Marat, Jean-Paul, 256, 259, 261, 263, 263 n.4
Marcel, Étienne, 191
Marchand, Jean-Baptiste, général, à Fachoda, 325–326
Marche, 101
Marché commun, 382, 552, 557, 561, 571
Marcoule, et la science atomique, 121, 121 n.12
Marie-Antoinette de Lorraine, 42, 243 n.21; son caractère, 249–250; épouse le dauphin à Versailles, 49; et le Hameau, 50; sa mort, 264; ses portraits par Vigée-Lebrun, 471
Marie de Médicis, son caractère, 213; et les Concini, 213; épouse Henri IV, 210 n.1; et «la journée des dupes», 216 n.5; et le Parlement de Paris, 213; se réfugie à Bruxelles, 216; régence, 213; et Richelieu, 214; et Rubens, 458
Marie-Thérèse d'Autriche, 243
Marignane, 116; bataille de, 198
Mariotte, Edmé (abbé), 527
Marlborough, John Churchill, duc de, 236, 237
Marne (1914), bataille de la, 331–332, 334
Maroc, le, 326–327; et de Gaulle, 364; la guerre de libération, 368; son indépendance, 368; et la Quatrième République, 367
Marseille, 16, 116–117
Martel, Charles, 95, 167
Martin de Tours (Saint), 160
Martinique, île de la, 139–140
Mascareignes, 141
Massacres de septembre (1792), 261
Massenet, Jules, 516–517
Massif armoricain, 10
Massif central, 4
Matisse, Henri, 120 n.11, 495–496
Maubeuge, 65
Maupassant, Guy de, 309 n.28
Maupeou, René-Nicolas de, chancelier, 246
Maures, les, 11
Maures, massif des, 114
Maximilien, Ferdinand-Joseph, empereur du Mexique, 201, 307
Mayenne, 8
Mazarin, Guilio Mazarini, dit, cardinal, et Anne d'Autriche, 219–220; son caractère, 219, 219 n.7; et Cromwell, 221; décrit par cardinal de Retz, 219; et l'Espagne, 221; et les Frondes, 219–220; et le Jansénisme, 231; et le mariage de Louis XIV, 221; son portrait par Mignard, 454; et Richelieu, 219; et le traité des Pyrénées (1659), 221

Méditerranée, 4, 10, 11
Méhémet Ali, vice-roi d'Égypte, et l'obélisque de Louqsor, 44
Méhul, Étienne, 512
Mendés-France, Pierre, et l'Algérie, 371–372; et le Viet-nam, 367
Menhir, 149, 416
Mermoz, Jean, 344
Mérovée, 161
Mérovingienne, la société, 164–166
Mérovingiens, 40; les rois, 163, 164
Messiaen, Olivier, 16; et le groupe *Jeune France*, 524, 524 n.5
Métrique, le système, 569
«Métro», le, 39
Metternich, Klemens Lothar Wenzel, prince de, 289 n.16
Metz, et la défaite de Charles Quint, 203; sa libération, 1944, 366
Meuse, la, 4, 7
Mézenc, le Mont, 4
Michelet, Jules, 255, 566
Michelin, le guide, 103, 104; les usines, 103
Midi de Bigorre, pic du, 129
Mignard, Pierre, 459
Milhaud, Darius, 521, 522–523
Millerand, Alexandre, 327 n.9
Ministre des Forces Armées, 34
Ministre de l'Intérieur, 31
Mirabeau, Victor Riqueti, marquis de, 253
Miro, Gabriel, 499
Miromesnil, 250
Mohammed V Ben Youssef, sultan, 367–368
Moissac, église de, 134–135; sculptures, 427
Molay, Jacques de, 189
Molière, Jean-Baptiste Poquelin, dit, célèbre Mignard, 459; et Lully, 508; son portrait par Mignard, 459
Monastères, à l'époque mérovingienne, 166
Monet, Claude, 484–485
Monfort, Simon de, 183
Monge, Gaspard, comte de Péluse, 529
Monnet, le plan, 365–366
Monod, Jacques, 541
Mont-Blanc, 3; tunnel (inauguré 1965), 5, 6, 110
Mont-de-Marsan, 32
Mont-Saint-Michel, 10, 62–63
«Montagne», la, et les Girondins, 263; et les Jacobins, 262
Montaigne, Michel-Eyquem de, et les *Essais*, 395; sa carrière, 394–395; ses études, 394–395; son influence, 395; sa naissance, 394; sa philosophie, 395
Montauban, 134
Montcalm, Louis, marquis de, 245
Montélimar, 110
Montesquieu, Charles de Secondat, baron de, 238 n.19, 239, 247; et les *Considérations*, 401; et l'*Esprit des lois*, 401; son influence, 401–402; ses idées générales, 401; et les *Lettres persanes*, 401; et la révocation de l'Édit de Nantes, 233 n.16

Montespan, Françoise-Athénaïs de Rochechouart, marquise de, et Louis XIV, 228
Montferrand, et Clermont, 103
Montgolfier, les frères de (Joseph, Étienne), 528
Montgomery, Gabriel de Lorge de, et la mort de Henri II, 204, 204 n.23
Montmorency, Anne de, et Chantilly, 52
Montpellier, 123
Montpensier, Anne-Marie-Louise d'Orléans, duchesse de, 103 n.5, 220
Moulin, Jean, premier président du C.N.R., 354–355; sa mort, 355
Moulins, et le triptyque du Maître de Moulins, 86
Mourenx-la-Neuve, 127
Mourguet, Laurent, et le Guignol, 106
M. R. P. (Mouvement républicain populaire), 362–363
Mortellet, Gabriel de, 535
Moskowa (1812), bataille de la, 283
Mulhouse, 76
Munich (1938), Conférence de, 345–346
Munster, le Plan, 37
Murat, Joachim, 280
Musée: des arts et des traditions populaires, 46; du cheval (Saumur), le, 93; de l'homme, 46; de la marine, 46; des monuments français, 46; des tapisserie (Angers), 93

Nabis, les, 490–491
Nancy, 71; place Stanislas, 71; au XVIIIe siècle, 465
Nantes, 8, 56
Nantes, l'Édit de, 56, 211, 215, 216, 231; sa révocation, 233 n.16
Napoléon Ier, 17, 51, 268–285, 287–288, 471–472, 512; et l'architecture de Paris, 471–472; et la bataille d'Austerlitz, 278; et la bataille d'Eylau, 279; et le Blocus continental, 279; et la campagne d'Italie, 270, 275; et la campagne d'Égypte, 271; et la campagne de 1805, 277–278; et la campagne d'Espagne, 280; et la campagne de Russie, 283–284; et la campagne de 1813, 284–285; et la campagne de France (1814), 284–285; son caractère, 269; ses cendres ramenées à Paris, 300 n.21; et la cinquième coalition, 281; et le Code civil, 274; et le complot du Général Malet, 284; et la Confédération du Rhin, 278; et la cour impériale, 276–277; deuxième abdication, 288; son éducation, 269; épouse Marie-Louise, 282; à l'île d'Elbe, 287–288; et son fils, 282; limites de son empire, 281; sa mort, 288; et la musique italienne, 512; et l'organisation administrative, 274–275; et le Portugal, 280; première abdication, 285; proclamé empereur, 276; projet d'invasion de l'Angleterre, 277; protégé de Robespierre, 268; et la quatrième coalition, 279; quitte l'Égypte, 272; ren-

contre Alexandre Ier à Tilsit, 279; répudie Joséphine, 281–282; à Sainte-Hélène, 288; sauve la Convention, 268; et le siège de Toulon, 268; ses talents, 269; son tombeau, 45; à Waterloo, 288

Napoléon III, 300–309; capitulation à Sedan, 308; et Cavour, 306, 307; et Compiègne, 52; et la guerre de Crimée, 306; et la guerre d'Italie, 306–307; et la guerre avec la Prusse, 307–308; et la guerre du Mexique, 307; et la Guyane, 140; et Haussmann, 38, 39; et la Nouvelle-Calédonie, 142; et le plébiscite de 1870, 305; sa politique extérieure, 305–306; proclamé empereur, 302; et le saint-simonisme, 302; sa santé, 304–305

Napoléon (Eugène-Louis-Jean-Joseph), prince impérial, sa mort, 316 n.3

Narbonnaise, la première, 124, 124 n.14; la deuxième, 124, 124 n.14

Narbonne, 9, 124, 156

Nasser, Gamal Abd-el, colonel, 372

Nationalisations (1946), 363

Nations Unies, 361

Naturalisme scientiste, 411

Naudin, Charles, 534

Naurouze, seuil de, 4, 124

Néanderthaliens, en France, 147

Necker, Jacques, 250

Néo-gothique, le style, et l'architecture religieuse, 472

Néolithique, l'homme, 149

Neume, le, 501

Nevers, 8, 85

Ney, Michel, duc d'Elchingen, prince de la Moskowa, et la bataille d'Elchingen, 278 n.12; et la campagne de Russie, 284; sa mort, 289

Nice, 120, 307

Niepce, Nicéphore, 529–530

Nimègue (1678), la paix de, 227

Nîmes, 121

Niort, 96

Nivernais, 84–85

Nodier, Charles, 80

Nogaret, Guillaume de, et Boniface VIII, 188

Noguères, 127 n.15

Normandie, 58–60

Normands, les, et Charles II le Chauve, 171–172; et Charles III le Simple, 172; et la conquête de l'Angleterre, 176–177; expéditions en Asie Mineure, 176; expéditions en Europe, 176; explorations au XVI siècle, 201

Notre-Dame: de Chartres, 88, 89; de Clermont-Ferrand, 104; des Doms (Avignon), 114; de Fourvière (Lyon), 106; de Grenoble, 108; de Paris, 42, 43; du Port (Clermont-Ferrand), 104

Nouméa, 143

Nouvelle-Calédonie, 142–143; et le Second Empire, 305

Nouvelle-Orléans, 240

Nungesser, Charles, 332 n.12, 344

O.T.A.N., 382

Occupation de 1940–1944, 353–354

Ockeghem, Jean de, 504

Odéon, Théâtre de l', 44

Ollivier, Émile, 304, 307, 308

Opéra, 47, 472

Orange, 114

Orbay, François d', 49, 453

Organisation de l'Armée secrète (1961), 377

Organisation du Traité de l'Atlantique Nord (O.T.A.N.), et la France, 382

Organum, 502 n.1

Orléanais, 87–88

Orléans, 88; et Jeanne d'Arc, 88; sièges d', 87, 88

Orléans, Philippe d', 239–240

Oudot, Georges, 495

Outre-Mer, les départements d', 138–139; les territoires d', 142

Padirac, le gouffre de, 135

«Paix de Dieu», 176

Palais-Bourbon, 44

Palais de Justice (Paris), 42

Palais-Royal, et le Conseil d'État, 47; et Richelieu, 47

Paléantropiens, en France, 147

Paléontologie, contribution française, 532

Palissy, Bernard de, 200

Panama, la compagnie du Canal de, 318 n.6; le scandale de, 318–319, 320

Panthéon, 43

Paoli, Pascal, 137

Papes, le Palais des, (Avignon), 114

Papin, Denis, et la machine à vapeur, 527

Pardon, (fête bretonne), description, 57, 58; à Saint-Anne d'Auray, 58

Paré, Ambroise, 200, 526

Parentis, 132

Paris, agglomérations industrielles, 39; arbres, parcs, jardins, 47, 48; articles de, 41; aéroports, 41; banlieue de 39, 40; capitale des Francs, 161; cathédrale de, 436; centre industriel, 41; communes résidentielles, 40; communications fluviales, 41; enceinte des fermiers-généraux, 38; fortifications de Thiers, 38; gares, 41; histoire, 37–39; sa libération (1944), 358–359; monuments les plus visités, 47 n.1; population en 1730, 1826, 1848, 1866, 38–39; population en 1964, 40; places de, 39, port de, 41; portes de, 39; préfet de, 33, 34; régime administratif, 33; résidence du Chef de l'État, 40; rôle dans communications, 41; rôle intellectuel, 40, 41; rôle politique, 40; transformé par Haussmann, 38, 39

Paris, Université de, enseignement, 185, 186 n.8; et les événements de mai 1968, 384; les étudiants, 40, 186, 384; la Grande Charte, 186; sous Louis IX, 185–186; et les papes, 186; sous Philippe Auguste, 185; le Quartier Latin, 186; et Robert de Sorbon, 186; la Sorbonne, 186; et l'Université d'Oxford, 186

Paris, Louis-Philippe Albert d'Orléans, comte de, 313

Parlement de Paris, et la Fronde, 220

Parmentier, Antoine A., 282 n.13; et la pomme de terre, 527

Parmentier, Jean, 201

Parti Communiste Français, nombre d'élus en 1968, 26; organisation, idéologie, 27; pourcentage des voix électorales, 27

Parti Radical-Socialiste, 28

Parti Socialiste Français (S.F.I.O.), 28

Partis politiques, développement depuis XIXe siècle, 26, 27

Pascal Blaise, 16, 230, 526; et Clermont-Ferrand, 103, 104; ses contributions scientifiques, 398; ses études, 398; son influence, 399; et les *Lettres provinciales,* 231, 231 n.15; sa naissance, 398; ses œuvres littéraires, 398; sa pensée, 398–399; et le Puy-de-Dôme, 103; ses relations avec Port Royal, 398

Pasteur, Louis, 536–537

Pau, 126

Pavie, la bataille de, et la défaite de François Ier, 202

Pays, origine du nom et définition, 153; à l'époque mérovingienne, 164

«Pays-Noir», 66

Péchelbronn, son gisement pétrolier, 75

Peinture: gallo-romaine, 418–419; romane 429–430; gothique, 440–444; de la Renaissance, 450–451; du XVIIe siècle, 458–462; du XVIIIe siècle, 467–471; du XIXe siècle, 476–491; du XIXe siècle, 495–500

Pépin le Bref, 167–168; et les États pontificaux, 566; et le premier orgue en France, 505

Pépin d'Héristal, 163, 167

Perier, Jean-Casimir, 293, 318 n.15

Pérignon, dom Pierre, et le champagne, 68

Périgord (voir Dordogne)

Périgueux, 136

Pérotin le Grand, 185, 502

Pérouse, Jean-François de la, 123

Perpignan, 125

Perrault, Charles, 453; et Descartes, 247; et l'observatoire de Paris, 526

Perret, Auguste, 492

Perrin, Jean, 344

Pétain, Philippe, maréchal, 353–354; appelé par Reynaud, 347; et la bataille de Verdun, 333; condamné (1945), 355; demande armistice, 348; emmené en Allemagne, 355; forme ministère (1940), 348; et la ligne Maginot, 339; mort, 355 n.8; nommé commandant en chef, 333; et l'occupation de la France (1942), 355; rétablit moral des troupes, 334

Peuple, le, origines, 12–13

Pflimlin, Pierre, 373–375

Phalanstère, 295, 408

Philippe II, (Philippe-Auguste), et la bataille de Bouvines, 182; et la croisade des Albigeois, 183; enceinte de, 38; et Jean sans Terre, 181–182; et le Louvre, 46; et la Normandie, 182; et Richard Cœur de Lion, 181–182; et la troisième croisade, 181; l'Université de Paris, 185

Philippe III le Hardi, 81, 83; et le Comtat Venaissin, 187

Philippe IV le Bel, et les États-Généraux, 188; et les féodaux, 189; et Guillaume de Nogaret, 188; et Lyon, 105; et la papauté, 187–188; et le parlement de Paris, 190; sa naissance et mort à Fontainebleau, 51, 190; et les Templiers, 189

Philippe V, 190

Philippe VI, élu roi, 190; et la Guerre de Cent Ans, 190–191; traité avec Humbert II, 107

Philippe-Égalité, (Louis-Philippe-Joseph), 264

Philippe III le Bon, duc de Bourgogne, 81, 195

Phillippe II, roi d'Espagne, et la France, 203–204

Philippe V, duc d'Anjou, roi d'Espagne, 235, 238

Philosophes, (XVIIIe siècle), 401–406

Phocéens, 13

Photographie, son invention, 529–530

Phylloxéra, 98, 99

Physiocrates, 248–249

Picard, Émile, 537

Picardie, 63

Picasso, Pablo, 494, 498–499; et Vallauris, 120

Piccini, Nicolas, 512

Picquart, Georges, général, et l'Affaire Dreyfus, 320, 321, 322

Pie IV, et le Concile de Trente, 205

Pie VII, et le Sacre de Napoléon Ier, 276

Pielle, Édouard, 535

Pigalle, Jean-Baptiste, 466

Pilon, Germain, 449–450

Pinel, Philippe, 535

Piranèse, Jean-Baptiste, 476

Pissaro, Camille, 485

«Plaine», la, et les Girondins, 262

Plantagenêt (famille), et Angers, 93; origine du nom, 92 n.3

Plateau lorrain, 4

Pline l'Ancien, et la coupe du gui, 154–155

Plomb du Cantal, 4

Plougastel-Daoulas, 56

Poincaré, Henri, 537, 327 n.9; appelle Clemenceau, 334; sa politique financière, 340; président du Conseil, 340

Pointe-à-Pitre, 139

Pointillisme, 487

Poitiers, 97; bataille de (507), 95, 163; bataille de (732), 95, 167; bataille de (1356), 95, 191

Poitou, 95–96

Polo, Marco, 187 n.10

Pologne, envahie par l'Allemagne (1939), 346; et le duc d'Anjou, 206

Polynésie, 143

Polyphonie, 502

Pompadour, Antoinette Poisson, marquise de, 246; et Boucher, 470; et les Encyclopédistes, 242; et Fragonard, 470; et Louis XV, 241–242; et Pigalle, 466

Pompidou, Georges, et les événements de mai 1968, 384–385; nommé premier ministre, 378, 382

Poncelet, Jean-Victor, 529

Pont-l'Évêque, 60

Pont-Neuf, 42, 451

Population: sous Henri IV, 13; sous Louis XIV, 13; au XVIIIe siècle, 247; au XIXe siècle, 13, 14; au XXe siècle, 14; population active, 571

Positivisme, 410–411; et le naturalisme, scientiste, 411

Potsdam, Conférence de, 361

Poulenc, Francis, 521, 522

Poussin, Nicolas, 459–461

Praslin, Gabriel de Choiseul, duc de, 247

Préfet, ses fonctions, 32; sa nomination, 33

Préhistoire, en France, 147, 532

Presbourg (1805), la paix de, 278

Primatice, Francesco Primaticcio, dit le, 51, 200, 446, 451

Progrès et Démocratie Moderne (parti pol.), 26

Protestantisme, en France aujourd'hui, 16; en France au XVIe siècle, 204–205

Proudhon, Pierre-Joseph, 80; et le mouvement ouvrier, 295–296

Proust, Marcel, et Combourg, 61

Provence, et les Alpes, 5; description, 113; divisions géographiques, 113; la Basse —, 113–114; la Haute —, 113–114

Provinces françaises, définition, 53; description historique, 53

Puget, Pierre, 457

Puvis de Chavannes, Pierre, 43

Puy, le, 122

Puy-de-Dôme, et Pascal, 103

Pyramides, bataille des (1798), 271

Pyrénées, 4, 5; le traité des, (1659), 221

Quay d'Orsay, et les Affaires Étrangères, 44

«Quartier Latin», 43

Quarton, Enguerrand, 443

Québec, capitulation (1759), 245; et de Gaulle, 382

Quesnay, François, et la physiocratie, 248

Queyras, 108

Quimper, 57

Rabelais, François, ses études, 392; et Fontenay-le-Comte, 97; et Guillaume Budé, 392; ses idées, 393; ses travaux, 392

Racine, Jean, et le jansénisme, 230

Radstadt (1714), paix de, 237; et la langue française, 237 n.18

Rambouillet, château de, 50–51; forêt de, 51

Rameau, Jean-Philippe, 509–510

Ramus, Pierre le Ramier, dit, 200

Rance, usine marémotrice de la, 57

Rassemblement du Peuple Français (R.P.F.), et de Gaulle, 28

Ravel, Maurice, 521

Raymond VII de Toulouse, et l'Université de Toulouse, 130

Réaumur, René-Antoine Ferchault de, 527

Recensements de la population, 13, 14

Réforme, la, 390–391

Région parisienne, départements de, 33, 33 n.10

Reims, 69; la cathédrale de, description, 69; et les sacres royaux, 69; et Jeanne d'Arc, 69

Religieuses (XVIIe siècle), les querelles, 229

Religions, 15

Remembrement rural, 554

Renaissance, définition, 390; idées fondamentales, 444; rôle de l'imprimerie, 390; sentiments inspirés par, 390

Renaissance française, influence d'Italie, 200; œuvres typiques, 445–446

Renaudot, Théophraste, 218

Renoir, Auguste, 486–487

Renouvier, Charles, 16

Réparations, (1918–1931), 337–338, 338 n.16, 17

Républicains Indépendants, 26

République, la deuxième, 297

République, la troisième, et l'Algérie, 369–370; et les colonies, 324; et l'éducation, 322–323, 545; ses débuts, 314; le Parlement de, 316; les pouvoirs du président, 316; et les syndicats ouvriers, 323–324; et les questions sociales, 323–324; et le Vatican, 323, 323 n.7

République, la quatrième, et l'Algérie, 370–373; sa constitution, 365; et l'économie, 365–366; et les finances, 365–366; l'instabilité ministérielle, 365; ses institutions, 365; sa politique extérieure, 366; remet ses pouvoirs à de Gaulle, 375

République, la cinquième, et les affaires sociales, 379; et l'Allemagne, 381–382; l'Assemblée nationale, 23, 24, 25; le Conseil économique et social, 25; la constitution, 21–34, 378; et la création du Nouveau Franc, 379; nombre de ministères, 28, 29; le Parlement, 23; les Partis politiques, 26, 378; et les plans économiques, 551–552; sa politique extérieure (1965–1968), 382–383; le premier ministre, 22, 23; le président, 21, 22; et les problèmes financiers, 378–379; rapports gouvernement-parlement, 24; le Sénat, 23 n.4; et l'Union française, 379

Résistance (1940–1945), 354–355

Restauration (1814–1830), 285–292

Réunion, île de la, 139, 141

Révolution (1789), la, ses commencements au XVIIIe siècle, 249; son effet sur la musique, 511; et l'enseignement, 273; et l'enseignement scientifique et technique, 528–529; ses réalisations, 272–273; et l'unité nationale, 272

Révolution (1848), la, 297–299
Reynaud, Paul, à Bordeaux, 348; sa chute, 348, 351; et de Gaulle, 350; devient Premier Ministre (1940), 346; et le ministère Daladier (1937), 343; et l'offre d'une union franco-britannique, 348, 351; remanie son ministère, 347
Rhin, le, 4, 7
Rhône, le, 4, 8–9
Ribaut, Jean, 201
Richard Ier Cœur de Lion, et Château-Gaillard, 182; sa mort, 182; et Niort, 96; et Philippe-Auguste, 181–182; son tombeau, 94
Richelieu, Armand-Jean Du Plessis de, cardinal, et l'Académie française, 214–218; appelé par Marie de Médicis, 214; son caractère, 215; et les colonies, 217; et l'économie française, 217; ses ennemis, 215; et les États-Généraux (1614), 214; et la Grâce d'Alès (1629), 216; et la Guerre de Trente-Ans, 217–218; et les Habsbourg, 217; et le Jardin des Plantes, 218; et le journalisme, 218; et la «journée des dupes», 216 n.5; à la Rochelle, 215–216; et Louis XIII, 215; suit Marie de Médicis en exil, 214; et le père Joseph, 215; son portrait par Champaigne, 460; et Poussin, 460; et les protestants, 215; sa mort, 218; et les nobles, 216; rappelé par Louis XIII, 214; et la Sorbonne, 218; son *Testament politique*, 215; son tombeau, 458; et Simon Vouet, 459
Richier, Ligier, 450
Rigaud, Hyacinthe, 459–460
Riviera, 118–120
Rivière, Émile, 534
Robbia, Girolamo Della, 446
Robespierre, Maximilien de, 264–267
Robert le Fort, et Charles II le Chauve, 172
Robida, Michel, 344
Rocamadour, 135
Rochambeau, Jean-Baptiste Donatien, comte de, 251
Rocroy (1643), bataille de, 218
Rodin, Auguste, 475; et les Bourgeois de Calais, 191 n.13
Roland, 169; la Chanson de, 169
Rolland, Romain, et Vincent d'Indy, 519
Romains, les, et la Gaule, 156, 158–159
Romantisme, en peinture, 479; et le style gothique, 472
Ronchamp, l'église de, et Le Corbusier, 493
Rondelet, Jean-Baptiste, 43
Ronsard, Pierre de, et Clément Jannequin, 505
Roosevelt, Franklin Delano, et le débarquement en Afrique du Nord, 356
Rossbach (1757), bataille de, 244
Rossi, Maurice, 345
Rosso, Giambattista del Jacopo, dit le, 51, 200, 446, 451

Rouault, Georges, 499–500
Roubaix, 65, 66
Rouen, 59–60
Rouget de Lisle, Claude, 81
Rousseau, Jean-Jacques, et le *Contrat Social*, 405; et *l'Émile*, 404, 405; et l'État idéal, 249; influence sur partis politiques, 26; son influence sur pensée moderne, 405–406; son influence sur la Révolution, 4–5; naissance, 403; ses œuvres, 403–404; et Pascal Paoli, 137; et la pensée démocratique, 249; sa philosophie, 403–406; et Rameau, 510, 510 n.10; et les *Rêveries*, 404, 406; et le romantisme, 406; les *Trois discours*, 403
Rousseau, Théodore, 481
Roussillon, 125
Roux, Émile, 536
Rubens, Peter-Paul, et le Luxembourg, 458
Rude, François, 474
Ryswick (1697), paix de, 235

Sables d'Olonne, 96
Sacré-Cœur, basilique du, 44
Sahara, et l'accord d'Évian, 377; sous domination française, 369; et le pétrole, 372
Saint-André de Bordeaux, 134
Saint-André de Grenoble, et tombeau de Bayard, 108
Saint-Barthélemy, massacre de la, 206; et Lyon, 105
Saint-Benoît-sur-Loire, et les druides, 155
Saint-Bertrand de Comminges, 130
Saint-Cyran, abbé, et le jansénisme, 229, 230
Saint-Denis (de la Réunion), 141
Saint-Denis, abbaye de, 433
Saint-Étienne, 106; bassin de, 106
Saint-Étienne de Bourges, 87
Saint-Étienne de Limoges, 102
Saint-Exupéry, Antoine de, 131, n.18
Saint-Front de Périgueux, 136
Saint-Gatien de Tours, 91
Saint-Germain-des-Prés, place de, 44
Saint-Germain, édit de (1570), et le culte protestant, 206
Saint-Hilaire, Geoffroy, 533
Saint-Jean de Lyon, 106
Saint-Jean-de-Maurienne, 111
Saint-Jean de Perpignan, 125
Saint-Julien-du-Mans, 94
Saint-Juste de Lyon, et Clément V, 106
Saint-Louis, île, 43
Saint-Louis des Invalides, 45
Saint-Malo, 57; et les corsaires, 235
Saint-Martial de Limoges, Abbaye de, et la musique du Xe siècle, 501–502
Saint-Maurice d'Angers, et les «voûtes angevines», 93
Saint-Nazaire, 56
Saint-Pierre d'Angoulême, 100
Saint-Pierre-et-Miquelon, 144
Saint-Pierre de Poitiers, 97

Saint-Pol de Léon, 56
Saint-Saëns, Camille, 515–516
Saint-Simon, Claude-Henri de, ses disciples, 295; sa doctrine, 409; ses écrits, 409; ses idées sociales, 295
Saint-Simon, Louis de Rouvroy, duc de, 238, 247
Saint-simonisme, 409
Saint-Sulpice, la place, 44
Saint-Tropez, 119
Saint-Trophime d'Arles, 116
Saint-Véran, 108
Saint-Cécile d'Albi, 122, 123
Sainte-Chapelle, 42
Sainte-Claire Deville, Henri, 565
Sainte-Foy de Conques, 122
Sainte-Marie d'Auch, 130
Sainte-Marie-Madeleine (Vézelay), 84
Saintes, 100
Saintonge, 98
Salon des Indépendants, 488
Salons (XVIIIe siècle), les, 239
Sambre, la, 64, 65
«Sans-culotte», 265, 265 n.5
Saône, la, 4, 9
Sarazin, Jacques, 456
Sarraut, Albert, 342
Sarre, la, 337, 337 n.15
Sarthe, la, 8
Sarto, Andréa del, 200; invité en France par François Ier, 450
Sartre, Jean-Paul, sa doctrine, 413–414; et le manifeste des 121, 378 n.25; ses œuvres, 413
Satellites français, 540–541
Saumur, son château, 93; et l'École de cavalerie, 93; ses vins, 93
Saumurois, 93
Savoie, 110–112, 307; et le Congrès de Vienne, 112; et la maison de —, 112; et le plébiscite de 1860, 113; réunion à la France, 113
Saxe, Maurice, comte de, maréchal, 244
Schlieffen, le plan, 331
Schnaebelé, l'Affaire, 318, 318 n.4
Scouts de France, 328
Sculpture: gallo-romaine, 418; romane, 426–428; gothique, 438–439; de la Renaissance, 448–450; du XVIIe siècle, 456–458; du XVIIIe siècle, 465–466; du XIXe siècle, 473–475; du XX siècle, 493–495
Sedan, attaqué par les Allemands, 1940, 340
Segalen, Victor, et Tahiti, 143
Séguier, Pierre, chancelier, 222
Seine, la, 4, 7
Sénégal, et le Second Empire, 305
Sens, cathédrale de, 433–434
Serlio, Sebastiano, 447
Serre-Ponçon, le barrage de, 113
Serres, Olivier de, 212, 526
Sète, 11, 123; et Valéry, 123
Seurat, Georges, 487–488
Sévigné, Marie de Rabutin-Chantal, mar-

quise de, et la révocation de l'Édit de Nantes, 233
«Siècle des lumières», 246–247
Sieyès, Emmanuel-Joseph, Abbé, 272, 273 n.8
Siger de Brabant, 187
Simon, Jules, 315
Sisley, Alfred, 485–486
Sluter, Claus, 83
Société des Nations, 338; et l'Allemagne, 340
Sociologie, fondée par Comte, 410
Solesmes, abbaye de, 95
Sologne, 87; et Alain-Fournier, 87
Somalis, Côte Française des, 143–144
Somport, col du, 5
Soubise, Charles de Rohan, prince de, maréchal, 244
Soufflot, Germain, 43
Spiritualiste, l'école, au XIXe siècle, 406
Staël, Anne-Louise-Germaine Necker, baronne de, 287
Stanislas, la place, 465
Stavisky, l'Affaire, 341
Stendhal, Henri Beyle, dit, 291 n.17; décrit la côte d'Or, 82; sa maison à Grenoble, 109
Strasbourg, 74, 77–78, 218, 360; la cathédrale de, 77–78
«Style jésuite», 452
Suez, Canal de, inauguré en 1869, 302; la crise de, 372–373; et la guerre algérienne, 372–373
Suger, abbé, et l'art du vitrail, 440; et l'église de Saint-Denis, 433
Sully, Maximilien de Béthune, baron de Rosny, duc de, 211–212; surintendant des bâtiments, 451
Surréalisme, 499

Tahiti, 143
Taille, définition, 223, 223 n.10
Taine, Hippolyte, et le naturalisme scientiste, 411, 411 n.4
Talleyrand, Charles-Maurice de, 87, 274, 281, 285, 292
Tancarville, pont de, 60
Tanguy, Yves, 499
Tarascon, 115
Tarbes, 129
Tarn, 4, 8, 122
Téhéran, la Conférence de, 361
Templiers, l'ordre des, 189
Terreur, la, 264; la grande, 265; la blanche (1815), 289
Teutatès, 154
Théâtre-Français, 47
Théâtre national populaire, 46
Théophile (moine), et l'art du vitrail, 439–440
Thérèse de l'Enfant Jésus (Sainte), 16, 61
Thiers, Adolphe, 271 n.7, 296, 297, 316; sa carrière avant 1870, 312; et les cendres de Napoléon Ier, 293, 300 n.21; sa démission, 314; les fortifications de Paris,

38, 293; et l'indemnité de guerre, 314; et le pouvoir exécutif (1870), 310; préside gouvernement provisoire (1870), 312, 312 n.1; et la majorité royaliste, 314
Thionville, 72
Tiers-État, le, 252
Tilsit, rencontre de Napoléon Ier et Alexandre Ier (1807), 279; le traité de (1807), 279
Tocqueville, Alexis de, et Napoléon III, 301
Toul, 71
Toulouse, 8, 129, 130–131, 160; Université de, et l'observatoire du Midi de Bigorre, 129
Toulouse-Lautrec, Henri-Marie-Raymond de, 487
Touraine, 90–91; Institut de, 91
Tourangeaux, et le français, 91
Tourcoing, 66
Tournemire, Charles, 518
Tours, 90–91
Trafalgar, bataille navale de, 277
Traité: de coopération franco-allemand (1962), 382; de Francfort (1871), et l'Alsace, 75; de Ryswick (1697), et l'Alsace, 74; de Westphalie (1648), et l'Alsace, 74
«Trève de Dieu», 176
Trianons, les, 50
Tribunal: correctionnel, 30; de police, 30; révolutionnaire, 263, 264
Tribunaux: des baux-ruraux, 31; de commerce, 31; de grande instance, 30; d'instances, 30; militaires et maritimes, 31; pour enfants, 31; spécialisés, 31
Tristan, l'Hermite, et Tours, 91
«Trois Glorieuses», 291
Trope, 501
Trouville, 61
Troyes, 68
Tuileries, le jardin des, 46; palais des, 447–448
Tunisie, 353, 364, 367
Turenne, Henri de la Tour d'Auvergne, vicomte de, maréchal, et la Guerre de Hollande, 227; et la Guerre de Trente-Ans, 218; victoires des Dunes et d'Audenarde, 221
Turgot, Anne-Robert-Jacques, et les physiocrates, 250; ses réformes sous Louis XVI, 250

Ultramontanisme, 230, 230 n.13
Ultramontains (ou Théocrates), 406
Union Démocratique de la Cinquième République, 26, 28
Union française, 379
Université, grades conférés par, 548; nombre d'élèves (1965), 548; organisation, 547–548
Université de Paris, et les événements de mai 1968, 383–384; rôle au moyen-âge, 389
Urbain II, et la première croisade, 177

Urbanisme, au XVIIIe siècle, 464–465; au XXe siècle, 493
Utrecht (1713), paix d', et les possessions françaises en Amérique, 237

Valençay, le château de, 87
Valence, 110
Valéry, Paul, et Sète, 123
Vallauris, économie, 119, 120; et Picasso, 120
Valmy (1792), bataille de, 261
Valois, Marguerite de, 206
Vauban, Sébastien Le Prestre, marquis de, 226, 227
Vaucelles, (1556), le traité de, 203
Vaux-le-Vicomte, château de, 51, 52
Vauxcelles, Louis, 495, 497
Vence, et la chapelle de Matisse, 120 n.11
Vendée, l'insurrection en, 267
Vendôme, la colonne, 471–472
«Vêpres algériennes», 370
Vercingétorix, et les Arvernes, 104; et Dion Cassius, 158; sa défaite à Alésia, 157; et Jules César, 157–158; et le soulèvement contre César, 157; sa victoire contre César, 157
Vercors, 110, 110 n.9
Verdun, son histoire, 72–73; et Pétain, 333; son rôle pendant la guerre 1914–1918, 73; traité de, 72, 74, 171
Vergennes, Charles Gravier, comte de, 250–251
Versailles, 49
Versailles, palais de, 49–50; histoire, 453–454; ses jardins, 455–456; et Le Brun, 454; modèle pour l'Europe, 247
Versailles, le traité de 1783, 251; le traité de 1918, 336–337
Vesoul, 80
Vézère, grottes de la, 534
Vézelay, l'église de, 84, 424–426; sa sculpture, 427
Vichy, 85–86; le gouvernement de, 355, 355 n.7
Vienne, 109
Vienne, Congrès de, et la Savoie, 112, 113
Vienne (1809), la paix de, 281
Viennois, comtes de, 107
Vierne, Louis, 518
Viet-nam, création, 366 n.21; séparé en deux (1954), 367
Viète, François, 526
Vigée-Lebrun, Madame Marie-Louise, 471
Vignemale, 3, 129
Villars, Claude, duc de, et la Guerre de la Succession d'Espagne, 236
Villate, Pierre, 443
Villaviciosa (1710), bataille de, 237
Villeneuve, Pierre de, amiral, et Trafalgar, 277
Villeneuve-lès-Avignon, et les papes, 121
Vincent de Paul (Saint), 16, 220
Vinci, Léonard de, 47, 200, 200 n.22, 450
Vins, 559–560
Viollet-le-Duc, Eugène, et Carcassonne,

125; et la cathédrale de Clermont-Ferrand, 104; et Notre-Dame de Paris, 43; ses restaurations, 472; et Vézelay, 425

Vitrail gothique, 439–440

Vitry, Philippe de, et l'*ars nova,* 503

Vitry-le-François, 67

Voltaire, François-Marie Arouet, dit, 239; et le champagne, 247 n.23; sa confiance en l'homme, 403; et l'église, 403, 403 n.3; à Ferney, 402; ses idées, 402–403; ses *Lettres Philosophiques,* 402; sa mort, 402; sa naissance, 402; et Pascal Paoli, 137; et la pensée anglaise, 402; porte-parole du despotisme éclairé, 248; ses *Remarques sur Pascal,* 402; et le roi de Prusse, 402; son séjour en Angleterre, 402

Vosges, 4, 73

Vosges, place des, 451–452

Vouet, Simon, 458–459

Walewski, Alexandre, comte, 306, 306 n.27

Wallon, Henri, 314

Washington (1922), Conférence de, 338–339

Wassy, et le massacre des Huguenots, 206

Waterloo (1815), bataille de, 288

Watteau, Antoine, 467–469

Wellington, Arthur Wellesley, duc de, et la campagne d' Espagne, 284; à Waterloo, 288

Westphalie (1648), paix de, 218

Widor, Charles-Marie, 518

Wilson, Daniel, 318

Wilson, Woodrow, 336–337

Winckelmann, Johann, influence de son *Histoire de l'art,* 476

Wolfe, James, général, 245

Yalta, Conférence de, 361

Zola, Émile, et Cézanne, 488; son portrait par Manet, 483; et la vie ouvrière, 303, 303 n.23

Zurich (1859), paix de, 307

Printer and Binder: Halliday Lithograph

84 85 86 12 11 10 9

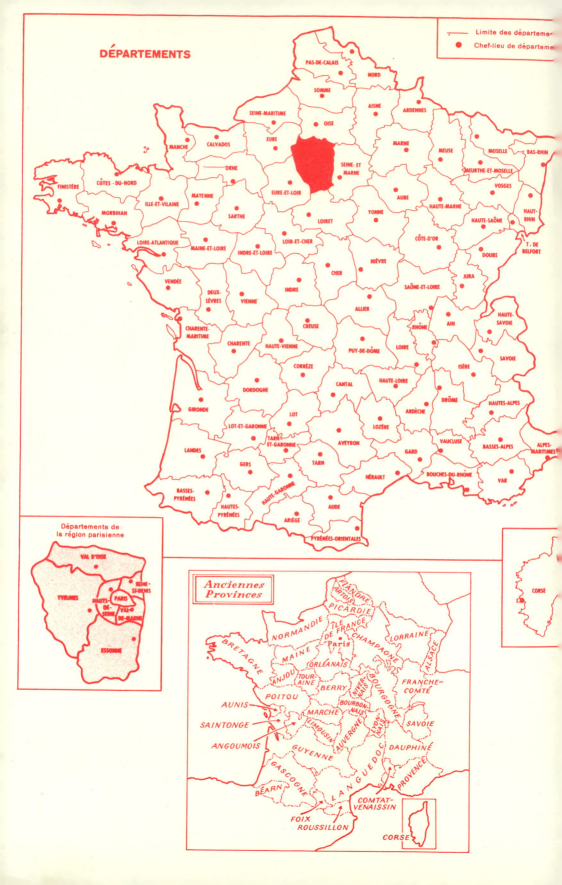

DÉPARTEMENTS

Limite des départements
Chef-lieu de département

PAS-DE-CALAIS
NORD
SOMME
SEINE-MARITIME
AISNE
ARDENNES
MANCHE
CALVADOS
EURE
OISE
MARNE
MEUSE
MOSELLE
BAS-RHIN
ORNE
SEINE-ET-MARNE
MEURTHE-ET-MOSELLE
FINISTÈRE
CÔTES-DU-NORD
EURE-ET-LOIR
VOSGES
MAYENNE
AUBE
HAUTE-MARNE
HAUT-RHIN
ILLE-ET-VILAINE
SARTHE
HAUTE-SAÔNE
MORBIHAN
LOIRET
YONNE
T. DE BELFORT
LOIRE-ATLANTIQUE
MAINE-ET-LOIRE
LOIR-ET-CHER
CÔTE-D'OR
DOUBS
INDRE-ET-LOIRE
VENDÉE
NIÈVRE
JURA
DEUX-SÈVRES
CHER
SAÔNE-ET-LOIRE
INDRE
VIENNE
CHARENTE-MARITIME
CREUSE
ALLIER
AIN
HAUTE-SAVOIE
CHARENTE
HAUTE-VIENNE
RHÔNE
LOIRE
SAVOIE
PUY-DE-DÔME
ISÈRE
CORRÈZE
DORDOGNE
CANTAL
HAUTE-LOIRE
DRÔME
HAUTES-ALPES
GIRONDE
LOT
ARDÈCHE
LOT-ET-GARONNE
AVEYRON
LOZÈRE
VAUCLUSE
BASSES-ALPES
ALPES-MARITIMES
TARN-ET-GARONNE
GARD
LANDES
TARN
BOUCHES-DU-RHÔNE
VAR
GERS
HÉRAULT
BASSES-PYRÉNÉES
HAUTE-GARONNE
HAUTES-PYRÉNÉES
AUDE
ARIÈGE
PYRÉNÉES-ORIENTALES

Départements de la région parisienne

VAL D'OISE
SEINE-ST-DENIS
YVELINES
HAUTS-DE-SEINE
PARIS
VAL-DE-MARNE
ESSONNE

CORSE

Anciennes Provinces

FLANDRE
ARTOIS
PICARDIE
NORMANDIE
ÎLE-DE-FRANCE
LORRAINE
BRETAGNE
MAINE
Paris
CHAMPAGNE
ALSACE
ANJOU
ORLÉANAIS
TOUR-AINE
BERRY
NIVER-NAIS
BOURGOGNE
FRANCHE-COMTÉ
POITOU
BOURBON-NAIS
AUNIS
MARCHE
SAINTONGE
LIMOUSIN
AUVERGNE
LYON-NAIS
SAVOIE
ANGOUMOIS
GUYENNE
DAUPHINÉ
GASCOGNE
LANGUEDOC
PROVENCE
BÉARN
COMTAT-VENAISSIN
FOIX
ROUSSILLON
CORSE